Rolf Wunderer/ Unternehmerisches Personalcontrolling –
André Jaritz   Evaluation der Wertschöpfung im Personalmanagement

Rolf Wunderer
André Jaritz

Unternehmerisches Personalcontrolling

Evaluation
der Wertschöpfung
im Personal-
management

3., aktualisierte und erweiterte Auflage

Luchterhand

Bibliografische Information der Deutschen Bibliothek
Die Deutsche Bibliothek verzeichnet diese Publikation in der Deutschen Nationalbibliografie; detaillierte bibliografische Daten sind im Internet über http://dnb.ddb.de abrufbar.

ISBN 3-472-06338-6

www.luchterhand-fachverlag.de
www.wolterskluwer.de

Alle Rechte vorbehalten.

© 2006 by Wolters Kluwer Deutschland GmbH, München
Luchterhand – eine Marke von Wolters Kluwer Deutschland

Das Werk einschließlich aller seiner Teile ist urheberrechtlich geschützt. Jede Verwertung außerhalb der strengen Grenzen des Urheberrechtsgesetzes ist ohne Zustimmung des Verlages unzulässig und strafbar. Das gilt insbesondere für Vervielfältigungen, Übersetzungen, Mikroverfilmungen und die Einspeicherung und Verarbeitung in elektronischen Systemen.

Lektorat: Richard Kastl
Umschlaggestaltung: Konzeption & Design, Köln
Cover-Illustration: Ute Helmbold
Satz: Satz- und Verlags-Gesellschaft mbH, Darmstadt
Druck: betz-druck, Darmstadt
Printed in Germany, März 2006

Gedruckt auf säurefreiem, alterungsbeständigen und chlorfreiem Papier

Vorwort zur 3. Auflage

>*»Ach entzögen wir uns*
>*Zählern und Stundenschlägern.«*
>
>R.M. Rilke, Neue Gedichte

Das Personalwesen hat eine lange administrative Tradition in der Erfassung operativer Inputgrößen: – Lohnkosten pro Mitarbeiter, Kostenstelle, Produkt, Gesamtkosten oder Umsatz. Es ist auch nicht lange her, dass man offiziell von »Unkosten« sprach. Dazu wurden umfangreiche und differenzierte Statistiken erarbeitet: Personalbestand und -bewegungen, Absentismus und Fluktuation, Anwesenheit in Stunden, Tagen oder jubilarträchtigen Jahrzehnten. Zeiten, Kosten und Mengen standen als Input-Werte im Vordergrund: »Zähler und Stundenschläger« dominierten.

Hiervon ausgehend wurde in einem Folgeschritt endlich dem Output und den Erfolgsgrößen vermehrte Aufmerksamkeit gewidmet. Neben monetären Größen, wie Ertrag, Gewinn und Cash Flow, stehen heutzutage vermehrt qualitative Erfolgsfaktoren im Vordergrund. Dazu zählen z.B. Dienstleistungs- und Beziehungsqualitäten, Motivation und Identifikation, Potenziale, Leistungsverhalten oder -ergebnisse, Arbeitszufriedenheit und Loyalität. Aber auch Unternehmens- und Teamkultur, Unternehmensimage sowie Ansprüche an die Unternehmung, den Arbeitsplatz und -inhalt oder die Arbeitsbeziehungen gewinnen an Bedeutung. Ende der achtziger Jahre wurden die ersten Beiträge zum Personalcontrolling veröffentlicht. Unser Institut für Führung und Personalmanagement an der Universität St. Gallen veranstaltete 1986 den ersten Kongress zu diesem Thema im deutschsprachigen Raum, und 1994 konnten wir eine erste Monographie zu Grundfragen und Grundlagen des Personalcontrollings publizieren.

Vernachlässigt blieb in Theorie und Praxis noch immer das strategische Personalcontrolling, obgleich hier zunächst nur die richtigen Fragen gestellt und empfängerorientiert beantwortet werden müssten. Das Management verlangt vor allem führungsrelevante Informationen sowie die verstärkte und verbesserte Evaluation von Qualitäten. Und es gibt noch weitere Gestaltungsaufgaben: Von der Spinnennetzorganisation des Controllings zum kooperativen und dezentralen Audit, von der Berichts- zur Steuerungsinformation, von markt- zu ressourcenorientierten Strategien, vom Service- zum Business-Center-Personal, von der Fremd- zur Selbstevaluation sowie von einer reaktiv kontrollierenden zu einer proaktiv steuernden Konzeption.

Der dritte Entwicklungsschritt besteht nun in der differenzierten und integrierten Evaluation der Wertschöpfung von Strategien, Prozessen und Institutionen. Dies geschieht zunehmend über ganzheitliche Ansätze, wie TQM-, Balanced-Scorecard- oder Business-Excellence-Modelle. Dabei wird neben Potenzialen und Prozessen zunehmend auf Leistungen für und Zufriedenheiten von zentralen Stakeholdern, wie Kunden, Mitarbeitern, Kapitalgebern und Öffentlichkeit Wert gelegt. Auch die Ressourcen und Ansprüche an das Unternehmen bzw. das Personalmanagement werden einbezogen. Besondere Beachtung wird schließlich Fragen der unternehmerischen Gestaltung der Personalarbeit (z.B. über eine Wertschöpfungs-Center-Organisation) sowie der differenzierten und integrierten Evaluation der Wertschöpfung der Personalarbeit geschenkt.

Unser Dank gilt dem Forschungsfonds unserer Universität, der die literarischen und empirischen Analysen zur ersten Auflage maßgeblich unterstützte. Frau Dr. Halene-Blankenagel und Herrn Dr. Schlagenhaufer sind wir für konstruktive Hinweise zur fünften Fassung unseres Manuskripts für die erste Auflage sehr verbunden, Herrn lic. oec. Jäger für die Fahnenkorrekturen zur ersten Auflage, Frau Dipl.-Kff. Sabine Großmann für die Unterstützung bei der zweiten Auflage. Weiterhin bedanken wir uns bei den Vertretern von über 200 Unternehmen, die sich an unseren Umfragen zum Personalcontrolling und damit verbundenen Themengebieten beteiligt oder uns mit weitergehenden Informationen zur Praxis des Personalcontrollings versorgt haben. Und nicht zuletzt sind wir dem Verlag Luchterhand und seinem Satzbetrieb wieder für beispielhafte Zusammenarbeit bei der Herstellung der dritten Auflage der Publikation verbunden.

Für die zweite Auflage haben wir vor allem zwischenzeitliche Entwicklungen in der Praxis sowie neuere Literatur berücksichtigt. Die Struktur und wesentliche Inhalte konnten beibehalten werden. Aktualisiert und erweitert wurden vor allem die Kapitel zum Personalcontrolling mit integrierten Bewertungsmodellen, insbesondere das neue Modell der EFQM, das sich in angepasster Konzeption nun EFQM-Modell für Excellence nennt. Darüber hinaus wurden neuere Entwicklungen und Beispiele zum inzwischen stark weiter verbreiteten Thema Balanced Scorecard einbezogen. Insbesondere die neueste Konzeption des Humanressourcen-bezogenen EVA/CVA-Ansatzes schlägt hier eine konzeptionelle Brücke zwischen Shareholder-Value, Balanced Scorecard und Personalmanagement.

Für die dritte Auflage wurde auf der bewährten Struktur und wesentlichen Inhalten aufgebaut. Entwicklungen in der Praxis sowie neueste Literatur sind berücksichtigt, besonders zu Beurteilungs- und Messinstrumenten auf der Mitarbeiterebene (v. a. Tests, strukturierte Interviews, Assessment

Center, Audits) sowie zur Balanced Scorecard, die sich als fester Bestandteil des Personalcontrollings etabliert. Entsprechend haben wir hier schwerpunktmäßig aktualisiert und um 33 Seiten erweitert. Dazu kommen noch Firmenbeispiele, um Praktikern zusätzliche Benchmarks zu geben. Aber auch der Bereich des Human Capital Management wurde erweitert, z.B. über den Ansatz der Saarbrücker Formel sowie den Professionalisierungs-Index PIX der Deutschen Gesellschaft für Personalführung.

Die vorliegende Monographie in der dritten Auflage gibt einen umfassenden Überblick über Begriffe und Konzepte, Funktionen, Prozesse und Instrumente des Personalcontrollings und fasst damit die Entwicklungsergebnisse des Personalcontrollings der letzten drei Jahrzehnte zusammen. Neben der Auswertung zahlreicher aktueller Publikationen zum Thema sind nun Fallbeispiele von über 40 Unternehmen einbezogen sowie Expertenbefragungen durchgeführt. Über 230 Schaubilder und Tabellen fassen wichtige Bezugsrahmen, Themengebiete, Checklisten und Umfrageergebnisse in übersichtlicher, komprimierter und anschaulicher Form zusammen. Differenzierte Übersichten und Verzeichnisse, Querverweise und Kolumnentitel sowie ein umfassendes Stichwortverzeichnis unterstützen die Nutzung im Sinne eines Handbuches.

St. Gallen/München, im Frühjahr 2006

Rolf Wunderer André Jaritz

Inhaltsübersicht

Vorwort V

Abbildungsverzeichnis XVII

A. Personalcontrolling – Wertschöpfungsorientierte
   Evaluation des Personalmanagements 1
   1. Einführung – Wertschöpfungsorientiertes
      Personalcontrolling als integraler Bestandteil der Unter-
      nehmensführung 3
   2. Konzeptionelle Grundlagen 9
   3. Evaluation der Wertschöpfung im Personalmanagement
      als Aufgabe eines unternehmerischen Personalmanagements   70
   4. Personalprozessbezogene Messung der Wertschöpfung 203

B. Integrierte Wertschöpfungsmessung im Wertschöpfungscenter Personal 247
   5. Messung der Wertschöpfung in der Management-
      Dimension 249
   6. Messung der Wertschöpfung in der Service-Dimension 280
   7. Messung der Wertschöpfung in der Business-Dimension ... 307

C. Personalcontrolling mit integrierten Bewertungsmodellen 353
   8. Wertschöpfungsmessung mit der Balanced Scorecard 355
   9. Wertschöpfungsmessung mit dem europäischen
      EFQM-Modell für Excellence 397
   10. Wertschöpfungsmessung im Business Excellence-Modell ... 434

   11. Zusammenfassung 447

   12. Literaturverzeichnis 457

   13. Stichwortverzeichnis 491

Inhaltsverzeichnis

Vorwort		V
Abbildungsverzeichnis		XVII
A.	**Personalcontrolling – Wertschöpfungsorientierte Evaluation des Personalmanagements**	1
1.	**Einführung – Wertschöpfungsorientiertes Personalcontrolling als integraler Bestandteil der Unternehmensführung**	3
2.	**Konzeptionelle Grundlagen**	9
2.1	Controlling und Personalcontrolling	9
2.1.1	Controlling	9
2.1.2	Personalcontrolling	12
2.2	Messung und Evaluation	21
2.3	Kennzahlen	28
2.4	Wertschöpfung	30
2.4.1	Wert und Nutzen	30
2.4.2	Volkswirtschaftliche Wertschöpfung	31
2.4.3	Betriebswirtschaftliche Wertschöpfung	33
2.4.3.1	Die Eigentümer-Unternehmung und die Unternehmung als quasi-öffentliche Institution	33
2.4.3.2	Wertschöpfung als Maß für die Leistungskraft des Unternehmens	35
2.4.4	Wertschöpfungsbegriffe in der Managementlehre	40
2.4.4.1	Prozessbezogene Wertschöpfung	40
2.4.4.2	Strategiebedingte Wertschöpfung	43
2.4.4.3	Wertschöpfung durch umfassendes Qualitätsmanagement	49
2.4.4.4	Wertschöpfung im Dienstleistungsmanagemen	56
2.5	Wertschöpfungsmessung als Aufgabe des Personalcontrollings	60
3.	**Evaluation der Wertschöpfung im Personalmanagement als Aufgabe eines unternehmerischen Personalmanagements**	70
3.1	Unternehmerische Führung und unternehmerisches Personalmanagement	71
3.2	Rollen des Personalmanagements	75

3.3	Personalmanagement als interner Dienstleister	82
3.3.1	Internes Marketing im Personalmanagement	82
3.3.2	Bezugsgruppenorientierung	85
3.3.3	Prozessorientierung	91
3.3.4	Personalmanagement im Kontext innerorganisatorischer Steuerungskonzepte	92
3.4	Bedeutung unterschiedlicher Wertschöpfungsdimensionen für die Messung	95
3.4.1	Wertsichernde und wertsteigernde Wertschöpfung	95
3.4.2	Kontext-, potenzial-, prozess- und ergebnisbezogene Wertschöpfung	98
3.4.3	Strategische und operative Wertschöpfung	102
3.4.4	Direkte und indirekte Wertschöpfung	105
3.4.5	Fazit	107
3.5	Kennzahlen als Instrument der Wertschöpfungsmessung	108
3.6	Messung der Kundenzufriedenheit, der Mitarbeiterzufriedenheit und der Mitarbeiterproduktivität	118
3.6.1	Kundenzufriedenheit	119
3.6.2	Mitarbeiterzufriedenheit und -loyalität	122
3.6.3	Mitarbeiterproduktivität	125
3.7	Messung der Leistungen des Personalmanagements	130
3.7.1	Messinstrumente auf der Mitarbeiterebene	130
3.7.1.1	Personalbeurteilung	132
3.7.1.2	Persönlichkeitstests, Assessment-Center und Audit zur meist zielgruppenspezifischen Evaluation von Kompetenzen	136
3.7.1.3	Mitarbeiterumfrage	154
3.7.1.4	Austrittsinterview	162
3.7.1.5	Zwischenfazit	163
3.7.2	Messinstrumente auf der Ebene der Personalabteilung	164
3.8.	Potenzialbezogene Wertschöpfungsmessung (Human Capital Management)	173
3.8.1.	Human Resource Accounting	177
3.8.2.	Die Saarbrücker Formel	187
3.9	Unterstützung der Wertschöpfungsmessung durch Benchmarking	188
3.10	Computerunterstützte Messung der Wertschöpfung über Personalinformationssysteme	194
3.11	Fazit	201
4.	**Personalprozessbezogene Messung der Wertschöpfung**	**203**
4.1	Personalprozesscontrolling als Ausgangspunkt	203

4.2	Personalcontrolling als Metaprozess der Wertschöpfungsmessung	210
4.3	Personalmarketing	213
4.4	Personalgewinnung, -einsatz und -freisetzung	216
4.5	Personalhonorierung	223
4.6	Personalentwicklung	228
4.7	Personalführung und laterale Kooperation	235
4.8	Personaladministration	243
4.9	Schlussbetrachtung	245

B.	Integrierte Wertschöpfungsmessung im Wertschöpfungscenter Personal	247
5.	**Messung der Wertschöpfung in der Management-Dimension**	249
5.1	Wertschöpfung in der Management-Dimension	249
5.2	Zielklarheit in der Management-Dimension	253
5.3	Ziele im Personalmanagement	256
5.4	Messung der Managementqualität	260
5.4.1	Messung von Managementqualifikationen	260
5.4.2	Messung der Qualität von Managemententscheidungen	263
5.5	Mehrwert der Zentrale	267
5.6	Wirtschaftlichkeitsanalysen im Personalmanagement	268
5.7	Quantitative Kosten-Nutzen-Analyse von Personalauswahlprogrammen	274
5.8	Fazit	278
6.	**Messung der Wertschöpfung in der Service-Dimension**	280
6.1	Nutzen eines hohen Serviceniveaus	280
6.2	Sicherung des Dienstleistungsniveaus	284
6.3	Definition von Qualitätszielen	285
6.4	Messung der Servicequalität	287
6.4.1	Operationalisierung der Servicequalität	287
6.4.2	Messung der Servicequalifikationen	290
6.4.3	Messung der Qualität der Dienstleistungen	292
6.5	Integrierte Messung der Management- und der Service-Dimension	298
6.6	Fazit	305
7.	**Messung der Wertschöpfung in der Business-Dimension**	307
7.1	Tradition und Situation des Personalmanagements als interner Dienstleister	307

7.2	Messung der Wertschöpfung in der Business-Dimension auf verschiedenen Center-Stufen	312
7.2.1	Gemeinkostenmanagement	312
7.2.1.1	Gemeinkostenwertanalyse	313
7.2.1.2	Zero-Base-Budgeting	315
7.2.1.3	Administrative Wertanalyse	317
7.2.1.4	Zwischenfazit	318
7.2.2	Prozesskostenrechnung	319
7.2.3	Leistungsrechnung	333
7.2.4	Verrechnungspreise	340
7.3	Fazit	350

C. Personalcontrolling mit integrierten Bewertungsmodellen — 353

8.	**Wertschöpfungsmessung mit der Balanced Scorecard**	355
8.1	Balanced Scorecard 355	
8.2	Strategiegeleitete Entwicklung einer Balanced Scorecard	368
8.3	Balanced Scorecard mit Übergewinnverfahren	374
8.3.1	Bedeutung der Humanperspektive im CVA	377
8.3.2	Balanced Scorecard mit Werthebelbäumen	378
8.4	Wertschöpfungsmessung im Personalmanagement mit der Balanced Scorecard	384
8.4.1	Personalbezogene Wertschöpfungsmessung innerhalb der Balanced Scorecard	384
8.4.2	Anwendung der Balanced Scorecard auf das Wertschöpfungscenter-Personal	388
8.5	Fazit	393

9.	**Wertschöpfungsmessung mit dem europäischen EFQM-Modell für Excellence**	397
9.1	EFQM-Modell	397
9.2	Komponenten des EFQM-Modells	401
9.2.1	Führung – Komponente 1	401
9.2.2	Politik und Strategie – Komponente 2	402
9.2.3	Mitarbeiter – Komponente 3	402
9.2.4	Partnerschaften und Ressourcen – Komponente 4	403
9.2.5	Prozesse – Komponente 5	403
9.2.6	Kundenbezogene Ergebnisse – Komponente 6	404
9.2.7	Mitarbeiterbezogene Ergebnisse – Komponente 7	404
9.2.8	Gesellschaftsbezogene Ergebnisse – Komponente 8	405
9.2.9	Schlüsselergebnisse – Komponente 9	405
9.3	Operationalisierungsvorschläge im EFQM-Modell	406

9.4	RADAR-Ansatz als Bewertungsgrundlage des EFQM-Modells...	409
9.5	Integration von EFQM-Modell und Balanced Scorecard....	415
9.6	Wertschöpfungsmessung im Personalmanagement mit Hilfe des EFQM-Modells	416
9.7	Anwendung des EFQM-Modells auf das Wertschöpfungscenter-Personal	427
9.8	Fazit..	432
10.	**Wertschöpfungsmessung im Business Excellence-Modell..**	434
10.1	Entwicklungsschritte zu einem Business Excellence-Modell..	434
10.2	Konzept eines Business Excellence-Modells	438
10.3	Messung der Wertschöpfung im Business Excellence-Modell	441
10.3.1	Wertschöpfungsmessung im Personalmanagement mit Hilfe des Business Excellence-Modells	441
10.3.2	Anwendung des Business Excellence-Modells auf das Wertschöpfungscenter-Personal	443
10.4	Fazit..	445
11.	**Zusammenfassung**	447
12.	**Literaturverzeichnis**	457
13.	**Stichwortverzeichnis**	491

Abbildungsverzeichnis

Abb.	1: Aufbau der Arbeit	5
Abb.	2: Wertschöpfungscenter Personal als Ansatz der Wertschöpfungsmessung	6
Abb.	3: Controllingdimensionen im Wertschöpfungscenter Personal	7
Abb.	4: Integrierte Ansätze zur Messung der Wertschöpfung im Personalmanagement	7
Abb.	5: Controlling-Prozess	10
Abb.	6: Ausgewählte Aufgaben und Instrumente des Controllings.	11
Abb.	7: Entwicklung der Personalcontrolling-Idee im deutschsprachigen Raum......................................	13
Abb.	8: Evaluation als integraler Bestandteil des Personalcontrollings	15
Abb.	9: Drei Ebenen des Personalcontrollings	16
Abb.	10: Qualitatives versus quantitatives Controlling............	17
Abb.	11: Messgrößen bei der Steuerung im Personalmanagement..	18
Abb.	12: Controlling-Durchdringung des Personalmanagements ..	19
Abb.	13: Hauptaspekte der Strategie des Personalbereichs	20
Abb.	14: Beispiel für einen Index zur Mitarbeiterzufriedenheit	24
Abb.	15: Beispiel für eine Rating-Skala........................	25
Abb.	16: Evaluation als Oberbegriff von Messung und Schätzung ..	27
Abb.	17: Kenntnisstand der Mitarbeiter von der Personalpolitik ...	27
Abb.	18: Zusammenhang der Entstehungs- und Verteilungsrechnung	32
Abb.	19: Unternehmensgrenzen	34
Abb.	20: Entstehungsrechnung...............................	36
Abb.	21: Verteilungsrechnung................................	37
Abb.	22: Sozialrechnung der BASF AG 1992....................	38
Abb.	23: Die Wertschöpfungskette nach Porter	41
Abb.	24: Beispiel zur Berechnung des Unternehmenswertes mit dem Übergewinnverfahren...........................	45
Abb.	25: Beispiel zur Berechnung des Unternehmenswerts mit dem Discounted Cash-Flow-Ansatz	46
Abb.	26: Erkenntnisse der PIMS-Studie........................	50
Abb.	27: Das europäische EFQM-Modell für Excellence	53
Abb.	28: Berechnung des Six-Sigma-Wertes in der Gehaltsabrechnung bei einer deutschen GE-Tochter	55

Abb. 29:	Besonderheiten von Dienstleistungen und Implikationen für das Dienstleistungsmanagement	57
Abb. 30:	Modell der Servicequalität	58
Abb. 31:	Mögliche Beiträge der Wertschöpfungsstufen zur (internen) Kundenzufriedenheit am Beispiel der Personalentwicklung aus Sicht der Personalabteilung	60
Abb. 32:	Bezugsrahmen der Wertschöpfung	61
Abb. 33:	Dimensionen des Wertschöpfungscenter-Konzepts	63
Abb. 34:	Controllingdimensionen für eine umfassende Wertschöpfungsmessung im Wertschöpfungscenter Personal	66
Abb. 35:	Verbreitung des Wertschöpfungscenter-Konzepts	67
Abb. 36:	Messung der Wertschöpfung des Personalmanagements	69
Abb. 37:	Portfolio (mit-)unternehmerischen Verhaltens	72
Abb. 38:	Portfolio der mitunternehmerischen Typologien	73
Abb. 39:	Transformationskonzept »Vom Mitarbeiter zum Mitunternehmer«	74
Abb. 40:	Die Rollen des Personalmanagements	76
Abb. 41:	Definition der Rollen des Personalmanagements	77
Abb. 42:	Wichtigkeit verschiedener Rollen des Personalmanagements	78
Abb. 43:	Träger der Rollen des Personalmanagements	79
Abb. 44:	Die Rollen des Personalmanagements und die damit verbundenen Wertschöpfungsschwerpunkte	81
Abb. 45:	Engere Kundenorientierung im Personalmanagement	86
Abb. 46:	Träger der Personalmanagementaufgaben	90
Abb. 47:	Personalmanagementprozesse bei der Deutschen Telekom AG	92
Abb. 48:	Steuerungskonzepte der Führung	93
Abb. 49:	Dominante Steuerungskonzepte in Unternehmen	94
Abb. 50:	Externe und interne Nutzenpotenziale für das Personalmanagement	99
Abb. 51:	Zwei Perspektiven der Wertschöpfungsmessung	101
Abb. 52:	Elemente für die Evaluation des Kontextes	102
Abb. 53:	Unterscheidung der Managementebenen	103
Abb. 54:	Kennzahlen für das Personalmanagement	109
Abb. 55:	Kennzahlengliederung von Saratoga Europe	111
Abb. 56:	Kennzahlen bei Hewlett Packard	112
Abb. 57:	DuPont-Kennzahlensystem	113
Abb. 58:	Kennzahlensystem für den Cash-Flow pro Mitarbeiter	114
Abb. 59:	Entwicklung eines selektiven Kennzahlensystems für das Personalmanagement	115
Abb. 60:	Prozessbezogene Kennzahlen für die Personalgewinnung	117

Abb. 61:	Ansätze zur Messung der Kundenzufriedenheit	119
Abb. 62:	Eindrucks- und Divergenzmessung	121
Abb. 63:	Fragenbereiche eines Arbeitsbeschreibungsbogens	123
Abb. 64:	Fragenbereiche zur Mitarbeiterzufriedenheit im EFQM-Modell	124
Abb. 65:	Qualifikationsgruppen und Befähigung	126
Abb. 66:	Totale Mitarbeitereffektivität nach Bühner	128
Abb. 67:	Instrumente auf der Ebene der Mitarbeiter und ihr Verbreitungsgrad	131
Abb. 68:	Vergleich von Potenzial- und Leistungsbeurteilung	134
Abb. 69:	360°-Beurteilungskonzept	135
Abb. 70:	Die Big Five der Persönlichkeit	138
Abb. 71:	Praxisbeispiel von Scintilla AG für eine Trainingsunterlage ein strukturiertes Interview von unternehmerischen Schlüsselkompetenzen	140
Abb. 72:	Ein multimodales Management Audit	142
Abb. 73:	Beispiel für eine institutionalisierte wechselseitige Beurteilung im Mitarbeitergespräch	144
Abb. 74:	Abschätzung der Zeit und Kosten der Personalbeurteilung	146
Abb. 75:	Personalportfolio nach Odiorne	147
Abb. 76:	Portfolio (mit-)unternehmerischen Verhaltens	147
Abb. 77:	Personalbeurteilungsbogen der Hypo-Vereinsbank für eine Führungskraft	150
Abb. 78:	Beurteilungsverfahren für das Verhalten im Team bei der SEB Bank AG	151
Abb. 79:	Beispiel für einen Bogen zur Mitarbeiterförderung	152
Abb. 80:	Instrumente zur Messung der Qualität des Personalmanagements durch den direkten Vorgesetzten	153
Abb. 81:	Instrumente zur Messung der Qualität des Personalmanagements durch die geführten Mitarbeiter	154
Abb. 82:	Gestaltungsvorschläge für Mitarbeiterumfragen	156
Abb. 83:	Fragebogen für die Mitarbeiterzufriedenheit	158
Abb. 84:	Vergleich des Wichtigkeits- und des Zufriedenheitsprofils	159
Abb. 85:	Imageprofil	160
Abb. 86:	Die beliebtesten Unternehmen in der Schweiz und in Europa	161
Abb. 87:	Mitarbeiterumfragen zur Messung der Qualität des Personalmanagements durch die geführten Mitarbeiter	161
Abb. 88:	Fragebogen zur Messung der Qualität des Personalmanagements auf der Stufe ABB Schweiz	167
Abb. 89:	Auszug aus dem Fragebogen zur Messung der Qualität der Personalabteilung auf der Ebene der ABB-Gesellschaften	168

Abb. 90:	Beurteilung der Wertschöpfungsqualität der Personalabteilung durch zentrale Bezugsgruppen	169
Abb. 91:	Das Professionalitätskonzept der DGFP	170
Abb. 92:	Die Wirkungs- und die Konfigurationsprofessionalität im Personalmanagement in 2005	170
Abb. 93:	Die Professionalitätsmatrix in 2005	171
Abb. 94:	Verbreitung der Zufriedenheitsmessung für die Personalabteilung	172
Abb. 95:	Risikomanagement bei der Münchner Rück	175
Abb. 96:	Bewertungskonzepte für das Humanvermögen	177
Abb. 97:	Jahresbilanzen 1969 und 1973 der R. G. Barry Corp. ohne und mit Berücksichtigung des Humanvermögens	179
Abb. 98:	Der Mitarbeiterzyklus	180
Abb. 99:	Modell für die Messung der Anschaffungskosten der Humanressourcen	181
Abb. 100:	Modell für die Messung der Wiederbeschaffungskosten der Humanressourcen	182
Abb. 101:	Nettowertbeitrag von kurzzeitigen Entlassungen	183
Abb. 102:	Bestimmungsgrößen des Wertes eines Mitarbeiters für die Organisation	184
Abb. 103:	Eintrittswahrscheinlichkeiten in Hierarchiestufen	185
Abb. 104:	Grenzen der Nutzung von Benchmarking	191
Abb. 105:	Kostenranking insgesamt	192
Abb. 106:	Kosten-Portfolio	193
Abb. 107:	Verbreitung von Benchmarking zur Qualitätsbeurteilung der Personalabteilung	194
Abb. 108:	Kriterienkatalog für computerunterstützte Controllingmethoden	195
Abb. 109:	Das Projekt Exzellenz in Human Resources bei der BMW Group	196
Abb. 110:	Ausgewählte Funktionen des Modul SAP ERP Human Capital Management	197
Abb. 111:	Unterstützung der Personalbeschaffung bei PeopleSoft	197
Abb. 112:	Formen von Selbst-Service im Personalmanagement	198
Abb. 113:	Kernprozesse im Personalmanagement	204
Abb. 114:	Evaluationsniveaus im Personalmanagement	206
Abb. 115:	Phasenorientierte Messgrößendefinition	209
Abb. 116:	Wertschöpfungsindikatoren für das Personalcontrolling	213
Abb. 117:	Wertschöpfungsindikatoren für das Personalmarketing	215
Abb. 118:	Wertschöpfungsindikatoren für die Personalgewinnung	217
Abb. 119:	Kennzahlen für das Personalgewinnungscontrolling bei Siemens Mobile Phones	218

Abb. 120:	Kennzahlen für das Personalgewinnungscontrolling bei einem Wertpapierhandelsunternehmen	219
Abb. 121:	Wertschöpfungsindikatoren beim Personaleinsatz	220
Abb. 122:	Austritte 1997 bei ABB	222
Abb. 123:	Wertschöpfungsindikatoren bei der Personalfreisetzung	223
Abb. 124:	Lohngerechtigkeit und Indikatoren zur Messung	224
Abb. 125:	Beispiel eines Bonus-Incentive Programms für die Mitglieder einer Auslandsniederlassung	225
Abb. 126:	Wertschöpfungsindikatoren bei der Personalhonorierung	227
Abb. 127:	Prozesskette für die Weiterbildung bei der Mercedes Benz AG	229
Abb. 128:	Evaluationsniveaus bei der Aus- und Weiterbildung	231
Abb. 129:	Monitoring- und Steuerungsgrundlagen bei der Lufthansa Cargo AG	231
Abb. 130:	Wertschöpfungsindikatoren bei der Personalentwicklung	235
Abb. 131:	Zentrale Konfliktdimensionen bei lateraler Kooperation	236
Abb. 132:	Evaluation der Führungssituation nach dem Kontingenzmodell von Fiedler	237
Abb. 133:	Evaluation des Reifegrads des Mitarbeiters für die Wahl des Führungsstils nach dem Reifegradmodell von Hersey/Blanchard	238
Abb. 134:	Wertschöpfungsindikatoren bei der Personalführung	243
Abb. 135:	Wertschöpfungsindikatoren für die Personaladministration	244
Abb. 136:	Dimensionen der Wertschöpfungsmessung	251
Abb. 137:	Beispiel für Ziele, ihre Operationalisierung und ihre Messung im Personalbereich	257
Abb. 138:	Dringlichkeits-Wichtigkeits-Portfolio bei der Festo AG	259
Abb. 139:	Systematik der Kundenbeziehungen	261
Abb. 140:	Wichtigkeit der Managementqualifikationen für die Personalabteilung	262
Abb. 141:	Bewertung der Managementqualifikation durch den Kunden	263
Abb. 142:	Grundperspektiven der Leistungsmessung und -bewertung	264
Abb. 143:	Elemente einer strategischen Entscheidung	265
Abb. 144:	Grundmethoden von Wirtschaftlichkeitsanalysen	269
Abb. 145:	Beispiel für eine Kostenvergleichsanalyse	269
Abb. 146:	Beispiel für eine Kosten-Nutzen-Analyse	270
Abb. 147:	Beispiel für eine Kosten-Wirksamkeits-Analyse	271
Abb. 148:	Beispiel für eine Nutzwertanalyse	272
Abb. 149:	Vorgehensweise für eine Wirtschaftlichkeitsanalyse	273

Abb. 150:	Assessment-Center-Erfolgswirkungen bei unterschiedlichen Validitäten und Standardabweichungen (SD) der Jahresleistung.................................	278
Abb. 151:	Schematischer Zusammenhang zwischen dem Unternehmenserfolg und der Zufriedenheit der Mitarbeiter ...	281
Abb. 152:	Zufriedenheits-Loyalitäts-Beziehungen von Mitarbeitern	283
Abb. 153:	Prinzipielle Ansatzpunkte für Management der Dienstleistungsqualität des Personalbereichs.................	284
Abb. 154:	Service Level Agreement für Personalmanagementdienstleistungen bei der Schweizerischen Bankgesellschaft – Beispiel: Einführung neuer Mitarbeiter................	286
Abb. 155:	Wichtigkeit der Dienstleistungsqualifikationen für die Personalabteilung	291
Abb. 156:	Bewertung der Servicequalifikation durch den Kunden ..	292
Abb. 157:	Fragebogen zur Qualität ausgewählter Dienstleistungen der Personalabteilung	293
Abb. 158:	Modell der Servicequalität für das Personalmanagement .	294
Abb. 159:	Portfolio der Produkte bzw. Dienstleistungen des Wertschöpfungscenters Personal	295
Abb. 160:	Ergebnisse der Kundenbefragung zu den Dienstleistungen der Personalabteilung	296
Abb. 161:	Ergebnisse der Kundenbefragung zur Service-Dimension der Personalabteilung	297
Abb. 162:	Erfahrung bei der Erhebung der Dienstleistungsqualität .	298
Abb. 163:	Standards für die Moderatorvariablen	300
Abb. 164:	Minimalstandards beim Schweizerischen Bankverein....	301
Abb. 165:	Human-Ressourcen-Bilanz und Wertschöpfungsindikatoren.....................................	302
Abb. 166:	Maßnahmen zur Kostensenkung im Personalbereich....	308
Abb. 167:	Idealtypen der Center-Strukturen und ihre Bedeutung für das Personalmanagement	310
Abb. 168:	Gefahren bei der Budgetierung	313
Abb. 169:	Vorgehensweise bei der Gemeinkostenwertanalyse......	314
Abb. 170:	Beispiel einer Gemeinkostenwertanalyse für die Personalabteilung.......................................	315
Abb. 171:	Vorgehensweise bei Zero-Base-Budgeting	316
Abb. 172:	Vorgehensweise bei der Administrativen Wertanalyse ...	317
Abb. 173:	Beispiel für Prozesskostenrechnung bei der Potenzialerfassung für die Führungskräfteentwicklung	322
Abb. 174:	Ablauf der Prozesskostenrechnung	323
Abb. 175:	Beispiel der Prozesskostenrechnung I	324
Abb. 176:	Beispiel der Prozesskostenrechnung II (nach Zielgruppen)	325

Abb. 177:	Mengengerüst der Abrechnung Lohn-Gehalt in einem internationalen Handels- u. Dienstleistungsunternehmen.	331
Abb. 178:	Erfassung und Verrechnung der Kosten des Personalmanagements.	332
Abb. 179:	Beispiel für Target-Costing bei der Potenzialerfassung für die Führungskräfteentwicklung	335
Abb. 180:	Einstufige Deckungsbeitragsrechnung für die externe Durchführung eines Assessment-Centers	336
Abb. 181:	Mehrstufige Deckungsbeitragsrechnung für die externe Durchführung eines Assessment-Centers	337
Abb. 182:	Marketingstrategien für das Personalmanagement	338
Abb. 183:	Erlöshöhe-Erlösrisiko-Portfolio	339
Abb. 184:	Verrechnungspreispolitik der vier organisatorischen Idealtypen	341
Abb. 185:	Preisliste für die Personaldienstleistungen bei Hewlett Packard	347
Abb. 186:	Gemeinkosten-Kontierungssystematik innerhalb eines Funktionalressorts (Werks) der DaimlerChrysler AG	349
Abb. 187:	Formular zur Weiterberechnung von Leistungen	350
Abb. 188:	Balanced Scorecard als Rahmenkonzept zur Übersetzung einer Strategie in operationale Größen	356
Abb. 189:	Zielpyramide der Balanced Scorecard bei der BMW Group	362
Abb. 190:	Messgrößen für das Personalmanagement bei der E. Breuninger GmbH	363
Abb. 191:	Skandia Market Value Scheme	364
Abb. 192:	»Skandia Navigator«	365
Abb. 193:	Intellectual Capital Report: Renewal & Development Focus	366
Abb. 194:	Intellectual Capital Report: Human Focus	366
Abb. 195:	Zusammenhang zwischen Strategie und Leistungsmessung	368
Abb. 196:	Ursache-Wirkungs-Beziehungen in der Balanced Scorecard	369
Abb. 197:	Balanced Scorecard bei der Deutschen Lufthansa	370
Abb. 198:	Leistungszulage für das obere Management auf Basis der Balanced Scorecard (BSC)	371
Abb. 199:	Anteil der Unternehmen, die die BSC mit dem Anreizsystem verknüpfen	372
Abb. 200:	Balanced Scorecard als integraler Bestandteil bei der Verbesserung der Führungsinstrumente	373
Abb. 201:	Kapitalbezogene Sichtweise des CVA für die SAP AG	376

Abb. 202: Personalbezogene Sichtweise des CVA für die SAP AG... 377
Abb. 203: Relevanz der HR-Betrachtung für DAX-Unternehmen .. 378
Abb. 204: Balanced Scorecard als Werthebelbaum 379
Abb. 205: HR-Cockpit als Werthebelbaum 380
Abb. 206: Strategisches Personalcontrolling im RAG-Konzern 382
Abb. 207: Wirkzusammenhänge zwischen den Steuergrößen 382
Abb. 208: Messung der qualitativen Zielgrößen 383
Abb. 209: Messung der quantitativen Zielgrößen 384
Abb. 210: BSC für das Personalmanagement 385
Abb. 211: Messung der internen Effizienz bei der UBS AG 387
Abb. 212: Balanced Scorecard des Customer Contact Center von ONE (Connect Austria GmbH) 388
Abb. 213: BSC für das Wertschöpfungscenter Personal 389
Abb. 214: Balanced Scorecard für die Personalabteilung 390
Abb. 215: Messgrößen für das Ziel Nr. 5 »Neue Strukturen mit Leben füllen« der IBM. 391
Abb. 216: Messgrößen für das Ziel Nr. 7 »Eigene Prozesse vereinfachen« der IBM 392
Abb. 217: Beispiel für die Finanzperspektive einer BSC im Bildungsbereich (Altana Pharma AG) 393
Abb. 218: Beispiel Balanced Scorecard Personal bei der REWE 394
Abb. 219: Das europäische EFQM-Modell für Excellence 398
Abb. 220: Gewichtung der einzelnen Komponenten im europäischen EFQM-Modell für Excellence 399
Abb. 221: Auswahl von Operationalisierungsvorschlägen zur Komponente Führung 406
Abb. 222: Auswahl von Operationalisierungsvorschlägen zur Komponente Mitarbeiterbezogene Ergebnisse 407
Abb. 223: RADAR-Bewertungsmatrix für die Befähigerkomponenten des EFQM-Modells. 411
Abb. 224: RADAR-Bewertungsmatrix für die Ergebniskomponenten des EFQM-Modells. 413
Abb. 225: Integration des EFQM-Modells in die Balanced Scorecard 416
Abb. 226: Für das Personalmanagement besonders relevante Komponenten des EFQM-Modells 417
Abb. 227: Ziele in der Komponente Mitarbeiterbezogene Ergebnisse auf den Hierarchieebenen bei der Siemens AG 423
Abb. 228: Balanced Scorecard des Deutschen Telekom Konzerns . . . 426
Abb. 229: Kurzzusammenfassung der Assessment-Ergebnisse in der Komponente »Mitarbeiter« bei der HUBER+SUHNER AG 430
Abb. 230: Phasenschema der EFQM-Einführung bei der UBS AG .. 431

A. Personalcontrolling – Wertschöpfungsorientierte Evaluation des Personalmanagements

1. Einführung – Wertschöpfungsorientiertes Personalcontrolling als integraler Bestandteil der Unternehmensführung

Die neunziger Jahre werden in der Dogmengeschichte der Managementpraxis als das Dezennium der Transformation eingehen, vor allem über Kundenorientierung, Dienstleistungsmanagement und Wertschöpfungsstrategien. Die Humanressourcen gewinnen dabei als das entscheidende Unternehmenspotenzial an Bedeutung.[1]

In einer funktionalen Sichtweise lassen sich die unterstützenden Aktivitäten des Personalmanagements als Teil der Wertschöpfungskette der gesamten Unternehmung begreifen. Eine besondere Bedeutung nimmt dabei die führungsorganisatorische Umsetzung über den Wertschöpfungscenter-Ansatz für das Personalmanagement ein, der die Wertschöpfung für alle zentralen Bezugsgruppen des Unternehmens in den Vordergrund stellt. Er zeichnet sich durch zwei komplementäre Dimensionen aus (die Management- und Service-Dimension sowie die Business-Dimension), durch die sich sowohl qualitative als auch quantitative Aspekte des Personalmanagements besonders differenziert strukturieren und analysieren lassen.[2]

Diese Arbeit befasst sich mit der Evaluation der Wertschöpfung des Personalmanagements als Funktion des Personalcontrollings.[3] Prinzipiell kann die Wertschöpfung im Personalmanagement zum Teil quantitativ über Kosten- und Wirkungsanalysen personalwirtschaftlicher Maßnahmen, Kennzahlen und Indikatoren und zum Teil qualitativ über die Analyse der entstehenden Potenziale und der strategischen Wirkungen der Maßnahmen des Personalmanagements erfasst werden. Die qualitativ erfasste Wertschöpfung zeichnet sich dabei tendenziell durch ihre subjektive Interpretierbarkeit aus, was eine quantifizierende Messung erschwert. Allerdings ist zu beachten, dass nur messbare Phänomene dazu geeignet sind, steuernde oder regelnde Eingriffe zur Sicherstellung der Zielerreichung über das Personalcontrolling auszulösen. Damit dies im Personalmanagement gelingen kann, ist folglich gerade auch die qualitativ analysierte Wertschöpfung messbar zu machen bzw. zu evaluieren.

---

1 Vgl. z.B. Klimecki/Remer 1997; Stewart 1997.
2 Vgl. z.B. Wunderer 1992; Wunderer/Schlagenhaufer 1994; Arx 1996; Wunderer/Arx 2002.
3 Vgl. auch Donahue 1996, S. 47 f.

A. Personal-controlling

Die Evaluation der Wertschöpfung des Personalmanagements ist dabei als Teil eines »wertschöpfungsorientierten« Personalcontrollings zu verstehen. Denn nur wo es gelingt, die Wertschöpfung über die verschiedenen Indikatoren zu messen, können die verschiedenen Funktionen des Personalcontrollings überhaupt erfüllt werden.[4]

Bis jetzt fehlt es noch an einer systematischen Diskussion über die Möglichkeiten und Grenzen eines wertschöpfungsorientierten Personalcontrollings, obwohl der Begriff der Wertschöpfung zentral im modernen Management ist. Diese Lücke möchte diese Arbeit schließen und dabei insbesondere Hinweise und Anwendungshilfen für die Praxis geben. Im Folgenden wird die Zielsetzung und der Aufbau dieses Werkes vorgestellt.

- *Zielsetzung*

Ziel dieser Arbeit ist die Diskussion verschiedener umfassender Ansätze zur Evaluation der Wertschöpfung im Personalmanagement. Neben qualitativen Ansätzen erfolgt dies auch über quantitative Methoden. Da eine direkte Operationalisierung des komplexen Begriffes Wertschöpfung für das Personalmanagement wenig Erfolg versprechend zu sein scheint, steht vor allem die Vorstellung und Diskussion geeigneter Indikatoren und Instrumente für die Wertschöpfungsmessung im Vordergrund. Insbesondere sind dabei die Möglichkeiten und Grenzen einer prozessorientierten Messung zu untersuchen, bei der zwischen einer kontext-, input-, throughput- und outputorientierten Messung unterschieden werden kann.

Einen Schwerpunkt bildet die Diskussion der Wertschöpfungsevaluation im Wertschöpfungscenter Personal, das schon einen relativ hohen Verbreitungsstand in der Personalmanagementpraxis hat.[5] Schließlich sind auch integrierte Bewertungsansätze wie die Balanced Scorecard[6] oder das in Europa weit verbreitete EFQM-Modell für Excellence[7] zu untersuchen. Dabei werden wir auch den weiterentwickelten Ansatz des Business Excellence-Modells[8] auf seine Anwendbarkeit für die Wertschöpfungsmessung untersuchen.

Diese Zielsetzung schließt auch die Aufstellung von Gestaltungsempfehlungen für das Personalmanagement mit ein, um ein wertschöpfungsorientier-

---

4 Vgl. auch Egan 2002.
5 Vgl. Wunderer/Arx/Jaritz 1998b, S. 282; Wunderer/Arx 2002.
6 Vgl. Kaplan/Norton 1996b, dt. Übersetzung: Kaplan/Norton 1997.
7 Vgl. EFQM 1999a. Bis 1999 nannte die EFQM (European Foundation for Quality Management) ihr damaliges Modell »Europäisches Modell für umfassendes Qualitätsmanagement«, das zu diesem Zeitpunkt leicht konzeptionell überarbeitet wurde.
8 Vgl. Wunderer 1998.

tes Personalmanagement zu unterstützen. Dabei kann der Wertschöpfungsbeitrag des Personalmanagements auch als »Geschäftsergebnis« des Personalmanagements verstanden werden.

Die Forschungsmethodik basiert neben einer differenzierten Auswertung der relevanten Literatur auf einer eigenen Umfrage in Deutschland und der Schweiz.[9] Darüber hinaus runden Expertengespräche mit Personalpraktikern und Fallbeispiele die Untersuchung ab.

- *Aufbau*

A. **Personalcontrolling – Wertschöpfungsorientierte Evaluation des Personalmanagements**
1. Einführung
2. Konzeptionelle Grundlagen
3. Evaluation der Wertschöpfung im Personalmanagement als Aufgabe eines unternehmerischen Personalmanagements
4. Personalprozessbezogene Messung der Wertschöpfung

B. **Integrierte Wertschöpfungsmessung im Wertschöpfungscenter Personal**
5. Messung der Wertschöpfung in der Management-Dimension
6. Messung der Wertschöpfung in der Service-Dimension
7. Messung der Wertschöpfung in der Business-Dimension

C. **Personalcontrolling mit integrierten Bewertungsmodellen**
8. Wertschöpfungsmessung mit der Balanced Scorecard
9. Wertschöpfungsmessung mit dem europäischen EFQM-Modell für Excellence
10. Wertschöpfungsmessung im Business Excellence-Modell

11. Zusammenfassung

Abb. 1: Aufbau der Arbeit

Die Arbeit gliedert sich in drei Hauptteile:

Im *ersten Hauptteil* werden zunächst die konzeptionellen Grundlagen dieser Arbeit gelegt. Dies betrifft vor allem die Abgrenzungen der Begriffe Personalcontrolling, Messung und Evaluation, Wertschöpfung im Allgemeinen und Wertschöpfung im Personalmanagement. Insbesondere der Wertschöpfungsbegriff wird an dieser Stelle ausführlich diskutiert, da er in der wirtschaftswissenschaftlichen Literatur mit einer Vielzahl verschiedener Bedeutungen belegt ist. So lassen sich neben dem traditionellen Wertschöp-

---

9 Vgl. Wunderer/Arx/Jaritz 1997 sowie Wunderer/Arx/Jaritz 1998b und Wunderer/Arx/Jaritz 1998a.

fungsbegriff als volkswirtschaftlicher bzw. betriebswirtschaftlicher Wertschöpfung auch prozessbezogene, strategiebezogene sowie qualitäts- und dienstleistungsbezogene Wertschöpfungsauffassungen differenzieren.

Daran anschließend wird die Evaluation der Wertschöpfung als Aufgabe eines unternehmerischen Personalmanagements diskutiert. Ausgehend von den Rollen des Personalmanagements und dem Selbstverständnis des Personalmanagements als »interner Dienstleister« werden unterschiedliche Wertschöpfungsdimensionen herausgearbeitet und die Konsequenzen für die Messung diskutiert. Darüber hinaus wird die Bedeutung verschiedener Instrumente der Wertschöpfungsmessung, wie Kennzahlen, Personalbeurteilungen, Mitarbeiterbefragungen, Benchmarking und die Unterstützung der Evaluation durch Personalinformationssysteme erörtert.

Den Abschluss dieses Hauptteils bildet die prozessbezogene Wertschöpfungsmessung im Personalmanagement. Hier werden sechs Personalmanagementprozesse bzw. -funktionen unterschieden und Ansätze für die Wertschöpfungsmessung in diesen Prozessen vorgestellt.

Der *zweite Hauptteil* thematisiert die integrierte Wertschöpfungsmessung im Wertschöpfungscenter Personal (Abb. 2).

Wertschöpfungscenter	
Management- und Service-Dimension mit nicht-monetärer Evaluation des Nutzens	Business-Dimension mit monetärer Evaluation des Nutzens
Management- und Servicebereitschaft	Cost-Center Kosten- und Kostenvergleichsgrößen als Steuerungsinstrument
Management- und Serviceumfang	Revenue-Center Leistungs- und Leistungsvergleichsgrößen als Steuerungsinstrument
Management- und Servicequalität	Profit-Center Erfolgs- und Erfolgsvergleichsgrößen als Steuerungsinstrument

Abb. 2: Wertschöpfungscenter Personal als Ansatz der Wertschöpfungsmessung

Dabei wird die Wertschöpfungsmessung in den drei Dimensionen Management, Service und Business innerhalb des Wertschöpfungscenters behandelt (Abb. 3). In der Management-Dimension steht die Evaluation strategischer Aufgaben im Vordergrund. In der Service-Dimension geht es um die Evaluation eines service- und kundenorientierten Personalmanagements. Weiter wird die Messung der Wertschöpfung in der Business-Dimension des Wertschöpfungscenters ausgeführt. Dazu können je nach Entwicklungsstand der Business-Dimension verschiedene Ansätze verwendet werden, wie z.B. Gemeinkostenmanagement, Prozesskostenrechnung und Verrechnungspreise.

Controllingdimension	Operationalisierung
Management-Dimension	Managementqualität (v. a. Analyse, Innovation, Planung, Koordination, Umsetzung)
Service-Dimension	Dienstleistugsqualität (v. a. Zufriedenheit und Loyalität von Kunden und Mitarbeitern) Messung durch Kunden- und Mitarbeiterbefragungen
Business-Dimension	Ökonomische Qualität (v. a. Wirtschaftlichkeit und Rentabilität) Messung durch Kosten-, Leistungs- und Erfolgsbewertung

Abb. 3: Controllingdimensionen im Wertschöpfungscenter Personal

Der *dritte Hauptteil* befasst sich mit dem wertschöpfungsorientierten Personalcontrolling mit integrierten Bewertungsmodellen (Abb. 4).

Balanced Scorecard
- finanzwirtschaftliche Perspektive
- Kundenperspektive
- Lern- und Entwicklungsperspektive
- interne Prozessperspektive

EFQM-Modell für Excellence
- Führung
- Politik & Strategie
- Mitarbeiter
- Partnerschaften und Ressourcen
- Prozesse
- Kundenbezogene Ergebnisse
- Mitarbeiterbezogene Ergebnisse
- Gesellschaftliche Ergebnisse
- Schlüsselergebnisse

Business Excellence-Modell
- Ressourcen und Ansprüche
- Business Excellence-Management
- Ergebnisse

Abb. 4: Integrierte Ansätze zur Messung der Wertschöpfung im Personalmanagement

A. Personal-controlling

Zunächst wird dazu die Wertschöpfungsmessung im Personalmanagement mit dem strategieorientierten Ansatz der Balanced Scorecard behandelt. Anschließend erfolgt die Diskussion der Messung der Wertschöpfung im Personalmanagement im Kontext des europäischen EFQM-Modells für Excellence. Dazu werden zwei Anwendungsmöglichkeiten des Modells für das Personalmanagement diskutiert. Abschließend wird die Evaluation der Wertschöpfung mit Hilfe des Business Excellence-Modells diskutiert, das eine Weiterentwicklung des EFQM-Modells darstellt.

Den Abschluss bildet eine Zusammenfassung der wesentlichen Ergebnisse dieser Arbeit.

2. Konzeptionelle Grundlagen

Kapitelübersicht

2.1	Controlling und Personalcontrolling	9
2.1.1	Controlling	9
2.1.2	Personalcontrolling	12
2.2	Messung und Evaluation	21
2.3	Kennzahlen	28
2.4	Wertschöpfung	30
2.4.1	Wert und Nutzen	30
2.4.2	Volkswirtschaftliche Wertschöpfung	31
2.4.3	Betriebswirtschaftliche Wertschöpfung	33
2.4.3.1	Die Eigentümer-Unternehmung und die Unternehmung als quasi-öffentliche Institution	33
2.4.3.2	Wertschöpfung als Maß für die Leistungskraft des Unternehmens	35
2.4.4	Wertschöpfungsbegriffe in der Managementlehre	40
2.4.4.1	Prozessbezogene Wertschöpfung	40
2.4.4.2	Strategiebedingte Wertschöpfung	43
2.4.4.3	Wertschöpfung durch umfassendes Qualitätsmanagement	49
2.4.4.4	Wertschöpfung im Dienstleistungsmanagemen	56
2.5	Wertschöpfungsmessung als Aufgabe des Personalcontrollings	60

2.1 Controlling und Personalcontrolling

2.1.1 Controlling

Mit dem Begriff Controlling werden unterschiedliche Vorstellungsinhalte verbunden. Der Begriff leitet sich vom englischen Wortstamm »control« ab. Dabei bedeutet der Begriff in der Verbform (1) lenken, steuern, regeln; (2) führen, leiten und (3) bedienen, beherrschen, kontrollieren. In der substantivischen Form wird dagegen vorwiegend Kontrolle, Prüfung, Zwang, Aufsicht, Überprüfung, Macht, Befehl, Gewalt, Einschränkung, Führung, Zurückhaltung darunter verstanden.[10]

Im angloamerikanischen Sprachraum wird Controlling als zentrale Managementfunktion aufgefasst, die als »measurement of accomplishment of events against the standard of plans and the correction of deviations to assure attainment of objectives to plans«[11] verstanden wird.[12] Controlling als

---

10 Vgl. z. B. Eschenbach 1994, S. 49 f.; Hahn 1996, S. 175 ff.
11 Richter 1987, S. 16.
12 Vgl. auch Habersam 1997.

A. Personalcontrolling

zentrale Managementaufgabe sollte von allen Linieninstanzen erfüllt werden und ist daher nicht ausschließliche Aufgabe eines Controllers. Neben dieser Aufgabe des Soll-Ist-Vergleichs wird Controlling weitergehend auch im kybernetischen Sinn als Lenkung, Steuerung und Regelung von Prozessen verstanden.

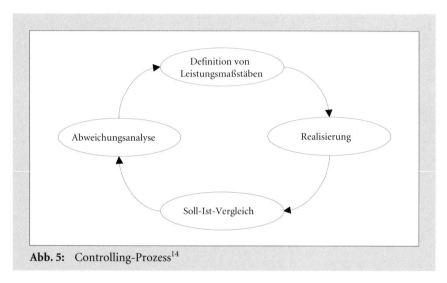

Abb. 5: Controlling-Prozess[14]

Da es im deutschen Sprachraum nach übereinstimmender Auffassung der Fachliteratur kein entsprechendes Wort mit gleichem Bedeutungsinhalt gibt, wurde der Controllingbegriff in den deutschen Sprachschatz übernommen.[15] Dabei konnte sich jedoch weder in der Wissenschaft noch in der Praxis eine einheitliche Definition für das Controlling durchsetzen. So existieren verschiedene Konzeptionen des Controllings:[16]

– informationsorientierte Konzeption,
– führungssystembezogene Konzeption und
– Praktikeransätze.

Während bei der *informationsorientierten* Konzeption das *Informationsziel* im Vordergrund steht (neben der informationsorientierten Konzeption kann auch noch die rechnungswesenorientierte Konzeption differenziert werden, die sich bei Informationsverwendung auf die Daten des Rechnungswesens beschränkt), liegt bei der *führungssystembezogenen* Konzepti-

---

13 Vgl. Eschenbach 1994, S. 50.
14 Eigene Darstellung.
15 Vgl. Horváth 1996, S. 25 f. Allerdings hat sich der Controlling-Begriff in den USA für das Personalmanagement bisher nicht durchgesetzt.
16 Vgl. Risak/Deyhle 1992; Deyhle 1993; Eschenbach 1994, S. 50; Küpper 1997, S. 5 ff.

on eine stärkere Betonung des *Koordinationsziels* vor. Dabei wird das Controlling als Teilsystem der Unternehmensführung betrachtet. Neben der *planungs- und kontrollorientierten Konzeption* des führungssystembezogenen Controllings, die sich auf die Planung, Steuerung und Kontrolle einschließlich zugehöriger Informationsversorgung bezieht, umfasst die *koordinationsorientierte Konzeption* das gesamte Führungssystem mit seinen Teilsystemen: Wertesystem, Planungs- und Kontrollsystem, Informationssystem, Personalführungssystem, Motivations- und Anreizsystem und Organisationssystem. *Praktikeransätze* heben vielfach die allgemeine Zielorientierung des Controllings hervor, wobei Controlling als Instrument zur zielorientierten Unternehmensführung gesehen wird.[17]

Folgende Aufgabenkomplexe und Instrumente des Controllings lassen sich unterscheiden, die auch auf das Personalmanagement angewendet werden können:

Aufgaben	Instrumente
– Analysen, Prognosen	– Benchmarking – Kennzahlensystem – Frühwarnsysteme, Szenariotechnik
– Projektplanung, Produktplanung	– Netzplantechnik – Wertanalyse – Nutzwertanalyse – Projekt- und Produktkalkulation, auch Target-Costing – Wirtschaftlichkeitsrechnungen
– Funktionsbereichsplanung	– Gemeinkostenwertanalyse – Zero-Base-Budgeting – Nutzwertanalyse – Kalkulation – Kostenstellenrechnung – Wirtschaftlichkeitsrechnungen
– Programmplanung	– Portfolioanalyse – Break-Even-Analyse – Nutzwertanalyse – Wirtschaftlichkeitsrechnungen – Deckungsbeitragsrechnungen – Modell mit Simulation

Abb. 6: Ausgewählte Aufgaben und Instrumente des Controllings[18]

---

17 Vgl. Eschenbach 1994, S. 56 ff.
18 Vgl. Hahn 1996, S. 193.

A. Personal-controlling

2.1.2 Personalcontrolling

Der Begriff des Personalcontrollings kann sich nach dem Wortlaut entweder auf das *Controlling des Personals* oder auf das *Controlling der Personalarbeit* beziehen.[19] Das Controlling des Personals hat seine Ursprünge im amerikanischen Human Resource Accounting der 60er Jahre, das sich allerdings in den Unternehmen nicht durchsetzen konnte. Dagegen entwickelte sich erst in den 80er Jahren (vgl. Abb. 7) als Folge der breiten Controlling-Diskussion in Wissenschaft und Praxis in Zusammenhang mit den funktionalen Controlling-Varianten (z.B. Logistik-, Produktions-, F&E- und Marketing-Controlling) der Gedanke, auch für den Personalbereich ein Controlling zu konzipieren. Dabei wird in jüngster Zeit Personalcontrolling aus verschiedenen Perspektiven diskutiert, wie z. B. aus ökonomischer, organisationaler, politischer oder verhaltenswissenschaftlicher Perspektive.[20] Zuletzt erfolgte schließlich die Integration in integrierte Bewertungsmodelle wie Balanced Scorecard (BSC) oder EFQM-Modell.

- *Philosophie des Personalcontrollings*

Die *Philosophie* des Personalcontrollings stellt die menschliche Arbeit als eigentliche Quelle der Wertschöpfung in Leistungsprozessen in den Mittelpunkt. Dabei konzentriert es sich auf Humanpotenzial, Leistungsverhalten und Leistungsergebnisse. Das Konzept der Wertschöpfung entspricht dabei dem Personalmanagement und damit auch dem Personalcontrolling besonders gut, da sich die verschiedenen Ziele und Aspekte des Personalmanagements in einer Analyse gut integrieren lassen und nicht nur einseitig Kosten betrachtet werden.[21]

In dem Maße, in dem in der Praxis heutzutage die Selbstorganisation im Gegensatz zu einer Fremdsteuerung gefordert und betont wird, bedeutet das auch für ein Personalcontrolling eine Zunahme an Selbst-Controlling. Gleichzeitig gewinnen jedoch dadurch auch übergeordnete Bewertungsansätze des Personalcontrollings an Bedeutung,[22] um die Koordination des Gesamtsystems strukturell gewährleisten zu können. Die Gestaltung des Personalcontrollings ist damit auch stark von der Managementphilosophie abhängig, insbesondere können hier auch unterschiedliche Formalisierungsgrade des Personalcontrollings unterschieden werden.[23]

---

19 Das Controlling des Personals kann auch als *faktororientiertes*, das Controlling der Personalarbeit auch als *prozessorientiertes* Personalcontrolling bezeichnet werden. Vgl. Metz/Knauth 1994, S. 424; Metz/Winnes/Knauth 1995, S. 132.
20 Vgl. Halene Blankenagel 1993, S. 30 ff.; Wunderer/Schlagenhaufer 1994, S. 13 ff.; Rohleder 1995, S. 12 ff.; Küpper 1997, S. 402 ff.; Haunschild 1998.
21 Vgl. Wunderer/Schlagenhaufer 1994, S. 12 f.
22 Vgl. dazu die integrierten Bewertungsansätze in Kapitel 8, 9 und 10 ab Seite 355 ff.
23 Vgl. hierzu auch den Unterschied zwischen qualitativem und quantitativem Controlling in Abbildung 10.

2. Konzeptionelle Grundlagen

1986: Potthoff/Trescher
Personalcontrolling wird durch die drei Funktionen Planung, Kontrolle und Abweichungsanalyse im strategischen und operativen Sinne charakterisiert
Forschungsmethodik: Theoretische Analysen

▼

1987: Wunderer/Sailer
Personalcontrolling ist durch die Ziele einer strategischen und ökonomischen Orientierung bzw. Fundierung der Personalarbeit zu charakterisieren; dabei operiert dieses Controlling auf drei Ebenen:
– Kosten-Controlling
– Effizienz- bzw. Wirtschaftlichkeits-Controlling
– Effektivitäts- bzw. Rentabilitäts-Controlling
Forschungsmethodik: Theoretische/Empirische Analysen

▼

1989: Schulte
Personalcontrolling ist durch eine ausgeprägte Kennzahlenorientierung zu charakterisieren
1989: Wunderer
Konzept des **Personalcontrollings**
Forschungsmethodik: Theoretische Analysen

▼

1990: Papmehl
Personalcontrolling wird als strategisches Plan- und Steuerungsinstrument für den Personalbereich charakterisiert
Forschungsmethodik: Theoretische/Empirische Analyse

▼

1992: Wunderer
Personalcontrolling wird als Instrument zur Evaluation der Management-/Service- sowie Business-Dimension des Personalmanagements verstanden.
Forschungsmethodik: Theoretische/Empirische Befunde

▼

1993: Hentze/Kammel
Personalcontrolling wird als umfassende Konzeption zur proaktiven Gestaltung personalwirtschaftlicher Systeme und der Bereitstellung relevanter Informationen verstanden
Forschungsmethodik: Theoretische/Empirische Analyse

▼

1998: Haunschild
Personalcontrolling wird aus verhaltenswissenschaftlicher, ökonomischer und organisationaler Perspektive thematisiert
1998: Wimmer/Neuberger
Personalcontrolling wird aus ökonomischer, Management- und politischer Perspektive analysiert und diskutiert
Forschungsmethodik: Theoretische/Empirische Befunde

▼

1999: Wunderer/Jaritz
Personalcontrolling wird im Kontext von integrierten Bewertungsmodellen wie z.B. Balanced Scorecard und EFQM-Modell thematisiert und diskutiert
Forschungsmethodik: Theoretische/Empirische Befunde

Abb. 7: Entwicklung der Personalcontrolling-Idee im deutschsprachigen Raum[24]

---

24 Vgl. Wunderer/Schlagenhaufer 1994, S. 13 ff.; Hentze/Kammel 1993, S. 27; Wimmer/Neuberger 1998, S. 514 ff.; Haunschild 1998; Haunschild 1998, vgl. Wunderer/Jaritz 2006, 1. Auflage von 1999.

A. Personalcontrolling

- *Definition des Personalcontrollings*

In der Literatur findet sich eine Vielzahl von Definitionen des Personalcontrollings. Häufig wird dabei Personalcontrolling als Planung, Steuerung bzw. Regelung, Kontrolle und Analyse verstanden.[25]

In der *Planungsfunktion* kann die Zielplanung, die Maßnahmenplanung und die Ressourcenplanung unterschieden werden, wobei die Maßnahmen- und die Ressourcenplanung aus der Zielplanung abgeleitet werden können.[26] Die *Steuerungs- bzw. Regelungsfunktion* kann als Unterfunktion der Planung aufgefasst werden, dabei geht es um die Umsetzung der Planung.

In der *Kontrollfunktion* können verschiedene Kontrollarten unterschieden werden, die sich auf die Planung beziehen. Dies sind z. B.:
- Ist-Ist-Vergleiche (Zeitvergleichskontrolle)
- Soll-Ist-Vergleiche (Planabweichungskontrolle)
- Soll-Wird-Vergleiche (Planfortschrittskontrolle)
- Ist-Wird-Vergleiche (Prämissenkontrolle)
- Wird-Ist-Vergleiche (Prognosekontrolle).

Die Analysefunktion schließlich versucht Differenzen zwischen den Planungs- und Kontrollgrößen zu erklären, mit dem Ziel Planungsabweichungen zu vermindern.

> Definition Personalcontrolling: Das planungs- und kontrollgestützte, integrative Evaluationsdenken und -rechnen zur Abschätzung von Entscheidungen zum Personalmanagement, insbesondere zu deren ökonomischen und sozialen Folgen.

Personalcontrolling wird damit als Steuerungsinstrument verstanden mit dem »Ziel einer optimalen *Wertschöpfung* der menschlichen Ressourcen.«[27] Entsprechend verstehen wir Personalcontrolling als *Controlling der Personalarbeit*.[28]

Die Evaluation ist damit ein integraler Bestandteil des Personalcontrollings. Im führungssystembezogenen Personalcontrolling kann sich die Evaluation der Personalarbeit dabei auf die Planung, Kontrolle einschließlich der Informationsversorgung beziehen (planungs- und kontrollorientierte Kon-

---

25 Vgl. Halene Blankenagel 1993, S. 18 und die dort zitierte Literatur. Vgl. auch Kapitel 2.1.1, S. 9 ff.
26 Vgl. dazu ausführlich Halene Blankenagel 1993, S. 75.
27 Wunderer 1989, S. 243 ff.; Wunderer 1992; Wunderer/Schlagenhaufer 1994; vgl. dazu auch Küpper 1990, S. 522 ff.
28 Vgl. auch Groth/Kammel 1993, S. 470 f.

zeption) oder auf das gesamte Führungssystem angewendet werden (koordinationsorientierte Konzeption).[29]

Konzentriert man sich auf die Evaluation im Personalcontrolling, dann lassen sich neben verschiedenen Controlling-Phasen auch entsprechende Methoden und Instrumente unterscheiden (Abb. 8). Bei den Methoden lassen sich z. B. Wirkungsanalysen als qualitative Ursache-Wirkungs-Überlegungen, Wirtschaftlichkeitsanalysen als ökonomische Effizienz- oder Produktivitätsverhältnisse und Wert- bzw. Nutzenanalysen als Bewertung von Sachverhalten und Zusammenhängen unterscheiden. Häufig benutzte Evaluationsinstrumente sind z. B. Mitarbeiter- und Kundenumfragen oder die Kostenrechnung. Als Maßnahmen auf der untersten Ebene der Datenerhebungen können Messungen, Schätzungen und Plausibilitätsüberlegungen differenziert werden:

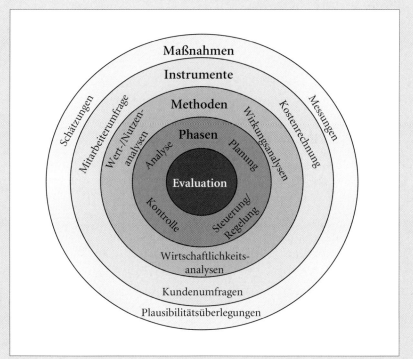

Abb. 8: Evaluation als integraler Bestandteil des Personalcontrollings[30]

---

29 Vgl. auch Kapitel 1.1.1, S. 6 ff.
30 Eigene Darstellung.

A. Personalcontrolling

- *Dimensionen des Personalcontrollings*

Entsprechend dem Entwicklungsstand des Personalcontrollings lassen sich drei Dimensionen des Personalcontrollings unterscheiden:

1. Kostencontrolling,
2. Effizienz- bzw. Wirtschaftlichkeitscontrolling und
3. Effektivitäts- bzw. Erfolgscontrolling.[31]

Diese eignen sich auch für die Differenzierung der Wertschöpfungsmessung.

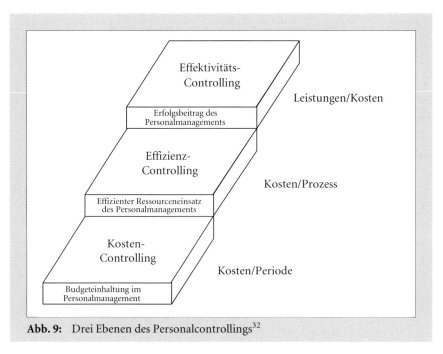

Abb. 9: Drei Ebenen des Personalcontrollings[32]

Das *Kostencontrolling* beinhaltet die periodische Planung der Personalkosten und der Kosten der Personalabteilung selbst. Die Wertschöpfung liegt hier in der Einhaltung der Budgetvorgaben. Das *Effizienzcontrolling* betrachtet die Produktivität der Personalarbeit durch einen Vergleich von tatsächlichem und geplantem Ressourceneinsatz für die personalwirtschaftlichen Prozesse. Wertschöpfung ist hier der effiziente Umgang mit Ressourcen. Das *Effektivitätscontrolling* zielt schließlich auf den Erfolgsbeitrag der Personalarbeit zum Unternehmenserfolg ab. Die Wertschöpfung beinhaltet

---

31 Wunderer/Sailer 1987; Wunderer/Schlagenhaufer 1994, S. 21 ff.
32 Vgl. Wunderer/Sailer 1987; Wunderer/Schlagenhaufer 1994, S. 21 ff.

hier die bedarfsgerechte Gestaltung der Personalfunktionen zur langfristigen Sicherung des Humanpotenzials. Die Messung der Wertschöpfung im Rahmen des Effektivitätscontrollings gestaltet sich am schwierigsten, da der Erfolg des Personalmanagements weder direkt gemessen noch eindeutig zugerechnet werden kann. Eine Erfassung über ein ausdifferenziertes Indikatorensystem ist daher notwendig.

- *Qualitatives und quantitatives Controlling*

Die Messung der Wertschöpfung im Personalmanagement entspricht damit der Evaluations- bzw. der Kontrollfunktion des Personalcontrollings. Dabei ist das Personalcontrolling jedoch nicht nur vergangenheitsorientiert, sondern auch zukunftsgerichtet. Gleichzeitig darf sich die Wertschöpfungsmessung nicht bloß auf das quantitative Controlling beschränken, sondern muss explizit auch das qualitative Controlling mit einbeziehen.

Dabei unterscheiden sich qualitatives und quantitatives Controlling wie folgt:

Qualitativ orientiertes Controlling	Quantitativ orientiertes Controlling
– Einsatz menschlicher und ökonomischer Potenziale	– Nutzung ökonomischer Faktoren
– Wirkungsnetzdenken dominiert	– Wirkungskettendenken
– langfristige Existenzsicherung	– kurzfristige Gewinnmaximierung
– qualitatives Wachstum	– quantitatives Wachstum
– Leitbild-Controlling	– Kennzahlen-Controlling
– Potenzialsteuerung	– Gewinnsteuerung
– tendenziell strategisch	– tendenziell operativ
– immateriell und materiell orientiert	– materiell orientiert

Abb. 10: Qualitatives versus quantitatives Controlling[33]

In der Personalmanagementpraxis scheint die qualitative Steuerung leicht zu dominieren, auch wenn in einigen Unternehmen überwiegend quantitative Steuerungselemente verwendet werden (Abb. 11). Die meisten Unternehmen verwenden jedoch eine ausgewogene Steuerung.

---

33 Vgl. Prasch 1990, S. 505; Mayer 1993, S. 44; Wunderer/Schlagenhaufer 1994, S. 16 f.

A. Personalcontrolling

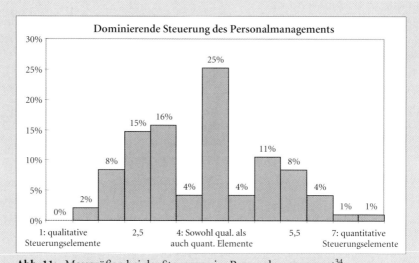

Abb. 11: Messgrößen bei der Steuerung im Personalmanagement[34]

- *Operatives und strategisches Personalcontrolling*

Operatives Personalcontrolling beschäftigt sich im quantitativen Bereich vor allem mit Kosten- und Wirtschaftlichkeitsgrößen, im qualitativen Bereich mit der Qualität und Wirksamkeit von Prozessen, Strukturen sowie Denk- und Verhaltensmustern von Führung und Personalmanagement. Es ist durch Gegenwartsbezug und eine unmittelbare Orientierung am Tagesgeschäft zu charakterisieren.

Strategisches Personalcontrolling konzentriert sich dagegen auf die Ziel- und Programmevaluation. Dabei geht es um die Evaluation der Personalstrategie innerhalb der Unternehmensstrategie und die Evaluation der Umsetzung von Strategien in konkreten Maßnahmen und Instrumenten.[35]

- *Verbreitung des operativen und strategischen Personalcontrollings*

In der Praxis zeigt sich, dass das operative Personalcontrolling wesentlich weiter verbreitet ist als das strategische Personalcontrolling. 73% der befragten Unternehmen verfügen zumindest teilweise über ein operatives Personalcontrolling, während nur 41% zumindest teilweise über ein strategisches Personalcontrolling verfügen (Abb. 12).

---

34 Quelle: eigene Umfrage 1997, N=95. Frage: Dominiert in Ihrem Unternehmen eher die qualitative oder die quantitative Steuerung des Personalmanagements? Vgl. Wunderer/Arx/Jaritz 1997, S. 12.
35 Vgl. Wunderer/Schlagenhaufer 1994, S. 16; Wunderer 1997c, 12 ff.

Strategisches Controlling ist dabei wesentlich stärker und differenzierter für die Evaluation der Management-Dimension[36] geeignet, indem es die strategischen Aufgaben zur Unternehmenssicherung betrifft. Dagegen betrifft das operative Controlling vor allem auch die Service-Dimension[37].[38] Versteht man das strategische Controlling als Effektivitäts-Controlling im Vergleich zum operativen Controlling als Effizienz- und Kosten-Controlling, so ist der geringere Einsatz des strategischen Personalcontrollings dadurch begründet, dass genau die Wertschöpfungsanalysen, die für eine Effektivitätsbeurteilung notwendig sind, sich für das Personalmanagement besonders problematisch gestalten. Denn eine vollständige Quantifizierung der Wirkungszusammenhänge ist nicht möglich. Gerade hier ist es daher notwendig, die bisherige Praxis der Wertschöpfungsmessung zu überschreiten, da die Bedeutung der strategischen Wertschöpfung in der Praxis noch zu wenig gesehen wird.

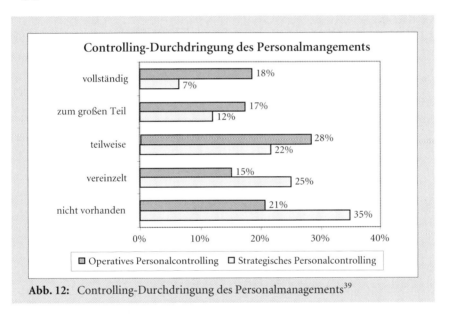

Abb. 12: Controlling-Durchdringung des Personalmanagements[39]

---

36 Zur Management-Dimension vgl. Kapitel 2.5, S. 60 ff. sowie Kapitel 5, S. 249 ff.
37 Zur Service-Dimension vgl. Kapitel 2.5, S. 60 ff. sowie Kapitel 6, S. 280 ff.
38 Vgl. Wunderer 1997a, S. 21.
39 Quelle: eigene Umfrage 1997 in deutschen und schweizerischen Unternehmen, N = 92. Frage: Welche der nachfolgenden Aussagen treffen auf Ihr Personalmanagement zu?
  1. Unser Unternehmen verfügt über ein systematisches operatives Personal-Controlling.
  2. Unser Unternehmen verfügt über ein strategisches Personal-Controlling.
  Vgl. Wunderer/Arx/Jaritz 1997, S. 13.

A. Personal-controlling

Nach der HR-Benchmarking Studie 2004 von Knyphausen/Meck ist das Personalcontrolling bzw. die Optimierung des Personalbereichs bei 11% aller befragten Unternehmen (N=60) ein Hauptaspekt der Strategie des Personalbereiches.[40]

Abb. 13: Hauptaspekte der Strategie des Personalbereichs[41]

In der gleichen Studie gaben 48% der Unternehmen an, nicht oder nur teilweise über ein HR-Controlling-System zu verfügen.[42] Im Vergleich mit Abb. 12 hat damit die Personalcontrolling-Verbreitung in den letzen sieben Jahren deutlich zugenommen, damals verfügten noch 64% bzw. 82% nicht, vereinzelt oder nur teilweise über ein operatives bzw. strategisches Personalcontrolling.

- *Funktionen des Personalcontrollings*

Für das Personalcontrolling lassen sich folgende spezifische Funktionen ableiten:

a) *Integrations- und Schnittstellenfunktion*
   Diese umfasst erstens die Integration verschiedener Ebenen der betrieblichen Personalarbeit (z. B. Personalplanung: Beschaffungs-, Entwicklungs-, Einsatz-, Freisetzungs- und Bedarfsplanung). Zweitens bezweckt sie die Integration verschiedener betrieblicher Funktions- und Servicebereiche im Sinne eines Schnittstellenmanagements (z. B. Abstimmung der Personalplanung und der Personalentwicklung mit den Erfordernissen der Produktion). Schließlich geht es auch um die Integration der normativen und strategischen Geschäftspolitik im Sinne eines strategi-

---

40 Vgl. Knyphausen-Aufseß/Meck 2004, S. 40 ff.
41 Vgl. Knyphausen-Aufseß/Meck 2004, S. 41. Aufgabe: »Fassen Sie in kurzen Worten die Hauptaspekte ihrer Strategie des Personalbereichs zusammen.«
42 Vgl. Knyphausen-Aufseß/Meck 2004, S. 42.

schen Controllings (Abstimmung der strategischen Personalplanung mit der strategischen Unternehmensplanung).

b) *Transparenz- und Frühwarnfunktion*
Es handelt sich dabei um die Bereitstellung eines Kontroll-, Analyse- und Steuerungsinstruments für personalwirtschaftliche Entscheidungen auf der Basis von Kennziffern und Erfolgsindikatoren und damit auch um die Verbesserung der Argumentationsfähigkeit von Personalverantwortlichen.

c) *Strategische Funktion*
Gegenstand der strategischen Funktion ist das Bereitstellen eines Analyserahmens für normative und strategische Entscheidungen des Personalmanagements im Sinne eines Mitbedenkens der Konsequenzen von Entscheidungen in anderen Funktionsbereichen (z. B. Marketing, Produktion etc.). Im weiteren geht es um die Bereitstellung der Analysen, welche Personalfunktion (vor allem in der Linie und der zentralen Personalabteilung) unterstützt.

d) *Beratungs- und Lotsenfunktion*
Sie bezieht sich auf die Bereitstellung von zum Teil aufgearbeiteten und aggregierten Informationen für führungs- und personalpolitische Entscheide der Linie, zum Teil auch auf spezielle Anforderung.

Die Wertschöpfungsmessung im Personalmanagement unterstützt die *Transparenz- und Frühwarnfunktion* des Personalcontrollings durch die Bereitstellung eines Kontroll-, Analyse- und Steuerungsinstruments für personalwirtschaftliche Entscheidungen auf der Basis von Kennzahlen und Erfolgsindikatoren. Sie verbessert damit auch die Argumentationsfähigkeit von Personalverantwortlichen. In der *strategischen Funktion* unterstützt die Wertschöpfungsmessung normative und strategische Entscheidungen, indem die Konsequenzen von Entscheidungen mitbedacht werden.[43] Darüber hinaus unterstützt die Wertschöpfungsmessung auch Entscheidungen der Linie und ist damit für die *Beratungs- und Lotsenfunktion* notwendig.

2.2 Messung und Evaluation

»Alles messen, was messbar ist, und versuchen, messbar zu machen, was es noch nicht ist.« G. Galilei.

Nach der klassischen Definition von Stevens ist *Messung* die »Zuordnung von Zahlen zu Objekten nach bestimmten Regeln«[44]. Wie diese Regeln genau aussehen können und welche Konsequenzen sich aus der Anwendung

---

43 Vgl. Wunderer/Schlagenhaufer 1994, S. 20.
44 Stevens 1951.

unterschiedlicher Regeln für die Messung ergeben, ist das Gebiet der axiomatischen Messtheorie.[45] Für die Messbarkeit ist die Möglichkeit der Repräsentation eines empirischen Phänomens (*empirischer Relativ*) durch eine Zahl (*numerischer Relativ*) entscheidend.[46] Daher ist es aus Sicht der Messtheorie sinnvoll, die Unterscheidung zwischen qualitativen und quantitativen Phänomenen in Bezug auf das Messproblem aufzugeben,[47] da sich durch die analytische Betrachtung ein zunächst rein qualitativ erscheinendes Phänomen mehrdimensional quantitativ darstellen und annähern lässt. Eine Messung ist damit per se quantitativ.[48]

Vor der eigentlichen Messung steht jedoch die Operationalisierung des theoretischen Konstrukts. Diese beinhaltet eine Menge hinreichend genauer Anweisungen, nach denen das untersuchte Phänomen den Kategorien einer oder mehrerer Variablen zugewiesen werden kann. Die Operationalisierung setzt jedoch nicht unbedingt die Verwendung von Zahlen oder numerischer Operationen voraus. Dies ist erst bei der Messung der Fall.

In Teilbereichen der Betriebswirtschaftslehre (als auch der Volkswirtschaftslehre) wird mit Begriffen gearbeitet, die der *unmittelbaren Messung* zugänglich sind, was auf die enge Verknüpfung des theoretischen Denkens und der empirischen Erfassung in diesen Bereichen zurückgeht. Ähnlich wie in den Naturwissenschaften ist hier bereits die Begriffsbildung operational, so dass das theoretische Konstrukt, der operationalisierte Begriff und die Messung weitgehend kongruent sind.

Eine wichtige Unterteilung bei der unmittelbaren Messung ist die in objektive und subjektive Phänomene. Als *objektiv* werden dabei die Daten betrachtet, die unveränderliche Eigenschaften betreffen, *subjektiv* sind demgegenüber die Daten, die Urteile, Meinungen, Absichten oder Pläne von Menschen beinhalten. Lange Zeit beschränkte sich die Messtheorie auf diese Gliederung. Neuere Fragestellungen, wie z. B. Lebensqualität und Sozialverantwortung des Unternehmens, haben jedoch die Grenzen der traditionellen Unterscheidung sichtbar werden lassen. Diese neueren Probleme erfordern schon komplexe theoretische Begriffe, deren Operationalisierung sehr schwierig ist. In diesem Kontext ist die Indikatorenforschung zu sehen.

---

45 Die Messtheorie wurde von Suppes und Zinnes 1963 begründet. Zur Einführung siehe Orth 1974.
46 Eine Messung im Sinne der Messtheorie liegt vor, wenn (= def.) ein Isomorphismus oder Homomorphismus zwischen einem empirischen und einem numerischen Relativ existiert. Vgl. Diekmann 1995, S. 247.
47 Vgl. Hujer/Cremer 1977, S. 3.
48 Vgl. auch Becker 1998, S. 142 ff.

- *Indikatoren*

Indikatoren sind das Ergebnis von *indirekten Messungen*. Ihre Ermittlung folgt der Überlegung, dass es oft nicht möglich ist, ein Phänomen vollständig zu erfassen, sondern nur eine oder mehrere Merkmalsdimensionen.[49] Indikatoren repräsentieren daher lediglich das theoretische Konstrukt. Dabei können folgende Indikatoren mit Bezug auf das Indikandum (= theoretisches Konstrukt) unterschieden werden:[50]

1. *voll-teilidentische Indikatoren* (Beispiel: der Rohölpreis als Indikator für den Benzinpreis)

2. *partiell-teilidentische Indikatoren* (Beispiel: das Pro-Kopf-Einkommen der Bevölkerung als Indikator für den Lebensstandard)

3. *nicht-identische Indikatoren* Hier liegen meist empirische Korrelationen von Indikator und Indikandum vor. (Beispiel: (negative) Korrelation zwischen dem Krankenstand und der allgemeinen Arbeitslosigkeit)

4. Die Daten aus der *unmittelbaren Messung* lassen sich ebenfalls einordnen, wenn ein voll-teilidentischer Indikator mit dem Indikandum identisch ist. (Beispiel: Der betriebswirtschaftlich definierte Gewinn eines Unternehmens).

- *Index*

Da eine eindimensionale Betrachtungsweise bei vielen Messproblemen nicht adäquat erscheint und es damit notwendig wird, mehrere Dimensionen zu berücksichtigen, werden diese zu einem Index zusammengefasst. Ein Index ist danach ein zusammengesetzter Indikator, für den entsprechend auch die obige Typologie gilt. Problematisch bei der Indexbildung ist besonders die Wahl der Gewichtung der einzelnen Indikatoren (Abb. 14).

---

49 Vgl. Eichenberger 1992, S. 89 ff.
50 Vgl. Hujer/Cremer 1977, S. 3 f.

Indikator: Zufriedenheit mit ...	Gewichtung	Beurteilung (von 1 bis 5) 1 = negativ, 5 = positiv
Aufgaben und Arbeitssituation	25%	3,5
monetärem Anreizsystem	20%	2,5
sozialem Umfeld	15%	3,2
organisatorischem Umfeld	15%	3,2
Entwicklungsmöglichkeiten	20%	3,4
Unternehmensimage	5%	4,3
Index: Mitarbeiterzufriedenheit	*100%*	*3,23*

Abb. 14: Beispiel für einen Index zur Mitarbeiterzufriedenheit[51]

- *Gütekriterien*

Messinstrumente müssen allgemein anerkannten Gütekriterien genügen. Dazu ist der Nachweis erforderlich, dass das einzelne Messverfahren:

– *objektiv* ist, d. h. dass verschiedene Messungen in gleichen Situationen zum gleichen Messergebnis kommen,
– *reliabel* ist, d. h. das Messinstrument sollte das, was es misst, zuverlässig messen,
– *valide* ist, d. h. das Messinstrument sollte tatsächlich das messen, was es zu messen vorgibt, und
– *ökonomisch* ist, d. h. der Aufwand bei der Messung sollte in einem vertretbaren Verhältnis zum Ergebnis stehen.[52]

Der wesentlichste Aspekt ist dabei die Validität, denn ein noch so objektives, reliables und ökonomisches Verfahren ist unbrauchbar, wenn es nicht das misst, was es zu erfassen vorgibt.[53] Von fast ebenso großer Bedeutung ist für die Praxis die Ökonomie der Messung. Denn ein noch so valides Verfahren ist für die Praxis unbrauchbar, wenn der Nutzen der Messung nicht den Messaufwand rechtfertigen kann.

- *Skalenniveaus*

Allgemein unterscheidet man vier *Skalenniveaus* der Messung:

---

51 Eigene Darstellung.
52 Vgl. Hujer/Cremer 1977, S. 13 f.; Müller-Böling 1991, S. 213 ff.; Diekmann 1995, S. 216 ff.; Stier 1996.
53 Objektivität ist eine notwendige Bedingung für Reliabilität, Reliabilität ist eine notwendige Bedingung für Validität.

1. Bei der Nominalskala handelt es sich lediglich um eine Klassifikation von Objekten nach der Relation Gleichheit oder Verschiedenheit. Der einzige Mittelwert der bei Nominalskalen bedeutsam ist, ist der Modalwert, der die Klasse mit der höchsten Besetzungszahl angibt. (Beispiel: »*rot*«, »*grün*« und »*blau*«).
2. Das nächst höhere Messniveau ist die Ordinalskala, wobei eine Rangordnung der Objekte vorausgesetzt wird. Da bei einer Ordinalskala die Abstände zwischen den Skalenwerten nicht interpretierbar sind, dient als Mittelwert der Median, also der Skalenwert, der die unteren 50% einer Verteilung von den oberen 50% trennt. (Beispiel: »*exzellent*«, »*sehr gut*«, »*gut*« und »*befriedigend*«).
3. Bei der Intervallskala ist nicht nur eine Aussage über die Rangordnung möglich, zusätzlich informieren die Skalenwerte auch über die Abstände (Intervalle) zwischen den Messwerten. Als Mittelwert kann dann auch der arithmetische Mittelwert benutzt werden. (Beispiel: Temperaturskala in Grad Celsius oder Grad Fahrenheit).
4. Bei der *Verhältnisskala* schließlich lässt sich zusätzlich ein »natürlicher Nullpunkt« festlegen (z. B. thermodynamische Temperaturskala in Grad Kelvin, das Alter eines Menschen, Einkommen und Vermögen). Dadurch kann als Mittelwert auch der geometrische Mittelwert benutzt werden (die N-te Wurzel aus dem Produkt von N Messwerten). Z. B. entspricht der geometrische Mittelwert von Wachstumsfaktoren dem durchschnittlichen Wachstumsfaktor.

- *Rating-Skala*

In den Sozialwissenschaften werden bei *Einstellungs-, Meinungs- und Imagemessungen* häufig *Rating-Skalen*[54] verwendet.[55] Damit soll der Grad der Ausprägung eines Merkmals festgestellt werden. Dabei werden meist zwischen vier und sieben Kategorien unterschieden, die einzeln verbal umschrieben sein können oder bei denen auch nur die Endpunkte verbal definiert sind:

Beispiel für eine Rating-Skala mit fünf Kategorien, bei der nur die Endpunkte verbal verankert sind:

Beurteilen Sie bitte durch Ankreuzen Ihre Zufriedenheit mit der Zusammenarbeit mit Arbeitskollegen in Ihrer Abteilung.

sehr zufrieden   1   2   3   4   5   sehr unzufrieden

Abb. 15: Beispiel für eine Rating-Skala[56]

---

54 Häufig wird in diesem Zusammenhang fälschlicherweise auch von Likert-Skalen gesprochen. Eine Likert-Skala setzt jedoch eine Skalenkonstruktion nach den Prinzipien von Likert voraus, was bei einer Rating-Skala zunächst nicht der Fall ist. Ziel der Likert-Technik ist es, geeignete von weniger geeigneten Rating-Skalen (Items) zu trennen. Vgl. Likert 1932; Diekmann 1995, S. 209; Stier 1996, S. 82 ff.
55 Vgl. Stier 1996, S. 65 ff.
56 Eigene Darstellung.

Für die Konstruktion von Rating-Skalen sind folgende Probleme zu berücksichtigen:[57]
- optimale Anzahl der Kategorien,
- gerade oder ungerade Anzahl von Kategorien,
- Vorgabe einer Ausweichkategorie (= weiß nicht) und
- balancierte oder unbalancierte Skalen.

Das Skalenniveau von Rating-Skalen ist mindestens ordinal. Teilweise wird in der Praxis auch eine Intervallskala angenommen.

- *Evaluation*

Eine Evaluation ist eine Bewertung und damit eine Messung im Sinne der Zuordnung von Zahlen. Allerdings beinhaltet der Evaluationsbegriff auch eine subjektive Komponente.[58] Eine Evaluation kann damit auch abhängig vom Wertesystem des Beurteilenden sein und ist damit nicht mehr objektiv im Sinne einer Messung.[59] Versteht man unter einer Schätzung eine subjektive Bewertung, dann ergibt sich folgender Zusammenhang (Abb. 17):

Je differenzierter eine Nominalskala oder eine Ordinalskala ausgestaltet ist, oder wenn das Phänomen sogar auf einer Intervall- oder Verhältnisskala gemessen werden kann, desto genauere Aussagen lassen sich über das gemessene Phänomen machen. Allerdings ist es in vielen Fällen in der Praxis nicht notwendig, eine zu differenzierte Messskala zu verwenden, zumal dadurch das Gütekriterium der Ökonomie negativ beeinflusst wird. In diesem Zu-

---

57 Vgl. Diekmann 1995; Stier 1996.
58 Die Entwicklung des Evaluationsbegriffs kann in vier Phasen dargestellt werden, die eng mit dem Bildungsbereich verbunden ist (vgl. Habersam 1997, S. 136 ff.):
   1. Evaluation als *psychometrische Messung*. Die Evaluation hat ihre Wurzeln im Bildungsbereich. Ausgehend von einem als wahr geltenden Wissensstand sind Messung (measurement) und Evaluation (evaluation) austauschbare Begriffe.
   2. Evaluation als *Beschreibung des Zielerreichungsgrads*. Einhergehend mit einem verbreitertem Curriculum in der Bildung kann eine große Zahl an Ergebnisvariablen erfasst werden. Dabei geht es auch um eine Abweichungsanalyse.
   3. Evaluation unter dem Einbezug von Beurteilung. Bisher wurden die Beurteiler neutral und wertfrei aufgefasst. Die Wertbehaftung der Beurteilung wurde erst in dieser Phase erkannt und als integraler Bestandteil der Bewertung – wenn auch mit unterschiedlicher Gewichtung – akzeptiert.
   4. *dialogorientierte, konstruktivistische Evaluation*. Während die bisherigen Verständnisse eine starke Managementausrichtung, einen fehlenden Einbezug unterschiedlicher Werte in einer pluralen Gesellschaft (Wertemonismus) und einen Cartesianismus als Axiome hinsichtlich Realität, Gesetzmäßigkeit, Wahrheit, Neutralität des Beurteilenden und einer Subjekt-Objekt-Trennung beinhalten, werden diese Einwände in einer konstruktivistischen-interpretativen Sichtweise aufgelöst.
59 Vgl. dazu ausführlich Habersam 1997, S. 186.

sammenhang kann es ausreichend sein, es bei qualitativen ökonomischen Abschätzungen zu belassen. In einem solchen Fall, in dem meist eine Ordinalskala angewendet wird, gewinnt auch die subjektive Komponente an Einfluss.

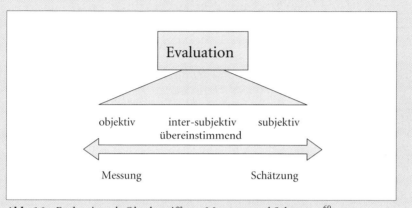

Abb. 16: Evaluation als Oberbegriff von Messung und Schätzung[60]

- *Beispiel*

Im Rahmen eines Personal-Audits im Bereich Personalpolitik und -strategie wird eine Checkliste zur Evaluation verwendet. Ein Checklistenpunkt beinhaltet dabei z. B. die Frage, ob (und wie weit) die Personalpolitik den Führungskräften und den Mitarbeitern bekannt ist. Für eine valide und vor allem objektive Messung dieses Phänomens wäre es notwendig, zumindest eine repräsentative Stichprobe der Führungskräfte und der Mitarbeiter des Unternehmens nach ihrem Kenntnisstand der Personalpolitik zu befragen, wozu verschiedene Gebiete der Personalpolitik durch Unterfragen abgedeckt werden müssten. Das zusammengefasste Ergebnis der Messung könnte folgendermaßen aussehen:

	sehr gut	gut	ansatzweise	fehlt
Führungskräfte	30%	55%	15%	0%
Mitarbeiter	5%	30%	40%	25%

Abb. 17: Kenntnisstand der Mitarbeiter von der Personalpolitik[61]

---

60 Eigene Darstellung.
61 Eigene Darstellung.

In der Praxis mag es jedoch wenig ökonomisch und sinnvoll sein, für jeden Checklistenpunkt eine solche differenzierte Befragung durchzuführen, da ein entsprechender Fragebogen allein für den Bereich der Personalpolitik und -strategie leicht 50 bis 100 Fragen enthalten würde.

Dagegen lässt sich der Kenntnisstand der Personalpolitik auch abschätzen, indem z. B. die Einschätzung einzelner Führungskräfte verschiedener Fachabteilungen abgefragt wird.

2.3 Kennzahlen

Unter den in einem Unternehmen ermittelten Zahlen bezeichnet man diejenigen als Kennzahlen, die besonders informativ erscheinen. Sie geben einen quantitativ messbaren Sachverhalt und Zusammenhänge in einfacher verdichteter Form wieder.[62] Neben *absoluten Kennzahlen*, wie z. B. den Personalkosten im Unternehmen, lassen sich auch *Verhältniszahlen* verwenden, die als relative Größen auf einen Vergleich ausgerichtet sind. Letztere können in Beziehungs-, Gliederungs- und Indexzahlen unterschieden werden. Bei *Beziehungszahlen* werden zwei verschiedenartige Größen ins Verhältnis gesetzt (z. B. Umsatz pro Mitarbeiter). Bei *Gliederungszahlen* wird der Anteil einer Größe an der Gesamtgröße ermittelt (z. B. Anteil der Personalkosten an den Gesamtkosten). *Indexzahlen* setzen gleichartige, aber zeitlich oder örtlich verschiedene Größen zueinander in Beziehung (z. B. Lohnkostenindex).

- *Kennzahlensysteme*

Da man in der Regel mehrere Kennzahlen zur Beurteilung eines wirtschaftlichen Sachverhalts heranzieht, ist es sinnvoll, ein *Kennzahlensystem* zu verwenden, bei dem die Kennzahlen in einem Beziehungssystem geordnet sind.

Eine spezifische Klasse von Kennzahlen bilden die quantitativen Ziele der Unternehmung, die eine hohe Relevanz für die Entscheidungsträger besitzen und z. B. auch im Rahmen eines *Management-by-Objectives* genutzt werden. Allerdings enthält das Zielsystem der Unternehmung auch qualitative Ziele, die nicht in einem Kennzahlensystem abgebildet werden können.[63]

Kennzahlensysteme können als Informations- und als Steuerungsinstrument verwendet werden. Häufig werden Kennzahlen bloß als Indikatoren

---

62 Vgl. Siegwart 1992; Hentze/Kammel 1993, S. 83 ff.; Reichmann 1993, S. 16; Mutscheller 1996; Küpper 1997, S. 317.
63 Vgl. Küpper 1997, S. 318.

für den Schluss auf eine andere Größe verwendet. Ein Hauptproblem ist daher das Finden aussagekräftiger Kennzahlen. Damit befasst sich die Praxis – auch im Rahmen des Personalcontrollings – zur Zeit besonders, da die bisherigen funktionsorientierten Kennzahlen nicht mehr genügen.

- *Probleme mit Kennzahlensystemen*

Dem Vorteil der Komplexitätsreduktion durch Kennzahlen steht der Nachteil gegenüber, aus den zur Verfügung stehenden Daten brauchbare Indikatoren zu ermitteln. Folgende Problemfelder sind bei dem Aufstellen eines Kennzahlensystems zu beachten:[64]

1. *Erzeugung einer Kennzahleninflation*: Es werden zu viele Kennzahlen gebildet, so dass der Aussagewert im Verhältnis zum Erstellungs- und Auswertungsaufwand zu gering ist bzw. schon von anderen Kennzahlen abgedeckt wird. Z. B. besteht die Gefahr für jede Analyse, neue Kennzahlen zu definieren, die erst erhoben werden müssen, anstatt auf bestehende Kennzahlen zurückzugreifen. Dies führt dazu, dass die Zahl der regelmäßig erhobenen Kennzahlen ständig zunimmt.[65]

2. *Fehler bei der Kennzahlenaufstellung*: Die Aufstellung der Kennzahlen ist genau zu spezifizieren und exakt abzugrenzen. Es empfiehlt sich eine Standardisierung, um Fehlentscheidungen aufgrund von falsch erhobenem Zahlenmaterial zu vermeiden. Z. B. kann die Mitarbeiterzahl nach Köpfen (geeignet z. B. für die Planung des Betriebsausfluges) oder nach Kapazitäten (geeignet z. B. für eine Produktivitätsanalyse) erhoben werden.

3. *Mangelnde Konsistenz von Kennzahlen*: Die Verwendung von mehreren Kennzahlen in einem Kennzahlensystem darf zu keinem Widerspruch führen. Es sollten daher vor allem solche Größen zueinander in Beziehung gesetzt werden, zwischen denen ein Zusammenhang besteht. Z. B. besteht eine potenzielle Gefahr, wenn zur Bildung einer Produktivitätskennzahl, wie Umsatz pro Mitarbeiter, die Zahl der Gesamtbelegschaft verwendet wird. Wird nun die Wertschöpfungstiefe verringert, indem beispielsweise bestimmte Arbeitsschritte extern vergeben werden, dann steigt scheinbar die Produktivität, obwohl dies nicht der Fall ist.

4. *Problem der Kennzahlenkontrolle*: Man unterscheidet zwischen direkt und indirekt kontrollierbaren Kennzahlen. Im zuerst genannten Fall

---

[64] Vgl. Eckardstein 1982, S. 426; Merkle 1982, S. 329 f.; Geiß 1986, S. 206 f.; Schulte 1989, S. 49; Schulte 1990, S. 18 f.; Scherm 1992c, S. 523 ff.; Eccles/Nohria/Berkley 1992, S. 160; Groth/Kammel 1993, S. 477 f.

[65] Vgl. z.B. Schulte 1989, S. 51 ff., der allein 61 Kennzahlen für acht Personalfunktionen differenziert.

kann ein Soll-Wert durch die Wahl einer oder mehrerer Aktionsvariablen beeinflusst werden, während dies bei indirekt kontrollierbaren Kennzahlen nicht der Fall ist. Z. B. lässt sich die Zahl der Einstellungen durch verstärkte Personalgewinnungsmaßnahmen direkt beeinflussen, während die Fluktuationsrate aufgrund von freiwilligen Kündigungen nur indirekt (z. B. über eine Verbesserung des Betriebsklimas) beeinflussbar ist.

- *Fazit*

Kennzahlen reduzieren die Komplexität eines Sachverhaltes auf wenige aussagefähige Größen. Sie eignen sich jedoch nur für quantitative bzw. quantifizierbare Zusammenhänge. Darüber hinaus sind bei ihrer Erhebung und Verwendung die Probleme von Kennzahlensystemen zu berücksichtigen, um die Aussagekraft der Kennzahlen nicht einzuschränken.

2.4 Wertschöpfung

2.4.1 Wert und Nutzen

Bei der Definition des Wertes lassen sich zwei gegensätzliche Ansätze unterscheiden. Während der objektivistische Wertbegriff von einem dem Produkt[66] inhärenten Wert ausgeht, sehen subjektivistische Werttheorien den Wert als Phänomen an, das sich im Zusammentreffen von Objekt, wertendem Subjekt und einer Subjekt-Objekt-Beziehung konstituiert.[67] Eine Wertangabe ist bei letzterem der Grad der Brauchbarkeit eines Mittels zur Erfüllung eines Zwecks, der in der Nutzenstiftung für Subjekte liegt (Bezugsgruppen).[68] Demnach stellt der Wert allgemein eine Messgröße für die Zielerreichung bzw. für die Zielwirksamkeit einer Maßnahme dar. Die Existenz eines objektiven Wertes wird in der Literatur abgelehnt.[69] Ein Austausch von Produkten findet offenbar nur statt, wenn eine positive Bewertungsdifferenz zwischen subjektiv empfundenem und kommuniziertem Wert besteht.[70]

---

66 Im weitesten Sinne können hier unter Produkten auch Dienstleistungen verstanden werden.
67 Für einen Überblick über die Entwicklung der Wertlehre vgl. z. B. bereits Stavenhagen 1957, S. 204 ff.
68 Vgl. Nicklisch 1932, S. 34; Stützel 1976, Sp. 4405; Ulrich 1978, S. 271; Szyperski/Richter 1981, Sp. 1207; Wöhe 1990, S. 1036 ff.
69 Vgl. Pausenberger 1962, S. 15 f.; Stützel 1972, S. 92; Wittmann 1956, S. 52; Wenke 1987, S. 56.
70 Vgl. Stützel 1976, Sp. 4407; Becker 1998, S. 145 ff.

In der Literatur wird der Wertbegriff überwiegend synonym zum Nutzenbegriff verwendet.[71] Der Begriff des Wertes ist somit nicht objektiv isoliert bestimmbar, sondern nur subjektiv relativiert. Folglich ist auch der Unternehmenswert nur jeweils aus der Sicht einer Anspruchsgruppe des Unternehmens (»Stakeholder«) bestimmbar.[72] Auch der Begriff der Evaluation beinhaltet als »Be-Wertung« diese subjektive Komponente.

2.4.2 Volkswirtschaftliche Wertschöpfung

Im volkswirtschaftlichen Rechnungswesen bezeichnet die Wertschöpfung den Wert, der in einer produzierenden Einheit den Vorleistungen durch die Abgabe von Leistungen und Nutzungen der Bestandsfaktoren hinzugefügt wird. Oder anders ausgedrückt: als der in einer produzierenden Einheit entstandene Produktionswert abzüglich Vorleistungen. In der Sozialproduktrechnung heisst die Wertschöpfung Bruttowertschöpfung.

- *Entstehungs- und Verteilungsrechnung*

Die Summe der Bruttowertschöpfung der produzierenden Einheiten einer Volkswirtschaft ergibt in der Entstehungsrechnung – nach Bereinigung um die unterstellten Bankdienstleistungen und nach Addition der nichtabziehbaren Umsatzsteuer und der Einfuhrabgaben – das Bruttoinlandsprodukt zu Marktpreisen. Die Nettowertschöpfung (= Nettoinlandsprodukt zu Faktorpreisen) ergibt sich nach Abzug der Abschreibungen und der Produktionssteuern (abzüglich Subventionen). In der *Verteilungsrechnung* ermittelt sich die Summe der Nettowertschöpfung aus den Einkommen aus unselbständiger Arbeit und aus Einkommen aus Unternehmertätigkeit und Vermögen.[73]

---

71 Vgl. Hentze/Brose 1985, S. 64. Allerdings ist darauf hinzuweisen, dass sich der Wertbegriff etymologisch zu »einen Gegenwert habend« entwickelt hat (vgl. die ähnliche Bedeutungsentwicklung bei lat. *pretium* »Preis, Wert« zu »als Äquivalent gegenüberstehend«), während der Nutzenbegriff einen Zusammenhang mit dem Verb »genießen« aufweist. Vgl. Etymologisches Wörterbuch des Deutschen 1993, S. 937 und S. 1559.
72 Vgl. Kiehn 1996, S. 37.
73 Vgl. Stobbe 1994, S. 142 ff., S. 451 f.

Entstehungsrechnung	Verteilungsrechnung
Produktionswert	Bruttoeinkommen aus unselbständiger Arbeit
− Vorleistungen	
= Bruttowertschöpfung (unbereinigt)	− Sozialbeiträge
− unterstellte Entgelte für Bankdienstleistungen	− Lohnsteuer
	= Nettolohn- und -gehaltssumme
= Bruttowertschöpfung (bereinigt)	Bruttoeinkommen aus Unternehmertätigkeit und Vermögen
+ nichtabziehbare Umsatzsteuer	
+ Einfuhrabgaben	− Öffentliche Abgaben auf Einkommen aus Unternehmertätigkeit und Vermögen
= Bruttoinlandsprodukt (z. M.)	
− Abschreibungen	= Nettoeinkommen aus Unternehmertätigkeit und Vermögen
− Produktionssteuern	
+ Subventionen	Summe der Nettoeinkommen
= Nettowertschöpfung	= Nettowertschöpfung

Abb. 18: Zusammenhang der Entstehungs- und Verteilungsrechnung[74]

- Kritik

Kritik am volkswirtschaftlichen Wertschöpfungsbegriff liegt im »monetären Kalkül«. Denn nur Tauschwerte haben Marktpreise, womit das Bruttosozialprodukt als die Summe aller Tauschwerte (sowie der Kostenwerte nicht-vermarktbarer staatlicher Leistungen) ungeeignet ist als Kriterium zur Ermittlung bzw. Maximierung gesellschaftlicher Nutzeneffekte.[75] Das Problem des »gesellschaftlichen-ökonomischen Kalküls«, das daher erforderlich wäre, ist jedoch analytisch nicht lösbar.[76] Die Entwicklung von *Sozialindikatorensystemen*[77] als Ersatz für das ungeeignete Bruttosozialprodukt zur Erfassung der Lebensqualität im Sinne eines objektiven Indikatorensystems ist ebenfalls nicht möglich, da nach Ergebnissen der Wohlfahrtsökonomie ein objektives kollektives »Nutzenmaximum« aufgrund der Unmöglichkeit interpersoneller Nutzenvergleiche nicht definierbar ist.[78]

---

74 Vgl. Haller 1997, S. 91 ff.
75 Vgl. Ulrich 1977, S. 151 f.
76 Vgl. Bettelheim 1972, S. 34, zitiert nach Ulrich 1977.
77 Vgl. Bauer 1966; Leipert 1972; Zapf 1974. Vgl. auch die Definition von Indikatoren auf S. 19.
78 Vgl. Ulrich 1977, S. 154; Wenke 1987, S. 221; Milgrom/Roberts 1992, S. 42.

2.4.3 Betriebswirtschaftliche Wertschöpfung
2.4.3.1 Die Eigentümer-Unternehmung und die Unternehmung als quasi-öffentliche Institution

Das Modell der Unternehmung als private Erwerbseinheit eines oder mehrerer Eigentümer-Unternehmer baut auf den Vorstellungen des klassischen Liberalismus auf, wonach aufgrund der »natürlichen« Selbstordnungskräfte des Marktes das Streben nach Gewinnmaximierung nicht nur als legitimes Recht, sondern geradezu als moralische Pflicht des Unternehmers im Interesse des Gemeinwohls angesehen wird.[79] Im diametralen Gegensatz dazu geht das Modell der Unternehmung als quasi-öffentliche Institution von einer multifunktionalen und pluralistisch legitimierten Wertschöpfungseinheit aus, die sozioökonomische Funktionen für verschiedene Anspruchsgruppen, wie Arbeitnehmer, Kapitalgeber, Kunden, Lieferanten, Staat und Öffentlichkeit erfüllt. Grundgedanke ist dabei die Koalitionsidee von Cyert/March (Anreiz-Beitrags-Theorie),[80] wobei die Interessenharmonisierung nicht einer ungeregelten Marktdynamik überlassen wird *(Paläoliberalismus)*, sondern eine ordnungspolitische Gestaltungsaufgabe ist *(Ordoliberalismus)*.[81] Dabei ist nach der Instrumentalthese die Unternehmung als Instrument zur Verfolgung und Realisierung von Zielvorstellungen einzelner Personen, Gruppen und Institutionen zu begreifen (Abbildung 19).[82] Andererseits kann die Unternehmung ihr Umfeld auch beeinflussen (Einbindungsthese). Es ist daher die Aufgabe der Unternehmensführung, externe Interessen aktiv und gezielt in die Unternehmenspolitik einzubinden, was gemeinhin mit *Anspruchsgruppenmanagement* bezeichnet wird.[83]

Dabei tritt das Modell der Unternehmung als quasi-öffentliche Institution um so mehr in Vordergrund, je weiter die »faktische« Entprivatisierung eines Unternehmens fortgeschritten ist, was vor allem für Unternehmen ab einer gewissen Größe von Bedeutung ist. In diesem Zusammenhang entspricht das Modell der Eigentümer-Unternehmung dem *Shareholder-Value-Ansatz*[84], wonach die Anteilseigner in erster Linie den ökonomischen Wert ihrer Investition maximieren wollen und dementsprechend die Unternehmensführung danach auszurichten ist. Im Gegensatz dazu beinhaltet der *Stakeholder-Value-*

---

79 Vgl. Milton 1986, S. 144 ff. zitiert nach Ulrich 1993; Ulrich 1993, S. 198 ff.
80 Vgl. Cyert/March 1963, S. 27 ff.
81 Vgl. Ulrich 1977, S. 161 ff.; Ulrich/Fluri 1992, S. 58 ff.
82 Vgl. Schmidt 1977, S. 48 ff.
83 Vgl. Krüger 1994, S. 327 ff.
84 Vgl. Fruhan 1979; Rappaport 1979; Rappaport 1981; Rappaport 1986; Copeland/Koller/Murrin 1990; Reimann 1987; Gomez/Weber 1989; Bühner 1990.

Ansatz[85] explizit auch die Nutzenstiftung für die anderen Anspruchsgruppen.

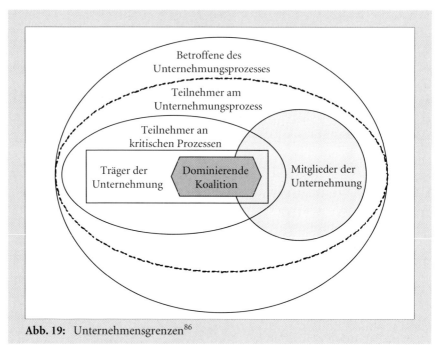

Abb. 19: Unternehmensgrenzen[86]

Dabei sind die beiden Value-Ansätze jedoch keine Gegensätze, vielmehr bedingen sie sich langfristig gegenseitig. Denn nur wenn es gelingt, Nutzen für alle Anspruchsgruppen zu schaffen, kann auch der Shareholder-Value langfristig gesichert werden. Zielkonflikte zwischen den beiden Ansätzen treten daher vor allem bei kurzfristigen Betrachtungszeiträumen auf, wenn einzelne Anspruchsgruppen direkt betroffen werden. Z. B. führen Lohnkürzungen oder Entlassungen zunächst unmittelbar aufgrund geringerer Kosten zu einem höheren Betriebsergebnis und damit anscheinend zu einem höheren Shareholder-Value. Mittel- und langfristig kann jedoch auch das Betriebsergebnis – und damit auch der Shareholder-Value – sinken, wenn dadurch Wachstumschancen nicht genutzt werden können oder sich das Betriebsklima aufgrund der Lohnkürzungen verschlechtert.[87]

---

85 Vgl. Cyert/March 1963; Mason/Mitroff 1981; Mitroff 1983; Ansoff 1984; Freeman 1984; Dyllick 1984; Scholz 1987; Janisch 1992.
86 Vgl. Krüger 1994, S. 329.
87 So führt auch die Vertretung von Mitarbeitern im Aufsichtsrat zu einer Verbesserung des langfristigen Shareholder-Values, da diese gerade im Gegensatz zu Bankenvertretern, die meist an eher kurzfristigen Investitionsüberlegungen interessiert sind, stärker am langfristigen Überleben des Unternehmens interessiert sind. Vgl. auch Kapitel 5.2, S. 253 ff. und Kapitel 5.4.2, S. 263 ff.

2.4.3.2 Wertschöpfung als Maß für die Leistungskraft des Unternehmens

Mit der Wertschöpfung des Betriebes ist nicht der Prozess des Schaffens von Werten gemeint, sondern das Ergebnis dieses Prozesses: die vom Betrieb geschaffenen Werte, oder anders gesagt, der Wert, den der Betrieb den von anderen Betrieben übernommenen Wirtschaftsleistungen hinzugefügt hat. Man sollte daher besser von Mehrwert[88] sprechen, der auch dem angloamerikanischen *added-value* (bzw. *value added*) und dem französischen *valeur ajoutée* entspricht.[89]

Das Ermittlungsziel ist ein weitgehend objektivierter Maßstab für die Leistungskraft eines Unternehmens als Glied der Volkswirtschaft,[90] wobei die Kritik des bloßen monetären Kalküls auch hier gilt. Insofern folgt der betriebswirtschaftliche Wertschöpfungsbegriff weitgehend dem volkswirtschaftlichen (s.o.).[91]

- *Entstehungsrechnung*

Die Wertschöpfung eines Betriebes (Eigenleistung) ergibt sich als Differenz zwischen den vom Betrieb abgegebenen Leistungen (Abgabeleistung) und den von anderen Betrieben übernommenen Leistungen (Vorleistungen). Diese Erhebungsmethode nennt man *Entstehungsrechnung* oder auch subtraktive Methode.[92] Die Vorleistungen und die Abgabeleistungen werden in der Wertschöpfungsliteratur jedoch nicht einheitlich abgegrenzt, so dass sich unterschiedlich enge Definitionen des Wertschöpfungsbegriffs ergeben:[93]

Die engste mögliche Abgrenzung der Vorleistungen umfasst nur die Materialkosten. Sukzessive können dann Hilfs- und Betriebsstoffe, die anderen Verbrauchsgüter, Dienstleistungen, die abnutzbaren Gebrauchsgüter und die nutzbaren Immaterialgüter einbezogen werden, wodurch sich die Wertschöpfung im engeren Sinne ergibt.

Bei den Abgabeleistungen lassen sich ausgehend von den Umsatzerlösen zuzüglich Bestandsmehrungen abzüglich Bestandsminderungen sukzessive die aktivierten Eigenleistungen, die Erlöse aus dem Verkauf von Handels-

---

88 Der Begriff des Mehrwerts ist allerdings schon von Karl Marx in einem anderen Sinn verwendet worden, nämlich als Wert, den der Arbeiter über den Wert hinaus schafft, den er zur Bestreitung seines Lebensunterhalts, zur Sicherung seiner Existenz vergütet erhält. (Vgl. Marx/Engels 1962, S. 226 f.)
89 Vgl. Weber 1993, Sp. 2173; Arogyaswamy/Simmons 1993.
90 Vgl. Coenenberg 1997.
91 Vgl. auch Brandstetter 1993.
92 Vgl. Weber 1993, Sp. 2174.
93 Vgl. Weber 1993, Sp. 2174; Weber 1994, Rn 7–19.

waren, die Erlöse aus Kreditleistungen (Zinsen) und die Erlöse aus anderen Dienstleistungen einbeziehen, was letztlich die gesamten Erträge als Ausgangsgröße für die Wertschöpfungsermittlung ergibt.

Löhne und Gehälter (Personalkosten), Kreditleistungen (Zinsen) und staatliche Leistungen (Abgaben und Steuern) werden nicht zu den Vorleistungen gerechnet, da sich der Wertschöpfungsbegriff dann kaum mehr von Gewinnbegriff unterscheiden würde.[94]

	Umsatzerlöse	
+	Bestandsveränderungen	
+	selbsterstellte Anlagen	
=		Bruttoproduktionswert
	Materialkosten	
+	Dienstleistungskosten	
+	Abschreibungen	
−		Vorleistungen
=		Wertschöpfung

Abb. 20: Entstehungsrechnung[95]

- *Verteilungsrechnung*

Die (Netto-)Wertschöpfung ergibt sich demnach auch als Summe der Personalkosten, der Zinsen, der Steuern und des Gewinns. (Diese Erhebungsmethode nennt man *Verteilungsrechnung* oder auch additive Methode. Sie bestimmt die Einkommen der an der Unternehmenstätigkeit beteiligten Gruppen). Dabei ist anzumerken, dass die Personalkosten und die Zinsen bereits während der Erhebungsperiode ausgezahlt werden, da sie sogenannte Kontrakteinkommen darstellen. Gewinn und gewinnabhängige Steuern hingegen ergeben sich erst am Periodenende und werden deshalb Residualeinkommen genannt.[96]

Dabei können im Sinne der Verteilungsrechnung der Wertschöpfung nicht nur absolute Größen als Wertschöpfung z. B. für die Mitarbeiter gebildet werden, sondern auch Kennzahlen, wie die durchschnittliche Vergütung pro Mitarbeiter oder die Personalentwicklungsinvestitionen pro Mitarbeiter.[97]

---

94 Vgl. Weber 1993, Sp. 2174.
95 Vgl. Weber 1993, Sp. 2174.
96 Vgl. Weber 1993, Sp. 2178 f.
97 Vgl. auch Abb. 165, S. 302.

	Personal- und Sozialkosten (Einkommen der Beschäftigten)
+	Zinsen (Einkommen der Darlehensgeber)
+	Steuern (Einkommen des Staates bzw. der öffentlichen Hand)
+	Betriebsergebnis (Einkommen der Gesellschafter sowie die Gewinneinbehaltung des Unternehmens)
=	Wertschöpfung

Abb. 21: Verteilungsrechnung[98]

- *Beispiel: Sozialrechnung der BASF AG*

Die Verteilungsrechnung kann auch als Sozialrechnung verstanden werden, wie das Beispiel der BASF AG zeigt (Abb. 22).

- *Zeitbezogene Differenzierung der Wertschöpfungsrechnung*

Entsprechend der betrieblichen Differenzierungsmöglichkeiten, die auf der volkswirtschaftlichen Aggregationsebene nicht möglich sind, kann man den Wertschöpfungsbegriff noch nach weiteren Kriterien differenzieren: So empfiehlt Lehmann[99] die Wertschöpfung nach kalkulatorischen Größen (wertmäßiger Kostenbegriff) zu ermitteln, während Pohmer[100] die Ermittlung nach pagatorischen Größen (pagatorischer Kostenbegriff) bevorzugt. Weber unterscheidet noch zusätzlich die realisierte Wertschöpfung auf Basis der Ausgaben- und Einnahmenrechnung sowie die liquide Wertschöpfung auf Grundlage der Aus- und Einzahlungsrechnung.[101] Für das Personalmanagement ist diese Differenzierung jedoch unbedeutend, da sie sich nur im Zeitbezug unterscheidet.

- *Analyse der Wertschöpfung*

Zur *Analyse der Wertschöpfung* kommen vor allem drei Möglichkeiten in Betracht:[102]

1. Man betrachtet die *Wertschöpfung selbst*: Die Höhe der Wertschöpfung für sich allein genommen kann nur schwer beurteilt werden. Gedacht ist hier an einen Vergleich der Wertschöpfung mit Vorjahreswerten, mit der Wertschöpfung anderer Unternehmen oder mit Sollwerten.

---

98 Vgl. Weber 1993, Sp. 2178 f.
99 Vgl. Lehmann 1954, S. 16 f.
100 Vgl. Pohmer/Kroenlein 1970, Sp. 1915.
101 Vgl. Weber 1994, Rn 31. Zur Abgrenzung von Auszahlungen, Ausgaben, Aufwand und Kosten sowie Einzahlungen, Einnahmen, Ertrag und Leistungen vgl. z. B. Hahn 1996, S. 117 ff.
102 Vgl. Weber 1994, Rn 89–96.

Leistungen für die Mitarbeiter	1992	1991
Engelt für geleistete Arbeit	2748.4	2494.2
Entgeltfortzahlung	695.4	718.1
Jahresprämie	231.4	374.0
Vermögensbildung	80.8	81.0
Urlaubsgeld	54.3	56.3
Jubiläumszuwendung	77.7	92.9
Sonstige Leistungen	31.1	21.2
Firmenjubiläum	0.0	0.0
Zusätzliche Leistungen	1170.7	1343.5
Sozialversicherung und Berufsgenossenschaft	622.1	599.5
Betriebliche Altersversorgung	511.8	510.3
Vorruhestandsregelung	−5.2	−6.0
Insolvenzsicherung	3.7	4.0
Soziale Sicherung	1132.4	1107.8
Bildungswesen	277.4	312.7
Gesundheitsversicherung	75.2	80.3
Werksverpflegung	43.8	45.2
Arbeitssicherheit	30.6	34.5
Wohnungswesen	4.3	20.6
Arbeitnehmervertretungen	13.2	12.7
Freizeitgestaltung	5.8	6.4
Sozialberatung	1.0	1.2
Allgemeine mitarbeiterbezogene Leistungen	451.3	513.6
Korrektur von Mehrfacherfassungen	−118.0	−142.3
Gesamt	**5384.8**	**5316.8**
Leistungen für die Kapitalgeber		
Dividende für die Aktionäre	570.0	684.0
Zinsen für Kapitalgeber	235.2	269.5
Information der Aktionäre und des Kapitalmarktes	8.7	11.1
Ausgabe von Aktien	0.0	0.0
Korrektur von Mehrfacherfassungen	0.0	0.0
Gesamt	**813.9**	**964.6**
Leistungen für die Gesellschaft		
Steuern und Abgaben	486.2	757.4
Umweltschutz	1104.0	1065.0
Information der Öffentlichkeit	38.8	39.9
Spenden und Stiftungen	2.8	2.2
Wahrnehmung öffentlicher Aufgaben durch das Unternehmen	1.9	1.7
Freistellung von Mitarbeitern für Aufgaben in der Gesellschaft	0.8	0.9
Empfangene Förderbeiträge	−128.5	−123.0
Korrektur von Mehrfacherfassungen	−135.4	−131.4
Gesamt	**1370.6**	**1612.7**

Abb. 22: Sozialrechnung der BASF AG 1992[103]

2. Man betrachtet die *Wertschöpfung nach ihrer Zusammensetzung*: Hier lassen sich ausgehend von der Verteilungsrechnung folgende Anteile

---

103 Zahlen in Mio. DM. Vgl. Bühner 1997, S. 374.

errechnen: die Anteile der Personalaufwendungen, der Zinsaufwendungen, des Gewinns und der Steuern an der gesamten Wertschöpfung. Dabei haben diese Kennzahlen im Vergleich mit entsprechenden auf den Umsatz bezogenen Kennzahlen – wie z. B. Gewinn pro Umsatz = Umsatzrendite – den Vorteil, dass nur die Eigenleistung des Unternehmens in die Kennzahlen mit einbezogen wird.

3. Man betrachtet die *Wertschöpfung in Beziehung zu anderen Größen*: Die erzielte Wertschöpfung kann auch in Beziehung zu den (Produktions-)Faktoren gesetzt werden, mit deren Hilfe sie erzielt worden ist. Dabei sind vor allem zwei Teilproduktivitäten relevant, die *Arbeitsproduktivität* und die *Kapitalproduktivität*:[104]

Wertschöpfung zum Faktor »menschlicher Arbeit« *(Arbeitsproduktivitäten)*[105]
– Wertschöpfung in € / Zahl der Arbeitskräfte
– Wertschöpfung in € / Arbeitsstunden
– Wertschöpfung in € / Personalaufwendungen in €

Wertschöpfung zum Faktor »maschinelle Arbeit« *(Kapitalproduktivitäten)*[106]
– Wertschöpfung in € / Sachanlagevermögen in €
– Wertschöpfung in € / Maschinenstunden
– Wertschöpfung in € / Abschreibung des Sachanlagevermögens in €[107]

Seit langem wird die Produktivität als zentraler Bestimmungsfaktor für den Unternehmenserfolg betrachtet.[108] Deshalb eignen sich die Produktivitätskennziffern auch besonders für einen horizontalen oder vertikalen Wirtschaftlichkeitsvergleich, gerade auch zwischen verschiedenen Volkswirtschaften.[109]

- *Fazit*

Problematisch an dem betriebswirtschaftlichen Wertschöpfungsbegriff und seiner Analyse ist vor allem das unternehmensweite bzw. unternehmensbereichsbezogene Aggregationsniveau, das keine Aussagen über den Wertschöpfungsbeitrag einzelner Unternehmensfunktionen ermöglicht. Auch wird der Prozess der Wertschöpfung nicht berücksichtigt. Für das Controlling im allgemeinen und ebenso für das Personalcontrolling ist diese Begriffsdefinition auch aufgrund der damit entstehenden Zurechnungsprobleme nur eingeschränkt brauchbar.

---

104 Lehmann spricht noch von Arbeitsergiebigkeit und Kapitalergiebigkeit. Vgl. Lehmann 1954, S. 25.
105 Vgl. Dellmann/Pedell 1994, S. 21 ff.; Haller 1997, S. 298 ff.
106 Vgl. Dellmann/Pedell 1994, S. 21 ff.; Haller 1997, S. 298 ff.
107 Vgl. Lehmann 1954, S. 25 f.; Brinkmann 1991, S. 26 ff.; Haller 1997, S. 120 ff.
108 Vgl. Haller 1997, S. 311 ff. und die dort angegebene Literatur.
109 Vgl. Haller 1997, S. 398 ff.

2.4.4 Wertschöpfungsbegriffe in der Managementlehre

In der Managementlehre haben sich – mehr oder minder unabhängig – anders differenzierte Begriffe der Wertschöpfung herausgebildet, die im Folgenden dargestellt werden.[110]

2.4.4.1 Prozessbezogene Wertschöpfung

Ein Unternehmen kann nur langfristig im Markt überleben, wenn der erwirtschaftete Wert die Kosten der Erzeugung dieses Wertes übersteigt.[111] Der Wert, den ein Unternehmen schafft, wird an dem Preis gemessen, den Kunden für eine bestimmte »Problemlösung« zu zahlen bereit sind.

Ein Unternehmen kann nun in strategisch relevante Funktionsbereiche bzw. Wertschöpfungsaktivitäten unterteilt werden. Um zu einem Wettbewerbsvorteil zu gelangen, muss ein Unternehmen diese Wertschöpfungsaktivitäten entweder zu geringeren Kosten ausführen oder sie so gestalten, dass sie zu einer Produktdifferenzierung bzw. zu größerem Kundennutzen führen. Zur systematischen Durchleuchtung eines Unternehmens eignet sich der Ansatz der prozessorientierten Wertschöpfungskette nach Porter.[112]

Die Wertschöpfungskette (synonym Wertkette) bildet das Unternehmen als Kette von wertsteigernden Aktivitäten ab. Die Differenz zwischen den Kosten dieser Wertschöpfungsaktivitäten und dem am Marktpreis gemessenem Kundennutzen bildet die von Unternehmen erzielte Gewinnspanne. Damit unterscheidet sich dieser Wertschöpfungsbegriff von den o. a. volkswirtschaftlichen bzw. betriebswirtschaftlichen fundamental, da er nicht die am Unternehmen beteiligten Einkommen umfasst, sondern den Wettbewerbsvorteil des Unternehmens im Markt auf spezifische Unternehmensaktivitäten bezieht. Dabei gibt es zwei Grundtypen von Wettbewerbsvorteilen: Kostenführerschaft[113] und Differenzierung[114, 115]

---

110 Zur Unterscheidung zwischen Betriebswirtschaftslehre und Managementlehre vgl. Wunderer 1994.
111 Vgl. Porter 1989, S. 59–92.
112 Vgl. Porter 1989.
113 Bei der Kostenführerschaft erfolgt der Wettbewerb allein über den Preis. Dabei weisen die nachgefragten Produkte und Dienstleistungen einen hohen Standardisierungsgrad auf. (Beispiel: No-Name-Produkte).
114 Bei der Differenzierung erfolgt der Wettbewerb nicht über den Preis, sondern über die Qualität der Produkte und Dienstleistungen. Der Kunde ist dabei bereit für die Qualitätsmerkmale, die das Produkt oder die Dienstleistung von dem (standardisierten) Konkurrenzprodukt unterscheiden, einen höheren Preis zu bezahlen. Der Anbieter verfügt dabei über ein Quasi-Monopol, da kein Konkurrent ein gleichwertiges Produkt anbietet. (Beispiel: Markenprodukte).
115 Vgl. Porter 1989, S. 21

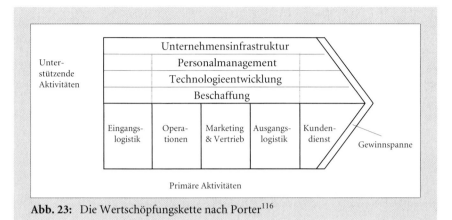

Abb. 23: Die Wertschöpfungskette nach Porter[116]

Der Zweck dieses Analyseinstruments, das eine Sonderform der Nutzenanalyse darstellt, ist eine wettbewerbs- und kundenorientierte Unternehmensanalyse. Sämtliche Aktivitäten werden auf ihren Beitrag zur Befriedigung der Kundenbedürfnisse untersucht. Dabei macht die prozessbezogene Betrachtungsweise, die ein Unternehmen nicht in die üblichen Funktionsbereiche, sondern in direkte und indirekte Wertschöpfungsprozesse einteilt, auch nicht vor den Unternehmensgrenzen halt. Ebenso wie unternehmensintern die Leistungseinheiten der vor- und nachgelagerten Aktivitäten als interne Lieferanten und interne Kunden verstanden werden, so können auch externe Lieferanten und externe Kunden mit einbezogen werden, um so Wettbewerbsvorteile zu sichern.[116]

Im Rahmen der Wertschöpfungsanalyse werden primäre und unterstützende Aktivitäten unterschieden (vgl. Abb. 23). Die primären Wertschöpfungsaktivitäten werden dabei von den unterstützenden Aktivitäten »überlagert«.

- *Prozesskostenrechnung*

Ausgehend von dem Prozessgedanken der Wertschöpfungskette, hat sich auch die Prozesskostenrechnung (Aktivitätskostenrechnung) entwickelt (vgl. auch Kapitel 7.2.2).[117] Sie ist allerdings kein völlig neues Kostenrechnungssystem, sondern baut auf der traditionellen Kostenarten- und Kostenstellenrechnung auf. Dabei können drei Ansätze der Prozesskostenrechnung abgegrenzt werden:[118]

---

116 Vgl. Porter 1989, S. 62.
117 Vgl. Fröhling 1994, S. 145.
118 Vgl. Schweitzer/Küpper 1995, S. 333 ff.

A. Personal-controlling

- das Activity-Based Costing,
- die Prozesskostenrechnung sowie
- die prozessorientierte Kostenrechnung.

Die Notwendigkeit der Prozesskostenrechnung ergibt sich aus dem stetigen Wachstum des Anteils der Gemeinkosten. Während im Fertigungsbereich der Industrieunternehmungen die Aktivitäten durch Reduktion der Fertigungstiefe eher vermindert werden, nehmen die sogenannten indirekten Leistungsbereiche zu. Die herkömmlichen Systeme der Kostenrechnung, die von einer relativen Homogenität des Fertigungs- und Absatzprogrammes ausgingen und daher bei der Gemeinkostenrechnung auf beschäftigungsabhängige Ersatzgrößen zurückgreifen, führen daher nicht mehr zu einer verursachungsgerechten Verrechnung.[119]

Im Folgenden wird die Prozesskostenrechnung nach Horváth zugrunde gelegt, die nur die Aktivitäten der indirekten Leistungsbereiche betrifft, da nach Horváth der direkte Leistungsbereich mit anderen Kostenrechnungsmethoden z. B. durch die Grenzplanrechnung sehr viel genauer abgebildet werden kann.[120]

Die Prozesskostenrechnung orientiert sich an den Prozessen, die als Kette von Aktivitäten zur Erstellung eines Leistungsoutputs verstanden werden. Dabei wird zwischen *Hauptprozessen*, d. h. Prozessen mit Marktbezug, die direkt einen Wert für die Kunden schaffen, und *Teilprozessen*, d. h. Prozessen, die innerhalb einer Abteilung oder einer Kostenstelle ablaufen, unterschieden. Teilprozesse können im Rahmen einer Tätigkeitsanalyse ermittelt werden. Davon ausgehend werden diesen Prozesskosten zugeordnet, um sie dann zu den wenigen maßgeblichen Hauptprozessen zusammenzufassen. Entscheidend für die Prozesskostenrechnung ist die Zuordnung von sogenannten Kostentreibern (Cost-drivers), die zu jedem Prozess den wesentlichen Kosteneinflussfaktor darstellen. Die Kostentreiber zeigen somit auf, wo und warum Kosten entstehen. Sie sind damit zentrale Ansatzpunkte für kostenbeeinflussende Maßnahmen. Im Rahmen des Prozesskostenmanagements, d. h. der marktorientierten Steuerung der Prozesskosten, müssen diese Kostentreiber auf ihre Auswirkungen auf den Kundennutzen untersucht werden. Daraus ergeben sich Hinweise auf nicht marktadäquat gestaltete Prozesse und Prozessstrukturen.[121]

---

119 Vgl. Schweitzer/Küpper 1995, S. 321 f.; Müller 1992, S. 53 ff.; Vantrappen 1992, S. 53 ff.
120 Vgl. Horváth 1993, S. 609 ff.; Horváth/Mayer 1993, S. 15 ff.
121 Vgl. Horváth/Niemand 1995, S. 414 f.

Für das Personalmanagement scheint die prozessbezogene Wertschöpfung geeignet, da auch die unterstützenden Aktivitäten des Personalmanagements als Prozesse aufgefasst werden können. Für die Wertschöpfungsmessung sind daher die einzelnen Personalmanagementprozesse im Verlauf dieser Arbeit genauer zu untersuchen.

2.4.4.2 Strategiebedingte Wertschöpfung

Geschäftsstrategien sollten entsprechend dem Shareholder-Value-Ansatz nach ihrer ökonomischen Rendite beurteilt werden, die sie für die Anspruchsgruppe der Anteilseigner erwirtschaften und die im Falle einer börsengehandelten Kapitalgesellschaft mittels Dividendenzahlungen und Kurswertsteigerungen der Aktien gemessen wird. Wenn das Management verschiedene Strategiealternativen bewertet, dann sind jene Strategien, die dem Unternehmen den größten nachhaltigen Wettbewerbsvorteil verschaffen, auch diejenigen, die den höchsten Shareholder-Value hervorbringen.[122] Dabei werden die Anteilseigner nicht nur als Nutznießer des finanzwirtschaftlichen Erfolgs verstanden, sondern auch als Schiedsrichter über die finanzwirtschaftliche Stärke des Managements.[123] Die Shareholder-Value-Analyse (Wertsteigerungsansatz) ist ein Instrument der zukunftsorientierten Erfolgsbeurteilung aus dem Blickwinkel eines Investors und wird vorwiegend im Bereich der strategischen Planung von Geschäftsbereichen als auch für Entscheidungen im Bercich Merger & Acquisition eingesetzt.[124]

Der Shareholder-Value (also der Wert der Anteile der Eigentümer = der Wert des Eigenkapitals) ist dabei gleich dem Unternehmenswert abzüglich dem Wert des Fremdkapitals. Das Fremdkapital wird in diesem Zusammenhang zu Marktpreisen bestimmt, um eventuelle Zinseffekte zu berücksichtigen.[125]

Zur Berechnung des ökonomischen Wertes einer Unternehmung existieren zwei verschiedene Bewertungsverfahren, deren Bewertungsergebnis z. T. unterschiedlich ausfallen kann:[126]

1. Übergewinnverfahren und
2. Discounted Cash-Flow-Ansätze

---

122 Vgl. Rappaport 1994, S. 12 f.
123 Vgl. Rappaport 1994, S. 13.
124 Vgl. Gomez/Weber 1989, S. 29 f.; Bühner 1990; Rappaport 1994.
125 Vgl. Rappaport 1994.
126 Vgl. Klien 1995, S. 18 f.; Hesse 1996; Strack/Villis, 2001.

A. Personal-controlling

Zu 1.)

Im Rahmen der *Übergewinnverfahren* ergibt sich die Wertschöpfung des Unternehmens in einer Periode als

Übergewinn = Gewinngröße − Kapitalkosten · Investiertes Kapital
= (Kapitalrendite − Kapitalkosten) · Investiertes Kapital

mit Kapitalrendite = $\dfrac{\text{Gewinngröße}}{\text{Investiertes Kapital}}$

Damit wird die Differenz (»Spread«) zwischen Kapitalrendite und -kosten als Indikator für die Managementleistung gewählt.[127] Nur der Betrag, der über den Kapitalkosten liegt, stellt einen echten Wertbeitrag dar.[128]

Grundsätzlich können zwei Übergewinnverfahren unterschieden werden:

1. das EVA-Konzept von Stern Stewart & Co. (Economic Value Added), welches auf Gewinngrößen beruht[129]
2. das CVA-Konzept von The Boston Consulting Group (Cash Value Added), welches auf Cash-Flow-Größen beruht[130]

Der EVA basiert in seiner einfachsten Form auf dem Net Operating Profit After Tax (NOPAT)[131]. Das investierte Kapital bezieht sich auf Buchwerte der Anlagen. Insofern hängt der EVA vor allem von der Abschreibungsmethodik und dem Anlagenalter ab. Der CVA basiert hingegen auf Cash-Flow-Größen mit dem Cash-Flow Return on Investment (CFROI) als Kapitalrendite und vermeidet damit den Einfluss der Abschreibungsmethodik auf die Bewertung. Der CVA definiert sich wie folgt:

CVA = (CFROI − KK) · IK

mit CFROI = $\dfrac{\text{BCF} - \text{ÖA}}{\text{IK}}$

Hierbei ist

BCF: Brutto-Cash-Flow = »typischer« Einzahlungsüberschuss aus operativem Geschäft vor Investitionen

ÖA: Ökonomische Abschreibung = Betrag, der jährlich unter Berücksichtigung der Verzinsung zurückgelegt werden muss, um nach der Nutzungsdauer Ersatzinvestitionen tätigen zu können

---

127 Betrachtet man als investiertes Kapital das Eigenkapital (Equity), so spricht man auch von »Equity-Spread-Approach«.
128 Vgl. Knyphausen 1992, S. 340 ff.; Stewart III. 1998, S. 2 ff.; Kay 1993, S. 23 ff.; Hesse 1996, S. 106, S. 122 ff.
129 Vgl. Stewart III. 1998, S. 2 ff.
130 Vgl. Strack/Villis 2001, S. 5.
131 Operatives Nettoergebnis nach Steuern.

IK: Investiertes Kapital zu Anschaffungs- und Herstellkosten
KK: Kapitalkosten

In der Praxis wird häufig auch der CVA oder EVA der Vorperiode als Referenzwert herangezogen, so dass der DCVA als Differenz zweier CVA-Werte als Maß für die Managementleistung im betrachteten Zeitraum verwendet wird.

Der (Gesamt-)Unternehmenswert ergibt sich aus der Diskontierung der zukünftigen Übergewinne CVA bzw. EVA zuzüglich des investierten Gesamtkapitals, wobei als Diskontierungsfaktor die Kapitalkosten verwendet werden, die sich aus Eigen- und Fremdkapitalkosten zusammensetzen:

$$\text{Unternehmenswert} = \sum_{t=1}^{\infty} CVA_t \cdot \frac{1}{(1+KK)^t} + IK_{t=0}$$

Beispiel:

Ein Unternehmen mit einem investierten Kapital von € 100 Mio. erzielt einen Gewinn von € 18 Mio. Bei gewichteten Kapitalkosten von 15% (Eigenkapitalkosten 20%, Fremdkapitalkosten 10%, Eigenkapitalquote 50%) und einer Kapitalrendite von 18% ergibt sich ein Spread von 3%. Bei Konstanz des investierten Gesamtkapitals von € 100 Mio. beträgt somit der Übergewinn € 3 Mio. p.a. Der Unternehmenswert ergibt sich dann als ewige Rente des (konstanten) jährlichen Übergewinns CVA

$$(CVA \cdot \sum_{t=1}^{\infty} \cdot \frac{1}{(1+KK)^t} = \frac{CVA}{KK} = \frac{3 \text{ Mio.}}{0,15} = € 20 \text{ Mio.})$$

zuzüglich des investierten Kapitals (€ 100 Mio.). Damit beträgt der Unternehmenswert € 120 Mio.

Abb. 24: Beispiel zur Berechnung des Unternehmenswertes mit dem Übergewinnverfahren

Zu 2.)

Der *Discounted Cash-Flow-Ansatz* beruht auf der Abzinsung des zu erwartenden freien Cash-Flows[132] (Free Cash-Flow, FCF), also dem Zahlungsmittelüberschuss, der dem Unternehmen frei zur Verfügung steht.

---

132 Der Cash-Flow wird üblicherweise als Saldogröße betrieblicher Ein- und Auszahlungen berechnet. Je nach Informationsbedarf kann allerdings eine unterschiedliche Abgrenzung erfolgen. So unterscheidet man zwischen Free-Cash-Flow, Operating-Cash-Flow und Netto-Cash-Flow. Vgl. auch Bühner 1990, S. 38 ff.; Boemle 1991, S. 100 ff.

Der Unternehmenswert setzt sich dann aus zwei Grundkomponenten zusammen:

1. Aus dem Gegenwartswert der freien Cash-Flows während der Prognoseperiode und
2. aus dem Gegenwartswert des Residualwertes des Unternehmens am Ende der Prognoseperiode.

$$\text{Unternehmenswert} = \sum_{t=1}^{T} FCF_t \cdot \frac{1}{(1+KK)^t} + \text{Residualwert} \cdot \frac{1}{(1+KK)^{T+1}}$$

Beispiel:

Der Unternehmenswert bei einer bestimmten Geschäftsstrategie soll bestimmt werden. Der Prognosezeitraum beträgt 5 Perioden. Bei einer jährlichen Umsatzsteigerung von 16%, einer betrieblichen Gewinnmarge von 13% und einem Gewinnsteuersatz von 50% ergibt sich der Gewinn für die 5 Perioden (zum Vergleich ist auch noch die Ausgangsperiode T = 0 aufgeführt). Aus der Zusatzinvestitionsrate von 36% für den zusätzlichen Umsatz ergibt sich der FCF. Die Summe der Gegenwartswerte über die 5 Perioden (KK = 15%) ergibt den Gegenwartswert der freien Cash-Flows. Der Residualwert ergibt sich als ewige Rente des FCF der Periode 6 ohne Neuinvestition (= Gewinn der Periode 5 nach Steuern):

$$\text{Residualwert} = \frac{FCF}{KK} = 91{,}01.$$

Der Gegenwartswert des Residualwertes plus der Summe der Gegenwartswerte ergibt schließlich den Unternehmenswert.

Periode T	0	1	2	3	4	5
Umsatz (Steigerung 16% p.a.) (in € Mio.)	100	116	135	156	181	210
Gewinn vor Steuern (Marge 13%)	13	15,1	17.5	20,3	23,5	27,3
Gewinn nach Steuern (Steuersatz 50%)	6,5	7,5	8,7	10,1	11,8	13,7
Zusatzinvestitionen (Zusatzinvestitionsrate 36%)		5,8	6,7	7,8	9,0	10,4
FCF		1,78	2,06	2,40	2,78	3,22
Diskontierungsfaktor (KK = 15%)	1	0,87	0,76	0,66	0,57	0,50
Gegenwartswert des FCF		1,55	1,56	1,57	1,59	1,60
Summe der Gegenwartswerte						7,87
Residualwert des Unternehmens						91,01
Gegenwartswert des Residualwertes des Unternehmens						39,35
Unternehmenswert						47,22

Abb. 25: Beispiel zur Berechnung des Unternehmenswerts mit dem Discounted Cash-Flow-Ansatz[133]

---

133 Vgl. Rappaport 1994, S. 67 ff.

Der Wert, der aufgrund einer Strategie geschaffen wird, berechnet sich aus der Differenz zwischen dem Shareholder-Value und dem »Vorstrategie-Shareholder-Value«. Der »Vorstrategie-Shareholder-Value« repräsentiert dabei den Wert des heutigen Geschäftes unter der Annahme, dass kein zusätzlicher Wert geschaffen wird.

Strategiebedingte Wertsteigerung = Shareholder-Value − Vorstrategie-Shareholder-Value

Die differenziertere Analyse der Unternehmenswerte und der Einsatz darauf basierender Instrumente wird neben den Problemen der Bestimmung der Effektivität von Organisationsstrukturen[134] vor allem durch folgende Gestaltungsprobleme behindert, so dass Unternehmenswerte vor allem für die oberste Managementebene Bedeutung haben:[135]

1. Problematik der Isolierung des individuellen Leistungsbeitrags einer Einzelperson (z.B. des Profit-Center-Leiters) zur Veränderung des Unternehmenswertes,
2. Problematik, Anreize anzuwenden, die ein Leistungsverhalten fördern, das unmittelbar zur Maximierung des Unternehmenswertes führt
3. und schließlich die Problematik der eindeutigen Messung einer Veränderung des Unternehmenswertes an sich.

- *Strategische Erfolgspositionen*

Strategiebedingte Wertschöpfung bzw. Wertsteigerung kann sich nicht nur direkt in einer Steigerung des Unternehmenswertes niederschlagen; sie kann ebenfalls zum Aufbau *strategischer Erfolgspositionen* führen. Strategische Erfolgspositionen sind spezifische wettbewerbsrelevante Fähigkeiten eines Unternehmens, die von den Konkurrenten kaum oder höchstens durch massiven Mitteleinsatz erreicht werden können.[136] Erst aus der Ausnutzung der strategischen Erfolgsposition ergibt sich dann eine Unternehmenswertsteigerung. Das Konzept der strategischen Erfolgspositionen stellt dabei eine Führungsgröße für die strategische Planung dar.[137] Sie ist ebenso wie andere strategische Planungs- bzw. Managementkonzepte auf den externen Markt gerichtet. Darüber hinaus werden aber auch interne Nutzen-

---

134 Vgl. Welge 1987, S. 619 ff.
135 Vgl. Merchant 1989, S. 44 ff.
136 Vgl. Gomez 1990, S. 557; Kirsch 1990, S. 356 ff.; Pümpin/Prange 1991, S. 19; Gomez/Zimmermann 1992, S. 24. Die Zurechnung auf die (neue) Strategie allein kann jedoch insofern problematisch sein, da auch Markt- und Währungseinflüsse entscheidende Größen sein können.
137 Vgl. Pfohl/Zettelmeyer 1993, S. 597.

A. Personal-controlling

potenziale wie Personal (Humanressourcen), Beschaffung und Finanzierung in die Analyse mit einbezogen.[138]

Eine Erweiterung erfährt das Konzept der strategischen Erfolgspositionen durch Pümpin,[139] der *Nutzenpotenziale* als latente oder manifeste *Umwelt-, Markt- oder Unternehmenskonstellationen* versteht, die durch das Unternehmen zur Nutzenstiftung für alle Bezugsgruppen erschlossen werden können.[140] Der Unterschied zur strategiebedingten Wertsteigerung besteht darin, dass die Attraktivität der Nutzenpotenziale nur von kurzer bis mittlerer Dauer ist. Insbesondere in nicht optimal geführten Unternehmen können diese Wertsteigerungspotenziale jedoch sehr interessant sein, weshalb sie unbedingt berücksichtigt und erschlossen werden sollten.[141] Die Wertsteigerung des Shareholder-Value durch die Ausnutzung der Nutzenpotenziale kann sowohl mit dem Übergewinnverfahren als auch mit dem Discounted Cash-Flow-Ansatz ermittelt werden.

Auch für das Personalmanagement kann das Konzept der strategiebedingten Wertschöpfung angewendet werden. Stehen verschiedene Personalstrategien zur Auswahl (z. B. Verlagerung von Betriebsteilen, Outsourcing von vorhandenen Aktivitäten, Mitunternehmertum, Nachwuchs aus eigenen Reihen oder durch Abwerbung), so sind für jede Personalstrategie die zu erwartenden freien Cash-Flows zu ermitteln, die in die Berechnung mit dem Discounted Cash-Flow-Ansatz einfließen. Dabei ist jedoch zu berücksichtigen, dass die Personalstrategie in der Regel eng mit der Unternehmensstrategie verbunden ist, so dass die Personalstrategie nur selten unabhängig gewählt werden kann bzw. sollte.[142]

Die strategiebedingte Wertschöpfung des Personalmanagements muss daher vor allem als Teil der strategiebedingten Wertschöpfung des Gesamtunternehmens verstanden werden. Eine personalmanagementspezifische Messung der strategiebedingten Wertschöpfung erscheint aus diesem Grund schwierig.[143]

---

138 Vgl. Gomez 1990, S. 557; Gomez 1993.
139 Vgl. Pümpin 1990.
140 Vgl. Pümpin 1990, S. 47; Pümpin/Prange 1991, S. 35 ff.
141 Vgl. Pümpin 1990, S. 193. Vgl. dazu auch die späteren Ausführungen zum EFQM- und Business Excellence-Modell.
142 Vgl. Scholz 1994, S. 51 ff.
143 Vgl. Kiehn 1996. Vgl. auch Kapitel 3.4 zur Messung unterschiedlicher Dimensionen der Wertschöpfung sowie Kapitel 8.3 zur Anwendung eines personalbezogenen CVA im Rahmen der Balanced Scorecard.

2.4.4.3 Wertschöpfung durch umfassendes Qualitätsmanagement

Qualität ist ein sehr alter Begriff, der seit Aristoteles als einer der grundlegenden Kategorien gilt, durch welche sowohl objektive Merkmale als auch durch die menschliche Wahrnehmung bedingte Aspekte erfasst werden. Schon im Mittelalter gab es in den Handwerksbetrieben eine Selbstkontrolle der Gesellen und eine Kontrolle des Meisters. Erst der Anfang dieses Jahrhunderts einsetzende Taylorismus mit seiner Arbeitsteilung führte zu einer Trennung der zuvor ungeteilten Verantwortung für Kosten, Zeit und Qualität. Die Kontrolle der Qualität rückte in den Vordergrund des Geschehens.[144]

Prägend für die erste Hälfte des Jahrhunderts war die Ergänzung der Qualitätsprüfung durch angewandte Statistik, später gewann die Qualitätssicherung als vorbeugende und fehlerverhütende Aufgabe an Bedeutung. Schließlich entwickelte sich ein Verständnis vom Qualitätsmanagement als unternehmensweite Aufgabe, die – unterstützt von der Geschäftsleitung – umfassende Maßnahmen in den Bereichen Organisation, Mitarbeiter und Technik, die Einführung von Qualitätsverbesserungs- und Qualitätsförderungsmaßnahmen sowie eine verstärkte Kundenorientierung einschließt. Seit den 80er Jahren verstärkte sich der Einfluss auf das Managementsystem z. B. über ISO-Normen der Reihe 9000 und die Einführung und Vergabe von Qualitätspreisen wie dem Malcolm-Baldrige-National-Award (1987) und dem European Quality Award (1992). Aktuell ist die Integration des Qualitätsmanagements in die Managementlehre und die Entwicklung des umfassenden Qualitätsmanagements zu einem Konzept zur Erreichung von Business Excellence.[145]

Nach Erkenntnissen der PIMS-Studie[146] hat die Qualität in Vergleich zum relativen Marktanteil nur eine geringe Bedeutung für die Kosten, jedoch rechtfertigt Qualität einen höheren Preis. Daher zieht überlegene Qualität hohe Erträge nach sich (Abb. 26).

---

144 Vgl. Wunderer/Gerig/Hauser 1997, S. 1 ff.
145 Vgl. Falkner 1995; Wunderer/Gerig/Hauser 1997, S. 1 ff.
146 Das PIMS (Profit Impact of Market Strategies)-Programm wurde von General Electric Co. entwickelt und wird heute vom »Strategic Planning Institute« betrieben. Vgl. Wöhe 1990, S. 149 f.; Buzzell/Gale 1989.

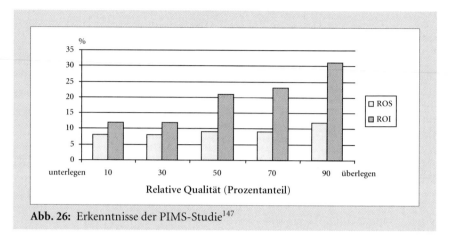

Abb. 26: Erkenntnisse der PIMS-Studie[147]

- *Qualität*

Der Qualitätsbegriff ist nicht nur produktbezogen[148] zu verstehen, ebenso existieren anwenderbezogene[149], fertigungsbezogene[150], wertbezogene[151] und transzendente[152] Qualitätsdefinitionen. Neben produkt- und dienstleistungsbezogenen Definitionen lässt sich die Qualität auch auf die Arbeitsbedingungen, die Prozesse, die Außenbeziehungen und damit auf die Organisation als Ganzes beziehen.[153]

---

147 ROS = Return on Sales (Umsatzrendite), ROI = Return on Investment (Investitionsrendite). Vgl. Buzzell/Gale 1989.
148 Der *produktbezogene* Qualitätsbegriff legt die Betrachtung objektiver, präzise messbarer Eigenschaften zu Grunde. »Differences in quality amount to differences in the quantity of some desired ingredient or attribute.« Abbott 1955, S. 126 f.
149 Der *anwenderbezogene* Qualitätsbegriff ist auf die Wahrnehmung der Produkteigenschaften durch den Anwender (Kunden) fokussiert. Er charakterisiert damit dessen subjektives Urteil. »Quality is fitness for use« Juran 1974, S. 2; Juran/Gryna 1988.
150 Der *fertigungsbezogene* Qualitätsbegriff geht von einer betriebsinternen Betrachtung aus. Danach steigt die Qualität mit abnehmende Fehlerrate. »Quality [means] conformance to requirements« Crosby 1979, S. 15.
151 Der *wertbezogene* Qualitätsbegriff bezieht im Gegensatz zu den vorangegangen Definitionen den Preis mit ein. Er berücksichtigt damit den Beurteilungsprozess durch den Kunden aus dessen Preis-Leistungs-Perspektive. »Quality means best for certain custumer conditions. These conditions are (a) the actual use and (b) the selling price of the product.« Feigenbaum 1983, S. 1.
152 Der *transzendente* Qualitätsbegriff ordnet der Qualität hohe Standards und Funktionsweisen zu. Er kommt damit dem umgangssprachlichen Verständnis sehr nahe. »Quality is neither mind nor matter, but a third entity independent of the two [...] even though Qualty cannot be defined, you know what it is.« Pirsig 1974, S. 185, 213.
153 Vgl. Garvin 1984, S. 25 ff.; Garvin 1988, S. 40 ff.; Schildknecht 1992, S. 102 ff.; Seghezzi 1996; Bruhn 1996, S. 25.

Der moderne Qualitätsbegriff wandelte sich dabei in den letzten Jahrzehnten zunächst von der fertigungsbezogenen Produktqualität zur Erfüllung von Kundenerwartungen bzw. Kundenbedürfnissen und schließlich zu der Erfüllung von Bedürfnissen zentraler Anspruchsgruppen.[154] Qualität ist daher die »Gesamtheit von Merkmalen einer Einheit bezüglich ihrer Eignung, festgelegte und vorausgesetzte Erfordernisse zu erfüllen.«[155] Dieser Qualitätsbegriff hat somit zwei Seiten:

- *Nutzensteigerung* (nutzenstiftende, wertschöpfende Aktivitäten für die Anspruchsgruppen) und
- *Fehlerreduktion* (Vermeidung von Fehlern, wodurch fehlerkorrigierende und somit vermeidbare Aktivitäten entfallen können).

- *Total Quality Management*

Als Teilfunktion des allgemeinen Managements hat das Qualitätsmanagement erst in den letzten Jahren innerhalb der Betriebswirtschaftslehre an Interesse gewonnen. Die weitgehend unabhängige und unbeachtete Entwicklung des Qualitätsmanagements hat in der Praxis zu unabhängigen Begriffen und Strukturen geführt.[156] Allgemein werden dem umfassenden Qualitätsmanagement (Total Quality Management) drei Grundprinzipien zugeordnet:[157]

1. Prozess- und Verbesserungsorientierung (Null-Fehler-Philosophie und ständige Verbesserung),
2. Kundenorientierung (Kundenzufriedenheit sowohl interner und externer Kunden als auch unter Einbeziehung der Lieferanten),
3. Managementverhalten und Humanorientierung (Top-Down-Ansatz und Führung durch Vorbild und Verpflichtung).

Dieses umfassende Qualitätsmanagement entwickelt sich so zu einer Führungsphilosophie, wodurch die Unternehmenssicherung durch Unternehmensqualität zum Nutzen aller Anspruchsgruppen angestrebt werden soll.[158] Damit repräsentiert dieser Qualitätsansatz einen großen Schritt zur Verbreiterung der Basis der Erfolgsbeurteilung.[159] Im Unterschied zu den Humanisierungsansätzen der 70er Jahre steht dabei die optimale Nutzung der Humanressourcen im Vordergrund, und damit vorwiegend eine ökonomische Zielsetzung.[160]

---

154 Vgl. Seghezzi 1996, S. 16.
155 Vgl. Wunderer 2006, Kap. XV.3.
156 Vgl. Seghezzi 1996, S. 48, vgl. auch Jaritz 1999.
157 Vgl. Witte 1993.
158 Vgl. Wunderer 2006, Kap. XV.3.
159 Vgl. Eccles 1991, S. 133.
160 Vgl. Zink 1995, S. 307 f.

A. Personal- controlling

Nach neuen Untersuchungen sind allerdings nicht die Methoden und Techniken des Qualitätsmanagements, wie Prozessverbesserung, Qualitätstraining und Benchmarking die Erfolgsfaktoren eines umfassenden Qualitätsmanagements, sondern die nicht greifbaren, verhaltensbeeinflussenden Komponenten, wie Unternehmenskultur, Mitarbeiter-Empowerment und vorbildhaftes Managementverhalten.[161] Damit sind weniger die technisch ausgerichteten Prozesse als die personalmanagementspezifischen Elemente des Qualitätsmanagements für den Unternehmenserfolg verantwortlich. Gleichzeitig wird dadurch die Wertschöpfung des Personalmanagements betont. Die Wertschöpfung im umfassenden Qualitätsmanagement manifestiert sich daher nicht nur über Prozess- und Kundenorientierung, sondern vor allem auch im Personalmanagement.[162] Die Wertschöpfungsmessung im qualitätsorientierten Personalmanagement darf sich daher auch nicht auf die Messung der Prozesse und die Erfüllung der (internen) Kundenbedürfnisse beschränken, sondern muss explizit die Messung qualitativer Elemente, wie der Mitarbeiterzufriedenheit oder der Unternehmenskultur, mit einschließen, auch wenn gerade in diesem Bereich die Quantifizierung der Messung schwierig ist.

- *EFQM-Modell*

Besondere Bedeutung für ein umfassendes Qualitätsmanagement kommt nach wie vor dem EFQM-Modell für Excellence der European Foundation for Quality Management (EFQM) zu, mit dem Unternehmen mit Hilfe von Assessments beurteilt werden können.[163] Bis 1999 als europäisches Modell für umfassendes Qualitätsmanagement konzeptioniert, wurde es zu diesem Zeitpunkt in ein europäisches Modell für Excellence angepasst.[164] Dies entspricht einerseits dem umfassenden Charakter des Total Quality Managements, andererseits der Forderung vieler Praktiker das EFQM-Modell auch dann anwenden zu können, ohne explizit umfassendes Qualitätsmanagement als TQM zu praktizieren.[165] »Excellence« ist in diesem Zusammenhang als überragende Vorgehensweise beim Managen einer Organisation und Erzielen ihrer Ergebnisse auf der Basis von acht Grundkonzepten definiert. Die EFQM nennt als Grundkonzepte:[166]

---

161 Vgl. Powell 1995, S. 15 ff.; vgl. auch Wunderer 2006, Kap. XV.3; Zink 1995.
162 Vgl. z. B. Luczak/Otzipka/Flachsenberg/Krings 1995; Kolb/Bergmann 1997.
163 Vgl. Conti 1993; EFQM 1997; Wunderer/Gerig/Hauser 1997; EFQM 1999.
164 Vgl. EFQM 1997, S. 7; EFQM 1999a sowie Wunderer 1995c; Wunderer 1995d.
165 Vgl. Jaritz 1999.
166 Vgl. EFQM 1999b, S. 5.

- Ergebnisorientierung,
- Kundenorientierung,
- Führung und Zielkonsequenz,
- Management mit Prozessen und Fakten,
- Mitarbeiterentwicklung und -beteiligung,
- Kontinuierliches Lernen, Innovation und Verbesserung,
- Aufbau von Partnerschaften und
- Verantwortung gegenüber der Öffentlichkeit.

Das EFQM-Modell besteht aus zwei Bereichen, den Befähigern und den Ergebnissen. Die Befähiger bilden das Potenzial ab und sind damit die Vorsteuergrößen für die Ergebnisse. Bei den Ergebnissen sind neben den Schlüsselergebnissen (Shareholder im weitesten Sinn) auch andere Stakeholder (Mitarbeiter, Kunden und Gesellschaft) einbezogen.

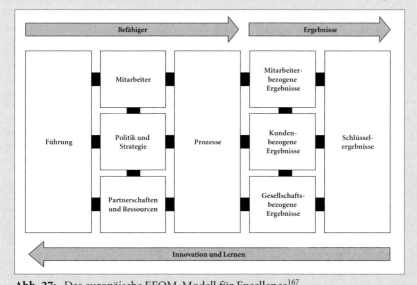

Abb. 27: Das europäische EFQM-Modell für Excellence[167]

Für die Wertschöpfungsmessung im Personalmanagement bietet das Modell zwei Ansatzpunkte:

1. Die Messung der Wertschöpfung kann über die personalmanagementspezifischen Komponenten Führung, Mitarbeiter und Mitarbeiterbezogene Ergebnisse erfolgen.[168]

---

167 Vgl. EFQM 1999a, EFQM 1997, S. 7, Wunderer 1995c; Wunderer 1995d.
168 Vgl. Wunderer/Gerig/Hauser 1997, S. 47 ff.

A. Personalcontrolling

2. Die Messung der Wertschöpfung kann für das Personalmanagement oder die Personalabteilung mit dem gesamten Modell erfolgen, indem man das Personalmanagement als eigenständige Dienstleistungsfunktion und -institution (Service- oder Wertschöpfungscenter[169]) versteht. Die Wertschöpfungsmessung im Personalmanagement beschränkt sich dann nicht auf die drei bereits genannten Komponenten, sondern umfasst alle fünf Befähiger-Komponenten und die vier Ergebnis-Komponenten.[170]

- *Six Sigma und das Null-Fehler-Prinzip*

Die Six-Sigma-Philosophie ist darauf ausgerichtet, Abweichungen und Durchlaufzeiten bei Produkten, Prozessen und generell bei Transaktionen zu reduzieren, die besonders kritisch für die Kundenzufriedenheit sind, um dadurch das Nutzenniveau zu erhöhen und eine Wertsteigerung für das Unternehmen zu erreichen. Six Sigma ist im Gegensatz zu KVP (Kontinuierlicher Verbesserungsprozess bzw. Kaizen) eine Projektmanagement-Methode. Der Grundgedanke von Six Sigma ist die Null-Fehler-Strategie auf dem 6-σ-Niveau der Gauß'schen Normalverteilung, was einem Qualitätsniveau von 99,99966% oder 3,4 Fehlern bei 1 Million Fehlermöglichkeiten bzw. Merkmalsausprägungen entspricht.

$$1 - \text{Fehlerquote} = 1 - \frac{D}{N \cdot O} = \text{Qualität \%} \geq \text{Sigma-Wert (laut Tabelle)}$$

mit D: Defects (Anzahl der Fehler)
N: Grundgesamtheit
O: Objects (Anzahl der Mermale)

Im Mittelpunkt steht bei Six Sigma ein Controlling-Zyklus DMAIC (**D**efine, **M**easure, **A**nalyze, **I**mprove und **C**ontrol), also definieren, messen, analysieren, verbessern und steuern. Diese Methode wird für bereits bestehende Prozesse verwendet.[171]

Die Six-Sigma-Philosophie wurde 1987 von Motorola begründet, 1995/1996 neben anderen Unternehmen von General Electric eingesetzt und seitdem in vielen v.a. Produktionsunternehmen eingeführt und verwendet. Aber auch im Dienstleistungsbereich (z.B. Ritz-Carlton) und auch im Personalmanagement kann die Six-Sigma-Methode angewendet werden, wie das folgende Beispiel aus dem Personalbereich von GE zeigt:

---

169 Vgl. Wunderer 1989; Wunderer/Arx 2002. Vgl. dazu auch Kapitel 2.5, S. 60 ff.
170 Vgl. Meier 1997, S. 234 ff.
171 Vgl. Töpfer 2004a.

> Bei der deutschen Niederlassung einer GE-Tochter bestand eine hohe Fluktuation mit bis zu 43%. Ein Grund dafür war unter anderem die hohe Unzufriedenheit mit der Gehaltsabrechnung. Eine erste Analyse nach dem DMAIC-Prozess zeigte unklare Verantwortungsbereiche in der Verwaltung und damit im Abrechnungsprozess, was zu Verzögerungen und Fehlern führte. Die Maßnahmen zielten darauf, den Prozess der Gehaltsabrechnungen zu vereinfachen und die Software zu optimieren.
>
> **Vor dem Six-Sigma-Projekt:**
>
> Es gibt neun mögliche Fehlerquellen bei monatlichen Gehaltsabrechnungen, für 107 Beschäftigte werden jährlich 1.284 Gehaltsabrechnungen erstellt, 61 Klagen wurden registriert
>
> $$1 - \frac{61}{1.284 \cdot 9} = 1 - \frac{61}{11.556} = 99,4721\% \geq 4,10\,\sigma$$
>
> **Nach der ersten Verbesserungsrunde:**
>
> Es wurden nur noch zehn Klagen registriert:
>
> $$1 - \frac{10}{11.556} = 99,9135\% \geq 4,65\,\sigma$$
>
> Das Qualitätsniveau wurde von 4,10σ auf 4,65σ gesteigert, die Beschwerden wurden um 84% reduziert. In der Konsequenz sank die Fluktuationsrate auf unter 10%. Die weitere Zielsetzung bestand darin, das Six-Sigma-Niveau auf über fünf zu erhöhen und damit die Beschwerdezahl auf unter zehn pro Jahr zu senken.

Abb. 28: Berechnung des Six-Sigma-Wertes in der Gehaltsabrechnung bei einer deutschen GE-Tochter[172]

Das Six-Sigma-Konzept kann damit als Erweiterung des umfassenden Qualitätsmanagements v.a. in statistischer Hinsicht in Richtung Null-Fehler und für die Umsetzungsunterstützung über Projekte verstanden werden. Für das Wertschöpfungscontrolling im Personalmanagement kann das Six-Sigma-Konzept einige Ansatzpunkte zum Erreichen eines Null-Fehler-Ziels liefern, auch unter starker Betonung der Personalentwicklung.[173]

---

172 Vgl. Garthe 2002, S. 349 f., Töpfer 2004b, S. 147.
173 Vgl. Waldschmidt/Fischer 2005, S. 30 ff.

2.4.4.4 Wertschöpfung im Dienstleistungsmanagement

Meffert/Bruhn unterscheiden vier Definitionsansätze des Dienstleistungsbegriffs[174, 175]:

1. Die *tätigkeitsorientierte* Definition,[176]
2. die *potenzialorientierte* Definition,[177]
3. die *prozessorientierte* Definition[178] und
4. die *ergebnisorientierte* Definition.[179]

Meffert/Bruhn folgen dann der phasenbezogenen Integration von Hilke,[180] wonach das Wesen der Dienstleistung nur zu erfassen ist, wenn die drei Phasen Potenzialorientierung, Prozessorientierung und Ergebnisorientierung gemeinsam in die Definition eingehen.[181] Neben den Potenzialen als Fähigkeiten und Kompetenzen des Dienstleisters ist darüber hinaus auch die Qualität des Umfeldes als vorgegebener, nicht direkt beeinflussbarer, situativer Faktor von Bedeutung.[182]

Entsprechend lässt sich Dienstleistungsqualität auch in eine Umfeldqualität, eine Potenzialqualität, eine Prozessqualität und eine Ergebnisqualität differenzieren.[183] Diese Differenzierung lässt sich ausgehend vom Qualitätsmanagement auch auf die Produktqualität anwenden.

---

174 Der Begriff Service soll hier synonym zum Dienstleistungsbegriff verwendet werden, um keine Differenzen zum angloamerikanischen Wortgebrauch entstehen zu lassen.
175 Vgl. Meffert/Bruhn 1995, S. 23 f.; Bruhn 1996, S. 9 ff.
176 Die *Tätigkeitsorientierung* beinhaltet die Vorstellung, dass das, was ein Mensch tut, um seine physische oder psychische Arbeitskraft mit oder ohne Verbindung zur materiellen Güterwelt in den Zweckbereich der menschlichen Bedürfnisbefriedigung zu bringen, eine Dienstleistung ist. Vgl. Schüller 1967, S. 19.
177 Die *Potenzialorientierung* ergibt sich aus der Vorstellung, dass Dienstleistungen als die geschaffenen Potenziale bzw. Fähigkeiten des Dienstleistungsanbieters angesehen werden können. Vgl. Meyer/Mattmüller 1987, S. 187 f.; Hentschel 1992, S. 19 f. Diese Defintion lässt sich auch gut auf das Humanpotenzial im Sinne von »Human Capital« beziehen. Vgl. Kapitel 3.8, S. 173 ff.
178 Die *Prozessorientierung* beinhaltet hier vor allem den synchronen Kontakt der Marktpartner bzw. deren Objekte als entscheidendes Merkmal der Dienstleistungen. Vgl. Berekhoven 1983, S. 23. Sie lässt sich aber auch allgemeiner im Sinne der prozessbezogenen Wertschöpfung verstehen. Vgl. Kapitel 2.4.4.1, S. 40 ff.
179 Die *Ergebnisorientierung* folgt der Ansicht, dass die Leistung nur als das Ergebnis des Prozesses angesehen werden kann, da nur dieses am Markt vertretbar ist. Vgl. Maleri 1973, S. 5 f.; Maleri 1991.
180 Vgl. Hilke 1984, S. 17 ff.; Hilke 1989, S. 10 f.
181 Vgl. Meffert/Bruhn 1995, S. 23 f.; Bruhn 1996, S. 9 ff.
182 Vgl. Wunderer/Arx 1998, S. 158.
183 Vgl. Donabedian 1980, S. 86 ff.; Meyer/Mattmüller 1987, S. 193; Corsten 1988, S. 116 f.; Stauss/Hentschel 1991, S. 239; Benkenstein 1993, S. 1098; Wunderer/Arx 1998, S. 158.

Dienstleistungen zeichnen sich im Vergleich zu Produkten jedoch durch drei Besonderheiten aus, die für das Dienstleistungsmanagement von Bedeutung sind:[184]

1. Immaterialität, aus ihr ergeben sich noch zwei weitere akzessorische Merkmale, die Nichtlagerfähigkeit und die Nichttransportfähigkeit,[185]
2. Leistungsfähigkeit des Dienstleistungsanbieters und
3. Integration des externen Faktors.

Die Implikationen aus diesen drei Besonderheiten sind in Abbildung 29 zusammengefasst.

Merkmale von Dienstleistungen	Implikationen für das Dienstleistungsmarketing
Immaterialität	– Materialisierung von Dienstleistungen
Nichtlagerfähigkeit	– Intensive Koordination zwischen Dienstleistungsproduktion und Dienstleistungsnachfrage – Flexibilität bei der Planung von Dienstleistungskapazitäten – Management der kurzfristigen Nachfragesteuerung
Nichttransportfähigkeit	– Hohe Distributionsdichte für Dienstleistungen des täglichen Bedarfs – Räumliche Distanz von Angebot und Nachfrage bei Dienstleistungen mit geringer Bedarfshäufigkeit
Leistungsfähigkeit des Dienstleistungsanbieters (in Verbindung mit der Immaterialität)	– Dokumentation spezifischer Dienstleistungskompetenzen – Differenzierter Einsatz von Herstellungskomponenten – Materialisierung des Fähigkeitenpotenzials
Integration des externen Faktors	– Berücksichtigung von Transport- und Lagerproblemen des externen Faktors – Standardisierungsprobleme – Marketingorientierung im Dienstleistungsentstehungsprozess

Abb. 29: Besonderheiten von Dienstleistungen und Implikationen für das Dienstleistungsmanagement[186]

Hervorragende Dienstleistungsunternehmen zeichnen sich durch einen höheren wahrgenommen Wert der Angebote durch ihre Kunden aus. Mit anderen Worten, die Kunden erfahren eine höhere Nutzenstiftung. »Wert ist die Gesamteinschätzung des Nutzens einer kommerziellen Leistung durch

---

184 Vgl. Meffert/Bruhn 1995, S. 61 ff.
185 Das Uno-Actu-Prinzip bezeichnet dabei die simultane Produktion und Konsumtion der Dienstleistung.
186 Vgl. Meffert/Bruhn 1995, S. 63.

A. Personal-controlling

den Kunden auf der Basis seiner Wahrnehmung dessen, was er erhält und was er gibt.«[187] Dieses Verständnis von Wertschöpfung ist eng mit dem Qualitätsbegriff und dem Qualitätsmanagement verbunden.[188]

- *Dienstleistungsqualität*

Dienstleistungsqualität ist nach Meffert »die Fähigkeit eines Anbieters, die Beschaffenheit einer primär intangiblen und der Kundenbeteiligung bedürfenden Leistung aufgrund von Kundenerwartungen auf einem bestimmten Anforderungsniveau zu erstellen.«[189] Dabei eignet sich zur Erfassung der Dienstleistungsqualität besonders das Lückenmodell von Zeithaml et al. (Abb. 30).[190]

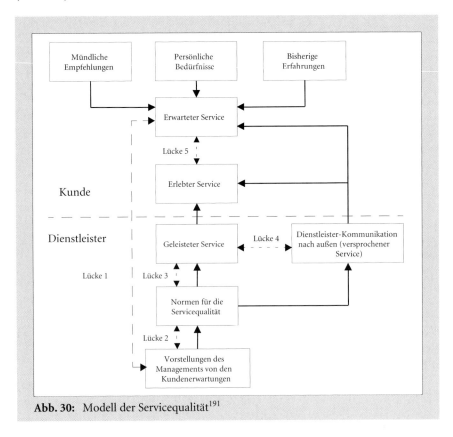

Abb. 30: Modell der Servicequalität[191]

---

187 Vgl. Zeithaml/Parasuraman/Berry 1992, S. 25.
188 Vgl. Zeithaml/Parasuraman/Berry 1992; Bruhn/Stauss 1995; Meffert/Bruhn 1995.
189 Vgl. Meffert/Bruhn 1995, S. 199.
190 Vgl. Hentschel 1990, S. 230 ff.
191 Vgl. Zeithaml/Parasuraman/Berry 1992, S. 62.

Die Dienstleistungsqualität wird dabei als *Differenz zwischen Kundenerwartung und Kundenwahrnehmung* (Lücke 5) definiert.[192] Sie resultiert aus vier weiteren Lücken:

Lücke 1: Differenz zwischen Kundenerwartung und deren Wahrnehmung durch das Management,

Lücke 2: Differenz zwischen den vom Management wahrgenommenen Kundenerwartungen und deren Umsetzungen in Spezifikationen der Servicequalität,

Lücke 3: Differenz zwischen den Spezifikationen der Dienstleistungsqualität und der tatsächlich erstellten Leistung und

Lücke 4: Differenz zwischen tatsächlich erstellter Dienstleistung und der an den Kunden gerichteten Kommunikation über diese Dienstleistung.

Dabei ist eine Unterscheidung zwischen der Qualität der Verrichtung der Dienstleistung und der Qualität des Ergebnisses der Dienstleistung möglich, was die Unterscheidung zwischen dem Prozess und dem Ergebnis widerspiegelt.

Kundenzufriedenheit ist das Ergebnis eines individuellen Vergleichsprozesses zwischen Erwartung und Wahrnehmung und deckt sich damit mit der o. a. Definition der Dienstleistungsqualität.[193] Die Bausteine der Kundenzufriedenheit liegen in den einzelnen Stufen der Wertschöpfungskette. Denn Stufen die keinen Beitrag zur Kundenzufriedenheit leisten, könnten sonst ersatzlos gestrichen werden. Allerdings unterscheiden sich die Beiträge der einzelnen Wertschöpfungsstufen zur Kundenzufriedenheit in Hinblick auf ihre Direktheit und ihre Wahrnehmbarkeit.[194]

- *Dienstleistungsqualität im Personalmanagement*

Versteht man das Personalmanagement als interne Dienstleistungsfunktion im Unternehmen, dann lassen sich die Folgerungen des Dienstleistungsmanagements direkt auf das Personalmanagement übertragen. Die Wertschöpfung des Personalmanagements liegt dann in der Minimierung der Lücke 5 über die Verringerung der Lücken 1 bis 4 im Lückenmodell der Servicequalität, wobei die Träger des Personalmanagements als Dienstleister und die Anspruchsgruppen des Personalmanagements als Kunden zu definieren sind. Für die Wertschöpfungsmessung im Personalmanagement

---

192 Vgl. Meffert 1994, S. 17 ff.
193 Vgl. Meyer/Dornbach 1995, S. 164; Simon/Homburg 1995, S. 20.
194 Vgl. Simon/Homburg 1995, S. 19.

A. Personal- controlling

eignet sich eine Untersuchung der einzelnen Wertschöpfungsstufen des Personalmanagements und ihres Beitrages zur Kundenzufriedenheit. Analog zu den Wertschöpfungsstufen im Gesamtunternehmen haben wir die Wertschöpfungsstufen am Beispiel der Personalentwicklung und ihren Beitrag zur Kundenzufriedenheit dargestellt (Abb. 31).

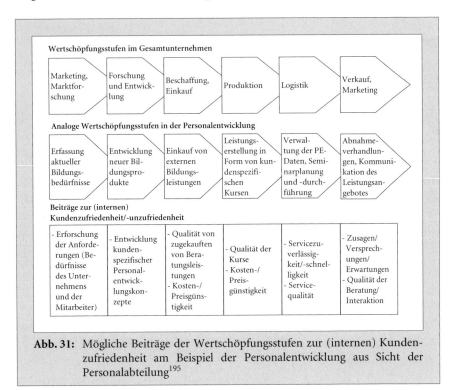

Abb. 31: Mögliche Beiträge der Wertschöpfungsstufen zur (internen) Kundenzufriedenheit am Beispiel der Personalentwicklung aus Sicht der Personalabteilung[195]

2.5 Wertschöpfungsmessung als Aufgabe des Personalcontrollings

Wie wir im vorangegangenen Abschnitt gezeigt haben, beinhaltet der Wertschöpfungsbegriff eine Vielzahl unterschiedlicher Dimensionen. Für das Personalmanagement mit seiner umfassenden Querschnittsfunktion im Unternehmen ist es notwendig, alle differenzierten Aspekte in den Wertschöpfungsbegriff des Personalmanagements zu integrieren. Die folgende Abbildung fasst dazu noch einmal die unterschiedlichen Auffassungen zur Wertschöpfung zusammen:

---

195 Eigene Darstellung.

Disziplin	Verständnis
Volkswirtschaftliche Wertschöpfung	Wertschöpfung als Differenz zwischen Output und Input als Nutzen bzw. Leistungsmaßstab für die Gesellschaft
Betriebswirtschaftliche Wertschöpfung	Wertschöpfung als Differenz zwischen Output und Input als Nutzen bzw. Leistungsmaßstab für die Anspruchsgruppen des Unternehmens (v. a. Mitarbeiter, Kapitalgeber, Staat)
Prozessbezogene Wertschöpfung	Wertschöpfung als Wertbeitrag jeder betrieblichen Aktivität für das Betriebsergebnis durch geeigneten Ressourceneinsatz und Prozessgestaltung
Strategiebezogene Wertschöpfung	Wertschöpfung als Wertsteigerung für Investoren durch die Wahl einer geeigneten Strategie
Qualitätsbezogene Wertschöpfung	Wertschöpfung als Nutzen bzw. Leistungsmaßstab für die externen und auch internen Kunden durch Qualität
Dienstleistungsbezogene Wertschöpfung	Wertschöpfung als Nutzen der Leistungserbringung für die externen und internen Kunden durch eine optimale Leistungserstellung

Abb. 32: Bezugsrahmen der Wertschöpfung[196]

Eine reine wirtschaftlichkeits- und produktivitätsbezogene Definition der Wertschöpfung umfasst dabei nur einen Teil der Wertschöpfung durch das Personalmanagement. Sie entspricht dem Ökonomisierungsgedanken der 80er Jahre.[197] Ausgehend von der Weiterentwicklung des Human Relations Modells zu einem Human Resources Modell[198] folgte in den letzten Jahren die Erkenntnis, das Humanpotenzial als die wichtigste, wertvollste und sensitivste Unternehmensressource anzusehen.[199] Dabei steht die Wertschöpfung des Humanpotenzials zur Sicherung und zum Aufbau von Wettbewerbsvorteilen im Vordergrund.[200] Letztlich wird ausgehend von der Ressourcentheorie das Personalmanagement als Instrument zur Schaffung »erneuerbarer« Wettbewerbsvorteile gesehen, um den Anforderungen durch den ständigen Wandel der Wettbewerbsbedingungen gerecht werden zu können.[201] Aus diesem Grund ist der Wertschöpfungsbegriff im Bereich von Führung und Personalmanagement viel weiter zu sehen. Es geht dabei

---

196 Eigene Darstellung.
197 Vgl. Scholz 1994, S. 25, S. 32; Wunderer 1992, 201 f.
198 Vgl. Miles 1965, S. 148 ff.; Oertig 1994, S. 33 f.
199 Vgl. Scholz 1994, S. 25; Oertig 1994, S. 74 ff.; Wunderer 1992, 201 ff.
200 Vgl. Cascio 1992, S. 40.
201 Vgl. Snell/Youndt/Wright 1996, S. 84.

A. Personal-controlling

auch um die positive Beeinflussung der Identifikation und Motivation der Mitarbeiter als Humanpotenzial – z. B. im Rahmen einer transformationalen (wertebeeinflussenden) Führung und Personalentwicklung. Wesentliches Kennzeichen ist daher die unternehmerische Ausrichtung[202] der Führungs- und Unternehmenskultur.[203] Die transformationale Führung greift dabei vorwiegend über die direkte Führungsdimension,[204] während die unternehmerische (Mitarbeiter-)Führung vornehmlich über die indirekte Führungsdimension Einfluss nehmen will.[205]

- *Zwei Ebenen der Wertschöpfung des Personalmanagements*

Die *Wertschöpfung des Personalmanagements* kann auf zwei Ebenen beschrieben werden. Zum einen kann die Wertschöpfung des Personalmanagements auf die Personalabteilung und auf die von ihr initiierten Prozesse bezogen werden (Personalmanagement im engeren Sinne). Zum anderen kann man das Personalmanagement aber auch als Summe sämtlicher Aktivitäten verstehen, die das »Humansystem Unternehmen« gestalten und beeinflussen (Personalmanagement im weiteren Sinn). Diese weitere Definition umfasst neben der Arbeit der Personalabteilung auch die strukturelle und interaktive Führung der Führungskräfte, sowie im weitesten Sinne alle Beteiligten des Sozialsystems Unternehmen.[206]

Für diese Arbeit erscheint eine Verwendung des Begriffs Personalmanagement im weiteren Sinn als geeignet, da die Messung und Beurteilung der Wertschöpfung die Personalarbeit als Ganzes erfassen und daher neben der Personalabteilung auch die Führungskräfte und zum Teil auch die Unternehmensleitung mit einschließen sollte. Wir werden in dieser Arbeit bei den integrierten Bewertungsmodellen in Kapitel 8 bis Kapitel 10 noch auf diese Unterscheidung zurückkommen, da sich die Modelle auf beide Ebenen des Personalmanagements anwenden lassen.

- *Wertschöpfungscenter Personal*

Ansätze zu einer kundenorientierten, unternehmerischen sowie auch marktmäßigen Gestaltung der Personalabteilung oder einzelner Personalteilfunktionen werden in der Literatur zur Zeit vermehrt diskutiert und sind auch in der Praxis teilweise schon realisiert.[207] Dabei herrscht weitgehend Übereinstimmung, dass eine ausschließliche marktmäßige Steuerung des

---

202 Vgl. Wunderer 1992, S. 202 f.; Wunderer 2006.
203 Vgl. Powell 1995, S. 15 ff.
204 Vgl. Bass 1990, S. 218 f.
205 Vgl. Wunderer 2006, Kap. III. 3.4.2.
206 Vgl. Wunderer 1975b; Marr/Göhre 1997, S. 375.
207 Wunderer 1992; Wunderer/Schlagenhaufer 1992, S. 180 ff.; Ackermann 1994b.

gesamten Personalbereichs in Form eines Profit-Centers problematisch ist, da sowohl die soziale Dimension als auch die langfristige strategische Orientierung zugunsten eines kurzfristigen Periodenerfolgs vernachlässigt würde. Für den Personalbereich drängt sich daher ein differenzierter Ansatz zur Schaffung von unternehmerischen Strukturen auf, wie sie Wunderer in seinem »Wertschöpfungscenter-Personal« aufzeigt.

Dabei kann erstens analog dem funktionalen Aufbau eines Unternehmens folgende idealtypische Bereichsstrukturierung als Gestaltungsmetapher für ein unternehmerisches und institutionales Personalmanagement verwendet werden:[208]

- Personalforschung und Personalentwicklung (Potenzialanalysen, Meinungsbefragungen, Aus- und Fortbildung)
- Personalmarketing (Analyse, Gestaltung und Kommunikation attraktiver und effizienter Arbeitsbedingungen auf dem externen und internen Arbeitsmarkt)
- Personaleinsatz und Personalerhaltung (Mitwirkung bei der Leistungserstellung, Förderung von Leistungs- und Kooperationswerten, optimale Gestaltung der Arbeitssituation einschließlich Personalführung und Schnittstellenmanagement)
- Personalwirtschaft und Managementsysteme (Planung, Organisation, Controlling, Informationssystem).

Wertschöpfungscenter	
Management- und Service-Dimension mit nicht-monetärer Nutzenbeurteilung	Business-Dimension mit monetärer Nutzenbewertung
Management- und Servicebereitschaft	Cost-Center Kosten- und Kostenvergleichsgrößen als Steuerungsinstrument
Management- und Serviceumfang	Revenue-Center Leistungs- und Leistungsvergleichsgrößen als Steuerungsinstrument
Management- und Servicequalität	Profit-Center Erfolgs- und Erfolgsvergleichsgrößen als Steuerungsinstrument

Abb. 33: Dimensionen des Wertschöpfungscenter-Konzepts[209]

---

208 Vgl. Wunderer 1989, S. 250 ff.; Wunderer 1992, S. 204 f.
209 Vgl. Wunderer 1992, S. 206; Wunderer/Arx 2002.

A. Personalcontrolling

Zweitens ist das Organisationskonzept damit verbunden, dass die Steuerung des Wertschöpfungscenters auf einem dualen Managementsystem basiert, das aus einer Management- und Service- sowie einer Business-Dimension besteht (Abb. 33). Es bietet sich an, auch die Wertschöpfungsmessung in diesen drei Dimensionen zu differenzieren.

- *Management-Dimension*

Die *Management-Dimension* fokussiert dabei die Wahrnehmung strategischer Aufgaben durch die Mitarbeiter des Wertschöpfungscenter-Personals und ist effektivitätsorientiert mit primär qualitativer Nutzenmessung. Erfolgskriterien dieser Dimension liegen in der strategischen Orientierung der Maßnahmen des Personalmanagements, der vertikalen und horizontalen Integration im Sinn eines strategischen Fits mit Struktur, Kultur und Systemen sowie der Innovation, Planung, Koordination und Evaluation neuer Dienstleistungsprodukte zur Unterstützung interner und externer Bezugsgruppen, meist über Aufträge der Geschäftsleitung. Als Kompetenzcenter kann das Wertschöpfungscenter in dieser Dimension einen »Mehrwert der Zentrale« realisieren.[210] Schließlich geht es auch um die Erfüllung unternehmenssichernder Aufgaben.

Die Messung der Wertschöpfung in der Management-Dimension gestaltet sich verglichen mit den beiden anderen Dimensionen am schwierigsten, da die Zielwirkungen aufgrund der strategischen Bedeutung und der damit verbundenen Langfristigkeit nur schwer abschätzbar sind. Dennoch kommt gerade deshalb der Wertschöpfung der Management-Dimension die höchste Bedeutung zu.

- *Service-Dimension*

In der *Service-Dimension* konzentriert sich das Wertschöpfungscenter auf eine service- und kundenorientierte Prozessgestaltung. Dies erfordert von den Beteiligten im Personalbereich eine kundenorientierte Dienstleistungs-, Marketing- und Beratungskompetenz sowie ein Selbstverständnis als spezialisierter interner Anbieter von Serviceleistungen. Innerhalb der Service-Dimension soll eine Wertschöpfung durch die Steigerung der Effizienz, der Optimierung der Service-Qualität sowie durch eine bedürfnis- und bedarfsgerechte, innovative, flexible, professionelle und problemlösungsorientierte Unterstützung der wesentlichen Bezugsgruppen geschaffen werden. Die Qualität der Dienstleistungen wird mittels Umfragen bei internen und gegebe-

---

210 Vgl. Timmermann 1988, S. 100 ff.

nenfalls externen Bezugsgruppen evaluiert. Diese Erhebungsdaten geben Auskunft über die subjektive Nutzenbewertung der Kunden, ihre Erwartungshaltungen und liefern erste Grundlagen für eine spätere Veränderungs- und Fortschrittskontrolle.

Die Messung der Wertschöpfung erfolgt hier also über die Erhebung von Prozesskenngrößen als Prozessqualität und der Kundenzufriedenheit als Ergebnisqualität (z. B. auch über die Produktqualität als Fehlerfreiheit und Nutzen von Gehaltsabrechnungen).

- *Business-Dimension*

Die *Business-Dimension* entspricht dem monetären Führungssystem des Wertschöpfungscenters. Innerhalb dieser Dimension sind geeignete Kostenrechnungs- und Verrechnungspreissysteme bereitzustellen. Ziel der Business-Dimension ist eine kosten- oder ertragsoptimale Steuerung der internen Leistungsprozesse, verbesserte Transparenz durch verursachungsgerechte Kostenzuordnung und -belastung sowie eventuell eine Ertragsgenerierung durch den Absatz der Dienstleistungen auf dem externen Markt.

Die Messung der Wertschöpfung erfolgt hier in Form von monetären Größen. Voraussetzung für die marktmäßige Steuerung des Wertschöpfungscenters mit internem und eventuell externem Verkauf von Dienstleistungen ist die vollständige und erfolgreiche Implementierung der Management- und Service-Dimension. Erst ein hoher Qualitäts- und Servicestandard in den klassischen Personalfunktionen, für die die internen und externen Kunden auch bereit sind, einen vereinbarten oder marktkonformen Preis zu zahlen, ermöglicht der Personalabteilung mit ihren Dienstleistungen einen Ertrag zu erwirtschaften. Aufgrund des Zielkonflikts zwischen kurzfristig ökonomischen sowie sozialen und unternehmenssichernden Zielen der Personalarbeit ist eine solche Profit-Center-Organisation allerdings nicht für sämtliche Funktionen des Personalmanagements geeignet.[211]

- *Wertschöpfungsmessung im Wertschöpfungscenter*

Eine Wertschöpfungsmessung im Personalmanagement kann also nach den vier Bereichen oder den drei Dimensionen differenziert werden. Ebenso ließe sich eine »globale« Wertschöpfungsmessung als »Geschäftsergebnis« des Personalmanagements realisieren. Für letztere ist allerdings ein zusammengesetzter Index aus mehreren Indikatoren notwendig, um die verschiedenen Wertschöpfungsbeiträge des Personalmanagements zusammenfassen zu können.[212]

---

211 Vgl. Wunderer/Schlagenhaufer 1994, S. 184; Ackermann 1994a, S. 17.
212 Vgl. auch Kapitel 2.2, S. 21 ff.

Der Aufbau eines solchen Index zur Wertschöpfungsmessung nach dem Konzept des Wertschöpfungscenters nach Wunderer entspricht dabei einer 4 × 3 Matrix. Die Ermittlung des »Geschäftsergebnisses« des Personalmanagements erfordert nun noch eine Gewichtung der einzelnen Felder.

Controlling- dimension	Personalfor- schung und -entwicklung	Personal- marketing	Personaleinsatz und -erhaltung	Personalwirt- schaft und Mana- gementsysteme
	Operationalisierung			
Management- Dimension	Managementqualität (v. a. Analyse, Innovation, Planung, Koordination, Umsetzung als strategischer und qualitativer Erfolgsbeitrag) Messung durch Abschätzung und Analysen			
Service- Dimension	Dienstleistungsqualität (v. a. Zufriedenheit und Loyalität von Kunden und Mitarbeitern) Messung durch Kunden- und Mitarbeiterbefragungen			
Business- Dimension	Ökonomische Qualität (v. a. Wirtschaftlichkeit und Rentabilität, »monetäres Geschäftsergebnis«) Messung durch Kosten-, Leistungs- und Erfolgsbewertung			

Abb. 34: Controllingdimensionen für eine umfassende Wertschöpfungsmessung im Wertschöpfungscenter Personal[213]

Gegen die Ermittlung eines solchen Wertschöpfungsindex sprechen allerdings folgende Argumente:

1. Die Wertschöpfung im Bereich der Management-Dimension entzieht sich einer vollständigen Quantifizierung im Rahmen einer Indexbildung, da sie lediglich teilweise quantifizierbar ist (z. B. über den Realisierungsgrad von strategischen Vorgaben, etc.)
2. Jede der drei Wertschöpfungsdimensionen ist notwendig und gleichberechtigt. Da z. B. eine schwache Management-Dimension nicht durch eine stärkere Service-Dimension kompensiert werden kann, macht es keinen Sinn alle drei Dimensionen in einem Index zusammenzufassen.
3. Auch die Zusammenfassung der vier unterschiedenen Personalfunktionen zu einem Index ist nicht sinnvoll, da sich Stärken und Schwächen in den verschiedenen Personalfunktionen nicht gegenseitig ausgleichen können.
4. Die Gewichtung der einzelnen Indexfelder lässt sich nicht eindeutig ableiten. Zudem kann sich die Bedeutung der einzelnen Dimensionen im Zeitverlauf verändern, was eine Veränderung der Indexgewichtung bedeutet.

---

213 Eigene Darstellung.

- *Hohe Verbreitung des Wertschöpfungscenters Personal*

Für die Differenzierung der Wertschöpfungsmessung nach dem Wertschöpfungscenter spricht auch die wachsende Verbreitung dieses Konzepts:

Schlagenhaufer[214] hat 1994 in einer Erhebung in Deutschland und in der Schweiz den Verbreitungsstand des Wertschöpfungscenter-Konzepts abgefragt. Wunderer/Arx/Jaritz haben 1997 ebenfalls eine Umfrage zum Verbreitungsstand des Wertschöpfungscenter-Konzepts durchgeführt, so dass eine Aussage über die Entwicklung der Verbreitung möglich ist (Abb. 35).[215]

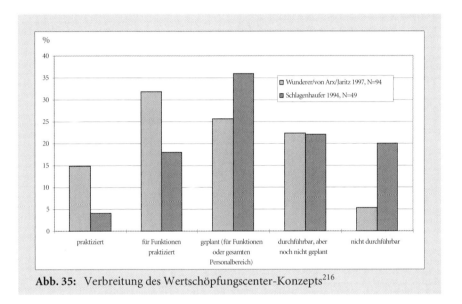

Abb. 35: Verbreitung des Wertschöpfungscenter-Konzepts[216]

In nur drei Jahren ist danach der Anteil der Unternehmen, die das Konzept in ihrem gesamten Personalbereich praktizieren von 4% auf 15% gestiegen.[217] Der Anteil der Unternehmen, die das Konzept wenigstens für einzelne Teilfunktionen praktizieren, stieg von 18% auf 32%. Der Anteil der Unternehmen, die das Konzept dagegen noch für den gesamten Personalbereich oder für einzelne Teilfunktionen diskutieren bzw. planen, fiel dementsprechend von 36% auf 26%. Der Anteil der Unternehmen, die das Konzept

---

214 Vgl. Schlagenhaufer 1994.
215 Vgl. Wunderer/Arx/Jaritz 1998b, S. 278 ff.; Wunderer/Arx/Jaritz 1998a, S. 346 ff.
216 Vgl. Wunderer/Arx/Jaritz 1998b, S. 282.
217 Der direkte Vergleich muss insofern eingeschränkt werden, da nicht die gleiche Grundgesamtheit verwendet wurde.

A. Personal-controlling

zwar für durchführbar halten, allerdings noch keine weiteren Schritte unternommen haben, blieb mit 22% konstant. Der Anteil der Unternehmen, die das Konzept dagegen für nicht durchführbar im eigenen Unternehmen halten, sank schließlich von 20% auf nur 4%.

Zwei Prognosestudien aus den Jahren 1992/1993 schätzten den Anteil der deutschen bzw. schweizerischen Groß- und Mittelbetriebe, die ihre Personalabteilung im Jahr 2000 als Wertschöpfungscenter bzw. als selbständiges Tochterunternehmen organisiert haben, auf 12% (Schweiz) bzw. 19% (BRD).[218] Der prognostizierte Trend ist damit voll eingetroffen. Und für 2010 wurde in einer schweizerischen Expertenprognose ein Zuwachs von 25% auf 45% vorausgesagt.[219]

Es ist somit eine deutliche Entwicklung von der Konzeptions- und Planungsphase zur Realisationsphase des Wertschöpfungscenter-Konzept zu erkennen. Dabei ist in unserer Untersuchung kein signifikanter Unterschied zwischen schweizerischen und deutschen Unternehmen feststellbar.[220]

- *Verbreitung der quantitativen und qualitativen Indikatoren der Wertschöpfungsmessung in der Praxis*

In unserer Umfrage haben wir erhoben, wie die Wertschöpfung des Personalmanagements ergebnisbezogen gemessen wird. Dabei haben wir gefragt, inwieweit die Wertschöpfung über qualitative (z. B. über die Ergebnisse von internen Kundenbefragungen) oder über quantitative Indikatoren (z. B. über die Effizienz und Effektivität) erfolgt (Abb. 36). Dabei zeigte sich deutlich, dass qualitative Indikatoren weiter verbreitet sind. 76% der befragten Unternehmen messen überwiegend mindestens teilweise mit qualitativen Indikatoren im Vergleich zu 51% der befragten Unternehmen, die überwiegend zumindest teilweise mit quantitativen Indikatoren messen.

---

218 Vgl. Wunderer/Kuhn 1992, S. 133; Wunderer/Kuhn 1993, S. 207.
219 Vgl. Wunderer/Dick 2002, S. 213 ff. Grundsätzlich ist allerdings ein möglicher Verzerrungseffekt zu beachten, da aufgrund der Freiwilligkeit der Befragung nur solche Unternehmen antworten, die den Fragebogen auch detailliert beantworten können. Damit könnte auch der Anteil der Unternehmen, die das Wertschöpfungscenter praktizieren, überschätzt werden.
220 Pearson'scher Chi-Quadratwert = 2,15.

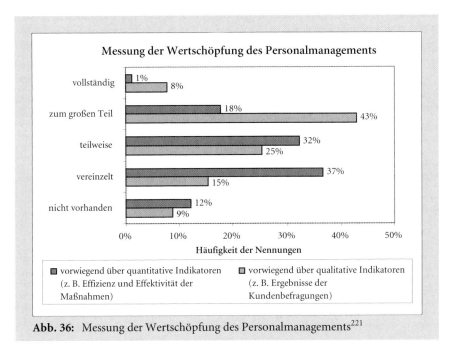

Abb. 36: Messung der Wertschöpfung des Personalmanagements[221]

- *Fazit*

Der Begriff der Wertschöpfung ist im Personalmanagement in diesem Zusammenhang nicht als rein quantitative oder gar monetäre Größe zu sehen, vielmehr geht es im Bereich des Personalmanagements auch um mehr Lebensqualität – insbesondere Sozial- und Arbeitsqualität – für die Mitarbeiter und andere wesentliche Bezugsgruppen. Dabei sind die Werte als zentrale Steuergrößen zu verstehen, die die Unternehmens- und Führungskultur bestimmen. Sie bilden hier die zentralen Elemente für die Motivation und Identifikation der Mitarbeiter und garantieren damit Mitarbeiterzufriedenheit und Unternehmenserfolg.[222] Dies zeigt auch die Bedeutung der qualitativen Evaluation auf der Grundlage subjektiver Nutzeneinschätzungen für das Personalcontrolling auf.

---

221 Quelle: eigene Umfrage 1997, N = 91. Frage: Welche der nachfolgenden Aussagen treffen auf Ihr Personalmanagement zu?
 1. Die Ergebnisse des Personalmanagements werden vorwiegend über qualitative Indikatoren gemessen, wie z. B. über die subjektiven Einschätzungen der Beteiligten.
 2. Die Ergebnisse des Personalmanagements werden vorwiegend über quantitativen Indikatoren gemessen, wie z. B. über Produktivität oder Kosteneinsparungen. Vgl. Wunderer/Arx/Jaritz 1997, S. 13.
222 Vgl. Wunderer 1997b, S. 13.

A. Personalcontrolling

3. Evaluation der Wertschöpfung im Personalmanagement als Aufgabe eines unternehmerischen Personalmanagements

Kapitelübersicht

3.1	Unternehmerische Führung und unternehmerisches Personalmanagement	71
3.2	Rollen des Personalmanagements	75
3.3	Personalmanagement als interner Dienstleister	82
3.3.1	Internes Marketing im Personalmanagement	82
3.3.2	Bezugsgruppenorientierung	85
3.3.3	Prozessorientierung	91
3.3.4	Personalmanagement im Kontext innerorganisatorischer Steuerungskonzepte	92
3.4	Bedeutung unterschiedlicher Wertschöpfungsdimensionen für die Messung	95
3.4.1	Wertsichernde und wertsteigernde Wertschöpfung	95
3.4.2	Kontext-, potenzial-, prozess- und ergebnisbezogene Wertschöpfung	98
3.4.3	Strategische und operative Wertschöpfung	102
3.4.4	Direkte und indirekte Wertschöpfung	105
3.4.5	Fazit	107
3.5	Kennzahlen als Instrument der Wertschöpfungsmessung	108
3.6	Messung der Kundenzufriedenheit, der Mitarbeiterzufriedenheit und der Mitarbeiterproduktivität	118
3.6.1	Kundenzufriedenheit	119
3.6.2	Mitarbeiterzufriedenheit und -loyalität	122
3.6.3	Mitarbeiterproduktivität	125
3.7	Messung der Leistungen des Personalmanagements	130
3.7.1	Messinstrumente auf der Mitarbeiterebene	130
3.7.1.1	Personalbeurteilung	132
3.7.1.2	Persönlichkeitstests, Assessment-Center und Audit zur meist zielgruppenspezifischen Evaluation von Kompetenzen	136
3.7.1.2	Mitarbeiterumfrage	154
3.7.1.3	Austrittsinterview	162
3.7.1.4	Zwischenfazit	163
3.7.2	Messinstrumente auf der Ebene der Personalabteilung	164
3.8.	Potenzialbezogene Wertschöpfungsmessung (Human Capital Management)	173
3.8.1.	Human Resource Accounting	177
3.8.2.	Die Saarbrücker Formel	187
3.9	Unterstützung der Wertschöpfungsmessung durch Benchmarking	188
3.10	Computerunterstützte Messung der Wertschöpfung über Personalinformationssysteme	194
3.11	Fazit	201

3.1 Unternehmerische Führung und unternehmerisches Personalmanagement

Unternehmerische Führung bezeichnet die Förderung unternehmerischen Denkens und Handelns bei den Mitarbeitern vorwiegend über systemisch-strukturelle Führung. Dabei steht die innovations-, interaktions- und umsetzungsfördernde soziale Beeinflussung zur Erfüllung gemeinsamer Aufgaben in/mit einer strukturierten Arbeitssituation im Mittelpunkt. Und dies mit dem Ziel der optimalen *Wertschöpfung* für die zentralen Bezugsgruppen. Ziel der unternehmerischen Führung ist die Förderung möglichst vieler Mitarbeiter zu (Mit-)Unternehmern über die zentralen Komponenten: Wissen, Denken, Fühlen, Entscheiden, Handeln und Verantworten. Als Bezugsgruppen sind hier vor allem Kunden, Mitarbeiter und ihre Familien und Anteilseigner zu verstehen.

- *Mitunternehmerische Schlüsselqualifikationen*

Ausgehend von dem Schumpeterschen Unternehmerbegriff, der den Unternehmer als Durch- bzw. Umsetzer neuer Kombinationen definierte, beschreibt Wunderer den Mitunternehmer mit drei zentralen Schlüsselqualifikationen:[223]

- Problemlösungskompetenz, als strategisch-innovatives Verhalten,
- Umsetzungskompetenz, als effizient-umsetzendes Verhalten und
- Sozialkompetenz als eigenständiges und kooperatives, selbstorganisierendes Interaktionsverhalten.

Durch das unternehmerische Personalmanagement sollen diese drei Schlüsselqualifikationen über die zentralen Komponenten der Führung gefördert werden, wozu auch eine entsprechende Gestaltung der personalwirtschaftlichen Teilfunktionen wie z. B. Personalgewinnung, Personalmarketing, Personalbeurteilung, Personalhonorierung, Personalentwicklung und Personalcontrolling notwendig ist.

- *Typologie unternehmerischen Verhaltens*

Um der unrealistischen und kollektiven Forderung zu begegnen, dass *alle* Mitarbeiter zu (Mit-)Unternehmern qualifiziert und motiviert werden sollen – und dies noch dazu in identischer Weise – wurde ein Portfolioansatz (Abb. 37) entwickelt, der zwischen verschiedenen Formen, Anforderungs-

---

[223] Vgl. Wunderer 2006, Kap. III.

kategorien und Intensitäten des internen Unternehmertums[224] differenziert.

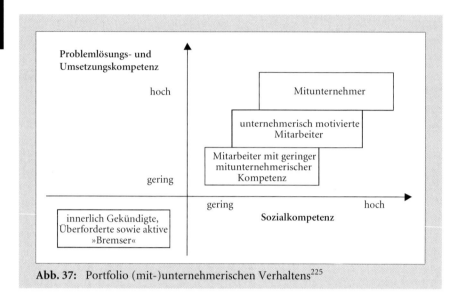

Abb. 37: Portfolio (mit-)unternehmerischen Verhaltens[225]

Mit abnehmender Ausprägung der unternehmerischen Attribute unterscheidet Wunderer – neben den beiden Spezialfällen des »Unternehmers« und des »Intrapreneurs«[226] ohne kooperatives Verhalten – den »Mitunternehmer«, den »unternehmerisch motivierten Mitarbeiter«, den »Mitarbeiter mit geringer mitunternehmerischen Kompetenz« sowie innerlich Gekündigte, Überforderte bzw. aktive »Bremser«.

Der Mitunternehmer bildet die Kerngruppe internen Unternehmertums, er ist aktiv an der Erreichung der Unternehmensziele beteiligt und handelt nach den Prinzipien erhöhter Selbststeuerung und -organisation. Er ist schon über das Mitwissen, Mitdenken und Mitfühlen in die Vorentscheidungsphase eingebunden, am Entscheidungsprozess beteiligt (Mitentscheiden) und unterstützt die Umsetzung und die Konsequenzen der Entscheidung (Mithandeln und Mitverantworten).

Der unternehmerisch motivierte Mitarbeiter ist offen für unternehmerische Innovations- und Transformationprozesse. Auch die unternehmerischen

---

224 Vgl. Wunderer 1997b, S. 241 ff., Wunderer 2006.
225 Vgl. Wunderer 1997b, S. 241 ff.; Wunderer 1999.
226 Diese sind hier aufgrund der mangelnden Sozialkompetenz nicht dargestellt. Vgl. zur Definition des Intrapreneurs sowie seiner Abgrenzung zum Mitunternehmer Pinchot 1988 sowie Wunderer 1997e.

Schüsselqualifikationen werden von ihm positiv eingeschätzt, ohne dass er sie selbst in allen Punkten erfüllen kann.

Als Mitarbeiter ohne ausgeprägte unternehmerische Kompetenzen werden schließlich alle Mitarbeiter bezeichnet, die nur geringe unternehmerische Qualifikation und Motivation aufweisen. Die Förderung aller Mitarbeitergruppen des internen Unternehmertums ist ein Ziel des unternehmerischen Personalmanagements.

Schließlich lassen sich auch noch diejenigen Mitarbeiter einordnen, die als innerlich Gekündigte und Überforderte keine mitunternehmerische Kompetenzen zeigen und als »aktive Bremser« gegen das Unternehmen arbeiten.

Erste Umfragen bei 116 deutschen und schweizerischen Großunternehmen ergaben folgende Einschätzung durch Führungskräfte und Personalverantwortliche:

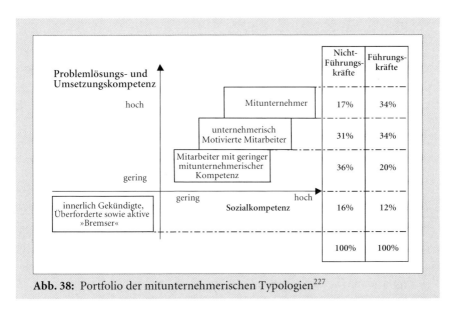

Abb. 38: Portfolio der mitunternehmerischen Typologien[227]

Das gesamte Konzept wird über folgenden Bezugsrahmen veranschaulicht, der sich auch für die Systematisierung der Messung eignet:[228]

---

227 Quelle: Umfrage I.FPM 1998, N = 116. Vgl. auch Wunderer 1997b, S. 243. Bei der Interpretation der Umfrageergebnisse ist zu beachten, dass diese auch den situativen Kontext für Mitunternehmertum in den Organisationen enthalten.
228 Vgl. auch Wunderer 2006, Kap. III.

A. Personal-controlling

Mitunternehmer

Was beeinflusst eine Transformation?	Was sind die Ziele?		Welche Auswahl und Entwicklung ist sinnvoll?
Rahmenbedingungen Makrokontext – Politik-/Rechtssystem – Wirtschaftssystem – Gesellschaftssystem – Techniksystem Mikrokontext – Kultur – Strategie – Organisation – Personalstruktur	**Unternehmensziel:** unternehmerische Wertschöpfung durch Nutzenstiftung für zentrale Bezugsgruppen **Transformationsziel:** aktive und effiziente Unterstützung der Unternehmensstrategie durch problemlösendes, sozialkompetentes und umsetzendes Denken und Handeln möglichst vieler Mitarbeiter aller Hierarchie- und Funktionsbereiche **personale Gestaltungs- und Verhaltensziele:** 1. Mitwissen/Mitdenken 2. Mitentscheiden/Mithandeln 3. Mitverantworten 4. Mitfühlen/Miterleben 5. Mitentwickeln 6. Mitverdienen/Mitbeteiligen		**mitunternehmerische Personalstruktur** – portfoliogerechte Förderung – Selbst-, Team-, Organisationsentwicklung **mitunternehmerische Leitsätze** – Verhaltens- und Entwicklungsleitsätze für Mitarbeiter als Mitunternehmer – Gestaltungs- und Führungsleitsätze für das Management
Bedürfnisse der zentralen Bezugsgruppen Kunden Mitarbeiter Kapitaleigner Lieferanten Gesellschaft		**Welche Steuerung und Führung ist sinnvoll?**	
	Welche menschlichen Potenziale sind nötig?	**mitunternehmerisches Steuerungskonzept** – interner Markt (Wettbewerb) – soziales Netzwerk (Kooperation)	
	mitunternehmerische Schlüsselkompetenzen – Gestaltungskompetenz – Umsetzungskompetenz – Sozialkompetenz	**mitunternehmerisches Führungskonzept** strukturelle Führung: – Kultur (z. B. Innovation) – Strategie (z. B. Empowerment) – Organisation (z. B. Dezentralisierung) – qualitative Personalstruktur interaktive Führung: – ziel-/ergebnisorientiert – identifizierend, inspirierend, intellektuell, individuell	
Ressourcen personelle finanzielle informationelle natürliche technische	**mitunternehmerische Identifikation/ Grundmotivation** – freiwilliges Engagement – Einbindung/Verpflichtung – Chancen- und Risikoorientierung **mitunternehmerische situationsspezifische Motivation** – Bedeutung – Instrumentalität – Erfolgserwartung		
UMFELD	**POTENZIAL**	**Umsetzung**	**FÜHRUNG UND FÖRDERUNG**

Mitarbeiter

Abbildung 39: Transformationskonzept »Vom Mitarbeiter zum Mitunternehmer«[229]

3. Evaluation der Wertschöpfung

Die Messung der Wertschöpfung im unternehmerischen Personalmanagement nimmt eine besondere Stellung ein, weil das erklärte Ziel des unternehmerischen Personalmanagements die Erhöhung der Wertschöpfung der Humanressourcen für *alle* zentralen Bezugsgruppen ist. Die Messung dieser Wertschöpfung ist damit ein wesentliches Element zur Beurteilung des Umsetzungserfolgs.

Da das Ziel der Wertschöpfung für Kunden und Anteilseigner eine starke Kunden- und Ergebnisorientierung der Mitarbeitenden beinhaltet, muss das Personalmanagement einerseits das unternehmerische Denken und Handeln der Mitarbeiter fördern und unterstützen. Andererseits muss es sich aber selbst an diesen Prinzipien orientieren, um seinen Wertschöpfungsbeitrag für seine Bezugsgruppen ausweisen zu können.

Die Wertschöpfungsmessung im unternehmerischen Personalmanagement beinhaltet damit sowohl die Wertschöpfung durch die Förderung des Mitunternehmertums auf der Unternehmensebene als auch die Wertschöpfung des »Dienstleisters« Personalmanagement für seine Kunden. Diese Arbeit fokussiert dabei besonders auf die Wertschöpfung des »Dienstleisters« Personalmanagement, vorzugsweise als Wertschöpfungscenter Personal[230], das

a) nach Stakeholdern differenziert,
b) speziell auf Mitarbeiter und Führungskräfte ausgerichtet ist und
c) die Umsetzung von Problemlösungen im eigenen Bereich durchführt.

Hier ist dann prinzipiell auch die Messmethode der strategiebedingten Wertschöpfung möglich.[231] Aber auch eine Potenzial- (z. B. über Schlüsselqualifikationen), Prozess- und Ergebnismessung sowie die Messung von Problemlösungen und Innovationen und ihrer Umsetzung sind prozess-, team- oder organisationseinheitenbezogen möglich.

3.2 Rollen des Personalmanagements

Für die Messung der Wertschöpfung im Personalmanagement sind zunächst *zentrale Rollen des Personalmanagements* zu untersuchen, da der Wertschöpfungscharakter verschiedener Rollen sehr unterschiedlich ist und auch eine unterschiedliche Evaluation bedingt.[232]

---

229 *Fußnote zu vorheriger Seite*
  Vgl. auch Wunderer 1999, S. 27; Wunderer 2006, S. 52.
230 Vgl. Kapitel 2.5, S. 60 ff.
231 Vgl. Kapitel 2.4.4.2, S. 43 ff.
232 Vgl. auch Mohrman/Lawler III. 1998, S. 220 ff.

A. Personalcontrolling

Marr/Göhre definieren neun verschiedene *Rollen der Personalabteilung* (in der Reihenfolge der gegenwärtigen Wahrnehmung der Rollen durch die Personalabteilung):[233]

1. Verwaltungsrolle,
2. Dienstleistungsrolle,
3. Informationsrolle,
4. Koordinationsrolle,
5. Steuerungs- und Kontrollrolle,
6. Konfliktbewältigungsrolle,
7. Innovationsrolle,
8. Strategierolle und
9. Unternehmenskulturrolle.

Dave Ulrich[234] unterscheidet vier Rollen des Personalmanagements nach einer Unterscheidung der Aufgaben in zwei Dimensionen: operativer versus strategischer Fokus und Prozesse versus Menschen (vgl. Abb. 40).

Abb. 40: Die Rollen des Personalmanagements[235]

---

233 Marr/Göhre 1997, S. 386 f. Dabei werden allerdings prozessuale und inhaltliche Rollen ungetrennt vermischt.
234 Vgl. Ulrich 1996; auch Ulrich 1998.
235 Vgl. Ulrich 1996, S. 24.

Die abgegrenzten Rollen werden wie folgt definiert (Abb. 41):

Rolle	Ergebnis	Metapher	Aktivitäten
Strategisches Humanressourcenmanagement	Vollzogene Strategie	Strategischer Partner	Ausrichtung der Humanressourcen mit der Geschäftsstrategie »Organisatorische Diagnose«
Management der Unternehmensinfrastruktur	Effiziente Infrastruktur, Effizienz der Prozesse	Administrativer Experte	Reengineering der Organisation »Bereitstellung von Dienstleistungen«
Management der Mitarbeitermitwirkung	Erhöhte Mitarbeitermotivation und -qualifikation	Mitarbeiterhelfer	Wahrnehmung und Reaktion auf die Mitarbeiter: »Bereitstellung von Ressourcen für Mitarbeiter«
Management der Transformation und der Veränderung	Schaffen einer erneuerten Organisation für verbesserte Effektivität	Change Agent	»Sicherstellen der Kapazitäten für Veränderung«

Abb. 41: Definition der Rollen des Personalmanagements[236]

Die von Marr/Göhre verwendeten Rollen lassen sich gut in die 2 × 2 Matrix von Ulrich einordnen. Dabei bieten die Rollen von Ulrich den Vorteil der klaren Systematisierung, weshalb wir diese weiter untersucht haben.

Für die Analyse der Wertschöpfung im Personalmanagement ist es messökonomisch entscheidend, welche Rollen die höchste Wertschöpfung bedingen bzw. welche Rollen am höchsten gewichtet werden. Denn die Evaluation der Wertschöpfung macht dann wenig Sinn, wenn sie im Vergleich zu anderen Rollen unbedeutend ist. Darüber hinaus können auch die Rollen identifiziert werden, deren Wertschöpfungspotenziale noch nicht vollständig genutzt werden.

Wunderer/Arx/Jaritz (1998a) haben 1997 in einer Umfrage die Wichtigkeit dieser vier verschiedenen Rollen für das Personalmanagement erhoben. Dabei bleibt unberücksichtigt, inwieweit die tatsächlich ausgeübten Rollen im Personalmanagement dieser Wichtigkeitseinschätzung entsprechen. Die vier Rollenerwartungen an das Personalmanagement wurden von 96 befragten Unternehmen wie folgt gewichtet (Abb. 42).

---

236 Vgl. Ulrich 1996, S. 25.

A. Personal-controlling

Rolle	Mittlerer Rangwert	
Das Personalmanagement als **strategischer Partner** der Geschäftsleitung (Strategisches Humanressourcenmanagement)	1,5	klassische Unternehmensführungsrollen
Das Personalmanagement als **Change Agent** (Management der Transformation und der Veränderung, Kulturgestalter)	2,3	
Das Personalmanagement als **Mitarbeiterhelfer** (Management der Mitarbeiterförderung)	2,9	klassische Personalmanagementrollen
Das Personalmanagement als **administrativer Experte** (Management der Unternehmensinfrastruktur)	3,2	

Abb. 42: Wichtigkeit verschiedener Rollen des Personalmanagements[237]

Als wichtigste Rolle des Personalmanagements wurde eindeutig das strategische Humanressourcenmanagement als strategischer Partner der Geschäftsleitung rangiert. Dies deckt sich mit der hohen Bedeutung der Strategie- und Innovationsrolle von Marr/Göhre, allerdings werden diese nach Aussagen von befragten Personalverantwortlichen noch am wenigsten wahrgenommen.[238] Die Rolle als Change Agent zur Transformation und Veränderung und als Kulturgestalter rangierte auf Rang 2. Auf den beiden letzten Rängen wurde die Wichtigkeit der Rolle als Mitarbeiterhelfer und als administrativer Experte zum Management der Unternehmensinfrastruktur recht ähnlich gewichtet. Die Bedeutung der reaktiven unterstützenden, operativen, klassischen Personalmanagementrollen wird damit tiefer eingeschätzt als die der aktiv verändernden, strategischen Rollen der Unternehmensführung.

Eine hohe Bedeutung der strategischen Rollen für das Personalmanagement erschwert insofern die Messung der Wertschöpfung im Personalmanagement, da strategische Problemstellungen schwieriger zu erfassen sind als operative Funktionen.

- *Träger der Rollen des Personalmanagements*

Darüber hinaus verlangen die unterschiedlichen Rollen eine unterschiedliche Beteiligung durch die Träger des Personalmanagements. Während zum

---

237 Vgl. Wunderer/Arx/Jaritz 1998b. Frage: Rangieren Sie bitte die nachfolgenden Rollen des Personalmanagements nach ihrer Wichtigkeit (1= am wichtigsten).
238 Vgl. Marr/Göhre 1997, S. 386 f.

Beispiel für die Aufgaben des Change Agents externe Berater gut einbezogen werden können, ist für die Aufgaben des Mitarbeiterhelfers eine hohe Beteiligung der Linie sinnvoll. Bei der Rolle als administrativer Experte wird noch überwiegend die zentrale Personalabteilung gefragt, die durch das Rechenzentrum oder externe Dienstleistungsanbieter unterstützt werden kann. Ausschlaggebend für einen Outsourcingentscheid sind dabei oft die vorhandenen Kernkompetenzen. Abb. 43 gibt ein Beispiel für die unterschiedliche Verteilung der Aufgaben des Personalmanagements nach den einzelnen Rollen.

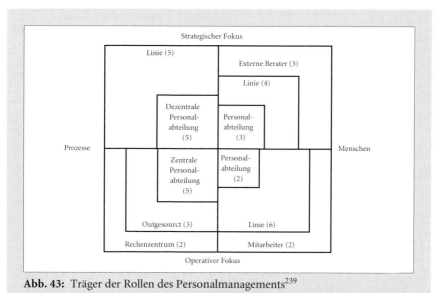

Abb. 43: Träger der Rollen des Personalmanagements[239]

Die Messung der Wertschöpfung im Personalmanagement darf sich damit nicht nur auf die Personalabteilung beschränken. Da die verschiedenen Rollen des Personalmanagements von verschiedenen Trägern wahrgenommen werden, müssen auch diese in die Messung einbezogen werden.

- *Interdependenzen zwischen den Rollen*

Problematisch an einer reinen rollenbezogenen Evaluation der Wertschöpfung ist die Vernachlässigung von Interdependenzen zwischen den Rollen, die auch bei der Evaluation zu berücksichtigen sind:

Die Rolle des Strategischen Partners erfordert eine enge Zusammenarbeit mit dem Management, die Rolle des Mitarbeiterhelfers beinhaltet dagegen die Vertretung der Interessen der Mitarbeiter. Um eine isolierte rollenspe-

---

[239] Vgl. Ulrich 1996, S. 43.

zifische Evaluation der Wertschöpfung zu vermeiden, ist daher dafür auch die Wertschöpfungsveränderung der anderen Rollen zu beachten und damit auch zu erfassen.

Auch die Rolle des Change Agents und des administrativen Experten weisen starke Gegensätze auf. Während der Change Agent Veränderungen zu einer verbesserten Effektivität sucht, fordert der administrative Experte Stabilität zur Sicherung der Kontinuität. Auch hier gilt es, die unterschiedlichen Rollenerwartungen zu erfüllen. Es ist daher eine enge Zusammenarbeit mit dem Management und den Mitarbeitern und ein kontinuierliches Abwägen der Interessen auch für die Wertschöpfungsmessung notwendig.[240]

- *Rollenbezogene Evaluation der Wertschöpfung*

Im Folgenden werden die Konsequenzen der vier Rollen des Personalmanagements für Wertschöpfungsmessung und mögliche Messgrößen dargestellt.

Die Wertschöpfung in der Rolle des Strategischen Partners zeigt sich erstens in der ex-post Evaluation bzw. im Benchmarking von strategischen Wahlentscheiden, z. B. im Verhältnis von externer zu interner Rekrutierung, anforderungs- versus ergebnisorientierter Honorierung, der Fokussierung auf Personalentwicklung on- oder off-the-job. Zweitens kann ex-ante die Qualität der konzipierten und zu implementierenden Personalmanagementinstrumente betrachtet werden. Für die Wertschöpfungsmessung sind dann verschiedene strategische Alternativen unter Berücksichtigung der unternehmensspezifischen Anforderungen zu evaluieren.

In der Rolle des Change Agents liegt der Wertschöpfungsbeitrag in der Unterstützung der Linien bei ihren Wandlungsprozessen. Die Messung dieser Wertschöpfung ist mit besonderen Problemen verbunden, da dies z. B. die flexible Ausnutzung der Potenziale der Humanressourcen betrifft. Weitere Indikatoren für den Wertschöpfungsbeitrag könnte die Geschwindigkeit des Anpassungsprozesses sein bzw. das Ausmaß des organisatorischen Widerstandes.

Die Wertschöpfung in der Rolle des Mitarbeiterhelfers resultiert in der Zufriedenheit und der Motivation der Mitarbeiter. Ihre Messung kann z. B. direkt über Mitarbeiterbefragungen erfolgen, aber auch über Kundenbefragungen oder über Absentismus- und Fluktuationskennzahlen.

---

240 Vgl. Ulrich 1996, S. 45 ff.

Rolle	Aktivitäten	Wertschöpfung	Messgrößen
Management der strategischen Humanressourcen	Ausrichtung der Humanressourcen mit der Geschäftsstrategie, »Organisatorische Diagnose«	Sicherung des Leistungspotenzials der Humanressourcen durch die optimale Gestaltung des Personalsystems, z. B. in den Gestaltungsfeldern Personalgewinnung, Anreizsysteme, Teamentwicklung, Führungskräfteentwicklung	Messgrößen der Produktivität der Humanressourcen, Potenzial- und Prozessindikatoren, Unternehmenseffizienz
Managament der Transformation und der Veränderung	»Sicherstellen der Kapazitäten für Veränderung«	Sicherung der Organisationsentwicklung, Unterstützung der Wandlungsprozesse in den Linien	Messgrößen der Unternehmenskultur, des Betriebsklimas und der aktiven und passiven Veränderungsgemeinschaft und -fähigkeit der Mitarbeiter
Management der Mitarbeitermitwirkung	Wahrnehmung und Reaktion auf die Mitarbeiter, »Bereitstellung von Ressourcen für die Mitarbeiter«	Sicherung der Motivation und der Zufriedenheit der Mitarbeiter durch die Unterstützung in allen Phasen des Führungsprozesses	Ergebnisgrößen wie Mitarbeiterzufriedenheit und -loyalität
Management der Unternehmensinfrastruktur	Reengineering der Organisation, »Bereitstellung von Dienstleistungen«	Effiziente Prozessgestaltung, Sicherung der Dienstleistungsqualität, Sicherung der Kosteneffizienz	Effizienzgrößen der Personalmanagementprozesse, Qualitätsindikatoren der Servicebereitschaft

Abb. 44: Die Rollen des Personalmanagements und die damit verbundenen Wertschöpfungsschwerpunkte[241]

In der Rolle des Administrativen Experten schließlich äußert sich die Wertschöpfung als Wirtschaftlichkeit oder Effizienz der internen Prozesse bzw. der Dienstleistungsqualität. Die Messung dieser Wertschöpfung kann daher über Wirtschaftlichkeitskennzahlen und die interne Kundenzufriedenheit erfolgen.

---

241 Eigene Darstellung in Anlehnung an Ulrich 1996.

3.3 Personalmanagement als interner Dienstleister

Für die Evaluation der Wertschöpfung im Personalmanagement ist das Verständnis des Personalmanagements als interner Dienstleister von großer Bedeutung. Denn nur Leistungen, die auch einen Wertbeitrag bedingen, sind auch ökonomisch sinnvoll. Daher ist das Verständnis des Personalmanagements als interner Dienstleister im Folgenden zu diskutieren.

3.3.1 Internes Marketing im Personalmanagement

Das Verständnis des Personalmanagements als interner Dienstleister beruht auf der Übertragung des in Bezug auf externe Austauschprozesse entwickelten Marketingkonzepts auf die unternehmensinternen Beziehungen zwischen Unternehmensleitung und Personal. Für die Messung der Wertschöpfung des Personalmanagements als interner Dienstleister ist daher die Marketingkonzeption des Personalmanagements von Bedeutung.

Der Begriff »internes Marketing«[242] steht dabei im Mittelpunkt der Überlegung, der folgende vier Verständnisse beinhalten kann:[243]

1. Internes Marketing als Maxime zur Gestaltung innerbetrieblicher Austauschbeziehungen (*interne Marktorientierung*).
2. Internes Marketing als Maxime der Bedürfnisorientierung im Sinne einer an internen Adressaten ausgerichteten Unternehmensführung (*interne Kundenorientierung*).
3. Internes Marketing als Methode zur innerbetrieblichen Implementierung einer im Hinblick auf externe Märkte konzipierte Marketingstrategie (*interne Steuerung zu absatzmarktorientierten Zwecken*).[244]
4. Internes Marketing als Sammelbegriff für die gegenüber internen Austauschpartnern eingesetzten Mittel zur Verhaltenssteuerung (*interner Marketinginstrumentaleinsatz*).[245]

Für das unternehmerische Personalmanagement treffen vor allem das erste und das zweite Verständnis zu, weshalb diese beiden Konzeptionen und ihre Folgerungen für die Wertschöpfungsmessung näher erläutert werden.

---

242 Vgl. Berry/Burke/Hensel 1976; Grönroos 1981; Berry 1983.
243 Vgl. Stauss 1995, S. 261.
244 Vgl. Stauss 1995, S. 263.
245 Vgl. Stauss 1995, S. 262 f.

- *Interne Marktorientierung*

Interne Marktorientierung beinhaltet die Verwendung des Begriffs des internen Marketings zur Typisierung von Strategien und dem Einsatz eines absatzpolitischen Instrumentariums zur Gestaltung innerbetrieblicher Austauschbeziehungen, z. B. zwischen zentralen Dienstleistungs- und Beratungsbereichen und dezentralen Kunden.[246] Dies gilt besonders, wenn interne Dienstleister ihre Austauschbeziehungen marktmäßig über Verrechnungspreise gestalten und damit auch in den Preiswettbewerb mit externen Anbietern einsteigen.[247] Unter dieses Verständnis fällt auch der Wertschöpfungscenter-Ansatz.[248] Dabei können als Kunden in einer weitgefassten Sichtweise nicht nur dezentrale Bereiche, sondern auch die zentrale Unternehmensleitung verstanden werden, die vom internen Dienstleister Personalmanagement bestimmte Leistungen erwarten, die teilweise auch von externen Dienstleistern bezogen werden können. Die Wertschöpfung des Personalmanagements wird in diesem Ansatz als Qualität der Leistungen für die (hauptsächlich) unternehmensinternen Kunden – also der dezentralen und zentralen Abnehmerbereiche – verstanden.

- *Folgerungen für die Messung bei der internen Marktorientierung*

Qualitative Indikatoren der Wertschöpfung sind hier beispielsweise die Kundenzufriedenheit und die Beurteilung des Wertschöpfungscenters durch die Kunden. Quantitative Indikatoren sind die Beschwerdehäufigkeit, die Kundenfluktuationsrate oder die Einhaltung von Leistungsstandards.[249]

- *Interne Kundenorientierung*

Unter internem Marketing als *interner Kundenorientierung* sollen Entscheidungen verstärkt an den Erfordernissen und Bedürfnissen der Mitarbeiter ausgerichtet werden.[250] Der Transfer des externen Marketingkonzepts beruht auf der Annahme, dass die Austauschprozesse auf externen Märkten und internen Personalmärkten vergleichbar sind und vergleichbar gestaltet werden können. Wie beim externen Marketing die Erzeugung und Erhaltung von Kundenzufriedenheit als Voraussetzung für die Realisierung ökonomischer Unternehmensziele gilt, so wird im internen Marketing die Mit-

---

246 Vgl. Foreman/Pitt/Berthon/Moeny 1995, S. 18.
247 Vgl. Töpfer 1994, S. 163; Arx 1996, S. 119 ff.
248 Vgl. dazu auch die späteren Ausführungen in Kapitel 5, S. 249 ff., 6, S. 280 ff. und 7, S. 307 ff.
249 Vgl. Wunderer 1992; Lehmann 1993, S. 84 f.
250 Vgl. Strutz 1993; Wunderer 1995b; Ackermann/Meyer/Mez 1998.

arbeiterzufriedenheit zum grundlegenden unternehmerischen Orientierungspunkt.[251] Grundlage für dieses Verständnis ist die Überlegung, dass nur zufriedene Mitarbeiter bereit und in der Lage sind, sich kundengerecht zu verhalten. Insofern soll internes Marketing zu Kundenzufriedenheit und -loyalität als unmittelbarer Voraussetzung für unternehmerischen Markterfolg führen.[252]

- *Folgerungen für die Messung bei der internen Kundenorientierung*

Die Wertschöpfung des Personalmanagements manifestiert sich hier also in der Mitarbeiterzufriedenheit bzw. Arbeitszufriedenheit und in der Mitarbeiterqualifikation und -motivation. Neben diesen qualitativen Indikatoren zur Wertschöpfungsmessung lassen sich hier auch quantitative Indikatoren wie die Einhaltung von Leistungsstandards (z. B. jede Anfrage ist spätestens innerhalb von zwei Werktagen beantwortet) und die Mitarbeiterfluktuationsrate verwenden.[253]

- *Synopse der internen Markt- und Kundenorientierung*

Das interne Marketing ist letztlich die Konsequenz aus der Entwicklung des Marketings zu einer Unternehmensphilosophie und einem Führungskonzept. Das Unternehmen soll marktorientierter geführt werden, um so die Kundenprobleme besser zu verstehen und zu lösen. Marketing ist daher sowohl im Markt als auch im Unternehmen umzusetzen.[254] Das Verständnis des internen Marketings als interne Kundenorientierung entspricht dabei dem ganzheitlichen Ansatz des Personalmarketings, der sich in den 70er Jahren entwickelte und in jüngster Zeit wieder aufgegriffen wird.[255] Dieser Ansatz beschränkt sich jedoch auf die Mitarbeiter (und Führungskräfte)[256] des Unternehmens. Gerade im Zusammenhang mit der Wertschöpfungsbetrachtung muss jedoch auch noch die Sichtweise der internen Marktorientierung mit einbezogen werden, so dass auch Unternehmensleitung und ergebnisverantwortliche Bereichsleitungen der dezentralen Einheiten als Kunden verstanden werden. Im Unterschied zum Verständnis des Perso-

---

251 »We can think of internal marketing as viewing employees as internal customers, viewing jobs as internal products, and then endeavoring to offer internal products that satisfy the needs and wants of these internal customers while addressing the objectives of the organization.« Berry 1984, S. 272.
252 Vgl. Stauss 1995, S. 262.
253 Vgl. Lehmann 1993, S. 84 f.
254 Vgl. Meffert 1986, S. 31; Töpfer 1994, S. 154; Bruhn 1996.
255 Vgl. Wunderer 1995b, S. 346 f.
256 Zusätzlich werden auch noch externe Bezugsgruppen wie Familienangehörige und gesellschaftliche Umwelt mit einbezogen. Vgl. Wunderer 1995b, S. 356.

nalmarketings ist dabei das Personalmanagement nicht nur das Instrument für die Strategieumsetzung einer (human-)ressourcenorientierten Unternehmensstrategie, sondern als selbständige Institution des allgemeinen Managements eine Wertschöpfungseinheit, die für alle zentralen Bezugsgruppen optimalen Nutzen schaffen soll.

3. Evaluation der Wertschöpfung

- *Fazit für die Messung*

Für die Wertschöpfungsmessung im Personalmanagement sind daher die beiden vorgestellten Konzeptionen zu verbinden. Die vorgestellten Messgrößen lassen sich dabei gut kombinieren. Aus Sicht der internen Marktorientierung sind dazu vor allem Messgrößen für die Beurteilung des Dienstleisters Personalmanagement zu definieren, wobei sich hierfür die Dreiteilung in Management-, Service- und Business-Dimension des Wertschöpfungscenter-Ansatzes anbietet.[257] Für die interne Kundenorientierung ist dagegen ein ganzheitlicher Personalmarketingansatz zu empfehlen, der vor allem die Moderatorvariablen Mitarbeiterzufriedenheit, -qualifikation und -motivation zur Messung der Wertschöpfung heranzieht.

3.3.2 Bezugsgruppenorientierung

Folgt man dem Verständnis des Personalmanagements als internem Dienstleister und konzentriert sich zunächst auf die Personalabteilung, so lassen sich verschiedene Kundengruppen identifizieren, aus deren Perspektive die Wertschöpfung evaluiert werden kann.

Einige Autoren verstehen Kundenorientierung eng im Sinne von Mitarbeiterorientierung.[258] Andere Autoren bezeichnen allein die Führungskräfte als Kunden der Personalabteilung.[259] Weitere Auffassungen betrachten Führungskräfte und Mitarbeiter als Kunden.[260] Generell können die Führungskräfte neben der Geschäftsleitung als wichtigste Kundengruppe identifiziert werden.[261] Eine besondere Stellung wird teilweise der Unternehmensleitung zugeschrieben, die als hierarchischer Auftraggeber und damit als entscheidender interner Kunde betrachtet wird, weil ihre Geschäftsleitungsentscheide als Vorgaben und Anforderungen einen Teil des Rahmens

---

257 Vgl. dazu Kapitel 5, S. 249 ff., 6, S. 280 ff. und 7, S. 307 ff.
258 Vgl. Berry 1984; Sauder/Schmidt 1988, S. 90.
259 Vgl. Schuler/Huber 1993, S. 10; Löhr 1994, S. 92; Thomson 1990, S. 137; Bertram 1996, S. 76.
260 Vgl. Roßbach-Emden/Pauli/Gaalken 1994, S. 21; Löhr/Neumann 1994, S. 912.
261 Vgl. Schlagenhaufer 1994, S. 272.

A. Personalcontrolling

der Personalarbeit darstellen und hier umgesetzt werden müssen.[262] Eine noch weiter gefasste Kundenauffassung leitet sich aus der allgemeinen Kundendefinition ab, die Kunden als diejenigen Gruppen ansieht, die Nutzen aus der Arbeit der Personalabteilung ziehen (Stakeholder),[263] womit dann auch externe Kunden wie ehemalige Mitarbeiter, Gewerkschaften, Arbeitgeberverbände, der Staat oder allgemein die Öffentlichkeit berücksichtigt werden.

Wir werden uns im Folgenden auf die vier internen Kunden Unternehmensleitung, Führungskräfte, gegenwärtige und potenzielle Mitarbeiter einschließlich ihrer Familien konzentrieren,[264] da diese im Rahmen der Wertschöpfungsproblematik besonders wichtig erscheinen (Abb. 45). Für die Kundengruppe der gegenwärtigen Mitarbeiter sind auch deren gewählte Vertreter von Bedeutung (vor allem der Betriebsrat in Deutschland und Österreich).[265]

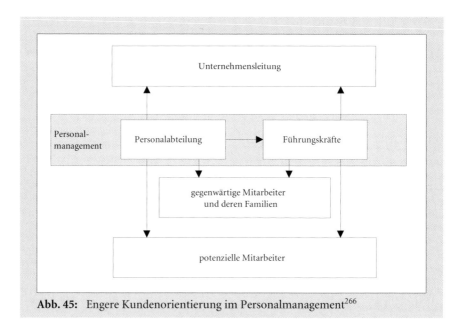

Abb. 45: Engere Kundenorientierung im Personalmanagement[266]

---

262 Vgl. Juran 1991, S. 39 f. Remer/Wunderer 1979 beziehen daneben noch die Arbeitnehmervertreter mit ein.
263 Vgl. Schuler/Jackson 1988, S. 40; Posth 1989, S. 313; Töpfer 1994, S. 147 ff.
264 Vgl. Scholz 1994, S. 34 ff.; Bertram 1996, S. 76 ff.
265 Vgl. auch Wierum 1998, S. 137 ff.
266 Vgl. Scholz 1994, S. 35; Bertram 1996, S. 81. Zum Teil kann auch die Unternehmensleitung als Träger des Personalmanagements verstanden werden. Zur Vereinfachung wird hier auf diese Unterscheidung verzichtet.

- *Kunden des Personalmanagements*

(a) *Personalabteilung*

1. Als hierarchischer Auftraggeber ist die *Unternehmensleitung* zugleich zentraler »Kunde« der Personalabteilung.[267] Die Unternehmensleitung gibt personalwirtschaftliche Rahmendaten vor und erwartet deren unternehmensweite Umsetzung in entsprechenden Personalmanagementaktivitäten. Andererseits erwartet sie auch personalstrategische Impulse von der Personalabteilung. Dabei muss die Personalabteilung besonders auch auf eine wirtschaftliche Vorgehensweise achten. Unter der Unternehmensleitung ist dabei nicht nur die zentrale Leitung des Gesamtunternehmens zu verstehen. Vielmehr müssen für die zentrale Personalabteilung auch die Geschäftsleitungen der dezentralen Geschäftseinheiten als Kunden verstanden werden. Dabei ist die Personalabteilung in den gesamtbetrieblichen Planungsprozess integriert, so dass auch vor- und nachgelagerte Planungsinstanzen als Teil der Unternehmensleitung verstanden werden müssen, die die Personalabteilung mit entsprechenden Informationen versorgen muss. Dabei lässt sich das erforderliche Maß an Kundenorientierung erst im Einzelfall bestimmen. Die Unternehmensleitung vertritt besonders auch die Interessen der Anteilseigner, da diese im Falle einer börsennotierten Kapitalgesellschaft über den Aktienkurs und auch über den Aufsichtsrat bzw. Verwaltungsrat die Leistung der Unternehmensleitung bewerten.[268]

Für die Wertschöpfungsmessung bedeutet dies eine primäre Ausrichtung an der *Managementdimension* mit einer Betonung der strategischen Komponente. Dabei ist die Unternehmensleitung besonders an einer ökonomischen Evaluation des Personalmanagements interessiert. Aus diesem Grund muss die Wertschöpfungsmessung aus der Perspektive der Unternehmensleitung auch die *Businessdimension* fokussieren.[269]

2. Kunden der Personalabteilung sind vor allem die jeweiligen *Führungskräfte*, die bestimmte Dienstleistungen zur Unterstützung ihrer Führungstätigkeit erwarten. Sie beurteilen die Personalabteilung, inwieweit sie den gestellten Anforderungen gerecht wird. Insbesondere die Bereiche der Personalbeschaffung und Personalentwicklung sind hier zu nennen, wobei sich der konkrete Umfang der Anforderungen erst aus der

---

267 Meist ist die zentrale Personalabteilung durch ihren Leiter auch in der Geschäftsleitung vertreten. Sie führt jedoch auch dann Kollegialbeschlüsse der gesamten Geschäftsleitung durch.
268 Vgl. Rappaport 1994, S. 13.
269 Vgl. Kapitel 5, S. 249 ff. und Kapitel 7, S. 307 ff.

A. Personal-controlling

unternehmensspezifischen Rollenverteilung zwischen Personalabteilung und Fachvorgesetzten ergibt.

Für die Wertschöpfungsmessung bedeutet dies eine Fokussierung auf die *Managementdimension* unter dem Aspekt der kompetenten, strategieorientierten Unterstützung und auf die *Servicedimension* unter dem Aspekt einer schnellen, qualitätsorientierten und zuverlässigen Zusammenarbeit.

3. Die Personalabteilung ist nicht zuletzt Ansprechpartner für alle *Mitarbeiter* im Unternehmen und deren Vertreter. Auch sind Mitarbeiter direkte oder indirekte Abnehmer von Dienstleistungen der Personalabteilung in allen Personalfunktionen. Z. B. ist bei der Personalhonorierung neben der obligaten Lohn- und Gehaltsabwicklung vor allem die Beratung im Bereich von Sozialleistungen und sonstiger Vergütungen wichtig. Diese Funktion gewinnt im Zuge der zunehmenden Flexibilisierung und Individualisierung an Bedeutung. Auch die Erwartungen der Mitarbeiter – z. B. im Rahmen von Personalentwicklungsmaßnahmen oder Outplacement – sind zu berücksichtigen. Hier sind die Bedürfnisse der Familien der Mitarbeiter mit einzubeziehen, indem z. B. für weibliche Mitarbeiter eine familienfreundliche Arbeitsgestaltung und Karriereplanung ermöglicht wird.

Die Wertschöpfungsmessung des Personalmanagements manifestiert sich bei den Mitarbeitern im Bereich der *Servicedimension*, da sie besonders an einer hohen Dienstleistungsqualität des Personalabteilung interessiert sind. Dabei ergibt sich der Grad der Bedürfniserfüllung der Mitarbeiter weiter aus den Vorgaben und der Art und Weise der Umsetzung der *Managementdimension*. Die Wertschöpfungsmessung beschränkt sich daher nicht nur auf die Zufriedenheit mit dem Personalmanagement, sondern schließt die Zufriedenheit der Mitarbeiter mit der Unternehmensleitung und dem Unternehmen ein.

4. Zusätzlich hat sich die Personalabteilung mit den *potenziellen Mitarbeitern* zu beschäftigen, also mit dem externen Arbeitsmarkt. Sie steht hier in Konkurrenz mit dem externen Personalmarketing anderer Unternehmen. Diese Kundengruppe gewinnt dann an Bedeutung, wenn einzelne Segmente des externen Arbeitsmarktes umkämpfte Engpassbereiche sind.[270]

Die Wertschöpfungsmessung fällt hier in den Bereich des externen Personalmarketings, wobei besonders die Kriterien der *Servicedimension*[271] Anwendung finden, da es gilt, den potenziellen Bewerbern ein positives

---

270 Vgl. Scholz 1994, S. 35 f.
271 Vgl. Kapitel 6, S. 280 ff.

Image von der Organisation zu vermitteln und sie für Bewerbungs- und Entrittsentscheidungen positiv zu beinflussen.

(b) Führungskräfte

Die Kundenorientierung des Personalmanagements betrifft weiter die Führungskräfte als Fachvorgesetzte, die neben der Personalabteilung Hauptträger des Personalmanagements sind. Die Kundenbeziehungen sind in Hinblick auf Unternehmensleitung, gegenwärtige und potenzielle Mitarbeiter analog zu denen der Personalabteilung. Besonders interessant ist dabei das Verhältnis zwischen Vorgesetzten und gegenwärtigen Mitarbeitern. Hier ist ein aktives und individualisiertes Eingehen auf die Wünsche der Mitarbeiter notwendig, um diese in einen Kompromiss mit den Unternehmenszielen zu bringen. Die Fachvorgesetzten konkurrieren dabei sowohl mit anderen Vorgesetzten als auch mit den in anderen Unternehmen gebotenen Entwicklungsaspekten und Führungssystemen.[272]

Die Wertschöpfung der Führungskräfte kann ebenfalls in der Interaktion mit ihren Bezugsgruppen gemessen werden. Hier bietet sich eine Einbindung der Messung in eine 360°-Beurteilung an.[273] Dabei geht es vor allem um die Beurteilung der Führungskraft hinsichtlich ihres Führungsverhaltens durch Vorgesetzte und geführte Mitarbeiter. Die Wertschöpfungsmessung fällt damit aus Sicht des Vorgesetzten prinzipiell in die Managementdimension, aus Sicht der Mitarbeiter eher in die Servicedimension. Die Businessdimension spielt dagegen bei der Wertschöpfungsmessung für die Führungskräfte keine direkte Rolle.

- *Träger des Personalmanagements*

Für die Bestimmung der Größenverhältnisse der Wertschöpfung im Personalmanagement sind zunächst die Träger des Personalmanagements anteilsmäßig festzustellen.

Die beiden Hauptträger der Personalarbeit – zentrale und dezentrale Personalabteilungen sowie die Führungskräfte – tragen nach den Ergebnissen einer eigenen empirischen Analyse im Durchschnitt zusammen 83% der Personalarbeit.[274] Auf die Geschäftsleitung und externe Dienstleister entfallen insgesamt im Durchschnitt nur 17% der Personalarbeit. Im Einzelfall übernimmt die Geschäftsleitung bis zu 40% der Aufgaben, die externen Dienstleister bis zu 50% (Abb. 46). Der hohe Anteil der Personalabtei-

---

272 Vgl. Scholz 1994, S. 36 f.
273 Vgl. Kapitel 3.7.1.1, S. 132 ff.
274 Vgl. Wunderer/Arx/Jaritz 1998a, S. 347.

lung(en) entspricht dabei der hohen Bedeutung dieser Institution für das Personalmanagement. Aber auch die Führungskräfte tragen einen wesentlichen Teil der Personalarbeit, so dass sie für die Kundenorientierung auf jeden Fall mit einzubeziehen sind. Dagegen kann man die Unternehmensleitung aufgrund des deutlich geringeren Anteils am Personalmanagement in dieser Betrachtung vernachlässigen, auch wenn natürlich die Analyse der Unternehmensleitung als Personalmanagementträger zweckmäßig sein kann. Dabei können die von ihr ausgeübten Personalmanagementfunktionen jedoch ebenso von der Personalabteilung (vorwiegend Komponenten der strukturellen Führung) oder von den Führungskräften (vorwiegend Komponenten der interaktiven Führung) ausgeführt werden, so dass wir hier auf eine gesonderte Behandlung verzichten können.

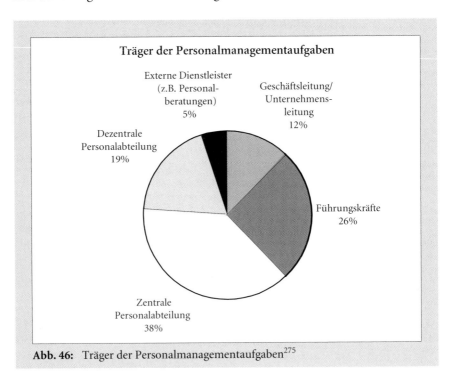

Abb. 46: Träger der Personalmanagementaufgaben[275]

Nicht abgefragt haben wir in diesem Zusammenhang, inwieweit auch die Mitarbeiter im Rahmen einer (mit-)unternehmerischen Selbstverantwortung Träger des (eigenen) Personalmanagements sind bzw. gesehen werden (z. B. für die Selbstbeurteilung oder für die selbstgesteuerte Personalent-

---

275 Quelle: eigene Umfrage, N = 88. Frage: Wie sind in Ihrem Unternehmen die Personalmanagementaufgaben anteilsmäßig auf die Träger verteilt? Vergeben Sie dazu 100 Prozentpunkte anteilig auf die Träger. Vgl. Wunderer/Arx/Jaritz 1998a, S. 347.

wicklung). Dabei tragen in dieser Sichtweise die Mitarbeiter auch zur (qualitativen) Wertschöpfung des Personalmanagements bei.

Es genügt daher sich im Folgenden für die Wertschöpfungsmessung auf die Personalabteilung und die Führungskräfte zu konzentrieren.

3.3.3 Prozessorientierung

Die Orientierung des Personalmanagements an den Bedürfnissen der internen Kunden führt auch über eine prozessbezogene Sichtweise.[276] Da die Kunden bereits identifiziert sind, geht es nun um die kundenorientierte Gestaltung der Leistungen. Dazu eignet sich der Prozess der Qualitätsplanung, wie ihn Bertram für die Personalabteilung beschrieben hat:[277]

1. Identifizieren der Kunden
2. Aufweisen der Anforderungen
3. Erforschen der Kundenanforderungen
4. Segmentieren der internen Kunden
5. Kundenorientierte Gestaltung der Leistungen
6. Festlegen von Qualitätsvereinbarungen

Die sechs Schritte lassen sich auch auf die Führungskräfte als zweiter Träger des Personalmanagements und ihre internen Kunden übertragen. Auf eine ausführliche Beschreibung der Schritte soll hier verzichtet werden.[278]

• *Beispiel: Prozessorientierung im Personalmanagement*

Bei der *Deutschen Telekom AG* werden im Zusammenhang mit der Prozessorientierung des Personalmanagements Managementprozesse, Zentralprozesse und Querschnittsprozesse unterschieden. Alle diese Teilprozesse sind wertschöpfungsorientiert ausgerichtet und sind über Funktionalitäten und Führungs- bzw. Leistungsgrößen beschrieben. Die Managementprozesse bestimmen die strategische Ausrichtung für den Konzern, sie liefern die Grundsätze, Methoden und Produkte des Personalmanagements. Die Zentralprozesse betreffen die operativen Prozesse des Personalmanagements, die zum Teil auch dezentral ausgeführt werden. Sie werden von den Querschnittsprozessen unterstützt, die Informationsverarbeitungssysteme und sonstige Instrumente der Personalarbeit bereitstellen und damit die dezentrale Personalarbeit unterstützen.

---

276 Vgl. Kiehn 1996, S. 151. Vgl. dazu auch Nippa/Picot 1995; Schmelzer/Friedrich 1997.
277 Vgl. Bertram 1996, S. 72 ff.
278 Vgl. dazu ausführlich Bertram 1996, S. 76–165.

A. Personalcontrolling

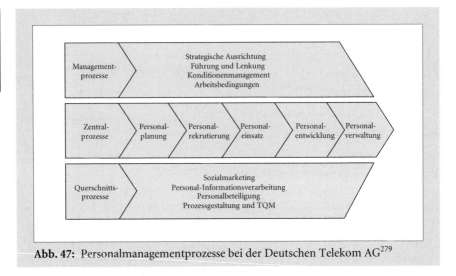

Abb. 47: Personalmanagementprozesse bei der Deutschen Telekom AG[279]

Das Prozesskonzept der Deutschen Telekom AG liefert damit einen zielgerichteten Beitrag zur Erarbeitung konkreter Verbesserungen und deren Umsetzung. Die Wertschöpfungsmessung erfolgt über die zugeordneten Führungsgrößen und Kennzahlen und erlaubt damit eine differenzierte Prozesskontrolle.[280] Darüber hinaus werden diese Größen auch zur Zielvereinbarung und zum Benchmarking verwendet.

Wir werden in Kapitel 4 die Prozessorientierung noch vertieft behandeln, auch sei bereits auf die Prozesskostenrechnung (Kapitel 7.2.2) hingewiesen.

3.3.4 Personalmanagement im Kontext innerorganisatorischer Steuerungskonzepte

Für das Personalmanagement sind auch die im Unternehmen vorherrschenden *Steuerungskonzepte* von Bedeutung, die auf die Ausgestaltung der Leistungsprozesse Einfluss nehmen. Dabei lassen sich allgemein vier Idealtypen unterscheiden: die hierarchische (z. B. über Entscheide, Weisungen und Kompetenzen), die bürokratische bzw. technokratische (z. B. über Regeln, Vorschriften, Verfahren), die an sozialen Netzwerken orientierte (z. B. über wechselseitige Verpflichtung und Unterstützung) und die marktorientierte Steuerung (z. B. über Kosten, Leistungen etc.) (Abb. 48).[281]

---

279 Vgl. Seiffert 1997, S. 190; Wunderer/Gerig/Hauser 1997.
280 Vgl. hierzu besonders Kapitel 4, S. 203 ff.
281 Vgl. Wunderer 2006, Kap. III. 3.4.

Konzept	Hierarchie	Bürokratie/ Technokratie	Soziales Netzwerk	Markt
Legitimationsgrundlage	• Entscheide/ Weisungen	• Regeln • Vorschriften	• Verpflichtung • Gefühle	• Leistungen • Erträge
Führungsphilosophie	• weisungsgerecht	• professionell	• beziehungsorientiert	• mangement-, service- und businessorientiert
Rolle	• Untergebener	• Mitglied	• Mitarbeiter	• Unternehmer
Bezugsgruppenausrichtung	• Vorgesetztenzufriedenheit	• persönliche Zufriedenheit	• Vorgesetzten-/Mitarbeiterzufriedenheit	• Kundenzufriedenheit
Moderatorvariablen als mögliche Messgrößen für die Wertschöpfung	• Anpassungsfähigkeit/ -bereitschaft • Verlässlichkeit • Umsetzungsfähigkeit	• Kompetenz • Erfahrung • Verlässlichkeit • Regelorientierung • Gerechtigkeit	• Kontakt • Unterstützung • Gesinnung • Standhaftigkeit • Verständnis • individuelle Hilfe	• Innovation • Problemlösung • Koordination • Implementation • strategische Zielerfüllung • Aufwand/Ertrag

Abb. 48: Steuerungskonzepte der Führung[282]

Dabei ist zu beachten, dass nie nur ein Steuerungsansatz gewählt werden kann, da immer eine Mischung mit unterschiedlicher Gewichtung der einzelnen Idealtypen vorliegt. Eine Abfrage des Ist- und des Soll-Zustandes des Steuerungskonzeptes in unserer Umfrage ergab folgende Verteilung (Abb. 49).

Bei der Ist-Situation herrscht bei der Frage nach den zwei dominanten Steuerungskonzepten eindeutig die hierarchische Steuerung vor, verbunden mit einer meist marktorientierten Ausrichtung. Die von den Befragten gewünschte Soll-Situation weist jedoch eine andere Steuerungskonfiguration auf. Erstens soll noch stärker über die marktmäßige Steuerung Einfluss genommen werden. Zweitens tritt die Steuerung über die Hierarchie zugunsten der Steuerung über soziale Netzwerke fast vollständig zurück. Die Steuerung über Bürokratie ist weder im Ist-Zustand noch im Soll-Zustand überproportional, wobei ihr Anteil deutlich gegen Null gehen soll. Die gewünschte Konfiguration für das Personalmanagement kann damit als sozio-ökonomisches Steuerungskonzept im Sinne einer internen »sozialen Marktwirtschaft« charakterisiert werden.

---

282 Vgl. Wunderer 2006, Kap. III. 3.4.

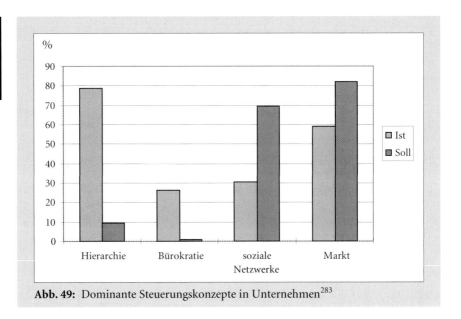

Abb. 49: Dominante Steuerungskonzepte in Unternehmen[283]

Der Wechsel von der »Hierarchie« zum »sozialen Netz« hat Auswirkungen für das Personalmanagement und damit auch auf die Gestaltung der Management- und Service-Dimension des Wertschöpfungscenters: Während bei einer hierarchischen Steuerung vornehmlich einseitige Entscheidungen und damit auch Beurteilungen und Evaluationen im Sinne der Management-Dimension[284] gefragt sind, gewinnt beim sozialen Netzwerk die wechselseitige Komponente Kooperation auf der Grundlage von Vertrauen, sozialem Austausch und Kommunikation an Gewicht. Die Messung kann dann auch durch entsprechende Instrumente – wie z. B. Bottom-Up-, Kunden- oder 360°-Beurteilungen – unterstützt werden. Damit gewinnen auch kooperations- und marktorientierte Evaluationsinstrumente zur Wertschöpfungsmessung an Bedeutung.

---

283 Quelle: eigene Umfrage, N = 95. Frage: Kreuzen Sie jeweils die zwei dominanten Steuerungskonzepte Ihres Unternehmens an; unterscheiden Sie dabei zwischen bestehendem Ist- und gewünschtem Soll-Zustand. Vgl. Wunderer/Arx/Jaritz 1998a, S. 349.
284 Vgl. Kapitel 5, S. 249 ff.

3.4 Bedeutung unterschiedlicher Wertschöpfungsdimensionen für die Messung

Neben der Differenzierung der Management-, Service- und Business-Dimension als übergeordnete Ebenen der Wertschöpfung lässt sich die Wertschöpfung auch auf untergeordneter Ebene differenzieren. Hier eignen sich für die Wertschöpfungsmessung besonders die folgenden Ansätze:[285]

- nach der *Art des Einflusses* auf den Unternehmenswert in wertsichernde und wertsteigernde Wertschöpfung,
- *phasenbezogen* in kontext-, potenzial-, prozess- und ergebnisbezogene Wertschöpfung,
- nach der *Managementebene* in strategische und operative Wertschöpfung und
- nach der *Zurechenbarkeit* in direkte und indirekte Wertschöpfung.

Diese sollen im Folgenden konkretisiert werden.

3.4.1 Wertsichernde und wertsteigernde Wertschöpfung

Eine Unterscheidung der Wertschöpfung lässt sich in *wertsichernde* und *wertsteigernde* Wertschöpfung treffen.[286] Eine Veränderung des Unternehmenswertes beschreibt idealerweise die wertsteigernde Wertschöpfung. Beispiele dafür sind die Senkung der Einarbeitungskosten bei gleichem Lerneffekt oder die Steigerung der Lerneffekte bei gleichen Kosten, die Erweiterung des Leistungspotenzials der Mitarbeiter oder die Aktivierung bisher ungenutzter Potenziale.

Maßnahmen des Personalmanagements wirken sich allerdings nicht immer bzw. nicht nur steigernd auf den Unternehmenswert aus. Sie können auch dem Werterhalt insoweit dienen, als ohne ihre Durchführung eine Wertminderung eintreten würde. Dies betrifft alle infrastrukturellen Maßnahmen, also zu einem großen Teil die Maßnahmen der *Personalverwaltung*. So hat z. B. ein vom Mitarbeiter bemerkter Fehler in seiner Lohn- und Gehaltsabrechnung in der Regel keinen Einfluss auf seine Arbeitsleistung. Treten bei der Lohn- und Gehaltsabrechnungen jedoch regelmäßig Fehler und falsche Abrechnungen auf, so kann dies zu Unzufriedenheit und extrinsischer Motivationsstörung der betroffenen Mitarbeiter führen. Langfristig kann dadurch eine Misstrauenskultur begünstigt werden, wodurch auch die intrinsische Motivation beeinflusst würde. Die Sicherung einer korrekten und

---

[285] Vgl. auch Kiehn 1996, S. 92 ff.
[286] Vgl. Kiehn 1996, S. 97 f.

A. Personalcontrolling

ordnungsgemäßen Lohn- und Gehaltsabrechnung trägt auf diese Weise zur Unternehmenswertsicherung bei und ist insoweit auch als wertsichernde Wertschöpfung zu klassifizieren. Ebenso zählt die Aufrechterhaltung der Leistungsfähigkeit des Humanpotenzials zu dieser wertsichernden Wertschöpfung.

Einen Sonderfall der wertsichernden Wertschöpfung stellen gesetzlich geforderte Maßnahmen dar, wie z. B. der Betriebsrat in Deutschland, zumal Unternehmen im Normalfall keine Möglichkeit haben, auf die Einhaltung der gesetzlichen Regelungen zu verzichten.

- *Messung*

Während die Quantifizierung der *wertsteigernden* Wertschöpfung zumindest theoretisch abschätzbar erscheint, erweist sich die Quantifizierung der *wertsichernden* Wertschöpfung als schwierig. Zwar sind z. B. die Kosten der Lohn- und Gehaltsabrechnung genau festzustellen, eine Abschätzung der dadurch gesicherten Wertschöpfung ist jedoch nicht sinnvoll, da die Wertminderung bei fehlender Durchführung im Extremfall den gesamten Unternehmenswert betreffen könnte.

Die Wertschöpfung der wertsichernden Maßnahmen ist daher am zweckmäßigsten über die Einhaltung von vorher definierten Servicestandards zu messen. So kann z. B. ein Mindeststandard für Lohn- und Gehaltsabrechnungen festgelegt werden. Jeder begründeten Beschwerde ist nachzugehen, und es sind Vorkehrungen gegen die Wiederholung ähnlicher Fehler zu treffen.

- *Unternehmenssichernde Dienstleistungen*

Zunächst ist die hier getroffene Differenzierung in *wertsichernde* und *wertsteigernde* Wertschöpfung von den *unternehmenssichernden* (Dienst-)Leistungen[287] zu unterscheiden. Unternehmenssichernde Leistungen können im Einzelfall mit einer wertsteigernden und nicht mit einer wertsichernden Wertschöpfung verbunden sein (z. B. bei der Führungskräfteentwicklung in Expansionsphasen des Unternehmens). Der Begriff der unternehmenssichernden Leistungen bezieht sich dabei auf Leistungen des Personalmanagements innerhalb der Management-Dimension, die von den dezentralen Kunden des Wertschöpfungscenters abgenommen werden müssen (Muss-Leistungen), um die Nachteile einer einseitigen oder kurzfristigen Orientierung der dezentralen Einheiten zu verhindern. So werden bei der Drägerwerk AG die Führungskräfteentwicklung, soziale Aktivitäten und das Perso-

---

287 Vgl. Büschelberger 1991, S. 304 f.; Alt/Arx 1995, S. 482 f.

nalcontrolling zu den unternehmenssichernden Leistungen des Wertschöpfungscenters der Managementzentrale gerechnet.[288]

> Um die unternehmensinterne Transparenz und Verantwortlichkeit zu verbessern hat die Drägerwerk AG einen internen Markt für die von den Zentralfunktionen angebotenen Dienstleistungen geschaffen. Für das Personalmanagement wurden dazu alle tatsächlich wahrgenommenen Aufgaben in drei Kategorien eingeordnet:
>
> 1. *Reine Dienstleistungen:*
>   Personalbeschaffung,
>   Abwicklung und Versetzungen,
>   Entgeltabrechnung,
>   Führen der Zeitkonten,
>   Durchführen von Trainings,
>   Errechnung der Ergebnisse der Prämiengruppen,
>   Aktiv betriebene und passive Austritte etc.
>
> 2. *Strategische Dienstleistungen:*
>   Ausbildung,
>   Personalentwicklungsprogramme,
>   Werkschutz,
>   Betriebsärztlicher Dienst etc.
>
> 3. *Unternehmenssichernde Dienstleistungen:*
>   Führungskräfteentwicklung,
>   Soziale Aktivitäten,
>   Personalcontrolling etc.
>
> Reine und strategische Dienstleistung können von den internen Kunden abgewählt werden, wenn kein Bedarf mehr dafür vorhanden ist oder die Leistungen extern besser oder günstiger bezogen werden können. Bei strategischen Dienstleistungen bedarf es dazu der Zustimmung des Gesamtvorstandes. Unternehmenssichernde Aktivitäten sind aus Sicht der Zentrale für das Gesamtunternehmen zwingend notwendig, daher müssen sie von den internen Kunden zwangsweise abgenommen werden. Der Wertschöpfungsbeitrag wird damit nicht von den dezentralen Kunden, wie bei den reinen und auch den strategischen Dienstleistungen, sondern von der Zentrale beurteilt.

Inwieweit durch zentrale Einheiten eine besondere Wertschöpfung über unternehmensichernde Leistungen erzielt werden kann,[289] wird in Kapitel 5.2 ausführlich behandelt.

---

288 Vgl. Alt/Arx 1995, S. 483.
289 Vgl. Timmermann 1988, S. 100 ff.

**A.
Personal-
controlling**

3.4.2 Kontext-, potenzial-, prozess- und ergebnisbezogene Wertschöpfung

Die Unterscheidung in *potenzial-* und *ergebnisbezogene* Wertschöpfung folgt aus der Definition der Nutzenpotenziale nach Pümpin.[290] Das Ausnutzen dieser Potenziale führt direkt zu einer im Ergebnis messbaren Wertschöpfung, wenn auch die Messung durch Probleme der Zurechenbarkeit erschwert werden kann.[291]

Der Aufbau von Wertschöpfungspotenzialen mit dem Ziel der späteren Ausnutzung kann im weitesten Sinne auch als Wertschöpfung verstanden werden. Zwar bildet der Aufbau der Potenziale nur die Voraussetzung für eine Wertschöpfung, vernachlässigt man jedoch die Potenziale bei der Wertschöpfungsbetrachtung, so kann dies zu einer problematischen Kurzfristorientierung führen.

Die potenzialbezogene Wertschöpfung beinhaltet also Aufbau und Sicherstellung von Potenzialen durch den Einsatz geeigneter Instrumente zu ihrer Beschaffung, Identifikation, Entwicklung und operativ effizienten Verwendung. Die ergebnisbezogene Wertschöpfung zielt dagegen auf die Realisierung, d. h. Ausschöpfung dieser Potenziale ab. Potenzialbezogene Wertschöpfung manifestiert sich in der Steigerung des Leistungspotenzials der Humanressourcen des Unternehmens, ergebnisbezogene Wertschöpfung dagegen in der ökonomischen Aktivierung dieser Leistungspotenziale.[292]

Die Ressource Mensch und die mit ihr verbundenen Potenziale zeichnen sich durch ihre Entwicklungsfähigkeit aus, wodurch bei der Realisierung von Potenzialen durch Lern- und Entwicklungseffekte wieder neue Potenziale entstehen können. Daher beeinflussen einzelne Personalmanagementfunktionen bzw. ihre Maßnahmen die Wertschöpfung sowohl in der *ergebnisbezogenen* als auch in der *potenzialbezogenen* Dimension. Folglich müssen bei einer Analyse der Wertschöpfung des Personalmanagements *beide Dimensionen* evaluiert werden.[293]

So führt beispielsweise eine Personalentwicklungsmaßnahme mit dem Inhalt »Arbeitstechniken für Führungskräfte« zunächst zu einer potenzialbezogenen Wertschöpfung, wenn das Leistungspotenzial der Teilnehmer gesteigert wird. Die Umsetzung der gelernten Seminarinhalte bedingen dann

---

290 Vgl. Pümpin 1990.
291 Vgl. auch das EFQM-Modell, dessen Konzeption ebenfalls auf der Unterscheidung von Potenzialen (Befähiger) und Ergebnissen beruht.
292 Vgl. Schlagenhaufer 1994, S. 197 ff.
293 Vgl. Kiehn 1996, S. 94 ff., der allerdings potenzialbezogen mit strategisch und ergebnisbezogen mit operativer gleichsetzt. S. a. das folgende Kapitel.

auch eine ergebnisbezogene Wertschöpfung, wenn über eine effizientere Gestaltung der Führungsbeziehungen und eine bessere Selbstorganisation vormals gebundene Ressourcen der Führungskraft für andere wertschöpfende Aktivitäten frei werden. Diese können wieder der potenzialbezogenen Wertschöpfung zugerechnet werden, die es in Ergebnisse umzusetzen gilt.

3. Evaluation der Wertschöpfung

Im Zusammenhang mit dem Personalmanagement sind folgende unternehmensexterne und -interne Nutzenpotenziale von besonderer Bedeutung:[294]

externe Nutzenpotenziale	interne Nutzenpotenziale
– Externe Humanpotenziale – Beschaffungspotenziale – Imagepotenziale – Kooperationspotenziale – Marktpotenziale	– Interne Humanpotenziale – Know-How-Potenziale – Kostensenkungspotenziale – Organisatorische Potenziale – Synergiepotenziale

Abb. 50: Externe und interne Nutzenpotenziale für das Personalmanagement[295]

Dabei ist das Humanpotenzial oft das *wichtigste Potenzial*. Eine Messung des externen Humanpotenzials kann über das Firmenimage erfolgen (z. B. über die Zahl der eintreffenden Blindbewerbungen), wobei nach Zielgruppen differenziert werden kann. Beim internen Humanpotenzial kann eine Messung des Potenzials z. B. über Fähigkeiten und Qualifikationen der Mitarbeiter erfolgen.

Humanbezogene Potenziale weisen eine Halbwertszeit auf, wenn sie nicht gefordert werden. Diese kann gerade bei technischem Fachwissen sehr kurz sein (z. B. kleiner als ein Jahr in der Informatik). Daher müssen diese Fähigkeiten (vor allem on-the-job) ständig trainiert oder weiterentwickelt werden.

Entsprechend der Unterscheidung zwischen Potenzialen und Ergebnissen unterscheidet auch das Input-Throughput-Output-Modell für umfassendes Qualitätsmanagement der EFQM zwischen Befähigern und Ergebnissen.[296] Unter den Befähigern werden jedoch zusätzlich zu den Potenzialen »Führung«, »Politik & Strategie«, »Mitarbeiterorientierung« und »Ressourcen« auch die »Prozesse« differenziert, die das Bindeglied zwischen den Potenzialen und den Ergebnissen darstellen. Dieser *prozessbezogene* Ansatz thematisiert damit die mit dem Prozess der Ausnutzung der Potenziale verbundene Wertschöpfung.

---

294 Vgl. Schlagenhaufer 1994, S. 197 f.
295 Eigene Darstellung in Anlehnung an Pümpin 1990.
296 Vgl. Kapitel 9, S. 397 ff.

Eine weitere Erweiterung dieser Differenzierung kann durch die *kontextbezogene* Wertschöpfung erfolgen. Grundgedanke bei dieser Wertschöpfung, die in enger Beziehung zur potenzialbezogenen Wertschöpfung steht, ist der Aspekt der *Beeinflussbarkeit*.

Bei der potenzialbezogenen Wertschöpfung wird davon ausgegangen, dass die internen oder externen Wertschöpfungspotenziale ausgenutzt und damit in eine ergebnisbezogene Wertschöpfung überführt werden können. Dagegen ist die kontextbezogene Wertschöpfung nicht direkt und zudem auch nur begrenzt beeinflussbar, da sie exogene Vorgaben, wie z. B. die der Gesetzgeber oder der Konzern- oder Unternehmensleitung, betrifft. Diese expliziten oder impliziten Vorgaben müssen dabei prinzipiell akzeptiert werden, wobei sie indirekt auch die potenzial-, prozess- und ergebnisbezogene Wertschöpfung beeinflussen. Letztlich kann aber auch Einfluss auf die kontextbezogene Wertschöpfung genommen werden, z. B. über die damit verbundenen Entscheidungsvorgänge, wie durch Lobbying oder durch persönliche Einflussnahme auf die Entscheidungsträger im Top-Management (z. B. Einführung eines neuen Management-Informations-Systems oder Änderung der Organisationstruktur).

- *Messung*

Für die Messung der Wertschöpfung lassen sich aufgrund des engen Zusammenhangs von Potenzialen und Ergebnissen zwei Vorgehensweisen unterscheiden:[297]

1. Bei der *potenzialorientierten Ergebnisbewertung* steht die Analyse der Resultate im Vordergrund. Von diesen ausgehend werden dann die Prozesse und Potenziale untersucht, inwieweit diese zur Erzielung der Ergebnisse beigetragen haben und inwieweit Maßnahmen zur Beeinflussung der Potenziale und Prozesse notwendig sind, um zukünftige Ergebnisse zu sichern. Dieser Ansatz eignet sich vor allem für die *retrospektive Beurteilung* der Potenziale.
2. Bei der *ergebnisorientierten Potenzialbewertung* ist der Ausgangspunkt eine Analyse der Potenziale. Hier gilt es die zukünftige Ergebniswirksamkeit der Potenziale über die Prozesse abzuschätzen. Dieser Ansatz eignet sich für eine *prospektive Beurteilung* zukünftiger Ergebnisse ausgehend von den vorhandenen Potenzialen.

Damit unterscheiden sich beide Vorgehensweisen in der Bewertungsperspektive. In beiden Fällen nimmt die *prozessbezogene* Wertschöpfung eine

---

297 Die Kontextbewertung wird an dieser Stelle ausgeblendet, sie ergibt sich allerdings analog zur Bewertung der Potenziale.

wesentliche Rolle ein, da nur über ein effizientes Prozessmanagement die Potenziale in Ergebnisse überführt werden können (Abb. 51). Die potenzial- und die ergebnisbezogene Wertschöpfungsmessung ist daher um die prozessbezogene Wertschöpfungsmessung als Bewertung der Effizienz der Gestaltung und Durchführung von Prozessen zu erweitern.

3. Evaluation der Wertschöpfung

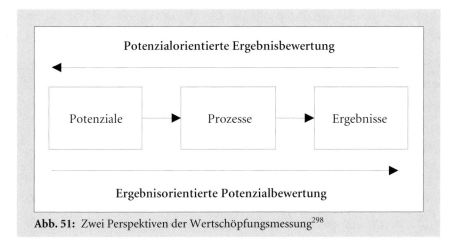

Abb. 51: Zwei Perspektiven der Wertschöpfungsmessung[298]

Für die potenzialbezogene Wertschöpfung ist darüber hinaus auch die Qualität des Umfeldes als Ressourcen und Ansprüche des bzw. an das Personalmanagement relevant (vgl. Kapitel 4 und Kapitel 10).[299]

In der Praxis hat sich ausgehend vom EFQM-Modell[300] auch die getrennte Bewertung von Potenzialen und Ergebnissen verbreitet. Ausgehend von dem sogenannten RADAR-Ansatz (vgl. Abb. 223 und Abb. 224, Kapitel 9), können bei den Potenzialen das *Vorgehen,* die *Umsetzung* und die *Bewertung und Überprüfung* evaluiert werden. Bei den Ergebnissen werden die *Ergebnisse* selbst und deren *Umfang* bewertet. Das EFQM-Modell setzt dabei auf eine Quantifizierung der Messung durch Prozentzahlen, was einer Verhältnisskala[301] entspricht, vor allem um die eigene Entwicklung im Zeitverlauf und auch im Vergleich mit anderen Unternehmen beurteilen zu können. Streng genommen liegt jedoch nur eine Ordinalskala vor.

Die kontextbezogene Wertschöpfung kann vor allem qualitativ bewertet werden, z. B. auf der Basis theoretischer Überlegungen oder durch einen

---

298 Eigene Darstellung.
299 Vgl. Wunderer/Gerig/Hauser 1997, S. 15 ff.; Wunderer/Arx 1998.
300 Vgl. auch Kapitel 9, S. 397 ff.
301 Vgl. auch Kapitel 2.2, S. 21 ff.

A. Personal-controlling

Vergleich mit anderen Organisationen. Dabei kann ähnlich wie bei der Bewertung der Potenziale vorgegangen werden. So können z. B. folgende Elemente relevant sein und beurteilt werden:

Unternehmensinterne Faktoren	Unternehmensstrategie Unternehmensorganisation Unternehmenskultur langfristige Personalstruktur
Unternehmensexterne Faktoren	Landeskultur Arbeitsmarkt Konkurrenzsituation
Rechtliche Einschränkungen	Gesetzliche Rahmenbedingungen Tarifverträge Betriebsvereinbarungen Einzelvertragliche Regelungen

Abb. 52: Elemente für die Evaluation des Kontextes[302]

3.4.3 Strategische und operative Wertschöpfung

Das Personalmanagement nimmt sowohl *operative* als auch *strategische* Aufgaben wahr.[303] Folgende Kriterien eignen sich, um die strategische von der operativen Managementebene abzugrenzen (Abb. 53).[304] Darüber hinaus besteht in der Literatur die überwiegende Auffassung, dass dem operativen Management die Aufgabe zufällt, die strategischen Entscheidungen in Einzelmaßnahmen in Unternehmensteilbereichen umzuformen und umzusetzen.[305]

---

302 Eigene Darstellung.
303 Strategische Aufgaben beziehen sich dabei zunächst nur auf Personalstrategien und nicht auf allgemeine Unternehmens- bzw. Geschäftsstrategien. Allerdings sollte der wechselseitige Unterstützungscharakter dieser beiden Strategieschwerpunkte nicht vollständig ignoriert werden (vgl. Staehle 1994, S. 731).
304 Vgl. Scholz 1994, S. 48; Kreikebaum 1993, S. 127 ff.
305 Vgl. Szyperski/Winand 1980, S. 78.

	Managementebenen	
	Strategisch	**Operativ**
Zeithorizont	Überwiegend langfristig	Überwiegend kurzfristig
Zeitperspektive	Zukunft	Gegenwart
organisatorische Einbindung	Überwiegend obere Hierarchieebenen (zentral)	Überwiegend untere Hierarchieebenen (dezentral)
Relevanz	Groß	Klein
Komplexitätsreduktion	Umfassend	Gering
Zielgröße	Effektivität	Effizienz
Proaktivität	Viel	Wenig

Abb. 53: Unterscheidung der Managementebenen[306]

Die Unterscheidung zwischen Zeithorizont, -perspektive und organisatorischer Einbindung liefert lediglich Tendenzaussagen. Ein Gleichsetzen von strategisch mit langfristig sowie operativ mit kurzfristig ist insofern problematisch, da z. B. auch operative Funktionen langfristig orientiert sein können. Gleiches gilt für die organisatorische Einbindung. Die Relevanz betont die Wichtigkeit des Planungs- bzw. Handlungsobjektes, das in zentralem Zusammenhang mit wesentlichen Erfolgspotenzialen des Unternehmens steht. Die Komplexitätsreduktion zielt auf die Vereinfachung und ein hohes Abstraktionsniveau ab. Hier zeichnet sich das strategische Management durch ein höheres Abstraktionsniveau aus. Ziel des strategischen Managements ist es, die richtigen Dinge zu tun (Effektivitätssicherung), während es bei operativen Aufgaben darum geht, die Dinge richtig zu tun (Effizienzsicherung).[307] Proaktivität bezeichnet frühzeitiges Handeln, noch ehe die Umwelt das Unternehmen zu reaktiven Maßnahmen zwingt.[308]

- *Messung*

Für die Wertschöpfungsmessung ergibt sich aus diesen Unterschieden, dass die strategische Wertschöpfung aufgrund der schlechteren Strukturierung der strategischen Fragestellungen, der größeren Unsicherheit durch die Zukunftsperspektive und das höhere Abstraktionsniveau viel schwieriger valide zu messen ist, auch wenn gerade wegen der Bedeutung strategischer

---

306 Vgl. Scholz 1994, S. 48.
307 Vgl. Ulrich/Fluri 1992, S. 133.
308 Vgl. Scholz 1987, S. 32–44; Scholz 1994, S. 48 f.

A. Personal-controlling

Fragestellungen somit auch die Messung der strategischen Wertschöpfung von hoher Bedeutung ist.[309]

Die Integration der strategischen Wertschöpfung spielt daher eine Schlüsselrolle bei der Evaluation der Wertschöpfung im Personalmanagement. Durch sie verliert auch die Kritik an der Kostenorientierung und an der ökonomischen Durchdringung des Personalmanagements an Schlagkräftigkeit, da die befürchtete kurzfristige Orientierung – oder anders gesagt, eine zu einseitige operative Betrachtung – vermieden wird.[310]

Während z. B. die Effizienz als prozessbezogene und operative Wertschöpfung bei der *Personalselektion* über den Indikator der bearbeiteten, schriftlichen Bewerbungen pro Sachbearbeiter ermittelt werden kann, hängt die Effektivität und damit die strategische Wertschöpfung in der Personalselektion vor allem von den richtigen Zielvorgaben ab. So wird das Ergebnis des Selektionsprozesses anders ausfallen und damit eine höhere strategische Wertschöpfung bewirken, wenn z. B. nicht nur Hochschulabsolventen, sondern auch Bewerber mit einschlägiger Berufserfahrung in die Auswahl einbezogen werden. Neben dem unterschiedlichen Anfangsgehalt auf der Kostenseite spielen auch die Fähigkeiten und die Qualifikationen sowie die Wirkungen auf Abteilungsklima und Unternehmenskultur eine Rolle, weshalb diese Faktoren auch erfasst werden müssen.

Ein anderes Beispiel für strategische Wertschöpfung ist die Verstärkung eines gewünschten, delegativen, auf Selbständigkeit und Selbstkontrolle basierenden, (mit-)unternehmerischen Führungsstils.

Auf der Nutzenseite ist zu messen, ob der neue Führungsstil zu höherer Motivation und einer höheren Arbeitszufriedenheit führt (primäre Wirkung).[311] Sekundär lässt sich die Produktivitätsänderung z. B. als erhöter Umsatz pro Mitarbeiter evaluieren. Tertiäre Wirkungen durch ein besseres Firmenimage und höhere Attraktivität für Bewerber sind kaum noch zurechenbar. Die primären Wirkungen können dabei durch eine Mitarbeiterbefragung erfasst werden, wobei sowohl Soll-Ist-Vergleiche, Zeitvergleiche und auch abteilungsexterne Vergleiche (Benchmarking) sinnvoll sind.

Auf der Aufwandsseite lassen sich die direkten Kosten für die Qualifizierung der Führungskräfte leicht bestimmten. Schwieriger sind jedoch die indirekten Wirkungen zu erfassen. So kann sich der neue Führungsstil langfristig

---

309 Vgl. auch Kapitel 3.2, S. 75 ff.
310 Vgl. Scherm 1992b; Kiehn 1996, S. 96.
311 Hier kommt vor allem eine Mitarbeiterbefragung in Betracht, wobei sowohl Soll-Ist-Vergleiche, Zeitvergleiche und auch abteilungsexterne Vergleiche (Benchmarking) sinnvoll sind.

in höheren Gehältern niederschlagen, die aus der höheren Qualifizierung der Führungskräfte und Mitarbeiter bzw. dem damit verbundenen verbesserten Erfolg resultieren. Ebenfalls ist davon auszugehen, dass die notwendigen Abstimmungs- und Informationsprozesse Zeit benötigen, die die produktive Arbeitszeit verringern und damit einen Aufwand darstellen.

Obwohl einzelne Nutzen- und Aufwandswirkungen quantitativ gemessen werden können, lässt sich die Frage der strategischen Wertschöpfung insgesamt meist nur qualitativ (und damit auch subjektiv) evaluieren, da sowohl das Prognoseproblem der Unsicherheit als auch eventuelle Zurechnungsprobleme eine vollständige und genaue Erfassung der ökonomischen Zielwirkungen praktisch ausschließen.

3.4.4 Direkte und indirekte Wertschöpfung

Die Wertschöpfung kann auch nach ihrer Zurechenbarkeit unterschieden werden. Einmal kann die Wertschöpfung dem Personalmanagement direkt zugerechnet werden. In der indirekten Dimension sind dagegen andere Unternehmenseinheiten für die Ausgestaltung und Höhe der Wertschöpfung verantwortlich.[312] So wird der Nutzen einer personalwirtschaftlichen Maßnahme oft erst in einer anderen Organisationseinheit erfolgswirksam.[313] Zum Beispiel führt eine Personalentwicklungsmaßnahme über die Erhöhung der Qualifikation bzw. der Motivation des Mitarbeiters zu einer erhöhten Wertschöpfung in seinem Bereich. Die Höhe dieser zusätzlichen Wertschöpfung hängt aber nicht nur von der Qualität der Personalentwicklungsmaßnahmen ab, sondern ebenso von den Rahmenbedingungen in der betroffenen Einheit, da die implizierten Produktivitätssteigerungen z. B. auch vom Auslastungsgrad der Abteilung des Mitarbeiters abhängen.[314]

Aufgrund der Problematik der Zurechenbarkeit der indirekten Wertschöpfung lässt sich ausgehend von einer bestimmten Erfolgswirkung oft nicht klären, zu welchem Teil die personalwirtschaftlichen Maßnahmen und zu welchem Teil andere Faktoren für die Wirkung ursächlich waren. So kann beispielsweise die Umsatzsteigerung nach einem Verkaufstraining der Mitarbeiter in der Trainingsmaßnahme selbst begründet sein. Ebenso kann die Umsatzsteigerung aber auch durch andere Einflussgrößen verursacht werden, die innerhalb oder außerhalb des Einflussbereichs des Unternehmens liegen können (z. B. in einer veränderten Marketing-Strategie). Im Einzelfall mag es dabei noch möglich sein, Ursachen für die Umsatzsteigerung zu

---

312 Vgl. Kiehn 1996, S. 93 f.
313 Vgl. Funke/Schuler/Moser 1994, S. 167.
314 Vgl. Fitz-enz 1990, S. 297 f.

A. Personal-controlling

benennen, es erscheint jedoch nahezu unmöglich, die Umsatzsteigerung quantitativ den einzelnen Ursachen (wie z. B. Verkaufstraining, Neugestaltung des Verkaufsraumes, verändertes Produktsortiment, veränderter Marktauftritt eines Konkurrenten) zuzuschreiben. Die Messung der Wertschöpfung kann hier nur auf *Schätzwerte* zurückgreifen.[315]

- *Zentrale und dezentrale Wertschöpfung*

Die Differenzierung zwischen direkter und indirekter Wertschöpfung ist von der zentralen und dezentralen Wertschöpfung zu unterscheiden: Da die Prozesse des Personalmanagements nicht nur in der Personalabteilung ablaufen, sondern auch über Mitarbeiter und Vorgesetzte, fallen auch die mit den Prozessen verbundenen Kosten nicht direkt in der Personalabteilung an. Gerade die dezentrale Personalarbeit auf der Ebene der Mitarbeiter und ihrer Vorgesetzten beinhaltet aber Kosten, die dem Personalprozess zuzurechnen sind und dabei auch Wert schaffen.

Die Kosten dieser dezentralen Personalarbeit werden kaum erfasst.[316] So könnte z. B. das zweistündige Mitarbeitergespräch inklusive Vor- und Nachbearbeitung zwischen Vorgesetztem und Mitarbeiter als Personalbetreuungs- bzw. Personalentwicklungsaufwand einfließen.

Gegen eine Erfassung dezentraler Personalmanagementaktivitäten sprechen jedoch folgende Gründe:

– Da die indirekte Wertschöpfung des Personalmanagements im Normalfall aufgrund von Zurechenbarkeitsprobleme nicht quantifiziert werden kann, ist es wegen des Erhebungsaufwandes nicht sinnvoll, die Kosten des dezentralen Personalmanagements zu erfassen, wenn ihr Anteil an der Gesamtarbeitszeit eines Linienmitarbeiters relativ gering ist. Die Kosten des dezentralen Personalmanagements können aber mit Hilfe einiger Annahmen *abgeschätzt* werden.

> Beispiel Mitarbeitergespräch:
>
> Jede Führungskraft führt einmal pro Jahr ein zweistündiges Mitarbeitergespräch durch. Bei einem durchschnittlichen Stundensatz von 25 € pro Mitarbeiter und 50 € pro Führungskraft ergeben sich daraus Personalmanagementkosten auf der Mitarbeiterebene in Höhe von 150 € pro Mitarbeiter (ohne Führungsverantwortung) und Jahr. Dabei kann diese Schätzung der on-the-job-Kosten auch für into-the-job- und out-of-the-job-Kosten angewendet werden. Auch ist die gleiche Abschätzung für die Führungskräfte durchzuführen.

---

315 Vgl. auch die ähnliche Problematik bei der Bewertung der Wirkung von Werbung.
316 Vgl. Lichtsteiner/Arx 1995, S. 462 f.

- Ein Hauptziel der Prozesskostenrechnung im Personalmanagement ist es, die Personalprozesskosten verursachungsgerecht den (internen) Kunden verrechnen zu können. Dafür ist jedoch nur notwendig, die zentralen Personalmanagementkosten zu erfassen, da die dezentralen Personalmanagementkosten bereits von den jeweiligen Einheiten selbst getragen werden.
- Ein Großteil der Wertschöpfung ist nur bedingt über quantitative Größen zu messen. So lässt z. B. die Dauer des Mitarbeitergespräches keine direkten Rückschlüsse auf die Qualität des Gespräches zu. Daher ist eine solche Erfassung alleine relativ ungeeignet.

3.4.5 Fazit

Die Differenzierung der Wertschöpfung verdeutlicht die spezifischen Möglichkeiten und Grenzen der Wertschöpfungsmessung im Personalmanagement. So lässt sich die wertsichernde Wertschöpfung nicht über eine Ergebnisverbesserung des Personalmanagements messen. Folglich kann die Wertschöpfungsmessung hier vor allem über die prozessbezogene Wertschöpfung erfolgen.

Auch die strategische Wertschöpfung entzieht sich einer eindeutigen ergebnisbezogenen Messung, sie kann aber vorzugsweise über eine potenzialbezogene Wertschöpfung erfolgen. Dabei erlaubt eine Schätzung auch bereits die Evaluation verschiedener strategischer Alternativen.

Ein besonderes Messproblem ist schließlich mit der indirekten Wertschöpfung verbunden, das eine eindeutige Erfassung und Quantifizierung weitgehend ausschließt. Gerade hier wird jedoch die Hebelwirkung des Personalmanagements sichtbar, da die indirekte Wertschöpfung des Personalmanagements ein Vielfaches der Kosten einer Personalmanagementmaßnahme ausmachen kann. Deshalb muss hier auf Schätzwerte, z. B. auch als Opportunitätskosten, zurückgegriffen werden.

Die Messung der Wertschöpfung im Personalmanagement kann aufgrund der dargelegten Problematik daher nicht eindimensional erfolgen, vielmehr sind die verschiedenen Wertschöpfungskomponenten über geeignete Indikatoren zu erfassen. Eine besondere Rolle spielen hier im Rahmen der Unterscheidung zwischen potenzial- und ergebnisbezogener Wertschöpfung die sogenannten *Moderatorvariablen*.[317]

Da eine rein ergebnisbezogene Messung der Wertschöpfung des Personalmanagements nicht möglich ist, gilt es, die ausreichende Qualifizierung und

---

317 Vgl. Kiehn 1996.

A. Personalcontrolling

Motivierung des Humanpotenzials durch das Personalmanagement zu evaluieren. Dies bedeutet, dass die Steuerungsgrößen auf der Personalmanagementebene und die Zielgrößen auf der Unternehmensebene über *Moderatorvariablen* der Qualität des Humanpotenzials – wie z. B. Leistungsfähigkeit oder das Entwicklungspotenzial der Mitarbeiter, das Betriebsklima bzw. die Unternehmenskultur und die Servicequalität – verbunden sind, da die Zielwirkungen zwischen dem Personalmanagement und den unternehmensbezogenen Zielgrößen nur indirekt sind.

Für die Wertschöpfungsmessung sind daher diese Moderatorvariablen und ihre Messung im Verlauf dieser Arbeit noch genauer zu spezifizieren.

3.5 Kennzahlen als Instrument der Wertschöpfungsmessung

Insbesondere im Rahmen des Personalcontrollings wird häufig auf Kennzahlen zurückgegriffen.[318] Für die Messung der Wertschöpfung im Personalmanagement können diese als Indikatoren verwendet werden.[319]

Die Kennzahlensysteme des Personalcontrollings sind üblicherweise nach einzelnen Personalfunktionen gegliedert, wie das folgende Beispiel zeigt:[320]

---

318 Vgl. z. B. Köder 1994, S. 182 f. (Hewlett Packard); Lichtsteiner 1997, S. 323 ff. (ABB). Vgl. auch Kapitel 2.3, S. 28.
319 Vgl. dazu auch die Cranfield-Studie, die zur Evaluation der Personalarbeit in den Europäischen Ländern folgende (auch qualitative) Kriterien unterscheidet (Hanel/Kabst/Mayrhofer/Weber 1999):
   1. Anteil der Mitarbeiter der Personalabteilung im Verhältnis zur Gesamtbelegschaft,
   2. Kosten des Personalwesens je Mitarbeiter,
   3. Anzahl der Personaleinstellungen pro Jahr,
   4. Anzahl der Aus- und Weiterbildungsteilnehmer pro Jahr,
   5. Personalbudget: Soll-Ist-Vergleich,
   6. Vergleich Zielvorgaben – Zielerreichung der Personalabteilung und
   7. Beurteilung der Personalabteilung durch direkte Linienvorgesetzte.
320 Vgl. Schulte 1989, S. 51 ff.; Sloma 1980, S. 229 ff.; Gmelin 1994, S. 37 ff.; Lichtsteiner/Arx 1995, S. 461; Sorenson 1995, S. 49 ff.; Phillips 1996, S. 41.

3. Evaluation der Wertschöpfung

1.	Personalbedarf und Struktur	• Netto-Personalbedarf • Arbeitsvolumen/Arbeitszeit • Qualifikationsstruktur • Frauenanteil • Durchschnittsalter der Belegschaft • Durchschnittsdauer der Betriebszugehörigkeit
2.	Personalbeschaffung	• Bewerber pro Ausbildungsplatz • Vorstellungsquote • Effizienz der Beschaffungswege • Personalbeschaffungskosten je Eintritt • Produktivität der Arbeitsbeschaffung • Grad der Personaldeckung • Frühfluktuationsrate • Anzahl der Versetzungswünsche nach kurzer Dienstdauer
3.	Personaleinsatz	• Vorgabezeit • Leistungsgrad • Arbeitsproduktivität • Arbeitsplatzstruktur • Überstundenquote • Durchschnittskosten je Überstunde • Leitungspanne
4.	Personalerhaltung und Leistungsstimulation	• Fluktuationsrate • Fluktuationskosten • Krankheitsquote • Unfallhäufigkeit • Ausfallzeit infolge Unfall • Kosten von Arbeitsunfällen • Lohnformenstruktur • Erfolgsbeteiligung je Mitarbeiter • Aufwand für freiwillige betriebliche Sozialleistungen je Mitarbeiter • Mitarbeiterzufriedenheit
5.	Personalentwicklung	• Ausbildungsquote • Übernahmequote • Jährliche Weiterbildungszeit pro Mitarbeiter • Anteil der Personalentwicklungskosten an den Gesamtkosten
6.	Betriebliches Vorschlagswesen	• Verbesserungsvorschlagsrate • Struktur der Einreicher • Bearbeitungszeit pro Verbesserungsvorschlag • Annahmequote • Einsparungsquote
7. 8.	Personalfreisetzung Personalkostenplanung und -kontrolle	• Abfindungsaufwand je Mitarbeiter • Personalintensität • Personalkosten in Prozent der Wertschöpfung • Personalzusatzkostenquote • Personalkosten je Mitarbeiter

Abb. 54: Kennzahlen für das Personalmanagement[321]

---

321 Vgl. Schulte 1989, S. 51.

A. Personal-controlling

Auch die weit verbreitete Kennzahlengliederung von Saratoga Europe, die einen Schwerpunkt auf das Humanpotenzial legt und sich vor allem auch für internationale Benchmarks[322] eignet, verwendet eine ähnliche funktionale Gliederung:

Category	Key Figures
A. Organizational Effectiveness	Average Revenue per FTE Average Cost per FTE Average Profit per FTE Wealth Created per FTE Human Investment Ration Total Productivity Core Productivity Cost of Goods Sold/Total Costs Outsource Agency Costs/Total Costs Corporate HQ Costs/Total Costs Mgmt & Prof FTEs/Total Costs
B. HR Staffing, Costs & Remuneration (excluding all Training)	FTEs per HR Department FTE HR Department Costs per FTE FTEs per Line HR FTE Line HR Costs per FTE FTEs per Total HR FTE Total HR Costs per FTE HR Outsource Costs/HR Dept Costs Temp HR FTEs: Total HR Depts FTEs Profit : Total HR Costs HR Department Costs/Total Costs HR Professionalism Average HR Department Compensation
C. Compensation & Benefits	Compensation & Benefits/Revenue Compensation/Revenue Compensation & Benefits/Total Costs Compensation/Total Costs CEO Absolute Performance Ration Average Remuneration Average Compensation Average Benefits Benefits/Compensation Variable Compensation/Compensation Performance Related Pay Rate Attendance Premium Pay Rate Payroll Costs per Employee Payroll Cost per Paycheque
D. Absence	Absence Rate Absence Cost per FTE Non-scheduled Absence Rate Non-scheduled Absence Cost per FTE

---

322 Vgl. auch Kapitel 3.9, S. 188.

Category	Key Figures
E. Turnover	Termination Rate
	Involuntary Termination Rate
	Resignation Rate
	Resignation Rate by Length of Service
F. Recruitment	External Recruitment Rate
	External Addition Rate
	External Replacement Rate
	Average Cost per Hire
	Time to Accept
	Acceptance Rate
G. Training & Development	FTEs per Training & Development FTE
	FTEs per Trainer FTE
	FTEs per Line Trainer FTE
Including Trainees Remuneration	Average Training Cost per FTE
	In-house Training Cost per FTE
	External Training Cost per FTE
	Training Costs/Total Compensation
	Training Cost per Hour
Excluding Trainees Remuneration	Average Training Cost per FTE
	Training Costs/Total Compensation
	Training Cost per Hour
	Average Training Hours per FTE
	In-house Training Hours per FTE
	External Training Hours per FTE
	Operational Training Hours per FTE
	Developmental Training Hours per FTE
H. Occupational Health & Safety (OH&S)	Total OH&S per FTE
	Preventative OH&S per FTE
	Liability & Rehab OH&S Costs per FTE
	Average Lost Time Rate per Incident
	Lost Time Occurrences per 1000 FTEs

Abb. 55: Kennzahlengliederung von Saratoga Europe[323]

Dabei sind vor allem solche Kennzahlen und Kennzahlenbreiche relevant, die in Zusammenhang mit der Leistungsfähigkeit der Humanressourcen stehen.

Ein umfassender Kennzahlenkatalog führt zu einer höheren Anzahl von Kennzahlen als bei spontaner Bedarfsdeckung. Der erhöhte Mehraufwand wird jedoch bei wiederholter Anwendung im Vergleich zu ad-hoc Berechnungen kompensiert, gerade bei der Verwendung moderner Informationssysteme.[324] Dabei ist jedoch darauf zu achten, dass kein unübersichtlicher

---

323 Vgl. EP-First & Saratoga (PricewaterhouseCoopers Human Resource Service) 2005. (FTE = Full Time Equivalent Employee).
324 Vgl. Schulte 1989, S. 40 ff.

und kaum genutzter »Zahlenfriedhof« entsteht, dessen Informationsflut nicht mehr kundengerecht ist. Es ist nicht entscheidend, über möglichst viele, ausdifferenzierte Kennzahlen verfügen zu können, sondern möglichst wenige Kennzahlen zu verwenden, die übersichtlich und prägnant die wesentlichen Informationen darstellen.[325] Steuerungsinformationen sollten also mit möglichst wenigen Kennzahlen auskommen, Berichtsinformationen können dagegen differenzierter aufgearbeitet werden.

Daneben ist bei der Anwendung von Kennzahlen zur Ermittlung der Wertschöpfung des Personalmanagements immer auf den Bezug zum zu messenden Sachverhalt zu achten, auch die Validität der Messung muss mit einbezogen werden.

- *Kennzahlennetzwerk*

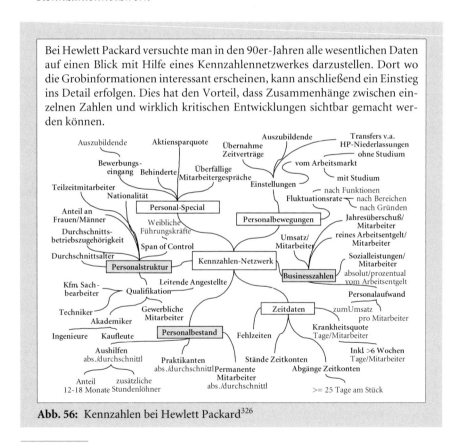

Abb. 56: Kennzahlen bei Hewlett Packard[326]

---

325 Vgl. Merkle 1982, S. 329 f.; Schulte 1989, S. 49; Köder 1994, S. 182 ff.; Gerlach 1995, S. 419.
326 Vgl. Köder 1994, S. 158.

Kennzahlen eignen sich als Planungs- und Entscheidungsgrundlage für das Controlling der Wertschöpfung im Personalmanagement. Dabei können Kennzahlen sowohl für das Kosten-, das Effizienz- und das Effektivitätscontrolling verwendet werden. Gleichzeitig kann man Kennzahlen nicht nur als Indikatoren für die ökonomische Wertschöpfung als Wirtschaftlichkeit, sondern auch für die Zufriedenheit der Mitarbeiter als Wertschöpfung für diese Bezugsgruppe verwenden.

3. Evaluation der Wertschöpfung

- *Kennzahlensysteme für das Personalmanagement*

Klassische Kennzahlensysteme sind bilanzorientiert und beschränken sich vornehmlich auf finanzwirtschaftliche Daten.[327] Dementsprechend beschränken sich die gängigsten Kennzahlensysteme wie das DuPont-System, das ZVEI-System und das RL-System auch auf diesen Bereich.

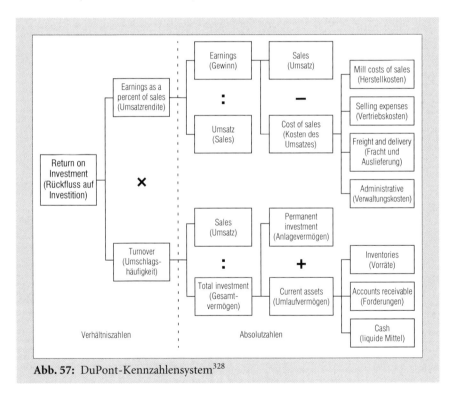

Abb. 57: DuPont-Kennzahlensystem[328]

---

327 Vgl. Eccles 1991, S. 131 ff.
328 Vgl. Heigl 1989, S. 142.

A. Personalcontrolling

Bühner[329] hat in diesem Zusammenhang für das Personalmanagement ein eigenes Kennzahlensystem vorgeschlagen (Abb. 58):

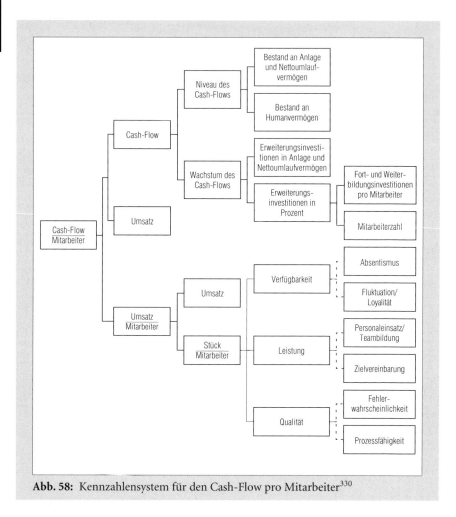

Abb. 58: Kennzahlensystem für den Cash-Flow pro Mitarbeiter[330]

Problematisch an diesem Kennzahlensystem ist die Quantifizierung der Größen Verfügbarkeit, Leistung und Qualität, auf die das Personalmanagement wesentlichen Einfluss nimmt. Weiterhin schließt dieses am ROI (Return on Investment) oder am Cash-Flow pro Mitarbeiter orientierte Vorgehen den expliziten Einbezug anderer unternehmenspolitischer Ziele wie z. B. Mitarbeiterzufriedenheit, Kundenzufriedenheit oder Umweltschutz

---

329 Vgl. Bühner 1995, S. 55 ff.
330 Vgl. Bühner 1995, S. 55 ff.

aus. Damit wird das unternehmerische Handeln primär auf eine Kennzahl ausgerichtet, was zu einer nicht erwünschten kurzfristigen Ergebnisorientierung unter Vernachlässigung langfristiger Erfolgspotenziale führen kann. Ebenso ist es mit diesem Kennzahlensystem nicht möglich, personalmanagementprozessbezogene Kennzahlen aufzustellen. Der Informationsgehalt dieses Kennzahlensystems für das Personalmanagement ist daher gering. Diese Kritik trifft natürlich auch das klassische Erfolgscontrolling der Unternehmensführung.

- *Selektives und organisatorisch systematisches Kennzahlensystem*

Dagegen empfiehlt sich die Entwicklung eines selektiven und organisatorisch systematischen Kennzahlensystems auch für das Personalmanagement:[331]

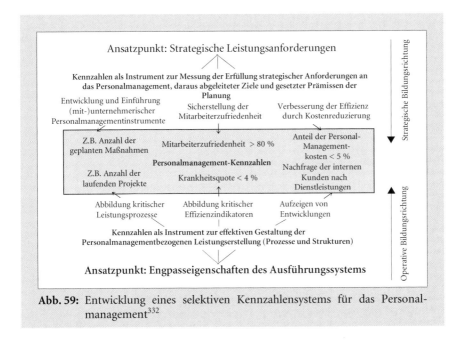

Abb. 59: Entwicklung eines selektiven Kennzahlensystems für das Personalmanagement[332]

Ausgangspunkt des Vorgehens zur Entwicklung eines selektiven Kennzahlensystems ist besonders die *Unternehmensstrategie*, und dort speziell der Beitrag, den das Personalmanagement zur strategischen Ausrichtung liefern kann. Eine entsprechende Analyse umfasst die Erhebung des typischen zu-

---

331 Vgl. Weber 1995, S. 207 ff., vgl. auch Kaplan/Norton 1996b.
332 Vgl. Weber 1995, S. 209.

A. Personal-controlling

künftigen Anforderungsprofils der internen Kunden. Die gewünschten Personalmanagementdienstleistungen sind in Bezug auf die Leistungsdimensionen zu konkretisieren. Des Weiteren lässt sich z. B. auch die Sicherung der Mitarbeiterzufriedenheit als strategisches Ziel des Personalmanagements definieren. Schließlich können noch personalmanagementspezifisch die wichtigsten Kostensenkungspotenziale ermittelt werden, die sich bei Einhaltung des angestrebten Leistungsniveaus ergeben.

Aufbauend auf einer derartigen Analyse lassen sich die kosten- und leistungsbezogenen Ziele bestimmen, bei denen sich nun Mindestvorgaben festlegen lassen. Die Festsetzung der einzelnen Unterziele ergibt sich aus den vorher bestimmten Globalzielen. Dabei lassen sich die Kundenanforderungen auf die einzelnen Personalmanagementfunktionen beziehen.

Auf der so geschaffenen Grundlage können nun strategiebezogene Kennzahlen ermittelt werden. Dennoch sollte man sich zur Strategierealisierung nicht auf diese wenigen Kennzahlen verlassen. Vielmehr bedarf es einer zusätzlichen absichernden und umsetzungsorientierten Betrachtung, da sich bei der Strategierealisierung zusätzliche Probleme einstellen können. Daher müssen die strategischen Kennzahlen noch durch einige *operative Kennzahlen* ergänzt werden, die auf kritische Engpässe des Personalsystems ausgerichtet sind bzw. die Strategieumsetzung behindern können.

Bei der Zusammenführung der Kennzahlen aus beiden Bildungsrichtungen (strategisch und operativ) ergeben sich Schlussfolgerungen hinsichtlich der Qualität und der Vollständigkeit des Kennzahlensystems. Existiert beispielsweise kein Zusammenhang zwischen bestimmten strategischen und operativen Kennzahlen, dann ist dieser wahrscheinlich bei der strategischen Zielsetzung übersehen worden.

- *Anwendung auf einzelne Personalmanagementprozesse*

Bei der Entwicklung solcher Kennzahlensysteme für das Personalmanagement lassen sich in der Analyse auch einzelne Personalmanagementprozesse unterscheiden. Hierbei können die Kennzahlen nach Kontext-, Input-, Prozess- und Outputgrößen entsprechend der umfeld-, der potenzial-, der prozess- und der ergebnisbezogenen Wertschöpfung differenziert werden. So lassen sich z. B. für den Personalgewinnungsprozess folgende Größen erheben:

Kontextkennzahlen:	Inputkennzahlen:	Prozesskennzahlen:	Outputkennzahlen:
• (interne) Wettbewerbssituation und -struktur • Rechtliche Rahmenbedingungen • Budgetvorgaben und -restriktionen • Vorgaben des Managements • (interne) Arbeitsmarktlage	• Quantität der eingesetzten Ressourcen: Personalkosten, Anzahl der Mitarbeiterstunden, Sachkosten • Qualität der eingesetzten Ressourcen: Qualifikation und Motivation der beteiligten Mitarbeiter • Sollkapazitäten • Investitionen • Auswertung der Eintrittsgründe	• Anzahl der bearbeiteten Bewerbungen pro Mitarbeiterstunde • Dauer vom Eingang der Bewerbung bis zum definitiven Entscheid • Erreichbarkeit und Ansprechbarkeit der zuständigen Mitarbeiter • Durchschnittliche Dauer einer Stellenbesetzung	• Anzahl der Stellenbesetzungen • Annahmequote von Vertragsangeboten an externe Bewerber • Durchschnittliche Verweildauer des neueingestellten Mitarbeiters • Anteil der Mitarbeiter, die nach der Probezeit nicht übernommen werden • Zufriedenheit des eingestellten Mitarbeiters mit der Position • Zufriedenheit des Vorgesetzten und der Kollegen mit dem Mitarbeiter • Einschätzung durch die Personalbeurteilung

Abb. 60: Prozessbezogene Kennzahlen für die Personalgewinnung[333]

Dabei ist darauf hinzuweisen, dass Kontextgrößen im Vergleich zu den anderen Bereichen weder direkt noch indirekt durch das Personalmanagement beeinflussbar sind.

Der Vorteil der regelmäßigen Erhebung der Kennzahlen ermöglicht ein rechtzeitiges Erkennen von Schwankungen. Dabei ist es wichtig, im vorhinein entweder Grenzwerte zu definieren, die nicht über- bzw. unterschritten, oder Zielwerte festzulegen, die in Zukunft erreicht werden sollten. Denn ohne solche Grenz- und Zielwerte lassen sich die erhobenen Informationen nur schwer vergleichen und einschätzen.

Auch auf der Ebene der Mitarbeiterführung werden häufig Kennzahlen im Rahmen des *Management-by-Objectives* verwendet, die dann meist hierarchisch ausgehend vom Gesamtunternehmen bis zur einzelnen Abteilung oder Gruppe ausdifferenziert werden.[334] Dabei ist es wichtig, nicht zu viele Kennzahlen zu definieren (z. B. nicht mehr als 10), da sonst die Übersicht

---

333 Eigene Darstellung.
334 Vgl. Bühner 1996, S. 129 ff. Vgl. dazu auch das Beispiel in Kapitel 9.4, S. 409 ff.

verloren geht. Generell ist auch auf die Flexibilität des Kennzahlensystems zu achten, da sich die Wichtigkeit einzelner Kennzahlen im Zeitverlauf ändern kann.[335]

3.6 Messung der Kundenzufriedenheit, der Mitarbeiterzufriedenheit und der Mitarbeiterproduktivität

Die Wertschöpfung für die Bezugsgruppen des Personalmanagements resultiert in der »Zufriedenheit« dieser Bezugsgruppen. Bei den internen Kunden des Personalmanagements geht es also um die Messung der internen Kundenzufriedenheit. Aber auch die Mitarbeiterzufriedenheit oder Arbeitszufriedenheit als Zufriedenheit der Mitarbeiter mit ihrer Arbeits- und Führungssituation oder dem Unternehmen ist zu berücksichtigen.

Im Folgenden wird die Messung dieser beiden Zufriedenheiten thematisiert. Dabei ist die Mitarbeiterzufriedenheit ebenso wie die Kundenzufriedenheit kein Selbstzweck – auch im Sinne des Stakeholdervalue-Ansatzes –, sondern sie dient auch, z. B. wie im Europäischen Qualitätsmodell verankert, zur Erzielung herausragender Geschäftsergebnisse.[336] Sie ist damit eine zentrale Moderatorvariable des Personalmanagements.

Zufriedenheit ist ein emotionaler Zustand, der als das Ergebnis eines oft komplexen psychischen Vergleichsprozesses verstanden werden kann. Während die Arbeits- oder die Mitarbeiterzufriedenheit als Teil der Berufs- und Lebenszufriedenheit definiert ist und daher auch ein motivationaler Begriff ist,[337] fehlt dem Begriff der Kundenzufriedenheit zunächst dieser motivationale Charakter, wenn die Kundenbeziehung als reine Markttransaktion verstanden wird.[338] Da Kundenbeziehungen jedoch selten in dieser Idealform vorliegen, weist auch die Kundenzufriedenheit einen motivationalen Charakter auf.

Wir werden im Folgenden daher die (interne) Kundenzufriedenheit und die Mitarbeiterzufriedenheit getrennt behandeln, auch wenn integrierte Ansätze vorliegen.[339] Anschließend werden wir noch auf die Messung der Mitarbeiterproduktivität eingehen, die ebenfalls als Wertschöpfung des Personalmanagements verstanden werden kann.

---

335 Vgl. Meyer 1994, S. 101 f.
336 Vgl. Bühner 1996, S. 178.
337 Vgl. Neuberger 1974, S. 140.
338 Vgl. Becker 1994, S. 55 f.; Wunderer/Mittmann 1995a, Sp. 1155 ff.
339 Vgl. Bruhn 1999, S. 331 ff., S. 495 ff.

3.6.1 Kundenzufriedenheit

Bei dem Vergleichsprozess, aus dem die Kundenzufriedenheit resultiert, werden die wahrgenommen Erfahrungen nach dem Gebrauch der Dienstleistung mit den Erwartungen vor der Nutzung verglichen. Wird die zugrundeliegende Soll-Leistung bestätigt oder übertroffen, so entsteht Zufriedenheit. Ohne hier auf die verschiedenen Erklärungsansätze einzugehen,[340] existieren verschiedene Ansätze zur Messung von Kundenzufriedenheit.[341] Sie sind in Abb. 61 systematisiert.

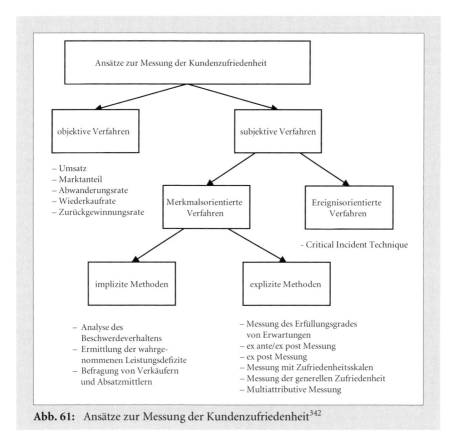

Abb. 61: Ansätze zur Messung der Kundenzufriedenheit[342]

---

340 Für einen Überblick über die wichtigsten Erklärungsansätze vgl. Homburg/Rudolph 1995, S. 31 ff.
341 Vgl. Meffert/Bruhn 1995, S. 203 ff.; Korte 1995; Töpfer 1996; Töpfer/Mann 1996, S. 45 ff.; Jung 1997, S. 145 ff.; Stauss/Seidel 1997, S. 190 ff.
342 Vgl. Homburg/Rudolph 1995, S. 43.

- *Objektive Verfahren*

Objektiven Verfahren liegt die Idee zugrunde, Kundenzufriedenheit durch Indikatoren zu messen, die eine hohe Korrelation mit der Zufriedenheit aufweisen und nicht durch persönlich subjektive Wahrnehmungen verzerrt werden können, wie bei den subjektiven Verfahren. Ausgehend von der Überlegung, dass Zufriedenheit zu Loyalität und damit zu Kundentreue und Unzufriedenheit zu Illoyalität und damit zu Abwanderung führt, stützen sich objektive Verfahren auf Größen wie Marktanteil oder Umsatz als Indikatoren für die Kundenzufriedenheit. Da diese jedoch auch von einer Vielzahl anderer Faktoren beeinflusst werden, ist die Adäquanz objektiver Verfahren fraglich. Am validesten dürften noch die Verfahren sein, die mit aggregierten Kaufverhaltensgrößen arbeiten. Allerdings unterliegen auch diese multiplen Einflüssen, wie z. B. Art und Umfang der Konkurrenzaktivitäten.[343]

- *Subjektive Verfahren*

Subjektive Verfahren zielen auf die Ermittlung vom Kunden wahrgenommener Zufriedenheitswerte bzw. der Ermittlung von »(Zufriedenheits-) Lücken«. Dabei lassen sich merkmalsorientierte und ereignisorientierte Verfahren unterscheiden.

(a) Merkmalsorientierte Verfahren

Bei den *merkmalsorientierten* unterscheidet man implizite und explizite Methoden.

(a1) Implizite Methoden

Implizite Methoden umfassen hauptsächlich Beschwerdeanalysen und setzen daher ein aktives Beschwerdeverhalten voraus, das in der Realität aber häufig nicht gewährleistet ist.

(a2) Explizite Methoden

Explizite Methoden ermitteln die Zufriedenheit durch die Messung des Erfüllungsgrades der Erwartungen oder durch die Messung der empfundenen Zufriedenheit. Im ersten Fall werden die Erwartungen vor und nach der Produktnutzung erfragt, um aus der Differenz (oder »Lücke«[344]) den Zufriedenheitsgrad zu ermitteln. Hier wird kritisiert, dass die kognitiv bewer-

---

343 Vgl. Homburg/Rudolph 1995, S. 42.
344 Vgl. auch das Lückenmodell der Dienstleistungsqualität in Kapitel 2.4.4.4, S. 56 ff.

tenden Prozesse wie Kontrast- und Konsistenzeffekte nicht berücksichtigt werden. Darüber hinaus neigen die befragten Personen bei der zweimaligen Verwendung der gleichen Messskala dazu, konsistente Antworten zu geben. Auch können »Floor oder Ceiling Effekte« dadurch entstehen, dass bereits bei der ersten Befragung die höchstmögliche Bewertung angegeben wurde und daher keine Möglichkeit mehr besteht, beim Übertreffen der Erwartung eine noch bessere Bewertung abzugeben. Alternativ wird daher der Erfüllungsgrad direkt gemessen, indem nach der Nutzung die Übereinstimmung der Erwartung mit der Leistungserfahrung erfragt wird (ex post).

Bei der Messung der empfundenen Zufriedenheit wird entweder die generelle Zufriedenheit durch *eindimensionale, sehr einfache Ratingskalen* ermittelt. Dagegen ermöglicht die *multiattributive Messung* die Erfassung der Zufriedenheit für viele relevante Einzelaspekte.[345] Auch kann zwischen einer *Eindrucksmessung* und einer *Divergenzmessung* unterschieden werden.[346]

> Bei der *Eindrucksmessung* wird für die Zufriedenheit (Z) neben der Beurteilung durch den Befragten auch seine Wichtigkeitseinschätzung auf Rating-Skalen erfasst. Für die Aggregation wird dann die Summe aus den Produkten der Bewertungs- (B) und der Wichtigkeitskomponente (w) gebildet:
>
> $$Z = \sum B_i \cdot w_i$$
>
> Bei der *Divergenzmessung* werden für die Zufriedenheitdiskrepanz (Z) neben den Bewertungskomponenten (B) auch die Erwartungskomponenten (E) auf Rating-Skalen erfasst und die Divergenz als Differenz der beiden Komponenten gebildet. Als Aggregationsgröße kann dann die Summe der Differenzen verwendet werden, wobei
>
> a) sowohl positive als negative Diskrepanzen negativ interpretiert werden können,
>
> $$Z = \sum |E_i - B_i|$$
>
> b) nur negative Diskrepanzen negativ interpretiert werden und positive Diskrepanzen außer acht gelassen werden
>
> $$Z = \sum \begin{cases} E_i - B_i & \text{für } E_i - B_i < 0 \\ 0 & \text{sonst} \end{cases}$$
>
> c) und negative Diskrepanzen negativ und positive Diskrepanzen positiv einfließen können.
>
> $$Z = \sum E_i - B_i$$
>
> Schließlich kann die Divergenzmessung auch mit einer Wichtigkeitseinschätzung verknüpft werden. Dann müssen jedoch für jedes Merkmal drei Einstellungen erhoben werden.

Abb. 62: Eindrucks- und Divergenzmessung[347]

---

345 Vgl. Homburg/Rudolph 1995, S. 42 ff.
346 Vgl. Benkenstein 1993, S. 1103.
347 Eigene Darstellung.

(b) Ereignisorientierte Verfahren

Ereignisorientierte Verfahren zerlegen die Anbieter-Kunden-Interaktion in einzelne Episoden. Hierzu zählt die Critical-Incident Technique, die Vorfälle, die zu besonderer Zufriedenheit oder Unzufriedenheit führen, erfasst. Diese kritischen Ereignisse führen unmittelbar zu Aktivitäten (z. B. Beschwerden) oder sind im Langzeitgedächtnis so stark verankert, dass sie in der Regel ungestützt erinnert und wiedergegeben werden können.[348]

Besonders bzgl. Reliabilität und Validität[349] ist die multiattributive Messung den anderen Verfahren klar überlegen, allerdings benötigt sie eine spezielle Datenerhebung und kann daher nicht auf Sekundärdaten zurückgreifen.[350] Dabei ist auch darauf hinzuweisen, dass die Kundenzufriedenheit auf einem einstellungs-, einem kompetenz- oder einem zufriedenheitsorientierten Konstrukt beruhen kann.[351]

- *Messung der Kundenzufriedenheit*

Für die Beurteilung der internen Kundenzufriedenheit im Personalmanagement bieten sich vor allem die expliziten Methoden an, gerade im Rahmen eines systematischen Controllings. Dabei ist die multiattributive Messung zu empfehlen. Denkbar ist natürlich auch eine Kombination mit Kennzahlen (Messung durch objektive Verfahren), hier bieten sich z. B. die Fluktuationsrate und die Absenzrate an.

So schlägt Schultz[352] vor – nach der Segmentierung der Kunden – 15 bis 20 Dienstleistungen bzw. Personalfunktionen von den (internen) Kunden bewerten zu lassen. Auf diese Weise lassen sich detaillierte Verbesserungsmöglichkeiten aufzeigen, die nach ihrer Priorität bearbeitet werden können.

Ein Beispiel für die Messung der Kundenzufriedenheit der Personalabteilung zeigt das Beispiel der ABB Schweiz in Kapitel 3.7.2.

3.6.2 Mitarbeiterzufriedenheit und -loyalität

Grundsätzlich kann alles, was Menschen in Bezug auf ihre Arbeitssituation sagen oder tun sowie physiologische Reaktionen im Zusammenhang mit

---

348 Vgl. Homburg/Rudolph 1995, S. 43; Stauss/Seidel 1997, S. 203 ff.
349 Vgl. hierzu S. 24 f.
350 Vgl. Homburg/Rudolph 1995, S. 45.
351 Vgl. dazu ausführlich Kapitel 6.4.1, S. 287 ff.
352 Vgl. Schultz 1995, S. 61 f.

der Arbeit als Zeichen von Zufriedenheit bzw. Unzufriedenheit interpretiert werden.[353] Arbeits- bzw. Mitarbeiterzufriedenheit ist daher nicht nur als eine Globalgröße zu sehen, da sie sowohl in differenzierten Erscheinungsformen auftritt als auch auf unterschiedliche Faktoren zurückzuführen ist.[354] In der Praxis hat für die Ermittlung der Mitarbeiter- bzw. der Arbeitszufriedenheit vor allem die anonyme, standardisierte, schriftliche Befragung die größte Bedeutung (explizite Methode).[355] Darüber hinaus lassen sich auch Verhaltensweisen (z. B. Fehlzeiten) (objektive Verfahren) oder Interviews für die Ermittlung der Mitarbeiterzufriedenheit verwenden.

Ein im deutschsprachigen Raum weit verbreiteter Fragebogen ist der Arbeitsbeschreibungsbogen (ABB) von Neuberger/Allerbeck[356]. Die sehr einfach gehaltenen Fragen, die auf einer vierpunktigen Rating-Skala zu beantworten sind, beziehen sich auf folgende Bereiche:

- Kollegen,
- Vorgesetzter,
- Tätigkeit,
- äußere Bedingungen,
- Organisation und Leitung,
- berufliche Weiterbildung,
- Bezahlung,
- Arbeitszeit,
- Arbeitsplatzsicherheit,
- Arbeit insgesamt und
- Leben insgesamt.

Abb. 63: Fragenbereiche eines Arbeitsbeschreibungsbogens[357]

Man erhält so ein differenziertes Bild der Arbeitszufriedenheit. Die hohe Verbreitung von standardisierten Fragebögen ermöglicht auch einen Vergleich mit anderen Unternehmen. (Ein konkretes Beispiel zeigt Abb. 77 und Abb. 83 in Kapitel 3.7.1).

Im EFQM-Modell für Excellence wird vorgeschlagen, für die Beurteilung der Mitarbeiterzufriedenheit folgenden Indikatoren zu verwenden:[358]

---

353 Vgl. Rosenstiel 1995, S. 188.
354 Vgl. Becker 1994, S. 55 f.
355 Vgl. Gawellek 1987, S. 25; Rosenstiel 1995, S. 188.
356 Vgl. Neuberger/Allerbeck 1978, S. A31 ff.
357 Vgl. Neuberger/Allerbeck 1978.
358 Vgl. EFQM 1999a.

- Beurteilung der Anstellungsbedingungen
- Beurteilung von Einrichtungen und Dienstleistungen
- Beurteilung der Gesundheitsfürsorge und Arbeitssicherheit
- Beurteilung der Sicherheit des Arbeitsplatzes
- Zufriedenheit mit Entlohnung und Sozialleistungen
- Einschätzung der Kollegialität
- Beurteilung des Veränderungsmanagements
- Beurteilung der Umweltschutzpolitik
- Beurteilung der Rolle der Organisation in der Gesellschaft
- Beurteilung des Betriebsklimas

Abb. 64: Fragenbereiche zur Mitarbeiterzufriedenheit im EFQM-Modell[359]

Darüber hinaus empfiehlt es sich auch, die Mitarbeiterzufriedenheit über objektive Verfahren zu messen, wie z. B. Schulungs- und Weiterbildungsaufwand und -niveau, Personalfluktuation, Arbeitsunfallhäufigkeit und Inanspruchnahme betrieblicher Einrichtungen.

Mitarbeiterloyalität kann als Bindung des Organisationsmitgliedes an die Organisation verstanden werden.[360] Im Gegensatz zum *Commitment*, das die positive psychologische Bindung beinhaltet, sich für die Organisation in höherem Maße einzusetzen als dies aufgrund der formalen Beziehung der Fall wäre, kann der Loyalität auch eine negative psychologische Bindung zu Grunde liegen. So kann sich ein innerlich gekündigter Mitarbeiter (also ohne Commitment) trotzdem loyal verhalten, wenn z. B. auf dem Arbeitsmarkt keine Beschäftigungsalternativen vorhanden sind.[361]

Mitarbeiterzufriedenheit wird häufig mit der Mitarbeiterloyalität in Beziehung gesetzt. Damit wird unterstellt, dass Mitarbeiterzufriedenheit die Mitarbeiterloyalität erhöht. Jedoch kann eine hohe Mitarbeiterloyalität auch dann vorliegen, wenn die Mitarbeiter mit der Organisation unzufrieden sind.[362]

Der Zusammenhang zwischen der *multiattributiv* gemessenen *Arbeitszufriedenheit* und dem *Arbeitsverhalten* ist in der Literatur intensiv untersucht worden. So kann man von einem durchschnittlichen Korrelationskoeffizienten von -0,25 bis -0,30 für die *Arbeitszufriedenheit* und die *Personalfluktuation* ausgehen.[363]

---

359 Vgl. EFQM 1999a, S. 24 f.
360 Vgl. Kieser 1995, Sp. 1442 ff.; Wunderer/Mittmann 1995b.
361 Vgl. auch Reichheld 1996.
362 Vgl. auch Kapitel 6.1, S. 280 ff.
363 Vgl. Gawellek 1987, S. 276 f. und die dort angegebene Literatur.

Bei der Korrelation zwischen *Arbeitszufriedenheit* und *Absentismus* ist demgegenüber im Durchschnitt eine geringere (negative) Korrelation ermittelt worden.[364]

Die Ermittlung des Zusammenhanges zwischen *Arbeitszufriedenheit* und *Arbeitsleistung*, der insbesondere für die Wertschöpfungsmessung im Personalmanagement relevant ist, wird durch Probleme bei der Auswahl geeigneter Leistungsindikatoren stark beeinträchtigt. Weiterhin liegen die Korrelationen hier deutlich unter 0,30[365] und zeigen also nur einen schwachen Zusammenhang.

Ein weitgehend ungelöstes Problem ist die Frage nach der *Kausalität* zwischen Arbeitszufriedenheit und Arbeitsverhalten. Hierzu liegen bis jetzt noch wenig gesicherte Befunde vor.[366]

3.6.3 Mitarbeiterproduktivität

Produktivitätsmessungen zielen darauf ab, die Wirtschaftlichkeit der Prozesse zu verbessern. Generell ist die Produktivität als das Verhältnis von Ertrag (Output) zu Aufwand (Input) definiert. Während in den direkten Bereichen der Aufwand aus den Löhnen, Material und den anderen Einsatzfaktoren resultiert, besteht der Aufwand in den indirekten Bereichen – wie z. B. im Personalmanagement – hauptsächlich aus Löhnen und Gehältern. Daher ist es sinnvoll, hier nur die Arbeitsproduktivität bzw. Mitarbeiterproduktivität zu betrachten.[367]

Oft wird die (betriebswirtschaftliche) Wertschöpfung als Outputgröße eingesetzt, es lassen sich jedoch ebenso auch andere Größen wie Umsatz, Gewinn oder Menge für die Produktivitätsermittlung verwenden (vgl. Kapitel 2.4.3.2).

Die Gesamtproduktivität und die Arbeitsproduktivität ergeben sich damit wie folgt:

$$\text{Gesamtproduktivität} = \frac{\text{Gesamtoutput}}{\text{Arbeitseinsatz + Kapitaleinsatz + Materialeinsatz + andere eingesetzte Güter}}$$

$$\text{Arbeitsproduktivität} = \frac{\text{Gesamtoutput}}{\text{Arbeitseinsatz}}$$

---

364 Vgl. Gawellek 1987, S. 277 ff. und die dort angegebene Literatur.
365 Vgl. Gawellek 1987, S. 280 ff. und die dort angegebene Literatur. Vgl. auch Six/Eckes 1991, S. 21 ff.
366 Vgl. Gawellek 1987, S. 276 ff.
367 Vgl. Dellmann/Pedell 1994, S. 31 ff. Vgl. auch Mitchell 1989.

A. Personal-controlling

Der Arbeitseinsatz kann dabei über die Arbeitsstunden oder die Arbeitskosten erfasst werden. Michaelis[368] erweitert den Outputbegriff zur Produktivitätsmessung, indem er neben der Quantität auch die Qualität der einzelnen Input- und Outputgrößen mit einbezieht. Als Qualitätsmaß für den Inputfaktor Arbeit wird ein Befähigungsfaktor b definiert, der angibt, wieviel eine vorhandene Befähigung B eines Mitarbeiters der geforderten Befähigung B_0 für einen Arbeitsplatz entspricht:

$$\text{Befähigungsfaktor } b = \frac{B}{B_0}$$

So lassen sich z. B. für verschiedene Qualifikationsgruppen entsprechende Befähigungen aufstellen:

Gruppen-nummer	Qualifikationen	Befähigung
7	Hochschulausbildung mit Berufserfahrung	130
6	Hochschulausbildung ohne Berufserfahrung	120
5	Berufsschulausbildung mit Zusatzausbildung und Berufserfahrung	110
4	Berufsschulausbildung mit Berufserfahrung (Referenzgruppe)	100
3	Berufsschulausbildung ohne Berufserfahrung	90
2	Anlernausbildung	80
1	Ohne Ausbildung	70

Abb. 65: Qualifikationsgruppen und Befähigung[369]

Als Qualitätsmaß für den Outputfaktor (Qualität der Produkte und Dienstleistungen) wird ein *Qualitätsfaktor* q definiert, der sich aus einem *Vollständigkeitsfaktor* v, einem *Richtigkeitsfaktor* r und einem *Formgerechtigkeitsfaktor* f (der eine eventuelle Übererfüllung berücksichtigt) zusammensetzt.

$$q = v \cdot r \cdot f$$

Entsprechend lassen sich verschiedene Produktivitäten definieren:

$$P_M = \frac{O_n}{A_n}$$

---

368 Vgl. Michaelis 1991.
369 Vgl. Michaelis 1991.

Die Mengenproduktivität ist unabhängig von der Qualität der Input- und Outputgrößen.

mit A_n: nominaler Arbeitseinsatz und
O_n: nominale Outputmenge

Die Qualitätsproduktivität gibt die erbrachte Gutmenge pro nominal eingesetzter Arbeit wieder.

$$P_M = \frac{O_n \cdot q}{A_n}$$

Die Befähigungsqualität gibt dagegen die erbrachte Leistungsmenge pro Arbeitszeiteinheit eines Mitarbeiters mit seiner Referenzqualifikation wieder. Dabei sinkt die Befähigungsproduktivität mit steigender Qualifikation.

$$P_B = \frac{O_n}{A_n \cdot b}$$

Die Gesamtproduktivität schließlich berücksichtigt sowohl die Qualität der erbrachten Leistungsmenge als auch die Befähigung des Mitarbeiters.

$$P_G = \frac{O_n \cdot q}{A_n \cdot b}$$

Problematisch bei der Definition dieser Produktivitäten ist die Bestimmung des Befähigungs- und des Qualitätsfaktors, da hier vereinfachende Annahmen zu treffen sind. Auf jeden Fall sind dafür Leistungsstandards als Soll-Leistung zu definieren.

Bühner[370] schlägt in diesem Zusammenhang die totale Mitarbeitereffektivität vor, die von drei Faktoren bestimmt wird: *Verfügbarkeit*, *Leistung* und *Qualität der Mitarbeiter*. Verfügbarkeit misst die Zeit, in der der Mitarbeiter im Betrieb zur Verfügung steht. Die Leistung misst die Geschwindigkeit mit der der Mitarbeiter seine Arbeit vollbringt und die Qualität misst die fehlerfreie Leistungserbringung.

---

370 Vgl. Bühner 1996, S. 74 ff.

A. Personalcontrolling

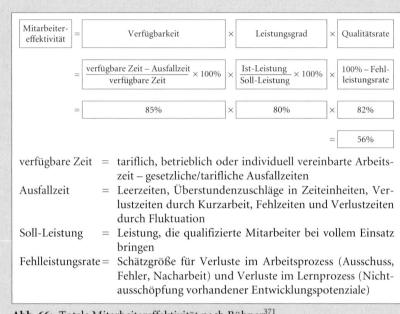

Abb. 66: Totale Mitarbeitereffektivität nach Bühner[371]

Für die Wertschöpfungsmessung im Personalmanagement ist insbesondere die zeitliche Entwicklung der Produktivitätskennzahlen von Interesse; dabei führt eine Steigerung der Outputmenge ebenso wie die Erhöhung der Outputqualität zu einer steigenden Gesamtproduktivität. Dagegen resultiert eine Erhöhung des Arbeitseinsatzes ebenso wie die Erhöhung der Mitarbeiterqualifikation bei gleichem Output zu einer niedrigeren Gesamtproduktivität.

> Beispiel:
>
> Ein Mitarbeiter der Personalabteilung benötigt für die Bearbeitung von 12 neueingestellten Mitarbeitern im Monat 18 Stunden. In jedem fünfzigsten Fall (drei pro Jahr) kommt es dabei zu Reklamationen aufgrund fehlerhafter Eintragungen (q = 98%). Der Befähigungsfaktor wird mit b=1 angenommen. Daraus ergibt sich Mengen- und Befähigungsqualität von 0,667 und die Qualitäts- und Gesamtproduktivität mit 0,653.
>
> Aufgrund längerer Einarbeitung und der Vertrautheit mit den Vorgängen benötigt der Mitarbeiter im folgenden Geschäftsjahr nur 17 Stunden für 12 Neueinstellungen. Gleichzeitig kann er auch die Zahl der Reklamationen auf eine pro Jahr senken (q = 99,5%). Tariflich wird eine Lohnerhöhung um 5% vereinbart (b = 1,05). Daraus ergibt sich eine stark erhöhte Mengenproduktivität mit 0,706, eine erheblich erhöhte Qualitätsproduktivität von 0,702, eine fast unveränderte Befähigungsqualität von 0,672 und eine fast unveränderte Gesamtproduktivität von 0,669.

---

371 Vgl. Bühner 1996, S. 76. Vgl. dazu kritisch Wimmer/Neuberger 1998, S. 562 ff.

Einschränkend ist allerdings darauf hinzuweisen, dass Aufgaben sich – auch aufgrund äußerer Einflüsse – meist zu stark verändern, um die Verwendung solcher differenzierten Produktivitäten zu ermöglichen.

Betrachtet man im Rahmen des Personalmanagements die Arbeitsproduktivität innerhalb des gesamten Unternehmens, dann lässt sich auch zwischen Blue Collar Work, White Collar Work und Knowledge Work unterscheiden.

Blue Collar Work ist vorwiegend handwerklicher oder physischer Natur, der Output ist vorwiegend klar definiert und greifbar, und es besteht ein enger Zusammenhang zwischen Input und Output (z. B. in der Produktion).[372] Der Output von *White Collar Work* ist ebenfalls überwiegend messbar, allerdings können einige schwer zu quantifizierende Elemente enthalten sein, aber auch hier hat der Input einen direkten Einfluss auf die Entstehung des Outputs (z. B. in Verkaufsabteilungen). Der Output von *Knowledge Work* ist meist immaterieller Natur, der Input ist ebenfalls nur schwierig zu definieren und es ist selten ein unmittelbarer Zusammenhang zwischen Input und Output feststellbar (z. B. in Forschungsabteilungen oder auf oberen Managementebenen). Zur Abgrenzung von Knowledge Work kann aber die Gesamtproduktivität verwendet werden, wobei nur zwischen Arbeitseinsatz und restlichen Einsatzfaktoren unterschieden wird.

$$\text{Gesamtproduktivität} = \frac{\text{Gesamtouput}}{\text{Arbeitseinsatz (A)} + \text{übrige Einsatzfaktoren (T)}}$$

Definiert man den Anteil des Arbeitseinsatzes am Gesamteinsatz $D_f =$ als Abteilungsfaktor, dann ergibt sich $\frac{A}{A+T}$

$$\text{Gesamtproduktivität} = \frac{\text{Gesamtoutput}}{A} \cdot D_f$$

Die Gesamtproduktivität ergibt sich damit als Arbeitsproduktivität multipliziert mit dem Abteilungsfaktor. Im allgemeinen kann bei einem Abteilungsfaktor größer als 0,5 von Knowledge Work ausgegangen werden.[373]

- *Einfluss der Wertschöpfungstiefe auf die Produktivität*

Für den Vergleich von Produktivitäten auf der Unternehmensebene ist neben der Arbeitsintensität (Abteilungsfaktor) insbesondere auch die Wertschöpfungstiefe zu betrachten. So führt Outsourcing zu einer Reduktion des Arbeitseinsatzes und damit zu einer scheinbaren Erhöhung der Arbeitspro-

---

372 Allerdings existieren auch hier output-unabhängige Anteile, wie Rüstzeiten oder Bereitstellungszeiten.
373 Vgl. Dellmann/Pedell 1994, S. 47 ff.

duktivität bei gleichen Gesamtoutput, da Arbeitseinsatz durch Vorleistungen substituiert wird. Aus diesem Grund sind Vergleiche zwischen verschiedenen Unternehmen oder Abteilungen insoweit nicht sinnvoll. Dagegen erlaubt die Analyse der Produktivitätsentwicklung – z. B. als jährliche Veränderung der Produktivität – auch zwischen Unternehmen Aussagen über die Wettbewerbsfähigkeit und die Leistung der Humanressourcen.

- *Fazit*

Die Ermittlung der Mitarbeiterproduktivität ist nur in beobachtbaren, repetitiven Arbeitssituationen möglich. Gerade für Knowledge Work und zum Teil auch für White Collar Work ebenso wie auch für Führungspositionen ist die Produktivität damit kaum sinnvoll ermittelbar. Darüber hinaus stößt auch die Ermittlung von Qualitäts- und Befähigungsfaktoren an Grenzen. Bei den Qualitätsfaktoren erscheint die Gewichtung von Vollständigkeit, Richtigkeit und Formgerechtigkeit problematisch, bei den Befähigungsfaktoren wird die mindestens ebenso wichtige Motivation vollständig ausgeblendet. Die Mitarbeiterproduktivität betrachtet damit in eindimensionaler, technologischer Weise das komplexe Mitarbeiterverhalten und klammert damit vor allem die Interdependenz von Einflussfaktoren, die Zurechenbarkeit und die Abhängigkeit von externen Einflüssen aus.

3.7 Messung der Leistungen des Personalmanagements

Die Evaluation der Wertschöpfung des Personalmanagements kann auf der Ebene der Mitarbeiter und der Ebene der Personalabteilung unterschieden werden.

3.7.1 Messinstrumente auf der Mitarbeiterebene

Ausgehend vom Analysebereich und den Beurteilerrollen lassen sich vier Instrumente zur Wertschöpfungsmessung unterscheiden (Abb. 67):

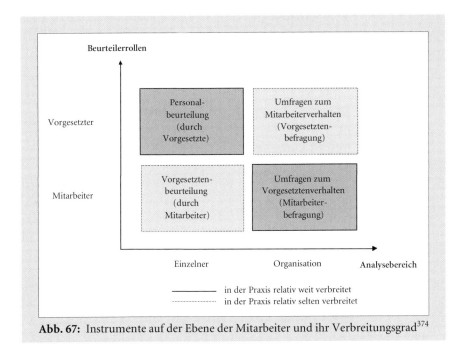

Abb. 67: Instrumente auf der Ebene der Mitarbeiter und ihr Verbreitungsgrad[374]

Dabei lässt sich bei der Personalbeurteilung im Rahmen eines Mitarbeitergesprächs auch eine (informelle) Vorgesetztenbeurteilung institutionalisieren. Geeigneter erscheint jedoch eine Vorgesetztenbeurteilung im Rahmen einer Mitarbeiterbefragung als anonymisierte 360°-Beurteilung.[375]

Da bei der Mitarbeiterbefragung zunehmend alle Mitarbeitenden (also auch die Führungskräfte) befragt werden, bieten sich für die Wertschöpfungsmessung auf der Mitarbeiterebene damit zwei Instrumente an:

1. Die *Personalbeurteilung* und
2. die *Mitarbeiterumfrage* als unternehmensweites Erhebungsinstrument.

Die Messergebnisse aus beiden Instrumenten demonstrieren einerseits die Zufriedenheit der Beurteilenden als Wertschöpfung der Bezugsgruppe Mitarbeiter (und Führungskräfte), andererseits sind die Ergebnisse auch als Moderatorvariablen für die ökonomische Wertschöpfung des Personalmanagements zu verstehen.

Eng mit dem Mitarbeitergespräch und der Mitarbeiterumfrage verwandt ist auch das *Austrittsinterview*, das ebenfalls als Instrument zur Wertschöp-

---

374 Vgl. Wunderer 1997b, S. 362.
375 Vgl. Kapitel 3.7.1.1, S. 132 ff.

A. Personalcontrolling

fungsanalyse auf der Mitarbeiterebene verwendet werden kann. Es wird daher im Anschluss ebenfalls behandelt.

3.7.1.1 Personalbeurteilung

- *Qualitätsziele und -standards der Personalbeurteilung*

Bevor einzelne Verfahren und Methoden beschrieben werden, sind aus Sicht einer verantwortlichen Controllingphilosophie Überlegungen und Erfahrungen zur Qualitätssicherung der Evaluation von *Persönlichkeitsmerkmalen* (z.B. Eigenschaften), *Verhaltensweisen* (simuliert, provoziert, berichtet) und *Verhaltens-/Leistungsergebnissen* (z.B. aus Leistungstests, Zeugnissen, Referenzen) abzuklären. Die Bedeutung von Personalauswahl und -einsatz lässt sich quantitativ z.b. aus der Zahl von rund zwei Millionen externen und mindestens ebenso vielen internen Besetzungsentscheiden in Deutschland bei mindestens zwanzig Millionen Kandidaten ableiten. Qualitativ sind es v.a. durchschnittliche Validitätskennwerte und damit »Trefferquoten« von einzelnen oder kombinierten Beurteilungs- und Prognoseeinschätzungen sowie der erwartete Nutzen(-zuwachs) der Mitarbeiter im Verhältnis auch zu den Beurteilungskosten relevant. Nicht zu vergessen ist auch die Akzeptanz bestimmter Verfahren bei allen Betroffenen; hier sind Eignung, Erfahrung, Unternehmenskultur, Professionalität des Personalwesens und nicht zuletzt der Zeitaufwand wichtige Entscheidungskriterien.

Gerade seltener eingesetzte Instrumente (z.B. Persönlichkeits- und Leistungstests, Assessments) erfordern besondere und professionelle Vorabklärung zu Gütekriterien, zu Trainings-, Auswertungs- und anderen Dienstleistungskosten, zur Kompetenz interner und externer Berater, zum Datenschutz und zur Akzeptanz bei den Arbeitnehmervertretungen. Das Personalcontrolling kann sich durch fundierte Abklärung dieser Entscheidungskriterien und unterstützende Mitwirkung als professioneller Berater des Managements für Platzierung, Beförderung, Coaching und Training etablieren.

- *Zentrale Beurteilungsverfahren*

Nach der vorwiegend internen sog. »Personalbeurteilung« im engeren Sinne[376] werden Tests, Assessment, strukturiertes Interview und Audit zur Evaluation vorwiegend externer Bewerber kurz diskutiert.

Die Personalbeurteilung verfolgt zwei Hauptziele: Zum einen geht es um die *Leistungsbeurteilung* des Mitarbeiters, zum anderen sollen im Rahmen der

---

376 Vgl. Wunderer 2006, Kap. X.

3. Evaluation der Wertschöpfung

Potenzialbeurteilung Ansätze für künftige Personalentwicklungsmaßnahmen aufgezeigt werden. Dabei bildet sie sowohl die Grundlage für Entscheidungen auf dem individuellen als auch auf dem kollektiven Niveau. Die Personalbeurteilung ist dabei auch eine wesentliche Grundlage der Personalgewinnung, Personalhonorierung und der Personalentwicklung.

Für die Wertschöpfungsevaluation sind beide Zielsetzungen von Bedeutung (also die Leistungs- und die Potenzialbeurteilung), wobei es um die Messung der potenzial- und auch der ergebnisbezogenen Wertschöpfung geht.[377] Bei der Leistungsbeurteilung erfolgt die Messung der potenzialbezogenen Wertschöpfung vergangenheits- bzw. gegenwartsorientiert, bei der Potenzialbeurteilung dagegen zukunftsorientiert. Gleichzeitig erfolgt bei der Leistungsbeurteilung auch eine ergebnisbezogene Wertschöpfungsmessung.

- Die *Potenzialbeurteilung* will als primär personalpolitisches Instrument unternehmensweite, teambezogene und individuelle Potenziale der Mitarbeiter ermitteln und fördern. Über permanente Inventur des Leistungspotenzials der Mitarbeiter liefert sie Informationen für:
    - Einsatzplanung und -entscheidungen (z.B. job rotation, Versetzung)
    - Zuweisung von Aufgaben mit anderen Anforderungsprofilen
    - Informationen zur qualitativen Struktur der Humanressourcen bei strategischer Neuausrichtung
    - Informationen über die ergänzende Zusammensetzung von Teams nach Kompetenzen
    - Karriereplanung (funktions- und laufbahnbezogen)
    - Personalentwicklungsplanung und -instrumente

- Die *Leistungsbeurteilung* ist dagegen vor allem ein führungspolitisches Instrument und wird meist von den direkten Vorgesetzten vorgenommen. Sie gibt Feedback zu Leistungs- und Verhaltensmerkmalen, liefert Anregungen zu Veränderungen und fungiert als Bemessungsgrundlage leistungsabhängiger und variabler Vergütungsbestandteile.

Abb. 68 zeigt wesentliche Differenzierungsmerkmale der beiden Beurteilungsmerkmale als Bestandteil eines fundierten *Kompetenzmanagements*.

Entscheidend für den sinnvollen Einsatz von Leistungsbeurteilungen ist die Zurechenbarkeit der erbrachten Leistungen zu den Leistungserbringern. Bei Gruppenarbeit sind teamorientierte Verfahren zu entwickeln. Um die Kompetenz Einzelner im Team zurechnen zu können, sind auch die erreichte Qualifikation und Verantwortung jedes Mitglieds als anteilige Leis-

---

[377] Vgl. Kapitel 3.4.2, S. 98 ff.

A. Personal-controlling

tung zu ermitteln. Dabei ist zu beachten, dass der Gruppenzusammenhalt gestört werden kann.

Differen-zierungs-merkmale:	Potenzialbeurteilung	Leistungsbeurteilung
Zweck:	Unternehmensbereichsweite oder individuelle Feststellung und Prognose des Qualifikationspotenzials der Mitarbeiter für zukünftige »Arbeitssituationen« Sie dient als Grundlage für: – Kompetenz- und Skillmanagement – Entscheidungen zur Aufgaben- und Kompetenzverteilung, Einsatzplanung, Beförderung, Laufbahnplanung sowie für Entwicklungs- und Fördermaßnahmen – Aufbau eines Personalinformationssystems – Aufbau eines Personalplanungssystems – Organisationsanalyse und -gestaltung	Erfassung und Bewertung der Zielerreichung, der Leistungsergebnisse sowie des Leistungs- und Sozialverhaltens von Mitarbeitern in ihrer gegenwärtigen »Arbeitssituation« Sie dient als Grundlage für: – fundierte und umfassende Kommunikation über Leistungsziele (Management by Objectives) – offene und systematische Informationen des Mitarbeiters – Rückkoppelungsinformationen für den Vorgesetzten – Anregungen für Leistungs- und Verhaltensänderungen – Begründung von leistungsbezogenen Anreizentscheidungen
Zeithorizont:	Zukunftsorientierte Qualifikationsprognose, mittelfristige Beurteilungsperiode (alle 2–5 Jahre)	Vergangenheitsorientierte Leistungserfassung, kurzfristige Beurteilungsperiode (mind. 1 × jährlich)
Beurteilung:	Kenntnisbezogene sowie eigenschaftsorientierte Bewertungskriterien, ergänzend ergebnisbezogene	Ziel- und ergebnis- bzw. funktionsbezogene Bewertungskriterien; ergänzend eigenschafts-, verhaltens- und kenntnisbezogene
Standardisierungsgrad:	Tendenziell standardisierte Beurteilungsverfahren, um Vergleichbarkeit und Auswertbarkeit zu erhöhen	Mehrere Varianten möglich; von offen bis vollstandardisiert
Auswertung:	Auswertung der Ergebnisse nach Funktions-, Positions- und Mitarbeitergruppen, teilweise in Personalportfolios	Auswertung nach Personen, Organisationseinheiten und Zielgruppen, Benchmarkvergleiche, Kompetenzportfolios
Zuständigkeit:	Vorgesetzte, weitere Führungskräfte und Kollegen, Personalspezialisten, Mitarbeiter sowie Berater (Audit, Assessment)	Direkter und nächsthöherer Vorgesetzter, beurteilter Mitarbeiter, evtl. auch Arbeitskollegen, Kunden, Projektgruppenmitglieder

Abb. 68: Vergleich von Potenzial- und Leistungsbeurteilung

- *360°-Beurteilungskonzept*

In den letzten Jahren hat sich in der klassischen Personalbeurteilung das sog. 360°-Beurteilungsverfahren etabliert – zumindest in der Version als Selbsteinschätzung sowie der Beurteilung von direkten Vorgesetzten und Mitarbeitern. Dagegen ist die Beurteilung durch Kollegen oder gar externe Kunden die Ausnahme.

In der Praxis wird bei der Festlegung des Beurteilenden häufig noch unreflektiert von einer hierarchiebedingten Rollenkonstellation ausgegangen, so dass die Organisationsmitglieder nur von ihren direkten Vorgesetzten beurteilt werden. Demgegenüber beziehen moderne Personalbeurteilungskonzepte auch noch andere Beurteiler mit ein. Umfassend ist das ganzheitliche 360°-Beurteilungskonzept[378] (Abb. 69). Für die Wertschöpfungsmessung im Personalmanagement ist hier besonders die vertikale, top-down und bottom-up und die laterale Beurteilung durch Kollegen sinnvoll (Stufe 2, 4 und 5).

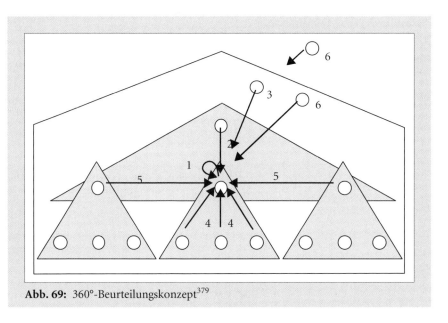

Abb. 69: 360°-Beurteilungskonzept[379]

- Stufe 1: Selbstbeurteilung des Mitarbeiters
- Stufe 2: Fremdbeurteilung des Mitarbeiters durch den Vorgesetzten

---

378 Vgl. Hilb 1997b, S. 76. Die Beurteilung durch Kollegen und Kunden ist aber noch am wenigsten realisiert. Die Praxis bevorzugt damit eine 180°-Beurteilung.
379 Neuberger 1980; Wunderer 2006, Kap X.

A. Personalcontrolling

- Stufe 3: Einsicht des nächsthöheren Vorgesetzten in die Konsensbeurteilung (die sich aus Stufe 1 und 2 ergibt und mit dem Vorgesetzten im Vergleich zu anderen Mitarbeitern besprochen wird)
- Stufe 4: Fremdbeurteilung des Mitarbeiters durch die Geführten (falls der Beurteilte eine Führungskraft ist)
- Stufe 5: Fremdbeurteilung des Mitarbeiters durch Arbeitskollegen
- Stufe 6: Fremdbeurteilung des Mitarbeiters durch interne und externe Kunden

Dabei bietet es sich auch im Rahmen der Wertschöpfungsmessung an, die Personalbeurteilung in Form eines kooperativ gestalteten Mitarbeitergesprächs durchzuführen. Durch wechselseitiges Feedback wird einerseits die konstruktive Kommunikation erhöht, andererseits werden dem Mitarbeiter und seinem Vorgesetzten konkrete Anhaltspunkte zur gemeinsamen Verbesserung ihrer Zusammenarbeit geliefert.[380] Damit werden vor allem zwei Ziele verfolgt:

1. Evaluation der Wertschöpfung des Mitarbeiters über dessen Leistungsverhalten und -ergebnisse,
2. Evaluation der Qualität der Managementleistung des Vorgesetzten.

Hier kann in Analogie zur Dienstleistungsorientierung die Mitarbeiterleistung auch als »Dienstleistungsqualität des Mitarbeiters« verstanden werden. Der Mitarbeiter kann in diesem Verständnis auch die Führungskraft als seinen Kunden verstehen, was zu einer engen Verbindung mit der Kundenorientierung in der Mitarbeiterbeurteilung führt.

3.7.1.2 Persönlichkeitstests, Assessment-Center und Audit zur meist zielgruppenspezifischen Evaluation von Kompetenzen

Besonders für Auswahl- und Platzierungsentscheide von »High-Potentials« und Führungskräften werden in Mittel- und Großbetrieben sowie in der öffentlichen Verwaltung zunehmend (wenn absolut immer noch selten) Persönlichkeitstest, Assessment-Center oder Audits eingesetzt – z.T. integriert. Damit werden besonders bei externen Bewerbungen mit geringem Informationspotenzial wichtige Vorklärungen sowie konkrete Ansatzpunkte für gut vorbereitete und gezielte Schlussinterviews geliefert. Aber auch für Entwicklungsmaßnahmen werden sie bei einigen Großunternehmen eingesetzt.

---

380 Vgl. Bechinie 1992, S. 490 ff.; Wunderer 2006, Kap. X. 5.

- *Persönlichkeitstests*[381]

Hier wird zwischen Persönlichkeitsstrukturtest (für allgemeinere und grundsätzlichere Aussagen zur Persönlichkeit) und Typentests (z.B. Motivationstests) sowie Leistungstests (z.B. Sprachen- oder Schreibtests) für möglichst objektive, standardisierte und messbare Leistungsgrössen unterschieden.

Methodisch werden Persönlichkeitsstruktur und -typentests bevorzugt als schriftliche Selbstbeschreibungen mit meist 5 bis 15 Dimensionen, 50-150 Einzelfragen und meist 3- bis 6-stufigen Antwortskalen und standardisierter Auswertung konzipiert. Die Selbstbeschreibung ist einfach durchzuführen. Probleme liegen im Ausfüllen nach sozialer oder taktischer Erwünschtheit (trotz eingebauter »Lügentests«) sowie der oft ausgeblendete Fremdeinschätzung . In der Anwendung benötigen sie meist nur 20-40 Minuten Aufwand, sind preisgünstig (ca. 50-100 Euro) und sind häufig als gültig wie zuverlässig evaluiert und können meist über Testzentralen (z.B. des Hogrefe-Verlags in Göttingen) schnell, sogar kommentiert ausgewertet werden. Höherer Aufwand entsteht durch die Auswertung und damit verbundene Interpretations- und Beratungskosten.

Im Mittelpunkt stehen entweder *tätigkeitsunabhängige Persönlichkeitsstrukturen* (z.B. der 16-Persönlichkeits-Faktoren-Test (16 PF-R), das Leistungsmotivationsinventar (LMI), der viel verwendete und auf nur fünf Komponenten und 60 Items komprimierte allgemeine Persönlichkeitsstrukturtest, NEO-Fünf-Faktoren Inventar (NEOFFI) genannt (vgl. Abb. 70) oder stärker *berufsbezogene Persönlichkeitstests*, wie das ebenfalls gut abgesicherte und über eine Testzentrale auswertbare »Bochumer Inventar zur berufsbezogenen Persönlichkeitsbeschreibung (BIP)« mit 14 Komponenten und über 200 Fragen. Diese Tests dienen der »anforderungsbezogenen Erfassung von außerfachlichen Kompetenzen im beruflichen Kontext«, meist also sog. Schlüsselkompetenzen (z. B. Problemlösungs-, Sozial-, Umsetzungskompetenz).[382]

---

381 Vgl. dazu besonders die sehr übersichtliche, auf wichtige Einsatzkriterien ausgerichtete, selektiv-knappe und gut beschriebene Übersicht von Hossiep/Mühlhaus 2005, die Kompendien von Erpenbeck/Rosenstiel 2003 und Sarges/Wottowa 2004 sowie Wagner 2005.

382 Vgl. dazu die fundierten Übersichten bei Hossiep/Mühlhaus 2005, S. 7 sowie 50 ff., 65 ff.

A. Personalcontrolling

> ### Die »Big Five« der Persönlichkeit
> - **Extraversion** (aktiv, impulsiv, gesellig, dominant, gesprächig)
> - **Emotionale Stabilität** (unbekümmert, mutig, optimistisch, gelassen)
> - **Verträglichkeit** (freundlich, flexibel, vertrauensvoll, kooperativ)
> - **Gewissenhaftigkeit** (verlässlich, sorgfältig, organisiert, ausdauernd)
> - **Offenheit für Erfahrungen** (einfallsreich, vielseitig, aufgeschlossen)

Abb. 70: Die Big Five der Persönlichkeit

- *Assessment-Center (AC)*[383]

Diese schon seit vielen Jahrzehnten praktizierten sog. multimodalen Verfahren zur Auswahl und Entwicklung von qualifizierten Mitarbeitern werden von Kleinmann so definiert: »Multiple diagnostische Verfahren, welche systematisch Verhaltensleistungen bzw. Verhaltensdefizite von Personen erfassen. Hierbei schätzen in der Regel mehrere Beobachter gleichzeitig für einen oder mehrere Teilnehmer seine/ihre Leistungen nach festgelegten Regeln in Bezug auf vorab definierte Anforderungsdimensionen ein«. Im Mittelpunkt stehen dabei: Kommunikation, Durchsetzung, Kooperation, Führungs- und Problemlösungskompetenzen.

Neben Intelligenz- und Persönlichkeitstest werden v.a. simulierte Übungen eingesetzt, die kritische Berufssituationen betreffen (z.B. Fallstudien, Vortragspräsentationen, Konfliktgespräche, Postkorbbearbeitung sowie Gruppenaufgaben sowie -präsentationen bzw. -diskussionen, zuweilen auch Planspiele und gruppendynamische Rollenspiele).

Validitätsuntersuchungen erbrachten bessere Ergebnisse als klassische Bewerbungsgespräche, insbesondere im Bereich der Urteilskommunikation und Transparenz. Personalverantwortliche bewerteten das AC im Vergleich zu Intelligenz- und Persönlichkeitstests, unstrukturierten Interviews und graphologischen Gutachten bezüglich eingeschätzter Validität und Akzeptanz am höchsten. Und auch ihr betrieblicher Nutzen wird besonders positiv beurteilt.

Die Anwendung verschiedener Evaluationsverfahren, mehrerer Beurteiler mit unterschiedlicher Fach- und Führungskompetenz sowie meist Beurteilter zum gleichen Anforderungsprofil erhöht die Gültigkeit der Prognosen.

---

383 Vgl. die knappe Übersicht bei Kleinmann 2003, S. 1, 9 ff. sowie Sarges 2001, Schuler/Stehle 1992.

Grenzen liegen besonders im Entwicklungs- und Anwendungsaufwand, in mangelnder Trennung zwischen situativer Verhaltensbeobachtung und Schlussfolgerungen auf stabile Persönlichkeitseigenschaften, in primärer Selbstbeurteilung bei vielen Tests, simulierten Aufgabenstellungen, der Konkurrenzsituation zwischen Bewerbern, unterschiedlicher Erfahrung mit dem AC von Beurteilern wie Beurteilten, sozial erwünschtem Verhalten sowie oft summarisch-oberflächlichen oder sogar gezielt politischen Beurteilungen.

3. Evaluation der Wertschöpfung

Die Verfahren erfordern vor allem:

- unternehmens- und positionsspezifische Evaluation der Anforderungen
- eine darauf ausgerichtete Simulation der Arbeitssituation in den verwendeten Aufgaben und Verfahren
- die Einbindung in bestehende Instrumente, wie Vorauswahl, Personalbeurteilung, Mitarbeitergespräch, Personal- und Organisationsentwicklung
- sorgfältig protokollierte Verhaltensbeschreibungen, differenzierte Interpretation und intensives Beobachtertraining
- Transparenz der Ziele und Methoden für alle Beteiligten
- stete Qualitätskontrolle, auch zum Umfang der inhaltlichen und prozessualen Beeinflussung
- dem Wissen, dass die Ergebnisse immer subjektiv ermittelt bleiben, immerhin jedoch multipel ermittelt und durch mehrere Personen ausgewertet.
- möglichst offenes und fundiertes Feedback.
- spätere Evaluation der vom AC abgeleiteten Prognosen (z.B. Vergleich mit späteren Leistungsbeurteilungen oder Kriterien des Berufserfolgs).

- *Strukturiertes Interview (SI)*[384]

Das Bewerbungsgespräch gilt als das bevorzugte Auswahlinstrument, wird aber oft mangelhaft vorbereitet, durchgeführt und ausgewertet.

Das strukturierte Interview – z.T. auch »Leistungsbiographisches Interview« genannt – soll vielen Mängeln abhelfen und hat bei ersten Validitäts- und Akzeptanzprüfungen (fast) ähnlich gute Werte erhalten wie das AC, das übrigens zunehmend integriert wird.

Inhaltlich stehen individuelle biographische Daten statt simulierter »cases« und »incidents« oder generalisierter Tests im Mittelpunkt. Und formell bevorzugt man ein dreistufiges Vorgehen. Zunächst werden für zukünftige Anforderungsprofile und Arbeitssituationen typische Fragen gestellt, inwie-

---

384 Vgl. Schuler/Frintrop 2005; Dralle 2004; Schuler 2002; Triebe 1976.

weit ähnliche und konkrete Anforderungen sowie – häufig erfolgskritische – Situationen von den Bewerbern schon bewältigt wurden. Dann wird nach dem konkreten Verhalten in dieser Situation gefragt und schließlich nach der Bewertung des erzielten Ergebnisses. Die Bosch-Tochter Scintilla hat nach unserem mitunternehmerischen Konzept der Schlüsselkompetenzen diese drei Schritte des Interviews für das Führungskräftetraining in Abb. 71 dargestellt.

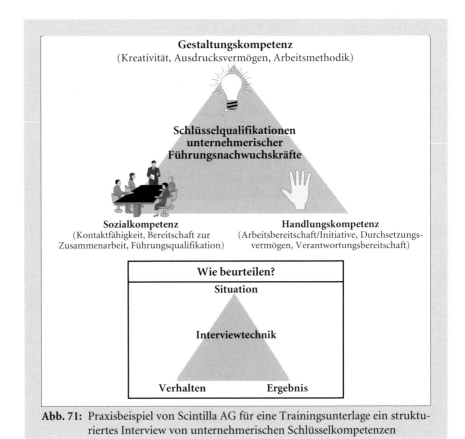

Abb. 71: Praxisbeispiel von Scintilla AG für eine Trainingsunterlage ein strukturiertes Interview von unternehmerischen Schlüsselkompetenzen

In der Regel wird das SI von zwei Interviewern mit möglichst unterschiedlicher Fach- oder Beurteilungskompetenz durchgeführt, um ergänzende Rollen- und Kompetenzverteilung zu sichern und die Objektivität durch simultane Mehrfachbeurteilung zu erhöhen. Es wird schriftlich unter Einbezug von Anforderungsprofil, Lebenslauf, vorgängigen Tests, biographischem Fragebogen und damit verbundenen Informationen vorbereitet und ausgewertet. Hiermit ist auch direkter und fundierter Feedback möglich.

Spätere Überprüfung der Eignungs- und Leistungsprognose ist dabei ein wesentlicher Teil der Controllingstrategie.

Wie bei der Ein- und Durchführung von Assesssment-Centern ist ein vorgängiges Training der Interviewer zwingend erforderlich. Es empfiehlt sich weiterhin, das Interview der Führungskräfte mit zuständigen Personalreferenten bzw. -beratern aus der Personalabteilung durchzuführen, die auch die methodische Vor- und Nachbereitung übernehmen und so die nötigen Qualitätsstandards sichern. Außerdem werden damit verschiedene Sichtweisen integriert.

Biographische Fragebögen können solche Interviews sehr fundiert vorbereiten. Sie bringen weit mehr Informationen als die üblichen beigefügten tabellarischen Lebensläufe und Arbeitszeugnisse. Eine kompetenzorientierte Ergänzung oder Checkliste für das strukturierte Interview sind berufsbezogene Persönlichkeitsfragebogen, wie der schon zitierte »Bochumer Inventar zur berufsbezogenen Persönlichkeitsbeschreibung« (BIP), der die persönlichen Eignungsvoraussetzungen abklärt, v.a. berufliche Orientierung, Arbeitsverhalten, soziale Kompetenzen und psychische Konstitution. Weiterhin können sie schon zur Selbstselektion, besonders bei unspezifischen Ausschreibungen (z.B. im Außendienst) gute Dienste leisten.[385]

- Audit

Audits werden im Personalmanagement häufig anlassbezogen eingesetzt (z.B. Fusion, Allianz, Übernahme, Restrukturierung, strategische Neuausrichtung) und meist auf bestimmte Zielgruppen bezogen (z.B. Management, Spezialisten oder differenziert nach Alter, Ausbildung, Erfahrung, Position, Zugehörigkeit zum Unternehmen). Oft werden sie auch von externen Beratern durchgeführt, zuweilen mit der Maßgabe einer Neubewerbung aller Betroffenen – auch mit langer Betriebszugehörigkeit. Erst in jüngster Zeit erschien eine fundierte Monographie zur »Human Ressource Due Diligence«.[386]

Gerade hier hat das Controlling auch die besondere Verpflichtung, die Eignung der Berater, ihrer Philosophie, Instrumente und Methoden bis hin zur arbeitsrechtlichen Seite zu prüfen. Und da hier meist in sehr kurzer Zeit weit reichende Entscheide getroffen werden, sind gerade hier integrierte Konzepte von besonderer Bedeutung. Ein jüngst vorgestellter Ansatz von Schuler/Frintrop[387] kombiniert dabei eigenschaftsorientierte Tests mit biographischen Informationen und simulierten Assessmentbausteinen (vgl.

---

385 Vgl. Schuler 2002, Schuler/Stehle 1990, Weuster 1994.
386 Vgl. Peterhoff 2005.
387 Schuler/Frintrop 2005, S. 20-22.

Abb. 72) Dieses Konzept sollte jedoch nur mit Unterstützung von Psychologen eingesetzt und ausgewertet werden. In der Praxis mangelt es nicht selten an der Vorgabe und Überprüfung der diagnostischen wie sozialen Qualität solcher komplexer, fachlich anspruchsvoller, aber auch überdurchschnittlich valider Modelle.

Abb. 72: Ein multimodales Management Audit

- *Mitarbeitergespräch (MAG)*

Ausgangspunkt der Beurteilung im Mitarbeitergespräch bildet die gemeinsame Analyse der Verhaltensmerkmale (Input-Element) und der Leistungsergebnisse (Output-Element) des vergangenen Jahres.[388] Dabei kann der

---

[388] Vgl. Hilb 1997b, S. 82; Wunderer 2006, Kap. X.

Mitarbeiter z. B. den bereits selbst ausgefüllten Beurteilungsbogen im Sinne der Selbstbewertung in das Gespräch einbringen und erhält somit Gelegenheit zur Darstellung seiner Fähigkeiten und seiner Zielerreichung. Anschließend eröffnet der Vorgesetzte seine zuvor niedergeschriebene Bewertung des Mitarbeiters. Im Folgenden können dann die einzelnen Punkte noch einmal besprochen werden, auch mit dem Ziel einer objektiveren Bewertung des Leistungsverhaltens.

Das MAG hat sich in den letzten 20 Jahren in zahlreichen Firmen etabliert, wenn auch mit Gewichtsverschiebungen. Während früher die Kommunikation und Diskussion der wechselseitigen Führungsbeziehungen im Mittelpunkt standen, steht heute in den meisten Firmen die Zielvereinbarung und Zielerreichung im Vordergrund. Das MAG wird dann auch als integrierter Teil eines »Management by Objectives (MbO)« verstanden, das zugleich einer Ermittlung leistungsbezogener Vergütung dient. Damit dreht sich auch im Gespräch fast alles um Ergebnisse, während Verhalten und Potenziale ausgeblendet oder nur noch nebenbei angesprochen werden. Das hat auch Folgen für die schon symbolische Abwertung der individuellen Entwicklungsverantwortung von Vorgesetzten und Mitarbeitern.

Es ist deshalb zu überlegen, ob – wie bei der Personalbeurteilung eben auch – diese zwei Bereiche zeitlich und instrumentell getrennt nach Potenzial-/Entwicklungsgespräch (alle 2–3 Jahre) und Ziel- und Ergebnisgespräch (mindestens jährlich) geführt werden sollten. Da die meisten Vorgesetzten weniger als zehn direkte Mitarbeiter führen, wäre dies zeitlich auch machbar. Nur so werden die beiden Zielsetzungen nicht vermischt, substituiert und können auch unterschiedlich extern offen gelegt werden.

So sollte das Potenzial- und Beziehungsgespräch nur in den Schlussfolgerungen an externe Stellen weitergeleitet werden, während dies beim Ziel- und Ergebnisgespräch (z.B. für die Entlohnung bzw. für die strategische Zielsteuerung oder die Kapazitätsplanung) unverzichtbar ist.

Zu entscheiden ist hier auch, ob schon das Gesprächskonzept als eine Kombination von Mitarbeiter- und Vorgesetztenbeurteilung vorgegeben werden sollte, wie das z.B. die HypoVereinsbank praktiziert (vgl. Abb. 77).

Voraussetzung ist hier aber eine vertrauensvolle Gesprächskultur sowie eine Regelung, dass gesprächskritische Teile nicht vollständig an zentrale Stellen (z.B. die Personalabteilung) weitergegeben werden müssen, sondern nur daraus für personalpolitische Zentralentscheide wesentliche Folgerungen (z.B. zum Weiterbildungsbedarf).

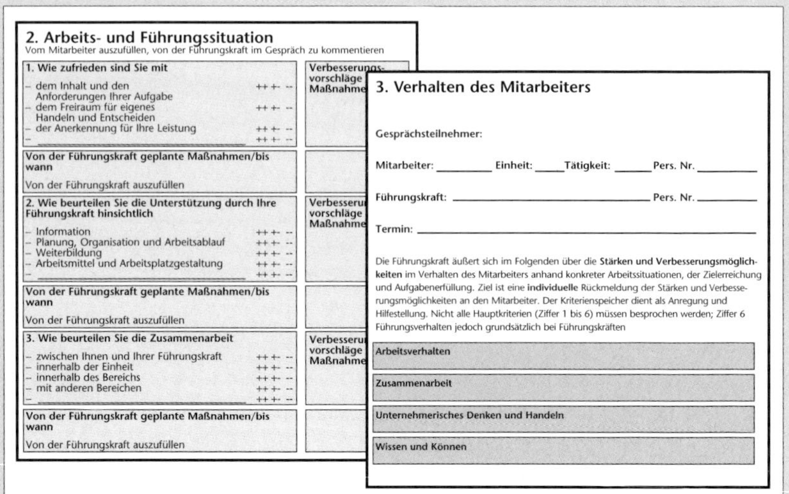

A. Personal-controlling

Abb. 73: Beispiel für eine institutionalisierte wechselseitige Beurteilung im Mitarbeitergespräch

Das Personal-Controlling sollte sich beim MAG nicht auf das übliche Berichtswesen (Rücklaufquote, Pünktlichkeit, Vollständigkeit) beschränken, sondern den *Schwerpunkt auf Steuerungsziele* legen, wie Zugriffsberechtigungen, Vorschläge zur Verbesserung von Instrument, Methode und Anwendung, Zufriedenheitsziele und -beurteilungen, strategische Auswertung von individuellen und kumulierten Ergebnissen (z.B. Vorgabe von Zielerfüllungsgraden), Vorgaben für Harmonisierungsrunden oder Normalverteilungen bei »Benotungen«, Überprüfung der Stimmigkeit von Beurteilung und Vergütung oder Beförderungsentscheiden, Integration des MAG mit anderen führungs- und personalpolitischen Instrumenten (Probezeiten, Beförderungs- und Vergütungsrunden, Job-Rotation, Stellvertretung, Personal- und Organisationsentwicklung, Abbaumaßnahmen, Entsendungen). Es geht um die Evaluation der Ziele des MAG, um die benchmarkgestützte Ermittlung von Soll-/Ist-Abweichungen sowie um Maßnahmen zur Behebung unerwünschter Differenzen, kurz: um die *Selektion und Modifikation der Humanressourcen wertschöpfend zu unterstützen*. Bei konstruktiver Kooperation mit dem Management können auch Controllingaktivitäten an die Führungskräfte delegiert bzw. kooperativ erfüllt werden. Das MAG entwickelt sich dabei zunehmend zum zentralen Steuerungsinstrument der direkten Mitarbeiterführung, insbesondere zur Fokussierung auf bestimmte Werte, Ziele, Aufgaben sowie auf die Koordination und Beratung der direkten Mitarbeiter. Nicht zu vergessen werden sollte seine Funktion der strukturierten Beurteilung von Vorgesetzten durch die Mitarbeiter sowie eines damit verbundenen offenen und Vertrauen fördernden Feedbacks.

Im Rahmen der Beurteilung der Führungsbeziehung und der lateralen Kooperation hat dann der Mitarbeiter die Gelegenheit, die innerbetrieblichen Arbeitsbedingungen, seine Beziehung zu seinem direkten Vorgesetzten und dessen Führungsverhalten sowie die Zusammenarbeit mit den Kollegen und anderen Organisationseinheiten zu beurteilen. Damit werden auch die strukturellen Führungsleistungen von Führungskräften und Serviceeinheiten (z. B. der Personalabteilung) evaluiert. Im persönlichen Gespräch erhält der Vorgesetzte auch ein Feedback zu seinem Führungsverhalten aus Sicht der Mitarbeiter.[389]

- *Kosten und Nutzen der Personalbeurteilung*

Auf der Inputseite der Wertschöpfungsmessung sind der Aufwand und die Kosten für die Personalbeurteilung zu erfassen. Dazu zählen zum einen die eingesetzten Ressourcen für die Entwicklung, Überarbeitung und Einführung des Personalbeurteilungskonzepts. Diese fallen im Wesentlichen in der Personalabteilung an. Gegebenenfalls kann hier auch eine Unterstützung durch externe Berater erfolgen, die damit verbundenen Kosten sind separat zu erfassen.

Weitere Ressourcen werden bei der Durchführung der Personalbeurteilung in der Linie eingesetzt. Da eine detaillierte Erfassung der aufgewendeten Zeit der Führungskräfte und Mitarbeiter für die Personalbeurteilung weder notwendig noch ökonomisch sinnvoll erscheint, ist der mit der Personalbeurteilung verbundene Aufwand relativ einfach abzuschätzen. Setzt man pro Mitarbeitergespräch inklusive der Bearbeitung des Beurteilungsfragebogens eine Stunde an und für die eigentliche Beurteilung durch die Führungskraft 10 Minuten, dann lassen sich unter Berücksichtigung der Mitarbeiterzahl auf der jeweiligen Hierarchiestufe unter Verwendung des durchschnittlichen Stundensatzes die Kosten der Personalbeurteilung und ihrer Besprechung in erster Näherung abschätzen.[390] Bei Bedarf kann diese Rechnung noch verfeinert werden, was insbesondere bei Verwendung eines ausgereiften Personalinformationssystems kaum Rechenaufwand verursacht. Da es letztlich nur um eine Abschätzung geht, kann auch auf eine minutengenaue Erhebung verzichtet werden.

---

389 Vgl. Abb. 73; Domsch 1992, S. 256 ff.; Wunderer 2006.
390 Für die Personalbeurteilung innerhalb des Mitarbeitergesprächs ist sowohl der zeitliche Aufwand der Führungskräfte als auch der Mitarbeiter als Kosten für die Personalbeurteilung zu verwenden.

Hierarchiestufe: Mitarbeiter ohne Führungsfunktion			
Zeit und Kosten für die Personalbeurteilung in der untersten Führungsdyade			
Annahme: Zeitaufwand 1 h pro Mitarbeitergespräch und 10 min für die eigentliche Beurteilung			
	Zeitaufwand	durchschnittlicher Stundensatz	
240 Mitarbeiter (1 h)	240 h	40,– €	9.600,– €
50 Führungskräfte (1. Ebene) (1 h)	240 h	50,– €	12.000,– €
50 Führungskräfte (1. Ebene) (10 min)	40 h	50,– €	2.000,– €
			23.600,– €

Abb. 74: Abschätzung der Zeit und Kosten der Personalbeurteilung[391]

Weiter benötigt die Auswertung der Personalbeurteilungsbögen in der Personalabteilung Zeit. Diese ist notwendig, um die Daten der Personalbeurteilung für Personalhonorierung, Personalentwicklung und Personalcontrolling verwenden zu können. Je nach Umfang und Ausdifferenzierung der Auswertung sind die angefallenen Kosten der Auswertung einzusetzen. Hierzu können auch Kosten nachfolgender Planungskonferenzen gezählt werden.

Da die Personalbeurteilung ein wesentlicher Teilschritt für die Personalgewinnung, die Personalhonorierung und die Personalentwicklung ist, wird auch die Wertschöpfung der Personalbeurteilung nicht direkt, sondern nur indirekt in diesen Prozessen erfasst.[392] Entsprechend sind auch die Kosten diesen Prozessen zuzurechnen.

Von wesentlicher Bedeutung bei der Personalbeurteilung – auch in Form eines Mitarbeitergesprächs – ist die Motivationsfunktion der Beurteilung für den Mitarbeiter. Die damit verbundene Wertschöpfung, die der potenzialbezogenen Dimension zuzurechnen ist, lässt sich jedoch kaum quantifizieren noch messen. Daher muss die Personalbeurteilung nicht nur als wertsteigernde Wertschöpfung verstanden werden (z. B. für eine besser abgestimmte Personalentwicklung), sondern auch als wertsichernde Wertschöpfung, indem sie die Mitarbeiterpotenziale sichert. Daher ist auch die Zufriedenheit der Mitarbeiter (und auch der Führungskräfte) mit dem Personalbeurteilungsprozess und der Personalbeurteilung als Wertschöpfung der Personalbeurteilung zu erfassen.

391 Eigene Darstellung.
392 Vgl. auch Kapitel 4, S. 203 ff.

- *Beurteilungsportfolio*

Aufgrund der im Rahmen der Leistungs- und Potenzialbeurteilung ermittelten tatsächlichen Leistung und der Befähigung des Mitarbeiters können einzelne Mitarbeiter bzw. Mitarbeitergruppen in einem Personalportfolio abgebildet werden. Dabei bietet sich auch ein Zeitvergleich an. Der bekannteste Ansatz ist das Personalportfolio von Odiorne (Abb. 75).

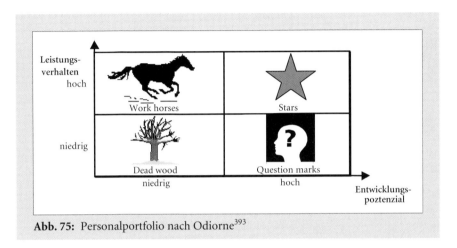

Abb. 75: Personalportfolio nach Odiorne[393]

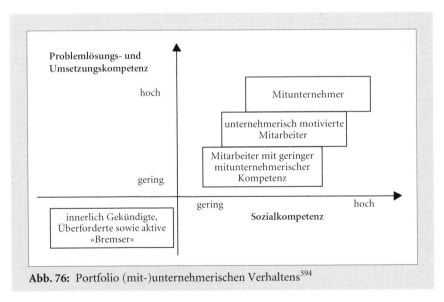

Abb. 76: Portfolio (mit-)unternehmerischen Verhaltens[394]

---

393 Vgl. Odiorne 1984.
394 Vgl. Wunderer 1997b, S. 241 ff.; Wunderer 2006, Kap. III.

A. Personalcontrolling

Dabei wird auf der einen Achse die Leistung und auf der anderen das Potenzial mit den Ausprägungen niedrig bis hoch aufgetragen. Die Bezeichnungen sind aber sicher sehr diskussionswürdig.

Auch das bereits vorgestellte Portfolio (mit-)unternehmerischen Verhaltens kann dazu verwendet werden, wobei es die Problemlösungs- und Umsetzungskompetenz und die Sozialkompetenz differenziert (Abb. 76, vgl. auch Kapitel 3.1).

Durch den Vergleich des Ist-Zustandes des Portfolios mit einem erforderlichen Soll- oder einem früheren Ist-Zustand lässt sich die Wertschöpfung der Personalentwicklung bzw. auch der Personalgewinnung bzw. -freisetzung durch die Personalbeurteilung bewerten. Auch die Analyse des Qualifikations-, Motivations- und Zufriedenheitsprofils der Mitarbeiter kann durch die Personalbeurteilung (aber auch durch Mitarbeiterumfragen und Austrittsinterviews[395]) als Wertschöpfung des Personalmanagements ermittelt werden.

- *Personalbeurteilungsbogen*

Um die Ergebnisse dieser Wertschöpfungsmessung auch für weitere Analysen verwenden und entsprechend abgestimmte Personalmanagementmaßnahmen ergreifen zu können, kann das Mitarbeitergespräch durch einen standardisierten Fragebogen unterstützt werden (Abb. 77).

Der Fragebogen besteht aus vier Teilen:

Im ersten Teil wird die Zielerreichung des Geführten im vergangenen Jahr überprüft. Anhand der messbaren Zielbeschreibung lässt sich für jedes Ziel der Grad der Zielerreichung angeben. Eventuell sind dazu auch die Einflussfaktoren zu erläutern, die die Zielerreichung entscheidend beeinflusst haben. Dies ist dann relevant, wenn die Einflussfaktoren außerhalb des Einflussbereiches des Mitarbeiters lagen (z. B. bereitgestellte Ressourcen).

Im zweiten Teil werden die Ziele für das kommende Jahr vereinbart. Die Zielbeschreibung sollte leicht messbar sein, um die Bestimmung des Zielerreichungsgrades zu objektivieren und zu erleichtern.

Im dritten Teil wird dann das Leistungsverhalten des Geführten beurteilt. Im Beispiel werden die vier Bereiche Arbeitsverhalten, Zusammenarbeit, Unternehmerisches Denken und Handeln und Wissen und Können unterschieden. Dabei sind auch andere Gliederungen denkbar.

---

395 Vgl. auch Kapitel 3.7.1.3, S. 154 ff. und Kapitel 3.7.1.4, S. 162 ff.
396 Früher: Bayrische Vereinsbank. Vgl. Prasch/Rebele 1995, S. 92; Hilb 1997b, S. 84 ff.

3. Evaluation der Wertschöpfung

1. Beurteilung der Zielerreichung/Aufgabenerfüllung			
Ziele/Aufgaben	Messbare Zielbeschreibung	Grad der Zielerreichung	Erläuterung der Einflussfaktoren
1. 2. 3.			

2. Künftige Ziele/Aufgaben		
Ziele/Aufgaben	Messbare Zielbeschreibung	Termin
1. 2. 3.		

3. Beurteilung des Leistungsverhaltens		
a) Arbeitsverhalten		Kommentar
Kundenorientierung Zielorientierte Arbeitsweise (Planung, Organisation, Prioritäten)	+ + + 0 – – – + + + 0 – – –	
Arbeitsleistung (Belastbarkeit, Ausdauer) Lernfähigkeit Eigenmotivation, Selbständigkeit _____	+ + + 0 – – – + + + 0 – – – + + + 0 – – – + + + 0 – – –	
b) Zusammenarbeit		
Kommunikationsfähigkeit Teamfähigkeit Offenheit Einfühlungsvermögen _____	+ + + 0 – – – + + + 0 – – – + + + 0 – – – + + + 0 – – – + + + 0 – – –	
c) Unternehmerisches Denken und Handeln		
Innovationsfähigkeit Umsetzungsfähigkeit Ganzheitliches Denken Verhandlungsgeschick _____	+ + + 0 – – – + + + 0 – – – + + + 0 – – – + + + 0 – – – + + + 0 – – –	
d) Wissen und Können		
Fachliches Know-how Generalistenwissen Führungskompetenz _____	+ + + 0 – – – + + + 0 – – – + + + 0 – – – + + + 0 – – –	

4. Beurteilung der Arbeits- und Führungssituation (rückwirkend vom Mitarbeiter beurteilt)		
1. Wie zufrieden sind sie mit ...		Verbesserungsvorschläge/ Maßnahmen
– dem Inhalt und den Anforderungen Ihrer Aufgabe	+ + + 0 – – –	

– dem Freiraum für eigenes Handeln und Entscheiden	+ + + 0 – – –	
– der Anerkennung für Ihre Leistung	+ + + 0 – – –	
– _____	+ + + 0 – – –	
Von der Führungskraft geplante Maßnahmen/bis wann		
2. Wie beurteilen Sie die Unterstützung durch Ihre Führungskraft bzgl.		Verbesserungsvorschläge/ Maßnahmen
– Information	+ + + 0 – – –	
– Planung, Organisation und Arbeitsablauf	+ + + 0 – – –	
– Weiterbildung	+ + + 0 – – –	
– Arbeitsmittel und Arbeitsplatzgestaltung	+ + + 0 – – –	
– _____	+ + + 0 – – –	
3. Wie beurteilen Sie die Zusammenarbeit …		Verbesserungsvorschläge/ Maßnahmen
– zwischen Ihnen und Ihrer Führungskraft	+ + + 0 – – –	
– innerhalb der Einheit	+ + + 0 – – –	
– innerhalb des Bereiches	+ + + 0 – – –	
– mit anderen Bereichen	+ + + 0 – – –	
– _____	+ + + 0 – – –	
Von der Führungskraft geplante Maßnahmen/bis wann		

Abb. 77: Personalbeurteilungsbogen der HypoVereinsbank für eine Führungskraft[396]

Im vierten Teil folgt die Beurteilung der Arbeits- und Führungssituation durch den Geführten. Im Beispiel werden die drei Bereiche Zufriedenheit mit der Arbeitssituation, Unterstützung durch die Führungskraft und Zusammenarbeit unterschieden.

- *Wichtigkeits- und Leistungsbeurteilung*

Dabei kann auch eine Wichtigkeits- und eine Leistungsbeurteilung unterschieden werden. So verwendete die SEB Bank AG folgendes Beurteilungsverfahren, das hier für das Verhalten im Team ausgeführt ist.[397]

---

397 Vgl. Aschendorf/Bathel/Kühlmann 1998, S. 72.

Verhalten im Team	
Wichtigkeitsrating	
Welche Bedeutung hat der Bereich »Verhalten im Team« für die Leistungen all Ihrer Mitarbeiter?	
Dazu zählen z. B. Akzeptanz bei den Kollegen, Hilfsbereitschaft, Kritikfähigkeit	
Bitte kreuzen Sie an	
0 -------- 1 --------- 2 -------- 3 --------- 4 --------- 5 keine geringe mittlere hohe	
Leistungsbeurteilung	
Bitte bewerten Sie anhand der Verhaltensbeispiele die Leistungen Ihres Mitarbeiters in dem Bereich »Verhalten im Team«	
Trifft zu:	Bitte nur ein Kästchen in der gewählten Gruppe ankreuzen
stark ☐	Der Mitarbeiter hat es verstanden, ein Vertrauensverhältnis zu nahezu allen Kollegen herzustellen und ist allseits beliebt und hilfsbereit
mittel ☐	*und* steht voll hinter den vereinbarten Zielen und kommuniziert hervorragend
schwach ☐	*und* akzeptiert und anerkennt Leistungen von anderen und setzt sich vorbildlich für das Team ein
oder	
stark ☐	Der Mitarbeiter hat guten Kontakt zu Kollegen, ist den ihm näherstehenden Mitarbeitern gegenüber hilfsbereit
mittel ☐	*und* vertritt die vereinbarten Ziele und kommuniziert zutreffend
schwach ☐	*und* erkennt Leistungen von anderen an und kann im Team arbeiten
oder	
stark ☐	Der Mitarbeiter hat zu einigen Kollegen guten Kontakt, achtet auf einen gewissen Abstand, ist nicht immer bereit, anderen behilflich zu sein
mittel ☐	*und* weicht manchmal unbegründet von den vereinbarten Zielen ab und kommuniziert teilweise unzutreffend
schwach ☐	*und* hat in manchen Situationen Probleme, sich im Team zurechtzufinden

Abb. 78: Beurteilungsverfahren für das Verhalten im Team bei der SEB Bank AG[398]

Dabei erfolgt die Leistungsbeurteilung auf einer Skala von 1 bis 9, die geschickt durch die Anordnung der Beschreibungen differenziert wird.

- *Potenzialbeurteilung*

Im Falle einer Potenzialbeurteilung kann der Fragebogen auch noch um einen fünften Teil ergänzt werden, der das Entwicklungspotenzial des Geführten beurteilt.

Im Kontext des Mitarbeitergesprächs ist auch die laterale Gleichgestelltenbeurteilung in Form eines Kollegengesprächs zu sehen. Neben der gegenseitigen Beurteilung durch das Aufzeigen von Stärken und Verbesserungspotenzialen steht dabei vor allem das Feedbackgespräch im Vordergrund, mit dem Ziel, die künftige Zusammenarbeit innerhalb der Abteilung zu verbessern. Auch hier ist eine Unterstützung der Kollegenbeurteilung durch einen

---

398 Früher: BfG Bank. Vgl. Aschendorf/Bathel/Kühlmann 1998.

Fragebogen möglich, was allerdings nur bei intensiver Zusammenarbeit z. B. innerhalb eines Teams empfehlenswert ist.[399]

5. Förderung und Weiterbildung
Vorstellungen/Ziele zur beruflichen Entwicklung aus Sicht des Mitarbeiters
Vorstellungen/Ziele zur beruflichen Entwicklung aus Sicht der Führungskraft
Verbindliche Förderungsmaßnahmen im Rahmen der organisatorischen Einheit
Seminare/sonstige Maßnahmen (Vorschläge)

Abb. 79: Beispiel für einen Bogen zur Mitarbeiterförderung[400]

Die Fremdbeurteilung der Mitarbeiter durch interne und externe Kunden kann mit denselben Verfahren durchgeführt werden, die auch für die Ermittlung der Kundenzufriedenheit verwendet werden. Für die Wertschöpfungsmessung im Personalmanagement sind dabei vor allem die personalmanagementspezifischen Faktoren relevant, so dass die Fremdbeurteilung durch Kunden vor allem im Bereich der Personalabteilung Bedeutung erlangt. Ein weiteres Problemfeld ist dabei die Zurechnung der Kundenzufriedenheit auf den einzelnen Mitarbeiter, da die Kundenzufriedenheit meist nicht mitarbeiterspezifisch erhoben wird.

- *Verbreitung in der Praxis*

In der Praxis zeigt sich folgende Verbreitung der Instrumente zur Qualitätsmessung des Personalmanagements in der Linie (Abb. 80 und Abb. 81). Dabei lässt sich zwischen der *Top-Down-Beurteilung* des Führenden durch seinen direkten Vorgesetzten und der *Bottom-Up-Beurteilung* des Führenden durch die Geführten unterscheiden.

Bei der *Top-Down-Beurteilung* durch den direkten Vorgesetzten sind drei Vorgehensweisen relevant: Erstens, die Erfassung über einen Fragebogen innerhalb des Mitarbeitergesprächs, zweitens, die Erfassung über einen Fragebogen ohne die Einbindung in das Mitarbeitergespräch und drittens, ein reiner Gesprächsteil innerhalb des Mitarbeitergesprächs. Dabei hat die dritte Variante den Nachteil, dass die Messergebnisse nicht schriftlich niedergelegt werden und damit dem Personalcontrolling nicht zur Verfügung stehen.

Es zeigt sich, dass die reine mündliche Erhebungsform am weitesten ver-

---

399 Vgl. Gerpott 1992, S. 212 ff.
400 Vgl. Prasch/Rebele 1995, S. 92; Hilb 1997b, S. 84 ff.

breitet ist. Dagegen werden die schriftlichen Erhebungsformen mit einem Fragebogen nur in 37% (integriert im Mitarbeitergespräch) bzw. 46% (ohne gleichzeitiges Gespräch) der Unternehmen mindestens gelegentlich verwendet. Allerdings werden die Varianten mit Fragebogen, wenn sie überhaupt verwendet werden, regelmäßig eingesetzt, was in Zusammenhang mit der Systematisierung der Wertschöpfungsmessung steht.

Dabei ist die Wahl des Messinstruments auch eine Frage der strukturellen Rahmenbedingungen wie Strategie, Organisation und Kultur, die dem Formalisierungsgrad entsprechen muss. Letztlich ist jedoch eine Messung nur sinnvoll, wenn ihre Ergebnisse miteinander verglichen werden können, was eine zentrale und aggregierte Verwendung miteinschließt. Dazu ist jedoch eine Schriftform notwendig, so dass der Verbreitungsgrad der Wertschöpfungsmessung auf der Mitarbeiterebene noch als gering einzustufen ist.

Bei der *Bottom-Up-Beurteilung* der Qualität des Personalmanagements der Führungskraft durch die geführten Mitarbeiter sind zwei Vorgehensweisen zu unterscheiden. Erstens, die Integration des Fragebogens in das Mitarbeitergespräch, zweitens, das reine Feedbackgespräch vom Mitarbeiter zum Führenden. Zusätzlich ist auch die Mitarbeiterumfrage zu nennen, auf die wir im folgenden Abschnitt eingehen.

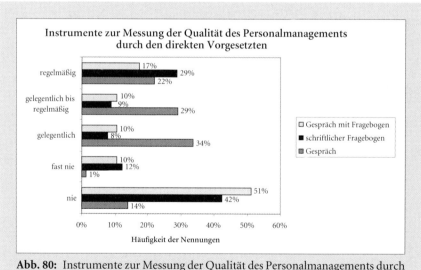

Abb. 80: Instrumente zur Messung der Qualität des Personalmanagements durch den direkten Vorgesetzten[401]

---

401 Quelle: eigene Umfrage 1997, N = 93. Frage: Welche Instrumente benutzen Sie zur Messung der Qualität des Personalmanagements der Linienverantwortlichen? Vgl. Wunderer/Arx/Jaritz 1998a, S. 347.

A. Personalcontrolling

Es zeigt sich in der Praxis, dass das Gespräch mit Fragebogen nur bei 28% der Unternehmen zumindest gelegentlich eingesetzt wird. Das reine Gespräch wird dagegen sehr viel häufiger mit 65% mindestens gelegentlich eingesetzt (Abb. 81).

Ebenso wie bei der Top-Down-Beurteilung ist auch hier die unformalisierte Messung weiter verbreitet, was auch aus sozialen Statusdifferenzierungen zu erklären ist. Im Vergleich zur Top-Down-Beurteilung wird die Bottom-Up-Beurteilung aber auch insgesamt viel seltener eingesetzt, was auf eine einseitige Wertschöpfungsmessung hindeutet. Denn gerade die Beurteilung durch die geführten Mitarbeiter liefert wichtige Hinweisen auf die Wertschöpfung bei der Mitarbeiterführung[402] aus Sicht der Bezugsgruppe der Mitarbeiter. Dementsprechend ist der Entwicklungsstand der Wertschöpfungsmessung hier als sehr niedrig anzusehen.

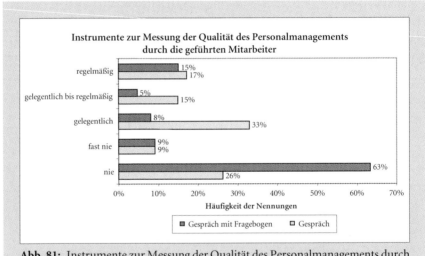

Abb. 81: Instrumente zur Messung der Qualität des Personalmanagements durch die geführten Mitarbeiter[403]

3.7.1.3 Mitarbeiterumfrage

Mitarbeiterumfragen[404] sind als Analyse- und Dialoginstrument auch für die Wertschöpfungsmessung im Personalmanagement von hoher Bedeutung. Eine Mitarbeiterbefragung ist in der Regel eine organisationsweite,

---

402 Vgl. Kapitel 4.7, S. 212 ff.
403 Quelle: eigene Umfrage 1997, N = 93. Frage: Welche Instrumente benutzen Sie zur Messung der Qualität des Personalmanagements der Linienverantwortlichen? Vgl. Wunderer/Arx/Jaritz 1998a, S. 347.
404 Vgl. hierzu auch Bungard/Jöns 1997; Freimuth/Kiefer 1995.

umfassende, strukturierte, systematische und meist unregelmäßig durchgeführte Befragung. Im Unterschied zum Mitarbeitergespräch liegt daher der Fokus dieses ebenfalls weit verbreiteten Instruments nicht beim einzelnen Mitarbeiter, sondern auf der gesamten Organisation.[405] In der Regel wird eine Mitarbeiterumfrage zur Erfassung des Organisationsklimas bzw. der Arbeitszufriedenheit durchgeführt. Es lassen sich jedoch auch Aussagen über die Beurteilung der Unternehmenskultur, der Organisation und der Strategie durch die Mitarbeiter machen. Die spezifische Zufriedenheitsmessung ist auch in der Motivations- und Identifikationsforschung schon breit diskutiert worden.[406]

Für die Wertschöpfungsmessung ist es wichtig, dass die Mitarbeiterumfrage regelmäßig durchgeführt wird, damit Vergleiche mit der Vergangenheit möglich werden. Deshalb sollte auch der Aufbau des Fragebogens und auch die einzelnen Fragen nicht ständig verändert werden. Dies schließt jedoch einen Befragungsteil zu aktuellen Problemfeldern nicht aus.

Ferner kann man die ausführlichen Mitarbeiterumfragen durch Kurzumfragen in kürzeren Intervallen ergänzen. Einerseits wird es damit im Rahmen der Wertschöpfungsmessung möglich, die Mitarbeiter zu aktuellen Problemfeldern zu befragen ohne die ausführliche Mitarbeiterbefragung abwarten zu müssen.[407] Andererseits kann damit der Erhebungs- und Auswertungsaufwand in Grenzen gehalten werden.

Für den Einbezug der Familien in die Mitarbeiterumfrage bieten sich zwei Varianten an, einerseits kann der Mitarbeiter selbst zur Familienorientierung des Unternehmens befragt werden, andererseits könnten in Sondererhebungen Ehe- oder Lebenspartner direkt befragt werden.

Für die Konzeption und die Durchführung der Mitarbeiterumfrage lassen sich folgende Gestaltungsvorschläge nennen (Abb. 82):[408]

---

405 Vgl. Töpfer/Zander 1985; Domsch/Schneble 1995a, S. 636 ff., Wunderer 1995a, Sp. 513 ff.
406 Vgl. Neuberger/Allerbeck 1978; Wunderer/Mittmann 1995b; Wunderer/Küpers 2003.
407 Vgl. Interview Hewlett Packard.
408 Vgl. Domsch/Schneble 1995a, S. 637 ff.; Wunderer 1995a; Hilb 1997b, S. 195.

Grundgesamtheit:	Generell kann von der Gesamtbelegschaft als Grundgesamtheit ausgegangen werden. Die Ausnahme bilden Tochtergesellschaften in Ländern, in denen es aus Gründen spezieller Arbeitgeber-Arbeitnehmerbeziehungen nicht möglich ist, alle Mitarbeiter zu befragen. Hier können z. B. die Führungskräfte als Grundgesamtheit gewählt werden.
Stichprobe:	Aus psychologischen Gründen sollte eine Totalerhebung durchgeführt werden, d. h. die Befragung aller Mitarbeiter.
Erhebungsform:	Am einfachsten können die Umfragen abteilungsweise durchgeführt werden, indem die Mitarbeiter die Fragebögen gemeinsam in einem Raum ausfüllen und in eine Urne am Ausgang werfen. In lokal dezentralisiert organisierten Unternehmen kann der Fragebogen auch mit einem adressierten und frankierten Rückantwortkuvert an die Privatadresse der Mitarbeiter gesandt werden. Mit dem Voranschreiten der Informationstechnologie bietet es sich auch zunehmend an, den Fragebogen elektronisch zu versenden und zu beantworten, was insbesondere die Ergebnisauswertung vereinfacht und verkürzt.[395]
Zwangsgrad:	Es ist sicherzustellen, dass die Teilnahme an der Umfrage freiwillig ist.
Anonymität:	Die Anonymität der Befragten ist bei der Mitarbeiterbefragung sicherzustellen.
Datenauswertung:	Sie kann entweder durch ein neutrales, externes Meinungsforschungsinstitut oder unternehmensintern durchgeführt werden.
Fragebogenlänge:	Der Fragebogen sollte kurz genug sein, um motivierend zu sein, und lang genug, um alle relevanten Daten ermitteln zu können.
Standardisierungsgrad:	Der Fragebogen sollte zum großen Teil standardisiert sein, um die Auswertung und die Vergleichbarkeit der Daten zu erleichtern. Zusätzlich sollten einige offene Fragen enthalten sein, um die Möglichkeit zur freien Antwortabgabe zu bieten.
Erhebungsvariablen:	Um die situativen Gegebenheiten einzelner Organisationseinheiten und Tochtergesellschaften berücksichtigen zu können, kann dem Fragebogen ein organisationseinheitenspezifischer Teil angeschlossen werden.
Vergleichbarkeit:	Um die Änderung der Wertschöpfung über die Umfrageergebnisse messen zu können, sollten die Umfragen regelmäßig durchgeführt werden (z. B. alle 2 bis 4 Jahre). Sowohl der Vergleich mit bisherigen Umfragen als auch der Vergleich zwischen verschiedenen Tochtergesellschaften und Abteilungen kann hierbei hilfreich sein. Es kann auch ein Vergleich mit fremden Unternehmen sinnvoll sein (externes Benchmarking), Voraussetzung hierfür ist allerdings, dass die in den Unternehmen verwendeten Fragebögen sich gleichen.

Abb. 82: Gestaltungsvorschläge für Mitarbeiterumfragen[409]

---

409 Vgl. Reimers/Böttcher 1997, S. 298 f.

Für das Design eines Fragebogens ist es wichtig, nicht nur die subjektive Beurteilung eines Kriteriums abzufragen, sondern auch die Einschätzung der subjektiven Wichtigkeit. Denn eine schlechte Beurteilung eines unwichtigen Items ist weniger bedeutsam als eine schlechte Beurteilung eins wichtigen Items. Eine knappe und allgemeine Version zeigt Abb. 83.

Ein ausführlicheres und differenziertes Konzept gliedert nach zentralen Aspekten, z. B. der Motivation und Identifikation der Mitarbeiter als Indikator für die Arbeitszufriedenheit, den Führungsbeziehungen, der Zusammenarbeit mit anderen Organisationseinheiten. Dabei kann auch zugleich versucht werden, Ursachen für Effizienz- und Effektivitätsminderungen zu erheben.

Bei der Auswertung der Mitarbeiterumfrage lässt sich nun ein Wichtigkeits- und ein Zufriedenheitsprofil ermitteln (Abb. 84). Sortiert man die Mitarbeiterzufriedenheitsfaktoren nach ihrer Wichtigkeit, dann lässt sich leicht ablesen, welches die entscheidenden Faktoren sind. Im Beispiel sind die ersten 11 Faktoren besonders wichtig. Diese können nun daraufhin genauer untersucht werden, inwieweit die Zufriedenheit mit diesen Faktoren noch verbessert werden kann. Im Beispiel können die Faktoren Verdienst, Arbeitsplatzsicherheit und Qualifikation in einem ersten Schritt analysiert werden. Hier könnte sich z. B. herausstellen, dass der Verdienst im Vergleich zur Konkurrenz sogar höher liegt, so dass hier ein Kommunikationsdefizit vorliegt.

Bei der Analyse der Qualifikation stellt sich z. B. heraus, dass auch die Faktoren Aufstiegschancen und Weiterbildungsmöglichkeiten nicht besonders positiv bewertet wurden, so dass es nahe liegt, die Personalentwicklungsstrategie inklusive der zugehörigen Maßnahmen zu überdenken.

Auch kann dabei ein Zufriedenheitsindex als Summe der Produkte der einzelnen Wichtigkeiten und Zufriedenheiten gebildet werden.[410] Ein direkter Vergleich zwischen der Wichtigkeit und der Zufriedenheit in Form einer Differenzbildung ist logisch nicht sinnvoll.

---

410 Vgl. Abb. 62, S. 121.

A. Personal-controlling

Wie beurteilen Sie die folgenden Faktoren in Ihrem Unternehmen? Geben Sie bitte an, wie **wichtig** Ihnen diese Faktoren sind und wie **zufrieden** Sie mit den Faktoren in Ihrem Unternehmen sind.	Wichtigkeit					Zufriedenheit				
	sehr wichtig	wichtig	neutral	unwichtig	sehr unwichtig	sehr zufrieden ☺	zufrieden	neutral ☺	unzufrieden	sehr unzufrieden ☹
1. Sozialleistungen										
2. Beschäftigungssicherheit										
3. Image Ihrer Firma in der Öffentlichkeit										
4. Verhältnis zur Ihren Arbeitskollegen										
5. Zusammenarbeit mit Ihrem Vorgesetzten										
6. Tätigkeit, bei der Sie ihr Wissen und Können voll einsetzen können										
7. Aus-, Weiter- und Fortbildungsmöglichkeiten										
8. Verdienst										
9. gerechte Beurteilung Ihrer Arbeitsleistung										
10. Zeit, die sich ein Vorgesetzter für ein Gespräch nimmt										
11. Arbeitsplatzverhältnisse										
12. Organisation Ihrer Abteilung										
13. Klarheit der Ziele Ihrer Abteilung										
14. Zusammenarbeit mit anderen Abteilungen										
15. Mitsprachemöglichkeiten bei wesentlichen Entscheiden, die Ihre Arbeit betreffen										
16. Freiheit, ganz generell die Meinung sagen zu können										
17. Vertrauensperson für persönliche Anliegen										
18. Arbeitsbelastung in Ihrer Abteilung										
19. Familienorientierung										
20. Zweckmäßigkeit der Arbeitsmittel										
21. Informationen für die tägliche Arbeit										
22. Informationen über die Firma										
23. Honorierung außerordentlicher Leistungen										
24. Engagement Ihres Vorgesetzten für die Ziele Ihrer Abteilung										
25. Entwicklungsmöglichkeiten										
26. Selbständigkeit in Ihrem Aufgabenbereich										
27. anderer Faktor:										
Wie zufrieden sind Sie mit Ihrer Stelle insgesamt?	xxx	xxx	xxx	xxx	xxx					
Was gefällt Ihnen an Ihrer Arbeit am besten										
Was gefällt Ihnen an Ihrer Arbeit am wenigsten?										
Nennen Sie Verbesserungsvorschläge zu Ihrer Arbeitssituation:										

Abb. 83: Fragebogen für die Mitarbeiterzufriedenheit[411]

---

411 Vgl. Hilb 1997b, S. 196 ff.; Hilb 1997a, S. 78 ff.

Rang der Wichtigkeit	Mitarbeiterzufriedenheitsfaktoren	Wichtigkeit	Zufriedenheit	Wichtigkeits- und Zufriedenheitsprofil				
				sehr wichtig/sehr zufrieden (5)	wichtig/zufrieden (4)	neutral (3)	unwichtig/unzufrieden (2)	völlig unwichtig/sehr unzufrieden (1)
1	Anspruchsvolle Tätigkeit	4.35	3.90					
2	Verdienst	4.35	3.55					
3	Zusammenarbeit mit dem Vorgesetzten	4.25	4.08					
4	Arbeitsplatzsicherheit	4.01	3.46					
5	Verhältnis zu den Arbeitskollegen	4.00	4.26					
6	Qualifikation	3.99	3.52					
7	Mitsprachemöglichkeiten	3.94	3.57					
8	Sozialleistungen	3.89	4.06					
9	Aufstiegschancen	3.47	3.29					
10	Weiterbildungsmöglichkeiten	3.35	3.42					
11	Ferienregelung	3.31	3.05					
12	Abteilungsorganisation	3.04	3.65					
13	Arbeitszeitregelung	2.92	3.89					
14	Geschäftszielklarheit	2.76	3.25					
15	Arbeitplatzverhältnisse	2.64	3.96					
16	Freizeit fürs Privatleben	2.64	3.63					
17	Interne Information	2.63	3.30					
18	Externes Firmenimage	2.55	3.87					
19	Kostenbewusstsein	2.31	3.02					
20	Gerechte Auslastung	2.27	3.21					
21	Freizeiteinrichtungen	1.39	3.45					
22	Pausenverpflegungsmöglichkeiten	1.28	3.74					
	Arbeitszufriedenheit gesamt		3.90					
	Zufriedenheitsindex		251.4					

Abb. 84: Vergleich des Wichtigkeits- und des Zufriedenheitsprofils[412]

---

412 Vgl. Hilb 1997b, S. 201 ff.; Hilb 1997a, S. 82 ff.

A. Personalcontrolling

- *Imagebefragung*

Die Mitarbeiterbefragung kann auch durch eine Imagebefragung ergänzt werden.[413] Hierbei sollen die Mitarbeiter ihr Unternehmen oder ihren Unternehmensbereich aufgrund einer individuell ergänzbaren Merkmalsliste einschätzen. Sie eignet sich auch besonders für eine Befragung des externen Arbeitsmarktes über das Unternehmen.

Wenn ich meinem besten Freund unser Unternehmen beschreiben sollte, welches Profil würde ich zeichnen?						
fortschrittlich	1	2	3	4	5	rückständig
wirtschaftlich	1	2	3	4	5	unwirtschaftlich
klar	1	2	3	4	5	verwirrend
aufgeschlossen	1	2	3	4	5	verschlossen
großzügig	1	2	3	4	5	kleinlich
unbürokratisch	1	2	3	4	5	bürokratisch
zukunftsvoll	1	2	3	4	5	aussichtslos
weitsichtig	1	2	3	4	5	kurzsichtig
fördernd	1	2	3	4	5	hemmend
beratend	1	2	3	4	5	befehlend
traditionsvoll	1	2	3	4	5	traditionslos
familienorientiert	1	2	3	4	5	einzelpersonenorientiert
zuverlässig	1	2	3	4	5	unzuverlässig
sozial	1	2	3	4	5	unsozial
offen	1	2	3	4	5	verheimlichend
gerecht	1	2	3	4	5	ungerecht
sicher	1	2	3	4	5	unsicher
beweglich	1	2	3	4	5	starr
freundlich	1	2	3	4	5	unfreundlich
anregend	1	2	3	4	5	langweilig
kollegial	1	2	3	4	5	unkollegial
demokratisch	1	2	3	4	5	undemokratisch
_____	1	2	3	4	5	_____
_____	1	2	3	4	5	_____

Abb. 85: Imageprofil[414]

Die sich ergebenden Individualprofile der Mitarbeiter können auf Gruppenniveau zusammengefasst werden, wobei Mittelwerte und Streuungsmaße zusätzliche Informationen geben. Imageprofile beschreiben die gelebte Unternehmenskultur als Wertschöpfung für die Mitarbeiter.

So wurden z. B. die beliebtesten Unternehmen aus Sicht von Hochschulabsolventen wie folgt eingeschätzt:

---

413 Vgl. Domsch/Schneble 1995a, S. 639 f.
414 Vgl. Domsch/Schneble 1995a, S. 639.

Rang 1998	in%	schweizweit	Rang 1997	in%	europaweit	Rang 1997
1	21,05	Swissair	(3)	13,21	Mc Kinsey & Company	(1)
2	20,77	ABB	(1)	10,98	Boston Consulting Group	(2)
3	17,47	Nestlé	(2)	10,39	Andersen Consulting	(3)
4	13,28	Swisscom	(–)	7,98	Procter & Gamble	(4)
5	13,25	IKRK	(94)	7,90	Coca-Cola International	(180)
6	10,37	Novartis	(7)	7,74	BMW	(6)
7	10,34	Siemens	(4)	7,47	Nestlé	(5)
8	8,84	UBS	(14)	6,98	Hewlett-Packard	(9)
9	8,30	Hewlett-Packard	(6)	6,45	Microsoft	(11)
10	8,14	Credit Suisse/CS First Boston	(13)	6,09	JP Morgan	(13)
....		....			....	

Abb. 86: Die beliebtesten Unternehmen in der Schweiz und in Europa[415]

- *Verbreitung von Mitarbeiterumfragen in der Praxis*

In der Praxis liegt folgende Verbreitung von Mitarbeiterumfragen zur Messung der Qualität des Personalmanagements durch die geführten Mitarbeiter vor.[416] Dabei ist zwischen anonymen und nicht-anonymen Umfragen zu unterscheiden (Abb. 88).

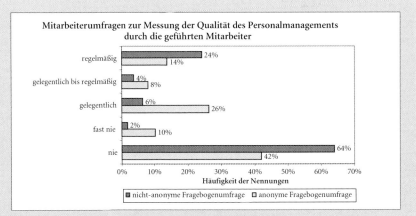

Abb. 87: Mitarbeiterumfragen zur Messung der Qualität des Personalmanagements durch die geführten Mitarbeiter[417]

---

415 Vgl. Bilanz, Juli 1998, S. 88 ff.
416 Vgl. Wunderer/Arx/Jaritz 1998a, S. 348.
417 Quelle: eigene Umfrage 1997, N = 93. Frage: Welche Instrumente benutzten Sie zur Messung der Qualität des Personalmanagements der Linienverantwortlichen? Vgl. Wunderer/Arx/Jaritz 1998a, S. 348.

A. Personalcontrolling

Die anonyme Mitarbeiterumfrage ist immer noch weiter verbreitet als die nicht-anonyme Umfrage. 58% der befragten Unternehmen haben schon einmal eine anonyme Umfrage durchgeführt, 36% der Unternehmen schon einmal eine nicht-anonyme. Auffällig ist, dass die nicht-anonyme Umfrage von einem höheren Anteil (24% im Vergleich zu 14%) der Unternehmen regelmäßig durchgeführt wird. Dies lässt auf eine hohe Vertrauenskultur in diesen Unternehmen schließen. Insgesamt sind jedoch Mitarbeiterumfragen in den Unternehmen zur Wertschöpfungsmessung nur gering verbreitet, auch hier ist noch ein erhebliches Entwicklungspotenzial vorhanden.

Weiterhin ist zu beachten, dass die Umfragen nur insofern anonym sind, als mindestens 6–8 Mitarbeiter an der Befragung beteiligt sein müssen, um die Anonymität zu sichern. Die Führungskraft ist dagegen in der Regel identifizierbar, wodurch auch bei anonymen Umfragen die Ergebnisse bezogen auf die Führungseinheiten ausgewertet werden können, womit diese auch spezifische Maßnahmen ergreifen und umsetzen können.

3.7.1.4 Austrittsinterview

Im Folgenden soll am Beispiel von Austrittsinterviews die Evaluation der Wertschöpfung aufgezeigt werden. Im Vergleich zum Mitarbeitergespräch bietet es dabei den Vorteil, dass insofern ein offeneres Bild über das Unternehmen gewonnen werden kann, da die Bindung des Mitarbeiters mit dem Unternehmen gelöst ist.

Unter einem Austrittsinterview wird das planmäßige und systematische Vorgehen der Personalabteilung mit dem Ziel verstanden, alle ausscheidenden Organisationsmitglieder durch eine Reihe gezielter Fragen zu veranlassen:

1. möglichst objektive Informationen über die Austrittsgründe und die Stärken und Schwächen des Unternehmens und des Arbeitsplatzes abzugeben
2. möglichst sinnvolle Verbesserungen vorzuschlagen.[418]

Das Austrittsinterview sollte am letzten Arbeitstag des Mitarbeiters, auf freiwilliger Basis nach der Aushändigung des Arbeitszeugnisses erfolgen. Durch die statistische Auswertung der Austrittsinterviews wird es möglich, zu einem objektiveren Bild über das Unternehmen zu gelangen, da die ausscheidenden Mitarbeiter einerseits das Unternehmen gut kennen und andererseits nicht mehr in einem einseitigen Abhängigkeitsverhältnis zum Unter-

---

418 Vgl. Hilb 1997b, S. 180.

nehmen stehen. Allerdings besteht die Gefahr der Informationsverfälschung. Dies ist vor allem dann der Fall,

- wenn der Austretende die Verhältnisse im Unternehmen zu wenig kennt,
- wenn der Austretende befürchtet, dass seine Aussagen doch noch später gegen ihn ausgelegt werden könnten (z. B. bei Referenzauskünften),
- wenn der Austretende intellektuell überfordert wird oder er zu delikaten Problemfeldern Stellung nehmen muss,
- wenn der Austretende das Austrittsinterview als Gelegenheit zum Abreagieren benutzt und
- wenn der Austretende beim Versuch seine Entscheidungen zu rationalisieren, andere als die tatsächlich ausschlaggebende Austrittsgründe angibt.

Um die statistische Auswertung zu erleichtern, ist ein standardisiertes Vorgehen notwendig. Hier bietet es sich daher an, dieselben Fragen wie bei der Mitarbeiterbefragung (vgl. Abb. 76) zu verwenden, um zu einer zusätzlichen direkten Vergleichsmöglichkeit zu gelangen. Hilb schlägt in diesem Zusammenhang vor,[419] für jede Frage eine Karte zu verwenden, die die entsprechende Frage trägt. Der Mitarbeiter bekommt nun alle Karten ausgehändigt, mit der Aufgabe, sie in drei Kategorien zu unterteilen:

1. Was ist Ihrer Ansicht nach in dieser Firma verwirklicht (+),
2. was ist zum Teil verwirklicht (=) und
3. was ist noch nicht verwirklicht (–)?

Die Kartentechnik hat dabei den Vorteil, dass sie stimulierend und kurzweilig wirkt. Das Beurteilen und Abwägen erhöht sein Interesse für die Fragen und das Austrittsinterview und reizt ihn zu intensiver und oft erweiterter Beantwortung.

Anschließend geht der Interviewer noch einmal alle Karten durch und fragt den Austretenden nach Ursachen und Verbesserungsvorschlägen zu den einzelnen Fragen.

Durch das Austrittsinterview kann die Wertschöpfungsmessung auf der Mitarbeiterebene um eine zusätzliche Bezugsgruppe erweitert werden, wodurch ein umfassenderes Bild gewonnen werden kann.

3.7.1.5 Zwischenfazit

Ein Ziel der Messungen auf der Mitarbeiterebene ist es, die Ergebnisse bezogen auf die einzelnen Führungseinheiten auswerten zu können, um gegebenenfalls entsprechende Maßnahmen ergreifen und umsetzen zu können.

---

419 Vgl. Hilb 1997b, S. 181 ff.

Bei der Messung im Rahmen des Mitarbeitergesprächs sind solche eindeutigen Zuordnungen möglich. Dagegen ermöglicht die Mitarbeiterumfrage in ihrer anonymen Form nur aggregierte Aussagen über die einzelnen Führungseinheiten. Spezifische Maßnahmen sind damit nur teilweise ableitbar. Ein Vergleich der Ergebnisse der Mitarbeiterumfrage und der nicht-anonymen Messung im Mitarbeitergespräch erlaubt dabei die Beurteilung der Offenheit der Organisation, also inwieweit (auch negative) Kritik offen geäußert wird.

Das Austrittsinterview erlaubt ebenfalls spezifische Aussagen zur Qualität des Personalmanagements, bei niedrigen Fluktuationsraten kann es jedoch nur als ergänzendes Zusatzinstrument verstanden werden. Außerdem ist mit einer gewissen Verzerrung durch die Befragung der ausscheidenden Mitarbeiter im Vergleich zur Gesamtbelegschaft zu rechnen.

Gute Ergebnisse lassen sich bei einer Kombination der verschiedenen Instrumente erzielen, da auf diese Weise ein umfassendes Bild der Qualität der Mitarbeiterführung gewonnen wird. Gleichzeitig wird damit die Kommunikation auf den verschiedenen Ebenen unterstützt.

3.7.2 Messinstrumente auf der Ebene der Personalabteilung

Eine Mitarbeiterumfrage kann sich entweder auf die Erhebung der Mitarbeiterzufriedenheit bzgl. des Unternehmens an sich, aber auch auf Teilbereiche des Unternehmens wie z. B. der Zufriedenheit mit der Arbeit der Personalabteilung beziehen.[420] Während sich eine Befragung zur Messung der Qualität der Personalabteilung auf die Management- und Dienstleistungsschlüsselqualifikationen konzentrieren kann, ist bei einer unternehmensweiten Umfrage dieses detaillierte Eingehen auf die Personalabteilung problematisch, da viele Mitarbeiter aufgrund ihres seltenen Kontaktes zur Personalabteilung dazu keine präzisen Angaben machen können. Bei diesen sog. umfassenden »Omnibusbefragungen« können daher zunächst nur globale Zufriedenheiten ermittelt werden.

Die Zufriedenheit mit der Arbeit der Personalabteilung kann aber auch unmittelbar nach einem »Kundenkontakt« erhoben werden.[421] Dafür eignet sich eine mündliche Befragung am Ende eines Kundenkontaktes, bei der auch auf spezifische Problemfelder eingegangen werden kann.

Da für die Personalabteilung in der Praxis eine schriftliche Befragung nach jedem Kundenkontakt nicht sinnvoll ist, kann auch das einstellungs- oder

---

420 Vgl. Lichtsteiner/Arx 1995, S. 459.
421 Dies entspricht dem zufriedenheitsorientierte Qualitätskonstrukt. Vgl. Kapitel 6.4.1, S. 287 ff.

kompetenzorientierte Qualitätskonstrukt zugrunde gelegt werden[422], wozu ein speziell für die Qualitätsmessung der Personalabteilung entwickelter Fragebogen verwendet werden kann (Abb. 88 und Abb. 89). Somit sind neben den Omnibusbefragungen gerade für die Evaluation der Wertschöpfung der Personalabteilung spezifische Umfragen zweckmäßig.

3. Evaluation der Wertschöpfung

Bei der ABB Schweiz wird zur Messung der Qualität des Personalmanagements jährlich eine Umfrage durchgeführt. Dabei werden zwei Stufen unterschieden:

1. Ebene des zentralen Personalmanagements und
2. Ebene der dezentralen Personalabteilungen.

Für die Messung der Qualität des Personalmanagements ist für jede Ebene ein Fragebogen entwickelt worden. Auf der Ebene des zentralen Personalmanagements enthält dieser vier Bereiche (Abb. 88):

1. Qualität der Dienstleistung allgemein,
2. Qualität der fachlichen Arbeit,
3. Qualität der Produkte und
4. Ergänzende offene Fragen.

ABB Schweiz Personal-Controlling **Fragebogen zur Messung der Qualität des Personalmanagements auf der Stufe ABB Schweiz**				
1. Qualität der Dienstleistung allgemein Wie zufrieden sind Sie mit der Arbeit und Unterstützung der Personalabteilung in Bezug auf:				
	gar nicht zufrieden	eher nicht zufrieden	eher zufrieden	sehr zufrieden
1. Vertrauenswürdigkeit	❑	❑	❑	❑
2. Zuhören und Kommunizieren	❑	❑	❑	❑
3. Erkennen und Lösen von Konfliktsituationen	❑	❑	❑	❑
4. Zuverlässigkeit/Erreichbarkeit	❑	❑	❑	❑
5. Prioritätensetzung und Erreichbarkeit	❑	❑	❑	❑
6. Engagement	❑	❑	❑	❑
7. Fachliche Kompetenz und Professionalität	❑	❑	❑	❑
8. Instrumente und Hilfsmittel	❑	❑	❑	❑
9. Flexibilität	❑	❑	❑	❑
10. Vorleben (»Walk the Talk«)	❑	❑	❑	❑

---

422 Vgl. Kapitel 6.4.1, S. 287 ff.

A. Personalcontrolling

2. Qualität der fachlichen Arbeit
Wie zufrieden sind Sie mit der Wahrnehmung folgender fachlicher Aufgaben:

	gar nicht zufrieden	eher nicht zufrieden	eher zufrieden	sehr zufrieden
1. Verständnis für Unternehmensbelange	☐	☐	☐	☐
2. Unterstützung der GL ABB Schweiz	☐	☐	☐	☐
3. Fachliche Führung der Personalleiter/-Innen	☐	☐	☐	☐
4. MD durch Personalchef ABB Schweiz	☐	☐	☐	☐
5. Management Ressourcen National	☐	☐	☐	☐
5.1. Management Development	☐	☐	☐	☐
5.2. Hochschulmarketing	☐	☐	☐	☐
6. Management Ressourcen International	☐	☐	☐	☐
7. Personal- und Organisationsentwicklung	☐	☐	☐	☐
8. Personalsysteme	☐	☐	☐	☐
9. Sozialpartnerschaft	☐	☐	☐	☐
10. ABB Kinderkrippen	☐	☐	☐	☐
11. ABB Lernzentren	☐	☐	☐	☐
12. ABB Berufsschule/Berufsmittelschule	☐	☐	☐	☐
13. ABB Technikerschule	☐	☐	☐	☐
14. Berufliche Vorsorge	☐	☐	☐	☐

3. Qualität unserer Produkte

Wie bewerten Sie die Qualität der vom Personalmanagement ABB Schweiz zur Verfügung gestellten Produkte? (Benotung der beiden Aspekte mit den Werten 1..4, sehr schlecht bis sehr gut)

	Produktqualität	Dokumentation/Kommunikation
1. Personalcontrolling ABB-Schweiz	☐	☐
2. MA-Umfrage	☐	☐
3. EC Management Review	☐	☐
4. Trainee Programm	☐	☐
5. Elektronischer Stellenmarkt	☐	☐
6. Vorgesetztenbeurteilung	☐	☐
7. STRATA-Arbeitsplatzeinstufung	☐	☐
8. Potenzialbeurteilung	☐	☐
9. Assessment Centers	☐	☐
10. Bonus-Plan	☐	☐
11. Lohnsystem ABB-Schweiz	☐	☐
12. Lohnnebenleistungsplan	☐	☐
13. Firmenwagen-Leasing	☐	☐
14. Personalversicherungen	☐	☐
15. Berufliche Vorsorge	☐	☐
16. Unterstützungsfonds	☐	☐
17. Vermögensbildungsstiftung	☐	☐
18. SMILE-Programm	☐	☐

	Produktqualität	Dokumentation/ Kommunikation
19. Internationale MD-/Förderprogramme (Asia-Pacific Trainee Programm, Short Term Job-Rotation, Exchanges)		
20. Seminare/Trainings/Workshops	❑	❑
21. Austrittsinterviews	❑	❑
22. Vereinbarung »Verlust des Arbeitsplatzes«	❑	❑
	❑	❑
23. Arbeitszeitmodelle	❑	❑
24. Mitwirkung	❑	❑
25. MA-Gespräch	❑	❑
26. Villa Boveri	❑	❑
27. CH-Leitsystem SAP-HR	❑	❑
28. EDV-Personalprogramme (Winpers)	❑	❑
29. Personal-Handbuch ABB Schweiz	❑	❑
30. Reglement Geschäftsreisen	❑	❑
31. Arbeitsvertragliche Bestimmungen	❑	❑
32. Anwenderunterlagen für PersonalsachbearbeiterInnen	❑	❑

4. Ergänzende Fragen zur Wahrnehmung von Funktionen

1. Bei welchen Aufgaben (Ziffer 2) und Produkten (Ziffer 3) erwarten Sie – unabhängig von der Qualität der heutigen Aktivitäten – eine weitergehende Unterstützung?	❑	❑
	❑	❑
2. Welche zusätzlichen Dienstleistungen erwarten Sie von der Personalabteilung?	❑	❑
3. Welche Dienstleistungen der Personalabteilung könnten reduziert werden?	❑	❑
4. Haben Sie noch andere Anregungen?		

Abb. 88: Fragebogen zur Messung der Qualität des Personalmanagements auf der Stufe ABB Schweiz[423]

3. Evaluation der Wertschöpfung

Auf der Ebene der Personalabteilungen der einzelnen ABB-Gesellschaften (25 in der Schweiz) wird ein deutlich kürzer gefasster Fragebogen verwendet, der drei Bereiche abdeckt:

1. Qualität der Dienstleistung allgemein,
2. Qualität der fachlichen Arbeit und
3. Ergänzende offene Fragen.

---

423 Quelle: ABB. Vgl. auch Lichtsteiner/Arx 1995, S. 459.

A. Personal-controlling

Teil 1 und Teil 3 sind dabei identisch mit den entsprechenden Teilen des Fragebogens auf der Ebene der ABB Schweiz. Der zweite Teil umfasst nur die Qualität der fachlichen Arbeit und ist folgendermaßen gestaltet:

ABB Personal-Controlling
Fragebogen zur Messung der Qualität der Personalabteilung

2. Qualität der fachlichen Arbeit
Wie zufrieden sind Sie in Bezug auf folgende fachliche Aufgaben und Prozesse:

	gar nicht zufrieden	eher nicht zufrieden	eher zufrieden	sehr zufrieden
1. Verständnis für Unternehmensbelange	❏	❏	❏	❏
2. Befähigung der Vorgesetzten zur Übernahme von Personalarbeit	❏	❏	❏	❏
3. Fachliche Beratung der Vorgesetzten	❏	❏	❏	❏
4. Mithilfe bei der Selektion	❏	❏	❏	❏
5. Mithilfe bei der Beurteilung (Leistung/Potenzial)	❏	❏	❏	❏
6. Mithilfe bei der Lohnfestlegung	❏	❏	❏	❏
7. Mithilfe bei der Personalentwicklung	❏	❏	❏	❏
8. Mithilfe beim Management Development	❏	❏	❏	❏
9. Mithilfe bei der Personalfreisetzung	❏	❏	❏	❏
10. Personaladministration	❏	❏	❏	❏
11. Mithilfe bei der Organisationsentwicklung	❏	❏	❏	❏
12. Unterstützung bei der Personalplanung (quantitativ, qualitativ)	❏	❏	❏	❏

Abb. 89: Auszug aus dem Fragebogen zur Messung der Qualität der Personalabteilung auf der Ebene der ABB-Gesellschaften[424]

Des Weiteren können auch – besonders bei der Personalabteilung – einzelne, zentrale Personalmanagementfunktionen bewertet werden,[425] wie es etwa schon Remer/Wunderer in ihrem Management- und Service-Audit vorgeschlagen haben.[426] Dabei erfolgt die Bewertung durch unterschiedliche Bezugsgruppen, hier z. B. durch den Personalleiter, die Abteilungsleiter und den Betriebsrat. Dabei können die unterschiedlichen Einschätzungen der verschiedenen Gruppen gut miteinander verglichen werden (Abb. 90):

---

424 Quelle: ABB AG.
425 Vgl. Schultz 1995, S. 61 ff.
426 Vgl. Remer/Wunderer 1979, S. 196.

Fragen/Gruppen Teilgebiete	Einfluss			Bedeutung			Erfolg		
	Personalleiter	Abteilungsleiter	Betriebsrat	Personalleiter	Abteilungsleiter	Betriebsrat	Personalleiter	Abteilungsleiter	Betriebsrat
Gestaltung des Arbeitsinhaltes	3,0	2,3	2,1	4,1	3,8	4,1	2,8	3,2	2,8
Gestaltung der Arbeitsbedingungen	2,8	2,6	2,1	4,0	3,4	4,2	2,9	3,3	3,1
Sachliche Arbeitsbeziehungen	2,9	2,6	2,3	3,9	4,0	4,0	3,1	3,2	2,7
Soziale Arbeitsbeziehungen	3,4	2,9	2,5	4,0	3,7	4,1	3,0	3,1	2,8
Personalbedarfsplanung	4,1	3,3	3,0	4,1	4,0	4,3	3,3	3,4	2,7
Personalbeschaffung und -abbau	4,8	4,0	3,4	3,9	3,8	4,4	4,0	3,4	2,9
Innerbetriebliche Personalbewegungen	4,4	3,5	3,0	4,0	3,8	4,5	3,4	3,1	2,6
Fachliches Bildungswesen	4,3	3,3	3,0	4,0	3,7	4,5	3,3	3,1	3,6
Verhaltensentwicklung	4,0	2,6	2,7	4,0	4,2	4,2	2,7	2,9	2,7
Entgeltbezogene Bewertung und Beurteilung	4,2	3,1	2,8	4,1	4,1	4,3	3,5	3,2	2,7
Entgelt	4,4	3,7	3,1	3,5	3,8	4,4	3,8	3,5	3,0
Andere Leistungen an Mitarbeiter	4,3	3,8	3,0	3,3	3,1	4,0	3,6	3,5	3,4
Verwaltung der Personalarbeit	4,8	4,0	4,3	2,8	2,4	3,2	4,0	3,4	3,4
Arbeitsrecht	4,7	4,0	3,8	4,2	3,7	4,4	4,0	3,7	3,5
Durchschnitt	4,0	3,3	3,0	3,8	3,6	4,2	3,4	3,3	3,0

Abb. 90: Beurteilung der Wertschöpfungsqualität der Personalabteilung durch zentrale Bezugsgruppen[427]

3. Evaluation der Wertschöpfung

Hier wurde schon der Erfolg als spezifischer Indikator für die Management- und Servicedimension der Personalabteilung gesondert erhoben. Bei den 35 untersuchten Firmen zeigten sich deutliche Unterschiede in der Beurteilung einzelner Funktionen (z. B. Verwaltung der Personalarbeit vs. Gestaltung der Arbeitsbedingungen und -beziehungen).

Darüber hinaus ist auch eine Kombination der qualifikations- und der funktionsspezifischen Bewertung denkbar, wodurch eine hohe Differenzierung bei der Analyse erreicht werden kann. Hier ist jedoch der vielfach höhere Erhebungsaufwand gegenüber dem Nutzen der höheren Differenzierung im Einzelfall abzuwägen.

- *Messung über das Professionalitätskonzept der DGFP*

Die Deutsche Gesellschaft für Personalführung e.V. (DGFP) erhebt seit 2004 einen Personalmanagement-Professionalisierungs-Index PIX.[428] Die Professionalität des Personalmanagements wird zunächst zwischen Wirkungs- und Konfigurationsprofessionalität unterschieden und insgesamt wie folgt konzeptionalisiert (Abb. 91):

---

427 Vgl. Remer/Wunderer 1979, S. 196 (1 = sehr gering bis 5 = sehr groß).
428 Vgl. DGFP 2005a. Vgl. dazu kritisch Oechsler 2005a, 2005b.

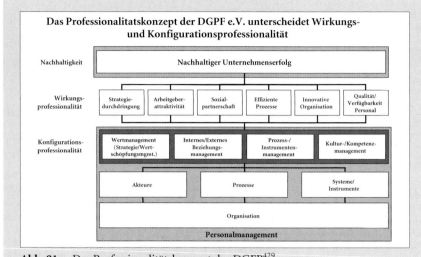

Abb. 91: Das Professionalitätskonzept der DGFP[429]

Abb. 92: Die Wirkungs- und die Konfigurationsprofessionalität im Personalmanagement in 2005[430]

Die Professionalität soll beim PIX von wichtigen Bezugsgruppen des Personalmanagement bewertet werden. Die DGFP befragt hierzu jährlich ihre Ansprechpartner im Personalbereich, zusätzlich auch Führungskräfte

---

429 Vgl. DGFP 2005b, S. 7.
430 Vgl. DGFP 2005b, S. 11 ff. und S. 36 ff. Der gesamte Fragebogen umfasst ca. 100 Fragen die hier zusammengefasst ausgewertet wurden.

außerhalb des Personalbereiches und Betriebsräte. Bei der Wirkungs- und Konfigurationsprofessionalität ergibt sich in 2005[431] Abb. 92.

Die Professionalitätsmatrix veranschaulicht die Verteilung der untersuchten Unternehmen hinsichtlich Wirkungs- und Konfigurationsprofessionalität (Abb. 93):

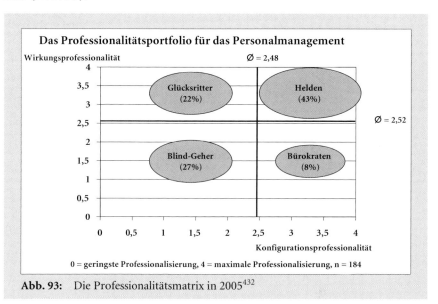

Abb. 93: Die Professionalitätsmatrix in 2005[432]

43% der Unternehmen fallen damit in die Kategorie »Helden«, also hohe Wirkungsprofessionalität bei hoher Konfiguration. Die »Glücksritter« erzielen ohne hohen Aufwand nichtsdestotrotz eine hohe Wirkungsprofessionalität, während bei dem geringen Anteil der »Bürokraten« genau das Gegenteil der Fall ist. Interessanterweise ergibt sich nach der DGFP-Analyse kein genereller Zusammenhang zwischen Unternehmensgröße und Professionalität, d.h. also, dass auch kleine Unternehmen genauso professionell wie große im Personalmanagement arbeiten.

Das von der DGFP verwendetet Konzept mit Fragebogen bietet daher einen aktuellen, pragmatischen Ansatz auch für das unternehmensinterne Controlling.

- *Verbreitung von Personalabteilungsumfragen in der Praxis*

In der Praxis liegt folgende Verbreitung von Verfahren zur Zufriedenheitsmessung mit der Personalabteilung vor. Dabei wird zur Vereinfachung lediglich zwischen schriftlichen und mündlichen Befragungen unterschieden.

---

431 Für die Ergebnisse von 2004 vgl. auch Armutat 2005, S. 45 ff.
432 Vgl. DGFP 2005b, S. 45 f.

A. Personal-controlling

In der Praxis dominiert die mündliche Befragung der Bezugsgruppen, die in 90% der von uns befragten Unternehmen zumindest gelegentlich durchgeführt wird. Die schriftliche Befragung der Bezugsgruppen wird dagegen nur bei 53% der Unternehmen mindestens gelegentlich durchgeführt (Abb. 94).

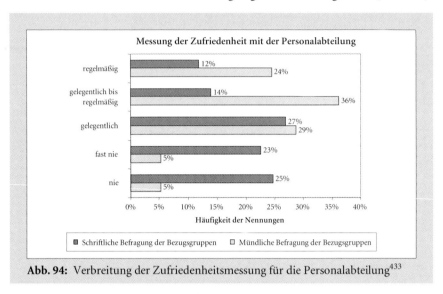

Abb. 94: Verbreitung der Zufriedenheitsmessung für die Personalabteilung[433]

Dabei hat die mündliche Befragung den Vorteil des geringeren Erhebungsaufwandes, um den Preis, dass keine transparenten Vergleiche mit der Vergangenheit oder anderen Abteilungen bzw. Unternehmen möglich sind.

In der Praxis ist es meist sinnvoll, sowohl bei der gezielten mündlichen Befragung als auch bei unaufgefordert abgegebenen Beurteilungen die Bewertungen in einer Datenbank systematisch zu erfassen, um die auf diese Weise strukturierten Kundenbeurteilungen für die eigene Verbesserung nutzen zu können. Dementsprechend wird auch das Argument der Kritiker der Personalarbeit entkräftet, dass mündliche Befragungen leichter anonym zu halten sind und damit die notwendige Transparenz der Personalarbeit verhindert wird.

- *Fazit*

Auf der Ebene der Personalabteilung ist eine Kombination der schriftlichen und mündlichen Befragung sinnvoll. Durch die schriftliche Befragung kann ein umfassendes und vertieftes Bild von der Qualität der Personalarbeit erhalten werden, dagegen werden bei mündlichen Befragungen vor allem Ein-

---

433 Quelle: eigene Umfrage 1997, N = 93. Frage: Welche Instrumente benutzen Sie, um die Zufriedenheit der internen Bezugs- bzw. Kundengruppen der Personalabteilung zu beurteilen? Vgl. Wunderer/Arx/Jaritz 1997, S. 7.

zelaspekte und aktuelle Problembereiche zum Vorschein kommen. Zusätzlich unterstützen die Messinstrumente auch die Kommunikation mit der Personalabteilung, wodurch die Kundenorientierung der Personalabteilung unterstützt wird.

3.8. Potenzialbezogene Wertschöpfungsmessung (Human Capital Management)

Mit Hilfe der Humanvermögensrechnung (Human Resource Accounting) wurde seit Ende der 60er Jahre versucht, das Humanpotenzial zu erfassen. Seit Ende der 90er Jahre wurde dann weitergehend versucht, das Humanpotenzial verstärkt unter dem Stichwort Human Capital Management zu bewerten.

Mit der aktuellen Diskussion zu »Basel II«, d.h. der Notwendigkeit der differenzierten Bewertung von Finanzierungsrisiken bei der Kreditvergabe von Banken, gewinnt das Human Capital Management zusätzlich an Relevanz, da durch eine erfolgte Human Capital-Bewertung über die Prüfkriterien in den Bereichen »Managementqualität« und »Personalwesen« das Rating positiv beeinflusst werden kann, um die Kredit- und Glaubwürdigkeit zu erhöhen und somit für das Unternehmen die Kapitalbeschaffung zu verbilligen.[434] Auch die ähnliche Diskussion zu »Solvency II«, d.h. der Notwendigkeit der differenzierten Bewertung von Versicherungsrisiken in der Versicherungswirtschaft, führt zur Betonung der Human Capital-Sichtweise, insbesondere bei Betriebsunterbrechungs- oder Betriebshaftpflichtversicherungen.[435]

Die Münchner Rück (Munich Re Group) unterscheidet hierzu z.B. vier Risiken die im Konzern-Personalcontrolling identifiziert, gemessen und gesteuert werden und Eingang in die strategische Planung des Konzerns eingehen:

- Engpassrisiko (Ausreichend Wissens- und Leistungsträger?)
- Anpassungsrisiko (Richtige Qualifikationen/Mobilität?)
- Austrittsrisiko (Wissens- und Leistungsträger verbleiben?)
- Demotivationsrisiko (Hohe Leistungsbereitschaft?)

Diese werden wie folgt gemessen (Abb. 95):

---

434 Vgl. z.B. Behr/Fischer 2005.
435 Vgl. z.B. Perlet/Gründl 2005.

A. Personalcontrolling

Risikoart	Ziele	Intern/Extern	Einflussgrößen	Messgrößen
Engpassrisiko: Fehlende Wissens- und Leistungsträger	• Es stehen ausreichend Potenzial- und Wissensträger zur Nachwuchsplanung zur Verfügung • Das Unternehmen gilt nach außen wie nach innen als attraktiver Arbeitgeber • Stellenausschreibungen, intern wie extern, finden eine gute Resonanz bei den Zielgruppen • Ausgeschriebene Stellen können in einem angemessenen Zeitraum richtig besetzt werden	Intern	Attraktivität/ Unternehmensimage	• Σ Initiativbewerbungen • Σ Bewerbungen/ Einstellungen • Echte Fluktuation • Fluktuationsgründe • Kosten für Einstellungen
		Intern	Entwicklung des quantitativen Personalbedarfs	• Σ Kapazitätszuwachs • Entwicklung MA-Stand • Nachfolgequote • Altersstruktur in der MR
		Intern	Kapazität der Nachfolgepools	• Potenzialquote • Interne Besetzungsquote
		Extern	Demographische Entwicklung	• Erwerbstätigenquote • Alterspyramide
		Extern	Arbeitsmarktentwicklung	• Arbeitslosenquote • Akademikerquote
Anpassungsrisiko: Mitarbeiter sind falsch qualifiziert, am falschen Ort, falscher Typ für die derzeitigen und sich ändernden Bedürfnisse	• Durch Weiterbildung und Entwicklung der Mitarbeiter werden bestehende Ressourcen prospektiv an wechselnde Anforderungen angepasst • Es gelingt, die Personalressourcen an den zukünftigen, Personalbedarf anzupassen, sowohl hinsichtlich Qualität als auch Quantität • Die Mitarbeiter sind bereit und fähig, sich in Zeiten des Wechsels zügig neuen Anforderungen anzupassen • Absehbaren Veränderungen in der Gesellschaft wird rechtzeitig Rechnung getragen	Intern	Mitarbeiterentwicklung	• Σ Teilnehmertage • Weiterbildungskosten je MA • Weiterbildungskosten je Thema
		Intern	Fachlicher Wissenstransfer	• Σ Interne Schulungen • Feedback der Teilnehmer
		Intern	Flexibler Mitarbeitereinsatz	• Versetzungsquote
		Extern	Veränderte Qualifikationsprofile neuer Mitarbeiter	• Einarbeitungsaufwand/ Mitarbeiter • Hochschulreform

Risikoart	Ziele	Intern/Extern	Einflussgrößen	Messgrößen
Austrittsrisiko: Gefährdete und abwanderungswillige Leistungs- und Wissensträger	• Kurz- wie langfristig sind das Fach- und Geschäftswissen sowie die Fähigkeiten zum Management unseres Geschäfts ständig gewährleistet • Bei unabwendbaren Ausfällen ist die Übernahme der Aufgaben durch Vertreter und Nachfolger sichergestellt • Wissens- und Leistungsträger fühlen sich bei ihrem Arbeitgeber richtig eingesetzt	Intern	Kündigungen von Mitarbeitern	• Echte Fluktuationsquote • Fluktuationsgründe
			Altersstruktur	• Ø Alter • Altersverteilung
			Mitarbeiterzufriedenheit	• Mitarbeiterbefragung
			Flexible Beschäftigungsöglichkeiten	• Telearbeitsquote • Teilzeitquote
			Entwicklungsmöglichkeiten	• Potenzialquote • Interne Besetzungsquote
		Extern	Demographische Entwicklung	• Erwerbstätigenquote • Alterspyramide
			Arbeitsmarktentwicklung	• Arbeitslosenquote
Demotivationsrisiko: Mitarbeiter halten ihre Leistung zurück	• Leistungskultur und Führungsstil ermöglichen es, auch in Zeiten der Unsicherheit und Veränderung, Mitarbeiter zu motivieren • Motivierte Mitarbeiter passen sich den Anforderungen des Unternehmens in angemessenem Rahmen gerne an • Negative externe Faktoren können durch die Führungsleistung des Unternehmens kompensiert werden	Intern	Qualität der Anreizsysteme	• Benchmarking Gehälter/Sozialleistungen • Personalaufwand je MA
			Nutzung des vorhandenen Mitarbeiterpotenzials	• (Re-) Integrationsquote
			Leistungsverhalten	• Ø Beurteilungsergebnis • Krankheitsquote
			Führungsverhalten	• 180-Grad Feedback • Mitarbeiterbefragung
			Entwicklungsmöglichkeiten	• Potenzialquote • Interne Besetzungsquote

Abb. 95: Risikomanagement bei der Münchner Rück[436]

Allerdings wird der Begriff Human Capital Management zunehmend synonym mit Personalmanagement bzw. HR Management gebraucht, was oftmals nur einer Umbenennung der früheren Personalarbeit gleichkommt.[437]

---

436 Quelle: Münchner Rück.
437 Vgl. Scholz/Stein/Bechtel 2004, S. 24 f. Der Begriff Humankapital wurde von einer Jury aus Sprachwissenschaftlern und -praktikern zum »Unwort des Jahres 2004« gewählt. Vgl. hierzu kritisch Frankfurter Allgemeine Zeitung, 20.01.2005, Nr. 16/S. 12.

A. Personal-controlling

Kern der Diskussion ist dabei stets die Messung und Bewertung des Humankapitals als Potenzial der Mitarbeiter des Unternehmens.

Grundsätzlich lassen sich hier Verfahren unterscheiden, die das Humankapital insgesamt messen und als monetäre Größe darstellen und solche, die das Humankapital über Indikatoren als nicht-monetäre Größen erfassen.[438]

- *Monetäre Verfahren*

  Hierunter fallen:

  - *Marktwertorientierte Ansätze:* Das Humankapital errechnet sich – auf Basis des Börsenwertes des Unternehmens am Kapitalmarkt – als Funktion aus Marktwert, Buchwert und gegebenenfalls der Mitarbeiterzahl des Unternehmens (z.B. Marktwert-Buchwert-Relationen oder Marktwert pro Mitarbeiter). Einerseits setzen diese Ansätze die Existenz eines Marktwertes voraus, anderseits bleibt das sonstige strukturelle Kapital eines Unternehmens wie z.B. Strukturen, Prozesse, Innovationen und Kunden unberücksichtigt. Zudem bieten sie aus Sicht des Personalmanagements aufgrund der hohen Abstraktion wenig Ansatzpunkte für konkrete Maßnahmen.[439]

  - *Accountingorientierte Ansätze:* Das Humankapital errechnet sich – wie aus dem Rechnungswesen bekannt – als Funktion aus Personalaufwand und Abschreibungen. Neben den klassischen Ansätzen der Humanvermögensrechnung (Human Resource Accounting) fällt hierunter auch das aktuelle Konzept der *Saarbrücker Formel* von Scholz/Stein/Bechtel.[440]

  - *Ergebnisorientierte Ansätze:* Das Humankapital errechnet sich auf Basis der ökonomischen Wertes eines Unternehmens, z.B. auf Basis von Übergewinnverfahren. Die Nettowertschöpfung wird dabei den Mitarbeitern zugeordnet. Der bekannteste Ansatz ist hier das Workonomics-Konzept der Boston Consulting Group.[441] Wir werden das Konzept ausführlich in Kapitel 8.3. behandeln.[442]

- *Nicht-monetäre Verfahren*

  Hierunter fallen alle indikatorenbasierten Ansätze, die versuchen, einzelne Faktoren wie Führungsleistung, Qualifikationen oder Fehlzeiten zu separieren und deren Einfluss auf das Unternehmensergebnis zu messen. So kön-

---

438 Vgl. Heidecker 2003; Scholz/Stein/Bechtel 2004, S. 51 ff.; Schütte 2005, S. 22 ff.
439 Vgl. auch das Skandia Market Value Scheme, Abb. 191, S. 364.
440 Vgl. S. 187 f. sowie Scholz/Stein/Bechtel 2004; Scholz 2005, S. 34 ff.
441 Vgl. Strack/Villis 2004, S. 340 ff.
442 Vgl. Kapitel 8.3, S. 374 ff. sowie Kapitel 2.4.4.2, S. 43.

nen auch das EFQM-Modell, die Balanced Scorecard oder der Skandia Navigator als indikatoren-basierte Ansätze zur Messung des Humankapitals verstanden werden. Auch finden sich hier Ansätze zur Bewertung und Steuerung des intellektuellen Kapitals im Rahmen des Wissensmanagements.[443] Wir werden diese Ansätze in Abschnitt C. »Integrierte Bewertungsmodelle« ausführlich behandeln.[444]

Diese Ansätze zum Human Capital Management können als potenzialbezogene Bewertung des Humankapitals verstanden werden. Im Folgenden werden die klassischen Ansätze des Human Resource Accounting dargestellt und anschließend die aktuelle Saarbrücker Formel vorgestellt.

3.8.1. Human Resource Accounting

Hier lassen sich verschiedene Bewertungsmodelle unterscheiden (Abb. 96).

Inputorientierte Modelle	Outputorientierte Modelle
Bewertung mit vergangenen Kosten	*Bewertung auf der Basis der bisherigen Leistung*
– Bewertung mit historischen Kosten (Brummel/Flamholtz/Pyle): tatsächliche angefallene Kosten. – Bewertung mit Wiederbeschaffungskosten (Flamholtz): historische Kosten zzgl. der Entlassungskosten der bisherigen Mitarbeiter. – Bewertung mit ranggewichteten Personalkosten (Giles/Robinson): die jährlichen Personalkosten werden mit rangspezifischen Faktoren entsprechend der Unternehmenshierarchie belegt.	– Firmenwertmodell (Hermanson): Über dem Branchendurchschnitt liegende Erträge werden als originärer Firmenwert interpretiert, der auf das überdurchschnittliche Humanpotenzial zurückgeführt wird.
Bewertung mit zukünftigen Kosten	*Bewertung auf der Basis zukünftiger Leistung*
– Bewertung mit Opportunitätskosten (Hekimian/Jones): Mitarbeiter werden in einem unternehmensinternen Bargainingprozess bewertet. – Effizienzgerichtete Personalkostenmethode (Hermanson): Diskontierung kommender Personalkosten über 5 Jahre. – Bewertung auf Basis zukünftiger Einkünfte (Lev/Schwartz): Diskontierung kommender Personalkosten über die geschätzte Verweildauer der Mitarbeiter.	– Methode der zukünftigen Leistungsbeiträge (Flamholtz): Abschätzung der Leistungsbeiträge über Eintrittswahrscheinlichkeiten, erzielbare Leistungsniveaus und erwartete Dauer der Tätigkeiten. – Methode der Verhaltensvariablen (Likert): Leistungsbeiträge werden über das Mitarbeiterverhalten abgeschätzt.

Abb. 97: Bewertungskonzepte für das Humanvermögen[445]

---

443 Vgl. Edvinsson/Malone 1997; Spath/Schnabel 2005, S. 31 ff.
444 Vgl. Kapitel 8, S. 355 ff.
445 Vgl. Hermanson 1964; Hekiman/Jones 1967; Brummet/Flamholtz/Pyle 1968; Lev/Schwartz 1971; Giles/Robinson 1973; Likert 1973; Flamholtz 1974; Flamholtz 1986 sowie zusammenfassend Fischer-Winkelmann/Hohl 1982, S. 130; Bartscher/Steinmann 1990, S. 392 ff.; Heinrich 1990, S. 29 ff.; Streim 1993; Wunderer/Schlagenhaufer 1994, S. 78 ff.

A. Personal-controlling

- *Bilanzierung des Humanvermögens*

  Dabei wurde auch versucht, durch die Bewertung des Humanvermögens die klassische Bilanzierung zu ergänzen (Abb. 97). Diese Ansätze konnten sich jedoch in der Praxis nicht durchsetzen.[446]

- *Lebenszykluskostenrechnung*

  Grundgedanke ist dabei in Anlehnung an die Investitionsrechnung für Anlagevermögen der Lebenszyklus. Die Lebenszykluskostenrechnung versucht, die innerhalb ganzer Lebenszyklen anfallenden Kosten und Leistungen zu erfassen. Sie wird vorwiegend für komplexe Investitionsprojekte angewendet, lässt sich aber auch für Dienstleistungen, die investiven und langfristigen Charakter haben, anwenden.[447] Im Rahmen des Human Resource Accounting wurde diese Sichtweise bereits auf das Humanvermögen übertragen.[448]

Die Anwendung des Lebenszykluskonzepts auf die vom Personalmanagement bereitzustellenden Ressource Mitarbeiter führt zur prozessbezogenen Sichtweise (Abb. 98):[449]

Die einzelnen Phasen des Mitarbeiterzyklus bedingen unterschiedliche Kosten und Wirkungen und sollten daher differenziert betrachtet werden.[450] Über den Mitarbeiterzyklus werden die Kosten-Nutzen-Relationen zeitbezogen systematisiert, wodurch eine phasenübergreifende Betrachtung der Wirkungen des Personalmanagements unterstützt wird.[451] Auf diese Weise lassen sich Vorlaufkosten in frühen Phasen durch die späteren Wertbeiträge kompensieren. Dies impliziert auch eine Verteilung der Personalmanagementkosten mittels Abschreibungen und Rückstellungen über die gesamte Nutzungsdauer der Humanressourcen. Die personalbezogenen Kosten im Unternehmen können über die sieben Phasen des Mitarbeiterzyklus erfasst und gemessen werden.[452]

---

446 Vgl. dazu auch die interessanten Anmerkungen von Eccles 1991, der dafür vor allem die mangelnde Anpassungswilligkeit der Accounting-Organisationen verantwortlich macht.
447 Vgl. Kiehn 1996, S. 190.
448 Vgl. Cascio 1992, S. 581 ff.; Flamholtz 1986.
449 Vgl. Fröhling 1990, S. 117 ff.; Kiehn 1996, S. 192.
450 Vgl. Benölken/Greipel 1990, S. 199.
451 Vgl. Lingscheid 1993, S. 166.
452 Vgl. Marr/Schmidt 1992, Sp. 1035 f.

3. Evaluation der Wertschöpfung

Bilanz in US-$	1969		1973	
	Handelsbilanz	Handelsbilanz inkl. Human Resources	Handelsbilanz	Handelsbilanz inkl. Human Resources
Gesamtes Umlaufvermögen	10.003.628	10.003.628	18.311.713	18.311.713
Grundstücke, Gebäude, Anlagen	1.770.717	1.770.717	3.500.227	3.500.227
Differenz zwischen Kaufpreis und tatsächlichem Wert der Tochtergesellschaft	1.188.704	1.188.704	1.285.829	1.285.829
Rechnungsabgrenzungsposten	0	0	278	173.278
Nettoinvestition in »Human Resources«	0	986.094	0	1.964.243
Andere Aktiva	106.783	106.783	213.500	213.500
Gesamte Aktiva	**13.069.832**	**14.055.926**	**23.484.547**	**25.448.790**
Gesamte kurzfristige Verbindlichkeiten	5.715.708	5.715.708	3.909.083	3.909.083
Langfristige Verbindlichkeiten ohne Zinsendienst	1.935.500	1.935.500	6.970.000	6.970.000
Rückstellung für Gewährleistungen	62.380	62.380	143.150	143.150
Einkommensteuer-Rückstellungen unter voller Berücksichtigung der Steuerminderung infolge von Human-Resource-Kosten	0	493.047	0	982.122
Eigenkapital:				
Grundkapital	879.116	879.116	1.902.347	1.902.347
Zusätzliches Kapital über Nennwert (Agio)	1.736.253	1.736.253	5.676.549	5.676.549
Zurückbehaltene Gewinne:				
gemäß Handelsbilanz	2.740.875	2.740.875	4.883.418	4.883.418
Human Resources	0	493.047	0	982.121
Gesamtes Eigenkapital	5.356.244	6.342.338	12.462.314	14.426.557
Gesamte Passiva	**13.069.832**	**14.055.926**	**23.484.547**	**25.448.790**
Gewinn- und Verlustrechnung				
Umsatzerlöse	25.310.588	25.310.588	43.161.564	43.161.564
Herstellungskosten für abgesetzte Waren	16.275.876	16.275.876	28.621.050	28.621.050
Rohgewinn	9.034.712	9.034.712	14.540.514	14.540.514
Allg. Betriebs- und Verwaltungskosten	6.737.313	6.737.313	10.783.922	10.783.922
Betriebsgewinn	2.297.399	2.297.399	3.756.592	3.756.592
Andere Abzüge, netto	953.177	953.177	598.846	598.846
Gewinn vor Steuern	1.344.222	1.344.222	3.157.746	3.157.746
Nettozuwachs (-verminderung) an Human Resource-Investitionen	0	173.569	0	184.293
Berichtigter Gewinn vor Steuern	1.344.222	1.517.791	3.157.746	3.342.039
Einkommensteuer	644.000	730.785	1.523.000	1.615.147
Reingewinn	700.222	787.006	1.634.746	1.726.892

Abb. 97: Jahresbilanzen 1969 und 1973 der R. G. Barry Corp. ohne und mit Berücksichtigung des Humanvermögens[453]

---

453 Vgl. dazu auch die transaktionskostentheoretischen Überlegungen zur Personalwirtschaft und Organisationsstruktur bei Drumm 1998.

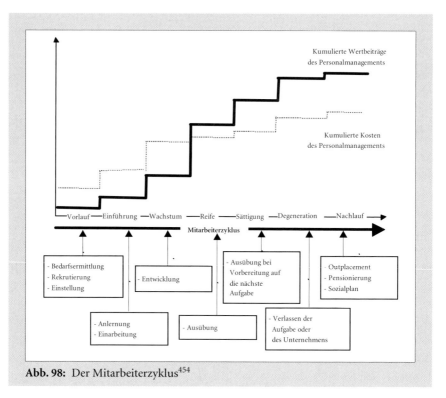

Abb. 98: Der Mitarbeiterzyklus[454]

Für die Bewertung der Kosten können folgende Verfahren unterschieden werden:

- *Kostenwertmethode*

Die *Kostenwertmethode* erfasst die in der Vergangenheit angefallenen Kosten der Beschaffung, der Entwicklung und Erhaltung der Mitarbeiter (*Anschaffungskosten*).[455]

---

454 Vgl. Kiehn 1996, S. 193, 196.
455 Vgl. Cascio 1992, S. 581.

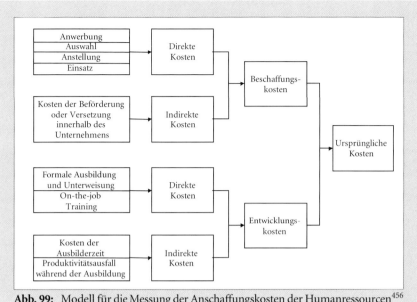

Abb. 99: Modell für die Messung der Anschaffungskosten der Humanressourcen[456]

- *Wiederbeschaffungskostenmethode*

Die *Bewertung zu Wiederbeschaffungskosten* geht von einem Austausch des Mitarbeiters aus, sie entspricht dem Ansatz der *Anschaffungskosten* zusätzlich der *Entlassungskosten* des bisherigen Mitarbeiters. Diese bestehen aus Abfindungen (direkte Kosten) und den Kosten der verlorenen Effektivität vor der Entlassung und den Kosten durch die unbesetzte Stelle während der Suche (indirekte Kosten). Das bietet den Vorteil, dass auch die Kosten der Degenerations- und der Nachlaufphase des Mitarbeiterzykluses mit berücksichtigt werden.[457]

---

456 Vgl. Flamholtz 1974, S. 37; Flamholtz 1986, S. 63.
457 Vgl. Flamholtz 1986, S. 67 ff.

A. Personal-controlling

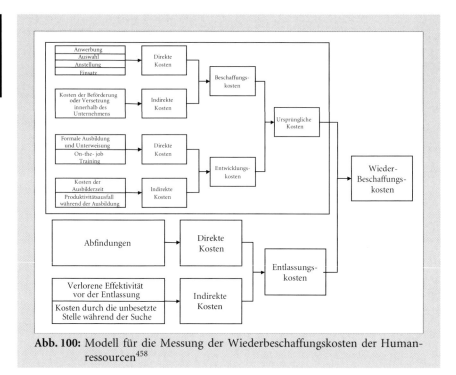

Abb. 100: Modell für die Messung der Wiederbeschaffungskosten der Humanressourcen[458]

- *Methode der Abzinsung zukünftiger Personalkosten*

Die Methode der *Abzinsung der zukünftigen Personalkosten* diskontiert die Personalkosten der kommenden Jahre mit einem Durchschnittszinssatz. Im Gegensatz zu den ersten beiden Verfahren werden hier die zukünftigen Löhne und Gehälter des Mitarbeiters in die Kostenbewertung mit einbezogen. Diese Sichtweise entspricht der Umkehrung der Invesitionsrechnung bei Anlagevermögen, wenn z. B. Maschinen über ihre Nutzungsdauer abgeschrieben oder alternativ geleast werden.[459] Für die Personalgewinnung und auch für die Personalentwicklung führt diese Sichtweise zur Betonung des investiven Charakters des Personal.

- *Opportunitätskostenmethode*

Die phasenbezogene Ermittlung der Wertbeiträge des Personalmanagements erweist sich als schwierig, da die Quantifizierung des Nutzens nur über *Opportunitätskosten* oder die Bewertung der *künftigen Leistungsbeiträge*[460] vernünftig erfolgen kann.

---

458 Vgl. Flamholtz 1974, S. 37; Flamholtz 1986, S. 63.
459 Vgl. zum Leasing z. B. Tacke 1993; Coenenberg 1997, S. 75 ff.
460 Vgl. Bartscher/Steinmann 1990, S. 394 f.

Bei der Bewertung über Opportunitätskosten werden die Kosten der entgangenen Gelegenheiten berechnet, also die Kosten, die entstünden, wenn auf die Personalmaßnahmen verzichtet würde. So lässt sich z. B. der Wertbeitrag von kurzzeitigen Entlassungen ermitteln.

3. Evaluation der Wertschöpfung

Beispiel:
Ein Unternehmen beabsichtigt, einen Teil seiner Mitarbeiter kurzzeitig freizustellen, um Personalkosten während eines saisonalen Auftragsrückganges einzusparen. Unter der Annahme, dass der Anteil der wiedereinstellbaren Mitarbeiter mit der Länge der Freistellung sinkt und dass ferner die Einarbeitungskosten einen Wochenlohn bei wiedereingestellten Mitarbeitern und einen halben Jahreslohn bei neueingestellten Mitarbeitern betragen, ergibt sich folgende Rechnung:

Kostenart	3 Wochen	6 Wochen	9 Wochen	12 Wochen
Geschätzter Anteil von wiedereingestellten Mitarbeitern	80%	75%	70%	65%
Kosten der Wiedereinarbeitung (Annahme: 1 Wochenlohn)	$ 24.000	$ 22.500	$ 21.000	$ 20.500
Kosten der Neueinstellung (Annahme: ½ Jahreslohn)	$ 150.000	$ 187.500	$ 225.000	$ 267.500
Gesamtkosten	$ 174.000	$ 210.000	$ 246.000	$ 288.000

Zeitdauer der Entlassungen in Wochen	Geschätzte Lohneinsparungen in $	Geschätzte Wiedereinstellungskosten in $	Nettowertbeitrag in $
3	90.000	174.000	– 84.000
6	180.000	210.000	– 30.000
9	270.000	246.000	24.000
12	360.000	288.000	72.000

Die 3- und 6-wöchigen Entlassungen zeichnen sich durch einen negativen Nettowertbeitrag aus, d. h. sie sind unwirtschaftlich.

Abb. 101: Nettowertbeitrag von kurzzeitigen Entlassungen [461]

Allerdings ist kritisch anzumerken, dass bei dieser vereinfachten Betrachtung die nicht zu vernachlässigenden (langfristigen) Wirkungen auf die Unternehmenskultur und das Firmenimage nicht betrachtet werden, da sie nur

---

461 Vgl. Flamholtz 1986, S. 72 ff. Es sei angemerkt, dass eine solche Maßnahme vor allem in den USA mit seinen schwachen Arbeitnehmerschutzgesetzen möglich ist.

A. Personalcontrolling

schwierig zu quantifizieren sind. Auch der Leistungsverlust während der Kündigungsfrist ist zu berücksichtigen.

- *Modell für den Mitarbeiterwert nach Flamholtz*

Flamholtz entwickelte ein komplexes Modell für die Berechnung des Leistungsbeitrages eines Mitarbeiters, indem er diesen über Eintrittswahrscheinlichkeiten für erreichbare *Hierarchiestufen*, dort erzielbare *Leistungsniveaus* und die erwartete *Dauer der einzelnen Tätigkeiten* abschätzt.

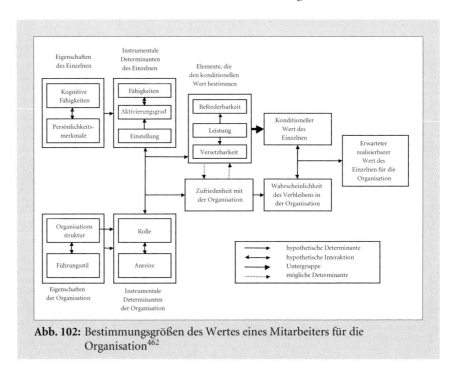

Abb. 102: Bestimmungsgrößen des Wertes eines Mitarbeiters für die Organisation[462]

Die hierarchiebezogenen Eintrittswahrscheinlichkeiten können firmenspezifisch empirisch ermittelt werden, dies kann z. B. folgendes Bild ergeben:

---

462 Vgl. Flamholtz 1974, S. 148.

	Dienstalter										
Hierarchiestufe	1	2	3	4	5	6	7	8	9	10	11
Sachbearbeiter – unerfahren	0,5	0,1	0	0	0	0	0	0	0	0	0
Sachbearbeiter – erfahren	0,3	0,7	0,7	0,4	0,1	0	0	0	0	0	0
Teamleiter	0	0	0,1	0,4	0,6	0,4	0	0	0	0	0
Gruppenleiter	0	0	0	0	0	0,3	0,1	0	0	0	0
Manager	0	0	0	0	0	0	0,5	0,5	0,3	0	0
Partner	0	0	0	0	0	0	0	0	0,2	0,2	0
Austritt	0,2	0,2	0,2	0,2	0,3	0,3	0,4	0,5	0,5	0,8	1,0

Abb. 103: Eintrittswahrscheinlichkeiten in Hierarchiestufen[463]

Der konditionelle Wert des Einzelnen ergibt sich nach Flamholtz aus der Formel:

$$E(KW) = \sum_{t=1}^{n} \frac{\sum_{i=1}^{m-1} R_i \cdot p(R_i)}{(1 + r)^t},$$

mit R_i : der Wert eines Mitarbeiters in Hierarchiestufe i,

$p(R_i)$: die Wahrscheinlichkeit, dass der Mitarbeiter die Hierarchiestufe i besetzt,

$(1 + r)^t$: ein Diskontierungsfaktor,

t: Zeit,

m: der Austrittszeitpunkt.

Der Wert R_i ist neben Hierarchiestufe i auch noch von der Mitarbeiterfunktion (Marketing, Produktion, etc.) abhängig. R ist abhängig vom Unternehmen und kann über das Mitarbeitereinkommen abgeschätzt werden.

Geht man vom konditionellen Wert des Einzelnen aus, so ergibt sich mathematisch:

$$E(RW) = E(KW) \cdot p(V)$$

$$p(V) = 1 - p(W)$$

$$OKW = E(KW) - E(RW)$$

---

463 Vgl. Flamholtz 1986, S. 206.

A. Personalcontrolling

mit E(RW) = erwarteter realisierbarer Wert des Einzelnen für die Organisation
E(KW) = erwarteter konditioneller Wert des Einzelnen
p(V) = Wahrscheinlichkeit des Verbleibens in der Organisation
p(W) = Wahrscheinlichkeit des Wechsels
OKW = Opportunitätskosten des Wechsels

> Beispiel:
>
> Der konditionelle Wert der Humanressourcen eines Unternehmensbereiches sei 10 Millionen US-$ und die Wahrscheinlichkeit eines Mitarbeiterwechsels sei 10%. Dann gilt:
>
> E(RW) = $ 10.000.000 × 0,90 = $ 9.000.000
> OKW = $ 10.000.000 − $ 9.000.000 = $ 1.000.000
>
> Gelingt es, die Wahrscheinlichkeit eines Mitarbeiterwechsels von 10% auf 5% zu verringern, dann spart die Organisation $ 500.000. Ein positiver Nettonutzen entsteht dann, wenn die Maßnahmen zur Reduktion der Mitarbeiterfluktuation weniger als $ 500.000 kosten.

Die Kritik an diesem Ansatz begründet sich in der Unsicherheit der Prognose der Leistungsbereitschaft und -fähigkeit des Mitarbeiters, seiner Laufbahnentwicklung sowie der nicht erwiesenen Repräsentativität des Einkommens als Schätzung des Leistungsbeitrages. Zusätzlich werden in diesem Ansatz die monetär nicht oder nur schwer erfassbaren Entscheidungssachverhalte durch Wahrscheinlichkeiten ausgedrückt, die auch von außerhalb des Personalmanagements liegenden Einflüssen wie z. B. der Technologieentwicklung oder dem Produktprogramm abhängig sind.[464]

- *Fazit*

Bei allen vorgestellten Verfahren treten zeitliche und sachliche Zurechnungsprobleme auf, die eine eindeutige Kosten- und Nutzenmessung behindern. Obwohl das Konzept des Mitarbeiterzyklus es erlaubt, einzelne Personalmanagementmaßnahmen den Stufen des Mitarbeiterzyklus zuzuordnen und damit den relativen Wertbeitrag der einzelnen Maßnahmen abzuschätzen, muss es eher als konzeptioneller Ansatz denn als ein quantitatives Bewertungsmodell verstanden werden, das den langfristigen und investiven Charakter der Humanressourcen hervorhebt.

---

464 Vgl. Bühner 1997, S. 371.

3.8.2. Die Saarbrücker Formel

Die Saarbrücker Formel von Scholz/Stein/Bechtel ist ein Verfahren, um den ökonomischen Wert einer Belegschaft bestimmen zu können. Dieser Ansatz ermittelt den Marktwert der Belegschaft des Unternehmens, zieht davon Abschreibungen für den Wertverlust im Zeitverlauf ab, addiert die Investitionen in die Personalentwicklung und gewichtet die unterschiedlichen Beschäftigungsgruppen mit einem Motivationsfaktor. Das Ziel ist die exakte Quantifizierung der Mitarbeiter als Gesamtheit, nicht als Individuen. Scholz/Stein/Bechtel untersuchen systematisch 43 bekannte Ansätze zur Bewertung des Human Capital und entwickeln daraus ihren Ansatz.[465, 466]

Nach der Saarbrücker Formel ist das Human Capital:

$$\text{Human Capital} = \sum_{i=1}^{g} \left[\left(FTE_i \cdot l_i \cdot \frac{w_i}{b_i} + PE_i \right) \cdot M_i \right]$$

Hierbei sind i (von 1 bis g) die betrachteten Beschäftigtengruppen, FTE_i die darin enthaltenen, in Vollzeitkräfte umgerechneten Mitarbeiter, l_i die branchenüblichen Durchschnittsgehälter in der Beschäftigtengruppe i, w_i die Zeit, die das Fachwissen durchschnittlich relevant bleibt (Wissensrelevanzzeit), b_i die durchschnittliche Betriebszugehörigkeit in der Beschäftigtengruppe i, PE_i die im letzten Jahr für die Beschäftigtengruppe i aufgewendeten Personalentwicklungskosten sowie M_i ein über ein standardisiertes Mitarbeiterbefragungs-Modul ermittelter Motivationsindex der Beschäftigtengruppe i.

Der Wert der Gesamtbelegschaft, also der Human Capital-Wert, ergibt sich in der Saarbrücker Formel aus dem mit dem Quotienten aus Wissensrelevanzzeit und Betriebszugehörigkeit gewichteten Durchschnittslohn aller Vollzeitmitarbeiter zuzüglich der Personalentwicklungskosten, wiederum gewichtet mit dem Motivationsindex, und dies aufsummiert über alle betrachteten Beschäftigungsgruppen des Unternehmens.

- *Fazit*

Die Saarbrücker-Formel bereichert damit die aktuelle Diskussion im Human Capital Management um einen interessanten Ansatz. Dabei weist sie auch einen klaren Bezug zum Personalcontrolling über die Berücksichtigung entscheidender Aktionsfelder wie Personalkostenmanagement (l_i), Personalkonfigurationsmanagement (w_i, b_i), Personalentwicklung (PE_i)

---

465 Vgl. Scholz 2005, S. 34 ff.
466 Vgl. Scholz/Stein/Bechtel 2004.

und Personalführung (M_i) auf. Allerdings bestehen auch einige Problemfelder in der Operationalisierung, die ihre Verbreitung in der Praxis und die Vergleichbarkeit zwischen verschiedenen Unternehmen (z.B. für ein Benchmarking) einschränken wird:[467]

- Die Mitarbeiterkapazitäten (FTE) werden zu Marktwerten (branchenüblichen Durchschnittsgehältern) bewertet. Diese Bewertung erfordert einen relativ hohen Aufwand, der gegenüber dem Ansetzen der tatsächlichen Personalkosten kaum einen Vorteil verspricht. Im wichtigen Tarifbereich ergibt sich auch konzeptionell kaum ein Unterschied.

- Der Bewertung der Wissensrelevanzzeit ist nicht geklärt und damit auch die Höhe der Abschreibung des Humankapitals im Zeitverlauf. Auch wird die Praxiserfahrung der Mitarbeiter als für das Unternehmen relevante Wissen nicht berücksichtigt. So unterstellt die Formel, dass bei kurzer Wissensrelevanzzeit eine hohe Fluktuation Wert schafft.

- Die Berücksichtung der Personalentwicklungskosten wird willkürlich auf das letzte zurückliegende Jahr beschränkt. Abgesehen von dem schwierigen Problemfeld des Lerntransfers, bei dem eine reine monetäre Betrachtung sicherlich stark vereinfacht wird, finden die wichtigen On-the-job-Personalentwicklungs-Maßnahmen (wie auch Job-Rotation) praktisch keine Berücksichtigung.

- Die standardisierte Bewertung der Motivation über einen Motivationsindex als monetäre Größe ist offen. Weder für die Standardisierung noch für die Überleitung in eine monetäre Bewertung gibt es einen pragmatischen und anerkannten Vorschlag.

3.9 Unterstützung der Wertschöpfungsmessung durch Benchmarking

Beim (externen) Benchmarking werden Produkte, Dienstleistungen oder betriebliche Prozessstrukturen über mehrere Unternehmen hinweg kontinuierlich verglichen, vorzugsweise mit den besten Unternehmen einer Klasse.[468] Durch einen derartigen Best-Practice-Vergleich soll die Wettbewerbsorientierung in allen Bereichen des Unternehmens verankert werden, weshalb sich das Benchmarking gerade auch für das Personalmanagement anbietet, das im Regelfall keinem direkten Wettbewerb ausgesetzt ist.[469] Dabei

---

467 Vgl. Weinberg 2004, S. 15 ff.; Schütte 2005, 24 f.
468 Vgl. Fitz-enz 1993; Lingscheid 1993, S. 166; Zairi 1996, S. 73 ff.
469 Vgl. Horváth/Herter 1992, S. 4 ff.

können Unterschiede zu anderen Unternehmen, Ursachen für diese Unterschiede und Möglichkeiten zur Optimierung aufgezeigt werden.[470] Für das Personalmanagement sind auch Vergleiche mit Nicht-Konkurrenzunternehmen vorteilhaft, da einerseits ein offener Erfahrungs- und Informationsaustausch nicht durch eine Konkurrenzsituation behindert wird, andererseits das Personalmanagement als indirekter Leistungsbereich anders als die direkten Leistungsbereiche nicht unbedingt auf branchenspezifische Informationen angewiesen ist.[471] Im Gegensatz zum externen Benchmarking bieten sich für das Personalmanagement auch ein internes Benchmarking an, bei dem innerhalb eines Unternehmens personalwirtschaftliche Größen verschiedener Abteilungen bzw. Organisationseinheiten miteinander verglichen werden.

Da das Benchmarking nicht nur auf (Soll- oder Ist-) Kosten- und Kennzahlenvergleiche abzielt, sondern auch praktizierte Methoden und Prozesse miteinander vergleicht, kann es sowohl für quantitativ als auch für qualitativ beschreibbare Phänomene des Personalmanagements verwendet werden. Die Bedeutung des Benchmarking für die Wertschöpfungsmessung kann auf zwei Ebenen gesehen werden:

1. *Vergleich der Personalcontrollinginstrumente und -methoden zur Wertschöpfungsmessung.* Hier erhalten die sich vergleichenden Unternehmen Hinweise für die Verbesserung ihres Personalcontrollingsystems. Diese kann durch Informationen über verbesserte Wertschöpfungskennzahlen und Wertschöpfungskennzahlensysteme, über Vorgehensweisen zur qualitativen und quantitativen Evaluation der Wertschöpfung oder über Vorgehensweisen und Inhalte bei Mitarbeiterbefragungen erfolgen.

2. *Vergleich der Wertschöpfung des Personalmanagements selbst.* Hier werden Indikatorenwerte zur Wertschöpfung des Personalmanagements verglichen. Dabei erhalten die sich vergleichenden Unternehmen Aufschlüsse über den Wertschöpfungsbeitrag ihres Personalmanagements. So kann sich z. B. zeigen, dass sich das Niveau der Mitarbeiterzufriedenheit oder Produktivität sehr stark unterscheidet. Ausgehend von dieser Tatsache, stellt sich nun in dem Unternehmen mit der geringeren Zufriedenheit die Frage nach den Ursachen dieses Phänomens und gegebenenfalls nach Maßnahmen zur Erhöhung der Mitarbeiterzufriedenheit.

Bei einem solchen Vergleich von Kennzahlen ist jedoch immer darauf zu achten, dass die Kennzahlen auf gleiche Weise erhoben wurden. So kann die Mitarbeiterzufriedenheit meist nur verglichen werden, wenn der

---

470 Vgl. Camp 1994, S. 253 f.; Wimmer/Neuberger 1998, S. 569 ff.
471 Vgl. Hiltrop/Despres 1995, S. 204.

A. Personalcontrolling

gleiche Fragebogen bei der Erhebung verwendet wurde. Aber auch anscheinend einfache Kennzahlen, wie die Anzahl der Mitarbeiter oder die Austrittsrate, können auf verschiedene Arten errechnet werden. So kann bei der Mitarbeiterzahl entweder die Kopfzahl oder die Kapazitätszahl benutzt werden, bei der Austrittsrate können z. B. Rentner enthalten sein oder auch nicht.

Insbesondere in Großunternehmen kann mit besonderem Aussagegehalt ein unternehmensinternes Benchmarking angewandt werden. So kann ein Benchmarking über verschiedene Abteilungen z. B. auf der Ebene der Mitarbeiterführung durchgeführt werden. Dieser Vergleich ist interessant, da die Führungskräfte innerhalb eines Unternehmens unter den gleichen oder zumindest ähnlichen Rahmen- und Umfeldbedingungen der strukturellen Führung z. B. über Personalpolitik und Personalmanagementsysteme handeln. Unterschiede in der Wertschöpfung der Mitarbeiterführung zwischen einzelnen Abteilungen sind daher neben den abteilungsspezifischen Merkmalen und den individuellen Eigenschaften der Mitarbeiter vor allem auf der interaktiven Seite der Führung zu sehen.

- *Grenzen des Benchmarking*

Während die Datenverfügbarkeit im Personalbereich für ein Benchmarking i.d.R. gut bis sehr gut ist, so liegen die Grenzen des Benchmarking in der Versuchung das unternehmerische Handeln so zu verändern, dass die entsprechenden Kennzahlen den Best-Practice-Unternehmen (in der Branche bzw. der Vergleichsgruppe) angenähert werden. Entsprechen die unternehmensspezifischen Einflussfaktoren des Personalmanagements (wie z.B. Unternehmenskultur, Betriebsklima, Qualifikations- und Motivationsstruktur, Altersstruktur) nicht dem Branchendurchschnitt bzw. dem Best-Practice-Unternehmen, so kann ein solches Vorgehen aufgrund der mangelnden Vergleichbarkeit zu Effizienzverlusten führen.[472]

Die folgende Abbildung fasst die Grenzen der Nutzung von Benchmarking zusammen. Auf jeden Fall ist daher sicherzustellen, dass das Benchmarking als neuer Denkanstoß und nicht zur Reduktion der eigenen Kreativität genutzt wird.

---

472 Vgl. Weber 1995, S. 213.

	Benchmarking als empirischer Datenabgleich ohne inhaltliche Interpretation nur begrenzt aussagefähig Grenzen der Nutzung von Benchmarking
Datenverfügbarkeit	Im Personalbereich je nach Unternehmen gut bis sehr gut; jedoch nur als Trendaussage (und oft banal)
Benchmark-Quelle:	Einzelwert, präzise, aber nicht vergleichbar und statistisch gesehen irrelevant; breite Stichprobe/Grundgesamtheit statistisch robist, aber unpräzise, bzw. standardisiert
»Zehnkampf-Fehlen«:	Kein echter Alternativentwurf erkennbar, unrealistische Komposition von isolierten Bestwerten
Best-Practice Beispiele:	Oftmals nebulös odr zu theoretisch
Kosten eines Prozesses:	Kosten als Leistungsmaßstab eines Prozesses i.d.R. problematisch
»Echte«-Prozess-Qualität:	Prozess-Qualität i.S.v. Abdeckungsgrad der Nutzenanforderungen schwer nachzuweisen; Umkehrschluß unmöglich (»was passiert, wenn keine Online-Berichte zur Verfügung gestellt werden?«)
»Richtiges« Benchmarking	»Richtiges« Benchmarking mit maßgeschneiderten externen Untrsuchungs-Design extrem aufwendig, Nutzen eher zweifelhaft
	Benchmarking zur Bestimmung der Stoßrichtung (bzw. Denkanstoß) und zum schnellen, effizienten Aufdecken von möglichen Potenzialen hilfreich

Abb. 104: Grenzen der Nutzung von Benchmarking

- *Vorgehensweise beim Benchmarking*

Phillips[473] schlägt folgende Vorgehensweise für ein externes Benchmarking mit sieben Phasen vor:[474]

1. Bestimmung der Benchmarkinggrößen
2. Einsetzen eines Benchmarking-Teams
3. Identifikation der Benchmarking-Partnerunternehmen
4. Datenerfassung
5. Auswertung der Daten
6. Bereitstellen des Ergebnisses für die Partnerunternehmen
7. Implementation der aus dem Benchmarkingprozess abgeleiteten Verbesserungen

---

473 Vgl. Phillips 1996, S. 230.
474 Vgl. auch Camp 1994.

A. Personalcontrolling

So kann ein Benchmarking der Personaladministrationskosten am Beispiel der Kosten der Gehaltsabrechnung zu folgenden Ergebnissen führen (Abb. 105):[475]

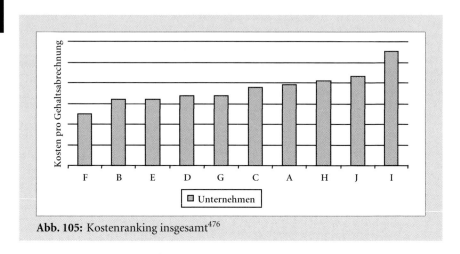

Abb. 105: Kostenranking insgesamt[476]

So wird aus der Abbildung ersichtlich, dass die eigenen Kosten pro Gehaltsabrechnung (Unternehmen A) in der oberen Hälfte der betrachteten Unternehmen liegen. Folglich können hier Maßnahmen zur Kostenreduktion überlegt werden.

Dabei kann es auch sinnvoll sein, die ermittelten Größen zu anderen Einflussgrößen in Beziehung zu setzen. Bei der Gehaltsabrechnung besteht z. B. die Vermutung, dass die Kosten pro Abrechnung mit steigender Mitarbeiterzahl zurückgehen (economies of scale). Eine entsprechende Darstellung liefert Abb. 106, die die Vermutung bestätigt. Allerdings wird hieraus besonders deutlich, dass die Kosten der Gehaltsabrechnung im eigenen Unternehmen im Vergleich zu hoch sind:

---

475 Vgl. auch Hillen 1997, S. 58 ff.
476 Eigene Darstellung.

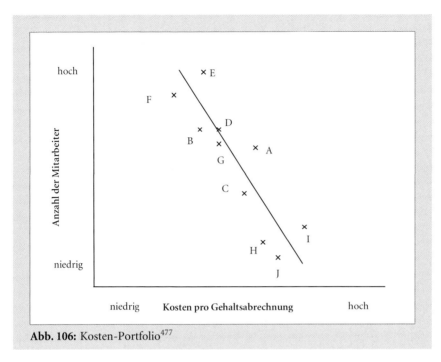

Abb. 106: Kosten-Portfolio[477]

Abschließend ist nun nach den Ursachen der unterschiedlichen Kostenhöhen zu suchen. So kann z. B. die Komplexität des Abrechnungssystems und der Grad an Computerunterstützung für die Abweichungen verantwortlich gemacht werden.

Diese Ursachen bilden nun die Ausgangsbasis für eventuelle Verbesserungen. So kann z. B. das Abrechnungssystem neu konzeptioniert werden. Hierbei sind jedoch auch die eventuellen positiven Anreizwirkungen eines komplexeren Abrechnungssystem mit in den Evaluationsprozess einzubeziehen.

- *Verbreitung in der Praxis*

In der Praxis ergibt sich folgende Verbreitung von *internen* und *externen Benchmarkingpraktiken* für die Personalabteilung. Es zeigt sich, dass externes Benchmarking etwas häufiger als internes Benchmarking durchgeführt wird. 30% der befragten Unternehmen haben noch nie ein Benchmarking durchgeführt.

---

477 Eigene Darstellung.

A. Personal-controlling

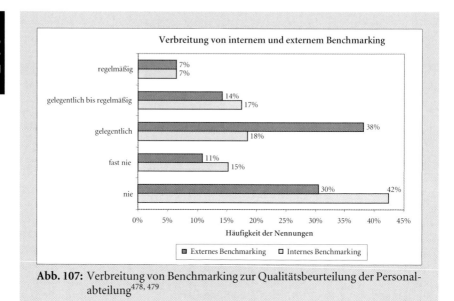

Abb. 107: Verbreitung von Benchmarking zur Qualitätsbeurteilung der Personalabteilung[478, 479]

3.10 Computerunterstützte Messung der Wertschöpfung über Personalinformationssysteme

Ohne EDV-Unterstützung ist heutzutage weder ein wirkungsvolles Personalcontrolling noch eine Messung der Wertschöpfung im Personalmanagement denkbar. Erfolgreiches Personalmanagement wird entscheidend durch Umfang und Güte der verfügbaren Personalinformationen bestimmt. Personalinformationssysteme gehören heute zum Standardinstrumentarium im Personalmanagement.[480] Die Leistungsfähigkeit einzelner Personalinformationssysteme hängt von den technischen Möglichkeiten und der Zweckbestimmung ab. Neben administrativen Funktionen sollen zunehmend auch dispositive Aufgaben erfüllt werden, wodurch sich Personalinformationssysteme auch verstärkt zur Unterstützung des Personalcontrollings und damit der Messung der Wertschöpfung eignen können.[481]

In der Praxis wird sich der Einsatz von Personalinformationssystemen auch mit dem Voranschreiten der Informationstechnologie weiter ausdehnen. Eine Einordnung computergestützter Controllingmethoden lässt sich an-

---

478 Vgl. Wunderer/Arx/Jaritz 1997, S. 9.
479 Quelle: eigene Umfrage 1997, N = 93. Frage: Welche Instrumente benutzen Sie, um die Zufriedenheit der internen Bezugs- bzw. Kundengruppen bezüglich der Personalabteilung zu beurteilen?
480 Vgl. Steiner 1998.
481 Vgl. Hentze/Kammel 1993, S. 184 ff.; vgl. auch Pfeiffer 1995; Horváth 1996, S. 663 ff.

hand der Kriterien Arbeitsteilung, Anpassungsgrad, Problemlösungsbeitrag, Filtertechnik und Verteilungsgrad vornehmen.[482]

3. Evaluation der Wertschöpfung

Arbeitsleistung	Vollflexible Dialoge	Kritiksysteme	Lotsensysteme	Interpretations-/ Bewertungshilfen	Automatische Berichte
Anpassungsgrad	starres System		variables System		adaptives System
Problemlösungssystem	Symptomerkennung	Diagnose		Therapie	Prognose
Filtertechnik	Schwellen	Rankings		Navigation	Datenmustererkennung (DME)
Verteilungsgrad	Stand-alone-Analysen			Agentensysteme	

Abb. 108: Kriterienkatalog für computerunterstützte Controllingmethoden[482]

Allgemein ist ein Personalinformationssystem ein System zur Gewinnung, Speicherung, Verarbeitung, Auswertung und Übertragung personal- und arbeitsplatzbezogener Informationen mit Hilfe technischer, methodischer und organisatorischer Mittel zur zielgerichteten Versorgung der Führungskräfte, Personalsachbearbeiter, Mitarbeiter und Arbeitnehmervertreter zur zielorientierten Bewältigung von Führungs- und Administrationsaufgaben unter Berücksichtigung relevanter Gesetze, Verordnungen und Verträge.[483] Da das Personalinformationssystem neben den Informationssystemen anderer Funktionsbereiche, wie z. B. Absatz, Finanz- und Rechnungswesen und Produktion, als integrierter Bestandteil des gesamten Managementinformationssystems anzusehen ist, ist die Vernetzung des Teilsystems Personalinformationssystem mit diesem sicherzustellen, um so durch eine integrierte Datenverwaltung Redundanzen vermeiden und die Datenintegration gewährleisten zu können.

Da es selten sinnvoll ist, die hohen Investitionen zu tätigen, die mit der Entwicklung und Selbsterstellung von Software verbunden sind, werden in der Praxis in mittleren und großen Unternehmen, aber auch in der öffentlichen Verwaltung fast ausschließlich Standardsoftwarepakete, wie z.B. von SAP das Modul ERP HCM (Enterprise Resource Planning Human Capital Management) oder Oracle PeopleSoft Enterprise verwendet.[484] Diese Programme sind i.d.R. ausbaufähig und unternehmensspezifisch

---

482 Vgl. Mertens/Bissantz/Hagedorn 1995, S. 232.
483 Vgl. Hentze/Kammel 1993, S. 185; Domsch/Schneble 1995b, S. 450.
484 Seit dem 1. Juni 2005 gehört PeopleSoft zu Oracle.

anpassbar. Für Klein- und Kleinstunternehmen kann dagegen auch noch die ausschließliche Anwendung nicht personal-spezifischer Softwareprogrammen wie von Textverarbeitungssystemen und Tabellenkalkulationssystemen ausreichen.[485, 486]

Als weltweite Marktführer im Bereich betriebswirtschaftlicher Anwendungssoftware bieten *SAP* und *Oracle (PeopleSoft)* für Großunternehmen, den Mittelstand und auch die öffentliche Verwaltung auch Module für das Personalmanagement an. Die Module lassen sich sowohl als Teil einer unternehmensweiten Implementierung integrieren als auch als Stand-alone-Lösung nutzen. Die Integration der verschiedenen Systeme macht in der Praxis neben Lizenz- und Wartungskosten einen hohen Kostenanteil aus. So hat z.B. die BMW Group gerade wesentliche Teile ihrer personalwirtschaftlichen Software im Rahmen des Projektes eHR erneuert und damit auch ihre Personalprozesse überarbeitet und optimiert:[487]

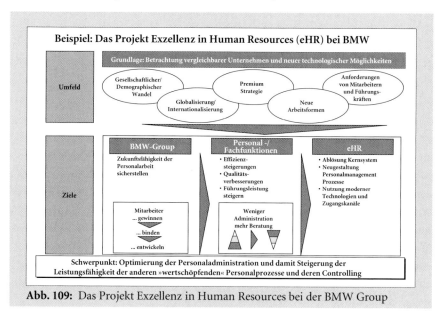

Abb. 109: Das Projekt Exzellenz in Human Resources bei der BMW Group

---

485 Vgl. Steiner 1998, S.152 ff.
486 Vgl. Strohmeier 1995a, S. 139 f.
487 Quelle: BMW Group.

Vorteile dieser Standardsoftware ist die Branchenunabhängigkeit bei gleichzeitiger Berücksichtigung von Branchenspezifika, die Multinationalität und die universelle Anwendbarkeit auf einer Vielzahl von IT-Infrastrukturen. So beinhaltet z.B. das Modul SAP ERP Human Capital Management u.a. klassischen Hauptfunktionen (Abb. 110):

- Personaladministration,
- Personalstammdatenverwaltung,
- Personalbeschaffung,
- Reisemanagement,
- Organisationsmanagement,
- Personalkostenplanung,
- Lohn- und Gehaltsabrechnung,
- Zeitwirtschaft,
- Personaleinsatzplanung,
- Personalentwicklung,
- Veranstaltungsmanagement.

Abb. 110: Ausgewählte Funktionen des Modul SAP ERP Human Capital Management[488]

Bei der *Personalbeschaffung von PeopleSoft (Oracle)* werden z.B. folgende Aktivitäten unterstützt:

- Online-Suche nach qualifizierten externen und internen Kandidaten entsprechend den Stellenanforderungen
- Stellenausschreibungen
- Auswahl von Bewerbern anhand von Kriterien wie Personaldaten, Fähigkeiten, Aus- und Weiterbildung und Testergebnissen
- Versand von Lebensläufen
- Vereinbarung von Bewerbungsgesprächen und Verwaltung der Ergebnisse
- Standardisierte automatische Personalbriefe
- Weiterleitung von Angeboten und Neueinstellungen
- Statusüberprüfung und Zusammenfassung der Informationen über Bewerber, Einstellung und Kosten
- Erstellung von Statistiken zum Bewerbungsverlauf und Bewertung der Effektivität von Personalbeschaffungsaktivitäten

Abb. 111: Unterstützung der Personalbeschaffung bei PeopleSoft[489]

---

488 Quelle: SAP AG. Vgl. auch die zahlreichen Success Stories auf www.sap.com.
489 Quelle: PeopleSoft.

A. Personal-controlling

Für bestimmte Problemstellungen, wie z.B. HR-Balanced Scorecards, bieten zusätzlich darüber hinaus viele Spezialanbieter Softwarelösungen an, die sich in die bestehenden Prozesse und Systeme integrieren lassen.[490]

Von besonderer Bedeutung ist dabei auch das Workflow-Management, das die Personalmanagementprozesse durch erhöhte Effizienz, verbesserte Kontrolle über Standardisierung und verbesserte Handhabung unterstützt.[491]

Dabei setzen die Systeme auch auf eine Verbesserung der internen und externen Kommunikation durch die Integration mit dem weltweiten Internet und dem firmeninternen Intranet. So ist es z.B. möglich, die Mitarbeiter zu verpflichten, Änderungen ihrer Personaldaten selbstständig im Informationssystem vorzunehmen, wodurch die Personalabteilung von administrativen Tätigkeiten, wie Auskunftserteilung und Datenaktualisierung, entlastet wird.[492]

Dabei können drei Formen von Selbst-Service unterschieden werden:

Bei IBM werden drei Formen von Selbst-Service unterschieden, die die Mitarbeiter des Personalmanagements entlasten:

1. *Inform-yourself-Service:* Hier können sich Mitarbeiter und Führungskräfte selbständig online informieren. Beispiele sind Richtlinien und Personalhandbücher, die ohne weitere Rückfragen bei der Personalabteilung eingesehen werden können.

2. *Do-it-yourself-Service:* Hier können Mitarbeiter und Führungskräfte selbständig Vorgänge bearbeiten oder Änderungen an für sie relevanten Daten vornehmen, wie z. B. Änderung der Anschrift oder Einlösung von Bonusprämien etc.

3. *Create-it-Service:* Ausgehend vom ›Creator‹ (Mitarbeiter, Führungskraft oder Personalabteilung), der den Prozess anstößt, wird ein kompletter Vorgang zu vordefinierten Beteiligten in einer vordefinierten Reihenfolge ausgeführt. Z. B. kann nach der Besprechung der Leistungsbeurteilung mit dem Mitarbeiter die Führungskraft die Beurteilung eingeben, die dann an den nächsthöheren Vorgesetzten zur Kenntnisnahme weitergeleitet wird. Nach der Zustimmung wird die Leistungsbeurteilung einerseits zur unternehmensweiten Aggregation freigegeben, andererseits als Grundlage für den Leistungsbonus verwendet.

Abb. 112: Formen von Selbst-Service im Personalmanagement[493]

---

490 Vgl. z.B. Berg/Hölzle 2005, S. 54 ff. für eine Übersicht von 22 aktuellen HR-Balanced Scorecard Softwarelösungen und ihrer Bewertung.
491 Vgl. Lawrence 1997.
492 Vgl. Lechner 1998, S. 114 ff.
493 Vgl. Kirrmann 1998, S. 22 ff.

Die Vorteile der Erhebung personalmanagementspezifischer Informationen direkt in der Linie liegen dabei im geringeren Erhebungsaufwand, da die Mitarbeiter der Personalabteilung von solchen administrativen Tätigkeiten entlastet werden. Auch wird dadurch eine erhöhte räumliche und zeitliche Flexibilisierung unterstützt, da die Notwendigkeit eines direkten Kontaktes mit den Mitarbeitern der Personalabteilung verringert wird.

Ein generelles Problem für eine Softwareunterstützung des Personalcontrollings ist das Fehlen einer einheitlichen Vorstellung von Personalcontrolling in Wissenschaft und Praxis. Nur konkrete, operational formulierte Aufgabenstellungen erlauben überhaupt den Herstellern eine Orientierung zur Entwicklung entsprechender Software. Beide Systeme lösen dieses Problem durch die Möglichkeit der unternehmensspezifischen Anpassungsmöglichkeit. So können im Führungsinformationssystem der Systeme Auswertungen zu allen personalwirtschaftlichen Anwendungen vorgenommen werden, einschließlich der Erstellung eigener Reports. Das Managementinformationssystem erlaubt die Verdichtung großer und größter Datenmengen zu Unternehmenskennzahlen. Zusätzlich lassen sich z. B. in der Funktion Personaleinsatzplanung zu jedem Zeitpunkt die entsprechenden Pläne in ein Tabellenkalkulationsprogramm portieren, so dass eine individuelle Weiterbearbeitung der Personalinformationssystemdaten möglich ist. Der Vorteil der hohen Flexibilität durch die Möglichkeit der unternehmensspezifischen Anpassung führt allerdings gleichzeitig zu dem Nachteil, dass eine z. T. aufwendige firmenspezifische Konfiguration notwendig ist.

- *Unterstützung der Wertschöpfungsmessung*

Für die Unterstützung der Wertschöpfungsmessung im Rahmen des Kostencontrollings erlauben die Systeme auch die prozessbezogene Analyse der Kosten. So können z. B. in der Funktion Personalbeschaffung die Kosten des Einstellungsprozesses transparent dargestellt werden oder in der Funktion Veranstaltungsmanagement basierend auf den benötigten Ressourcen automatisch ein Preis pro Teilnehmer errechnet werden, der entweder intern über die Kostenrechnung verrechnet oder extern über das Vertriebssystem fakturiert werden kann.

Die Systeme können damit vor allem die Wertschöpfungsmessung der quantitativen Seite wirkungsvoll unterstützen, indem sie die relevanten Daten erfassen, verarbeiten und auch für eine Nachbereitung mit Standard-Office-Programmen bereitstellen.

---

494 Vgl. Kirrmann 1998, S. 22 ff.

A. Personalcontrolling

Die Messung der Wertschöpfung z. B. in Form der Mitarbeiterzufriedenheit kann ebenfalls durch Computer unterstützt werden. So können z. B. über das firmeninterne Intranet Fragebögen an die Mitarbeiter versandt werden, die diese nach der elektronischen Bearbeitung zurücksenden. Auf diese Weise kann man die Auswertung der Fragebögen erheblich verkürzen, da der Zwischenschritt der manuellen Übernahme der Fragebogenrohdaten von einem handschriftlichen ausgefüllten Fragebogen in den Computer in diesem Fall entfällt. Die so gewonnenen Daten können dann unmittelbar quantitativ und qualitativ sowie auch anonymisiert ausgewertet werden.[495]

Auch für die Mitarbeiterbeurteilung im Rahmen einer 360°-Beurteilung ist eine solche Computerunterstützung möglich, doch sollte man dabei bedenken, dass hier das persönliche Gespräch im Vordergrund steht.

Für die Messung der qualitativen Wertschöpfung in der Management-Dimension scheint dagegen die Computerunterstützung eher sekundär. Aufgrund des qualitativen und strategischen Charakters dieser Wertschöpfung und der damit verbundenen schlechten Strukturierung der Problemstellung lässt sich hier die Computerunterstützung vor allem mit Tabellenkalkulationsprogrammen realisieren.[496] Dies betrifft gerade auch Prognoseverfahren wie Human-Ressourcen-Portfolios, Personalszenarios und Szenarioanalysen, mit denen die zukünftige Wertschöpfungsentwicklung des Personalmanagements abgeschätzt werden soll. Die für diese Analyse zugrundeliegenden Daten sind in diesem Fall auch vom Personalinformationssystem bereitzustellen, darüber hinaus müssen diese aber durch (strategische) Informationen ergänzt werden, die außerhalb des Personalinformationssystems liegen.

Personalinformationssysteme sind für ein modernes Personalcontrolling und die damit verbundene Wertschöpfungsmessung unentbehrlich, da sie einen wesentlichen Teil der notwendigen Informationen liefern. Die Wertschöpfungsmessung ist aber gerade in der Management-Dimension durch Überlegungen und Analysen zu ergänzen, die auf Informationen aufbauen, die außerhalb des Personalinformationssystems liegen. Hier kann vor allem Standard-Office-Software zur Anwendung kommen, mit denen die Abschätzung der quantitativen und vor allem ökonomischen Folgen des Personalmanagements unterstützt werden kann.

---

495 Quelle: Interview Hewlett Packard.
496 Vgl. Strohmeier 1995b, S. 257.

3.11 Fazit

Der Evaluation der Wertschöpfung im Personalmanagement kommt eine zentrale Bedeutung zu. Auch ausgehend von einer unternehmerischen Führung, die das Personalmanagement als internen Dienstleister fordert und fördert, muss das Personalmanagement mit seiner Schnittstellenfunktion und Integrationsfunktion für alle seine Bezugsgruppen einen Wertschöpfungsbeitrag liefern.

Aufgrund der verschiedenen Rollen des Personalmanagements und der unterschiedlichen Dimensionen der Wertschöpfung (strategisch – operativ, wertsichernd – wertsteigernd, kontextbezogen – potenzialbezogen – prozessbezogen – ergebnisbezogen, direkt – indirekt), kann die Wertschöpfung nur über verschiedene Indikatoren erfasst werden. Dabei haben vor allem Kennzahlen eine große Bedeutung, da sie relevante und komplexe Sachverhalte in einfacher und verdichteter Form wiedergeben können. Da eine Quantifizierung jedoch nicht vollständig gelingen kann, sind auch qualitative Überlegungen notwendig.

Als zentrale Moderatorvariablen des Personalmanagements sind die Mitarbeiterzufriedenheit und -produktivität zu verstehen. Ihrer Evaluation – auch als interner Kundenzufriedenheit – kommt daher eine grundlegende Bedeutung zu. Dazu sind auch verschiedene Messinstrumente auf der Ebene der Mitarbeiter und der Personalabteilung vorgestellt worden. Dabei führen die Messinstrumente nicht nur zur Erfassung der relevanten Größen als Moderatorvariablen, sondern sie demonstrieren auch den Bezugsgruppen des Personalmanagements die damit verbundene unternehmerische Dienstleistungskultur.

Als potenzialbezogene Wertschöpfungsmessung kann die Humanvermögensrechnung verstanden werden. Hier erfolgt die Bewertung des Humanvermögens in Anlehnung an die Investitionsrechnung. Im Vergleich zur Messung und Evaluation der vorherigen Moderatorvariablen, erfolgt hier noch eine stärkere Quantifizierung bzw. Monetarisierung der Wertschöpfung (genauer: des Wertschöpfungspotenzials). Diese ist nur insofern problematisch, da durch die Quantifizierung eine Genauigkeit suggeriert wird, die aufgrund des Indikatorencharakters nicht möglich ist.

Für die Evaluation der Wertschöpfung kommt auch dem Benchmarking eine große Bedeutung zu, da dadurch die Bewertung der Wertschöpfung – sowohl des Bewertungsprozesses als auch die Beurteilung des Bewertungsergebnisses – verbessert werden kann und damit auch an Aussagekräftigkeit gewinnt.

Nicht zuletzt gewinnt auch die Computerunterstützung über Personalin-

A. Personal-controlling

formationssysteme an Bedeutung, die das Personalmanagement von einer Vielzahl administrativer Aufgaben entlasten kann und damit die wirtschaftliche und soziale Effizienz – und damit auch die Wertschöpfung – des Personalmanagements erhöhen kann.

Die Evaluation der Wertschöpfung als Aufgabe des Personalmanagements ist damit ein umfassender Ansatz zur Bewertung des Personalmanagements. Der Wertschöpfungsbegriff eignet sich hier besonders, da er den verschiedenen Ansprüchen der Bezugsgruppen des Personalmanagements gerecht wird.

4. Personalprozessbezogene Messung der Wertschöpfung

Kapitelübersicht

4.1	Personalprozesscontrolling als Ausgangspunkt	203
4.2	Personalcontrolling als Metaprozess der Wertschöpfungsmessung	210
4.3	Personalmarketing	213
4.4	Personalgewinnung, -einsatz und -freisetzung	216
4.5	Personalhonorierung	223
4.6	Personalentwicklung	228
4.7	Personalführung und laterale Kooperation	235
4.8	Personaladministration	243
4.9	Schlussbetrachtung	245

4.1 Personalprozesscontrolling als Ausgangspunkt

Ausgehend von der Prozessorientierung im Personalmanagement liegt es nahe, die Messung der Wertschöpfung auf die Personalmanagementprozesse zu beziehen.[496] So sind bereits für verschiedene Personalmanagementprozesse, wie die Personalauswahl[497], die Personalentwicklung[498] und Führungs- und Kooperationsbeziehungen[499] Ansätze zur Wertschöpfungsmessung formuliert worden. Nach unserer Umfrage haben 44 % der beteiligten Unternehmen einen oder mehrere Prozesse im Personalmanagement definiert.[500]

Da man prinzipiell jede regelmäßige Abfolge von Aktivitäten als Prozess definieren kann, ist es sinnvoll, sich auf wenige Kernprozesse im Personalmanagement zu konzentrieren. In der Personalmanagementpraxis werden z. T. sehr unterschiedliche Kernprozesse definiert,[501] die zumeist einzelne

---

496 Vgl. Schuler 1984; Morgan 1992; Hiltrop/Despres 1995, S. 203 ff. Die prozessorientierte Betrachtungsweise wird insbesondere auch durch die weite Verbreitung der ISO 9000 und dem umfassenden Qualitätsmanagement begünstigt. Vgl. auch Brede 1997.
497 Vgl. z. B. Gerpott 1989.
498 Vgl. z. B. Papmehl/Baldin 1989b; Papmehl/Baldin 1989a; Wunderer/Fröhlich 1994.
499 Vgl. z. B. Wunderer 1990.
500 Quelle: eigene Umfrage 1997, N = 107. Frage: Welche Prozesse haben Sie im Personalmanagement definiert? Vgl. auch Wunderer/Arx 2002.
501 So werden u. a. folgende Prozesse im Personalmanagement verwendet: Personalbedarfsermittlung, Personalgewinnung, Personalbeurteilung, Mitarbeitergespräch, Personalbeförderung, Personalentwicklung, Ausbildungsbedarfsermittlung, Weiterbildung (extern/intern), Lehrlingsausbildung, Freistellung (Entlassung), Personaladministration/-verwaltung, Budgetierung, Information und Kommunikation, Zielvereinbarung, Zeiterfassung, Personaleinführung, Personalentlohnung, Personalcontrolling, Bildungs- und Förderungscontrolling, Pension/Vorsorge, Mitarbeiterzufriedenheit und Industrial Relations.

A. Personalcontrolling

Personalfunktionen umfassen oder auch die Wertschöpfungsmessung selbst als Prozess verstehen, z. B. Prozess zur Messung der Qualität der Personalabteilung oder Prozess zur Messung des »Value Added«.[502] Da die Wertschöpfungsmessung jedoch Teil eines jeden Personalprozesses sein muss, um diesen evaluieren zu können, erscheint letzterer Ansatz ungeeignet.

Dabei geht es bei der prozessbezogenen Wertschöpfungsmessung um das Wertschöpfungscontrolling in den jeweiligen Prozessen, so dass jedem Kernprozess eine entsprechende Controllingfunktion zugeordnet werden kann.

Eine besondere Stellung nimmt der Prozess des Personalcontrollings ein. Einerseits ist das Personalcontrolling als Metaprozess für die Evaluation der Wertschöpfung in den sechs übrigen vorgeschlagenen Kernprozessen zu verstehen, andererseits ist dessen Wertschöpfung auch auf dieser Ebene selbst zu evaluieren. Wir werden daher den Personalcontrollingprozess, den wir nicht als Kernprozess verstehen, vorgezogen behandeln.

Im Folgenden werden wir für die personalprozessbezogene Messung der Wertschöpfung des Personalmanagements sechs Kernprozesse unterscheiden, die z. T. aufeinander aufbauen, auf jeden Fall allerdings zusammenhängend betrachtet werden müssen.[503] Diese sind:

Kernprozess	Wertschöpfungsmessung als Aufgabe des ...
– Personalmarketing (als Gestaltung und Kommunikation effizienter Arbeitsbedingungen)	– Personalmarketingcontrolling
– Personalgewinnung, -einsatz und -freisetzung,	– Personalgewinnungscontrolling, -einsatzcontrolling und -freisetzungscontrolling,
– Personalhonorierung,	– Personalhonorierungscontrolling,
– Personalentwicklung und -erhaltung,	– Personalentwicklungscontrolling einschließlich Bildungscontrolling,
– Personalführung und laterale Kooperation,	– Führungs- und Kooperationscontrolling,
– Personaladministration.	– Personaladministrationscontrolling.

Abb. 113: Kernprozesse im Personalmanagement[504]

---

502 Vgl. z. B. Gerlach 1995, S. 420; Lichtsteiner/Arx 1995, S. 467.
503 Vgl. Amling 1997, S. 158 ff.
504 Eigene Darstellung.

Zusätzlich kann auch noch der Personalbeurteilungsprozess definiert werden, der als Teilprozess integraler Bestandteil der Prozesse Personalgewinnung, -honorierung und -entwicklung ist. Er wird daher hier nicht als eigenständiger Kernprozess verstanden.[505]

- *Ergebnisbezogene Messung der Wertschöpfung von Personalprozessen*

Prinzipiell lässt sich die Wertschöpfung von Personalprozessen auf vier Stufen ergebnisbezogen in Anlehnung an das Vier-Stufen-Konzept von Kirkpatrick[506] ermitteln:

1. *Reaktionsstufe:* Hier geht es um die Messung der Zufriedenheit der internen Kunden und Bezugsgruppen mit der Durchführung der Maßnahme. Dabei wird diese Zufriedenheit als integraler Bestandteil der Dienstleistung verstanden. So kann z. B. die Zufriedenheit der Bewerber mit dem Personalgewinnungsprozess oder der Mitarbeiter mit dem Personalhonorierungsprozess ermittelt werden.
2. *Transferstufe:* Hier steht die Bewertung der Qualität des Personalprozesses im Mittelpunkt. Dabei kann die Bewertung durch die internen Kunden und Bezugruppen erfolgen. So kann die Qualität des Personalgewinnungsprozesses durch die dezentralen Abteilungen eingeschätzt werden oder das Personalhonorierungskonzept durch die Mitarbeiter. Im Gegensatz zur Reaktionsstufe wird dabei nicht die Durchführung des Prozesses, sondern der Prozess als solcher beurteilt.
3. *Änderungsstufe:* Hier erfolgt die Messung der Änderung von Zielgrößen aufgrund der Maßnahme. So kann z. B. die Anzahl der eingestellten qualifizierten Mitarbeiter bei der Personalgewinnung als Änderung des Personalbestandes oder die Veränderung der Mitarbeiterbeteiligungsquote bei der Personalhonorierung erhoben werden. Dabei wird ein Kausalzusammenhang zwischen der Veränderung der Zielgröße und dem Unternehmensergebnis unterstellt, für die die Zielgröße ein Indikator ist.
4. *Unternehmensergebnisstufe:* Hier ist der ökonomische Nutzen der Maßnahme zu bewerten und den Kosten der Maßnahme gegenüberzustellen. Während die Kostenseite relativ einfach erfasst werden kann, gestaltet sich die Erfassung der Nutzenseite und die Zurechnung zu der Maßnahme unverhältnismäßig schwieriger.

Entsprechend den vier Evaluationsniveaus lässt sich auch der Wert der Information der Messung, die Ergebnisrelevanz, die Häufigkeit des Gebrauchs

---

505 Vgl. Kapitel 3.7.1.1 S. 132 ff.
506 Vgl. Kirkpatrick 1959; Kirkpatrick 1960; Kirkpatrick 1987, S. 301 ff. Dieses bezieht sich allerdings nur auf das Bildungscontrolling.

A. Personalcontrolling

und die Schwierigkeit der Evaluation systematisieren (Abb. 116). So steigt zwar mit den Stufen der Wert der Messung und die Ergebnisrelevanz, aufgrund der steigenden Schwierigkeit der Evaluation sinkt jedoch die Häufigkeit des Gebrauchs. Dabei sind gerade die Stufen 2, 3 und 4 für die Wertschöpfungsmessung im Personalmanagement entscheidend.

Stufe	Wert der Information	Ergebnisrelevanz	Häufigkeit des Gebrauchs	Schwierigkeit der Evaluation
1. Reaktion	sehr niedrig	sehr niedrig	häufig	einfach
2. Transfer	↓	↓	↑	
3. Änderung				
4. Unternehmensergebnis	sehr hoch	sehr hoch	selten	schwierig

Abb. 116: Evaluationsniveaus im Personalmanagement[507]

- *Phasenbezogenes Personalcontrolling von Personalprozessen*

Beim phasenorientierten Personalcontrolling können prinzipiell die drei Phasen *Planung*, *Durchführung* und *Umsetzung* unterschieden werden.[508]

Beim *Ziel-Controlling* innerhalb des *Vorfeldes* geht es um die strategie-, struktur- und kulturadäquate Ausrichtung des Personalmanagements. Die Maßnahmen müssen auf die Unternehmensziele hin ausgerichtet werden. Der qualitative Wertschöpfungsbeitrag und die Effektivitätsorientierung stehen daher klar im Vordergrund gegenüber einer Kosten- oder Effizienzorientierung. Aufgrund der Problematik der Quantifizierung der strategischen Wertschöpfung beinhaltet die Wertschöpfungsmessung im Bereich des Vorfeldes vor allem qualitative Überlegungen.

In der *Durchführungsphase* steht das *Effizienz-* und das *Kostencontrolling* als Wertschöpfungsmessung bei der Prozessdurchführung im Mittelpunkt. Diese zielt mit Effizienz- und Kostenanalysen vor allem auf die Sicherung und Verbesserung der Effizienz der Personalmanagmentprozesse. So können z. B. die Kosten nach Personalmanagementmaßnahmen und Mitarbeitern differenziert, Opportunitätskosten abgeschätzt sowie Plan- und Istkosten verglichen werden.

In der *Umsetzungsphase* tritt mit dem *Effektivitätscontrolling* wieder die qualitative Komponente der Wertschöpfung in den Vordergrund, indem die qualitative Wertschöpfung über einen bezugsgruppenorientierten Ansatz

---

507 Vgl. Phillips 1996, S. 205 ff.
508 Vgl. dazu auch die drei Phasen Vorfeld, Lernfeld und Funktionsfeld speziell für das Personalentwicklungs-Controlling in Kapitel 4.6, S. 228 ff.

gemessen wird. Hier ist der Einfluss der Personalmanagementmaßnahme auf das Unternehmen und den Mitarbeiter und seine (internen und externen) Kunden zu beurteilen.

4. Personalprozessbezogene Messung

- *Vorgehensweise zur Messung*

Für die Messung der prozessbezogenen Wertschöpfung kann allgemein wie folgt vorgegangen werden:[509]

1. Definition »kritischer Größen« aus Sicht der Kunden (hier vor allem Unternehmensleitung, Führungskräfte und Mitarbeiter), wie z. B. zeit-, kosten- und qualitätsbezogene Faktoren,[467]
2. Definition der einzelnen Schritte des Prozesses,
3. Identifizierung der kritischen Prozessaktivitäten und der zugehörigen Qualifikationen als zentralen Wertgeneratoren, die für die erfolgreiche Durchführung des Prozesses erforderlich sind und
4. Definition von Messgrößen, die für die Überwachung des Prozesses, insbesondere der kritischen Prozessaktivitäten, geeignet sind.

- *Beispiel zur Vorgehensweise*

Folgendes Beispiel zeigt die Vorgehensweise vereinfacht für den Personalgewinnungsprozess auf:

Vereinfachtes Beispiel für den Prozess der Personalgewinnung für Führungsnachwuchskräfte
(Der Prozess wird aus Gründen der Überschaubarkeit hier nur bis zur Unterbreitung eines Angebotes vorgestellt):
1. *Kritische Größen:*
   aus Sicht des *Unternehmens*:
   (K1a) Qualitätsniveau der künftigen Führungsnachwuchskräfte,
   (K1b) Abschluss des Prozesses innerhalb von 2 Monaten bzw. bis zum festgelegten Zeitpunkt,
   (K1c) Kosten im Vergleich zum Benchmark
   aus Sicht der *künftigen Mitarbeiters:*
   (K2a) Eindruck des Unternehmens,
   (K2b) Abschluss des Prozesses innerhalb vernünftiger Zeit ab dem ersten Kontakt

---

509 Vgl. Meyer 1994, S. 100; Fitz-enz 1995; Lazear 1995; Brecht/Legner/Muschter/Österle 1998, S. 288 f.
510 Vgl. auch Phillips 1996, S. 202 ff.; dazu ausführlich Carter 1994, S. 63 ff.; Fitz-enz 1995.

A. Personal-controlling

2. *Prozessschritte:*
   a) Ausarbeitung des Anforderungsprofils und der Zielgruppendefintion
   b) Gestaltung und Schaltung der Stelleninserate in geeigneten Kanälen
   c) Vorselektion der Bewerbungseingänge
   d) Einladung ausgewählter Kandidaten und Organisation der strukturierten Einzelinterviews
   e) Auswahl geeigneter Kandidaten
   f) Unterbreitung eines Angebotes

3. Ausgehend von den aufgestellten Prozessschritten, die sich weiter verfeinern lassen, sind nun die *kritischen Aktivitäten* zu identifizieren.
   An erster Stelle steht die *Ausarbeitung des Anforderungsprofils* und darauf aufbauend, die *Gestaltung des Stelleninserats*. Hier ist mit großer Sorgfalt vorzugehen, um die kritischen Größen (K1a) und (K2a) erfüllen zu können.
   Neben der Vorselektion der Bewerbungseingänge, bei der vor allem sicher ungeeignete Bewerber auszusortieren sind, kommt der Einladung der Kandidaten und der *Organisation der Interviews* hohe Bedeutung zu. Hier bietet es sich z. B. an, den Bewerbern bereits Vorabinformationen zum Unternehmen und den Interviewpartnern (z. B. kurzes Curriculum Vitae) zukommen zu lassen (K2a). Zur Sicherung der kritischen Größe (K1a) sind die Interviewpartner geeignet vorzubereiten (z. B. klare Auswahlkriterien, Interviewleitfaden, Unterlagen über den Bewerber). Sinnvollerweise sind dazu mehrere Einzelinterviews (K1a), möglichst auch am gleichen Tag (K2b) und (K1c), durchzuführen.
   Für die Kandidatenauswahl sind die Einzelbewertungen der Interviewpartner abzustimmen, wobei ein Vetorecht sinnvoll sein kann (K1a). Bei positiver Entscheidung ist dem jeweiligen Kandidaten ein Angebot zu unterbreiten.

4. Für die *Überwachung des Prozesses* sind nun geeignete *Messgrößen aufzustellen*:
   Zur Messung der Qualität der Prozessschritte a) und b) kann z. B. die Anzahl der eingehenden qualifizierten Bewerbungen verwendet werden. Auch bietet sich ein Vergleich mit entsprechenden Inseraten anderer Unternehmen an.
   Für die Messung der Qualität der Organisation der Interviews d) kann sowohl die Zufriedenheit der Interviewpartner als auch der Bewerber mit der Durchführung durch kurze Feedbackfragebögen erhoben werden. Letztlich ist noch die Zeitdauer zwischen einzelnen Prozessschritten und des Gesamtprozesses zu erheben, um hier (K1b) und (K2b) sicherzustellen. Bei geeigneter Planung der Prozessschritte einschließlich Prozessschrittkosten (z. B. ausgehend vom Target-Costing[475]), ist das Kostenziel in diesem Beispiel unproblematisch.

- *Phasenorientierte Messgrößendefinition*

Für die Messgrößendefinition lässt sich zwischen der bereits definierten Kontextqualität, der Potenzialqualität, der Prozessqualität und der Ergebnisqualität unterscheiden.[512] Diese Unterteilung entspricht einem Kontingenz-Input-Throughput-Output-Ansatz. Die Kontextqualität beschreibt die Qualität der vorgegebenen, nicht direkt oder nur schwierig zu beeinflus-

---

511 Vgl. zum Target-Costing Kapitel 7.2.3, S. 333 ff.
512 Vgl. auch Kapitel 2.4.4, S. 40 ff.

senden Umfeldfaktoren.[513] Entsprechend der phasenbezogenen Differenzierung des Personalcontrollings fallen die Kontext- und die Potenzialqualität vor allem in den Bereich des Ziel-Controllings, die Prozessgrößen in den Bereich des Effizienz- und Kosten-Controllings und die Ergebnisgrößen sowohl in den Bereich des Effektivitäts-Controllings, aber auch »aufgrund der 4 möglichen Stufen der ergebnisbezogenen Messung« im Bereich des Effizienz-Controllings.

4. Personalprozessbezogene Messung

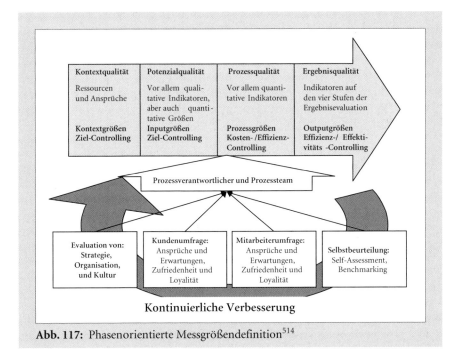

Abb. 117: Phasenorientierte Messgrößendefinition[514]

Dabei kann es sinnvoll sein, Output- und Inputgrößen bzw. ihre Veränderung in Beziehung zueinander zu setzen. Da die Bildung eines Quotienten hierfür nur in den seltensten Fällen sinnvoll und möglich ist, können dazu auch qualitative Größen und ihre Veränderung »z. B. über den Nutzwert[515]« bewertet werden.

---

513 Vgl. Kapitel 10, S. 434 ff.
514 Eigene Darstellung.
515 Vgl. dazu die Nutzwertanalyse in Kapitel 5.6., S. 268 ff., bei der eine Punktbewertung erfolgt.

- *Kontinuierliche Verbesserung*

Auch das Prinzip der kontinuierlichen Verbesserung[516] wird durch die Prozessorientierung unterstützt. So entspricht der bekannte PDCA[517]-Kreislauf von Deming mit seinen Schritten Planung, Umsetzung, Überprüfung und Handlung prinzipiell dem Controlling-Kreislauf.[518] Das anzustrebende Ziel ist dabei die ständige Verbesserung der Qualität des Prozesses durch abnehmende Fehlerraten oder eine Erhöhung des Nutzens.[519] Das Prinzip der kontinuierlichen Verbesserung bedingt eine Messung der prozessbezogenen Wertschöpfung, um Aussagen über den Grad der Verbesserung möglich zu machen.

Für die Definition und das Controlling der Messgrößen sind die Prozessverantwortlichen zuständig, in ihren Verantwortungsbereich fällt auch die Überarbeitung der definierten Indikatoren, falls sie sich als nicht mehr geeignet herausstellen sollten. Dabei ist zu beachten, dass neben quantitativen Größen gerade auch qualitative Elemente zu erfassen sind, bei denen das subjektive Urteil des Prozessverantwortlichen in die Bewertung eingeht. Dies ist vor allem bei der potenzialbezogenen, aber auch bei der ergebnisbezogenen Wertschöpfung der Fall.

4.2 Personalcontrolling als Metaprozess der Wertschöpfungsmessung

Personalcontrolling beinhaltet die Wertschöpfungsmessung als Evaluationsfunktion. Bei der Wertschöpfungsmessung innerhalb des Personalcontrollings geht es um die zentrale Frage, welchen Wertschöpfungsbeitrag das Personalcontrolling liefert und wie dieser zu erfassen ist. Denn begrenzte Erhebungs- und Auswertungskapazitäten und Wirtschaftlichkeitsüberlegungen beschränken ein allumfassendes Personalcontrolling auf diejenigen Aktivitäten, deren positive Auswirkungen auf die personalwirtschaftliche Zielerreichung höher sind als die damit verbundenen Kosten.

Eine Beschränkung des Personalcontrollings und der Wertschöpfungsmessung auf wesentliche Messobjekte kann zu einem abgestuften Verfahren

---

516 Auch Continuous Improvement oder Kaizen genannt. Vgl. ausführlich z. B. Seghezzi 1996, S. 111 ff.
517 Plan-Do-Check-Act.
518 Vgl. Seghezzi 1996, S. 52 ff. Vgl. auch Kap. 2.1.1., S. 9 ff.
519 Vgl. auch Kapitel 2.4.4.3, S. 49 ff.

4. Personalprozessbezogene Messung

führen, in dem primär in einem globalen Ansatz regelmäßig alle wesentlichen Personalmanagementinstrumente und -verfahren und ihre Folgen betrachtet werden. Werden hier Unwirtschaftlichkeiten oder Unregelmäßigkeiten sichtbar, dann können in einem zweiten Schritt im Problembereich detailliertere Untersuchungen und Analysen durchgeführt werden. Zusätzlich können regelmäßig in Form von Stichproben zufällig ausgewählte Personalmanagementinstrumente und -verfahren detaillierter untersucht werden.

Ein weiterer Punkt betrifft die Bestimmung der Träger der Wertschöpfungsmessung. Hier ist die zentrale Fragestellung, inwieweit ein Personalcontroller selbst die Wertschöpfungsmessung im Sinne einer Fremdkontrolle (Trennung von Erfüllung und Überwachung personalwirtschaftlicher Aktivitäten) durchführt und inwieweit er lediglich die Handelnden bei ihrer Selbstkontrolle im Personalmanagement unterstützt. Generell ist dabei ein komplementärer Einsatz von Selbst- und Fremdkontrolle denkbar, wobei im Sinne eines unternehmerischen Personalmanagements ein hoher Anteil von Selbstkontrolle sinnvoll ist.

Die Messung der qualitativen Wertschöpfung des Personalcontrolling lässt sich gut über eine Revision des Personalcontrollings realisieren.[520] Dabei wird in der deutschsprachigen Literatur die Revision »anders als in der angloamerikanischen Literatur« wegen Betonung ihrer Unabhängigkeit häufig vom Controlling getrennt. Bei funktionaler Betrachtung kann die Revision als Controllingbestandteil aufgefasst werden, bei institutionaler Betrachtung ist zur Sicherung der Unabhängigkeit der Revision eine Trennung vom Controlling möglich (Funktionstrennung).[521]

Die Revision des Personalcontrollings unterscheidet sich daher vom Personalcontrolling durch die nicht kontinuierliche, nachträgliche von internen, natürlichen, prozessunabhängigen, neutralen und objektiven Personen durchgeführte Überwachungstätigkeit.[522] Die Revision kann auch im Rahmen des Qualitätsmanagements in ein Assessment nach dem Europäischen Qualitätsmodell integriert werden.[523]

Die Prüfungen der Revision des Personalcontrollings beziehen sich auf alle Bestandteile und Prozesse des Personalcontrollings. Das übergeordnete Ziel

---

520 Vgl. Hoss 1993a, S. 471 ff.; Hoss 1993b.
521 Die Revision des Personalcontrollings kann daher sowohl von einem Revisor, der direkt der Geschäftsleitung unterstellt ist als auch von dem Unternehmenscontroller wahrgenommen werden. Vgl. auch Horváth 1996, S. 743 ff.
522 Vgl. Horváth 1996, S. 757.
523 Vgl. auch Kapitel 9, S. 397 ff.

A. Personalcontrolling

ist die Sicherstellung wirtschaftlicher Abläufe im Personalsystem. Geeignete Messinstrumente für die Revision des Personalcontrollings sind:

> – Organisationsanalysen, mit denen Prozesse und Strukturen innerhalb des Personalcontrollings geprüft werden. Hier sind vor allem Strukturuntersuchungen, Ablaufuntersuchungen, Informationsflussuntersuchungen, Entscheidungsprozess- und Abstimmungsuntersuchungen durchzuführen, wobei diese mit Hilfe von Beobachtungen, Befragungen, Dokumentenanalysen, Ablaufdiagrammen, Organigrammen und Input-Output-Diagrammen erfolgen können,
> – Standardwerte (Standards of Performance) mit denen Soll-Ist-Vergleiche durchgeführt werden,
> – Kennzahlenvergleiche und (auch qualitatives) Benchmarking,
> – Beurteilung des Personalcontrollings durch seine Kunden und
> – Checklisten, mit denen Art und Qualität der Bestandteile des Personalcontrollings geprüft werden.

Ein umfassender Prüfungsablauf lässt sich folgendermaßen gestalten:[524]

1. Ermittlung und Beschreibung von Soll- und Ist-Objekten,
2. Messung der Objekte und der Soll-Ist-Abweichungen,
3. Analyse und Beurteilung der Objekte und Abweichungen,
4. Berichterstattung über Untersuchungsobjekte und Abweichungen,
5. Formulierung von Empfehlungen zur Erzielung der (neuen) Sollgrößen.

Durch die Revision des Personalcontrollings sind Effizienz- und Wirtschaftlichkeitsaussagen über das Personalcontrolling und damit indirekt über das Personalmanagement möglich. Dagegen sind Effektivitätsprüfungen als Beitrag des Personalcontrollings zum Geschäftsergebnis mit den vorhandenen Instrumenten weitaus schwieriger zu realisieren.[525]

Auf der Inputseite des Personalcontrollings stehen die eingesetzten Ressourcen für die Personal-Audits, Selbst-Assessments und das Personalcontrolling im Allgemeinen. Auf der Outputseite kann die Wertschöpfung des Personalcontrollings über die Qualität des Personalcontrollingsystems sowie die Veränderung der Wirtschaftlichkeit des Personalmanagements durch Kosteneinsparungen oder Effizienzsteigerungen gemessen werden. Dabei ist auch zu untersuchen, welchen Wertschöpfungsbeitrag das Personalcontrolling mit seiner Evaluationsfunktion für seine »Kunden« leistet.

Die Messgrößen beim Personalcontrolling können nach Kontext-, Input-, Prozess- und Outputgrößen unterschieden werden:

---

524 Vgl. Hoss 1993a, S. 471 f.
525 Vgl. Hoss 1993a, S. 473.

Kontextgrößen:	Inputgrößen:	Prozessgrößen:	Outputgrößen:
• Entwicklungsstand des allgemeinen Managementinformationssystems einschließlich des Personalinformationssystem (wie z. B. SAP, PeopleSoft) • Unternehmensstrategie, -organisation und -kultur in Bezug auf das Controlling • Rechtliche Bestimmungen zum Datenschutz	• Eingesetzte Ressourcen für das Personalcontrolling, auch für Revision und Self-Assessments	• Effizienz der Personalcontrollingprozesse • Quantität (z. B. Anzahl und Anteil) und Qualität (z. B. Dringlichkeit und Wichtigkeit) der ausgemachten Problemfelder	• Qualität und Leistungsfähigkeit des Personalcontrollingsystems, auch durch die Kunden beurteilt • Wirtschaftlichkeitsverbesserungen im Personalmanagement

Abb. 116: Wertschöpfungsindikatoren für das Personalcontrolling[526]

- *Fazit*

Die Wertschöpfung des Personalcontrollings kann über die Evaluation und Revision des Personalcontrollings überprüft werden. Dabei eignen sich vor allem auch qualitative Methoden wie z. B. ein Self-Assessment nach dem EFQM-Modell. Die prozessbezogene Analyse des Personalcontrollings kann gut nach Kontext-, Input-, Prozess- und Outputgrößen unterschieden werden. Insgesamt ist die Wertschöpfung des Personalcontrollings aufgrund der Eigenschaft als Metaprozess im Vergleich zu anderen Personalmanagementprozessen insbesondere den Kernprozessen jedoch von nachrangiger Bedeutung.

4.3 Personalmarketing

Personalmarketing[527] kann als »die Kunst, attraktive und effiziente Arbeitsbedingungen zu analysieren, zu gestalten und zu kommunizieren«[528] definiert werden. Insofern wird hier nicht die enge Praxisdefinition von Personalmarketing als Personalgewinnung verstanden.[529] Grundgedanke des

---

526 Eigene Darstellung.
527 Vgl. auch Strutz 1993.
528 Wunderer 1995b, S. 345.
529 Wunderer 1975b; Wunderer 1995b, S. 345 ff.

A. Personalcontrolling

Personalmarketings ist es, die Arbeitsbedingungen und betrieblichen Anreizsysteme so zu gestalten, dass sie den Bedürfnissen der faktischen und potenziellen Mitarbeiter entsprechen. Damit werden einerseits die internen Humanpotenziale aktiviert und bisher nur unzureichend genutzte Leistungsressourcen beansprucht, andererseits können durch ein attraktives Image der Unternehmung auch externe Humanpotenziale, wie nicht erwerbstätige oder für andere Unternehmen tätige Arbeitskräfte, erschlossen werden.

Aufgrund der vielfältigen Ursachen-Wirkungs-Zusammenhänge ist es gerade im Bereich des Personalmarketings schwierig, eindeutige Aussagen zur Effizienz und Effektivität zu treffen.[530] So kann der geringe Bewerbungseingang auf eine richtig platzierte Stellenanzeige mehrere Ursachen haben:

1. Die Gestaltung der Anzeige ist unattraktiv.
2. Am Arbeitsmarkt sind nicht die entsprechenden Qualifikationsträger vorhanden.
3. Trotz einer attraktiven Gestaltung der Anzeige wird das Unternehmen von potenziellen Bewerbern als wenig attraktiv eingestuft.

Daher ist es für die Wertschöpfungsmessung im Personalmarketing nicht besonders sinnvoll, den Wertschöpfungsbeitrag von Einzelmaßnahmen zu evaluieren, sondern vielmehr die Wirkung des Gesamtkonzepts des Personalmarketings – »insbesondere aus strategischer Sicht« – zu betrachten. Während die Kosten des Personalmarketings in Form von Personal- und Sachkosten als Inputgrößen des Personalmarketingprozesses leicht abgrenzbar sind, empfiehlt sich für die (Output-)Messung der Wertschöpfung Folgendes:[531]

– Ermittlung und Analyse des internen und externen Personalimages unter Berücksichtigung der Arbeitsmarktsituation, Durchführung von vergleichenden Imagestudien (Benchmarking), Erfassung der Werbewirkung,
– Bedürfnis- und Einstellungserhebung von tatsächlichen und potenziellen Mitarbeitern,
– Vergleich des Anforderungs- und Wahrnehmungsprofils ausgewählter Zielgruppen gegenüber der Unternehmung,
– Dokumentation und Analyse der Inhalte von Austrittsinterviews.

---

530 So lässt sich auch in der Werbeerfolgskontrolle der werbebedingte ökonomische Erfolg nicht ermitteln, da der Zusammenhang zwischen psychographischer Werbewirkung und ökonomischem Werbeerfolg schlichtweg nicht festzustellen ist. Vgl. Pepels 1996, S. 117 ff.
531 Vgl. Wunderer/Schlagenhaufer 1994, S. 49; vgl. auch ausführlich zur Werbeeffzienzmessung Pepels 1996.

So konnte z. B. bei der Audi AG der positive Effekt der Personalmarketingmaßnahmen demonstriert werden:[532]

- Verbesserung des Durchschnittsniveaus von Bewerbungen,
- persönliche Kontakte zu den Bildungseinrichtungen ermöglichen die zügige Beschaffung von Nachwuchskräften mit Mangelqualifikationen,
- Erhöhung des Anteils qualifizierter Frauen an den Bewerbungen und den Einstellungen.

4. Personalprozessbezogene Messung

Für die Ermittlung der Wertschöpfung ist es daher hilfreich, die gewonnenen Daten einem Zeitvergleich zu unterziehen. Aus den festgestellten Veränderungen kann dann einerseits der Erfolg des Gesamtkonzepts des Personalmarketings beurteilt werden, andererseits kann man bei Fehlentwicklungen entsprechende Maßnahmen einleiten.

Die Messgrößen können nach Kontext-, Input-, Prozess- und Outputgrößen differenziert werden.

Kontextgrößen:	Inputgrößen:	Prozessgrößen:	Outputgrößen:
• Arbeitsmarkt • Konkurrenz • bestehende Unternehmenskultur und -organisation • strategische Vorgaben der Zentrale • freigegebene Mittel	• Personal- und Sachkosten des Personalmarketings, auch getrennt nach Bezugsgruppen und Marketingkanälen • Qualifikationen und Motivation der Mitarbeiter	• Beurteilung der Personalwerbungs-, Kommunikations-, Gestaltungs- und Analyseprozesse	• Firmenimage bei verschiedenen Bezugsgruppen, z. B. bei Absolventen, Arbeitssuchenden, Mitarbeitern und deren Familien und ehemaligen Mitarbeitern • (psychographische) Werbewirkung • Qualität und Quantität von Bewerbungen

Abb. 117: Wertschöpfungsindikatoren für das Personalmarketing[533]

- *Fazit*

Das Personalmarketing ist prinzipiell aufgrund der vielfältigen Ursachen-Wirkungszusammenhänge für eine Wertschöpfungsmessung nur begrenzt geeignet. Dennoch können auch hier sinnvolle Kontext-, Input-, Prozess- und Outputgrößen aufgestellt werden, die vor allem den qualitativen Wertschöpfungsbeitrag des Personalmarketings aufzeigen.

---

532 Vgl. Grönig 1993, S. 123 f.
533 Eigene Darstellung.

A. Personalcontrolling

4.4 Personalgewinnung, -einsatz und -freisetzung

Aufbauend auf dem Personalmarketing sind ausgehend von der quantitativen und qualitativen Personalplanung zur Deckung des Personalbedarfs für die Wertschöpfungsmessung vor allem die Prozesse Personalgewinnung, -einsatz und -freisetzung von Bedeutung.

- *Personalgewinnung*

Bei der *Personalgewinnung* ist grundsätzlich zwischen der unternehmensinternen Gewinnung über Versetzungen und Beförderungen und der Gewinnung am externen Arbeitsmarkt zu unterscheiden. Wir wollen uns im Folgenden auf die Wertschöpfungsmessung bei der externen Gewinnung beschränken.

Bei der (externen) Personalgewinnung stehen kurzfristig die Kosten und die Produktivität des Einstellungsprozesses im Vordergrund, langfristig dagegen die Qualität der eingestellten Mitarbeiter. So bietet es sich für die Wertschöpfungsmessung an, produktivitäts-, qualitäts-, kosten- und zeitbezogene Messgrößen zu unterscheiden.[534] Dabei können die Messgrößen auch nach der Bewerberquelle (für das Hochschulrecruiting z. B. nach Fachhochschulen, Technische Universitäten, Universitäten, Business Schools) differenziert werden.[535]

> Messgrößen für die Produktivität sind z. B.:
> – Anzahl der (geeigneten) Bewerbungen pro Bewerberquelle,
> – Anzahl der interviewten Bewerber pro Bewerberquelle,
> – Anzahl der ausgewählten Bewerber pro Bewerberquelle und
> – ausgewählte Bewerber pro Interviewer.
>
> Qualitätsbezogene Messgrößen sind z. B.:
> – Mitarbeiterleistung und -entwicklung nach der Bewerberquelle,
> – Kündigungen in der Probezeit nach der Bewerberquelle,
> – Verweildauer im Unternehmen nach der Bewerberquelle und
> – Bewerbungen pro eingestelltem Bewerber nach der Bewerberquelle.

Die Kosten der Personalgewinnung einschließlich der Beurteilung bei der Selektion lassen sich einfacher ermitteln als für das Personalmarketing und nach den verschiedenen Bewerberquellen differenzieren. Dabei können die Kosten auch pro eingestelltem Mitarbeiter ermittelt und nach Selektionsprozessen (wie z. B. Assessment-Center) und Mitarbeiterkategorie differenziert werden. Die zeitbezogenen Messgrößen beziehen sich auf die Zeit von der Bewerbung bis zur Einstellung, die gerade für kurzfristige Einstellungen

---

534 Vgl. Phillips 1996, S. 202 ff.
535 Vgl. Wunderer 1975a, S. 1689 ff.; Arnold 1992, Sp. 1815 ff.

wichtig ist. Schließlich lässt sich die Wertschöpfung noch qualitativ messen, z. B. über die Zufriedenheit mit einer bestimmten Bewerberquelle, die Zufriedenheit der Bewerber mit dem Bewerbungsprozess und die Zufriedenheit der internen Kunden mit den neueingestellten Mitarbeitern. Die subjektiven Größen können dabei über Umfragen an die entsprechenden Bezugsgruppen erhoben werden.

4. Personalprozessbezogene Messung

Die Messgrößen können beim Personalbeschaffungsprozess sehr gut nach Kontext-, Input-, Prozess- und Outputgrößen differenziert werden:

Kontextgrößen:	Inputgrößen:	Prozessgrößen:	Outputgrößen:
• (interne) Wettbewerbssituation und -struktur • Rechtliche Rahmenbedingungen • Budgetvorgaben und -restriktionen • Vorgaben des Managements • (interne) Arbeitsmarktlage	• Qualität der eingesetzten Ressourcen: Personalkosten, Anzahl der Mitarbeiterstunden, Sachkosten • Qualität der eingesetzten Ressourcen: Qualifikation und Motivation der beteiligten Mitarbeiter • Sollkapazitäten • Investitionen • Auswertung der Eintrittsgründe	• Anzahl der bearbeiteten Bewerbungen pro Mitarbeiterstunde • Dauer vom Eingang der Bewerbung bis zum definitiven Entscheid • Erreichbarkeit und Ansprechbarkeit der zuständigen Mitarbeiter als Zufriedenheitsgrößen • Durchschnittliche Dauer einer Stellenbesetzung	• Anzahl der Stellenbesetzungen • Annahmequote von Vertragsangeboten an externe Bewerber • Durchschnittliche Verweildauer des neueingestellten Mitarbeiters • Anteil der Mitarbeiter, die nach der Probezeit nicht übernommen werden • Zufriedenheit des eingestellten Mitarbeiters mit der Position • Zufriedenheit des Vorgesetzten und der Kollegen mit dem Mitarbeiter • Einschätzung durch die Personalbeurteilung

Abb. 118: Wertschöpfungsindikatoren für die Personalgewinnung[536]

In der Praxis finden sich sehr unterschiedliche Implementierungsstände des Personalgewinnungscontrollings.[537] So beschränkt sich z.B. Siemens Mobil Phones[538] im Bereich R&D auf die Erfassung von sechs Kennzahlen, um die Gefahr eines Zahlenfriedhofes zu vermeiden:

---

536 Eigene Darstellung, Vgl. auch Gerpott 1996, S. 261. Dazu ausführlicher Knorr 2004, S. 118 ff.
537 Vgl. Knorr 2004, S. 75 ff. und S. 91 ff.
538 Seit 2005 BenQ.

A. Personal-controlling

Kennzahl	Erläuterung
Time to Fill	Zeit von der Anforderung der Fachabteilung bis zur Stellenbesetzung (Vertragsabschluss)
Lead Time	Zeit vom Bewerbungseingang bis zur Versendung des Angebotes
Cost per Hire	Gesamte Personalgewinnungskosten pro eingestellten Mitarbeiter
Quality of Hire	Qualität des eingestellten Mitarbeiters aus Sicht der Führungskräfte (hohe Subjektivität!)
Recruiting Channel Effectiveness	Anzahl der Bewerbungen, Weiterleitungen an Fachabteilungen, Interviews und Einstellungen pro Rekrutierungskanal
Turnover by Target Groups	Ungewollte Fluktuation nach Zielgruppen, Betriebszugehörigkeit und Austrittgründen

Abb. 119: Kennzahlen für das Personalgewinnungscontrolling bei Siemens Mobile Phones[539]

Ein anderes Unternehmen aus dem Finanzbereich (Dienstleistungen im Bereich Wertpapierhandel) verfügt dagegen über ein sehr differenziertes Kennzahlensystem für das Personalgewinnungscontrolling[540]

Kennzahl	Beschreibung	Ist-Wert	Zielvorgabe	Zielerreichung (aktueller Wert)
Kostenkennzahlen				
Kosten-Nutzen-Analyse Medien (Internet, Events, Headhunter, ...)	Kosten des Mediums in Beziehung zu den erzielten Bewerbungen und Einstellungen	z.B. Internet 0,25 T€ pro Bewerbung	z.B. Internet 0,1 T€ pro Bewerbung	70%
Kosten pro Bewerber	Kosten des Gesamtprozesses pro Bewerbung	0,85 T€	0,75 T€	90%
Kosten pro Einstellung	Kosten des Gesamtprozesses pro Einstellung	12,5 T€	10 T€	80%
Veränderung Jahreseinkommen (gesamt)	Relation Gehalt neuer zu ersetztem Mitarbeiter	92,1%	Max. 120%	100%

---

539 Vgl. Knorr 2004, S. 92 ff.
540 Vgl. Knorr 2004, S. 103 ff.

Kennzahl	Beschreibung	Ist-Wert	Zielvorgabe	Zielerreichung (aktueller Wert)
Zeitkennzahlen				
Beschaffungsdauer (gesamt)	Summe Prozessdauer 1 bis 5	158-183 Kalendertage	116-139	88%
Prozessdauer 1: interne Reaktionszeit	Zeit von der Genehmigung der offenen Stelle bis zur externen Ausschreibung	2,5 Tage für Internet 16,5 Tage für Print	1,0 Internet 14,0 Print	90%
Prozessdauer 2: externe Reaktionszeit	Zeit von der Ausschreibung bis zum Eingang der Bewerbung	7,0 Tage für Internet 6,2 Tage für Print	4,0 Internet 4,0 Print	75%
Prozessdauer 3: Auswahlzeit	Zeit vom Eingang der Bewerbung bis zur Entscheidung für das Angebot	35 Tage	21	100%
Prozessdauer 4: Abschlusszeit	Zeit vom Versand des Angebots bis zu Vertragsabschluss	14,5 Tage	10	100%
Prozessdauer 5: Wartezeit	Zeit vom Vertragsabschluss bis zum effektiven Arbeitsbeginn	110 Tage	90	75%
Prozessqualitätskennzahlen				
Qualität des Rekrutierungsprozesses aus Sicht der Bewerber	Befragungsergebnis (Informationsangebot, Ansprechbarkeit, Flexibilität, Wahrheitsgehalt, Professionalität), Schulnoten 1-6	2,6	2,0	100%
Bewerbungsqualitätskennzahlen				
Vorstellungsgespräche	Anzahl der Gespräche in % der Bewerbungen	29%	25%	100%
Verträge	Anzahl der Angebote in % der Bewerbungen	4%	5%	100%
Einstellungen	Anzahl der Einstellungen in % der Bewerbungen	7%	9%	100%
Einstellungsprofil	Alter Akademikerquote Auslandserfahrung	32 Jahre 78,6% 10%	32-34 Jahre Min 75% Min 30%	90%
Kündigungen Probezeit	Anzahl Kündigungen/Aufhebungen während der Probezeit in % der Einstellungen	0%	Max. 1%	100%
Einarbeitungszeit	Leistungs- und Produktivitätsbeurteilung nach 3 bzw. 6 Monaten (über Mitarbeitergespräch)	12%	14%	85%
Performancesteigerung	Veränderung der Leistungs- und Produktivitätskennzahlen nach 1 Jahr über Mitarbeitergespräch	+20%	+25%	85%

4. Personalprozessbezogene Messung

Abb. 120: Kennzahlen für das Personalgewinnungscontrolling bei einem Wertpapierhandelsunternehmen[541]

---

541 Vgl. Knorr 2004, S. 106 ff.

A. Personalcontrolling

- *Personaleinsatz*

Ziel des *Personaleinsatzes* ist der optimale Einsatz der Mitarbeiter unter Berücksichtigung ihrer Fähigkeiten, Qualifikationen und sozialen Bedürfnisse innerhalb der Organisationsstruktur und -prozesse. Dabei können die Interessen des Unternehmens und der Mitarbeiter teilweise unterschiedlich sein.

Dabei sind geeignete Messgrößen für die Qualität der Arbeitsorganisation als Personaleinführung und -einarbeitung, Aufgabengestaltung, Arbeitsplatzgestaltung, Arbeitsplanung, Arbeits- und Gesundheitsschutz und Arbeitszeitgestaltung aufzustellen.[542]

Obwohl ausdifferenzierte quantitative Instrumente wie z. B. Modelle des Operations Research zur Personaleinsatzplanung zur Verfügung stehen,[543] beschränkt sich die Praxis meist auf die Anwendung heuristischer Methoden (»Der beste Mann an jedem Platz«), die kaum Rechenaufwand erfordern.[544] Entsprechend sind bei den Wertschöpfungsindikatoren neben quantitativen Kennzahlen gerade auch qualitative Indikatoren aufzustellen. Die Messgrößen beim Personaleinsatz können gut nach Kontext-, Input-, Prozess- und Outputgrößen unterschieden werden:

Kontextgrößen:	Inputgrößen:	Prozessgrößen:	Outputgrößen:
• Gesetzliche Rahmenbedingungen • Tarifverträge • Betriebsvereinbarungen • Zusammenarbeit mit Arbeitnehmervertretern	• Personalkosten pro Mitarbeiter • Kosten pro Arbeitsplatz • Qualifikation und Motivation der Mitarbeiter • Eingesetzte Ressourcen für die Personaleinsatzplanung	• Dauer und Qualität der Einarbeitung • Zufriedenheit mit der Arbeitsgestaltung (z. B. mit Job-Rotation, Job-Enlargement, Job-Enrichment und teilautonomen Arbeitsgruppen) • Grad der Flexibilisierung, Individualisierung und Mobilität • Überstundenanteil	• Arbeitsproduktivität • Umsatz pro Mitarbeiter • Krankheitsquote • Fluktuationsrate • Unfallhäufigkeit • Zufriedenheit der Mitarbeiter und Vorgesetzten • Anzahl der Verbesserungsvorschläge

Abb. 121: Wertschöpfungsindikatoren beim Personaleinsatz[544]

---

542 Vgl. Hentze 1994, S. 389 ff.
543 Vgl. Berthel 1995, S. 174 ff.; Bühner 1997, S. 140 ff.
544 Vgl. Wunderer/Schlagenhaufer 1994, S. 48.

4. Personalprozessbezogene Messung

- *Personalfreisetzung*

Unter *Personalfreisetzung* oder Outplacement wird der Prozess der Trennung des Mitarbeiters von der Organisation verstanden. Dabei gilt es, mit Hilfe geeigneter Methoden und Instrumente, den verschiedenen Interessen und Bedürfnissen der Beteiligten gerecht zu werden. Die Wertschöpfung eines Outplacement-Konzepts für die Organisation ergibt sich zunächst aus folgenden Gründen:[546]

- Das Spannungsfeld zwischen propagierter und praktizierter Unternehmenspolitik kann bei unsensiblem Verhalten der Unternehmensleitung zum Vertrauensbruch der Mitarbeiter gegenüber dem Unternehmen führen,
- rücksichtsloses Verhalten im Falle von Kündigungen kann das Image des Unternehmens (nicht nur auf dem Arbeitsmarkt) nachhaltig schädigen und
- mögliche negative Auswirkungen der Kündigungen auf die in der Organisation verbleibenden Mitarbeiter sind wahrscheinlich.

Neben der damit verbundenen qualitativen Wertschöpfung, die in der Verbesserung der Leistungsbereitschaft der »Survivors«, der Sicherung des Betriebsklimas und des Unternehmensimages liegt, ist auch die quantitative Wertschöpfung des Outplacements zu untersuchen.

Kosten entstehen zunächst durch Verpflichtungen des Unternehmens aufgrund von Arbeitsverträgen, gesetzlichen Vorgaben sowie unternehmenspolitischen Maximen. Darüber hinaus betragen die Kosten einer professionellen individuellen Outplacementberatung ca. 15% des Jahresverdienstes des Betroffenen.[547] In der Literatur überwiegt die Einschätzung, dass das Outplacement auch unter finanziellen Gesichtspunkten positiv zu bewerten ist, wenn dadurch z. B. der Trennungsprozess verkürzt werden kann, Abfindungszahlungen gemindert werden können und das Unternehmensimage erhalten wird.[548]

Für die prozessbezogene Wertschöpfungsmessung kann man drei Phasen des Outplacements unterscheiden, die auch für die Prozesskostenrechnung und das Target-Costing verwendet werden können:[549]

1. Vorbereitung

---

545 Eigene Darstellung. Vgl. auch Gerpott 1996, S. 261.
546 Vgl. Wunderer/Schlagenhaufer 1994, S. 56 ff.
547 Vgl. Mayrhofer 1989.
548 Vgl. Condon 1984, S. 60 f.; Mayrhofer 1989, S. 43.
549 Vgl. Mayrhofer 1989, S. 23; zur Prozesskostenrechnung und zum Target-Costing vgl. auch Kapitel 7.2.2, S. 319 ff. und 7.2.3, S. 333 ff.

A.
Personal-
controlling

2. Betreuung i. e. S.
3. Evaluation.

Für das Aufstellen von Wertschöpfungsindikatoren sind zunächst die Ursachen und die Häufigkeit der Freisetzungen zu untersuchen. Am einfachsten kann zwischen vorzeitiger und regulärer Freisetzung unterschieden werden.

Für die Beurteilung der Personalfreisetzung ist auch das Verhältnis von freiwilligen und unfreiwilligen Austritten zu analysieren. Darüber lassen sich »neben der absoluten Fluktuationshöhe« die Auswirkungen auf das Betriebsklima abschätzen. So werden z. B. bei der ABB Schweiz die Austritte jährlich im Sozialbericht veröffentlicht:

Veranlasst durch Arbeitgeber	leistungsbedingte Entlassungen (127)	wirtschaftlich bedingte Entlassungen (94)	flexible Pensionierungen (165)	34,4% (386)
Veranlasst durch Arbeitnehmer	Austritt extern (597)		(32) flexible Pensionierungen	56,1% (629)
Austritt aus Erwerbsleben	Tod/Invalidität (54)	Pensionierung im Schlussalter (52)		9,5% (106)

Abb. 122: Austritte 1997 bei ABB[550]

Die Messgrößen können beim Personalfreisetzungsprozess ebenfalls nach Kontext-, Input-, Prozess- und Outputgrößen differenziert werden (Abb. 123).

• *Fazit*

Die Personalgewinnung eignet sich sehr gut für eine prozessbezogene Analyse der Wertschöpfung. Aufgrund der direkten Beziehung zwischen Maßnahmen und Ergebnissen können zahlreiche Messgrößen verwendet werden. Erst auf der Unternehmensergebnisstufe sind eindeutige Aussagen schwieriger. Insbesondere auch aufgrund der wachsenden Bedeutung der Personalgewinnung – in einer Welt, in der das Humanpotenzial immer wichtiger wird – ist daher der Wertschöpfungsbeitrag der Personalgewinnung (auch quantitativ) gut abzuschätzen.

---

550 Vgl. ABB 1998, S. 32.

Beim Personaleinsatz lassen sich ebenfalls vielfältige Messgrößen aufstellen, die sich prozessbezogen differenzieren lassen und eine Abschätzung des Wertschöpfungsbeitrages ermöglichen. Auch hier kann die Messung in hohem Maße quantifizierend erfolgen. Insbesondere kann über Kennzahlen der Arbeitsproduktivtät auch sehr gut der Wertschöpfungsbeitrag auf der Unternehmensergebnisstufe evaluiert werden.

4. Personalprozessbezogene Messung

Kontextgrößen:	Inputgrößen:	Prozessgrößen:	Outputgrößen:
• Arbeitsmarkt • Belegschaftsstruktur (Alter, Bildung, Arbeitsmarktfähigkeit) • Gesetzliche Rahmenbedingungen • Tarifverträge • Betriebsvereinbarungen • Einzelvertragliche Regelungen • Nationale und unternehmensbezogene Bindungs- bzw. Freisetzungskultur (Loyalität)	• Eingesetzte Ressourcen für die Phasen des Freisetzungsprozesses: Personalkosten, Anzahl der Mitarbeiterstunden, Sachkosten • Auswertung der Austrittsgründe und -häufigkeiten	• Zeitraum vom Beginn des Freisetzungsprozesses bis zum Antritt einer neuen Stelle • Wiederbeschäftigungsraten (Anteil der Mitarbeiter, die innerhalb eines bestimmten Zeitraumes einen finanziell und inhaltlich akzeptablen Arbeitsplatz gefunden haben) • Qualität der Betreuung	• Auswirkungen auf das Betriebsklima und das Betriebsimage • Annahmequote von Frühpensionierungsangeboten • Gehaltsdifferenzen zwischen altem und neuem Arbeitsplatz • Anzahl der Gerichtsverfahren im Zuge der Trennung • Unterschiede bzgl. der Mitarbeiterzufriedenheit zwischen altem und neuem Arbeitsplatz • Dauer der Arbeitslosigkeit bis zur Wiedereinstellung

Abb. 123: Wertschöpfungsindikatoren bei der Personalfreisetzung[551]

Bei der Personalfreisetzung kann eine prozessbezogene Wertschöpfungsmessung ebenfalls gut durchgeführt werden. Dabei können zum großen Teil auch quantitative Messgrößen verwendet werden.

4.5 Personalhonorierung

Die Bestimmung der absoluten und der relativen Lohn- und Gehaltshöhe ist Aufgabe der Personalhonorierung.[552] Als zentrales Postulat für die Bestimmung der Vergütungshöhe gilt die relative Lohngerechtigkeit,[553] die über verschiedene Indikatoren erfasst werden kann:

---

551 Eigene Darstellung. Vgl. auch Gerpott 1996, S. 261.

A. Personalcontrolling

Lohngerechtigkeit	Indikator
Anforderungsgerechtigkeit	Vergütungshöhe im Vergleich zum Anforderungsniveau
Leistungsgerechtigkeit	Vergütungshöhe im Vergleich zur Leistungsbeurteilung
Sozialgerechtigkeit	Sozialleistungen im Vergleich zum Leistungslohn
Unternehmenserfolgsgerechtigkeit	Ausmaß der Beteiligung der Mitarbeiter am Unternehmenserfolg
Marktgerechtigkeit	Vergütungshöhe im Verhältnis zum Branchendurchschnitt

Abb. 124: Lohngerechtigkeit und Indikatoren zur Messung[554]

Das Ziel der Lohngerechtigkeit besteht darin, den Mitarbeitern und Führungskräften das Gefühl zu vermitteln, dass der Lohn für die eigene Tätigkeit in einem angemessenen Verhältnis zu den Löhnen der Arbeitskollegen und im Vergleich zu ähnlichen Tätigkeiten in anderen Unternehmen steht.[555] Aus anreizökonomischer Sicht ist dabei auch ein Mix aus direkten und indirekten Leistungsanreizen sinnvoll (also erfolgsabhängigen Entlohnungsanreizen respektive Karriereanreizen).[556] Im Folgenden sollen aus Gründen der Vereinfachung nur direkte Leistungsanreize diskutiert werden.

Die Gesamtvergütung eines Mitarbeiters lässt sich in drei Komponenten aufteilen:

1. Grundgehalt (Festgehalt und Festgratifikationen),
2. Variable Vergütungen (spontane Anerkennungsprämien, kurzfristig variabler Bonus und langfristig variable Incentives) und
3. Zusatzleistungen (Versorgungsleistungen, wie z. B. Versicherungen und Nutzungsleistungen, wie z. B. Firmenwagen).

Der Anteil der variablen Vergütung am Grundgehalt lässt sich je nach Mitarbeiterstufe unterschiedlich ausgestalten, da auf jeder Stufe unterschiedliche Ziele mit dem Bonus verfolgt werden. Abbildung 125 stellt ein solches Bonus-Incentive Programm dar:[557]

---

552 Vgl. hierzu auch die Erkenntnisse aus der ökonomischen Anreiztheorie z. B. Baker/Jensen/Murphy 1988; Milgrom/Roberts 1992; Baker/Gibbons/Murphy 1994; Lazear 1995; Lewin/Mitchell 1995. Vgl. in diesem Zusammenhang auch zur Bedeutung der Unternehmenskultur Kreps 1990; Casson 1991.
553 Vgl. Hentze 1995, S. 72 ff.; Hilb 1997a, S. 97.
554 Eigene Darstellung.
555 Vgl. Hentze 1995, S. 72 ff.; Hilb 1997a, S. 97.
556 Vgl. Kräkel 1996.
557 Vgl. auch Lorey 1997, S. 34 ff.

Zielgruppe	Ziel	Berechnungsgrundlage (mit Anteil am Gesamtbonus in %)	Zielbetrag in % der angestrebten direkten Jahresgesamtvergütung	
			Kurzfristiger Bonus (1 Jahr)	Langfristiger Bonus (5 Jahre)
Geschäftsführer	Anerkennung des Beitrags des Geschäftsführers für den Erfolg der Niederlassung und damit der übergeordneten Einheit und des Gesamtunternehmens	Konzernerfolg: 10% Divisionserfolg: 20% Niederlassungserfolg: 40% Individuelle Leistung: 30%	25 %	10 %
Geschäftsleitungsteam	Anerkennung des Beitrags des GL-Teams für den Geschäftserfolg der Niederlassung und der übergeordneten Einheit	Divisionserfolg: 10% Niederlassungserfolg: 50% Individuelle Leistung: 40%	20 %	5 %
Mitarbeiter	Anerkennung des Beitrags jedes Mitarbeiters für den Erfolg der Abteilung und damit der Niederlassung	Niederlassungserfolg: 20% Abteilungsteamerfolg: 40% Individuelle Leistung: 40%	10 %	–

Abb. 125: Beispiel eines Bonus-Incentive Programms für die Mitglieder einer Auslandsniederlassung[558]

Für die Wertschöpfungsmessung in der Personalhonorierung sind als Outputgröße die motivationalen und ökonomischen Wirkungen des monetären Anreizsystems zu untersuchen. Da für die Zufriedenheit und Motivation der Mitarbeiter allerdings auch ganz wesentlich nicht-monetäre Anreize verantwortlich sind, ist eine eindeutige Zurechnung der Zufriedenheits- und der Motivationswirkungen zur Personalhonorierung im Einzelfall schwierig.

Eine (Output-)Messung der Wertschöpfung kann daher vor allem indirekt über folgende Gestaltungsfelder erfolgen:[559]

1. Entwicklung, Evaluation und Anpassung des Funktionsbewertungskonzepts zur Sicherung der Anforderungsgerechtigkeit,
2. Entwicklung, Evaluation und Anpassung des Personalbeurteilungskonzepts (vgl. auch Kapitel 3.7.1.1.) zur Sicherung der Leistungsgerechtigkeit und der Unternehmenserfolgsgerechtigkeit, einschließlich des Kon-

---

558 Vgl. Hilb 1997a, S. 121.
559 Vgl. Hilb 1997a, S. 99 ff.

zepts zur spontanen Anerkennung außerordentlicher Leistungen und Verhaltensweisen und des Bonus- und Incentives-Konzepts.
3. Entwicklung, Evaluation und Anpassung des Sozialleistungsprogrammes zur Sicherung der Sozialgerechtigkeit der Honorierung,
4. Durchführung von Honorierungsumfragen mit relevanten Arbeitsmarktkonkurrenten sowie bei Mitarbeitern zur Sicherung der Marktgerechtigkeit.

Dabei wird die Wertschöpfungsmessung der Personalhonorierung auch über die Ergebnisse der Mitarbeiterumfragen und -gespräche unterstützt.

Bei der Evaluation der Wertschöpfung am Beispiel der betrieblichen Sozialleistungen kann wie folgt vorgegangen werden:[560]

1. Systematische Bestandsaufnahme aller gegenwärtig gewährten gesetzlichen, tariflichen und freiwilligen Sozialleistungen,
2. Ermittlung der Gründe für die einzelnen Sozialleistungen,
3. genaue jährliche Budgetierung der einzelnen obligatorischen und freiwilligen Sozialleistungen pro Mitarbeiter und insgesamt,
4. im Rahmen der Mitarbeiterumfrage Befragung der Mitarbeiter nach der Wichtigkeit von und der Zufriedenheit mit den einzelnen freiwilligen Sozialleistungen,
5. Vergleich der eigenen Sozialpolitik mit der des Staates, der Gewerkschaften und anderer Interessenverbände und der arbeitsmarktrelevanten Konkurrenzfirmen,
6. Anpassung der betrieblichen Sozialleistungspolitik an die Bedürfnisse der Mitarbeiter unter Berücksichtigung des Ziels einer primär leistungsorientierten direkten Kompensation.

- *Cafeteria-Systeme*

Eine bessere Anpassung der Sozialleistungen an die Bedürfnisse der Mitarbeiter und damit eine erhöhte Wertschöpfung für die Mitarbeiter kann auch über *Cafeteria-Systeme* erzielt werden. Im Rahmen des unternehmerischen Personalmanagements bieten Cafeteria-Systeme die Möglichkeit, die Nutzenwirkungen der betrieblichen Leistungsanreize zu steigern und damit die Wertschöpfung für die Mitarbeiter zu erhöhen, ohne dass hierfür das Budget erhöht werden muss.[561] Grundgedanke ist die Wahlfreiheit zwischen verschiedenen Leistungsanreizen bzw. Sozialleistungen. Im Folgenden soll ein Beispiel eines Cafeteria-Systems für Leistungsanreize vorgestellt werden:

---

560 Vgl. Hilb 1997a, S. 107.
561 Vgl. Dycke/Schulte 1986, S. 578 f.

Jeder Vorgesetzte erhält dazu zielgruppenorientierte und individualisierte Bonuspunkte als ein bestimmtes Punktebudget, das er nach bestimmten vorgegebenen Kriterien an seine Mitarbeiter verteilen kann. Die Mitarbeiter sind berechtigt diese Leistungspunkte zu kumulieren. Für die Punkte kann in der »Cafeteria eingekauft« werden. Die Relationen der einzelnen Prämien, für die die Punkte eingelöst werden können, sind dabei klar definiert. So entspricht eine Prämie von € 150,– z. B. einem zusätzlichen Urlaubstag, zwei Abendessen für zwei Personen oder einer Teilnahme an einem Weiterbildungsseminar von zwei Tagen.[562] Ausschlaggebend für die Verrechnungspreise sind die Selbstkosten des Unternehmens. Um die Anreize besser auf die Bedürfnisse der Mitarbeiter abzustimmen, können diese auch Vorschläge für neue Honorierungen einreichen, die bei Zweckmäßigkeit zu berücksichtigen sind. Damit durch übermäßige Kumulationen von Prämienpunkten die Geschäftstätigkeit nicht gefährdet wird, kann der Bezug bestimmter Prämien ausgesetzt werden. Trotzdem ist auf die größtmögliche Flexibilität des Cafeteria-Systems zu achten.[563]

Gegenüber den Vorteilen des Cafeteria-Systems ist als Nachteil der höhere Verwaltungsaufwand durch die notwendige individuelle Beratung und komplizierter Abrechnung zu sehen. Darüber hinaus kann das Cafeteria-System zur Verringerung der Transparenz des Personalhonorierungskonzeptes führen.

Die Messgrößen können bei der Personalhonorierung ebenfalls nach Kontext-, Input-, Prozess- und Outputgrößen differenziert werden:

Kontextgrößen:	Inputgrößen:	Prozessgrößen:	Outputgrößen:
• Arbeitsmarkt • Gesetzliche Rahmenbedingungen • Tarifverträge • Betriebsvereinbarungen • Nationale, regionale und unternehmensbezogene Honorierungskultur und -strategie	• Personal- und Sachkosten im Personalhonorierungsprozess	• Niveau der Personalbeurteilungen • Inanspruchnahme der Prämienleistungen im Cafeteria-Konzept	• Entwicklung des Gehaltsniveaus und der Lohngerechtigkeitsindikatoren als auch die Karriereentwicklungen der Mitarbeiter • Entwicklung der Arbeitsproduktivität • Mitarbeiterbeteiligungsquote • Zufriedenheit der Mitarbeiter

Abb. 126: Wertschöpfungsindikatoren bei der Personalhonorierung[564]

---

562 Ähnlich gestaltet sind z. B. Kundenbindungsprogramme von Fluggesellschaften, Kreditkartenorganisationen und Banken.
563 Vgl. Hilb 1997b, S. 111.
564 Eigene Darstellung.

A. Personal-controlling

- *Fazit*

Bei der Personalhonorierung lässt sich die Wertschöpfung vor allem über qualitative Messgrößen ermitteln. Quantitative Messgrößen können ebenfalls aufgestellt werden. Jedoch sind hier die Ursache-Wirkungs-Beziehungen eher langfristiger und damit schwieriger zurechenbar. Zudem müssen neben der (monetären) Personalhonorierung auch nicht-monetäre Anreizstrukturen mit berücksichtigt werden. Entsprechend eignet sich die prozessbezogene Wertschöpfungsmessung bei der Personalhonorierung vor allem auch im Hinblick auf den Personalhonorierungsprozess einschließlich Personalbeurteilung.

4.6 Personalentwicklung

Personalentwicklung bezeichnet alle Maßnahmen und Aktivitäten, die auf die Verbesserung des Leistungspotenzials der Unternehmensmitglieder abzielen. Neben der Planung und Durchführung zielgerichteter Maßnahmen der Mitarbeiterqualifizierung[565] können im Kontext einer dezentralen Führungsorganisation und kooperativ-delegativer Führungsbeziehungen auch Personalentwicklungskonzepte on-the-job, wie Counseling, Mentoring, Coaching und Selbstentwicklung, zur Personalentwicklung gezählt werde.[566] Gerade bei diesen letztgenannten Konzepten ist die quantitative Wertschöpfungsmessung im Vergleich zu off-the-job-Konzepten erschwert: Zum einen, da die mit der Einführung solcher Konzepte verbundene strategische Wertschöpfung sich der quantitativen Messung entzieht, zum anderen, da die operative Wertschöpfung bei der Anwendung dieser Konzepte nicht unabhängig von der Führungsbeziehung zwischen Vorgesetztem und Mitarbeiter gesehen werden kann. Die Wertschöpfungsmessung muss sich daher einerseits auf die strategische Evaluation solcher Konzepte beschränken, andererseits muss die operative Wertschöpfung als Teil der Mitarbeiterführung verstanden werden und wird daher auch dort behandelt (vgl. Kapitel 4.7).[567]

Im Folgenden soll dazu vereinfachend nur der Prozess der Weiterbildung als off-the-job-Entwicklung betrachtet werden. Dieser kann folgendermaßen dargestellt werden:

---

565 Vgl. Neuberger 1991, S. 40 ff.
566 Vgl. Wunderer 1988, S. 435 ff.
567 Vgl. auch Agthe 1995, S.197 ff.

		Weiterbildung						
Bedarfs-deckung		Bedarfsanalyse		Durchführung		Durchführungsanalyse		Evaluation	
		Analyse	Konzep-tion	Admini-stration	Reali-sierung	Maßnah-menbe-trachtung	Transfer-sicherung	Berichts-wesen	(Neu-) Positio-nierung
Ziele/ Erwartungen		Bedarf ermitteln, Auftrags-defintion	Umsetzung in Maß-nahmen	reibungs-lose Abwick-lung als Dienstleister	Trainer-qualifi-zierung, Know-how-Austausch etc.	Soll-/Ist-Ver-gleiche hinsichtlich der Kosten-/ Effizienz-planung	Sicherung der inves-tierten Kapazitäten	Informa-tionsbasis für Kennzahlen	Erkennt-nisse definieren und in neue Konzepte einbringen
Instrumente		Bedarfs-abbildung in Leistungs-verein-barungen	Kapazitäts-planungs-system für Ressourcen, Portfolio	Controlling-schleife-Service, Hygiene-Faktor, Checklisten, EDV-Instru-mente etc.	Trainer-qualifi-zierung mehrstufig, Einzel-bausteine Lehr- und Lern-methoden	Fragebogen, Interview, Beurtei-lungen	Vor-Ort-Betreuung: z. B. Transfer-unterstüt-zung, Lern-reihen, Visionen	Infomationen an Kunden und Fachbereich, Kennzahlen, Benchmarking	Kosten-/ Nutzen-Portfolio, Lebens-zyklus-analyse etc.

Abb. 127: Prozesskette für die Weiterbildung bei der Mercedes Benz AG[568]

Jeder Prozessschritt im so definierten Weiterbildungsprozess kann auf seinen Wertschöpfungsbeitrag hin untersucht werden (vgl. auch Abb. 29) und unter kosten-, effizienz- und effektivitäts-controllingspezifischen Aspekten optimiert werden.[569]

Bei der Wertschöpfungsmessung im Bereich des Aus- und Weiterbildung (off-the-job-Maßnahmen) bestehen allerdings folgende prinzipielle Probleme:
– eine geschlossene Kausalkette zwischen Bildungsaufwand und Bildungserfolg sowie Bildungserfolg und Unternehmenserfolg ist nicht nachvollziehbar,
– der laterale Transfer vom Lern- ins Funktionsfeld unterliegt vielen, schwer eingrenzbaren Einflussfaktoren, wie z. B. der Änderung der Arbeitssituation im Zeitablauf und
– die Ergebnisse im Bildungsbereich lassen sich meist nicht objektiv messen, daher sind hier besonders subjektive bzw. qualitative Beurteilungen nötig.[570]

- *Ergebnisbezogene Messung in der Personalentwicklung*

Aufgrund dieser Probleme empfiehlt sich für das Bildungscontrolling und damit auch für die Wertschöpfungsmessung eine stufenweise Evaluation. So unterscheidet das bereits vorgestellte Vier-Stufen-Konzept von Kirkpa-

---

568 Vgl. Bracht/Kalmbach 1995, S. 27.
569 Vgl. auch Förderreuther 1997, S. 566 ff.
570 Vgl. Wunderer/Schlagenhaufer 1994, S. 50 f.

trick⁵⁷¹ vier Evaluationsstufen bei der Personalentwicklung, die sich für die Wertschöpfungsmessung bei der Personalentwicklung wie folgt darstellen:⁵⁷²

1. *Reaktionsstufe:* Hier geht es um die Messung der Zufriedenheit der Mitarbeiter mit der Durchführungsweise einer Bildungsmaßnahme. Dabei wird ein Kausalzusammenhang zwischen der Zufriedenheit bzw. dem Lernklima und dem erwarteten Lernerfolg angenommen.
2. *Lerntransferstufe:* Hier steht die Messung der vermittelten Lerninhalte im Mittelpunkt, wozu unterschiedliche Testverfahren (z. B. Fragebögen, Beobachtung anhand simulierter Arbeitsmodule) verwendet werden können. Ersatzweise kann auch die Einschätzung des Lernerfolgs durch den Mitarbeiters als Indikator für die Wertschöpfung auf dieser Stufe verwendet werden.
3. *Verhaltensänderungsstufe:* Hier erfolgt die Messung der Steigerung der Arbeitsleistung aufgrund der Bildungsmaßnahme. Kirkpatrick geht von einem Kausalzusammenhang zwischen Lernerfolg und Verhaltensänderung aus. Empirische Studien haben jedoch gezeigt, dass dies nicht immer der Fall ist. Auch die Beurteilung der Verhaltensänderung durch Führungskräfte kann als Indikator für die Wertschöpfung auf dieser Stufe verwendet werden.
4. *Unternehmensergebnisstufe:* Hier ist der ökonomische Nutzen der Bildungsmaßnahmen zu bewerten und den Kosten der Bildungsmaßnahme gegenüber zu stellen. Während die Kostenseite relativ einfach erfasst werden kann, gestaltet sich die Erfassung der Nutzenseite und die Zurechnung zu der Bildungsmaßnahme unverhältnismäßig schwieriger.

Entsprechend den vier Evaluationsniveaus lässt sich auch der Wert der Information der Messung, die Ergebnisrelevanz, die Häufigkeit des Gebrauchs und die Schwierigkeit der Evaluation systematisieren (Abbildung 128). So steigt zwar mit den Stufen der Wert der Messung und die Ergebnisrelevanz, aufgrund der steigenden Schwierigkeit der Evaluation sinkt jedoch die Häufigkeit des Gebrauchs. Dabei sind gerade die Stufen 3 und 4 für die Wertschöpfungsmessung in der Personalentwicklung entscheidend.

---

571 Vgl. Kirkpatrick 1959; Kirkpatrick 1960; Kirkpatrick 1987, S. 301 ff.
572 Vgl. Eichenberger 1992, S. 60 ff. Vgl. auch Kapitel 4, S. 228 ff.

Stufe	Wert der Information	Ergebnis-relevanz	Häufigkeit des Gebrauchs	Schwierigkeit der Evaluation
1. Eindruck (Reaktion)	sehr niedrig	sehr niedrig	häufig	einfach
2. Lernen (Lerntransfer)				
3. Anwendung (Verhaltensänderung)				
4. Ergebnisse (Unternehmensergebnisse)	sehr hoch	sehr hoch	selten	schwierig

Abb. 128: Evaluationsniveaus bei der Aus- und Weiterbildung[573]

- *Beispiel Lufthansa Cargo AG*

Bei der Lufthansa Cargo AG wurde die Evaluation der Personalentwicklung auf der Unternehmensergebnisstufe umgesetzt. Auf Basis eines einfachen Modells lässt sich der Trainingsaufwand zu der erzielten Ergebnisverbesserung direkt ins Verhältnis setzen und so der wirtschaftliche Erfolg des Trainings direkt messen.[573]

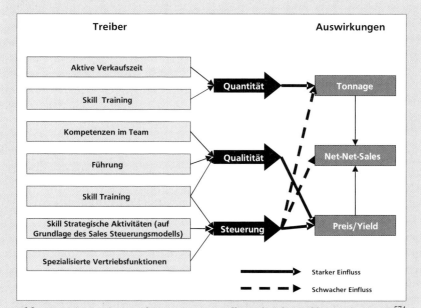

Abb. 129: Monitoring- und Steuerungsgrundlagen bei der Lufthansa Cargo AG[574]

---

573 Vgl. Thomas/Kübel 2004, S. 20 ff.
574 Vgl. Thomas/Kübel 2004, S. 21.

A. Personalcontrolling

- *Phasenbezogenes Personalentwicklungscontrolling*

Beim phasenorientierten Entwicklungs-Controlling werden die drei Phasen Vorfeld, Lernfeld und Funktionsfeld unterschieden.[576]

Im Rahmen des *Vorfeld-Controllings* geht es um die strategie-, struktur- und kulturadäquate Ausrichtung der Personalentwicklung. Die Maßnahmen müssen auf die Unternehmensziele hin ausgerichtet werden. Qualitative Überlegungen zum Wertschöpfungsbeitrag und die Effektivitätsorientierung stehen daher klar im Vordergrund gegenüber einer Kosten- oder Effizienzorientierung. Aufgrund der Problematik der Quantifizierung der strategischen Wertschöpfung beinhaltet die Wertschöpfungsmessung im Bereich des Vorfeld-Controlling vor allem qualitative Überlegungen.

Beim *Lernfeld-Controlling* geht es um die Wertschöpfungsmessung im Bereich des Lernfelds.[577] Da dies vor allem die Sicherung und Verbesserung der Effizienz der Personalentwicklung betrifft, stehen hier Kosten- und Effizienzanalysen im Mittelpunkt. So können z. B. die Kosten nach Personalentwicklungsmaßnahmen und Mitarbeitern differenziert, Opportunitätskostenüberlegungen durchgeführt und Plan- und Istkosten verglichen werden.[578]

Besonders bei off-the-job-Maßnahmen ist zusätzlich noch eine Beurteilung der Qualität der Personalentwicklungsmaßnahmen durch die Teilnehmer möglich. Bei on-the-job- und near/into-the-job-Maßnahmen ist eine solche Evaluation zwar ebenfalls denkbar, aufgrund der hier vorliegenden Einheit von Lernfeld und Funktionsfeld ist es jedoch schwierig, die Beurteilung alleine auf die Personalentwicklungsmaßnahme zu beziehen.

Beim *Funktionsfeld-Controlling* schließlich tritt wieder die qualitative Komponente der Wertschöpfung in den Vordergrund, indem die Wertschöpfung qualitativ über einen bezugsgruppenorientierten Ansatz gemessen wird. Hier ist der Einfluss der Entwicklungsmaßnahme auf den Mitarbeiter und seine (internen und externen) Kunden zu beurteilen. Für die Messung der Wertschöpfung bietet sich besonders das Konzept der Transfer-Evaluation an, das unmittelbar nach der Beendigung der Maßnahme unter Betonung der Selbstqualifizierung die Übertragung des Gelernten in die Praxis

---

575 Vgl. Phillips 1996, S. 205 ff. Vgl. auch Kapitel 4, S. 183 ff.
576 Vgl. Wunderer/Schlagenhaufer 1994, S. 53 ff. Vgl. auch Kapitel 4, S. 203 ff.
577 Im Unterschied zur indirekten Wertschöpfung der Personalentwicklung im Funktionsfelds ist die Wertschöpfung im Lernfeld eine direkte Wertschöpfung.
578 Für ein Beispiel zum Kostencontrolling bei einem Verkaufsseminar siehe Nemitz/Jonson/Kober 1997, S. 572 ff.

evaluiert.[579] Um die Einbindung des Teilnehmers in den Evaluationsprozess zu garantieren, ist

- der Evaluationsprozess transparent und einfach zu gestalten,
- der Teilnehmer vom Nutzen der Evaluation für die eigene Entwicklung zu überzeugen,
- der Bewertungsvorgang zu entpersonalisieren und zu entemotionalisieren und
- ein umfassendes Feedback an den Teilnehmer über die Ergebnisse der Evaluation zu liefern.

- *Transfer-Evaluation*

Bei der Transfer-Evaluation erfolgt die Evaluation in drei Phasen:[580]

1. Evaluation der Entwicklungsmaßnahme und der Referenten durch den Teilnehmer direkt unmittelbar nach Abschluss der Maßnahme sowie ein gemeinsames Auswertungsgespräch nach Rückkehr an den Arbeitsplatz zwischen Mitarbeiter und Vorgesetztem,
2. kurzfristige (nach 4–8 Wochen) und langfristige (nach 6–12 Monaten) Transferbewertung durch den Teilnehmer, Mitarbeiter des Teilnehmers und Vorgesetzten, (eventuell auch durch Kundenbeurteilungen ergänzt) unter Verwendung weitgehend identischer Bewertungsbögen,
3. Feedback an den Entwicklungsbereich, Endauswertung der Ergebnisse durch den Entwicklungsbereich und Information an den Maßnahmenveranstalter.

Allerdings eignet sich dieses Evaluationskonzept vor allem für langfristige Maßnahmen, da bei kurzfristigen Schulungen kaum maßnahmenbezogene Effekte nachweisbar sind und die differenzierte Messung zu aufwendig wäre.

Neben der qualitativen Wertschöpfungsmessung über die Transfer-Evaluation können analog dem Lernfeld-Controlling auch quantitative, z. B. kostenorientierte Evaluationen durchgeführt werden. Da der Bereich des Funktionsfelds allerdings die Messung der indirekten Wertschöpfung betrifft, erschweren vor allem Zurechnungsprobleme eine eindeutige quantitative Messung der Wertschöpfung.

Darüber hinaus lassen sich auch noch personalentwicklungsbezogene Kennzahlen z. B. getrennt nach Auszubildenden und (Stamm-)Mitarbeitern für die Wertschöpfungsmessung aufstellen.

---

579 Vgl. Wunderer/Fröhlich 1991, S. 18 ff.; Wunderer/Schlagenhaufer 1994, S. 52 f.
580 Vgl. Wunderer/Fröhlich 1991, S. 18 ff.; Wunderer/Schlagenhaufer 1994, S. 52 f.

A. Personalcontrolling

So können sich für die Auszubildenden folgende Kennzahlen eignen:
- Zahl der Bewerber,
- Ausbildungsquote,
- Beurteilungsniveau durch die Ausbilder und Lehrlinge,
- Resultate der Ausbildungsprüfung und
- Übernahmequote.

Und für die Mitarbeiter:
- Weiterbildungszeit pro Mitarbeiter,
- Maßnahmen pro Jahr und Teilnehmer,
- Weiterbildungsaufwand pro Mitarbeiter und Fachabteilung,
- Beurteilungsniveau durch die Mitarbeiter und ihre Bezugsgruppen (v. a. Führungskräfte, Kollegen und Kunden) und
- durchschnittliche Zufriedenheit der Bezugsgruppen getrennt nach den Evaluationsstufen.

Die so ermittelten input- und outputbezogenen Kennzahlen sind dabei insbesondere im zeitlichen und abteilungsspezifischen Kontext zu betrachten und mit qualitativen Aussagen in Beziehung zu setzen.

Die Messgrößen der Wertschöpfung können beim Personalentwicklungsprozess nach Kontext-, Input-, Prozess- und Outputgrößen differenziert werden. Eine klare Trennung in Prozess- und Outputgrößen ist hier jedoch nicht eindeutig, je nachdem, zwischen welchen beiden Evaluationsstufen man zwischen Prozess und Output unterscheidet (Abb. 130).

- *Fazit*

Bei der Personalentwicklung ist die personalprozessbezogene Messung der Wertschöpfung gut möglich, auch wenn, ebenso wie bei der Personalgewinnung, die Messung auf der Unternehmensergebnisstufe aufgrund von Zurechnungsproblemen schwierig ist. Während bei off-the-job-Maßnahmen der Schulungsprozess einzeln evaluiert werden kann, ist dies bei den an Bedeutung gewinnenden on-the-job-Maßnahmen nicht möglich, da hier kaum eine Trennung zur Personalführung möglich ist. Dort muss daher verstärkt auf eine qualitative Evaluation zurückgegriffen werden.

4. Personalprozessbezogene Messung

Kontextgrößen:	Inputgrößen:	Prozessgrößen:	Outputgrößen:
• Gesellschaftliche Erwartungen an unternehmensbezogene Personalentwicklung • Qualitative und quantitative Personalstruktur • Unternehmenskultur insbesondere Personalentwicklungskultur • strategische und organisatorische Vorgaben (gerade auch für on-the-job-Maßnahmen)	• Eingesetzte Ressourcen für die Personalentwicklung: z. B. Weiterbildungszeit pro Mitarbeiter, Weiterbildungsaufwand pro Mitarbeiter und Fachabteilung, Lehrlingsquote	• Kosten pro Schulungsteilnehmer • Auslastung von Kursen und Seminarangeboten • Auslastung der Schulungsräume	• Messung der Wertschöpfung auf den vier Evaluationsstufen: 1 Reaktionsstufe: Zufriedenheit mit den Entwicklungsmaßnahmen 2 Lerntransferstufe: Lernerfolg der Mitarbeiter z. B. durch Test und Arbeitssimulationen 3 Verhaltensänderungsstufe: Messung der Verhaltensänderung durch Personalbeurteilung 4 Unternehmensergebnisstufe: Messung der Effizienz- und Effektivitätsverbesserungen

Abb. 130: Wertschöpfungsindikatoren bei der Personalentwicklung[581]

4.7 Personalführung und laterale Kooperation

Die Messung der Wertschöpfung im Bereich der Personalführung als vertikaler Führung und horizontaler Zusammenarbeit fällt in den Bereich des Führungs- und Kooperations-Controllings. Dieser Begriff beinhaltet das »integrative Evaluieren ökonomischer und sozialer Folgen in Bezug auf Führungs- und Kooperationsbeziehungen, -strukturen, -prozesse und -potenziale.«[582] Dabei geht es um die Analyse der vertikalen Führung und der horizontalen Kooperation, also der Beziehungen zwischen Vorgesetzten und Mitarbeitern und zwischen Kollegen innerhalb und außerhalb des Teams.[583] Das Führungs- und Kooperations-Controlling sichert die Integration von individuellen und unternehmensbezogenen Zielen und fördert damit die Identifikation und Motivation der Mitarbeiter. Die Wertschöpfung im Bereich der Personalführung ist damit auch als Potenzialqualität für andere Wertschöpfungsprozesse zu verstehen.

So können z. B. vier Konfliktdimensionen und sieben dazugehörige Indikatoren unterschieden werden, die sich für eine Evaluation des Konfliktniveaus eignen:

---
581 Eigene Darstellung.
582 Wunderer 1990, S. 31; Wunderer 2006, Kap. XVI, XVII.
583 Vgl. auch zur Messung von »Leadership« Clark/Clark 1990.

Orientierung	1. einseitige Orientierung auf die eigene Organisationseinheit 2. mangelnde Orientierung an gemeinsamen Zielen
Wissen	3. mangelnde Kenntnisse der Probleme andere Abteilungen
Wollen	4. mangelnde Einsicht in die Notwendigkeit zur Kooperation 5. mangelnde Bereitschaft zu kooperativem Verhalten mit anderen Abteilungen
Können	6. Abhängigkeit von Leistungen anderer 7. Zielkonflikte mit anderen Organisationseinheiten

Abb. 131: Zentrale Konfliktdimensionen bei lateraler Kooperation[584]

Eine niedriges Konfliktniveau deutet dabei auf eine hohe Qualität der Führungs- und Kooperationsprozesse hin, womit ein hoher Wertschöpfungsbeitrag verbunden ist. Dagegen führt ein hohes Konfliktniveau mit offen ausgetragenen oder unterdrückten Konflikten zu deutlichen Reibungsverlusten.

- *Zwei klassische Führungstheorien zur Wertschöpfung in der Personalführung*

Entsprechend der situativen Führungstheorien wie z. B. dem Kontingenzmodell von Fiedler[585] oder dem Reifegradmodell von Hersey/Blanchard[586] werden situative Faktoren als Kontextgrößen verstanden.

(a) Kontingenzmodell von Fiedler

Beim Kontingenzmodell von Fiedler[587] sind dies die Aufgabenstruktur, die Positionsmacht des Führenden und die Führer-Mitarbeiter-Beziehungen. Ausgehend von diesem Kontext eignet sich entweder ein mitarbeiterorientierter (hoher LPC-Wert) oder ein aufgabenorientierter (niedriger LPC-Wert) Führungsstil für eine wertschöpfungsorientierte, »effektive« Führung (Abb. 132).

Der LPC-Wert als »Least Preferred Co-Worker«-Wert des Führenden ergibt sich aus der Beurteilung desjenigen Mitarbeiters durch den Führenden, mit dem dieser bis jetzt am schlechtesten zusammenarbeiten konnte, operationalisiert durch 16 achtstufige Adjektivskalen. Fiedler sieht dabei den Führungsstil als unabhängige Variable und empfiehlt die gezielte Beeinflussung der Situationsvariablen, unter Umständen auch durch einen Wechsel der Firma.

---

584 Vgl. Wunderer 1997b, S. 272.
585 Vgl. Fiedler 1967; Wunderer 1979.
586 Vgl. Hersey/Blanchard 1988.
587 Vgl. Fiedler 1967; Wunderer 2006, S. 311 ff.

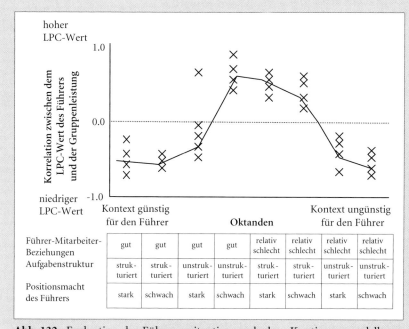

Abb. 132: Evaluation der Führungssituation nach dem Kontingenzmodell von Fiedler[588]

(b) Reifegradmodell von Hersey/Blanchard

Beim Reifegradmodell von Hersey/Blanchard[589] ist der situative Einflussfaktor der Reifegrad des Geführten. Ausgehend vom aufgabenrelevanten Reifegrad des Geführten hat der Führende einen geeigneten Führungsstil zu wählen (unterweisend, verkaufend, partizipierend oder delegierend), um eine optimale Wertschöpfung in der Personalführung zu erzielen. Der mitarbeiter- und aufgabenorientierte Reifegrad des Geführten ist dementsprechend eine Kontextgröße (Abb. 133).

Auch der Grad an unternehmerischem Sozial- und Führungsverhalten (vgl. Kapitel 3.1, Abb. 37) der Mitarbeiter als Mitarbeiter ohne ausgeprägte unternehmerische Kompetenzen, als unternehmerisch aufgeschlossener Mitarbeiter und als Mitunternehmer können in dieser Sichtweise als situative Faktoren verstanden werden, die als Kontextgrößen Einfluss auf die Wertschöpfung nehmen. Für eine optimale Wertschöpfung ist daher der Reifegrad der Mitarbeiter als Kontextgröße zu messen.[590] Auch bei Hersey/Blan-

---

588 Vgl. Fiedler 1967; Wunderer 2001a, S. 311 ff.
589 Vgl. Hersey/Blanchard 1988; Wunderer 2001a, S. 211 ff.
590 Vgl. Kapitel 3.1, S. 71 ff.

chard sind dafür – wie bei Fiedler – bereits Kriterien und Standards formuliert worden, um den Führungskontext für den einzelnen Führenden bestimmen zu können.

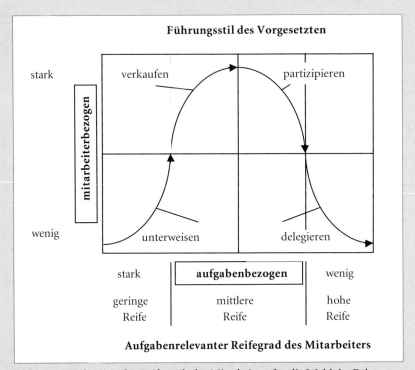

Abb. 133: Evaluation des Reifegrads des Mitarbeiters für die Wahl des Führungsstils nach dem Reifegradmodell von Hersey/Blanchard[591]

In einer erweiterten Sichtweise können auch die Qualifikation und die Motivation der Mitarbeiter als Inputgrößen der Führung verstanden werden. Dies setzt jedoch voraus, dass der Führende auf diese einen direkten Einfluss hat, z. B. indem er sich bei der (internen oder externen) Personalgewinnung für einen bestimmten Mitarbeiter entscheidet. Gerade im Rahmen von Projektarbeit ist diese Bedingung häufig erfüllt, wenn der Projektverantwortliche bei der Besetzung seines Projektteams ein aus seiner Sicht geeignetes Team selbst zusammenstellen kann.

Insbesondere im Reifegradmodell von Hersey/Blanchard kann der Führende den Reifegrad des Mitarbeiters im Sinne von Personalentwicklung auch

---

591 Vgl. Hersey/Blanchard 1988; Wunderer 1997b, S. 68 f.

aktiv fördern. Dementsprechend ist dann der Einfluss des Führenden auf den Reifegrad seiner Mitarbeiter – auch als dessen Qualifikation und Motivation – ebenfalls eine Inputgröße.

- *Messinstrumente im Performance Measurement*

Da sich die Führung und Kooperation in erster Linie im Team vollzieht, erscheint eine *formalisierte Messung* dieser Potenzialqualität zunächst weniger geeignet. Auch entspricht die Vorstellung, dass die Führungssituation nur »objektiv« zu erfassen ist und dann der Vorgesetzte aufgrund dieser Informationen sein Handeln entsprechend variiert, wohl kaum der Praxis. Daher kommt der *informellen Evaluation* über Beobachtung, informelle Gespräche und Ergebnisinterpretation (z. B. auch als Management by walking around, Management by desking around) eine hohe Bedeutung zu. Sie ist aber durch eine formalisierte Messung zu ergänzen, um eine systematische und transparente Bewertung im Rahmen des Führungs- und Kooperations-Controllings zu ermöglichen. Auch selbsterfüllende Prophezeiungen werden dadurch eingeschränkt, indem der Führende den Reifegrad des Mitarbeiters nicht nur »selbst« bestimmen kann.

Eine solche formalisierte Bewertung sollte in der Regel in die Personalbeurteilung oder in eine Mitarbeiterbefragung integriert werden. Auch das weit verbreitete *Management-by-Objectives* als Konzept des Führungscontrollings setzt auf eine relativ starke Formalisierung der Evaluation, in diesem Fall über die Messung der Zielerreichung.[592]

- *Management-by-Objectives*

Das Management-by-Objectives zeichnet sich durch ein verschränktes Top-down und Bottom-up-Vorgehen aus. Dabei werden Oberziele in Subziele zerlegt und den verschiedenen hierarchischen Ebenen zugeordnet. Das Unternehmen wird so über ein inhaltlich aufeinander abgestimmtes Zielsystem geführt, bei dem die Zielableitungsphase von der Zielrealisierungsphase getrennt ist. Am Ende steht die Zielerreichungskontrolle mit entsprechenden Leistungsbewertungen, die in die neue Zielformulierung einfließen kann. Dabei beinhaltet das MbO auch eine partizipative Komponente, wodurch die kooperative Zielvereinbarung und die Motivation der Geführten betont wird.[593]

---

592 Vgl. dazu auch das Beispiel zum Management-by-Objectives in Kapitel 9.6, S. 416 ff.
593 Vgl. Gebert 1995, Sp. 426 ff.

- *Qualitative Analyse*

Neben einem Kennzahlensystem zur Vereinbarung von quantitativen Zielen können auch Teamaudits zur Beurteilung der qualitativen Faktoren verwendet werden, wobei sich dieses Vorgehen besonders für Gruppenarbeit eignet.[594] Dabei ermöglicht das Teamaudit eine Beurteilung der Qualität der lateralen Kooperation und darauf aufbauend die Ableitung von Verbesserungsmaßnahmen.

Die so ermittelten Kennzahlen und Indikatoren sind dann – auch im Zusammenhang mit den Kontextbedingungen Strategie, Organisation und Kultur – einerseits als ergebnisbezogene Wertschöpfung für den Bereich Führung und Kooperation zu verstehen, indem z. B. im Vergleich zum Vorjahr die Zusammenarbeit der Mitarbeiter verbessert werden konnte und damit Konflikte reduziert wurden. Andererseits lassen sie sich auch als Wertschöpfungspotenziale für die Zukunft begreifen.

Die Interpretation der gesammelten Daten in aggregierter Form muss dabei auch das Indikatorenproblem berücksichtigen: Hier ist es aufgrund der erheblichen Bedeutung der interpersonellen Beziehungen im Unternehmen notwendig, z. B. bei potenziellen Uneindeutigkeiten der Indikatorenwerte, diese kritisch zu analysieren, um bei Fehlentwicklungen frühzeitig entsprechende Gegenmaßnahmen zur Sicherung der Wertschöpfung ergreifen zu können.

Ein Zusammenhang zwischen der Verwendung einer Wertschöpfungsmessung (Performance Measurement) in der Personalführung und dem finanzwirtschaftlichen Geschäftsergebnis kann empirisch nachgewiesen werden:

Bei 437 untersuchten Firmen zeigten sich Firmen mit einem Performance Measurement durchweg erfolgreicher als Firmen ohne ein solches Instrument.[595] Dies zeigt die Bedeutung der Humanressourcen sowie der Maxime: »Was sich messen lässt, lässt sich auch managen.« Performance Measurement setzt in dieser Studie vier kritische Elemente voraus:[596]

1. Zielvorgaben: Führungskräfte und Mitarbeiter vereinbaren gemeinsam die Ziele und die zugehörigen Mittel in Bezug auf inhaltliche und zeitliche Vorgaben und ihre Folgen.
2. Coaching und Feedback: Führungskräfte und Mitarbeiter diskutieren auf informeller Basis die Stärken und Verbesserungsmöglichkeiten.

---

594 Vgl. Heiliger/Mühlbradt/Leyhausen 1997, S. 946 ff.
595 Sicher ist dieses Instrument der Wertschöpfungsmessung hier aber nur ein Ausdruck eines meist umfassenderen Denk- und Managementansatzes.
596 Vgl. McDonald/Smith 1995, S. 59 ff.

3. Bewertung: Führungskräfte und Mitarbeiter besprechen die Ergebnisse des letzten Jahres und bewerten, welche Ziele erreicht wurden und welche nicht.
4. Beteiligung: Führungskräfte entscheiden, wie die Honorierung der Mitarbeiter entsprechend ihrer Leistung erfolgt. Dies betrifft sowohl die Anpassung des Grundgehalts (Beförderung) als auch die Höhe der variablen Vergütung.[597]

4. Personalprozessbezogene Messung

- *Messung auf den fünf Stufen des Führungsprozesses*

Eine Erweiterung erfahren diese vier kritischen Elemente durch die acht zentralen Prinzipien der Führung[598] auf den fünf Ebenen des Führungsprozesses.[599] Die Wertschöpfungsmessung sollte auf allen fünf Stufen des Führungsprozesses erfolgen, um neben der ergebnisbezogenen Wertschöpfung auch die potenzialbezogene Wertschöpfung zu erfassen und um ein möglichst umfassendes Bild des Führungs- und Kooperationsprozesses zu erhalten. Sie darf sich daher nicht nur auf die Stufe 4 der Leistungsbewertung beschränken. Die Wertschöpfungsmessung kann auf den 5 Stufen folgendermaßen ausgestaltet sein:[600]

1. *Haben – Sollen – Dürfen:* Hier geht es um die Bereitstellung von Ressourcen für die Mitarbeiter, die Verpflichtung (durch Zielvorgaben) der Mitarbeiter und die Ermächtigung (Empowerment) der Mitarbeiter. Dabei spielt gerade auch die Kultur, die Strategie und die Organisation im Rahmen der strukturellen Führung eine wesentliche Rolle (Strukturpotenzial). Hier erfolgt die *Messung* durch die Bewertung des strukturellen Umfeldes, wie Kultur, Strategie und Organisation, im Unternehmen und in der individuellen Arbeitssituation durch die Organisationsmitglieder.
2. *Können – Wollen:* Die Qualifikation, Identifikation und Motivation der Mitarbeiter sowie deren Förderung bestimmen die Leistungsfähigkeit des Humanpotenzials. Die Entwicklung und Einbindung der Mitarbeiter kann z. B. über on-the-job-Maßnahmen wie z. B. Coaching, Mitarbeitergespräche und qualifikationsfördernde Arbeitsorganisationen und off-the-job-Maßnahmen wie z. B. Schulungen und Weiterbildungen erfolgen. Hier erfolgt die *Messung* in der Praxis durch die Bewertung der Qualifikation und der Motivation der Mitarbeiter über die Personalbeurteilung sowie über die Evaluation von Umfang und Art der Personalentwicklungsmaßnahmen.

---

597 Vgl. auch Bruns 1992.
598 Haben, Sollen, Dürfen, Können, Wollen, Leisten, Erreichen und Beteiligen. Vgl. Wunderer 1996; Wunderer 2006, S. 18 ff.
599 Vgl. auch Gerard 1995, S. 34 ff.; Bühner 1996. Vgl. auch Kapitel 10, S. 434 ff.
600 Vgl. auch Kapitel 3.7, S. 130 ff.

A. Personal-controlling

3. *Leisten:* Hier geht es um die vertikale und horizontale Abstimmung der Leistungsprozesse mit Vorgesetzten, Untergebenen, Teamkollegen und auch Kunden. Die konstruktive Interpretation, Anpassung, Abstimmung und Integration der Sollvorgaben zur effizienten Leistungserstellung ist dabei ebenso entscheidend wie die Analyse, Bewertung und Berücksichtigung neuer Leistungssituationen wie z. B. durch Prioritätensetzung und Timing. Hier erfolgt die *Messung* über die Bewertung der Zusammenarbeit (Verhaltensbeurteilung) innerhalb der eigenen Abteilung, mit Vorgesetzten und Untergebenen und mit anderen Abteilungen (eventuell auch mit externen Kunden). Dies kann auch durch Personalbeurteilungen, Mitarbeiterumfragen und Kundenbefragungen erfolgen.
4. *Erreichen:* Hier steht die Bewertung des Leistungsprozesses und -ergebnisses durch die Bezugsgruppen im Mittelpunkt. Im Rahmen der Selbstbewertung erfolgt diese durch den Mitarbeiter (Mitarbeiterzufriedenheit), im Rahmen der Fremdbeurteilung vor allem durch die Führungskraft als »hierarchischem Auftraggeber«, aber auch durch die (internen und externen) Kunden des Mitarbeiters (z. B. bei Messung über das 360°-Beurteilungskonzept[601]). Hier erfolgt die *Messung* über die Bewertung der Leistungsprozesse und der Leistungsergebnisse (Leistungsbeurteilung) durch die Bezugsgruppen z. B. über die Angabe des Zielerreichungsgrades.
5. *Beteiligen:* Die Partizipation am Leistungsergebnis über eine angemessene Grundvergütung, ergebnisabhängige variable Vergütungen und die langfristige Beteiligung über Mitarbeiteraktien sichert das Mitarbeiterpotenzial. Hier erfolgt die Messung der monetären Beteiligung z. B. über die Bewertung der Entwicklung der Mitarbeitervergütung z. B. in Abhängigkeit vom Geschäftserfolg der Abteilung, des Bereiches und des Unternehmens, Umfang und Art der variablen Vergütung (vgl. auch Kapitel 4.5).

Die ersten zwei Stufen (Haben-Sollen-Dürfen und Können-Wollen) des Führungsprozesses können als Kontext- und Inputgrößen der Wertschöpfung aufgefasst werden, die dritte Stufe (Leisten) als Prozessgröße und die beiden letzten Stufen (Erreichen und Beteiligen) als Outputgrößen. Dabei ist jedoch zu beachten, dass auch die Outputgrößen der beiden letzten Stufen mit einer potenzialbezogenen Wertschöpfung einhergehen. Der fünfstufige Führungsprozess ist daher nicht nur linear, sondern auch als geschlossener Führungskreislauf zu verstehen.[602]

---

601 Vgl. auch Kapitel 3.7.1.1, S. 132 ff.
602 Vgl. auch Kapitel 10, S. 434 ff.

Kontextgrößen:	Inputgrößen:	Prozessgrößen:	Outputgrößen:
• Unternehmensstrategie, -organisation und -kultur • Führungsgrundsätze • Situative Faktoren wie z. B. Reifegrad des Geführten, Aufgabenstruktur, Positionsmacht und Führer-Mitarbeiter-Beziehungen	• Führungsstil • Qualifikation und Qualifizierung der Mitarbeiter • Motivation/Identifikation und Motivierung der Mitarbeiter	• Arbeitsproduktivität • Qualität der Führung und lateralen Kooperation • Verhalten der Mitarbeiter und Führungskräfte	• Mitarbeiterleistung, Teamleistung und Leistung der Organisationseinheit • Mitarbeiterzufriedenheit und -loyalität • Vorgesetztenzufriedenheit • Qualität der Mitarbeiterbeteiligung

Abb. 134: Wertschöpfungsindikatoren bei der Personalführung[603]

- *Fazit*

Die Wertschöpfungsmessung in der Personalführung als auch in der lateralen Kooperation lässt sich analog dem Führungsprozess recht gut bewerten. Dabei kann meist auch zwischen den einzelnen Prozessschritten unterschieden werden. Insgesamt sind hier vor allem qualitative Elemente der Wertschöpfung relevant. Aufgrund der integralen Bedeutung der Führung und Kooperation übernimmt die Wertschöpfungsmessung hier auch die Evaluationsfunktion anderer Personalmanagementprozesse, wie z. B. des Personaleinsatzes und der Personalhonorierung.

4.8 Personaladministration

Der Prozess der Personaladministration oder Personalverwaltung[604] beinhaltet die verwaltungstechnischen Aktivitäten im Personalbereich, die den Großteil operativer Personalarbeit umfassen. Dazu gehören vor allem:

1. das Führen der Personalakten,
2. das Erstellen von Lohn- und Gehaltsabrechnungen einschließlich der Sozialversicherung und
3. das Berichtswesen und die Erstellung der Personalstatistik auch über Arbeits-, Urlaubs- und Fehlzeiten.

Aufgrund des hohen Rationalisierungspotenzials durch EDV kann heutzutage der gesamte Personaladministrationsprozess – vor allem bei Großunternehmen – über ein *Personalinformationssystem* abgewickelt werden.

---

603 Eigene Darstellung.
604 Vgl. Kürpick 1992, Sp. 1805 ff.

A. Personalcontrolling

Angefangen bei der elektronischen Verwaltung der Personalakte bis zur elektronischen Zeiterfassung und der darauf aufbauenden Lohn- und Gehaltsabrechnung kann auch ein elektronisch unterstütztes Berichtswesen einschließlich der Personalstatistik die Entscheidungsträger aktuell mit den notwendigen Informationen versorgen.

Die entsprechenden Vorgänge, wie z. B. Krankmeldungen, Urlaubsanträge und Dienstreisen, können direkt – z. T. auch durch den Mitarbeiter selbst – in das EDV-System eingegeben werden. Nach eventueller Prüfung durch die Personalabteilung bzw. den Vorgesetzten werden daraufhin die entsprechenden Vorgänge ausgeführt (wie z. B. die Anpassung der Gehaltsabrechnung und das Erstellen von Bescheinigungen).

Die Informationstechnologie erlaubt dabei den Führungskräften und Mitarbeitern dezentraler Abteilungen zunehmend auch einen direkten Zugriff auf die für sie relevanten und benötigten, zentral abgelegten und verwalteten Daten über das firmeneigene Intranet, was die Mitarbeiter des Personalbereichs entlastet. Die Mitarbeiter der Personalabteilung erhalten daher auch mehr Zeit für eine persönliche Beratung der Mitarbeiter.

Die *Personalstatistik* dient der Analyse und Kontrolle des Personalbestandes, sie enthält auch die relevanten Kennzahlen des Personalmanagements. Das Berichtswesen sichert die zielgruppenorientierte Aufbereitung der Personalstatistik, hier liegt die Wertschöpfung für die Kunden vor allem in der übersichtlichen Darstellung, Visualisierung und Kommunikation der relevanten Informationen.

Kontextgrößen:	Inputgrößen:	Prozessgrößen:	Outputgrößen:
• Entwicklungsstand und Qualität des Management- bzw. Personalinformationssystems • Unternehmensstrategie, -organisation und -kultur • Rechtliche Bestimmungen zum Datenschutz	• Personal- und Sachkosten für die Personaladministration, getrennt nach Aufgaben • Qualifikation und Motivation der Mitarbeiter	• Effizienzgrößen wie Anzahl der geführten Personalakten pro Personalabteilungsmitarbeiter, Anzahl der verwalteten Abrechnungen pro Personalabteilungsmitarbeiter • Betreuungsquote	• Zufriedenheit der Führungskräfte und der Mitarbeiter mit der Personaladministration • Administrationskosten pro Mitarbeiter des Gesamtunternehmens • Stückkosten z. B. pro Gehaltsabrechnung • Fehlerquoten

Abb. 135: Wertschöpfungsindikatoren für die Personaladministration[605]

---

605 Eigene Darstellung.

Für die Messung der hauptsächlich wertsichernden Wertschöpfung der Personaladministration lassen sich folgenden Kontext-, Input-, Prozess- und Outputgrößen aufstellen.

4. Personalprozessbezogene Messung

- *Fazit*

Die Personaladministration eignet sich gut für eine quantitative Analyse der Wertschöpfung, auch deshalb, weil die Leistungen hier in hohem Maße standardisiert und regelmäßig erfolgen. Darüber hinaus können auch qualitative Elemente in die Wertschöpfungsmessung einbezogen werden, wie z. B. die Zufriedenheit der Mitarbeiter mit der Personaladministration. Insgesamt ist die (wertsichernde) Wertschöpfung der Personaladministration gut zu evaluieren, auch wenn die Personaladministration nur eine (aber wichtige) Nebenfunktion im modernen Personalmanagement einnimmt. Deshalb können gerade hier auch Entscheide zum Outsourcing fundierter getroffen werden als bei den anderen Prozessen.

4.9 Schlussbetrachtung

Die personalprozessbezogene Wertschöpfungsmessung betont die Messung der Prozess- und Ergebnisqualität des Personalmanagements. Dabei ist in der Regel auch die Beurteilung des Prozesses und des Ergebnisses durch die Bezugsgruppen sinnvoll. Aber auch andere Indikatoren wie produktivitäts- und zeitbezogene Kennziffern eignen sich für die Evaluation der Prozesse. In diesem Zusammenhang ist es auch wichtig, innerhalb des Zielcontrollings Kontext- und Inputgrößen zu betrachten, da diese die Qualität des Prozesses wesentlich mitbestimmen. Teilweise werden dabei in verschiedenen Personalmanagementprozessen identische Messgrößen verwendet, so dass je nach betrachtetem Prozess die Messgrößen aus unterschiedlichen Perspektiven heraus analysiert werden.

Bei der prozessbezogenen Wertschöpfungsmessung erfolgt weiterhin eine Zuordnung der Messgrößen des Personalmanagements zu den Personalprozessen, wodurch auch die ständige Prozessverbesserung unterstützt wird, indem die Veränderung der Messgrößen nicht als mehr oder minder zufälliges Ergebnis verschiedener »nicht-beeinflussbarer« Einflussgrößen, sondern als gesteuerte Beeinflussung des Humanpotenzials verstanden wird.

Eine besondere Rolle spielt dabei – vor allem neben der Personalgewinnung und -entwicklung – die Personalführung, bei der gerade auch kontext- und potenzialbezogene Größen für die Wertschöpfungsmessung wesentlich

A. Personalcontrolling

sind. Dabei muss auch der Entwicklungsfähigkeit der Humanressourcen Rechnung getragen werden.

Voraussetzung für eine personalprozessbezogene Wertschöpfungsmessung ist die klare Definition und Abgrenzung von Personalmanagementprozessen und -aktivitäten. Dies ist bei den meisten Personalprozessen unproblematisch. Bei der Personalführung, die eine bedeutende Rolle einnimmt, ist dazu eine gewisse Formalisierung notwendig, ohne dabei informelle, partizipative Elemente unterzubetonen.

Grenzen der personalprozessbezogenen Analyse treten vor allem bei Kernprozessen auf, die sich besser für eine funktionale als eine prozessuale Betrachtung eignen, wie z. B. das Personalmarketing und z. T. auch die Personalhonorierung. Dabei sind generell bei einer prozessualen Betrachtung auch funktionale Aspekte mit zu berücksichtigen.

Weiterhin werden auch die Humanressourcen als Potenziale bei einer prozessbezogenen Betrachtung relativ stark ausgeblendet, wenn man von ihrer Evaluation als Eingangsgröße und Voraussetzung für die Personalprozesse absieht. Ihre Evaluation, z. B. über Potenzial- und auch Leistungsbeurteilungen, kann jedoch ebenfalls sehr gut im Rahmen von Personalbeurteilungen und Mitarbeiterumfragen[606] erfolgen und ist daher unabhängig von der personalprozessbezogenen Wertschöpfungsmessung zu sehen.

Insgesamt ermöglicht die prozessbezogene Analyse eine differenzierte Evaluation der verschiedenen Personalfunktionen und erleichtert so die Integration des Personalcontrollings innerhalb des Personalmanagements.

---

606 Vgl. dazu auch Kapitel 3.7.1, S. 130 ff.

B. Integrierte Wertschöpfungsmessung im Wertschöpfungscenter Personal

5. Messung der Wertschöpfung in der Management-Dimension

Kapitelübersicht

5.1	Wertschöpfung in der Management-Dimension	249
5.2	Zielklarheit in der Management-Dimension	253
5.3	Ziele im Personalmanagement	256
5.4	Messung der Managementqualität	260
5.4.1	Messung von Managementqualifikationen	260
5.4.2	Messung der Qualität von Managemententscheidungen	263
5.5	Mehrwert der Zentrale	267
5.6	Wirtschaftlichkeitsanalysen im Personalmanagement	268
5.7	Quantitative Kosten-Nutzen-Analyse von Personalauswahlprogrammen .	274
5.8	Fazit	278

5. Management-Dimension

5.1 Wertschöpfung in der Management-Dimension

Die Management-Dimension konzentriert sich auf die Wahrnehmung strategischer Aufgaben des Personalmanagements und ihrer Umsetzung durch Personalabteilung und Führungskräfte. Das größte Problem der Wertschöpfungsmessung in dieser Dimension besteht darin, dass strategische Überlegungen und Planungen einer objektiven, quantitativen und direkten Evaluation nur sehr schwer zugänglich sind.[607] Hinterhuber empfiehlt deshalb, an jede quantitative Bewertung (»Erst wägen, …«) eine qualitative Bewertung als ganzheitliche Betrachtung (… dann wagen«) anzuschließen.[608] Auf diese Weise können dann auch die Annahmen der quantitativen Analyse kritisch hinterfragt werden.

Prinzipiell kann eine Messung über das Konzept der strategiebedingten Wertschöpfung erfolgen. Aus der Strategie des Personalmanagements können jedoch kaum Cash-Flows abgeleitet werden, die für eine solche Bewertung notwendig sind.

Neben konventionellen Größen, wie Erfolg oder Rentabilität, die im Wertschöpfungscenter in die Business-Dimension fallen, kann in der Management-Dimension die Messung der Wertschöpfung über die Erschließung und Ausnutzung von *Erfolgspotenzialen* erfolgen.[609] Allerdings kann die

---

[607] Vgl. z. B. Pfohl 1988; Pfohl/Zettelmeyer 1993; Wunderer/v. Arx 2002.
[608] Vgl. Hinterhuber 1996b, S. 273.
[609] Vgl. Breid 1994.

Zielgröße Erfolgspotenzial nicht selbst gemessen, sondern nur über Indikatoren abgebildet werden.[610] Hier kann auf die Analyse *kritischer Erfolgsfaktoren* zurückgegriffen werden, die aus der Unternehmensstrategie für das Personalmanagement abzuleiten sind.[611]

B. Integrierte Wertschöpfungsmessung

Damit kommen für eine Messung der Zielwirkungen in der Management-Dimension vor allem indirekte Messmethoden in Frage, die sich auf Indikatoren stützen. Lassen sich diese nicht eindeutig und für jeden nachvollziehbar feststellen, so fließen individuelle Werturteile und Einschätzungen des Beurteilenden in die Messung mit ein. Das subjektive Element muss dann bei der Dokumentation der Messergebnisse transparent gemacht werden. Dies gilt ebenso für die Messung der Wertschöpfung über die Zufriedenheit der Anspruchsgruppen des Personalmanagements.

Zur Klassifizierung möglicher Erfolgsfaktoren eignet sich eine systemorientierte Betrachtungsweise des Unternehmens. Sieht man z. B. das Unternehmen als ein technologisches, ökonomisches und soziales System, dann kann die Wertschöpfung zunächst in diesen drei Dimensionen gemessen werden.[612]

---

610 Vgl. Pfohl/Stölzle 1997, S. 179 f.
611 Vgl. Chakravarthy 1986, S. 440–453; Kaplan/Norton 1996b, S. 199 ff.; vgl. auch Kapitel 8, S. 333 ff.
612 Zusätzlich lässt sich noch die ökologische Dimension differenzieren, die für das Personalmanagement jedoch von nachgeordneter Bedeutung ist. Vgl. auch Remer/Sandholzer 1991, S. 388 ff.

Technologische Dimension (Denken in Mengen, Zeiten und Qualitäten)	Ökonomische Dimension (Denken in Werten[570])	Soziale Dimension (Denken in Werthaltungen, Bedürfnissen und Rollen)
Erfolgsgrößen der Leistungsfähigkeit und des Leitungsumfanges (»Haben oder Können«) – Quantitative Kapazität – Qualitative Kapazität – Elastizität Erfolgsgrößen der Leistungsbereitschaft (»Haben oder Können«) – Fehlerhäufigkeit – Kundenfreundlichkeit	Erfolgsgrößen der Preise – am Beschaffungsmarkt – am Absatzmarkt – im Unternehmen (innerbetriebliche Verrechnungspreise) Erfolgsgrößen von Umsatz und Kosten – Marktposition und -wachstum – Probleme der Ein- und Auszahlungen – Kostenarten, -stellen und -träger – Kostenrelevanz von Prozessen	Erfolgsgrößen der Motivation (»Wollen«) – extrinsisch – intrinsisch Erfolgsgrößen der Rolle (»Dürfen oder Müssen«) – Verhaltenserwartungen im Unternehmen – Verhaltenserwartungen in der Gesellschaft gegenüber dem Unternehmen
mögliche Messgrößen		
– Produktivität – Durchlaufzeit – Kapazitätsauslastung – Umsetzungsqualität	– Bewertung technologischer Zielsetzung – Liquidität – Rentabilität – Erfolgspotenzial	– Übereinstimmung von Unternehmens- und Mitarbeiterkultur – Identifikation mit Zielen und Werten – Zufriedenheit der Mitarbeiter – langfristige Erhaltung des Humanpotenzials – Erfüllung von Ansprüchen der Gesellschaft

Abb. 136: Dimensionen der Wertschöpfungsmessung[614]

In der Management-Dimension soll vor allem der Erfolgsbeitrag quantifiziert werden. Hier geht es in erster Linie um die technologische, ökonomische und soziale Beurteilung der *strategischen Konzepte* des Personalmanagements und ihrer Umsetzung. Im Vordergrund steht dabei die Analyse der

---

613 Werte sind hier ausschließlich ökonomisch zu verstehen und daher von Werten im Sinne von (individuellen und gesellschaftlichen) Werthaltungen (vgl. soziale Dimension) zu unterscheiden.
614 Eigene Darstellung. Vgl. Pfohl/Stölzle 1997, S. 85.

Effektivität (»Die richtigen Dinge tun«).⁶¹⁵ Dabei geht es auch um Aufbau und Sicherung von Erfolgspotenzialen.

Da eine Quantifizierung des Erfolgsbeitrages des Personalmanagements aufgrund zahlreicher Einzelwirkungen – wie z. B. zeitlicher und sachlicher Zurechnungsprobleme – nicht möglich ist,⁶¹⁶ beinhaltet die Analyse immer auch qualitative Elemente, die sich einer genaueren, quantitativen Analyse entziehen, insbesondere bei Diskussionen über die Unternehmensethik und -kultur. Dabei könnte auch die Akzeptanz, Identifikation und Umsetzung einer Personalstrategie bewertet werden.

B. Integrierte Wertschöpfungsmessung

> Beispiel:
>
> Im Rahmen der Überarbeitung der Personalstrategie und speziell der Personalentwicklungsstrategie soll der Anteil der on-the-job-Entwicklung im Vergleich zur off-the-job-Entwicklung gesteigert werden. Konkret soll dazu der Coaching-Anteil in der Linie erhöht werden.
>
> In der *technologischen Dimension* ist einerseits eine Reduktion der Leistungsfähigkeit der Führungskräfte zu erwarten, da das Coaching einen zeitlichen Mehraufwand bedeutet. Andererseits ergibt sich aus dem Coaching auch eine Steigerung der Leistungsfähigkeit, da vor allem die Fähigkeiten der Mitarbeiter durch das Coaching zunehmen.
>
> In der *ökonomischen Dimension* sind die Kosten des Coachings als Zeitaufwand der Führungskräfte zu nennen. Da gleichzeitig durch das Coaching wahrscheinlich andere Entwicklungsmaßnahmen reduziert werden können, sind diese gegen zu rechnen.
>
> In der *sozialen Dimension* schließlich sind die Änderungen der Motivation und des Rollenverhaltens durch das Coaching zu evaluieren. Dabei ist prinzipiell von einer positiven Verhaltenswirkung auszugehen, da die Zusammenarbeit der Mitarbeiter und Führungskräfte verbessert wird.

Soweit eine Zurechnung der Wertschöpfung zu den Personalmanagementmaßnahmen auf der Unternehmensebene nicht gelingt, kann in der Management-Dimension versucht werden, die Wirkungen des Personalmanagements auf die Arbeitsproduktivität zu ermitteln, die sich aus der Leistungsfähigkeit und -motivation und der Arbeitssituation ergibt. Die Wertschöpfung des Personalmanagements ist hier jedoch indirekt, so dass eine Messung nur über Indikatoren, wie Fluktuationsraten, Absenzraten, Fehlerquoten und Beschwerden erfolgen kann. Diese sind jedoch für die Beurteilung einer Personalstrategie problematisch. Zudem besteht hier weiterhin das Zurechnungsproblem.

---

615 Ein analoges Problem liegt in der Untersuchung der Effektivität von Organisationsstrukturen, allerdings konnten auch hier die bestehenden Probleme nicht gelöst werden. Vgl. Welge 1987, S. 619 ff.
616 Vgl. Kiehn 1996. Vgl auch die Ausführung dazu in Kapitel 4, S. 203 ff.

Eine weitere Möglichkeit ist die Ermittlung der Effektivität hinsichtlich der Erfüllung der aus Unternehmensstrategie und -zielen abgeleiteten personalwirtschaftlichen Unterzielen. Dabei wird das Evaluationsproblem jedoch nur auf die Problematik einer geeigneten personalwirtschaftlichen Zieldefinition verschoben, da der Zusammenhang der Personalmanagementziele zu den Unternehmenszielen in vielen Fällen nicht eindeutig festgelegt werden kann. Allerdings kann dann der Grad der personalwirtschaftlichen Zielerfüllung gut evaluiert werden.

Im Folgenden sollen einige der Problemfelder und deren Überwindung für die Messung der Wertschöpfung in der Management-Dimension dargestellt werden. Zunächst befassen wir uns mit der Zielklarheit in der Management-Dimension als Voraussetzung für eine Wertschöpfungsmessung. Anschließend wird die Messung der Managementqualität und das Konzept des Mehrwertes der Zentrale diskutiert. Weiterhin werden quantitative Messmethoden für die Messung der Wertschöpfung in der Management-Dimension diskutiert, dazu zählen verschiedene Wirtschaftlichkeitsanalysen und die differenzierte Betrachtung der Kosten-Nutzen-Analyse am Beispiel des sogenannten »Brodgenmodells«[617].

5.2 Zielklarheit in der Management-Dimension

Aus dem Bestreben nach rationaler *Entscheidungsfindung* in der Management-Dimension für eine »optimale«[618] Wertschöpfung für alle Anspruchsgruppen folgt die Notwendigkeit operationaler Zielformulierungen als »Zielklarheit«. Die personalwirtschaftlichen Unterziele sind dazu aus den Unternehmenszielen abzuleiten. Dazu sind folgende Bedingungen einzuhalten:[619]

- ein abgegrenztes Zielobjekt,
- bestimmte Zieleigenschaften (Zielvariablen),
- eindeutige Zielmaßstäbe,
- explizite und präzise Angaben zum angestrebten Ausmaß,
- eine Angabe zum zeitlichen Bezug des Ziels und
- eine Präferenzordnung, falls mehr als ein Ziel angestrebt wird.

---

617 Vgl. Kapitel 5.7, S. 274.
618 Hier ist zu beachten, dass nach den Ergebnissen der Wohlfahrtsökonomie ein *objektives* kollektives Nutzenmaximum als »optimale« Wertschöpfung nicht definierbar ist.
619 Vgl. March/Simon 1958, S. 150 ff.; Hauschildt 1988, S. 98.

Allerdings sind diese Bedingungen der Zielklarheit jedoch oft nicht erfüllt:[620]

In komplexen Entscheidungssituationen, was gerade für den Bereich der strategischen Wertschöpfung zutrifft, ist die Problemstruktur unklar. Zusätzlich sind bei Innovationsentscheidungen im Personalmanagement auch die Problemlösungsmuster unbekannt. Neben den Begrenzungen in der Erkenntniskapazität ist außerdem auch die Suchkapazität eingeschränkt, da die kognitive Kapazität der Entscheider begrenzt ist. Das Postulat der Zielklarheit kann daher aus *kognitiven Gründen* nicht errreicht werden.

Weiterhin werden oftmals kontextbestimmte Ziele aufgestellt, die für eine bestimmte Situation in Abhängigkeit von der erwarteten Situation formuliert sind. Falls die erwartete Situation aber nicht eintritt, kann gegebenenfalls eine flexible Anpassung des Ziels oder sogar die Abkehr vom Ziel gewünscht oder notwendig sein. Ziele, die keine vernünftigen Freiheitsspielräume aufweisen, schränken somit die Flexibilität eines unternehmerischen, wirtschaftlichen Handelns ein. Das Postulat der Zielklarheit ist daher auch aus *kontextbestimmten Gründen* nicht aufrecht zu erhalten.

Schließlich sprechen auch konfliktbedingte Erklärungen gegen das Postulat der Zielklarheit. Werden mehrere Ziele angestrebt, so sind diese zumindest partiell konfliktär, da sie von unterschiedlichen Interaktionspartnern vertreten werden. Im Personalmanagement sind die Interaktionspartner (hier vor allem Unternehmensleitung, Personalabteilungsleitung, Führungskräfte und auch Mitarbeitervertreter) auf eine langfristige Kooperation angewiesen. Daher muss nicht nur im aktuellen Entscheidungsprozess, sondern auch in zukünftigen Entscheidungssituationen die Zusammenarbeit ermöglicht werden. Dabei sprechen folgende Argumente für die bewusste Hinnahme unklarer (z. B. mehrdeutig interpretierbarer) Ziele zur Konfliktverminderung und -vermeidung:[621]

1. Unklare Ziele erlauben es, die Emotionalisierung aufgrund der persönlichen Motivationen der unterschiedlichen Interaktionspartner zu vermeiden.
2. Unklar formulierte Ziele bieten die Möglichkeit, eher Kompromisse zu schließen, ohne dass die Interaktionspartner als Rollenträger ihren Rollenerwartungen nicht gerecht werden.
3. Da Zielsetzungen immer auch Selbstverpflichtungen sind, führen unpräzise formulierte Ziele zu einem geringeren Maß an kognitiver Dissonanz

---

620 Vgl. Hauschildt 1988, S. 101 ff.
621 Vgl. Kirsch 1988.

als präzise formulierte Ziele, da die Wahrscheinlichkeit von Zielkonflikten mit der Präzision der Ziele steigt.[622]
4. Unklare Ziele vermeiden auch Machtkonflikte: Im Falle gleich mächtiger Interaktionspartner kann bei präzise formulierten Zielen sonst der Entscheidungsprozess blockiert werden. Bei ungleich mächtigen Interaktionspartnern, wie z. B. Unternehmensleitung und Personalabteilungsleitung oder Führungskraft und Mitarbeiter, kann ein Motivationsproblem auftreten, das bei divergenten Zielen zum Motivationsverlust beim weniger mächtigen Interaktionspartner führt. Zielunklarheit kann in dieser Situation geeignet sein, die Motivation zu erhalten.

Das Postulat der Zielklarheit ist daher auch aus *konfliktbestimmten Gründen* nicht sinnvoll.

Es ist jedoch darauf hinzuweisen, dass unklare Ziele zwar eine beachtliche soziale Funktion haben können – gerade auch im Bereich des Personalmanagements und der Mitarbeiterführung – indem sie z. B. Disharmonien verdecken.[623] Dies darf jedoch nicht dazu führen, dass an die Stelle der Norm der Zielklarheit die Norm der Zielunklarheit tritt. Andernfalls würde spätestens beim Implementationsprozess der Leerformelcharakter enthüllt, mit der Konsequenz, die Zielklarheit unter erschwerten Bedingungen vertreten zu müssen.

Vielmehr ist der Feststellung von March/Simon zu folgen: »Whether a goal is operational or nonoperational is not a yes-no question. There are all degrees of ›operationality‹.«[624] Für die Wertschöpfungsmessung im Personalmanagement bedeutet dies:

1. Die operative Wertschöpfung der Management-Dimension lässt sich einfacher messen, wenn die Zielklarheit aufgrund der weniger komplexen, weniger innovativen, eher routinehaften und weniger konfliktgeladenen Problemfelder zu operationalen Zielen führt (z. B. durch Wirtschaftlichkeitsuntersuchungen).
2. Die strategische Wertschöpfung der Management-Dimension lässt sich nur bezüglich derjenigen Teilbereiche messen, für die operationale Ziele formuliert werden können. Je nach Umfang und Ausdifferenzierung der Ziele und der Präzision des Anspruchsniveaus und der Grenzwerte lassen sich dann prinzipiell mehr oder weniger exakte Aussagen aufstellen.

Für die Wertschöpfungsmessung im Personalmanagement ist daher die operationale Formulierung der Ziele entscheidend. Inwieweit dies aufgrund

---
622 Vgl. Festinger 1978.
623 Vgl. Degenkolbe 1965, S. 328 ff.
624 March/Simon 1958, S. 156.

der bereits diskutierten Problematik gerade für die bedeutende strategische Wertschöpfung immer gelingt, kann nur im Einzelfall beurteilt werden. Das wertschöpfungsorientierte Personalcontrolling kann über stärkere Betonung der Wertschöpfungsmessung auch zur Zielklarheit und damit zu operationaleren Zielen beitragen.

5.3 Ziele im Personalmanagement

Für das Personalmanagement lassen sich z. B. folgende nach Personalfunktionen differenzierte qualitative Ziele einschließlich entsprechender Indikatoren zur Messung der Zielerreichung aufstellen.[625] Dabei ist auch eine Operationalisierung der Ziele ergänzt worden (Abb. 137). Weiterhin sind noch der Zeitbezug der Ziele, eine Präferenzenordnung sowie entsprechende Verantwortliche festzulegen.[626]

Personalfunktion	Ziele	Indikatoren zur Messung der Zielerreichung (Auswahl)	Operationalisierung des Zieles (Auswahl)
Entwicklung der Unternehmenskultur	Mitunternehmerische Unternehmenskultur	Kulturindex (z. B. Einstellung zu Innovationen, Kundenorientierung, Risiko etc.)	Verbesserung des Kulturindex um 5 Prozentpunkte
Personalmarketing	Gutes Image und hoher Bekanntheitsgrad als Arbeitgeber	Ranking in der Imagestudie	Platz in den Top 30 der beliebtesten Unternehmen für Hochschulabsolventen
Personalgewinnung	Professionelle Personalgewinnung	Annahmequote	Annahmequote von Angeboten an qualifizierte Hochschulabsolventen von mind. 50%
Personaleinsatz	Optimale Unterstützung der Mitarbeiter, Individualisierung und Flexibilisierung der Arbeitsbedingungen	Mitarbeiterproduktivität, Absenzquote, Fluktuationsquote, Zufriedenheit mit dem Personaleinsatz aus Mitarbeiterumfrage	Steigerung der Mitarbeiterproduktivität, Absenzquote unter 5% Fluktuationsquote auf 5% Zufriedenheitsindex mit den Arbeitszeitbedingungen

---

625 Vgl. Wunderer/v. Arx 2002. Natürlich lassen sich auch quantitative Ziele formulieren.
626 Vgl. Kapitel 5.2, S. 253 ff.

Personal-funktion	Ziele	Indikatoren zur Messung der Zielerreichung (Auswahl)	Operationalisierung des Zieles (Auswahl)
Personal-beurteilung	Entwicklung eines verbesserten Beurteilungssystems	Zufriedenheit der Mitarbeiter mit der Personalbeurteilung aus Mitarbeiterumfrage	Zufriedenheitsindex bzgl. der Personalbeurteilung mind. 80%.
Personal-honorierung	Markt- und leistungsorientiertes Vergütungsmodell	Gehaltsniveau, Zufriedenheit der Mitarbeiter mit der Vergütung aus Mitarbeiterumfrage	Gehaltsniveau im Vergleich zum Branchendurchschnitt überdurchschnittlich
Personal-entwicklung	Verbesserung der Personal- und Führungskräfteentwicklung, Förderung eines mitunternehmerischen Führungsstils	Zufriedenheit mit Personalentwicklungsmaßnahmen von Mitarbeitern und Führungskräften, auch von on-the-job-Maßnahmen	Zufriedenheitsindex bzgl. der Personalentwicklung mind. 70%
Personal-administration	Senkung der Personaladministrationskosten	Kosten pro Mitarbeiter	Senkung der durchschnittlichen Kosten pro Mitarbeiter um 10%
Personal-organisation	Optimale Kompetenzenabgrenzung und Zusammenarbeit mit den Trägern der Personalarbeit	Zufriedenheit mit der internen Zusammenarbeit aus Mitarbeiterumfrage	Reduktion der offen ausgetragenen Konflikte um 20%, Zufriedenheitsindex mit der Zusammenarbeit mind. 80%

Abb. 137: Beispiel für Ziele, ihre Operationalisierung und ihre Messung im Personalbereich[627]

Dabei fällt auf, dass viele Ziele über die Beurteilung durch die entsprechenden Bezugsgruppen z. B. innerhalb einer Mitarbeiterumfrage gemessen werden können.

Liegen im Personalmanagement operationalisierte (strategische) Ziele vor, dann lassen sich folgende Messgrößen der Wertschöpfung in der Management-Dimension ermitteln:[628]

1. Output-Ziel-Verhältnis (Effektivität),
2. Input-Output-Verhältnis (Effizienz),

---

627 Vgl. auch zu einer vollständigeren Übersicht der Indikatoren Kapitel 4, S. 203 ff.
628 Eigene Darstellung. Vgl. Gzuk 1975, S. 54 ff.; Gzuk 1988, S. 125 ff.

3. Input-Ziel-Verhältnis (Einsatzrealismus),
4. Umfeld-Ziel-Verhältnis (Kontingenzeinfluss).

Neben dem bekannten Output-Ziel-Verhältnis als Effektivität und dem Input-Output-Verhältnis als Effizienz ergibt sich die eigenständige Funktion des Input-Ziel-Verhältnisses (Einsatzrealismus) aus folgenden Argumenten:

B. Integrierte Wertschöpfungsmessung

1. Da zum Zeitpunkt der Wertschöpfungsmessung der Output zeitlich noch ausstehen kann und nur schwierig abgeschätzt werden kann, können als Ersatzmaßstab die quantifizierbaren Zielvorstellungen dienen. Denn unrealistisch hohe Zielvorstellungen bei gegebenem Input oder realistische Zielvorstellungen bei zu niedrigem Input sind Indikatoren für nicht wertschöpfungsorientiertes Personalmanagement.
2. Für eine effiziente Ressourcenaufteilung im Personalmanagement sollte man das Bedeutungsgewicht der Personalmanagementziele mit abwägen. Wichtige Personalmanagementziele rechtfertigen und erfordern höheren Ressourceneinsatz als nebensächliche Ziele. Das Input-Ziel-Verhältnis ist hierbei eine geeignete Erfassungsdimension.

> Beispiel:
> Das Ziel der Entwicklung eines verbesserten Personalbeurteilungssystems erfordert die Entwicklung eines neuen Personalbeurteilungskonzepts (z. B. 360°-Beurteilung)[579]. Da der Output des neuen Konzepts, z. B. als Verbesserung der Beurteilung durch die Mitarbeiter und Führungskräfte und einer damit verbundenen verbesserten Kooperation, zu Beginn der Entwicklung noch nicht quantifizierbar ist, kann zunächst nur beurteilt werden, ob die zugeteilten Ressourcen als Input der Bedeutung des Ziels entsprechen.

Das Umfeld-Ziel-Verhältnis als Kontingenzeinfluss setzt das Ziel zum nicht direkt beeinflussbaren Umfeld in Beziehung. Damit kommt zum Ausdruck, dass gleiche Ziele in verschiedenen Unternehmen oder Organisationseinheiten unterschiedlich schwierig zu erreichen sind. So ist z. B. ein kooperativer Führungsstil als Ziel in einem traditionell geführten Familienunternehmen sehr viel schwieriger als in modernen Manager-Unternehmen der Computerbranche zu realisieren.

- *Priorisierung der Ziele*

Zur Sicherung des Einsatzrealismus bietet sich für eine Priorisierung der Ziele und zugehöriger Maßnahmen ein Dringlichkeits-Wichtigkeits-Portfolio an, in das auch der Bearbeitungsstand und die geplanten Ressourcen eingetragen werden können.

---

629 Zur 360°-Beurteilung vgl. Kapitel 3.7.1.1, S. 132 ff.

Nachfolgend ist ein klassisches Dringlichkeits-Wichtigkeits-Portfolio dargestellt, wie es sich auch für eine Verwendung für das Personalmanagement eignet (Abb. 138):

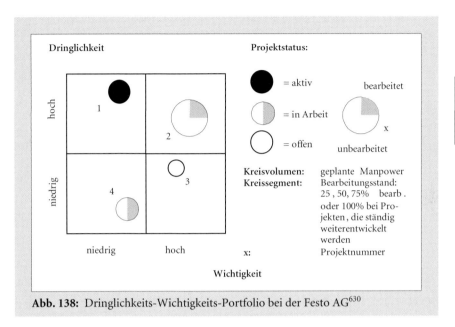

Abb. 138: Dringlichkeits-Wichtigkeits-Portfolio bei der Festo AG[630]

Der Projektstatus ist am geeignetsten durch den jeweiligen Projektverantwortlichen zu bestimmen, dieser ergibt sich aus dem Stand der Maßnahmendurchführung.

Dabei beinhaltet die Priorisierung bereits eine Antizipation der erwarteten Wertschöpfung der Maßnahmen, da Maßnahmen mit einer hohen Priorität auch mit einer hohen wertsichernden oder wertsteigernden Wertschöpfung[631] verbunden sind.

Zur Sicherung der Strategieumsetzung bietet es sich auch an, den Stand der Maßnahmenplanung und -umsetzung mit Hilfe eines Lebenszykluskonzepts zu evaluieren, das meist vier Phasen unterscheidet.

A. Einführungsphase (Pilotphase): die Maßnahmen müssen erst noch umgesetzt werden, man befindet sich noch in der Startphase.

B. Wachstumsphase (Standardisierung): die Maßnahmen werden bereits umgesetzt, allerdings sind die Ziele noch nicht optimal erfüllt.

---

630 Vgl. auch Speck/Frick 1998, S. 292, 298.
631 Vgl. auch Kapitel 3.4.1, S. 95 ff.

C. Reifephase (Routinisierung): die Ziele werden optimal erfüllt, es besteht kein Änderungsbedarf.

D. Sättigungsphase (Niedergang): die Maßnahmen müssen neu überdacht und konzeptioniert werden, da sich entweder die Ziele gewandelt haben oder die gewünschte Veränderung abgeschlossen worden ist.

Bei sachlichen und personellen Realisationsabweichungen als auch bei Nichtzutreffen der Planungsprämissen sind rechtzeitige und ergänzende Korrekturmaßnahmen zu ergreifen.[632] Befinden sich die Maßnahmen bzw. Projekte in der Reifephase, dann zeugt dies von einer hohen Wertschöpfung, da keine (zusätzlichen) Ressourcen für Maßnahmenanpassungen aufgewendet werden müssen. In der Wachstumsphase ist ebenfalls von einer relativ hohen Wertschöpfung auszugehen. Dagegen ist in der Sättigungsphase nur noch ein geringer Wertschöpfungsbeitrag vorhanden. Auch in der Einführungsphase ist der Wertschöpfungsbeitrag noch gering.

5.4 Messung der Managementqualität

Für die Beurteilung bei der Entwicklung von neuen Konzepten und Instrumenten ist ausgehend von den Zielen und der Messung der Zielerreichung auch die Qualität des Managements in diesem Zusammenhang zu erfassen. Dabei kann zunächst zwischen den Managementqualifikationen und der Qualität der Managemententscheidungen unterschieden werden.

5.4.1 Messung von Managementqualifikationen

Die Managementqualifikation sollte auch im Personalmanagement vor allem durch seine Kunden beurteilt werden.

Für die *Personalabteilung* kann die Beurteilung zunächst durch die Unternehmensleitung als hierarchischer Auftraggeber und die Führungskräfte als interne Kunden in Frage kommen, ergänzend auch durch Mitarbeiter. Eine Beurteilung der Personalabteilung ist auch über Selbstbewertung durch Mitarbeiter und Führungskräfte der Personalabteilung möglich. Allerdings ist dann tendenziell mit einer Überbewertung der Personalabteilung zu rechnen.[633]

Die Managementqualität der *Führungskräfte* kann ebenfalls durch die Unternehmensleitung (bzw. durch die direkten Vorgesetzten) sowie durch

---

632 Vgl. Hinterhuber 1996a, S. 218.
633 Vgl. Ergebnisse bei Remer/Wunderer 1979; Industrial Relations Review & Report 1994, S. 13.

Mitarbeiter bewertet werden. Eine Selbstbewertung der Führungskräfte ist ebenfalls möglich, wobei bei einer Selbstbewertung auch hier mit einer zu positiven Selbsteinschätzung zu rechnen ist. Eine Fremdbeurteilung ist jedoch unabdingbar, um die Lücke 5 zwischen Kundenerwartung und Kundenwahrnehmung im Modell der Servicequalität von Zeithaml et al. (vgl. Abb. 30) zu erfassen.

Dies führt zu folgender Systematik der Kundenbeziehungen für die Beurteilung der Managementqualifikationen.

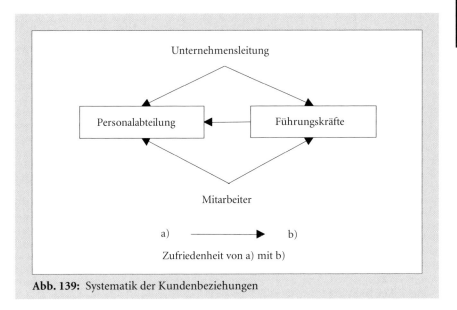

Abb. 139: Systematik der Kundenbeziehungen

Für eine Messung der Managementqualifikationen hat Wunderer sieben Schlüsselfunktionen vorgeschlagen.[634] In der Praxis werden diese für die Personalabteilung von Personalverantwortlichen wie folgt rangiert:

---

634 Vgl. Wunderer 1992, S. 208.

B. Integrierte Wertschöpfungsmessung

Managementqualifikation	Mittlerer Rangwert
Innovation: neue Konzepte, Instrumente, Regeln	2,5 (am wichtigsten)
Planung: Analysen, Prognose, Strategien, Pläne	3,0
Implementation: beratende und aktive Mitwirkung bei der Umsetzung	3,3
Konflikthandhabung: Interessenausgleich und -vertretung, Moderation	3,7
Koordination: Abstimmung, Integration, Strukturierung	3,8
Evaluation: Strategisches und operatives Controlling	5,1
Repräsentation: Unternehmensvertretung, Industrial und Public Relations	6,5

Abb. 140: Wichtigkeit der Managementqualifikationen für die Personalabteilung[635]

Mit Abstand am wichtigsten wurde die Managementqualifikation der *Innovation* eingeschätzt. Die Befragten geben damit der Entwicklung neuer Konzepte, Instrumente und Regeln die höchste Priorität. Mit geringem Abstand folgen die Qualifikation der *Planung* und der *Implementation*. Hier geht es um die Analyse, Prognose und Planung von Strategien und deren Umsetzung. Als weniger wichtig werden die Qualifikationen der *Konflikthandhabung* und der *Koordination* der Personalabteilung bewertet. Mit großem Abstand am niedrigsten gewichtet werden schließlich die Qualifikationen der *Evaluation* und der *Repräsentation*. Dies umfasst auch das strategische und operative Controlling[636], das damit bemerkenswert tief eingeschätzt wurde.[637]

Die sieben aufgestellten Schlüsselqualifikationen lassen sich neben der Beurteilung der Personalabteilung auch für einzelne Führungskräfte anwenden. Hier sind dann vermutlich weniger die innovativen und planenden Qualifikationen entscheidend als die umsetzenden und koordinierenden im Rahmen der Mitarbeiterführung.

---

635 Quelle: eigene Umfrage, N = 96. Frage: Wie beurteilen Sie die Wichtigkeit der folgenden Schlüsselqualifikationen für Ihre Personalabteilung. Bitte rangieren Sie die folgenden 7 Management-Kriterien (1 = am wichtigsten). Vgl. Wunderer/Arx/Jaritz 1998b, S. 282.
636 Vgl. Wunderer 1997c, S. 12 ff.
637 Diese Einschätzung erklärt auch die relativ geringe Verbreitung strategischen Personalcontrollings in der Praxis.

So lassen sich die Managementqualifikationen der Führungskräfte bzw. der Personalabteilung durch die (internen) Kunden z. B. wie folgt bewerten. Dabei können die einzelnen Qualifikationsbereiche durch Unterfragen noch verfeinert werden, um die Aussagekraft der Befragung zu erhöhen. Allerdings wird dadurch auch der Befragungsaufwand deutlich erhöht (Ökonomie der Befragung):[638]

Frageschema zur Managementqualifikation				
Bitte beurteilen Sie unserer Dienstleistung, respektive Ihre Kontaktperson in Bezug auf die folgenden Kriterien	sehr hoch	hoch	genügend	ungenügend
Innovation: neue Konzepte, Instrumente, Regeln				
Planung: Analysen, Prognosen, Strategien, Pläne				
Implementation: beratende und aktive Mitwirkung bei der Umsetzung				
Konflikthandhabung: Interessenausgleich und -vertretung, Moderation				
Koordination: Abstimmung, Integration, Strukturierung				
Evaluation: Strategisches und operatives Controlling				
Repräsentation: Unternehmensvertretung, Industrial und Public Relations				

Abb. 141: Bewertung der Managementqualifikation durch den Kunden[639]

5.4.2 Messung der Qualität von Managemententscheidungen

Die Messung der Managementqualität kann neben der Messung über Managementqualifikationen auch über eine Beurteilung der Managemententscheidung erfolgen. Dabei sind nach Klien zwei Perspektiven denkbar. Erstens die Bewertung der Führungsentscheidung (Perspektive 1) und zweitens die Bewertung der strategischen Leistung von Führungskräften (Perspektive 2). Zum Vergleich ist auch die Messung der Managementqualifikationen[640] als Perspektive 0 aufgeführt:[641]

---

638 Vgl. auch Kapitel 2.2, S. 21 ff.
639 Eigene Darstellung.
640 Vgl. auch Kapitel 5.4, S. 260 ff.
641 Vgl. Klien 1995.

Merkmale	Perspektive 0	Perspektive 1	Perspektive 2
Bewertungsobjekt	Managementqualifikationen	Führungsentscheidung	strategische Leistungen von Führungskräften
Betrachtungsniveau	Fähigkeitspotenzial	Einzelentscheidung	strategische Gesamtleistung
Leistungsdimension	Strategieformulierungs- und -implementierungspotenzial	Strategieformulierung	Strategieformulierung und -implementierung
Zeitperspektive	ex ante	ex ante	ex post und ex ante
Anzahl Messpunkte	ein Messpunkt (Eigenschaft)	ein Messpunkt (Entscheidungszeitpunkt)	zwei Messpunkte (Leistungsperiode)
Vergleichswerte	Vergleich zwischen verschiedenen Potenzialträgern	Unternehmenswert bei Strategiealternativen	Vergleich zwischen Soll- und Ist-Unternehmenswert (Messung des Zielerreichungsgrades)
Bewertungsinteresse	Potenzialbeurteilung	Entscheidungshilfe bei der Strategieselektion	Leistungsbeurteilung
Bewertungszweck	Gestaltung von Personalentwicklungsmaßnahmen	Auswahl von Strategien	Gestaltung von Anreiz- und Entlohnungssystemen

Abb. 142: Grundperspektiven der Leistungsmessung und -bewertung[642]

Perspektive 1 betrifft die Messung und Bewertung der *Qualität von Führungsentscheidungen*. Eine »wertoptimale Führungsentscheidung« liegt dann vor, wenn die Entscheidungsalternative gewählt wird, die voraussichtlich die höchste Steigerung des Unternehmenswertes erzielt.[643]

Perspektive 2 misst und bewertet die *strategischen Leistungen* zu einem Zeitpunkt, da die Entscheidung bereits vollständig oder zum Teil umgesetzt wurde. Da sich die Wertveränderung während der Leistungsperiode nicht eindeutig der Strategieformulierung oder -implementierung zuordnen lässt, werden beide Dimensionen der Managementleistung mit der Wertsteigerungsanalyse erfasst. Die Qualität der strategischen Leistung bemisst sich nach dem Zielerreichungsgrad der in der Vergangenheit prognostizierten Steigerung des Unternehmenswertes.[644]

---

642 Vgl. Klien 1995, 183 ff.
643 Vgl. Klien 1995, S. 184.
644 Vgl. Klien 1995, S. 184.

Für die Bestimmung der Moderatorvariablen sind zunächst die Elemente einer *strategischen Entscheidung* zu identifizieren:[645]

> - Auswahl von Leistungsbereichen des Personalmanagements (z. B. eigene Betriebskrankenkasse),
> - Festlegung der Stoßrichtung in den Leistungsbereichen (z. B. Senkung der Krankheitskosten),
> - Festlegung der grundsätzlichen Vorgehensweise gegenüber Mitbewerbern (z. B. Auswahl der Marketingstrategie für die Gewinnung von Kassenmitgliedern),
> - Gestaltung der Potenzialstruktur (z. B. Bestimmung der notwendigen Ressourcen),
> - Festlegung von Art, Zeitpunkt, Umfang und Ort der Prozesse,
> - Gestaltung des grundsätzlichen Vorgehens in den Funktionen,
> - Festlegung wichtiger Maßnahmen und
> - Zuordnung der Ressourcen zu den Maßnahmen.

Abb. 143: Elemente einer strategischen Entscheidung[646]

5. Management-Dimension

Anhand dieser Elemente lässt sich nun Qualität der strategischen Führungsentscheidungen über die Erfüllung der Bedürfnisse der Anspruchsgruppen indirekt messen. Dabei hat in der Management-Dimension die Beurteilung durch den hierarchischen Auftraggeber Unternehmensleitung die größte Bedeutung. Gerade die Personalabteilung muss daher ihre strategischen Entscheidungen auf ihre Eignung hin untersuchen, die Moderatorvariablen positiv zu beeinflussen.

Die Qualität der *strategischen Leistungen* kann über den Zielerreichungsgrad gemessen werden. Da für das Personalmanagement eine Messung über die Veränderung des Unternehmenswertes wenig erfolgversprechend erscheint, kann dies indirekt über den Zielerreichungsgrad der prognostizierten Veränderung der Moderatorvariablen für die Stakeholder erfolgen. Geeignete Moderatorvariablen für die Managementqualität sind z. B. die Zufriedenheitswerte zentraler Kunden bzw. Stakeholder des Personalmanagements.

Für die Wertschöpfungsmessung im Personalmanagement liefern die beiden Perspektiven der Leistungsmessung einen Ansatz zur Bewertung der Management-Dimension neben der Bewertung der Managementqualifikationen. Allerdings erscheint es wegen der Zurechenbarkeitsproblematik im

---

645 Vgl. Wild 1982, S. 41 f.; Hanssmann 1985, S. 156; Schwenk 1988, S. 6; Holzwarth 1993, S. 31.
646 Eigene Darstellung.

Personalmanagement und der Schwierigkeiten indirekter Wertschöpfung fraglich, inwieweit mit der Wertsteigerungsanalyse die Wirkung des Personalmanagements auf den Unternehmenswert abgeschätzt werden kann. Dabei können die Bewertungen der Perspektive 1 und Perspektive 2 auch unabhängig von einer direkten Unternehmenswertzuordnung gemessen werden, z. B. durch eine qualitative Beurteilung durch den hierarchischen Auftraggeber bzw. den Kunden. Dies entspricht dem Rückgriff auf die Moderatorvariable der Kundenzufriedenheit und deren positiver Beeinflussung. Hier scheinen für das Personalmanagement vor allem die Zufriedenheiten der wichtigsten Stakeholder geeignet. Entsprechend wird dann der Unternehmenswert nicht nur den Shareholder-Value, sondern auch durch die Zufriedenheiten aller Stakeholder abgeschätzt, was auch den engen Zusammenhang dieser beiden Konzepte ausnutzt.[647]

B. Integrierte Wertschöpfungsmessung

Folgt man dieser Bewertung, so sollte sich die Beurteilung der Managementqualität[648] auf Indikatoren konzentrieren, die sich mit der Entwicklung und strategischen Formulierung von neuen Konzepten und Instrumenten und deren Umsetzung befassen.

> Beispiel:
> Aufgrund einer veränderten Personalstrategie soll ein Mentorenprogramm institutionalisiert werden, um die Entwicklung der Führungskräfte zu fördern. Vor der eigentlichen Entscheidung werden dazu die relevanten Bezugsgruppen (vor allem potenzielle und junge Führungskräften aus der Sicht als zukünftiger Mentee und erfahrene Führungskräfte aus der Sicht als zukünftiger Mentor) befragt. Als Strategiealternative wird eine verstärkte off-the-job-Entwicklung in Form von externen Seminaren vorgestellt. Nach der Entscheidung – vor allem auch aufgrund der Zustimmung der Befragten für das Mentoring-Programm – und nach der Einführung wird die Einstellung der am Mentoring-Programm beteiligten Mitarbeiter erneut erhoben. Aus dem Befragungsunterschied kann nun der Erfolg der Strategieformulierung und -umsetzung bewertet werden.

Abschließend lässt sich die strategische Ausrichtung des Personalmanagements qualitativ durch folgende drei Fragen evaluieren:

> 1. Was bieten wir unseren Kunden heute?
> 2. Was wollen unsere Kunden?
> 3. Was wollen wir unseren Kunden in Zukunft bieten?

---

647 Vgl. Kapitel 2.4.3.1, S. 33 ff.
648 Vgl. auch Uepping/Vordermaier 1998, S. 30 ff.

5.5 Mehrwert der Zentrale

Das Konzept zur Ermittlung des Mehrwerts der Zentrale beruht auf dem Vorteil, den eine Zentralabteilung für einzelne Unternehmensteile im Vergleich zu selbständigen Unternehmen schaffen kann.[649] Die Wertschöpfung der Zentrale ist damit der *strategischen Wertschöpfung* innerhalb der Management-Dimension zuzurechnen. Wichtige Stellgrößen der Wertschöpfung sind Spezialkenntnisse und Fähigkeiten, die für die geführten Geschäfte von Bedeutung sind. So kann man Konzernleitungsaufgaben (z. B. strategische Ausrichtung, Know-how-Transfer und Konzernintegration) Leistungen zur langfristigen Zukunftssicherung, Dienstleistungen für dezentrale Bereiche und Basisleistungen für die Zentrale unterscheiden.[650]

Obwohl sich das Konzept allgemein auf die zentrale Unternehmensleitung bezieht, lässt es sich gut direkt auf die zentrale Personalabteilung übertragen. Es existieren folgende drei Bereiche, die in der beschriebenen Reihenfolge einen zunehmenden größeren und anspruchsvolleren Mehrwert ermöglichen:[651]

1. Leistungsverbesserung von Einzelgeschäften,
2. Übertragung besonderer Kenntnisse und Fähigkeiten auf die dezentralen Bereiche und
3. Gemeinsame Nutzung von Ressourcen.

- *Leistungsverbesserungen von Einzelgeschäften*

Diese sind immer dann möglich, wenn unausgeschöpfte Ertragsreserven bestehen. Die Zentrale muss dann Verbesserungspotenziale erkennen und bereit sein, die notwendigen Eingriffe durchzuführen. Dies kann z. B. den Austausch von Führungskräften erfordern. Dabei werden von der Zentrale in aktiver Steuerung Aufgaben übernommen, die normalerweise von den relativ unabhängigen Geschäftseinheiten selbst wahrgenommen werden.

Beispiel: Zentralisierung der Personalgewinnung zur Steigerung der Selektionsqualität bei gleichzeitiger Kostenreduktion pro Einstellung.

- *Übertragung besonderer Kenntnisse und Fähigkeiten*

Hier ermöglicht die Zentrale einen gegenseitigen Erfahrungsaustausch zwischen den Geschäftseinheiten. Dabei werden bedeutende Stärken zwischen den Einheiten mit ähnlichen Anforderungen übertragen. Die Zentrale fungiert als Drehscheibe und gibt Anstöße für geschäftsübergreifende Arbeits-

---

649 Vgl. Timmermann 1988, S. 100 ff. Vgl. dazu auch Frese/Werder/Maly 1993.
650 Vgl. Andresen 1995, S. 222.
651 Vgl. Timmermann 1988, S. 100 ff.

kreise und Projektgruppen. In diesem Zusammenhang bereitet die praktische Übertragung der Fähigkeiten in der Praxis oft größere Probleme (Know-how-Transfer), so dass für eine erfolgreiche Übertragung die Versetzung der Know-how-Träger häufig die einzige wirksame Lösung darstellt.[652]

Beispiel: Die Entwicklung einer unternehmensspezifischen Personalentwicklung und ihrer Umsetzung durch ausgewählte dezentrale Führungskräfte unter Mithilfe und Moderation durch Verantwortliche der zentralen Personalabteilung.

- *Gemeinsame Nutzung von Ressourcen*

Die gemeinsame Nutzung von Ressourcen zielt auf die Ausnutzung von Größenvorteilen und Synergien. Dabei ermöglicht die Zentrale auch eine über die Sicht der einzelnen Geschäftseinheiten hinausgehende Betrachtungsweise. Da hier auch Einschränkungen der Unabhängigkeit der Bereiche resultieren können, sind die sich ergebenden Vorteile kritisch zu analysieren, da den Kostenvorteilen auch Nachteile durch Koordinierungsbedarf oder fehlende Praxisnähe gegenüberstehen.

Beispiel: Bildung einer Personalentwicklungsgesellschaft, die im Auftrag der dezentralen Geschäftseinheiten Personalentwicklungsmaßnahmen organisiert und durchführt.[653]

- *Fazit*

Das Konzept des Mehrwerts der Zentrale nach Timmermann unterscheidet drei Bereiche, in denen die Personalabteilung als Zentrale einen Mehrwert für das Gesamtunternehmen schaffen kann. Die Abschätzung der (strategischen) Wertschöpfung der Zentrale kann dabei über die prinzipiellen Ansätze erfolgen, die zur Messung der Managementqualität vorgestellt werden. Insgesamt bietet der Ansatz aber eher einen qualitativen Stukturierungsrahmen als ein quantitatives Bewertungsmodell.

5.6 Wirtschaftlichkeitsanalysen im Personalmanagement

Für Wirtschaftlichkeitsanalysen im Rahmen der Management-Dimension kommen vier Grundmethoden aus der allgemeinen Planungsliteratur in Frage:[654]

---

[652] Vgl. Andresen 1995, S. 222.
[653] Vgl. z. B. die IBM Bildungsgesellschaft mbH in Ischebeck/Arx 1995, S. 498 ff.
[654] Vgl. Gerpott 1994, S. 23. Vgl. auch das Praxisbeispiel in Nemitz/Jonson/Kober 1997, S. 573 ff.

- Kostenvergleichsanalysen
- Kosten-Nutzen-Analysen
- Kosten-Wirksamkeits-Analysen
- Nutzwertanalysen

Abb. 144: Grundmethoden von Wirtschaftlichkeitsanalysen[655]

Dabei kann man die Wirtschaftlichkeitsanalysen aber ebenso zur Business-Dimension zählen. An dieser Stelle geht es um die strategische Auswahl von geeigneten Maßnahmen, Methodenprobleme der Ertragsoptimierung sind daher hier nur sekundär.

- *Kostenvergleichsanalysen*

Bei *Kostenvergleichsanalysen* werden nur die Kosten verschiedener Personalprogramme verglichen. Dabei wird unterstellt, dass sich die Wirkungen verschiedener Programme nicht unterscheiden.

Z. B. der Vergleich zweier unterschiedlicher Assessment-Center-Varianten für die Personalrekrutierung von Hochschulabsolventen.

	Variante A	Variante B
Dauer	2 Tage	3 Tage
Konzeptentwicklung	2.500 €	2.500 €
Personalkosten der Betreuer	5.000 €	7.500 €
Reisekosten	2.000 €	2.000 €
Übernachtungskosten	2.500 €	4.500 €
Bewirtungskosten	1.500 €	2.500 €
Sonstige Kosten	1.000 €	1.000 €
Summe	15.000 €	20.000 €

Abb. 145: Beispiel für eine Kostenvergleichsanalyse[656]

Unterstellt man keinen Unterschied in der Wirkung der beiden Programme, dann ist Variante A vorzuziehen.

---

655 Eigene Darstellung.
656 Eigene Darstellung.

- *Kosten-Nutzen-Analysen*

Bei *Kosten-Nutzen-Analysen* werden die Kosten von Personalprogrammen dem monetarisierten Nutzen (Leistungen) gegenübergestellt, dabei lässt sich auch die zeitliche Verteilung der Kosten und Leistungen durch eine Diskontierung berücksichtigen. Hier kann auch nur der relative Nutzenunterschied betrachtet werden.

Z. B.:

	Variante A	Variante B
Kosten	15.000 €	20.000 €
relativer Nutzen im Vergleich zu Variante A	Siehe Variante B = 0 €	Höhere Qualität führt zu geringerer Fehlrekrutierungsquote als bei Variante A. Annahme: Anzahl der Mitarbeiter, die bereits nach einem Jahr wieder das Unternehmen verlassen, beträgt im Durchschnitt eine ½ Person pro Assessment-Center weniger als bei Variante A: Gesparte Opportunitätskosten im Vergleich zu Variante A = 25.000 € pro Mitarbeiter = 12.500 €
(relative) Summe	15.000 €	7.500 €

Abb. 146: Beispiel für eine Kosten-Nutzen-Analyse[657]

Da die Variante B einen um 12.500 € höheren Nutzen als Variante A aufweist, schafft in der Summe Variante B eine um 7.500 € höhere Wertschöpfung. Die Problematik der Kosten-Nutzen-Analyse liegt in der Monetarisierung des Nutzens, auch weil dazu meist subjektive Annahmen getroffen werden müssen.

- *Kosten-Wirksamkeits-Analysen*

Bei *Kosten-Wirksamkeits-Analysen* erfolgt im Vergleich zur Kosten-Nutzen-Analyse ein Verzicht auf die vollständige monetäre Bewertung der Kosten und des Nutzens. Die direkt ermittelbaren Kosten und Leistungen und die nicht in monetären Einheiten gemessenen Inputerfordernisse und Zielwirkungen werden getrennt gegenübergestellt.

---

657 Eigene Darstellung.

Z. B.

	Variante A	Variante B
Direkte Kosten und Leistungen (monetäre Bewertung)		
Kosten	15.000 €	20.000 €
Leistungen	Keine direkten	Keine direkten
Inputerfordernisse und Zielwirkungen (nicht monetäre Bewertung)		
Inputerfordernisse	Dauer: 2 Tage	Dauer: 3 Tage
Zielwirkungen	Kürzere Dauer vermittelt den Assessmentteilnehmer das Bild eines effizienten Ablaufs	Höhere Qualität der Selektion

Abb. 147: Beispiel für eine Kosten-Wirksamkeits-Analyse[658]

Für eine Entscheidung für eine der beiden Varianten sind nun die monetären und nicht-monetären Bewertungen abzuwägen. So ist die Variante B zwar relativ teuer, sie verspricht aber eine bessere Qualität der Selektion, so dass Variante B dann die bessere Wahl ist, wenn die Qualität der Selektion wichtiger ist als die zunächst entstehenden direkten Kosten. Dem Vorteil der Kosten-Wirksamkeits-Analyse gegenüber der Kosten-Nutzen-Analyse, dass keine vollständige monetarisierte Bewertung des Nutzens erfolgen muss, steht der Nachteil gegenüber, dass die endgültige Entscheidung einer Abwägung der nicht-monetären Bewertungen bedarf. Bei der folgenden Nutzwertanalyse wird diese Bewertung bereits in den Analyseprozess integriert.

- *Nutzwertanalysen*

Bei *Nutzwertanalysen* erfolgt der Verzicht auf monetäre Bewertung. Sämtliche Kosten und Nutzeffekte werden nur über Punktbewertungen zu einem Nutzwert pro Personalprogramm addiert. Dabei ist natürlich auch eine Gewichtung der einzelnen Kosten und Nutzeffekte möglich.

---

658 Eigene Darstellung.

Z. B.

	Gewichtung	Variante A		Variante B	
Dauer	1 (niedrig)	2 Tage	++	3 Tage	+
Kosten	2 (mittel)	15.000 €	0	20.000 €	-
Qualität der Selektion	3 (hoch)	Hoch	+	Sehr hoch	++
Eindruck einer effizienten Organisation durch kurzes Assessment	2 (mittel)	Gut	+	Eher gering, da zu lang	-
Summe			++++++		+++

Abb. 148: Beispiel für eine Nutzwertanalyse[659]

Danach ist die Variante A vorzuziehen, da sie eine höhere Punktebewertung als Variante B erhalten hat (sieben Pluspunkte zu drei Pluspunkten).

Der Vorteil in der Anwendung von Wirtschaftlichkeitsanalysen liegt in der Transparenz, der Konsistenz und der Systematik der Analyse. Dabei können die theoretischen Voraussetzungen gerade der letzten drei Verfahren hinsichtlich einer exakten Nutzenquantifizierung nicht erfüllt werden, was jedoch ihre Anwendbarkeit für die Praxis nicht einschränkt. Da die Stärke dieser Verfahren in der Systematik und Transparenz liegt und nicht in der Exaktheit, erscheint es daher nicht sinnvoll, die o.a. Methoden durch komplexe mathematische Entscheidungsregeln zu verfeinern, um zu genaueren Bewertungen zu gelangen.[660]

- *Vorgehensweise für eine Wirtschaftlichkeitsanalyse*

Als allgemeine Vorgehensweise für eine Wirtschaftlichkeitsanalyse für das Personalmanagement schlägt Mercer sechs Schritte vor:[661]

1. Identifizierung des Problems,
2. Abschätzung der durch das Problem verursachten Kosten,
3. Identifizierung der Lösungsmöglichkeiten des Personalmanagements zur Problemlösung,
4. Abschätzung der Kosten der Problemlösungen,
5. Ermittlung der Ergebnisverbesserung durch die Problemlösungen und
6. Ermittlung des Kosten-Nutzen-Verhältnisses der Problemlösungen.

---

659 Eigene Darstellung.
660 Vgl. Gerpott 1994, S. 28 f.
661 Vgl. Mercer 1989, S. 13 ff.; Cascio 1987.

Die Vorgehensweise soll an folgendem Beispiel einer *Kosten-Nutzen-Analyse* erläutert werden:[662]

Problem:	Eine Druckerei möchte in einem zunehmend umkämpften Markt eine höheres Betriebsergebnis erzielen. Die Steigerung der Teamfähigkeit wird dafür als kritischer Erfolgsfaktor eingeschätzt.
Kosten des Problems:	Hier erfolgt keine spezifische Quantifizierung, da allgemein die Produktivität erhöht werden soll.
Lösung des Problems:	Eintägiges Seminar zur Steigerung der Teamfähigkeiten. Teilnehmer sind der Präsident und die 10 Bereichsleiter der Firma. Ein externer Berater führt das Seminar durch.

Kosten der Lösung:	$ 4.650
	Zusammensetzung der Kosten:
	1. Gehälter der Teilnehmer für den Tag
	2. Seminarhonorar
	3. Hotel und Verpflegung während der Veranstaltung
	zu 1. Gehälter der Teilnehmer für den Tag =
	     Anzahl der Teilnehmer × Durchschnittliches Gehalt =
	     11 Teilnehmer × $ 300 / Tag = $ 3.300
	zu 2. Seminarhonorar = $ 1000
	zu 3. Hotel und Verpflegung = $ 350
	Summe $ 3.300 + $ 1.000 + $ 350 = $ 4.650

Nutzen der Verbesserung:	$ 520.000/Jahr in erhöhtem Umsatz oder
	$ 130.000/Jahr in erhöhtem Ergebnis
	Verbesserung des Umsatzes =
	   Erhöhter Umsatz pro Woche × Anzahl der Wochen pro Jahr =
	   $ 10.000 / Woche × 52 Wochen/Jahr = $ 520.000 / Jahr
	Verbesserung des Ergebnisses =
	   Erhöhter Umsatz pro Jahr × Ergebnisanteil vom Umsatz =
	   $ 520.000 × 25% = $ 130.000

Kosten-Nutzen-Verhältnis:	1 : 28 für das erhöhte Ergebnis $ 4.650 : $ 130.000 für das erhöhte Ergebnis

Abb. 149: Vorgehensweise für eine Wirtschaftlichkeitsanalyse[663]

Diese Vorgehensweise beinhaltet jedoch zwei Kritikpunkte:

Die Abschätzung der Umsatz- und Ergebnisverbesserungen erfolgt ceteris paribus. Man geht davon aus, dass alle anderen Variablen sich konstant verhalten. Jedoch werden auch die Konkurrenten versuchen – wenn auch nicht zur gleichen Zeit und mit der gleichen Stoßrichtung –, ihre Produktivität zu erhöhen, so dass daher die Umsatz- und Ergebnisverbesserungen geringer als erwartet ausfallen können.

---

662 Vgl. Mercer 1989, S. 174 f.
663 Vgl. Mercer 1989, S. 174 f.

Das Zurechenbarkeitsproblem ist auch hier nicht klar zu lösen. Da in der Regel nicht nur eine einzige Maßnahme zur Produktivitätssteigerung durchgeführt wird, sondern z. B. gleichzeitig der Preis zu Steigerung des Absatzes verringert wird, ist es im Nachhinein kaum festzustellen, zu welchem Teil welche Maßnahmen den Umsatz erhöhen konnten.

5.7 Quantitative Kosten-Nutzen-Analyse von Personalauswahlprogrammen

Am Beispiel der Personalauswahlverfahren wird das Brodgen-Modell[664] beschrieben, das eine Quantifizierung des Nutzens von Personalauswahlverfahren ermöglicht.[665] Es erlaubt eine mathematisch differenzierte Analyse und vertieft damit die bereits vorgestellten Wirtschaftlichkeitsanalysen.[666]

Beim Brodgen-Modell wird der Nutzen sowohl in Abhängigkeit von Prognosevaliditäten und Auswahlquoten als auch von der Anzahl der zu besetzenden Stellen und der Arbeitsleistung der eingestellten Mitarbeiter ausgedrückt. Die Bewertung des Nutzens in Geldeinheiten gelingt über die Unterschiede in der Arbeitsleistung in Standardeinheiten und ermöglicht so eine Aufrechnung von Nutzen und Kosten des Auswahlverfahrens.[667]

Zunächst wird der Brutto-Nutzenzuwachs ΔU_B durch ein Personalauswahlverfahren, das ein Jahr lang eingesetzt wird, errechnet.

$$\Delta U_B = N_A \cdot r_{xy} \cdot SD_y \cdot \bar{z}_{x(A)}$$

N_A: Zahl der in einem Jahr ausgewählten neuen Mitarbeiter

r_{xy}: Prognosevalidität des Verfahrens

$\bar{z}_{x(A)}$: mittlerer z-standardisierter Punktwert, den die ausgewählten Kandidaten im Auswahlverfahren erreichen. Das Modell setzt voraus, dass beim Auswahlverfahren ein quantitatives Gesamturteil für jeden Kandidaten gebildet wird, und die Kandidaten mit den höchsten Punktwerten eingestellt werden.

SD_y: Standardabweichung der in Geld bewerteten jährlichen Arbeitsleistung von Mitarbeitern in der Zielpositionsgruppe. Sie erfasst das Ausmaß interindividueller Leistungsunterschiede in der Zielpositionsfamilie.

---

664 Vgl. Brodgen 1949.
665 Vgl. z. B. Cascio 1987, S. 147 ff. für eine Zusammenstellung verschiedener Modelle. Vgl. auch Funke/Schuler/Moser 1994; Amling 1997, S. 166 ff.
666 Vgl. Kapitel 5.6, S. 268 ff.
667 Vgl. Siemers 1994, S. 122 ff.

Die Differenz von erzeugtem Nutzen und entstandenen Kosten ist der Netto-Nutzenzuwachs ΔU_N. Ist er kleiner als Null, so sollte das Auswahlverfahren nicht eingesetzt werden. Unter den Annahmen, dass die Punktwerte der Kandidaten im Auswahlverfahren normalverteilt sind und eine lineare Beziehung zwischen Prädiktor und Kriterium besteht, ist der mittlere Punktwert $\overline{Z}_{x\,(A)}$ aus der Standardnormalverteilungstabelle abzuleiten. Der geplanten Auswahlquote AQ ist der dazugehörige Ordinatenwert Φ der Normalverteilungstafel zuzuordnen. Danach ergibt sich:

$$\overline{Z}_{x(A)} = \frac{1}{AQ} \cdot \int_{U_{1-AQ}}^{\infty} x \cdot \frac{1}{\sqrt{2\pi}} e^{-\frac{x^2}{2}} dx = \frac{1}{AQ} \cdot \frac{1}{\sqrt{2\pi}} \cdot -e^{-\frac{x^2}{2}} \Big|_{U_{1-AQ}}^{\infty}$$

- *Folgerung und Kritik*

Ein Vergleich des Netto-Nutzenzuwachs verschiedener Personalauswahlprogramme erlaubt die Verwendung des Auwahlverfahrens mit dem höchsten Netto-Nutzenzuwachs.

Die *Kritik* an dem rechentechnisch einfachen Verfahren von Brodgen setzt an mehreren Punkten an:[668]

- In der Praxis stellt die Schätzung von SD_y ein komplexes Problem dar, die Gewinnung der Daten für die Bewertung der Jahresleistung eines Mitarbeiters in Geldeinheiten ist besonders bei Führungskräften schwierig.
- Die Möglichkeit, dass ein »guter« Bewerber das Einstellungsangebot ablehnt, wird vernachlässigt.
- Der Ansatz berücksichtigt nur Erfolgswirkungen des Auswahlverfahrens im ersten Jahr. Da die Mitarbeiter in der Regel länger bleiben, kann das Unternehmen einen höheren Nutzen aus ihnen ziehen. Vergleicht man diese Annahme mit dem Mitarbeiterzyklus (vgl. Abb. 87), dann wird der Nutzen eines Mitarbeiters im ersten Jahr aufgrund der Einarbeitungszeit erheblich niedriger sein als in den folgenden Jahren.
- Das Modell betrachtet die Arbeitsleistungen der Bewerber als individuelle Leistungen, Synergieeffekte – z. B. durch die Teamfähigkeiten – werden nicht berücksichtigt.
- Die Interdependenzen zwischen verschiedenen Personalprogrammen werden nicht erfasst.
- Die Nutzenbewertung erfolgt nur aus Sicht des Unternehmens. Wirkungen des Auswahlverfahrens auf die Bewerber und das Unternehmensimage am Arbeitsmarkt werden nicht berücksichtigt.

---

668 Vgl. Siemers 1994, S. 124.

- *Erweiterung des Grundmodells*

Das vorgestellte Grundmodell von Brodgen ist vielfach erweitert worden. So kann zur Dynamisierung des Modells ein Diskontierungssummenfaktor hinzugefügt werden, um die Nutzenwirkungen in den folgenden Jahren zu bestimmen.[669] Auch die Ablehnung von Einstellungsangeboten kann berücksichtigt werden, ebenso wie der Vergleich mit alternativen Personalauswahlverfahren.[670] Inzwischen erfolgte auch eine Ausdehnung der Kosten-Nutzen-Analyse auf Personalentwicklungsprogramme[671] sowie eine Berücksichtigung von Gewinnsteuern. Auch variable Kosten der Mehrleistung, die aus höherer Entlohnung durch Provisionen und Prämien durch bessere Leistungen der eingestellten Mitarbeiter im Vergleich zu sonstigen Mitarbeitern entstehen, können einbezogen werden.[672]

Das erweiterte Brodgen-Modell bietet einen interessanten Ansatz zur quantitativen Bewertung von Personalauswahl- und Personalentwicklungsprogrammen. Es bietet eine Möglichkeit zur ex-ante Bewertung von Personalauswahlverfahren, wenngleich die Problematik der Bestimmung der Prognosevalidität und der Standardabweichung der individuellen Arbeitsleistungen bestehen bleibt. Auch ist zu fragen, inwieweit der rechnerisch abgeleitete Nettonutzen tatsächlich realisierbar ist. Dabei sind zumindest Nutzen- und Kostenanteile anderer Organisationseinheiten, wie verstärkte Marketingaktivitäten oder interne Umstrukturierungen zu berücksichtigen. Dies führt zur Frage der Zurechenbarkeit von Nutzen und Kosten zu einer spezifischen Maßnahme. Das Modell erweist sich damit als wenig realitätsnah.[673]

- *Anwendung des Modells auf Assessment-Center-Verfahren*

Im Folgenden soll das Brodgen-Modell für den Vergleich zwischen Assessment-Centern (AC) und traditionellen Interviews (TI) für ein Fallbeispiel aus der Chemieindustrie verwendet werden:[674]

Generell weisen AC höhere Kosten pro Bewerber als TI auf. So sind die durchschnittlichen Kosten pro begutachteten Bewerber bei einem AC bei 2.094 €, bei TI bei 797 €. Bei einem reinen Kostenvergleich wäre folglich den TI der Vorzug zu geben.[675]

---

669 Vgl. Siemers 1994, S. 129 f.
670 Vgl. Siemers 1994, S. 130 f.
671 Vgl. hierzu z. B. Aschendorf/Bathel/Kühlmann 1998, S. 68 ff.
672 Vgl. Siemers 1994, S. 131 f.; Schuler/Funke/Moser/Donat 1995, S. 175 ff.
673 Vgl. Funke/Schuler/Moser 1994, S. 167.
674 Vgl. Gerpott 1990, S. 39 ff.
675 Vgl. Gerpott 1990, S. 40 f.

(Annahmen: Anzahl der einzustellenden Bewerber $N_A = 30$, 200 begutachtete Bewerber, d. h. Auswahlquote von AQ = 15%).

AC: zweitägige Veranstaltung mit (max.) 15 Bewerbern und sieben Assessoren, die Assessoren werden in einer Trainingsveranstaltung vorbereitet und werden nach (max.) vier AC ausgetauscht.

TI: drei jeweils einstündige Interviews durch drei Führungskräfte, wobei ein Interview unter Beteiligung eines Auswahlpartners der Personalabteilung erfolgt).

Den Nachteil der höheren Kosten des AC steht der Vorteil einer höheren Prognosevalidität gegenüber (Prognosevalidität TI = 0,15; Prognosevalidität für ein typisches AC 0,37, d. h. das AC hat eine um 40% höhere Prognosevalidität).[676]

Für den z-standardisierten Punktwert ergibt sich ausgehend von der Auswahlquote von $AQ = 0,15$ ein Wert von $\bar{z}_{x(A)} = 1,55$, d. h. die systematisch ausgewählten Kandidaten weisen ein durchschnittliches Leistungsniveau auf, das 1,55 Standardabweichungen über dem Niveau liegt, das bei zufällig ausgewählten Kandidaten zu erwarten ist.[677]

Für die Standardabweichung der in Geldeinheiten bewerteten jährlichen Arbeitsleistung von Mitarbeitern in der Zielpositionsfamilie kann als Faustregel ein Drittel des mittleren individuellen Jahresgehalts in der Zielpositionsfamilie angenommen werden.[678] In der Chemieindustrie beträgt das individuelle Jahresgehalt im Fallbeispiel € 39.880,77, d. h. SD_y = € 13.293,59.[679]

Die durchschnittliche Verweildauer von 5 Jahren der neu eingestellten Mitarbeiter kann mit einem Diskontierungssummenfaktor Df erfasst werden (angenommener Kalkulationszins p = 10%):

$$Df = \sum_{n=1}^{5} \frac{1}{(1+p)^n} = 3{,}79.$$

Die Erfolgswirkung des AC ergibt sich damit als

$$\Delta E = N_A \cdot (r_{xy(AC)} - r_{xy(TI)}) \cdot SD_y \cdot \bar{z}_{x(A)} \cdot Df - (\text{Kosten des AC} - \text{Kosten der TI})$$
$$= 30 \cdot (0{,}37 - 0{,}15) \cdot € 13.294 \cdot 1{,}55 \cdot 3{,}79 - (€ 418.787 - € 159.421)$$
$$= € 256.065$$

---

676 Vgl. Hunter/Hunter 1984, S. 90; Thornton/Gaugler/Rosenthal/Bentson 1987, S. 46; Wiesner/Cronshaw 1988, S. 284; Gerpott 1990, S. 39 f.

677 $\bar{z}_{x(A)} = \frac{1}{AQ} \int_{U_{1-AQ}}^{\infty} x \cdot \frac{1}{\sqrt{2\pi}} \cdot e^{-\frac{x^2}{2}} dx = \frac{1}{AQ} \cdot \frac{1}{\sqrt{2\pi}} \cdot \left. -e^{-\frac{x^2}{2}} \right|_{1{,}0364}^{\infty} = 1{,}55$ mit AQ = 0,15

678 Vgl. Cascio 1987, S. 159 ff.; Gerpott 1990, S. 41.
679 Vgl. Gerpott 1990, S. 41.

D. h. das AC hat trotz der höheren Durchführungskosten aufgrund der höheren Prognosevaliditäten einen positiven Erfolgsbeitrag im Vergleich zu den TI.

Im Rahmen einer Sensitivitätsanalyse lassen sich die Erfolgswirkungen für verschiedene Parameterwerte auch miteinander vergleichen. In Abb. 150 ist dies für verschiedene Standardabweichungen und Prognosevaliditäten durchgeführt worden.

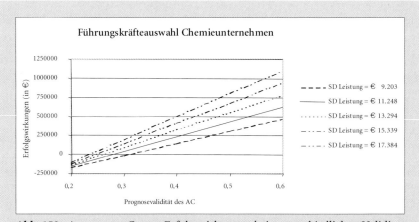

Abb. 150: Assessment-Center-Erfolgswirkungen bei unterschiedlichen Validitäten und Standardabweichungen (SD) der Jahresleistung[680]

So ist das AC auch bei niedrigeren Prognosevaliditäten als $r_{xy} = 0,37$ ökonomisch vorteilhaft, selbst wenn die Standardabweichung SD_y mit 9.203,25 € rund 30% Prozent niedriger als ursprünglich angenommen liegt.[681]

5.8 Fazit

In der Management-Dimension des Wertschöpfungscenters Personal ist die strategische Wertschöpfung des Personalmanagements zu evaluieren. Zunächst sind dazu entsprechende Ziele zu definieren, wobei die Zielklarheit für die Messung besonders wichtig ist. Das Postulat der Zielklarheit ist jedoch aus verschiedenen Gründen nicht aufrecht zu erhalten, so dass bereits die Evaluation der Wertschöpfung eingeschränkt wird.

---

680 Vgl. Gerpott 1990, S. 41. Annahmen: Auswahlquote AQ = 0,15; Validität TI = 0,15; AC-Kosten = 418.786,91 €; TI-Kosten = 159.420,81 €; mittlere Verweildauer im Unternehmen = 5 Jahre.
681 Vgl. dazu ausführlich Gerpott 1990, S. 41 ff.

Ausgehend von den unternehmensspezifischen – mehr oder weniger operationalen – Zielen des Personalmanagements können verschiedene Messgrößen verwendet werden. Neben der Effektivität, der Effizienz und dem Kontingenzeinfluss ist besonders auch der Einsatzrealismus innerhalb der Management-Dimension von Bedeutung. Dabei ist vor allem auch eine Priorisierung der Personalmanagementziele vorzunehmen.

Bei der Beurteilung der Managementqualität können die Managementqualifikationen und die Qualität der Managemententscheidungen bewertet werden. Beide Varianten stützen sich dabei auch auf die Beurteilung durch die Kunden, da vor allem bei der Qualität von Managemententscheidungen eine Abschätzung der Unternehmenswertveränderungen nur in den seltensten Fällen möglich ist.

5. Management-Dimension

Das Konzept des Mehrwerts der Zentrale konzeptionalisiert vor allem den Wertschöpfungsbeitrag der Zentrale, für eine Messung ist die Unterscheidung der Leistungsbereiche nicht unbedingt notwendig.

Wirtschaftlichkeitsanalysen haben innerhalb der Management-Dimension eine besondere Bedeutung, da sie eine Abschätzung des Erfolgsbeitrages ermöglichen. Neben reinen Kostenvergleichsanalysen, die auf einen Nutzenvergleich verzichten und damit sehr einseitig argumentieren, und Kosten-Wirksamkeitsanalysen, die auf eine Quantifizierung verzichten, sind im Personalmanagement vor allem Kosten-Nutzen-Analysen und Nutzwertanalysen für die Bewertung von Interesse.

Auch mathematisch orientierte Kosten-Nutzenanalysen wurden bereits für das Personalmanagement entwickelt. Für die Praxis scheinen sie jedoch aufgrund der recht komplizierten Modelle und den trotzdem teilweise sehr vereinfachenden Annahmen nicht sonderlich geeignet, zumal dazu auch zunächst die firmen- und verfahrensspezifischen Prognosevaliditäten zu bestimmen sind.

Insgesamt ermöglicht die Wertschöpfungsmessung in der Management-Dimension trotz Problemen bei der Zielklarheit sowie bei der Leistungsmessung und -bewertung eine Objektivierung der Messung, wodurch eine rationale, ökonomische Entscheidungsfindung unterstützt wird.

6. Messung der Wertschöpfung in der Service-Dimension

Kapitelübersicht

6.1	Nutzen eines hohen Serviceniveaus	280
6.2	Sicherung des Dienstleistungsniveaus	284
6.3	Definition von Qualitätszielen	285
6.4	Messung der Servicequalität	287
6.4.1	Operationalisierung der Servicequalität	287
6.4.2	Messung der Servicequalifikationen	290
6.4.3	Messung der Qualität der Dienstleistungen	292
6.5	Integrierte Messung der Management- und der ServiceDimension	298
6.6	Fazit	305

6.1 Nutzen eines hohen Serviceniveaus

In der Service-Dimension geht es um den ökonomischen Wert eines hohen Dienstleistungsniveaus sowie dessen Sicherung über Potenzial-, Prozess- und Ergebnisgrößen. Neben der bereits besprochenen resultierenden Zufriedenheit der internen Kunden und der Mitarbeiter (soziale Effizenz), wirkt ein hohes Dienstleistungsniveau auch positiv auf die Unternehmenskultur. Daher gilt es mit den vorhandenen Ressourcen auf effiziente Weise (»Die Dinge richtig tun«)[682] ein hohes Dienstleistungsniveau zu sichern.

Ein hohes Dienstleistungsniveau im Personalmanagement sichert die Zufriedenstellung der Kundenanforderungen (hier vor allem der Mitarbeiter und der Führungskräfte) im Personalmanagement und führt zu mehreren Konsequenzen:

1) Mitarbeiterzufriedenheit und Unternehmenserfolg

Erstens führt ein hohes Dienstleistungsniveau zu erhöhter Mitarbeiterzufriedenheit. Empirische Untersuchungen zeigen statistisch einen engen Zusammenhang zwischen der Mitarbeiterzufriedenheit und dem Unternehmenserfolg.[683] Allerdings ist der Kausalzusammenhang zwischen der Mitarbeiterzufriedenheit und dem Unternehmenserfolg nicht eindeutig zu klären.

Idealtypisch lassen sich vier Zustände zwischen Unternehmenserfolg und Mitarbeiterzufriedenheit definieren (Abb. 151):

---
682 Vgl. Ulrich/Fluri 1992, S. 133.
683 Vgl. Hogan/Hogan 1984; S. 167 ff.; Gawellek 1987, S. 280 ff. und die dort angegebene Literatur. Vgl. auch Six/Eckes 1991, S. 21 ff. Vgl. auch Kapitel 3.6.3, S. 125 ff.

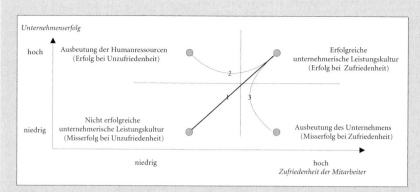

Abb. 151: Schematischer Zusammenhang zwischen dem Unternehmenserfolg und der Zufriedenheit der Mitarbeiter[684]

Der erste Idealfall ist eine hohe Mitarbeiterzufriedenheit bei gleichzeitigem Unternehmenserfolg (Abb. 151, rechter oberer Quadrant). Dabei kann die zugrundeliegende Unternehmenskultur als »unternehmerische Leistungskultur« beschrieben werden. Geht man im Rahmen dieser Leistungskultur von einer Korrelation von Zufriedenheit und Unternehmenserfolg aus, so gelangt man über (1) in den linken unteren Quadranten, bei dem der Unternehmensmisserfolg mit der Unzufriedenheit der Mitarbeiter einher geht. Die zugrundeliegende Kultur unterscheidet sich dabei nicht von der des rechten oberen Quadranten. Allerdings ist im Normalfall nicht immer von einer linearen Beziehung zwischen Mitarbeiterzufriedenheit und Unternehmenserfolg auszugehen, da sonst nur die Zufriedenheit der Mitarbeiter gesichert werden müsste, um dem Erfolg des Unternehmens zu garantieren. Ausgehend vom rechten oberen Quadranten sind daher zwei weitere Kurvenverläufe denkbar (2 und 3).

Beim Verlauf 2 gelangt man zum linken oberen Quadranten, bei dem der Unternehmenserfolg mit der Unzufriedenheit der Mitarbeiter zusammenfällt. Das Unternehmen erfüllt hier trotz seines Erfolges nicht die subjektiven Erwartungen der Mitarbeiter, die Humanressourcen werden somit »ausgebeutet«. Langfristig besteht nun die Gefahr, dass der Unternehmenserfolg aufgrund der mangelnden Identifikation der Mitarbeiter nicht gesichert werden kann und dass somit ein Übergang in den linken unteren Quadranten erfolgt. Daher muss versucht werden, die Mitarbeiterzufriedenheit über Motivation und Identifikation[685] zu verbessern.

---

684 Eigene Darstellung.
685 Vgl. Wunderer/Mittmann 1995b; Wunderer/Mittmann 1995a, Sp. 1155.

B. Integrierte Wertschöpfungsmessung

Beim Verlauf 3 gelangt man zum rechten unteren Quadranten, bei dem der Unternehmensmisserfolg mit der Zufriedenheit der Mitarbeiter zusammentrifft. Hier erfolgt die »Ausbeutung« auf Kosten des Unternehmens. Langfristig ist hier das Überleben des Unternehmens im Markt nicht gesichert, so dass auch die Mitarbeiterzufriedenheit sich entsprechend verschlechtern wird (z. B. bei Entlassungen, Konkurs).

Die kombinierte Messung der Mitarbeiterzufriedenheit und des Unternehmenserfolgs erlaubt somit auch eine Aussage über die Qualität des Personalmanagements, da sowohl im linken oberen als auch im rechten unteren Quadranten das Personalmanagement unausgewogen ist.

2) Mitarbeiterzufriedenheit und -loyalität

Zweitens führt eine hohe Mitarbeiterzufriedenheit durch ein hohes Dienstleistungsniveau im Personalmanagement zu einer höheren Loyalität der Mitarbeiter[686] gegenüber dem Unternehmen, die im Sinne des Humanressourcenmanagements zur Sicherung des Human- und Know-how-Potenzials wünschenswert ist.

Die Beziehung zwischen Zufriedenheit und Loyalität ist nicht unbedingt linear anzunehmen, sondern kann in Abhängigkeit von der Qualifikation der Mitarbeiter und dem Wettbewerb auf dem Arbeitsmarkt verschiedene Verläufe annehmen (Abb. 152).[687] Dabei lassen sich auch vier Mitarbeiter-Idealtypen definieren.[688]

Da ein humanressourcenorientiertes Unternehmen besonders an qualifizierten Facharbeitern und Leistungs- und Potenzialträgern (Gruppe 1 und 2) interessiert ist, die auf dem Arbeitsmarkt auch heutzutage stark nachgefragt werden, ist ein hohes Dienstleistungsniveau des Unternehmens, insbesondere über das Management und die Personalverantwortlichen, für diese Mitarbeiter zur Sicherung des Humanpotenzials besonders wichtig.

---

[686] Vgl. Kapitel 3.6.2, S. 122 ff.
[687] Vgl. Bühner 1996, S. 179.
[688] Mit militärischen Metaphern werden diese vier Typen auch als »Heimatverteidiger« (1), »Söldner« (2), »Geisel« (3) und »Überläufer« (4) umschrieben.

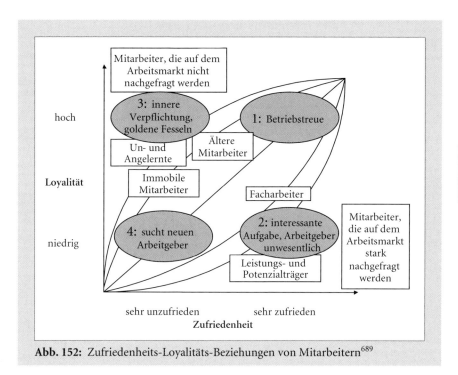

Abb. 152: Zufriedenheits-Loyalitäts-Beziehungen von Mitarbeitern[689]

Während die Zufriedenheit dabei für jeden Mitarbeiter einzeln z. B. über eine Mitarbeiterumfrage erfasst werden kann, lässt sich die Loyalität nur mitarbeitergruppenspezifisch über Fluktuationsziffern messen.

3) *Mitarbeiterzufriedenheit und Personalmanagementkosten*

Drittens kann ein hohes Dienstleistungsniveau im Personalmanagement auch mit höheren Kosten verbunden sein, weil dafür zusätzliche Ressourcen bereitgestellt werden müssen. Ist dies nicht gewünscht, dann ist die Erhöhung des Dienstleistungsniveaus ausschließlich mit vorhandenen Ressourcen zu realisieren. Dies kann z. B. über eine andere Arbeitsorganisation oder andere Verhaltensweisen der Mitarbeiter erreicht werden.

Aufgrund der drei beschriebenen Zusammenhänge ist es schwierig, eindeutige Aussagen über die ökonomische Wertschöpfung innerhalb der Service-Dimension zu treffen. Hier kann ein Benchmarking mit anderen Organisationseinheiten Aussagen über die Qualität der Service-Dimension des Personalmanagements liefern.

---

689 Vgl. Bühner 1996, S. 179.

6.2 Sicherung des Dienstleistungsniveaus

Für die Sicherung und Verbesserung der internen Kundenzufriedenheit und damit des Dienstleistungsniveaus sind drei Ansatzpunkte zu nennen:
1. Erarbeitung und Umsetzung von Qualitätszielen und -standards,
2. Sicherung der Servicequalifikationen der Mitarbeiter des Personalmanagements und
3. Systematische Evaluation der Servicequalität.

1. Erarbeitung von Qualitätszielen und -standards für Schlüsselleistungen	– Definition der Leistungen und Hauptprozesse des Personalbereichs – Priorisierung der Kundengruppen – Differenzierte Erfassung der Dienstleistungsqualität – Vereinbarung von Qualitätsstandards und »internen Lieferbedingungen« der Leistungserbringung (evtl. auch einschließlich Leistungsverrechnungspreisen[647])
2. Sicherung der Service-Qualifikation der Mitarbeiter des Personalbereichs	– Definition von Anforderungen und Entwicklungsbedarf der Mitarbeiter des Personalbereichs mit Kundenkontakt – Durchführung von Trainingsprogrammen zur Beeinflussung von Dienstleistungsverhalten (z. B. Telefonverhalten, Umgang mit schwierigen Kunden) – Integration von Dienstleistungsmentalitätskriterien in Auswahl- und Beförderungssysteme für Mitarbeiter
3. Systematisches Monitoring der Service-Qualität des Personalbereichs	– Auswertung verschiedener Datenquellen (Spezifische Kunden- und Mitarbeiterbefragungen, allgemeine Mitarbeiterumfrage, Image-Analysen, Personalstatistiken) – Regelmäßiger Qualitätsreport Personal – Durchführung von themen- und prozessorientierten Workshops zur Qualitätsverbesserung im Personalbereich

Abb. 153: Prinzipielle Ansatzpunkte für Management der Dienstleistungsqualität des Personalbereichs[691]

Dazu sind zunächst auch noch die erfolgskritischen Leistungen und Prozesse zu definieren, die zum Erreichen des angestrebten Dienstleistungs-Qualitätsniveaus notwendig sind.[692] Entscheidend hierfür ist auch die Bestim-

---
690 Vgl. Kapitel 7, S. 307 ff.
691 Vgl. Gerpott 1996, S. 259.
692 Vgl. hierzu auch ausführlich Kapitel 4, S. 203 ff.

mung von Kunden- bzw. Prozessmanagern, die mit den erforderlichen Kompetenzen ausgestattet sein müssen, die zum Erreichen eines definierten Dienstleistungsniveaus notwendig sind.[693]

Im Folgenden ist dazu zunächst die Definition von Qualitätszielen und -standards zu beschreiben und daran anschließend die Messung der Servicequalität zu diskutieren. Die Sicherung der Servicequalifikationen ist im Kontext der Evaluation nicht gesondert zu berücksichtigen.[694]

6.3 Definition von Qualitätszielen

Zunächst sind Qualitätsziele zu definieren, die anzustreben sind.[695] Für das Erreichen dieser Qualitätsziele können auch entsprechende Minimalstandards definiert werden, die eine Erhöhung der internen Kundenzufriedenheit bedingen sollen. Dabei können sowohl die Qualitätsziele als auch die Minimalstandards in Abhängigkeit von den Ergebnissen der Zufriedenheitsmessungen – z. B. über Mitarbeiterumfragen und interne Kundenbefragungen – angepasst werden. So kann es sein, dass wichtige Informationen bei der Mitarbeitereinführung in der Informationsflut untergehen, so dass diese nicht gleich alle am ersten Arbeitstag, sondern zum Teil erst nach einigen Tagen dem Mitarbeiter zu Verfügung gestellt werden sollten.

Die Schweizerische Bankgesellschaft (jetzt UBS) hat diese Qualitätsziele und Minimalstandards der Leistungen im Sinne eines Service Level Agreements schriftlich definiert (Abb. 154).

---

693 Vgl. Gerpott 1996, S. 259.
694 Vgl. dazu auch die Evaluation von Personalentwicklungsmaßnahmen in Kapitel 4.6, S. 228 ff.
695 Vgl. auch die Ziele der Management-Dimension in Kapitel 5.2, S. 253 ff. und 5.3, S. 256 ff.

B. Integrierte Wertschöpfungsmessung

Einführung des Mitarbeiters
Qualitäts-Ziel:
»Wir ermöglichen dem Mitarbeiter einen angenehmen Start und eine schnelle Integration.«
Minimalstandards:
Vorbereitung:
– Wir informieren den Neueintretenden (z. B. Versand des »Willkommensordners« und der Personalzeitung »SBG-Information«) über die SBG als Arbeitgeber sowie über die Dienstleistungen für unsere Mitarbeiter.
– Wir unterstützen die Führungsleute in der Einführung der Mitarbeiter ins Arbeitsumfeld und in ihren Aufgabenbereich (Einführungsplan, Kurse, Veranstaltungen etc.)
1. Arbeitstag:
– Empfang/Begrüßung durch den Personalleiter
– Vorstellung der Dienstleistungen des Personaldienstes
– Information über (freiwillige) Versicherungen
– Abgabe/Bearbeitung von wichtigen Unterlagen für den Eintritt (Unterschriftenkarte, Foto-Personalausweis, AHV-Ausweis, letztes Arbeitszeugnis etc.)
– Vorstellung des Culinariums, andere wichtige Örtlichkeiten (Personalschalter etc.), Bankprodukte allgemein, wichtige interne Stellen (Vorschlagswesen, Personalkommission, Sportclub etc.)
Einführungszeit:
– Standortbestimmung (Einführung, Versicherungen/Pensionskasse)
– Beratung und Unterstützung bei der Zielvereinbarung zwischen Mitarbeiter und direkten Führungsleuten, welche spätestens nach der Probezeit abgeschlossen wird.
Auskünfte
Qualitäts-Ziel:
»Wir sind freundliche, kompetente und erreichbare Ansprechpartner.«
Minimalstandards:
Kompetenz:
– Auskunft über alle personalspezifischen Themen (z. B. Personalreglement, Versicherungen, Vorsorge, Zusatzleistungen, SBG-Vertrauensärzte etc.)
– Kontaktstelle zu öffentlichen Ämtern (z. B. Arbeitsamt, AHV/IV-Ausgleichskasse, ALV-Stellen)
– Jedes Anliegen wird ernst genommen. Wir nehmen uns dafür die notwendige Gesprächszeit. Bei Bedarf werden weitere Stellen hinzugezogen oder vermittelt.
Erreichbarkeit:
– Telefonisch: 8.00-12.00/13.30-17.00 Uhr
– Rückmeldung/Antwort auf telefonische Anfragen innerhalb eines Tages

Abb. 154: Service Level Agreement für Personalmanagementdienstleistungen bei der Schweizerischen Bankgesellschaft – Beispiel: Einführung neuer Mitarbeiter[696]

---

696 Quelle: Schweizerische Bankgesellschaft, jetzt UBS AG.

6.4 Messung der Servicequalität

Auch bei der Messung der Servicequalität unterscheiden wir zwischen den vier Prozessphasen Kontext-, Potenzial-, Prozess- und Ergebnisqualität. Die Unterscheidung der einzelnen Phasen haben wir bereits in Kapitel 4 ausführlich behandelt.

Zwar lässt sich die Servicequalität auch über globale Moderatorvariablen, wie die Mitarbeiterzufriedenheit oder die Mitarbeiterfluktuation abschätzen. Spezifische Aussagen sind dann allerdings nicht möglich, so dass vor allem die multiattributive Messung für die Servicequalität Bedeutung hat. Aber auch ereignisorientierte oder implizite Methoden können für die Servicequalität verwendet werden.[697]

6.4.1 Operationalisierung der Servicequalität

Vor der eigentlichen Messung der Servicequalität ist das Konstrukt zunächst zu operationalisieren.[698] Zur Operationalisierung der Messung der Servicequalität als wahrgenommene Dienstleistungsqualität[699] sind *drei Konstrukte* geeignet:[700]

1. Das *einstellungsorientierte Qualitätskonstrukt*[701] setzt voraus, dass die Qualitätseinschätzung des Kunden als gelernte relativ dauerhafte, positive oder negative innere Haltung gegenüber einer Dienstleistung aufzufassen ist. Die Qualitätseinschätzung entsteht damit durch Lernprozesse, die auf bisherige Erfahrungen zurückgehen, die entweder unmittelbar oder mittelbar (z. B. über die weitergegebenen Erfahrungen eines anderen Kunden ohne direktem Kontakt zwischen dem Kunden und Dienstanbieter) mit der jeweiligen Dienstleistung vermittelt wurden. Das einstellungsorientierte Qualitätskonstrukt kann auf die Potenzial-, die Prozess- und die Ergebnisqualität gleichermaßen Bezug nehmen.
2. Das *kompetenzorientierte Qualitätskonstrukt*[702] zielt auf Qualifikationen und Fähigkeiten ab, die dem Dienstanbieter zugeordnet werden, um die Probleme des Kunden zu lösen. Die Qualitätsbeurteilung betrifft daher allein Potenzial- und Prozessmerkmale der Dienstleistungsqualität. Die-

---

697 Vgl. Kapitel 3.6.1, S. 119 ff. zur Erläuterung der verschiedenen Messmethoden.
698 Vgl. Fitzgerald/Johnston/Brignall/Silvestro/Voss 1991; Haller 1993.
699 Vgl. Wunderer/Arx 1998.
700 Vgl. Benkenstein 1993, S. 1101 f.
701 Vgl. Tromsdorff 1989, S. 136 ff.
702 Vgl. Backhaus/Weiss 1989, S. 107 ff.; Weiss 1992, S. 63 ff.; Benkenstein 1993, S. 1102.

ses Konstrukt ist dann relevant, wenn der Kunde das Ergebnis nicht oder nur schwer beurteilen kann. Das kompetenzorientierte Qualitätskonstrukt ist in ein Einstellungskonstrukt überführbar, wenn die Kompetenzzuordnung ebenfalls auf Lernprozesse zurückgeht. Es unterscheidet sich daher vor allem durch die besondere Betonung der Potenzial- und Prozessmerkmale.
3. Das *zufriedenheitsorientierte Qualitätskonstrukt*[703] setzt voraus, dass die Qualitätseinschätzung als persönlich erlebte Reaktion auf die Diskrepanz zwischen erwarteter und erlebter Dienstleistung definiert wird. Je geringer die Diskrepanz ausfällt, desto höher ist die wahrgenommene Qualität der Dienstleistung und umgekehrt. Im Gegensatz zur einstellungsorientierten Operationalisierung setzt sie an einem konkreten, klar abgrenzbaren Konsumerlebnis an. Eine Qualitätsmessung ist daher nur bei vorangegangener unmittelbarer Interaktionen zwischen Dienstanbieter und Kunden möglich. Aus diesem Grund erfolgt die Erfassung der Dienstleistungsqualität hier typischerweise möglichst direkt im Anschluss an die Inanspruchnahme der Dienstleistung, weshalb den Potenzialmerkmalen der Dienstleistung eine untergeordnete Rolle zukommt.

Das einstellungs- und das zufriedenheitsorientierte Qualitätskonstrukt sind nicht auf der gleichen Ebene der Konstrukthierarchie angeordnet. Daher kann man die Zufriedenheit mit einer Dienstleistung und ihren Merkmalen direkt nach ihrer Inanspruchnahme differenziert artikulieren, während sie langfristig in eine relativ undifferenzierte Einstellung zur Dienstleistung übergeht. Deshalb sind über das zufriedenheitsorientierte Konstrukt differenziertere Messungen möglich.

- *Messung bei der Personalabteilung*

Für die Messung der Servicequalität im Personalmanagement ist einerseits die *zufriedenheitsorientierte* Qualitätsmessung bedeutsam, gerade im Zusammenhang mit der Servicequalität der Personalabteilung. Andererseits hat auch das *kompetenzorientierte* Qualitätskonstrukt hohe Relevanz bei der Beurteilung der Personalabteilung, vor allem bei solchen Dienstleistungen, deren Ergebnisqualität nicht von den beurteilenden Mitarbeitern des Unternehmens überprüft werden kann. Hier geht es um solche Dienstleistungen, die von einem Laien aufgrund ihrer Komplexität nicht sicher zu beurteilen sind, wie z. B. Beratung zu Versicherungsfragen oder rechtlichen Problemstellungen im Kontext des Arbeitsverhältnisses. Hieraus ergibt sich auch ein Abhängigkeitsverhältnis des Arbeitnehmers zum Arbeitgeber, da ersterer nur selten eine dritte Partei zur Klärung des Sachverhalts (z. B.

---

703 Vgl. Oliver 1980, S. 460 ff.; Bruhn 1982, S. 15 ff.; Benkenstein 1993, S. 1101 f.

Meinung eines Kollegen, Betriebsrat, Rechtsanwalt) und damit implizit zur besseren Beurteilung der Ergebnisqualität heranziehen wird.

- *Messung bei Führungskräften*

Für die Messung der Servicequalität der Führungskräfte spielt neben dem *zufriedenheitsorientierten* Qualitätskonstrukt vor allem der *einstellungsorientierte* Ansatz eine Rolle, da der Mitarbeiter aufgrund der intensiven Zusammenarbeit mit seinem Vorgesetzten eine hohe Transparenz über die Ergebnisqualität seines Vorgesetzten erlangen kann. Da die Erfassung der Dienstleistungsqualität der Führungskraft aufgrund der Häufigkeit der Interaktionen nicht jedesmal im Anschluss an eine Personalmanagement-Dienstleistung erfolgen kann und muss, hat das einstellungsorientierte Konstrukt eine hohe Bedeutung für die Messung der Servicequalität der Führungskräfte. Regelmäßig (z. B. jährlich) durchgeführte Vorgesetztenbeurteilungen und Mitarbeiterumfragen beziehen sich daher auf das *einstellungsorientierte*, aber auch auf das *kompetenzorientierte* Qualitätskonstrukt, die in diesem Fall ineinander überführbar sind.

Für die Messung der Qualitätskonstrukte kann auf die in Kapitel 3.6 und Kapitel 3.7 vorgestellten Methoden und Instrumente zurückgegriffen werden (vgl. besonders Abb. 61, S. 119). Dabei können sowohl objektive als auch subjektive Verfahren zur Anwendung kommen. Speziell bei der Verwendung expliziter Methoden ist jedoch darauf hinzuweisen, dass die weit verbreitete Eindrucksmessung (vgl. speziell Abb. 83, S. 158), die die Beurteilung und die Wichtigkeit eines Merkmals erfasst, das zufriedenheitsorientierte Qualitätskonstrukt nicht abbilden kann.[704] Da allerdings auch bei der Verwendung objektiver Verfahren oder impliziter Methoden die Unterschiede der Qualitätskonstrukte nicht berücksichtigt werden können, scheint diese Einschränkung für die Praxis unerheblich.

Aufgrund der verschiedenen Qualitätskonstrukte beschränken wir uns im Folgenden auf die *multiattributive Messung*. Dabei wurde auch deutlich, dass eine Unterscheidung zwischen den Potenzialen, dem Prozess und dem Ergebnis für die Messung nicht unbedingt zielführend ist, so dass wir nur zwischen der Messung der Qualifikationen (als Potenziale) und der Dienstleistungen (als Ergebnisse) unterscheiden.

---

[704] Vgl. Benkenstein 1993, S. 1103 f.

6.4.2 Messung der Servicequalifikationen

Für die Beurteilung der Servicequalifikationen als Fähigkeitspotenzial des Personalmanagements können dieselben Kundenbeziehungen wie für die Beurteilung der Managementqualität verwendet werden (vgl. Abb. 139, S. 261). Zunächst mag für die Personalabteilung die Beurteilung in der Service-Dimension durch die Unternehmensleitung weniger relevant als durch die Führungskräfte oder die Mitarbeiter als Kunden der Personalabteilung erscheinen. Allerdings können auch in der Service-Dimension über die Beurteilung durch die Unternehmensleitung hilfreiche Hinweise auf die Servicequalität gewonnen werden. Auch die Selbstbewertung kann in Kombination mit der Fremdbewertung für die Messung der Servicequalität über sogenannte Aha-Effekte einen zusätzlichen Wertschöpfungsbeitrag ermöglichen.

Darüber hinaus ist für die Beurteilung der Servicequalität der Führungskräfte auch die Zufriedenheit der geführten Mitarbeiter entscheidend.

Eine besondere Rolle innerhalb der Service-Dimension des Personalmanagements kann dem Faktor Zeit zugebilligt werden. Schnellere Prozess- und Reaktionszeiten im Personalmanagement führen in der Regel zu einer höheren Dienstleistungsqualität.[705] Dabei führen kurze Durchlaufzeiten im Personalmanagement auch zu einer positiven Beeinflussung der indirekten Wertschöpfung, weil Fachabteilungen schneller und flexibler unterstützt werden können und diesen geholfen wird, Kostensenkungspotenziale nutzbar zu machen bzw. Leerkosten zu vermeiden.

Der Faktor Zeit bietet im Vergleich zu anderen Elementen der Dienstleistungsqualität den Vorteil der eindeutigen Messbarkeit. Allerdings ist er als Reaktionszeit oder Prozesszeit nur ein Indikator für die Wertschöpfung des Personalmanagements, da diese auch von anderen Faktoren wesentlich beeinflusst wird. Zusätzlich kann eine geforderte Verkürzung der Prozess- bzw. Durchlaufzeit die Qualität des Prozesses negativ beeinflussen, wenn dadurch wichtigen Prozessschritten zu wenig Zeit zugemessen wird.[706]

Für die Beurteilung der Servicequalität im Sinne einer Kompetenzbewertung sind ebenfalls Schlüsselfunktionen aufgestellt worden.[707] In der Praxis werden diese sieben Dienstleistungsqualifikationen für die Personalabteilung von Personalverantwortlichen wie folgt rangiert:

---

705 Vgl. Kiehn 1996, S. 71 ff.
706 Vgl. Kiehn 1996, S. 71 ff.
707 Vgl. Horovitz 1989; Wunderer 1992, S. 208; Zeithaml/Parasuraman/Berry 1992, S. 34 ff.; Stauss/Neuhaus 1995, S. 594; Gerpott 1996, S. 258.

Dienstleistungsqualifikationen	Mittlerer Rangwert
Kompetenz: Fähigkeit, Fertigkeiten, Professionalität	1,7 (am wichtigsten)
Verlässlichkeit: Richtigkeit, Rechtzeitigkeit, Glaubwürdigkeit	2,6
Reagibilität: Schnelligkeit, Pünktlichkeit, Unmittelbarkeit	4,0
Kommunikation: Informationsbereitschaft, -fähigkeit	4,0
Verständnis: für spezielle Bedürfnisse, Kundenorientierung	4,1
Kontakt: Bequemlichkeit, Erreichbarkeit, Wartezeiten	5,7
Höflichkeit: Freundlichkeit, Aufmerksamkeit und Auftreten	5,7

Abb. 155: Wichtigkeit der Dienstleistungsqualifikationen für die Personalabteilung[708]

Von den befragten Personalverantwortlichen und damit aus Anbietersicht wird mit Abstand die *Kompetenz* und die *Verlässlichkeit* am wichtigsten rangiert. Damit muss die Personalabteilung vor allem ein professioneller und verlässlicher Partner für seine internen Kunden sein. Von mittlerer Wichtigkeit rangieren fast ranggleich *Reagibilität*, *Kommunikation* und *Verständnis*. Diese drei Qualifikationen betreffen die Reaktionsbereitschaft, die Informationsbereitschaft und die kundenbezogene Verständigungsfähigkeit der Personalabteilung. Der Reagibilität – und damit dem Faktor Zeit – wird im Vergleich zur Kompetenz und Verlässlichkeit damit nur eine untergeordnete Bedeutung zugemessen.

Kontakt und *Höflichkeit* dagegen bilden mit einem gleichen mittleren Rangwert die am wenigsten wichtigen Dienstleistungsqualifikationen. Dabei werden diese beiden letzten Qualifikationen in der Praxis des Personalmanagements als selbstverständlich angesehen, so dass über sie kein wahrgenommener Mehrwert mehr erzielt werden kann. Allerdings ist zu beachten, dass sie ebenso – quasi als Hygienefaktoren – vorhanden sein müssen.

Die hohe Bedeutung der *Verlässlichkeit* für die Personalabteilung deckt sich mit Untersuchungen in verschiedenen Dienstleistungsbranchen aus Kundensicht, allerdings wird sie dort am wenigsten erfüllt.[709] Dass Kunden hier andere Prioritäten setzen, haben empirische Analysen bestätigt.[710]

---

708 Quelle: eigene Umfrage, N = 96. Frage: Wie beurteilen Sie die Wichtigkeit der folgenden Schlüsselqualifikationen für Ihre Personalabteilung? Bitte rangieren Sie die folgenden 7 Dienstleistungs-Kriterien (1 = am wichtigsten). Vgl. Wunderer/Arx/Jaritz 1998b, S. 283. Dabei handelte es sich hier v. a. um eine Selbsteinschätzung aus Anbietersicht, da meist Personalverantwortliche antworten.
709 Vgl. Zeithaml/Parasuraman/Berry 1992, S. 42 ff.
710 Vgl. S. 296 ff.

Analog zur Bewertung der Managementqualifikationen lassen sich aber auch die Servicequalifikationen der Führungskräfte bzw. Personalabteilung durch die (internen) Kunden beurteilen.[711]

Frageschema zur Servicequalifikation				
Bitte beurteilen Sie unserer Dienstleistungsqualität bzw. Ihre Kontaktperson in Bezug auf die folgenden Kriterien	sehr hoch	hoch	genügend	ungenügend
Kompetenz: Fähigkeit, Fertigkeiten, Professionalität				
Verlässlichkeit: Richtigkeit, Rechtzeitigkeit, Glaubwürdigkeit				
Reagibilität: Schnelligkeit, Pünktlichkeit, Unmittelbarkeit				
Kommunikation: Informationsbereitschaft, -fähigkeit				
Verständnis: für spezielle Bedürfnisse, Kundenorientierung				
Kontakt: Bequemlichkeit, Erreichbarkeit, Wartezeiten				
Höflichkeit: Freundlichkeit, Aufmerksamkeit und Auftreten				

Abb. 156: Bewertung der Servicequalifikation durch den Kunden[712]

6.4.3 Messung der Qualität der Dienstleistungen

Neben der Bewertung der Dienstleistungsqualifikationen als Fähigkeitspotenzial des Dienstleisters Personalmanagement kann auch die Qualität der Dienstleistung selbst bewertet werden.

Inhaltlich lassen sich z. B. folgende Bereiche unterscheiden:[713]

1. Allgemeine Erwartungen,
2. Erwartungen an Personaleinsatz und -entwicklung,
3. Erwartungen an die Organisation,
4. Erwartungen an die Rahmenbedingungen (Arbeitsumfeld) und
5. Erwartungen im Rahmen von Personalanpassungsmaßnahmen.

---

711 Vgl. Kapitel 5.4.1, S. 260 ff.
712 Eigene Darstellung.
713 Vgl. Roßbach-Emden/Gaalken/Pauli 1995, S. 518.

So können z. B. die Wichtigkeit und die Zufriedenheit mit verschiedenen Dienstleistungen durch eine Kundenumfrage erhoben werden:

Fragen zur Qualität der Dienstleistungen der Personalabteilung		
Geben Sie bitte an: a) wie wichtig und nützlich für Sie die folgenden von uns angebotenen Dienstleistungen sind b) inwiefern wir Ihre Erwartungen in Bezug auf Qualität erfüllt haben		
Erklärung: 1 = sehr wichtig, 5 = sehr unwichtig 1 = sehr zufrieden, 5 = sehr unzufrieden	a) Wichtigkeit/Nutzen	b) Zufriedenheit
Schulungen zur Arbeitssicherheit	1---2---3---4---5	1---2---3---4---5
Begründung:		
Schulungen zum Qualitätsmanagement	1---2---3---4---5	1---2---3---4---5
Begründung:		
Interne Stellenbörse	1---2---3---4---5	1---2---3---4---5
Begründung:		
Welche anderen Dienstleistungen erwarten Sie von der Personalabteilung, die wir bis jetzt nicht anbieten?		

Abb. 157: Fragebogen zur Qualität ausgewählter Dienstleistungen der Personalabteilung[714]

- *Gap-Modell für das Personalmanagement*

Zur Erfassung der Dienstleistungsqualität eignet sich auch die Anwendung des Gap-Modells auf das Personalmanagement von Zeithaml et al. (Abb. 158):[715]

---

714 Vgl. Wunderer/Arx 2002.
715 Vgl. auch Kapitel 2.4.4.4, S. 56 ff.

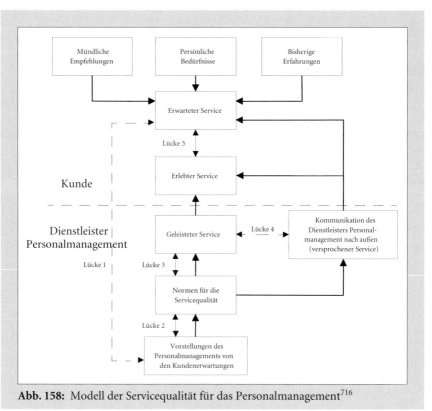

Abb. 158: Modell der Servicequalität für das Personalmanagement[716]

Die Dienstleistungsqualität des Personalmanagements wird dann als Differenz zwischen (interner) Kundenerwartung und (interner) Kundenwahrnehmung (Lücke 5) definiert.[717] Sie resultiert aus vier weiteren Lücken:

Lücke 1: Differenz zwischen interner Kundenerwartung und deren Wahrnehmung durch das Personalmanagement

Lücke 2: Differenz zwischen den vom Personalmanagement wahrgenommenen internen Kundenerwartungen und deren Umsetzungen in Spezifikationen der Servicequalität

Lücke 3: Differenz zwischen den Spezifikationen der Dienstleistungsqualität und der tatsächlich erstellten Personalmanagementleistung

---

716 Eigene Darstellung in Anlehnung an Zeithaml/Parasuraman/Berry 1992, S. 62. Vgl. Abb. 30, S. 58.
717 Vgl. Bruhn 1994, S. 17 ff.

Lücke 4: Differenz zwischen tatsächlich erstellter Dienstleistung und der an den Kunden gerichteten Kommunikation über diese Dienstleistung

Für die Evaluation der einzelnen Lücken bietet es sich an, diese in Form eines Projektes durchzuführen, um dann ausgehend von den aufgezeigten Problembereichen spezifische Maßnahmen einzuleiten. Für eine regelmäßige Anwendung erscheint das Lückenmodell dagegen zu ausdifferenziert und damit zu aufwendig für das Personalmanagement.

- *Dienstleistungs-Portfolio*

Weiterhin ist es notwendig, die Bewertung der Dienstleistungen durch den Kunden in Beziehung zur strategischen Bedeutung der Dienstleistungen zu setzen (vgl. Management-Dimension). Dabei ergibt sich die strategische Bedeutung aus der Management-Dimension, sie kann dabei auch durch die Wichtigkeitseinschätzung der Kunden ergänzt werden. Dies kann z. B. durch folgendes Portfolio erfolgen, aus dem sich dringend notwendige Verbesserungen und Leistungsübererfüllungen ableiten lassen und das auch zwischen der Qualität sowie der Bedeutung der Produkte bzw. Dienstleistungen unterscheidet:

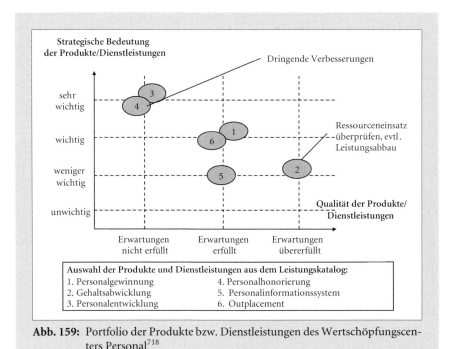

Abb. 159: Portfolio der Produkte bzw. Dienstleistungen des Wertschöpfungscenters Personal[718]

---

718 Vgl. Wunderer/Arx 2002.

B. Integrierte Wertschöpfungsmessung

- *Beispiel Schweizerischer Bankverein*

Der Schweizerische Bankverein (jetzt UBS) führte 1996 eine Befragung der internen Kunden des Geschäftsbereichs Logistik durch, zu dem auch die Personalabteilung zählt. Insgesamt wurden dazu ca. 60.000 Fragebogen in 250 Varianten an interne Kunden versandt, die Kosten beliefen sich dabei auf sfr. 4,– pro Kundenfeedback für die Entwicklung, Produktion, Versand und Auswertung der Fragebögen. Dabei wurde ein Kundenfeedback zu maximal zehn Dienstleistungen und zu fünf Service-Dimensionen jeweils bezüglich der Wichtigkeit und der Zufriedenheit erhoben. Die Ergebnisse wurden in Form von Portfolios ausgewertet.

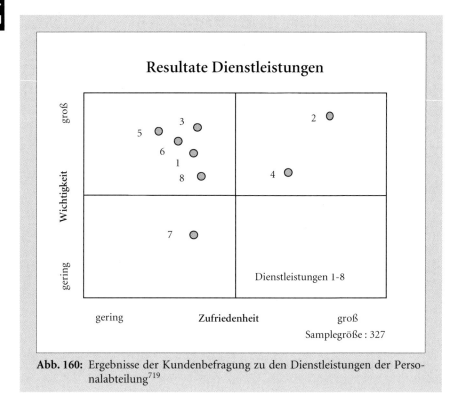

Abb. 160: Ergebnisse der Kundenbefragung zu den Dienstleistungen der Personalabteilung[719]

---

719 Quelle: Schweizerischer Bankverein, jetzt UBS AG.

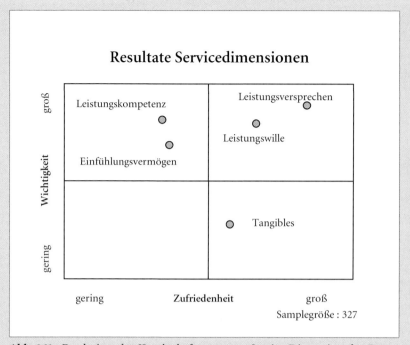

Abb. 161: Ergebnisse der Kundenbefragung zur Service-Dimension der Personalabteilung[720]

Im Unterschied zu entsprechenden Portfolios in der Management-Dimension beinhaltet hier die Wichtigkeit nur die Einschätzung der Kunden aus ihrer Sicht. Gerade bei strategischen oder unternehmenssichernden Dienstleistungen kann dabei jedoch auch eine Fehleinschätzung auftreten, da im allgemeinen die Wichtigkeit solcher Dienstleistungen falsch eingeschätzt wird.

Allerdings kann die Beurteilung der Servicequalität auch mit Schwierigkeiten verbunden sein. So machte der Schweizerische Bankverein folgende Erfahrungen (Abb. 162).

---

720 Quelle: Schweizerischer Bankverein, jetzt UBS AG.

B. Integrierte Wertschöpfungsmessung

- wissenschaftlicher Ansatz (Modell der Servicequalität)[678] versus Einfachheit der Befragung
- Schwierigkeiten bei der Kundendefinition seitens des Dienstleistungserbringers
- Kundenselektion technisch höchst komplex
- Identifizierte interne Kunden beurteilen sich selber grundsätzlich nicht als solche bzw. erkennen sich nicht
- Definierte interne Kunden (oder deren Vorgesetzte) sehen sich außerstande, eine Beurteilung abzugeben

Abb. 162: Erfahrung bei der Erhebung der Dienstleistungsqualität[721]

Die Beurteilung der Dienstleistungsqualität in der Service-Dimension setzt also eine entsprechende Dienstleistungskultur und eine Beurteilungskompetenz der Kunden voraus.

6.5 Integrierte Messung der Management- und der Service-Dimension

Da sowohl die Wertschöpfungsmessung in der Management-Dimension als auch in der Service-Dimension über Befragungen der Kunden des Personalmanagements erfolgen kann, ist eine Integration dieser beiden Dimensionen für die Messung sinnvoll. Das gilt auch, da die Management-Dimension z. T. ebenfalls als eine Serviceleistung in direktem Auftrag der Geschäftsleitung verstanden werden kann, die sich auf die Umsetzung *unternehmenssichernder Leistungen* konzentriert (vgl. auch Kapitel 3.4.1).[723]

Auch können viele Kennzahlen des Personalmanagements sowohl als Indikatoren für die Wertschöpfung in der Management- als auch in der Service-Dimension verwendet werden. Z. B. kann die Ursache einer hohen Fluktuationsrate (Moderatorvariable für die ergebnisbezogene Wertschöpfung) sowohl in der Management-Dimension (mangelhafte Koordination und Planung) als auch in der Service-Dimension (fehlende Verlässlichkeit und Professionalität bei der Personalauswahl und -erhaltung) des Personalmanagements liegen. Allerdings stehen in der Management-Dimension Messansätze im Vordergrund, die den Umsetzungserfolg von Managementaufgaben bzw.

---

721 Vgl. Abb. 30, S. 58.
722 Quelle: Schweizerischer Bankverein, jetzt UBS AG.
723 Vgl. Alt/Arx 1995, S. 481 ff.

-aufträgen evaluieren – z. B. Soll-Ist-Vergleiche nach dem Management-by-Objectives-Konzept.[724]

Ulrich, Brockbank und Yeung schlagen für die Wertschöpfungsmessung folgendes Vorgehen vor, das sich für die integrative Bewertung der beiden Dimensionen eignet. Dieses Vorgehen eignet sich auch als Ausgangspunkt für ein Benchmarking:[725]

> 1. Welches sind die wichtigsten Kunden der einzelnen Personalmanagementfunktionen? Z. B. Linienführungskräfte und Arbeitgebervertreter, Mitarbeiter und Mitarbeitervertretungen (z. B. Betriebsrat, Gewerkschaften) oder externe Kunden.
> 2. Welche Dienstleistungen werden für diese Kunden erbracht? Worin sind diese Dienstleistungen begründet?
> 3. Was sind die bedeutendsten Kosten dieser Dienstleistungen?
> 4. Welche Faktoren sind für die Kundenzufriedenheit verantwortlich?
> 5. Welche Probleme sind bei der Durchführung bekannt?
> 6. Welche Wertschöpfungsmeßgrößen werden für die Effizienz und die Effektivität der Personalmanagementfunktionen verwendet?
> 7. Was sind die Wertschöpfungslücken und wie können diese geschlossen werden?

6. Service-Dimension

- *Standards als Sollvorgaben*

Dabei sind die bereits vorgestellten Standards sowohl für die Management-Dimension als auch die Service-Dimension von Bedeutung. Da es teilweise schwierig ist, die Wertschöpfung direkt über die Indikatorenwerte zu messen, sind dazu Standards zu definieren, die als Grenzwerte oder Bandbreiten mindestens erfüllt werden müssen, da ohne Grenzwerte die erhobenen Informationen nicht bewertet werden können. Hierbei können Prozessstandards und absolute Standards unterschieden werden.[726] Die von den Standards vorgegebenen Zielvorgaben fallen meist in den Bereich der potenzialorientierten Wertschöpfung, da mit der Einhaltung der Standards bestimmte positive Zielwirkungen verbunden werden. Dabei können die Standards auch als Soll-Kennzahlen interpretiert werden.

Neben pragmatischen Vorgaben wie:

– 80% der Stellen werden intern besetzt,
– 60% der Personalentwicklung findet on-the-job statt,
– jede EMail oder VoiceMail ist spätestens am nächsten Tag zu beantworten,

---

724 Vgl. Kapitel 4.7, S. 235 ff.
725 Zusätzlich kann dabei auch die Business-Dimension auf der Kostenebene in einem ersten Ansatz mit einbezogen werden (Punkt 3). Vgl. Ulrich/Brockbank/Yeung 1989, S. 312 ff. Vgl. auch Kapitel 4, S. 203 ff.
726 Vgl. Köder 1994, S. 186 f.

- mindestens einmal im Monat findet eine Team-/Abteilungsbesprechung statt,
- spätestens zwei Tage nach der Geschäftsleitungssitzung sind alle Mitarbeiter stufengerecht informiert,
- mit jedem Mitarbeiter sind mindestens drei Ziele zu vereinbaren oder
- mit jedem Mitarbeiter wird mindestens einmal jährlich eine zukunftsbezogene Standortbestimmung durchgeführt,

B. Integrierte Wertschöpfungsmessung

die die Wertschöpfung qualitativ absichern, lassen sich auch für Moderatorvariablen Standards aufstellen. Dies beinhaltet auch eine Quantifizierung der qualitativen Ziele.[727] Durch diese Operationalisierung werden allerdings qualitative Zielinhalte ausgeblendet (Abb. 163):

Kriterium	Ziel	Ist-Vorjahr	Ist	Bewertung	
				Niveau	Tendenz
Fluktuationsrate	max. 7%	8,3%	7,2%	–	+
Absenzrate (Krankheit/ Unfall)	max. 5%	5,5%	6,3%	–	–
Frauenanteil insgesamt	mind. 30%	22%	23%	–	+
Schulungstage pro Mitarbeiter	mind. 6	3,4	4,1	–	+
Schulungstage pro Führungskraft (1. Ebene)	mind. 6	6,4	6,3	+	+
Schulungstage pro Führungskraft (2. Ebene)	mind. 4	4,5	4,6	+	+
Mitarbeiterzufriedenheit gemäß Index	80%	75%	77%	–	+
Zufriedenheit mit Personalabteilung gemäß Index – Mitarbeiter – Führungskräfte – Geschäftsleitung	 mind. 80% mind. 80% mind. 80%	 70% 83% 70%	 66% 85% 75%	 – + –	 – + –
Externes Firmenimage gemäß Index	mind. 50%	25%	26%	–	+

Abb. 163: Standards für die Moderatorvariablen[728]

---

727 Vgl. auch Abb. 137, S. 257 f.
728 Vgl. Kobi 1997, S. 372 f.

Aus dem Vergleich mit Hilfe der Standards lässt sich das Niveau und die Entwicklungstendenz der Moderatorvariablen beurteilen. Aus dieser Beurteilung können entsprechende Maßnahmen abgeleitet werden. So werden beim Schweizerischen Bankverein (jetzt UBS) Qualitätsziele und Minimalstandards aufgestellt, die sich sowohl auf die Management-Dimension als auch auf die Service-Dimension beziehen.[729]

Beim Schweizerischen Bankverein wurden im Fachbereich Human Resources eigene Standards (Service Level Agreements) für alle Teilverantwortlichen und interne Schlüsselkunden definiert. Dabei wurden kundenspezifische Minimalstandards zu spezifischen Handlungsfeldern des Personalmanagements aufgestellt. Auf die Beobachtbarkeit und die Messbarkeit der Standards wurde besonders geachtet. So entstanden allein im Fachbereich »Personal Domestic« mehr als 70 Standards, die – kundengruppenspezifisch zusammengefasst – den externen und internen Kunden kommuniziert werden. In regelmäßigen Abständen wird im Rahmen interner Audits die Einhaltung dieser Standards überwacht.	
Minimalstandard Personal Domestic	
Kundenkreis	Mitarbeiterinnen und Mitarbeiter
Handlungsfeld	Recruiting
Qualitätsaussage	Wir stellen durch ein professionelles Beschaffungsprozedere sicher, dass der jeweils geeignetste Kandidat rekrutiert wird
Minimalstandards	– jedes Bewerbungsgespräch wird gemäß Raster vorbereitet, ausgewertet und dokumentiert und dem zuständigen Linienmanager zur Kenntnis gebracht (Raster: 1-Wechselgründe, 2-Stärke-/Schwächenprofil, 3-CV-Besprechung, 4-Erwartungen, 5-privates Umfeld, 6-Konditionen) – pro Festanstellung wird eine Referenzauskunft gemäß Raster eingeholt (Raster: 1-Stärken/Schwächen, 2-Leistung, 3-Charakter/Verhalten, 4-Grund des Austrittes, 5-privates Umfeld, 6-Wiedereinstellung) – die Ersatzbeschaffungen erfolgen so, dass für den zuständigen Linienmanager zeitlich keine Lücken entstehen, die die Produktivität zusätzlich behindern.

Abb. 164: Minimalstandards beim Schweizerischen Bankverein[730]

Für den hierarchischen Auftraggeber Unternehmensleitung kann auch eine Human-Ressourcen-Bilanz erstellt werden, die die wesentlichen Kennzah-

---

729 Vgl. auch Kapitel 6.2, S. 284 ff.
730 Jetzt UBS AG. Vgl. Lüdi/Wenger 1997, S. 265 ff.; Wunderer/Arx 2002.

len des Personalmanagements für die Management- und Service-Dimension zusammenfasst (Abb. 168):[731]

B. Integrierte Wertschöpfungsmessung

Human-Ressourcen-Bilanz				
	Kopfzahl	in %	Stellenzahl	in %
Eröffnungsbilanz		100	–	100
+ Personal-Neueinstellungen – Personalabgänge vermeidbare Personalabgänge unvermeidbare Personalabgänge	–	–	–	
Schlussbilanz		–	–	–
Wertschöpfung des Unternehmens für die Mitarbeiter (aufgeteilt in relevante Personalkategorien)				
Leistungsindikatoren	Unternehmen	Wettbewerber A | B | C		Ziel
Durchschnittliche Vergütung pro Mitarbeiter	–	– – –		
Personalentwicklungsinvestitionen pro Mitarbeiter	–	– – –		
Absentismusrate	–	– – –		
Rate der vermeidbaren Personalfluktuationen	–	– – –		
Mitarbeiterzufriedenheit	–	– – –		
Personalanstellungskosten pro Neueintretendem	–	– – –		
Akzeptanzrate bei Stellenangeboten	–	– – –		
Zahl der internen versus der externen Selektion	–	– – –		
Wertschöpfung von den Mitarbeitern für das Unternehmen (aufgeteilt in relevante Personalkategorien)				
Leistungsindikatoren	Unternehmen	Wettbewerber A | B | C		Ziel
Umsatz pro Mitarbeiter	–	– – –		
Gewinn pro Mitarbeiter	–	– – –		
Gewinn im Verhältnis zur Gesamtvergütungssumme	–	– – –		
Arbeitsproduktivität	–	– – –		

Abb. 165: Human-Ressourcen-Bilanz und Wertschöpfungsindikatoren[732]

---

731 Vgl. hierzu auch Kapitel 8, S. 355 ff.
732 Vgl. Hilb 1997b, S. 93.

Sie ist in vorliegender Form dreiteilig. Der erste Teil betrifft den Bestand an Humanressourcen und seine Veränderung. Der zweite Teil enthält ausgewählte Indikatoren als Wertschöpfung für die Mitarbeiter.[733] Diese sind gleichzeitig auch Moderatorvariablen für den Unternehmenserfolg. Der dritte Teil enthält Messgrößen als Leistungsindikatoren der Humanressourcen. Diese sind auch als Wertschöpfung der Mitarbeiter für das Unternehmen zu verstehen.

Die verwendeten Indikatoren können weiterhin nach verschiedenen Personalkategorien differenziert werden. Bei der Auswahl der Indikatoren für die Human-Ressourcen-Bilanz wurde darauf geachtet, dass die Gesamtzahl der verwendeten Indikatoren gering bleibt, um die Übersichtlichkeit des Instruments nicht zu gefährden.

Für eine bessere Beurteilung der Indikatoren können neben den angestrebten Zielwerten auch die relevanten Kenngrößen der Wettbewerber als Benchmarkinggrößen aufgeführt werden.

- *Personal-Audits als Assessment der Management- und Service-Dimension*

Besonders geeignet für die Wertschöpfungsanalyse in der Management- und Service-Dimension sind Personal-Audits als (Self-)Assessments der Personalabteilung.[734] Diese umfassen die zukunftsorientierte und systematische Evaluation aller Elemente des Personalmanagements.[735] Für das Personal-Audit können wie beim Assessment des Qualitätsmanagements verschiedene Verfahren zur Anwendung kommen:[736]

1. Fragebögen: Satz geschlossener Fragen oder Bewertungsskalen, die von einem Modell abgeleitet sind,
2. Fokusgruppen/Workshops: Geführte Diskussion über Kriterien, um Fakten und Meinungen über Stärken und Schwächen aufzuzeigen,
3. Dokumentierte Analyse: Schriftlicher Bericht durch das Unternehmen und Bewertung der Dokumentation durch unabhängige Fachleute,
4. Audit i. e. S.: Beurteilung durch Fachleute, die im Unternehmen Dokumente überprüfen und Beobachtungen machen.

Dabei werden sowohl qualitative als auch quantitative Elemente auf ihre Wertschöpfung hin untersucht. Das Assessment erfüllt damit auch eine revisionsähnliche Aufgabe. Geeignete Instrumente des Personal-Audits sind Organisationsanalysen, Kennzahlenvergleiche, Checklisten und Mitarbei-

---

733 Vgl. Kapitel 2.4.3.2, S. 35 ff.
734 Vgl. Bowen/Greiner 1986, S. 50; Wunderer 1992, S. 207.
735 Vgl. Hoss 1993a, S. 471.
736 Vgl. Seghezzi 1996, S. 281 ff.

terbefragungen. Dabei lässt sich eine Analyse der Wertschöpfung in ein Personal-Audit integrieren, wenn man dieses nicht schon selbst als das Instrument zur Wertschöpfungsanalyse versteht.[737] Problematisch ist bei der Verwendung des Personal-Audits zur Wertschöpfungsanalyse allerdings, dass es nur in größeren regelmäßigen Abständen angewendet wird und zudem nur eine Metaanalyse darstellt.[738]

B. Integrierte Wertschöpfungsmessung

- *Beispiel Hewlett Packard*

Zuletzt soll am Fallbeispiel der Firma Hewlett Packard gezeigt werden, wie in der Praxis die Wertschöpfung in der integrierten Management- und Service-Dimension gemessen wird.

Messung der Wertschöpfung des Personalmanagements in der Management- und Service-Dimension im Personalcontrolling bei Hewlett Packard[739]

1. *Skizzierung des Personalcontrolling-Konzepts*

Personalcontrolling leistet durch systematische Informationsaufbereitung und -verdichtung eine wesentliche Unterstützungsfunktion für das Management zur Unternehmenssicherung. Es wird als ein Steuerungsinstrument verstanden, das Hinweise auf Veränderungen gibt und die Effizienz der Personalarbeit verbessern helfen kann.

Bei Hewlett Packard wird ein integrierter Ansatz verwendet, der den operationalen, planerischen und strategischen Ansatz umfasst: Operativ im Sinne einer systematischen Gewinnung und Verarbeitung von Informationen mit dem Ziel der Bewertung des erfassten Ist-Zustandes. Planerisch und strategisch im Sinne von Zukunftsantizipation, Frühwarnfunktion und Unterstützung bei Planungs- und Entscheidungsprozessen.

2. *Wertschöpfungsmessung im Personalcontrolling*

Voraussetzung für die Wertschöpfungsmessung ist die Identifizierung der Kunden des Personalmanagements und deren Bedürfnisse. Als Shared-Service-Anbieter unterliegt das Personalmanagement dem ständigen Druck, seine Dienstleistungen marktgerecht, flexibel und in hoher Qualität anzubieten. Es muss durch die Messung sichergestellt werden, dass das Personalmanagement seine Kundenwünsche kennt und diese optimal erfüllen kann. Außerdem muss es gewährleisten, dass die Kunden die Dienstleistungen wertschätzen (»bezahlen«) und die jeweiligen Ansprechpartner kennen. Endergebnis ist ein Verfahren, das regelmäßig sicherstellt, dass das Personalmanagement die Kundenwünsche und die Zufriedenheit der Kunden mit seinen Dienstleistungen kennt, um gegebenenfalls Maßnahmen ableiten zu können.

---

737 Vgl. Hoss 1993a, S. 471 ff.; Schlagenhaufer 1994, S. 216–226.
738 Vgl. Hoss 1993a, S. 473.
739 Vgl. auch Köder 1994, S. 180 ff.

In der Management- und Service-Dimension erfolgt die Messung der Wertschöpfung durch die Zusammenführung von verschiedenen bewährten Messinstrumenten, wie der Erhebung von Kennzahlen und Statistiken, der Durchführung von Mitarbeiterbefragungen und der Nutzung von Standards (Zahlen- und Prozessstandards). Die Ergebnisse werden dabei nicht isoliert betrachtet. So wird z. B. die Statistik der Austritte pro Bereich mit den Ergebnissen der Mitarbeiterbefragung verknüpft. Damit unterstützt die Messung bei Hewlett Packard die Informationsfunktion, die Kontroll- und Evaluationsfunktion und die Frühwarnfunktion des Personalcontrollings.

Die Wertschöpfungsmessung erfolgt bei Hewlett Packard in hohem Maße quantitativ, was durch die hohe Systematisierung unterstützt wird. Durch die Kombination der verschiedenen Instrumente können viele Aspekte der Wertschöpfung des Personalmanagements erfasst werden, vor allem die potenzial-, die prozess- und die ergebnisorientierte Wertschöpfung. Zusätzlich unterstützt die regelmäßige systematische Wertschöpfungsmessung die Kommunikation, indem sie die Basis für eine sachgerechte Diskussion liefert.

6.6 Fazit

Die Sicherung der Servicequalität und damit eines hohen Dienstleistungsniveaus dient der positiven Beeinflussung wichtiger Moderatorvariablen und damit der Sicherung des Unternehmenswerts. Dafür sind geeignete Qualitätsziele und Standards zu definieren. Neben der Sicherung der Servicequalifikationen des internen Dienstleisters Personalmanagement über geeignete Personalentwicklungsmaßnahmen, die ihrerseits wieder evaluiert werden können, sind dazu die Servicequalifikationen sowie die Qualität der Dienstleistungen zu erfassen. Dazu eignen sich vor allem multiattributive Kunden- und Mitarbeiterbefragungen, da mit ihnen differenzierte Informationen über die Dienstleistungsqualität erhoben werden können, die z. B. mit objektiven Verfahren nicht möglich sind.

Dabei werden durch die Messinstrumente auf der Ebene der Mitarbeiter und der Personalabteilung nicht nur die Moderatorvariablen als Wertschöpfung des Personalmanagements erfasst, gleichzeitig wird durch dieses Kommunikationsverhalten auch eine Dienstleistungskultur vermittelt, die nicht nur die interne Zusammenarbeit – auch mit der Personalabteilung und Führungskräften – verbessert, sondern sich auch positiv auf die externen Kundenbeziehungen auswirken kann.

Da sowohl in der Management-Dimension als auch in der Service-Dimension zum Teil auf die gleichen Moderatorvariablen und Indikatoren zurückgegriffen wird, bietet es sich an, beide Dimension für die Wertschöpfungsevaluation zu integrieren. So sind z. B. für die Beurteilung der Wichtigkeit einer Maßnahme bzw. Dienstleistungen nicht nur die Kundeneinschätzungen relevant, sondern auch eventuelle strategische Vorgaben, die gerade aus Kundensicht häufig unterschätzt werden (z. B. Kostensenkung vor schnellem Service in einer Restrukturierungsphase). Prinzipiell ist dabei auch die mögliche mangelnde oder selektive Beurteilungskompetenz der Kunden zu berücksichtigen. Auch Personal-Audits als Assessment können dabei für die Wertschöpfungsevaluation eingesetzt werden.

B. Integrierte Wertschöpfungsmessung

7. Messung der Wertschöpfung in der Business-Dimension

Kapitelübersicht

7.1	Tradition und Situation des Personalmanagements als interner Dienstleister.	307
7.2	Messung der Wertschöpfung in der Business-Dimension auf verschiedenen Center-Stufen.	312
7.2.1	Gemeinkostenmanagement.	312
7.2.1.1	Gemeinkostenwertanalyse.	313
7.2.1.2	Zero-Base-Budgeting.	315
7.2.1.3	Administrative Wertanalyse.	317
7.2.1.4	Zwischenfazit.	318
7.2.2	Prozesskostenrechnung.	319
7.2.3	Leistungsrechnung.	333
7.2.4	Verrechnungspreise.	340
7.3	Fazit.	350

7.1 Tradition und Situation des Personalmanagements als interner Dienstleister

Das Personalmanagement wurde lange Zeit als Personalverwaltung oder Personalwesen als die Administration des Personals (miss-)verstanden. Mit dem Einsetzen der Ökonomisierungsphase im Personalmanagement Anfang der 80er Jahre zeigten sich deutliche Ansätze der Entbürokratisierung und einer einsetzenden monetären Steuerung auch in dieser Funktion.[740]

In der Praxis zeichnet sich bereits seit einiger Zeit ein Trend zur Dezentralisation der Unternehmensführung ab, der den Gedanken der internen Dienstleistung auch auf das Personalmanagement überträgt. Die Bevorzugung einer marktmäßigen Steuerung gerade für interne Koordinationsaufgaben setzt sich dabei gegenüber der traditionellen hierarchischen Steuerung (mit Budgetvorgaben) zunehmend durch (vgl. auch Abb. 48, S. 93 und Abb. 49, S. 94).

Allerdings herrschen im Personalmanagement noch immer traditionelle Maßnahmen zur Kostensenkung vor. So sind neuere Instrumente wie das Target-Costing, die Deckungsbeitragsrechnung, Zero Base Budgeting oder

---

[740] Vgl. Kapitel 2.1.2, S. 12 ff.

die Gemeinkosten-Wertanalyse noch selten zu finden (Abb. 166). Es dominieren dagegen die klassischen Instrumente, wie die Budgetkontrolle und das Kostencontrolling.

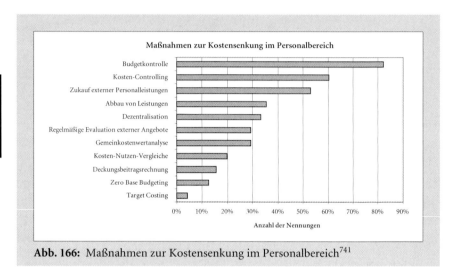

Abb. 166: Maßnahmen zur Kostensenkung im Personalbereich[741]

Die Wertschöpfung in der Business-Dimension als monetärer Steuerungsdimension zerfällt prinzipiell in zwei Bereiche: Einerseits ist es eine operative Wertschöpfung, in dem die verwendeten Konzepte und Instrumente auf eine ökonomische Verwendung der Ressourcen abzielen. Anderseits ist die Wertschöpfung aber auch strategisch, indem über die Ausgestaltung der Business-Dimension, z. B. über Leistungserfassungs- und Leistungsverrechnungssysteme und den gewähltem Grad einer marktmäßigen Steuerung leistungsoptimale Strukturen gewährleistet werden.

Die Business-Dimension wurde erstmals im Konzept des Wertschöpfungscenters neben der Management- und Service-Dimension von Wunderer thematisiert.[742] Zur monetären Steuerung des Wertschöpfungscenters dis-

---

741 Quelle: eigene Umfrage, N = 96. Frage: Welche Maßnahmen zur Kostensenkung wurden in Ihrem Personalbereich in der Vergangenheit oder werden gegenwärtig angewendet. Vgl. Wunderer/Arx/Jaritz 1998a, S. 348.
742 Vgl. Wunderer 1992, S. 209: »Die Business-Dimension des Wertschöpfungscenters konzentriert sich auf die klassischen Größen des Rechnungswesen: Kosten und Aufwendungen, bewertbare Leistungen und Erträge sowie Differenzen und Relationen zwischen beiden Klassen.« Vgl. auch Abb. 33, S. 63.

kutierte er innerhalb der Business-Dimension zunächst drei alternative betriebswirtschaftliche Lenkungssysteme:[743]

Eine *Cost-Center-Konzeption* mit einer Steuerung über Budgets, eine *Revenue-Center-Konzeption* mit Lenkungspreis- bzw. internem Verrechnungspreissystem sowie eine *Profit-Center-Konzeption* mit Gewinn- bzw. Deckungsbeitragsverantwortung.[744] Die Centervarianten unterscheiden sich in dem Grad ihrer Autonomie, in der Art ihrer internen verursachungsgerechten Kostenzurechnung, ihrer Möglichkeit zur Marktöffnung sowie durch die Kosten- und Ergebnisverantwortung. Welche Form des Verantwortungsbereiches gewählt wird, ist u. a. abhängig von der generellen strategischen Positionierung interner Serviceabteilungen (»Unternehmenskultur«), vom Grad der Divisionalisierung und Dezentralisierung des Unternehmens, von der Art der organisatorischen Einbindung der Personalabteilung in das Unternehmen sowie von deren Größe, vom bereits bestehenden Verrechnungsmodus für interne Leistungen und vom angestrebten Grad einer marktmäßigen Steuerung (Reifegrad des Personalwesens).[745]

In diesem Zusammenhang werden auch immer wieder die Center-Konzepte der dezentralen Führung diskutiert, allerdings ist die Verwendung der Bezeichnungen in der Literatur meist uneinheitlich. Nachfolgende Tabelle soll deshalb einen Überblick über die fünf wesentlichen Organisationsformen geben und gleichzeitig Gemeinsamkeiten und Unterschiede darstellen. In der Praxis liegen dabei häufig Mischformen vor. Für die Personalabteilung liegt in der Business-Dimension traditionell analog dem Verständnis als Personaladministration das Discretionary-Expense-Center zugrunde (Abb. 167). Dabei erfolgt die Steuerung über Kostenbudgets.

Dabei lassen sich im Personalmanagement, insbesondere in geeigneten Teilbereichen auch andere Center-Strukturen verwirklichen. Der Extremfall sind hier selbständige Personal- und Unternehmensberatungen, die als *Profit-Center* oder *Investment-Center* eine sehr hohe Autonomie haben, wie z. B. die Roland Berger & Partner GmbH als Unternehmensberatungsgesellschaft im Konzern der Deutschen Bank (bis 1998).

7. Business-Dimension

---

[743] Vgl. Küpper 1991, S. 180: »Unter dem Begriff ›betriebswirtschaftliche Steuerungs- und Lenkungssyteme‹ werden ›bewusst geschaffene Mechanismen zur Beeinflussung der unternehmerischen Kooperation verstanden.‹«
[744] Vgl. Wunderer 1992, S. 206.
[745] Vgl. Arx 1996, S. 176.

B. Integrierte Wertschöpfungsmessung

Center-Typ	Kennzeichen	Verantwortung für	Instrument der Leistungsbeurteilung	Ziele	Typische Unternehmensbereiche	Anwendung im Personalmanagement
Discretionary-Expense-Center	Keine bzw. schwer messbare Beziehung zwischen Kosten und Leistung	Einhaltung vorgesehener Kostenbudgets	Budgetkontrolle, Gemeinkostenmanagement wie z. B. Zero-Base-Budgeting	Ausgabenbegrenzung	Verwaltungsabteilungen wie Rechnungswesen, traditionelle Personalabteilung	z. B. Personalmarketing, Personalcontrolling
Cost-Center	Kein Zugang zum Absatzmarkt, Output vorgegeben	Kosteneffizienz	Kostenrechnung mit Abweichungsanalyse	Kostenminimierung durch erhöhtes Kostenbewusstsein	Produktion	z. B. Personalgewinnung, Personalentwicklung
Revenue-Center	Bezug unternehmensinterner Leistungen zu festen Konditionen	Umsatz, bei freier Preisbestimmung auch Gewinnbeitrag	Analyse der Umsatzabweichungen, bei freier Preisbestimmung auch des Gewinnbeitrages	Umsatzerhöhung	Verkaufsabteilungen	Absatz von für den internen Gebrauch entwickelten Personalmanagementdienstleistungen an externe Kunden (wie z. B. Vermietung von firmeneigenen Schulungsräumen)
Profit-Center	Eigenständigkeit im Leistungs- und Kostenbereich	Gewinn bei vorgegebenem Kapitaleinsatz	Gewinn	Gewinnmaximierung	Tochtergesellschaften	selbständige Personal- oder Unternehmensberatung
Investment-Center	Autonomie über Gesamtvermögen	Gewinn bei bestimmbarem Kapitaleinsatz	Rendite (ROI = Return On Investment)	Gewinnmaximierung	Tochtergesellschaften	

Abb. 167: Idealtypen der Center-Strukturen und ihre Bedeutung für das Personalmanagement[746]

Beim *Revenue-Center*[747] als Verkaufsabteilung führt die Übertragung auf das Personalmanagement zum Absatz von bereits entwickelten, standardisierten Personalmanagementdienstleistungen an externe Kunden. Hierzu zählen z. B. die Vermietung von nicht ausgelasteten Schulungsräumen oder

---

746 Eigene Darstellung. Vgl. Weilenmann 1989, S. 932 ff.; Wunderer 1992; Küpper 1997, S. 285 f.; Kreuter 1997, S. 12; Wunderer/Arx 2002.
747 Der an dieser Stelle verwendete Begriff des Revenue-Centers als Verkaufsabteilung ist vom Begriff des Revenue-Centers innerhalb des Wertschöpfungscenter-Konzepts zu unterscheiden, wie in z. B. Arx 1996 verwendet, da letzterer eher einem Service-Center entspricht. Die Unterscheidung des Revenue-Centers als Verkaufsabteilung von dem Cost-Center als Produktionsabteilung ist für das Personalmanagement allerdings insofern problematisch, da bei den Dienstleistungen des Personalmanagements aufgrund der Immaterialität der Dienstleistungen nur selten zwischen Produktion und Absatz unterschieden werden kann.

die Übernahme der Ausbildung von Auszubildenden für andere Unternehmen.[748]

Die *Cost-Center-Struktur* ist für Personalmanagementprozesse geeignet, bei denen ein vorgegebener, messbarer Output sicherzustellen ist. Dies ist besonders für die Personalgewinnung und die Personalentwicklung der Fall.

Das *Discretionary-Expense-Center* selbst kann für alle übrigen Personaldienstleistungen eingesetzt werden. Hier ist z. B. an das Personalmarketing oder das Personalcontrolling zu denken, da der Output dieser Prozesse nur schwierig gemessen werden kann bzw. noch andere Größen wesentlich auf das Prozessergebnis Einfluss nehmen. So ließe sich zwar beim Personalmarketing das Niveau der erreichten Mitarbeiterzufriedenheit messen, da jedoch z. B. auch die interaktive Führung durch die Führungskräfte, die von der Personalabteilung nur indirekt zu beeinflussen ist, auf diese Zielgröße Einfluss nimmt, wäre eine Einstufung des Personalmarketings als *Cost-Center* ungeeignet.

- *Fazit*

In Konzernen kommt es zunehmend zur Ausgliederung von bestimmten Personalfunktionen wie z. B. der Personalentwicklung, die dann in Form von Bildungsgesellschaften den konzernweiten Bedarf abdecken und teilweise auch als Profit-Center am externen Markt auftreten.[749] Die Motivation in einer solchen Zentralisierung liegt dabei in erster Linie in der nun eindeutig unternehmerischen Ausrichtung (insbesondere Nachfrage- statt Angebotsorientierung) sowie in der Kompetenzverbesserung der Personalverantwortlichen. Ein solches Wertschöpfungscenter mit Business-Dimension ist als ein eindeutig abgrenzbarer Bereich mit einem Führungsverantwortlichen zu verstehen. Es bietet Produkte und Dienstleistungen jedoch vornehmlich für den internen Markt an und verrechnet seine Leistungen zu kostendeckenden und konkurrenzfähigen Preisen. Diese Konzeption kommt dabei zunächst einem Cost-Center gleich. Für bestimmte Personalfunktionen wie der Personalentwicklung ist aber auch eine weitere Entwicklung in Richtung interner Markt zu einem Profit-Center denkbar.[750]

---

748 Vgl. Interview Festo AG.
749 Vgl. Ackermann 1994b; Büschelberger 1991; Jeek 1991; Pühse 1992 sowie die Praxisbeiträge in Wunderer/Kuhn 1995 und Wunderer/Arx 2002.
750 Vgl. Arx 1996, S. 176 ff.; Wunderer/Arx 2002.

7.2 Messung der Wertschöpfung in der Business-Dimension auf verschiedenen Center-Stufen

Entsprechend dem Entwicklungsstand des Personalmanagements in der Business-Dimension können wir für die Wertschöpfungsmessung vier Bereiche fundiert diskutieren.

> B. Integrierte Wertschöpfungsmessung

1. Das budgetgesteuerte Gemeinkostenmanagement, mit dem Wirtschaftlichkeitsziel der Reduzierung der Kosten in den indirekten Leistungsbereichen wie dem Personalmanagement (Stufe des Discretionary-Expense-Centers),
2. die Prozesskostenrechnung, als Grundlage für eine verursachungsgerechte Kostenverrechnung im Personalmanagement (Stufe des Cost-Centers),
3. die Leistungsrechnung für den (auch externen) Absatz von Personalmanagementleistungen (Stufe des Revenue-Centers) und
4. das (kosten- oder marktorientierte) Verrechnungspreissystem als monetäres Steuerungssystem für das Personalmanagement (Stufe des Profit-Centers).

Die vier Bereiche bauen jeweils aufeinander auf und sind damit auch Voraussetzung für die nächste folgende Stufe.

7.2.1 Gemeinkostenmanagement

Auf der Entwicklungsstufe des Discretionary-Expense-Centers bestehen keine eindeutigen Beziehungen zwischen Kosten und Leistungen, so dass die prinzipiell angestrebte Überführung von Gemeinkosten in Einzelkosten nicht gelingt. Die traditionelle Steuerung über Budgets stellt dabei keine optimale Lösung dar. Denn solange keine wert- oder mengenmäßigen Leistungsmaßstäbe bestehen, können im Budgetierungsprozess auch keine konkreten Bestandsveränderungen berücksichtigt werden. Entsprechend handelt es sich bei Gemeinkostenbudgets lediglich um Kostenprognosen. Zukünftige Kosten werden dabei aus Vergangenheitswerten unter Berücksichtigung bekannter Entwicklungen – wie z. B. eine Veränderung des Personalbestandes – ermittelt.[751] Diese Fortschreibung vergangener Werte auf der Basis fehlender Kostentransparenz ist nur begrenzt geeignet, die Wirtschaftlichkeit der Leistungserbringung zu messen, denn »wenn die Budgetierung der Verwaltungskosten ohne Bezugsgröße erfolgt, lassen sich auch keine Sollkosten als Kontrollmaßstab ermitteln«.[752] Die Steuerung des ge-

---

751 Vgl. Müller 1992, S. 18; Fickert/Meyer 1995; Fickert/Schedler 1995.
752 Picot/Rischmüller 1991, S. 334.

samten Personalbereichs über Kostenbudget auf der Basis von Erfahrungswerten führt daher zu folgenden Gefahren des Budgetierungsprozesses:

> 1. kein Verursacherprinzip,
> 2. kein Effizienz-Controlling,
> 3. keine objektiven Leistungskriterien,
> 4. negative Verhaltenswirkungen (wie z. B. wenig Leistungsanreize) und die
> 5. Nachteile der linearen Budgetkürzungen.

Abb. 168: Gefahren bei der Budgetierung[753]

Dementsprechend zielt das Gemeinkostenmanagement auf die Reduzierung der oft hohen Gemeinkosten im Unternehmen ab. Unter Gemeinkosten sind diejenigen Kosten zu verstehen, die nur mittelbar mit der eigentlichen betrieblichen Leistung im Zusammenhang stehen, insbesondere im Verwaltungsbereich. Dabei machen Personalkosten meist den größten Anteil aus.[754] Auch die Kosten des Personalmanagements, insbesondere der Personalabteilung, sind aus Sicht der primären Aktivitäten des Unternehmens Gemeinkosten.[755]

Aufgrund der Nachteile des traditionellen Budgetierungsprozesses sind für die Analyse, Reduzierung und Umverteilung spezielle Instrumente entwickelt worden, die als Ergebnis detaillierte Kosteninformationen sowie Möglichkeiten zur Kostenreduzierung aufzeigen.

Neben den bereits vorgestellten Wirtschaftlichkeitsanalysen (vgl. Kapitel 5.5), können drei Instrumente unterschieden werden, die im Folgenden dargestellt und auf ihre Eignung zur Wertschöpfungsmessung hin untersucht werden:[756]

1. die Gemeinkostenwertanalyse,
2. das Zero-Base-Budgeting und
3. die Administrative Wertanalyse.

7.2.1.1 Gemeinkostenwertanalyse

Die Zielsetzung der Gemeinkostenwertanalyse[757] ist die Erstellung der Betriebsleistung zu niedrigsten Kosten, ohne dass Einschränkungen bei der

---

753 Eigene Darstellung. Vgl. Wunderer/Arx 2002.
754 Vgl. Wegmann 1982, S. 1 ff.; Dieterle 1984, S. 185.
755 Vgl. Wimmer/Neuberger 1998, S. 573 ff.
756 Vgl. Hentze/Kammel 1993, S. 156 ff.
757 Vgl. Roever 1982, S. 249 ff.; Wegmann 1982, S. 128 ff.; Huber 1986; Horváth 1996, S. 253 ff.; Roolfs 1996.

Qualität und Marktfähigkeit dieser Leistung auftreten (Inputorientierung). Die Gemeinkostenwertanalyse ist meist mit einer spezifischen Projektorganisation und einer strukturierten Vorgehensweise unter Anwendung von Kreativitätstechniken verbunden. Ausgehend von einer systematischen Analyse der bestehenden Arbeitsstrukturen wird die Kostensituation ermittelt. Anschließend erfolgt die Analyse und Prüfung möglicher Kostensenkungspotenziale.[758]

Das allgemeine Vorgehen lässt sich in drei Phasen einteilen:[759]

1. Analyse und Planung
   - Ist-Analyse der Unternehmensgesamtsituation
   - Kosten-Nutzen- sowie Stärken-Schwächen-Analyse hinsichtlich der Gemeinkostenentwicklung und der externen Kostendeterminanten
   - Formulierung von Kostensenkungszielen
   - Evaluation von Alternativen zur Umsetzung der Kostenziele
   - Bewertung der Alternativen hinsichtlich ihrer Wirksamkeit und Realisierbarkeit
   - Auswahl der erfolgversprechenden Alternative zur Kostensenkung
2. Realisierung der gewählten Alternative
3. Kontrolle der Umsetzung der Alternative hinsichtlich der Kostenzielvorgaben

Abb. 169: Vorgehensweise bei der Gemeinkostenwertanalyse[760]

Das Analyseteam sollte vor allem aus kompetenten Linienführungskräften aus anderen Unternehmensbereichen bestehen, die mit den Linienführungskräften der zu untersuchenden Einheit zusammenarbeiten. Bei der Gemeinkostenwertanalyse wird damit zumindest für kurze Zeit das gesamte mittlere Management mobilisiert. Allerdings sind Akzeptanzprobleme und Konfliktpotenziale bei der Umsetzung der Kostensenkungslösungen bei mangelnder Partizipation der Betroffenen nicht ausgeschlossen. Wegen dieser Nachteile eignet sich die Gemeinkostenwertanalyse vor allem in Krisensituationen im Rahmen einer Schwachstellenanalyse bei Restrukturierungen.

Für die Eignung der Gemeinkostenwertanalyse zur Wertschöpfungsmessung im Personalmanagement kann folgendes gesagt werden:

- Sie ist gut strukturiert und transparent, ihre Wirtschaftlichkeitsmessungen sind auf Kosteneinsparungen gerichtet.

---

758 Vgl. auch Wimmer/Neuberger 1998, S. 575.
759 Vgl. Hentze/Kammel 1993, S. 157.
760 Vgl. Hentze/Kammel 1993, S. 157.

- Sie ist auf kurz- und mittelfristige Ergebnisverbesserung ausgerichtet, der strategieadäquate Mitteleinsatz wird daher wenig berücksichtigt.
- Die Zielsetzungen des Personalmanagements werden vernachlässigt.
- Sie eignet sich im wesentlichen für die Anwendung in Umbruchsituationen, die in der Praxis mit Akzeptanzproblemen verbunden sind, weshalb sie für eine kontinuierliche Wertschöpfungsevaluation nicht geeignet ist.

Beispiel: Gemeinkostenwertanalyse für die Leistungen der Personalabteilung	
1. **Analyse und Planung**	
– Ist-Analyse der Unternehmensgesamtsituation	Unternehmens- und Personalstrategie (z. B. Konsolidierungsstrategie), Bestandsaufnahme der angebotene Leistungen des Personalmanagements
– Kosten-Nutzen- sowie Stärken-Schwächen-Analyse hinsichtlich der Gemeinkostenentwicklung und der externen Kostendeterminanten	Identifikation von Stärken (z. B. Personaladministration) und Schwächen (z. B. Personalentwicklung)
– Formulierung von Kostensenkungszielen	Formulierung von Kostensenkungszielen für die Personalentwicklung
– Evaluation von Alternativen zur Umsetzung der Kostenziele	z. B. Zukauf von externen Schulungsangeboten, Reduktion des Personalentwicklungsangebotes, verstärkte Verlagerung der Personalentwicklung on-the-job
– Bewertung der Alternativen hinsichtlich ihrer Wirksamkeit und Realisierbarkeit	(hier nicht gezeigt)
– Auswahl der erfolgversprechenden Alternativen zur Kostensenkung	Auswahl der ersten Alternative (Zukauf von externen Schulungsangeboten)
2. **Realisierung der gewählten Alternative**	...
3. **Kontrolle der Umsetzung der Alternative hinsichtlich der Kostenzielvorgaben**	Kontrolle der neuen Kostenstrukturen im Vergleich mit den Kostenzielen

Abb. 170: Beispiel einer Gemeinkostenwertanalyse für die Personalabteilung[761]

7.2.1.2 Zero-Base-Budgeting

Zero-Base-Budgeting[762] ist eine Analyse und Planungstechnik mit dem Ziel der Senkung der Gemeinkosten und der wirtschaftlichen Ausrichtung der

---
761 Eigene Darstellung. Vgl. Hentze/Kammel 1993, S. 157.
762 Vgl. Pyhrr 1973; Meyer-Piening 1990; Horváth 1996, S. 258 ff.

administrativen Ressourcen auf die Erfordernisse der Zukunft (Outputorientierung). Im Gegensatz zur Gemeinkostenwertanalyse stehen hier die Leistungen im Mittelpunkt.

Das Konzept des Zero-Base-Budgeting geht von der Basis Null, also nicht von der bestehenden Kostenstruktur, sondern alleine vom Unternehmenszielsystem aus. Nicht die Kostenreduktion, sondern die Ressourcenumverteilung bzw. optimale Ressourcenallokation wird angestrebt.[763]

Auch hier können drei Phasen unterschieden werden:[764]

1. Analyse und Grobplanung
   – Welches ist die Unternehmenszielsetzung?
   – Welche Abteilung und Funktionen braucht man zur Verwirklichung der Ziele und welche Ziele haben diese Abteilungen?
   – Mit welchen Arbeitsergebnissen können diese Ziele erreicht werden, und wer braucht die Leistungen in welcher Qualität?
   – Welche Verfahren sind die wirtschaftlichsten?
   – Welche Vor- und Nachteile haben bestimmte Leistungen und Kosten?
   – Welche Leistungen sind für die Unternehmung besonders wichtig und welche weniger?
   – Welche Mittel stehen für den Gemeinkostenbereich zur Verfügung?
2. Maßnahmenplanung
   – Welche Maßnahmen sind erforderlich?
3. Überwachung
   – Wie sollen die Maßnahmen kurz- und mittelfristig überwacht werden?

Abb. 171: Vorgehensweise bei Zero-Base-Budgeting[765]

Das Analyseteam besteht im Wesentlichen aus den Entscheidungsträgern der Linie, wobei die Verantwortung für die Ergebnisse und die Implementierung von Maßnahmen bei der Leitungsebene liegt, die auch für eine effiziente Erreichung der Unternehmensziele durch Umverteilung der Ressourcen verantwortlich ist.

Das Zero-Base-Budgeting erfordert einen hohen Aufwand und stellt damit große Anforderungen an den Personalbereich. Die beteiligten Führungskräfte werden zeitlich stark belastet, wodurch ein regelmäßiger Einsatz des Instruments fraglich erscheint. Auch ist die Quantifizierung der Nutzensteigerung durch die Ressourcenumverteilung als wesentlicher Zielparameter dieses Konzepts nicht möglich. Für den regelmäßigen Einsatz im Rahmen der Wertschöpfungsmessung ist das Zero-Base-Budgeting daher relativ un-

---

763 Vgl. auch Wimmer/Neuberger 1998, S. 577 f.
764 Vgl. Hentze/Kammel 1993, S. 158.
765 Vgl. Hentze/Kammel 1993, S. 158.

geeignet, zumal das immer wieder erneute in Fragestellen des Bisherigen zu Widerständen führt. Ihre Anwendung ist daher, ebenso wie die der Gemeinkostenwertanalyse, nur selektiv in Umbruchsituationen zu empfehlen. Häufig werden dazu externe Unternehmensberatungen miteinbezogen. Allerdings betont die Outputorientierung des Zero-Base-Budgeting über den Output die Wertschöpfung und nicht die Kosten, womit die Wertschöpfungsorientierung des Personalmanagements unterstützt wird.

7.2.1.3 Administrative Wertanalyse

Sowohl die Gemeinkostenwertanalyse als auch das Zero-Base-Budgeting eignen sich nicht für eine regelmäßige Anwendung für das Gemeinkostenmanagement. Aufgrund der fehlenden strategischen Einbindung sind ihre Kosteneinsparungseffekte vor allem kurzfristig wirksam, zumal sie von der bestehenden Organisationsstruktur ausgehen. Die Administrative Wertanalyse[766] stellt ein Optimierungsinstrument dar, das wertsteigernde, innovative Veränderungen in den Strukturen und Prozessen des Gemeinkostensektors herauszustellen beabsichtigt. Anders als bei der Gemeinkostenwertanalyse und dem Zero-Base-Budgeting stehen damit nicht die rationellere Abwicklung von Verwaltungstätigkeiten oder eine Senkung des Leistungsniveaus im Vordergrund, sondern die systemische Optimierung der Verwaltungsleistungen auch über die Struktur- und Prozessanpassung. Die Administrative Wertanalyse weist folgende Analyseschritte auf:[767]

1. Identifikation von Verwaltungsleistungen mit hohen Wirtschaftlichkeitsreserven
2. Entwicklung der Funktionen der zu analysierenden Verwaltungsleistungen
3. Bewertung der Funktionen nach Kosten und Nutzen
4. Entwicklung neuer Lösungen durch Teamarbeit und mit Hilfe von Kreativitätstechniken
5. Bewertung der Lösungen mittels eindimensionaler und mehrdimensionaler Verfahren der Zieloptimierung
5. Ermittlung der optimalen Lösung
7. Implementierung der optimalen Lösung

Abb. 172: Vorgehensweise bei der Administrativen Wertanalyse[768]

Auch hier ist eine Überwachung der Implementierung vorteilhaft. Entsprechend des systemischen Ansatzes der Administrativen Wertanalyse besteht das Analyseteam aus mehreren Mitgliedern der zu untersuchenden Einheit.

---

766 Vgl. Jehle 1982, S. 59 ff.; Jehle 1993, Sp. 4647 ff.
767 Vgl. Jehle 1982, S. 59 ff.; Jehle 1993, Sp. 4647 ff.; Hentze/Kammel 1993, S. 159.
768 Vgl. Hentze/Kammel 1993, S. 159.

Wegen ihres geringeren Aufwands im Vergleich zur Gemeinkostenwertanalyse und zum Zero-Base-Budgeting erscheint die Administrative Wertanalyse für den regelmäßigen Einsatz vielversprechend, zumal sie sowohl die Bewertung der Kosten als auch des Nutzens mit einbezieht. In der Praxis wird jedoch häufig der differenzierten Outputmessung zu wenig Aufmerksamkeit geschenkt. Für die Wertschöpfungsmessung kann die Administrative Wertanalyse eine Vorgehensweise zur Kostenreduzierung bieten.

7.2.1.4 Zwischenfazit

Die diskutierten Verfahren eignen sich unterschiedlich gut für die Wertschöpfungsmessung im Gemeinkostenmanagement. Sieht man von der prinzipiellen Problematik ab, dass auf der Stufe des Discretionary-Expense-Centers kein eindeutiger Zusammenhang zwischen Kosten und Leistungen vorliegt, womit die Wertschöpfungsmessung an sich stark eingeschränkt wird, dann lassen sich die Verfahren vor allem anhand ihrer Einsatzmöglichkeiten unterscheiden:

Die Gemeinkostenwertanalyse und das Zero-Base-Budgeting sind als Messinstrumente vor allem in Krisen- und Umbruchsituationen anzuwenden. Bei beiden Instrumenten wird die Wertschöpfungsmessung mit entsprechenden Maßnahmen zur verbesserten Budgetnutzung und Wirtschaftlichkeitsverbesserung verbunden. Für das Personalmanagement erscheint das Zero-Base-Budgeting aufgrund seiner Outputorientierung besser geeignet, letztlich ist beim Einsatz beider Instrumente jedoch die mangelnde Strategieorientierung zu kritisieren.

Die Administrative Wertanalyse ist dagegen auch für einen regelmäßigen Einsatz geeignet, da hier weniger Konfliktpotenziale entstehen. Allerdings kann es damit nicht zu grundlegenden Reformen im Personalbereich kommen. Auch die Administrative Wertanalyse integriert die Wertschöpfungsmessung in den Optimierungsprozess.

Des Weiteren beziehen sich die Verfahren zum Gemeinkostenmanagement alle auf die prozess- oder ergebnisbezogene Wertschöpfung, indem sie Kosten und Leistungen in den Mittelpunkt stellen. Dabei wird die Erfassung der für das Personalmanagement so wichtigen potenzialbezogenen Wertschöpfung vernachlässigt.[769]

---

769 Vgl. auch Kapitel 3.4.2, S. 98 ff.

7.2.2 Prozesskostenrechnung

Auf der Entwicklungsstufe des Cost-Centers hat die Business-Dimension ihre Grundlage in der Kosten- und Leistungsrechnung. Im Vordergrund steht dabei ein Effizienzmanagement, das sich aus dem Kostenstellencharakter der Personalabteilung ableitet, sowie die Gewährleistung leistungsoptimaler Strukturen durch die Analyse der Kosten bzw. deren Abweichungen.

Neben den bereits vorgestellten Verfahren der Wirtschaftlichkeitsanalysen (vgl. Kapitel 5.5) betrifft dies vor allem die Frage nach einem geeigneten Kostenrechnungssystem. Das Kostenrechnungssystem übernimmt dabei die Aufgabe eines Informationssystems. Eine verbesserte, verursachungsgerechtere Kostenrechnung ermöglicht Entscheidungen für eine verbesserte Wertschöpfung, allerdings um den Preis eines höheren Aufwandes, der die Wertschöpfung wieder mindert.[770]

In Theorie und Praxis existieren unterschiedliche Ansätze, wie z. B. Istkostenrechnung, Normalkostenrechnung[771] und Plankostenrechnung, sowohl auf Voll- oder Teilkostenbasis. Alle diese Kostenrechnungsarten stellen die variablen Einzelkosten in den Mittelpunkt und fokussieren damit die (industrielle) Produktion. Für das Personalmanagement mit seinem Gemeinkostencharakter sind sie daher relativ ungeeignet; für indirekte Leistungsbereiche geeigneter ist dagegen die *Prozesskostenrechnung*.[772]

Die Prozesskostenrechnung ist ein Kostenrechnungsverfahren zur verursachungsgerechten Kostenverrechnung. Ihre Ziele sind im Einzelnen:[773]

- Die Erhöhung der Transparenz in den indirekten Leistungsbereichen.
- Die Sicherstellung eines effizienten Ressourcenverbrauchs.
- Die Abbildung der Kapazitätsauslastung in allen Unternehmensbereichen.
- Die Verbesserung der Produkt- und Dienstleistungskalkulation.
- Die stärkere Ausrichtung der Kostenrechnung auf strategische Entscheidungsprobleme.

»Virtually all organizational costs, not just factory overhead or marketing expenses, can and should be traced to the activities for which these resources are used, and to the divisions, channels, and product lines that consumes

---

770 Vgl. Pfaff 1995, S. 154.
771 Normalkosten sind Durchschnittskosten der Vergangenheit.
772 Vgl. z. B. Stoi/Luncz 1996, S. 304 ff.
773 Vgl. Coenenberg/Fischer 1991, S. 22 ff.; Fröhling 1994, S. 147.

them.«[774] Lediglich eine Umlage von Unterbeschäftigungskosten (Leerkosten) und Forschungs- & Entwicklungs-Ausgaben für neue Produkte lehnen Cooper/Kaplan ab.[775] Für den Personalbereich ist also eine möglichst verursachungsgerechte Verrechnung der anfallenden Kosten sicherzustellen. Dabei werden die Kosten nicht mehr, wie bislang üblich, als Gemeinkosten angesehen und über *Zuschlagssätze gleichmäßig verteilt*, sondern *verursachungsgerecht* zugeschlagen. Dieser Ansatz ermöglicht eine erhöhte Transparenz über die tatsächliche Kostenentstehung, wodurch einerseits die in Anspruch genommenen Leistungen des Personalbereichs in Art und Umfang klar erkennbar werden und andererseits eine Beurteilung unter Wirtschaftlichkeitsgesichtspunkten erleichtert wird, die auch für nachfolgende Make-or-Buy-Entscheidungen genutzt werden kann. Dabei muss die Prozesskostenerfassung nicht auf die Ebene der Personalabteilung beschränkt bleiben, ebenso können die Kosten in der Linie auf der Ebene der Vorgesetzten und Mitarbeiter erfasst werden.[776]

Die Prozesskostenrechnung beschreibt den funktionalen Zusammenhang betrieblicher Leistungen durch Sequenzen von Aktivitäten, die durch an der Wertschöpfungskette orientierte Prozesse gebildet werden. Dies bedeutet eine Abkehr von der Orientierung an Funktionsträgern hin zu den eigentlichen Funktionen der Zielerreichung. Dabei findet die Prozesskostenrechnung viel Beachtung bei den primären Aktivitäten der Wertschöpfungskette, wo ein starker Produktbezug besteht.[777] Aber auch bei der Produktkalkulation von Dienstleistungsunternehmen wird sie verwendet. Bei den internen Verwaltungsfunktionen, wie dem Personalmanagement wird dagegen dieser Stellenwert nicht beigemessen, obwohl es sich dabei ebenfalls um abgrenzbare Dienstleistungen handelt.[778] Allerdings sind erste Ansätze in der Praxis auszumachen.[779]

Zu diesem Zweck sind personalwirtschaftliche Prozesse zu definieren, die das Gemeinkostenvolumen beeinflussen. Die Prozesse bestehen aus einer Vielzahl von Aktivitäten, die in verschiedenen Kostenstellen ausgeführt

---

774 Cooper/Kaplan 1988, S. 101.
775 Vgl. Cooper/Kaplan 1988, S. 101 f.; Horváth/Mayer gehen demgegenüber davon aus, dass bestimmte Aufgaben im Unternehmen, insbesondere in den Bereichen Personal, Planung und Betriebsleitung, nicht mehr prozessorientiert auf die Produkte verrechnet werden können. Vgl. Horváth/Mayer 1989, S. 218. Dementsprechend wären die Personalmanagementkosten generell nicht verursachungsgerecht zu belasten.
776 Vgl. Lichtsteiner/Arx 1995, S. 462 f.
777 Vgl. Müller 1992, S. 60 f.
778 Vgl. Kiehn 1996, S. 166 ff.
779 Vgl. Lichtsteiner/Arx 1995, S. 462 f.

werden. Dabei wird zwischen leistungsmengeninduzierten (z. B. die Bestätigung von Bewerbungseingängen) und leistungsmengenneutralen Prozessen (z. B. die Leitung der Personalabteilung) unterschieden. Letztere stehen mit dem zu erbringenden Leistungsvolumen nicht in direktem Zusammenhang und werden auf die leistungsmengeninduzierten Kosten umgelegt. Hierunter sind z. B. die nicht zurechenbaren Personalkosten des Personalabteilungsleiters oder die Leerkosten für nicht genutzte Kapazität von Personalabteilungsmitarbeitern zu verstehen. Sie werden im Folgenden zur Vereinfachung nicht berücksichtigt.

- *Grundmuster der Prozesskostenrechnung*

Spencer[780] wendet das Grundmuster der Prozesskostenrechnung zur Kosten-Nutzen-Analyse des Personalmanagements an. Er unterscheidet dabei fünf Schritte:

> Schritt 1: Welche Schritte sind involviert?
> Schritt 2: Wer ist bei welchem Schritt involviert?
> Schritt 3: Wieviel Zeit benötigt jede Person in jedem Schritt?
> Schritt 4: Welche Kosten verursacht jede Person?
> Schritt 5: Was sind die jeweiligen Schrittkosten?

Im Folgenden (Abb. 173) soll dieses Vorgehen am Beispiel der *Potenzialerfassung für die Führungskräfteentwicklung* demonstriert werden (Vgl. auch das gleiche Beispiel aus Sicht des Target-Costing in Abb. 179, S. 334 f.).[781]

Die Prozesskostenrechnung eignet sich damit für die Erfassung der Kosten der Personalmanagementprozesse, wodurch die ökonomische Analyse der Personalmanagementaktivitäten erleichtert wird und die Kostenstruktur an Transparenz gewinnt. Das Kostencontrolling im Personalmanagement wird so unterstützt. Des Weiteren können die Prozesskosten auch als Basis für eine verursachungsgerechte Preiskalkulation im Rahmen von unternehmensinternen Verrechnungspreisen oder auch für den Absatz von Personalmanagementdienstleistungen am externen Markt dienen.[782]

- *Ablauf der Prozesskostenrechnung*

Für jede leistungsmengeninduzierte Aktivität eines Prozesses sind Messgrößen (sog. Cost-Driver) zu bestimmen. Anschließend sind die Prozessmengen pro Prozess und Aktivität festzulegen und die Prozesskosten über Plan-

---

780   Vgl. Spencer 1986.
781   Vgl. auch das Praxisbeispiel in Nemitz/Jonson/Kober 1997, S. 572 ff.
782   Vgl. auch Kapitel 7.2.3, S. 333 ff. und Kapitel 7.2.4, S. 340 ff.

prozesskostensätze zu bestimmen.[783] Abb. 167 zeigt den typischen Ablauf der Prozesskostenrechnung.

1. Welche Schritte sind bei der *Potenzialerfassung für die Führungskräfteentwicklung* vorgesehen?
   1. Konzeptentwicklung/-überarbeitung für das Vorgehen
   2. Mitarbeitergespräche
   3. Planungskonferenz
   4. Feedbackgespräche
2. Wer ist bei welchem Schritt involviert?
   1. Mitarbeiter der Personalabteilung
   2. Mitarbeiter und Führungskräfte/Abteilungsleiter aller Abteilungen
   3. Alle Abteilungsleiter
   4. Mitarbeiter und Führungskräfte/Abteilungsleiter aller Abteilungen
3. Wieviel Zeit benötigt jede Person in jedem Schritt?
   Z. B.:
   1. 4 Stunden für die Konzeptentwicklung
   2. ½ Stunde pro Mitarbeitergespräch für jeden Mitarbeiter und jeden Abteilungsleiter
   3. 2 Stunden für alle beteiligten Abteilungsleiter in der Planungskonferenz
   4. 10 Minuten pro Feedbackgespräch für jeden Mitarbeiter und jeden Abteilungsleiter
4. Welche Kosten verursacht jede Person?
   Für jeden Mitarbeiter und jede Führungskraft wird der entsprechenden Stundensatz, eventuell zuzüglich angefallener Kosten wie z. B. Fahrtkosten angesetzt. Alternativ kann auch der durchschnittliche Stundensatz der jeweiligen Hierarchiestufe verwendet werden z. B. 100 sFr pro Stunde für die Mitarbeiter und 200 sFr pro Stunde für die Führungskräfte
5. Was sind die jeweiligen Schrittkosten?
   1. 4 h × 100 sFr/h = 400 sFr
   2. z. B. 5 Abteilungsleiter mit je 10 Mitarbeitern = 50 Gespräche, 50 × ½ h × (100 sFr/h + 200 sFr/h) = 7500 sFr
   3. 5 × 2 h × 200 sFr/h = 2000 sFr
   4. 50 × 10 min × (100 sFr/h + 200 sFr/h) = 2500 sFr

Fazit: Insgesamt entfallen auf die Potenzialerfassung für die Führungskräfteentwicklung 12400 sFr.

Abb. 173: Beispiel für Prozesskostenrechnung bei der Potenzialerfassung für die Führungskräfteentwicklung[784]

---

783 Vgl. Bühner 1997, S. 406.
784 Eigene Darstellung.

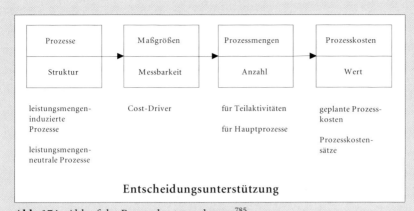

Abb. 174: Ablauf der Prozesskostenrechnung[785]

- *Beispiel zur Prozesskostenrechnung*

Im Folgenden soll ein Beispiel aus dem Bereich der Personalbeschaffung dargestellt werden:[786]

In einem Unternehmen sind für die Einrichtung einer neuen Abteilung acht Stellen zu besetzen. Gesucht werden eine Führungskraft, zwei Sachbearbeiter und fünf Arbeiter. Insgesamt gehen 50 Bewerbungen ein. Das Ziel der Prozesskostenrechnung ist es, die anfallenden Kosten verursachungsgerecht auf jede Stellenbesetzung, also auf jede der acht zu besetzenden Stellen, zu verteilen. Die anfallenden Kosten setzen sich zunächst aus Fremdleistungs- und Personalkosten der am Prozess beteiligten Mitarbeiter zusammen, wobei auf diese Weise alle Kosten des Prozesses von der Strategieentscheidung bis zur Selektionsentscheidung erfasst werden.[787]

---

785 Vgl. Bühner 1997, S. 406.
786 Vgl. Mildenberger/Ruppert 1995, S. 13 ff.; Bühner 1997, S. 405 ff.
787 In einer erweiterten Sichtweise können auch noch die Kosten der geringeren Produktivität der neueingestellten Mitarbeiter während der Einarbeitungszeit den Prozesskosten zugerechnet werden. Dazu können die Personalkosten der neuen Mitarbeiter während der Einarbeitung mit den bereits erbrachten Leistungsbeiträgen der Mitarbeiter verrechnet werden. Die Differenz ist als indirekte Kosten den Prozesskosten hinzuzufügen (vgl. hier auch Kapitel 3.4.4, S. 105 ff.).
Ein anderes Problem sind später entstehende Kosten bei der Auswahl eines ungeeigneten Mitarbeiters. Diese zusätzlichen Kosten für die Personalauswahl und Einarbeitung sind als leistungsmengenneutrale Kosten auf die Prozesskosten umzulegen. Hierzu kann der Anteil der Mitarbeiter, die sich – z. B. noch während der Probezeit – als ungeeignet herausstellen, empirisch bestimmt werden. Die Prozesskosten erhöhen sich dementsprechend um diesen Anteil. Eventuell können auch noch die Opportunitätskosten des verlängerten Personalauswahlprozesses einbezogen werden, da die Stelle erneut besetzt werden muss.

Die indirekten Kosten sollen im folgenden Rechenbeispiel nicht betrachtet werden. Für die Verrechnung der Personaldienstleistungen an die Linie sind sie auch nicht relevant, da sie dort anfallen.

Spalte 1 Aktivität	Spalte 2 Bezugsgröße (Cost Driver)	Spalte 3 Planprozessmenge	Spalte 4 × Prozesskostensatz	Spalte 5 = Planprozesskosten	Spalte 6 Anzahlabhängiger Anteil in %	Spalte 7 absolut	Spalte 8 Zielgruppenabhängiger Anteil in %	Spalte 9 absolut
Entscheidung über die Restrukturierungsstrategie	Stunden pro Sitzung	50	150	7 500	10%	750	90%	6 750
Spezifikation der Stellenaufgabe	Stunden pro Sitzung	100	220	22 000	20%	4 400	80%	17 600
Bestätigung von Bewerbungseingängen	Anzahl der Bestätigungen	50	8	400	100%	400	0%	0
Bewerbungsgespräch mit Personalchef	Stunden pro Gespräch	8	160	1 280	25%	320	75%	960
Vorselektion von Bewerbern	Stunden pro Sitzung	3	180	540	10%	54	90%	486
Bewerbungsgespräch mit Vorgesetzten	Stunden pro Gespräch	4	240	960	20%	192	80%	768
Entscheidung	Stunden pro Sitzung	2	120	240	20%	48	80%	192
					19%	6 164	81%	26 756
					Gesamtkosten			32 920

Abb. 175: Beispiel der Prozesskostenrechnung I[788]

In Abb. 175 werden zunächst die Aktivitäten (Spalte 1) mit Hilfe von Mitarbeiterbefragungen oder durch Rückgriff auf bereits schriftliche Doku-

---

[788] Eigene Darstellung in sFr. in Anlehnung an Bühner 1997.

mentationen erfasst. Für jede Aktivität ist eine dominierende Bezugsgröße (Cost-Driver) zu bestimmen, die das zugehörige Leistungsvolumen erfasst (Spalte 2). Anschließend werden für jede Aktivität die Planprozessmengen und die Planprozesskostensätze ermittelt, aus denen sich die Planprozesskosten ermitteln lassen.

Im Folgenden sind diese auf die einzelnen Mitarbeiter aufzuteilen:

Spalte 1 Aktivität	Spalte 2 Bezugsgröße (Cost Driver)	Spalte 3 Führungskraft (1 Pers.)		Spalte 4	Spalte 5 Sachbearbeiter (2 Pers.)		Spalte 6	Spalte 7 Arbeiter (5 Pers.)		Spalte 8
		Anzahl abh.	Zielgr.-abh.	Zielgr.-abh.	Anzahl abh.	Zielgr.-abh.	Zielgr.-abh.	Anzahl abh.	Zielgr.-abh.	Zielgr.-abh.
Entscheidung über die Restrukturierungsstrategie	Stunden pro Sitzung	93,75		2250	93,75		1125	93,75		450
Spezifikation der Stellenaufgabe	Stunden pro Sitzung	550		5866,67	550		2933,33	550		1173,33
Bestätigung von Bewerbungseingängen	Anzahl der Bestätigungen	50		0	50		0	50		0
Bewerbungsgespräch mit Personalchef	Stunden pro Gespräch	40		320	40		160	40		64
Vorselektion von Bewerbern	Stunden pro Sitzung	6,75		162	6,75		81	6,75		32,4
Bewerbungsgespräch mit Vorgesetzten	Stunden pro Gespräch	24		256	24		128	24		51,2
Entscheidung	Stunden pro Sitzung	6		64	6		32	6		12,8
		770,5		8918,67	770,5		4459,33	770,5		1783,73
				9689,17			5229,83			2554,23

Abb. 176: Beispiel der Prozesskostenrechnung II (nach Zielgruppen)[789]

---

789 Eigene Darstellung in sFr. in Anlehnung an Bühner 1997.

B. Integrierte Wertschöpfungsmessung

Bei einer rein mengenmäßigen, nicht verursachungsgerechten Verrechnung würden pro neu eingestellten Mitarbeiter sFr 4.115 (= sFr 32.920 geteilt durch 8) angesetzt werden. Für eine verursachungsgerechte Verrechnung sind zunächst die Planprozesskosten nach einem rein anzahlabhängigem und einem zusätzlich zielgruppenabhängigem (also für Führungskraft, Sachbearbeiter und Arbeiter) Anteil zu differenzieren (Spalte 5 bis 9).

Zunächst sind nun die anzahlabhängigen Kosten auf die einzelnen Mitarbeiter umzulegen (Abb. 176, Spalte 3, 5 und 7, Rechenformel: Anzahlabhängiger Anteil geteilt durch 8). Die zielgruppenabhängigen Kosten werden zunächst auf die drei Mitarbeiterzielgruppen verteilt und auf die jeweilige Anzahl der Mitarbeiter in den entsprechenden Mitarbeiterzielgruppen umgelegt (Spalte 4, 6 und 8, Rechenformel: Zielgruppenabhängiger Anteil geteilt durch 3 geteilt durch die Anzahl der Mitarbeiter in der Zielgruppe). Als Summe ergeben sich dann die tatsächlichen Kosten der Einstellung pro Mitarbeiter differenziert nach Führungskraft (sFr 9.689,17), Sachbearbeiter (sFr 5.229,83) und Arbeiter (sFr 2.554,23).

Durch die Prozesskostenrechnung können die Personalkosten, die bisher als Gemeinkosten die Grundlage für die Budgetplanung der folgenden Perioden bildeten, den Verursachern zugerechnet werden. Vermehrte Inanspruchnahme der Personaldienstleistungen seitens der Linie wird dann dem einzelnen Bereich mit entsprechend höheren Kosten belastet. Die tatsächlichen Kosten des Prozesses der Leistungserstellung werden so über einen Quasi-Marktmechanismus in die innerbetrieblichen Ausschnitte der Wertschöpfungskette hineingetragen.[790]

Für das Beispiel bedeutet dies, dass die Kosten der Personalbeschaffung der entsprechenden Einheit direkt verrechnet werden. Einheiten mit einer erhöhten Personalfluktuation werden auf diese Weise an den Personalmanagementkosten stärker beteiligt als dies bei einer normalen Kostenstellenumlage Personal nach Mitarbeiterköpfen der Fall wäre.

Zum anderen können die Kostenverursacher Maßnahmen zur Vermeidung von Kosten ergreifen, weil der Zusammenhang (z. B. zwischen einer Kündigung und der damit verbundenen Neueinstellung und den damit resultierenden Folgekosten) zwischen eigenem Handeln und den anfallenden Kosten klarer aufgezeigt wird.[791]

Der Vorteil der Prozesskostenrechnung im Wertschöpfungscenter-Personal liegt in der höheren Transparenz der Leistungserstellung und -verrech-

---

790 Vgl. Reichling/Köberle 1992, S. 506 ff.; Witt/Witt 1993, S. 15.
791 Vgl. Bühner 1993, S. 159.

nung durch eine genauere Prozessdefinition und eine verursachungsgerechtere Kostenverrechnung. Voraussetzung dafür ist die Leistungsmengeninduzierung des Personalprozesses. Ist der Personalprozess dagegen leistungsmengenneutral oder überwiegt die Leistungsmengenneutralität die Leistungsmengeninduzierung stark, dann kann auch mit der Prozesskostenrechnung keine verursachungsgerechte Verrechnung erfolgen. Es gibt jedoch keine Anhaltspunkte, die darauf hinweisen, dass im Personalmanagement der Anteil der leistungsmengenneutralen Aktivitäten wesentlich höher als in anderen (administrativen) Unternehmensbereichen ist.

Als Nachteil der Prozesskostenrechnung im Personalbereich könnte man den höheren Erhebungs- und Berechnungsaufwand im Vergleich zur traditionellen Kostenrechnung nennen, da zunächst die Prozesse und die Kostentreiber zu definieren und anschließend die Prozessmengen und -kosten detailliert zu erfassen sind. Unter der Verwendung computerunterstützter Kostenrechnungssysteme (vgl. Kapitel 3.10) scheint jedoch dieser Nachteil gerade bei standardisierten Prozessen vernachlässigbar zu sein. Außerdem werden damit die Grundlagen für die Ermittlung von Standardkosten gelegt.

Im folgenden Beispiel werden für einen Mitarbeiter eines internationalen Handels- und Dienstleistungsunternehmen in der Personalabteilung im Bereich Personalabrechnung die über das Jahr verteilt durchzuführenden Aktivitäten dokumentiert, um so die Grundlage für die verursachungsgerechte Kostenverrechnung zu legen:[792]

Zunächst sind alle vom Sachbearbeiter durchzuführenden Tätigkeiten aufzulisten. Diesen Tätigkeiten werden in einem zweiten Schritt die notwendigen Durchführungszeiten zugeordnet und die Werte auf einen Monat oder ein Jahr hochgerechnet. Die so ermittelten Zeiten bieten auch einen Ansatzpunkt für einen unternehmensübergreifenden Vergleich.

Für die Ermittlung des Mengengerüstes wurden folgende Annahmen getroffen:

– bei der Angabe einer Zahlenspanne wird mit dem Mittelwert gerechnet,
– tägliche Arbeitszeit 7,7 h, wöchentliche Arbeitszeit 38,5 h, monatliche Arbeitszeit 21,75 Tage
– unregelmäßige bzw. jährlich Vorgänge sind auf Monatsbasis umgerechnet.

---

[792] Vgl. Clermont/Schmeisser 1997, S. 14 ff.

B. Integrierte Wertschöpfungsmessung

Art der Tätigkeit	Durchschnittliche Häufigkeit	Durchführungszeit pro Vorgang	Monatliche Stunden je Sachbearbeiter
A. Monatliche Tätigkeiten			
1. Zugang Angestellter/Lohnempfänger	10–15 mtl.	1,5 h	18,00
2. Austritt Angestellter/Lohnempfänger	8–10 mtl.	1,5 h	13,50
3. Interne Versetzung	2–3 mtl.	30 min	1,00
4. Neufall Schwerbehinderung	0–1 mtl.	10 min	0,17
5. Neufall Pfändung	0–2 mtl.	30 min	0,50
6. Neufall a) Darlehen	0–2 mtl.	30 min	0,50
b) Vorschuss	0–4 mtl.	15 min	0,50
7. Neufall Mutterschutz/Erziehungsurlaub	0–1 mtl.	1,5 h	0,13
8. Ende der Lohnfortzahlung wegen Krankheit	1–10 mtl.	30 min	2,50
9. Aushilfen	1–5 mtl.	1 h	3,00
10. Wehrdienst/Wehrübung	1–2 jährl.	30 min	2,50
11. Kur	1–5 jährl.	30 min	0,04
12. Pflege erkrankter Kinder	1–3 jährl.	30 min	0,08
13. Unbezahlter Urlaub	1–3 jährl.	10 min	0,03
14. Sachbezug PKW	0–6 mtl.	15 min	0,75
15. Sachbezug Telefon	20–80 mtl.	10 min	8,33
16. Mehrarbeit	20–40 mtl.	15 min	7,50
17. Fahrgeld	20–30 mtl.	5 min	2,05
18. Abfindungen	0–2 mtl.	5 min	0,08
B. Laufende Stammdatenänderungen	mtl.	4 h mtl.	4,00
C. Laufende Bewegungsdatenänderungen	mtl.	8 h mtl.	8,00
D. Führen der Fehlzeitenkarten			
1. Urlaubsanträge	300 mtl.	15 h mtl.	15,00
2. Krankmeldungen	50–80 mtl.	3 min	3,25
3. monatliche Fehlzeitenmeldungen aus den Fachabteilungen	400 mtl.	3 h mtl.	3,00
E. Ausstellen von Bescheinigungen			
• Arbeitsbescheinigungen nach § 133 AFG	4–10 mtl.	30 min	3,50
• Krankengeldbescheinigung	1–10 mtl.	15 min	1,25
• Wohngeld	2–8 mtl.	15 min	1,25
• Sozialamt	2–5 mtl.	15 min	0,75
• Klärung Ausfallzeiten BfA	0–3 mtl.	15 min	0,50
F. Sortieren/Auswerten und Ablage der EDV-Abrechnungsunterlagen			
1. Versand und Ablage der Krankenkassenlisten	1 mtl.	7 h	7,00
2. Prüfen und Ablage der Lohn- und Gehaltsabrechnungen	1 mtl.	6 h	6,00

Art der Tätigkeit	Durch-schnittliche Häufigkeit	Durchfüh-rungszeit pro Vorgang	Monatliche Stunden je Sach-bearbeiter
3. Sortieren und Ausgabe bzw. Versand der Abrechnungstüten	1 mtl.	4 h	4,00
4. Ablage diverser Auswertungen	1 mtl.	4 h	4,00
5. Meldung von Zu- und Abgängen/Kostenstellenstand an diverse Stellen	1 mtl.	30 min	0,50
6. Lohnsteuer-Anmeldung	1 mtl.	2 h	2,00
7. Erstellen von Buchungsaufträgen/-belegen z. B. Belastungen an andere Gesellschaften, Kostenstellen etc.	1 mtl.	1,5 h	1,50
8. Abstimmung der Brutto-Netto-Abrechnung, Unterlagen an Buchhaltung	1 mtl.	4 h	4,00
9. Vorgabe der Valuten auf Magnetbandinhaltslisten je Firma; Kopieerstellung/Weitergabe an Buchhaltung und Finanzen; termingerechte Abgabe an die Bank	1 mtl.	2 h	2,00
10. Überprüfung des DÜVO-Protokolls	1 mtl.	30 min	0,50
G. Sonstige Tätigkeiten			
1. Versand von Gehaltslisten auf Anforderung an die Abteilungsleiter mit Überprüfung des Rücklaufs der Datenschutzerklärung	0–3 mtl.	15 min	0,50
2. Erteilung von Auskunft an die Abteilungsleiter bei Nachfragen zu den Gehaltskosten der jeweiligen Kostenstellen	2–5 mtl.	15 min	0,50
3. Meldungen an das Statistische Bundesamt	4 jährl.	3 h	1,00
4. Ermittlungen von Abfindungen gemäß Sozialplan	0–5 mtl.	1 h	3,00
5. Betreuung von Prüfern	3–4 Prüfer jährl.	2 h mtl.	2,00
6. Bearbeiten der Eingangspost	tgl.	30 min	10,85
7. Ablage sonstiger Unterlagen (z. B. Eingabeunterlagen)	mtl.	2 h	2,00
8. Kontrolle der EDV-Eingaben	mtl.	4 h	4,00
9. Betreuung der Mitarbeiter	tgl.	30 min	10,85
H. Jährliche Arbeiten			
1. Prüfung und Ergänzung der maschinellen Urlaubsgeldzahlungen	1 jährl.	1 Tag	0,64
2. Prüfung und Ergänzung sowie Abstimmung mit PV der maschinellen Tariferhöhung, Verteilung der Schreiben an die Mitarbeiter	1 jährl.	4 Tage	2,57

7. Business-Dimension

B. Integrierte Wertschöpfungsmessung

Art der Tätigkeit	Durchschnittliche Häufigkeit	Durchführungszeit pro Vorgang	Monatliche Stunden je Sachbearbeiter
3. Prüfung und Ergänzung sowie Abstimmung mit PV der maschinellen JAV-Zahlungen, Verteilungen der Schreiben an die Mitarbeiter	1 jährl.	3 Tage	1,93
4. Ermittlung der Planzahlen für die Buchhaltung für			
• Urlaubsgeld	1–2 jährl.	2 h	0,33
• JAV	1–2 jährl.	1 Tag	1,28
• Berufsgenossenschaft	1–2 jährl.	1 h	0,17
5. Anforderung und Überprüfung der Lohnsteuerkarten auf Veränderungen	1 jährl.	3 Tage	1,93
6. Überprüfung (Stichproben) und Aufkleben der LSt-Kartenaufkleber und der Verteilung der LSt-Karten an die Mitarbeiter	1 jährl.	2 Tage	1,28
7. Überprüfung der Jahresverdienste (lfd. Jahr und Folgejahr) wegen KV-Pflicht/-Freiheit	1 jährl.	1 Tag	0,64
8. Überprüfung (Stichproben) der DÜVO-Jahresmeldung und Verteilung an die Mitarbeiter	1 jährl.	1 Tag	0,64
9. Prüfung der AG-Anteile zu befreiender Lebensversicherungen und privat Versicherter in der KV; Anschreiben an Selbstzahler wegen Bescheinigungsvorlage	1 jährl.	4 h	0,33
10. Abstimmung des Resturlaubs mit den Abteilungen	1 jährl.	2 Tage	1,28
11. Prüfung der masch. Vorgaben/Pflege der Stammdaten sowie Meldung an die zuständige Stelle für			
• Unfallschadenverband	1 jährl.	2 h	0,17
• Berufsgenossenschaft	1 jährl.	4 h	0,33
• Urlaubsrückstellung	1 jährl.	1 Tag	0,64
• Gewerbesteuerzerlegung	1 jährl.	4 h	0,33
• Umsatzsteuererklärung	1 jährl.	1 h	0,08
12. Meldung von Zahlen an das Personalberichtswesen	2 jährl.	2 h	0,33
13. Prüfung der berechtigten Arbeitnehmer zur Durchführung des maschinellen Lohnsteuerjahresausgleiches	1 jährl.	1 Tag	0,64
14. Bearbeitung der Bestandslisten für die Pensionsrückstellungen	1 jährl.	1 Tag	1,28
15. Prüfung der Beitragserstellung für die Berufsgenossenschaft und Unfallschadenverband, Zahlungsanweisung	1 jährl.	2 h	0,17
16. Abwicklung des Jahresabschluss- sowie Jahresanfangsarbeiten für die Kindergeldzahlung	1 jährl.	1 Tag	0,64

Art der Tätigkeit	Durch-schnittliche Häufigkeit	Durchfüh-rungszeit pro Vorgang	Monatliche Stunden je Sach-bearbeiter
17. Überprüfung (Stichproben der Mikrofiches für DÜVO und Lohnkonto)	1 jährl.	2 h	0,17
18. Klärung von Differenzen zum 30.09 eines Jahres mit der Buchhaltung	1 jährl.	4 h	0,33
19. Gesetzliche Änderungen zum Jahreswechsel und Auswirkungen	1 jährl.	2–3 Tage	1,28
20. Abstimmung der Krankenkassen-Beitragssätze	1 jährl.	4 h	0,33
Summe der monatlichen Stunden je Sachbearbeiter			185,54

Abb. 177: Mengengerüst der Abrechnung Lohn-Gehalt in einem internationalen Handels- und Dienstleistungsunternehmen[793]

Aus dieser Auflistung lassen sich folgende Schlussfolgerungen ziehen:

1. Die umfangreichsten Arbeiten mit jeweils über 10 Stunden monatlich sind die Bearbeitung von Einstellungen (A1) und Austritten (A2) von Mitarbeitern, die Bearbeitung von Urlaubsanträgen (D1) sowie der Eingangspost (G6) und die Betreuung der Mitarbeiter (G9). Bei diesen Arbeiten wirkt sich die Bedeutung einer fehlerfreien und schnellen »Schnittstellenarbeit« besonders aus. Allein eine Verzögerung von 10 Minuten z. B. durch telefonische Nachfragen bei der Hälfte aller Ein- und Austritte verursacht einen Mehraufwand von 100 Minuten monatlich.
2. Auch das Ausstellen von Bescheinigungen (E) durch den Arbeitgeber verursacht einen Zeitaufwand von mehr als 7 Stunden pro Monat. Hier kann durch die Unterstützung durch ein Personalinformationssystem wie z. B. die Bescheinigungsfunktion im System PAISY[794] eine erhebliche Entlastung der Sachbearbeiter erfolgen.
3. Anhand der errechneten Stundenzahl von 185,54 Stunden ergibt sich, dass die addierten Durchführungszeiten über der monatlichen Sollarbeitszeit eines Mitarbeiters liegen. Allerdings kann die Arbeitszeit aufgrund der Umrechnung auf die Monatsbasis in den einzelnen Perioden variieren.

Für ein Kosten- oder ein Effizienzcontrolling in der Personalabrechnung sind neben den Personalkosten, die über den Zeiteinsatz der Mitarbeiter gut abgeschätzt werden können, zusätzlich noch die Sachkosten wie z. B. Büromaterial, Telefon- und Raumkosten und die EDV-Kosten mit einzubeziehen.

---

793 Vgl. Clermont/Schmeisser 1997, S. 16.
794 PAISY ist ein in der Praxis verbreitetes Personalinformationssystem. Das Akronym bedeutet PersonalAbrechnungs- und InformationsSYstem.

- *Verbreitung der Erfassung und Verrechung der Kosten des Personalmanagements in der Praxis*

In diesem Zusammenhang haben wir erfragt, inwieweit in der Praxis die Kosten des Personalmanagements erfasst und verursachungsgerecht verrechnet werden. Dabei zeigt sich (Abb. 178), dass 79% der befragten Unternehmen die Kosten für bestimmte Maßnahmen zumindest teilweise detailliert erfassen und analysieren. 67% der befragten Unternehmen verrechnen die verursachungsgerecht erfassten Kosten zumindest teilweise auch weiter. Die verursachungsgerechte Verrechnung ist damit geringer verbreitet als die detaillierte Erfassung der Personalmanagementkosten. Bei etwa einem Drittel der Unternehmen ist die Verrechnung der Personalmanagementkosten schon recht weit fortgeschritten, bei einem weiteren Drittel wird sie erst teilweise praktiziert und beim letzten Drittel ist sie im Wesentlichen noch nicht vorhanden.

Insgesamt ist damit die Kostenerfassung und -verrechnung im Personalmanagement noch nicht weit fortgeschritten.

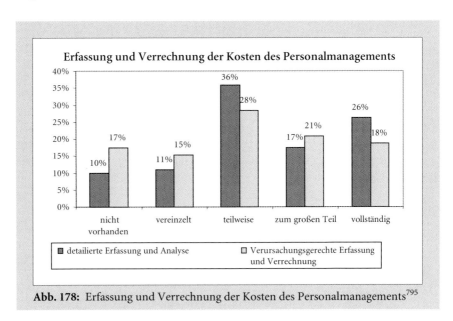

Abb. 178: Erfassung und Verrechnung der Kosten des Personalmanagements[795]

---

795 Quelle: eigene Umfrage 1997, N = 92. Welche der nachfolgenden Aussagen treffen auf Ihr Personalmanagement zu?
1. Die Kosten für bestimmte Maßnahmen werden detailliert erfasst und analysiert.
2. Die Kosten werden verursachungsgerecht erfasst und verrechnet.
Vgl. Wunderer/Arx/Jaritz 1997, S. 11.

Das Ergebnis lässt den Schluss zu, dass sich das Personalmanagement der befragten Unternehmen noch in großen Teilen in der Business-Dimension auf der Stufe des Discretionary-Expense- oder des Cost-Centers befindet. Dabei werden die Kosten zum Teil bereits erfasst und anlysiert (Kosten-Controlling), ohne diese jedoch bereits den internen Kunden verursachungsgerecht weiter zu verrechnen. Für eine stärkere versachungsgerechte Verrechnung sind damit bereits zum Teil die Grundlagen geschaffen, so dass die tatsächliche Verrechnung in vielen Fällen zunächst einen Wechsel der Steuerungsphilosophie in Richtung Markt erfordert.[796]

7.2.3 Leistungsrechnung

Auf der Stufe des Revenue-Centers orientiert sich die Business-Dimension zusätzlich auf den Absatz von Personalmanagementdienstleistungen an externe Kunden. Die Kostenrechnung hat dabei die Aufgabe, eine Grundlage für die Preispolitik (Kalkulation des Angebotspreises und Feststellung der Preisuntergrenze) zu bilden.

Allgemein wurde die Leistungsrechnung traditionell im Vergleich zur Kostenrechnung stark vernachlässigt. So setzt man sich auf der Kostenseite üblicherweise sehr intensiv mit der Differenzierung des Werteverbrauchs auseinander, gleiches geschieht auf der Seite der Wertentstehung kaum.

Entsprechend ist es nicht verwunderlich, dass auch im Personalmanagement als indirektem Leistungsbereich in der Vergangenheit eine kostenorientierte Sichtweise dominierte, auch weil seine Leistungen nur selten marktmäßig abgesetzt wurden. Entsprechend sollen im Folgenden zunächst die zentralen Gestaltungsfelder der Leistungsrechnung im Personalmanagement diskutiert werden.

- *Target-Costing*

Beim *Target-Costing* bzw. der *erfolgszielorientierten Kostenplanung und -steuerung*[797] handelt es sich um einen in die Produktentstehung integrier-

---

796 Vgl. auch Kapitel 3.4.3, S. 102 ff. sowie Kapitel 7.2.4, S. 340 ff.
797 Im deutschen wird der Begriff »Target-Costing« häufig auch mit Zielkosten*rechnung* übersetzt, was allerdings aus drei Gründen irreführend ist. Erstens bilden zwar Informationen aus der Kostenrechnung die Grundlage der Kostenplanung, aber die Kostenrechnung ist kein Bestandteil des Target-Costing. Zweitens bildet der Erfolg – und nicht die Kosten – den Inhalt der Ziele des Target-Costing. Und drittens liegt allen Kosten- und Erlösrechnungen ein Ziel zugrunde, weshalb der Zusatz Ziel zur Abgrenzung eines Rechnungssystems ungeeignet ist. Vgl. Schweitzer/Küpper 1998, S. 662.

ten Kostenplanungs- und -steuerungsprozess. Ausgangspunkt ist dabei die Festlegung von Kostenobergrenzen. Eine Übertragung der Grundidee des Target-Costing auf das Personalmanagement führt zu folgender Frage:

Welche Leistungen benötigen unsere (internen) Kunden, welcher Wert ist damit für sie verbunden und wie können wir diesen Wert mit minimalem Aufwand erzielen?

B. Integrierte Wertschöpfungsmessung

Der Ansatz des Target-Costing unterscheidet sich damit von der herkömmlichen Vorgehensweise, die ausgehend von den Personalmanagementdienstleistungen die dabei anfallenden Kosten durch Wertbeiträge rechtfertigen muss, durch seine retrograde Methodik.[798] Dabei lässt sich das allgemeine Vorgehen in vier Schritte einteilen (vgl. auch das gleiche Beispiel aus Sicht der Prozesskostenrechnung in Abb. 173, S. 322 f.):[799]

1. Bestimmung der Kostenobergrenze (Allowable Costs) der Dienstleistung (**K**) anhand des unternehmensorientierten, des marktorientierten oder des integrierten Ansatzes unter Einbezug der Funktionsstruktur der Dienstleistung des Personalmanagements. Beim unternehmensorientierten Ansatz orientiert man die Kostenobergrenze an vergleichbaren Vorgängerprodukten einschließlich vermuteter Kostenbeeinflussungspotenziale. Beim marktorientierten Ansatz ist die wichtigste Bestimmungsgröße der geschätzte Marktpreis und der geplante Produkterfolg. Der integrierte Ansatz verbindet die beiden vorangegangenen Ansätze, indem zwischen den beiden Kostenobergrenzen der beiden anderen Ansätze ein Kompromiss gefunden wird.[800]
Z. B.: K = 15.000 sFr für die bereits erwähnte Potenzialerfassung der Führungskräfte

2. Gewichtung der Dienstleistungsfunktionen (g_j), d. h. Ermittlung der relativen Bedeutung sämtlicher Funktionen der Dienstleistung für die Wirkung auf die Wertschöpfung.
Z. B.: zwei Dienstleistungsfunktionen
    1. Planungsfunktion für die Humanressourcen, Ausschöpfung des Potenzials der Mitarbeiter ($g_1 = 30\%$)
    2. Motivationsfunktion für die Mitarbeiter ($g_2 = 70\%$)

3. Gewichtung der Prozessstufen (H_{ij}), d. h. Ermittlung der relativen Bedeutung sämtlicher Prozessstufen für die Erfüllung der verschiedenen Funktionen für die vier Schritte der Potenzialerfassung für die Führungskräfte (vgl. auch oben):

---

798 Vgl. Kiehn 1996, S. 164, S. 182 f.
799 Vgl. Schweitzer/Küpper 1998, S. 665 ff.
800 Vgl. Schweitzer/Küpper 1998, S. 665, 667.

1. Konzeptentwicklung/-überarbeitung
2. Mitarbeitergespräche
3. Planungskonferenz
4. Feedbackgespräche

$$\text{Z. B. } \mathbf{H} = \begin{array}{c} \text{Schritt 1} \\ \text{Schritt 2} \\ \text{Schritt 3} \\ \text{Schritt 4} \end{array} \begin{bmatrix} \text{Planung} & \text{Motivation} \\ 0{,}1 & 0 \\ 0{,}7 & 0{,}7 \\ 0{,}2 & 0 \\ 0 & 0{,}3 \end{bmatrix}$$

Die erste Spalte entspricht dabei der Planungsfunktion, die zweite Spalte der Motivationsfunktion. Die 0,1 in der ersten Spalte beim Schritt 1 bedeutet dabei, dass der Konzeptentwicklung/-überarbeitung für die Planungsfunktion 10% Gewicht erhält. Für die Motivation der Mitarbeiter spielt Schritt 1 dagegen keine Rolle und wird daher mit 0% gewichtet. Die Spaltensumme muss sich dabei immer zu 1 aufaddieren.

4. Bestimmung der Kostenobergrenzen für die Prozessstufen durch Multiplikation der Kostenobergrenze der Dienstleistung mit den Funktionsgewichten und den Gewichten der Prozessstufen ($\mathbf{v}_K = \mathbf{K} \cdot \mathbf{H} \cdot \mathbf{g}$).

$$\text{Z. B.: } \mathbf{V}_k = 15.000 \text{ sFr} \cdot \begin{bmatrix} 0{,}1 & 0 \\ 0{,}7 & 0{,}7 \\ 0{,}2 & 0 \\ 0 & 0{,}3 \end{bmatrix} \cdot \begin{bmatrix} 0{,}3 \\ 0{,}7 \end{bmatrix} = 15.000 \text{ sFr} \cdot \begin{bmatrix} 0{,}03 \\ 0{,}7 \\ 0{,}06 \\ 0{,}21 \end{bmatrix} = \begin{bmatrix} 450 \text{ sFr} \\ 10.500 \text{ sFr} \\ 900 \text{ sFr} \\ 3.150 \text{ sFr} \end{bmatrix}$$

Damit sind die Kostenobergrenzen für die vier Schritte der Potenzialerfassung für die Führungskräfte festgelegt. Für die Durchführung der jeweiligen Schritte gilt es, die Kostenobergrenzen einzuhalten und im Sinne einer Effizienzsteigerung die tatsächlichen Kosten (vgl. auch Kapitel 7.2.2 Prozesskostenrechnung) möglichst noch weiter zu verringern.

Abb. 179: Beispiel für Target-Costing bei der Potenzialerfassung für die Führungskräfteentwicklung[801]

Vergleicht man die Vorgaben des Target-Costing mit den Ergebnissen der Prozesskostenrechnung (Abb. 173, S. 322 f.), (dazu ist es notwendig von $K = 12400$ sFr auszugehen, was zu 372 sFr, 8680 sFr, 744 sFr und 2604 sFr für die vier Schritte führt), so zeigt sich, dass für den Schritt der Planungskonferenz nach dem Target-Costing bedeutend weniger Ressourcen zur Verfügung stehen als vorgesehen. Aufgrund der hohen Bedeutung der Motivationsfunktion im Vergleich zur Planungsfunktion ist es daher sinnvoll, die Kosten der Planungskonferenz zu reduzieren, indem z. B. ihre Dauer auf eine Stunde reduziert wird. Dies impliziert, dass auch während der verkürzten Konferenzzeit alle notwendigen Planungsschritte durchgeführt werden können, was z. B. durch eine verbesserte Vorbereitung der Konferenz möglich wird.

---

801 Eigene Darstellung.

Das Target-Costing kann die Prozesskostenrechnung im Personalmanagement gut ergänzen. Es erlaubt die Bestimmung von Kostengrenzen für die einzelnen Prozessschritte entsprechend ihrer Wichtigkeit bzw. ihrer Wertschöpfung. Bei der Prozesskostenrechnung ist die Beurteilung der Prozesskostenstruktur nicht möglich, auch weil bei ihr die verursachungsgerechte Kostenerfassung und -verrechnung im Vordergrund steht. Das Target-Costing erscheint daher als ideale Ergänzung der Prozesskostenrechnung zur Kostenplanung und -steuerung, da hier die Kostenstruktur überdacht wird. Allerdings ist es dafür notwendig, die Anforderungen der Prozesskunden genau zu kennen, für das Personalmanagement reichen in den meisten Fällen dafür grobe Abschätzungen.

- *Einstufige Deckungsbeitragsrechnung*

Die *Deckungsbeitragsrechnung* geht dabei von den Erlösen des Kalkulationsobjektes aus. Sie ermöglicht eine Analyse des Erfolges und ist damit eine Entscheidungshilfe für die Absatzpolitik. Rechnerisch ist die Deckungsbeitragsrechnung ein Umsatzkostenverfahren auf Grenzkostenbasis.

Abb. 180 zeigt ein Beispiel einer (einstufigen) Deckungsbeitragsrechnung für die Durchführung eines externen Seminars.

Bruttoerlöse	Seminarpreis × Anzahl Teilnehmer	1.000,– € × 20 20.000,– €
./. absatzbedingte variable Kosten (Vertriebskosten)	Honorare für externe Trainer, Materialkosten, Raummieten, Reisekosten	7.500,– €
Nettoerlös		12.500,– €
./. erzeugungsbedingte variable Kosten (Herstellungskosten)	Kosten für die Vorbereitung des Seminars	2.500,– €
Deckungsbeitrag		10.000,– €
./. fixe Herstellungs-, Verwaltungs- und Vertriebskosten	Gehälter Mitarbeiter, Gehälter interne Trainer, Werbung	7.500,– €
Nettogewinn		2.500,– €

Abb. 180: Einstufige Deckungsbeitragsrechnung für die externe Durchführung eines Assessment-Centers[802]

So ist die Durchführung eines solchen Seminars auch bei z. B. nur 15 Teilnehmern mit Bruttoerlösen in Höhe von 15.000,– € noch betriebswirt-

---

802 Eigene Darstellung.

schaftlich sinnvoll, da auch dann noch ein positiver Deckungsbeitrag erzielt wird, obwohl ein Nettoverlust entsteht. Denn bei Absage des Seminars entstünde ein noch höherer Verlust.

- *Mehrstufige Deckungsbeitragsrechnung*

Im Gegensatz zur *einstufigen Deckungsbeitragsrechnung*, die die fixen Kosten nicht weiter differenziert, können durch die *Fixkostendeckungsrechnung (mehrstufige Deckungsbeitragsrechnung)* bessere Informationen für die mittel- und kurzfristige Planung durch die Aufspaltung der Fixkosten z. B. in Erzeugnisgruppenfixkosten, Bereichsfixkosten und Unternehmensfixkosten erzielt werden.

Bruttoerlöse	Seminarpreis × Anzahl Teilnehmer	1.000,– € × 20 20.000,– €
./. absatzbedingte variable Kosten (Vertriebskosten)	Honorare für externe Trainer, Materialkosten, Raummieten, Reisekosten	7.500,– €
Nettoerlös		12.500,– €
./. erzeugungsbedingte variable Kosten (Herstellungskosten)	Kosten für die Vorbereitung des Seminars	2.500,– €
Deckungsbeitrag I		10.000,– €
./. fixe Herstellungs-, Verwaltungs- und Vertriebskosten der Erzeugnisgruppe Seminare	Gehälter Mitarbeiter, Gehälter interne Trainer, Werbung	7.000,– €
Deckungsbeitrag II		3.000,– €
./. fixe Herstellungs-, Verwaltungs- und Vertriebskosten des Personalbereichs	Personalbereichsfixkosten	400,– €
Deckungsbeitrag III		2.600,– €
./. fixe Herstellungs-, Verwaltungs- und Vertriebskosten des Gesamtunternehmens	Unternehmensfixkosten	100,– €
Nettogewinn		2.500,– €

Abb. 181: Mehrstufige Deckungsbeitragsrechnung für die externe Durchführung eines Assessment-Centers[803]

---

803 Eigene Darstellung.

B. Integrierte Wertschöpfungsmessung

- *Strategische Positionierung des Personalmanagements*

Im Rahmen der Absatzpolitik ist auch die strategische Positionierung des Revenue-Centers am (externen) Markt von Bedeutung. Dazu können zunächst für das Personalmanagement verschiedene alternative strategische Grundhaltungen unterschieden werden:[804]

Kriterien	Marketingstrategien des Personalmanagements			
Produkt-/Marktmatrix	Marktdurchdringung	Marktentwicklung	Produktentwicklung	Diversifikation
Wachstum	Expansion	Stagnation	Konsolidation	Kontraktion
Wettbewerb	Kostenführerschaft	Differenzierung		Nischenpolitik
Kooperation	Akquisition	Beteiligungen	Kooperation	Unabhängigkeit
Integration	Outsourcing	neutral		Insourcing
Breite	Konzentration	neutral		Verbreiterung
Verhalten gegenüber der Konkurrenz	aggressiv	neutral		defensiv

Abb. 182: Marketingstrategien für das Personalmanagement[805]

- *Kundenbezogenen ABC-Analyse*

Zur Optimierung des Kundenportfolios kann dann ausgehend von der gewählten Strategie (z. B. Konzentration auf Kernkunden) eine *kundenbezogene ABC-Analyse* durchgeführt werden, um langfristige Kundenbeziehungen zu unterstützen. Dazu werden die erzielten Verkaufserlöse und die damit verbundenen Kosten, die dem spezifischen Kunden direkt zurechenbar sind, wie z. B. Aufwendungen für Kundengespräche, innerhalb eines Zeitraumes für jeden Kunden einzeln aufgestellt. Kunden mit dem höchsten positiven Wertbeitrag in der A-Gruppe sind als Schlüsselkunden zu betrachten, die auch einen hohen Betreuungsaufwand rechtfertigen. B-Kunden sind auf ihr Potenzial, mittelfristig in die A-Gruppe aufzusteigen, zu untersuchen und dementsprechend intensiv zu betreuen. Die Kunden der C-Gruppe rechtfertigen dagegen aufgrund ihres geringen Wertschöpfungsbeitrages nur einen geringen Betreuungsaufwand.[806] In diesem Zusammenhang ist neben der Erlöshöhe für das Wertschöpfungscenter auch das Erlös-

---

804 Vgl. Wunderer/Arx 2002.
805 Eigene Darstellung.
806 Vgl. Fickert/Schedler 1995, S. 395 f.; Fickert 2000.

risiko mit einzubeziehen. Dies kann in einem strategischen Erlös-Portfolio abgebildet werden:[807]

	niedrig	hoch
Erlösrisiko hoch	**Question Marks** einmalige, selten nachgefragte Sonderleistungen, wie z. B. Know-how-intensive Personalberatungsleistungen	**Diversifikationschance** einmalige, stark nachgefragte Sonderleistungen, wie z. B. Schulungen in Umbruchsituationen
Erlösrisiko niedrig	**Randprodukt** regelmäßige, wenig nachgefragte Grundleistungen, wie z. B. Führungsanalysen	**Klassische Cash-Cow** regelmäßige, stark nachgefragte Grundleistungen, wie z. B. Personaladministration und Mitarbeiterbefragungen

Spalten: niedrig / hoch **Erlöshöhe**

Abb. 183: Erlöshöhe-Erlösrisiko-Portfolio[808]

Für die Bestimmung des Absatzpreises sind neben den tatsächlichen bzw. geplanten Kosten auch die Preise der Konkurrenten entscheidend. Im Rahmen eines externen Benchmarking können dazu Preisvergleiche mit externen Angeboten vorgenommen werden. Dabei werden auch wichtige Hinweise für die Konkurrenzfähigkeit des eigenen Personalbereichs gewonnen. Neben den tatsächlichen Preisen der Konkurrenten wird aber auch das Auftreten am Markt entscheidend sein. Hier ist das Finden des optimalen Preispunktes von Bedeutung (Preiscontrolling). So kann allein die Reputation der Personalabteilung bzw. des Wertschöpfungscenters zum Erzielen deutlich höherer Preise führen. Auch kann ein zu niedriger Preis – vor allem im Vergleich zur Konkurrenz – beim (externen) Kunden den Eindruck einer niedrigen Qualität erzeugen, an der dieser nicht interessiert ist. Des Weite-

---

807 Vgl. Witt 1992, S. 74 f.
808 Eigene Darstellung.

ren spielen auch preisbezogene Verhaltensweisen wie die Preisgewöhnung und das Preisgedächtnis des Kunden eine Rolle.

Für die Leistungsmessung des Personalmanagements können auch neuere Methoden des Management-Accountings zur Anwendung kommen, wie z. B. die Balanced Scorecard, die als strategieunterstützendes, selektives Kennzahlensystem[809] auch für das Controlling des Absatzes der Dienstleistungen des Personalmanagements verwendet werden kann. Wir werden auf dieses Instrument in dieser Arbeit noch gesondert eingehen (vgl. Kapitel 8, S. 355 ff.).

7.2.4 Verrechnungspreise

Besonders auf der Stufe des Profit-Centers, aber auch für das Revenue-Center, ergibt sich innerhalb der Business-Dimension die Frage nach den innerbetrieblichen Verrechnungspreisen. Dabei ist der Begriff des Profit-Centers für das Personalmanagement nicht zu eng zu fassen. Neben den echten Profit-Centern in Form von ergebnisverantwortlichen, völlig selbständigen Personal- und Unternehmensberatungen oder Personalentwicklungsgesellschaften ist das Personalmanagement auch als interner Dienstleister zu verstehen, das zwar einerseits ergebnisverantwortlich auftreten kann, andererseits aber auch Leistungsverpflichtungen gegenüber seinen internen Kunden zu erfüllen hat.

Ein besonderes Problem der marktmäßigen Steuerung stellt hierbei die Festlegung der Verrechnungspreise sowohl allgemein als auch speziell für das Personalmanagement dar.[810] Verrechnungspreise beruhen auf dem Konzept der pretialen Betriebslenkung von Schmalenbach[811], bei dem der Marktmechanismus auf den unternehmensinternen Leistungsaustausch übertragen wird. Dabei sollen durch die Delegation der Entscheidungen die Unternehmenseinheiten motiviert werden, wobei die Art der Festsetzung der Verrechnungspreise den Gesamterfolg des Unternehmens günstig beeinflussen soll.[812] Damit soll die verhaltensbeeinflussende Wirkung der Verrechnungspreise ausgenutzt werden, um so den Zielerreichungsgrad von Teilbereichen und Teilbereichsleitern zu verbessern.[813]

---

809 Vgl. Kapitel 3.5, S. 108 ff.
810 Vgl. Küpper 1997, S. 346 ff.; vgl. auch Drumm 1972, S. 253 ff. und die dort angegebene Literatur.
811 Vgl. Schmalenbach 1948.
812 Sicher verändert sich der Gesamterfolg eines Unternehmens durch die Art der Festsetzung von Verrechnungspreisen nicht, wenn man dies lediglich als rechnerische Übung auffasst.
813 Vgl. Weilenmann 1989, S. 945.

- *Verrechnungspreise im Kontext organisatorischer Idealtypen*

Die Bedeutung der Verrechnungspreise im Kontext der *Unternehmensstrategie* ergibt sich aus der empirischen Untersuchung von Eccles,[814] bei der ein Zusammenhang zwischen der Art der Verrechnungspreise und der Art der Organisation nachgewiesen wird. Vier organisatorischen Idealtypen »Cooperative«, »Collaborative«, »Collective« und »Competitve«, die über den Grad ihrer vertikalen Integration und das Ausmaß der Diversifikation unterschieden werden, sind dabei vier mögliche Verrechnungspreispolitiken zugeordnet. Auch für interne Dienstleister, wie das Personalmanagement, können diese vier Verrechnungspreispolitiken angewendet werden.

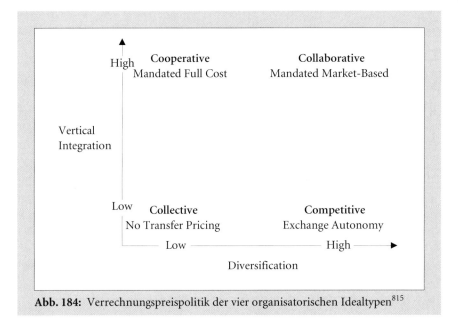

Abb. 184: Verrechnungspreispolitik der vier organisatorischen Idealtypen[815]

Im Folgenden sind die Vor- und Nachteile dieser vier Verrechnungsgrundtypen vorgestellt, die auch für die Verrechnung der Dienstleistungen der Personalabteilung verwendet werden können.[816]

1. Keine Verrechnung von internen Leistungen (no transfer pricing),
2. Verrechnung von internen Leistungen zu Vollkosten (mandated full cost),

---

814 Vgl. Eccles 1985.
815 Vgl. Eccles 1985, S. 279.
816 Vgl. auch Weilenmann 1989, S. 937 ff.; Treyer 1990, S. 249 ff.; Weilenmann 1994, S. 272.

3. Verrechnung von internen Leistungen zu Marktpreisen (mandated market-based) und
4. Austauschautonomie (exchange autonomy).

- *Zu 1. No transfer pricing*

Die internen Leistungen werden hier zum »Nulltarif« abgeben. Es erfolgt *keine interne Verrechnung.* Diese Form tritt vornehmlich bei kleinen Unternehmen auf, die noch von der individuellen Einflussnahme des Unternehmers (Hierarchie) und von den persönlichen Beziehungen zwischen den Mitarbeitern (Netzwerk) geprägt sind. Im Personalmanagement ist sie darüber hinaus für die unternehmenssichernden Leistungen wie z. B. die Führungskräfteplanung und -entwicklung zu empfehlen.[817]

- *Zu 2. Mandated full cost*

Unter *Vollkosten* sind zwei Varianten zu verstehen: (a) die aktuellen Selbstkosten der Produktion (Ist-Kosten) und (b) die Standardkosten, die eine effiziente Ressourcenausnutzung voraussetzen. Bei einer Verrechnung der Ist-Kosten werden daher die Ineffizienzen bei der Leistungserstellung auf die beziehenden Einheiten abgewälzt.[818] Eine Ermittlung der Standardkosten setzt voraus, dass das Mengengerüst bekannt ist. Eine Abweichung der Ist-Kosten von den Standardkosten kann verschiedene Ursachen haben: Mengenabweichungen, Effizienzabweichungen und Abweichungen bei den Einkaufspreisen. Für die Leistungsbeurteilung der abgebenden Einheit kann daher die Differenz zwischen Ist-Kosten und Standardkosten bei tatsächlich produzierter Menge verwendet werden.[819] Problematisch an diesem Ansatz ist, dass die abgebende Einheit die Standardkosten möglicherweise zu hoch ansetzt, um so ihr eigenes Ergebnis zu verbessern.[820]

- *Zu 3. Mandated market-based*

Unter *Marktpreisen* sind zwei Preistypen zu verstehen: (a) am externen Markt orientierte Preise und (b) Kosten plus Aufschlag.[821] Beide Varianten führen zu einem gerechten Preis in dem Sinn, dass dieser Preis auch bei einem externen Lieferanten oder Kunden zur Anwendung kommen würde. Ein Problem liegt dabei nicht unbedingt in der Frage nach dem Verrechnungspreis, der zu gewinnmaximalen Entscheidungen führt, sondern in

---

817 Vgl. Büschelberger 1991, S. 304 f.; Alt/Arx 1995, S. 487.
818 Vgl. Scherm 1992a, S. 1036; Weilenmann 1994, S. 275.
819 Vgl. Eccles 1985, S. 149 f.
820 Vgl. auch Pluns 1994, S. 106 ff.; Willy 1994, S. 139.
821 Vgl. Weilenmann 1994, S. 273 f.

der Festlegung eines Preises, den sowohl Käufer und Verkäufer als gerecht empfinden.[822] Des Weiteren führt diese Art der Verrechnung zu zwei Einschränkungen der Wettbewerbsfähigkeit für das Produkt der kaufenden Einheit:

1. Durch den bereits enthaltenen Gewinnaufschlag ist es möglich, dass das Produkt der produzierenden Einheit nicht mehr profitabel abgesetzt werden kann, auch wenn es weiterhin profitabel für das Unternehmen als Ganzes ist, da der Gewinnanteil der produzierenden Einheit z. T. bereits in den verrechneten Preisen enthalten ist. Das Problem wird noch verstärkt, wenn die individuellen Ergebnisse der Einheiten für die Beurteilung und Belohnung der erzielten Leistung verwendet werden. Für die Personalabteilung als Profit-Center bedeutet dies, dass ihr Gewinnstreben ceteris paribus die Kosten der produzierenden Einheiten im Vergleich zur Verrechnung mit Vollkosten erhöht.
2. Durch den möglicherweise höheren Endpreis aufgrund der mehrfachen Gewinnaufschläge können Wettbewerber angezogen werden, die entweder durch geringere Gewinnmargen oder durch eine interne Verrechnung auf Vollkostenbasis einen Wettbewerbsvorteil erlangen.

In beiden Fällen führt dies theoretisch zu langfristig geringeren Gewinnmargen.[823] Allerdings ist darauf hinzuweisen, dass derartige Effekte für das Personalmanagement äußerst gering ausfallen dürften, da die Kosten eines internen Dienstleisters Personalmanagement kein wesentlicher Bestandteil der Gesamtkosten sind. Darüber hinaus kann das Gewinnstreben im Personalmanagement zu einer rationelleren und qualitativ besseren oder auch kostengünstigeren Leistung im Vergleich zur Verrechnung auf Vollkostenbasis führen.

Eine Möglichkeit zur Vermeidung dieser Problematik liegt in *dualen Verrechnungspreisen*: Die verkaufende Einheit erhält den Marktpreis, die kaufende bezahlt aber nur die Vollkosten. Allerdings eignen sich duale Verrechnungspreise nicht für einen langfristigen Einsatz,[824] da die doppelte Verrechnung des Gewinnanteils zu einer Verschleierung der Ergebnissituation führt, die mit der Anzahl der internen Transaktionen zunimmt. Auch die gleichzeitige Verwendung von Vollkosten und Marktpreisen in der verkaufenden Einheit bei Vollkosten als Verrechnungspreisen, um so dem Top-Management den Gewinnanteil ausweisen zu können, ist nur dann anwendbar, wenn die Marktpreise bestimmt werden können. Dies ist zum Beispiel der Fall, wenn die Leistungen auch extern abgesetzt werden oder

---

822 Vgl. Eccles 1985, S. 190 f.
823 Vgl. Eccles 1985, S. 195.
824 Vgl. Eccles 1985, S. 144 ff.

wenn die Preise auf dem externen Markt mit hoher Zuverlässigkeit bestimmt werden können.[825]

Im Personalmanagement können Marktpreise vor allem bei der Personalgewinnung (z. B. Abwicklung des Auswahlprozesses), der Personalentwicklung (z. B. Schulungen und Seminare), der Personaladministration (z. B. Lohn- und Gehaltsabrechnung) und der Personalberatung (z. B. Konzeptentwicklung und -implementierung) bestimmt werden. Dagegen sind Marktpreise beim Personaleinsatz, bei der Personalbetreuung und beim Personalcontrolling kaum zu ermitteln oder schwer vergleichbar. Letztlich lassen sich Marktpreise immer dann bestimmen, wenn Personalmanagementdienstleistungen outgesourced werden können.

- *Zu 4. exchange autonomy*

Die *Austauschautonomie* unterscheidet sich von den vorangegangenen Verrechnungsmodellen durch die Autonomie bei den Austauschbeziehungen. Da der Grad der vertikalen Integration klein ist, sind die beziehenden Einheiten relativ frei in der Wahl ihres Geschäftspartners. Bei der Austauschautonomie sind zwei Preistypen möglich: (a) reiner Marktpreis und (b) angepasster Marktpreis. Der reine Marktpreis ergibt sich aus der vollkommenen Autonomie der beteiligten Einheiten. Der angepasste Marktpreis beinhaltet dagegen noch bestimmte Vorgaben durch das höhere Management. So kann der angepasste Marktpreis bestimmte Rabatte für geringere Transaktionskosten aufgrund verringerter Verkaufs- und Marketingausgaben oder für das nicht vorhandene Zahlungsausfallrisiko enthalten.[826] In beiden Fällen entspricht der Verrechnungspreis einem externen Preis, so dass das Preisproblem zu einem Problem des Absatzmarketings sowie des Beschaffungsmanagements wird. Darüber hinaus existieren gewisse negative Anreize, die internen Vertragsabschlüssen entgegenwirken. So ist bei angepassten Marktpreisen die verkaufende Einheit nicht unbedingt an internen Abschlüssen interessiert, da durch die Rabatte der Umsatz im Vergleich zu externen Abschlüssen vermindert wird.[827]

Dabei hat die Austauschautonomie im Vergleich zu den Marktpreisen den Vorteil, dass der interne Markt kein »fiktiver Markt« mehr ist. Der Effizienzdruck auf die internen Zulieferer durch den Wettbewerb mit externen Anbietern wird von den Profit-Center-Leitern als äußerst wirksam eingeschätzt.[828]

---

825 Vgl. Eccles 1985, S. 200 f.
826 Vgl. Eccles 1985, S. 117 f.
827 Vgl. Eccles 1985, S. 124 f.; Weilenmann 1994, S. 273 f.
828 Vgl. Kreuter 1997, S. 162 f.

Darüber hinaus lassen sich auch noch Grenzkosten als Verrechnungspreise verwenden, wenn nur ein interner Markt existiert und keine Kapazitätsrestriktionen zu erwarten sind. Weil gerade auch die Fixkosten wiederum über eine Umlage verteilt werden, ergibt sich kein Anreiz zu einer möglichst effizienten internen Leistungserbringung. Im Folgenden werden wir daher auf Grenzkosten als Verrechnungspreise nicht weiter eingehen.[829]

- *Folgerungen für das Personalmanagement als interner Dienstleister*

Für das Personalmanagement verlangt das heutige, immer dynamischer und komplexer werdende Umfeld von den Personalverantwortlichen eine angemessene Serviceorientierung bei gleichzeitig stärkerer ergebnis- und erfolgsorientierter Bewertung. In diesem Zusammenhang stellt sich die Frage nach der angemessenen organisatorischen Verankerung einschließlich der damit verbundenen Verrechnungspreise des Personalmanagements für eine optimale Wertschöpfung. Das *Verrechnungsmodell der Transferautonomie* erscheint daher auch für bestimmte Funktionen der Personalabteilung als prinzipiell geeignet (wie z. B. Personalberatung, Lohn- und Gehaltsabrechnung), dabei liegt es in der Autonomie der Personalabteilung, ob und zu welchen Bedingungen sie Dienstleistungen anbietet. Ebenso denkbar ist die Verrechnung zu Marktpreisen (z. B. für die Personalentwicklung[830]). In anderen Bereichen des Personalmanagements, die einen externen Wettbewerb nicht zulassen oder bei unternehmenssichernden Leistungen, die aufgrund strategischer Vorgaben abgenommen werden müssen, wie z. B. der Führungskräfteentwicklung, ist dagegen die Verrechnung auf Vollkostenbasis zu empfehlen, um die Nachteile der Verrechnung zu Marktpreisen zu vermeiden. Als Alternative ist bei den unternehmenssichernden Leistungen auch keine direkte Verrechnung zweckmäßig, die Kosten dafür werden dann »von der Zentrale getragen«. Die Verwendung unterschiedlicher Verrechnungspreismodelle für verschiedene Personalmanagementdienstleistungen ist prinzipiell unproblematisch, ebenso lassen sich unterschiedliche Verrechnungspreise für interne und externe Kunden festlegen (z. B. unterschiedliche Tagessätze für interne und externe Personalberatungsleistungen).

Zur Verrechenbarkeit der Dienstleistung des Personalmanagements wird oft angeführt, dass die unternehmenssichernden Leistungen der Management-Dimension als Hierarchieauftrag der zentralen Unternehmensleitung weder extern absetzbar noch intern weiter verrechenbar sind.[831] Dies trifft

---

829 Vgl. Arx 1996, S. 207 f.
830 Vgl. Ischebeck/Arx 1995, S. 498 ff.; Arx 1996.
831 Vgl. Arx 1996, S. 178, S. 207 und die dort angegebene Literatur.

insoweit zu, als die Leistungen in dem Maß nicht extern absetzbar sind, als dass für externe Kunden kein entsprechender Mehrwert im Sinne der Wertschöpfung der Zentrale damit verbunden ist. Bei der Leistungsverrechnung ist dagegen zu differenzieren: Leistungen, die mit einem direkten Nutzen der beteiligten dezentralen Einheiten verbunden sind (wie z. B. die sozialen Aktivitäten und das Personal-Controlling bei der Drägerwerk AG[832]), können diesen auch verrechnet werden. Dagegen liegt der Nutzen der Lehrlingsausbildung bzw. der Führungskräfteentwicklung nicht bei derjenigen Einheit, deren Mitarbeiter ausgebildet bzw. entwickelt wird, sondern vor allem beim Gesamtunternehmen bzw. bei der Einheit, in der die ausgebildeten bzw. entwickelten Mitarbeiter zum Einsatz kommen. Da ein Lehrling bzw. eine Führungsnachwuchskraft in der Regel kurz- bis mittelfristig mehrere Einheiten durchläuft und dementsprechend nicht einer dezentralen Einheit zuzuordnen ist, werden diese Maßnahmenkosten besser zentral verrechnet und dann umgelegt.

B. Integrierte Wertschöpfungsmessung

Die Wertschöpfung wird durch die Verwendung von Verrechnungspreisen transparent: Zum einen ermöglicht sie ein kosten- und effizienzorientiertes Controlling des Personalmanagements zur Verbesserung der internen Wirtschaftlichkeit. Zum anderen gibt es den Abnehmern der Personalmanagementleistungen einen Überblick über den Wert der in Anspruch genommenen Leistungen.

Für die Leistungsverrechnung bietet sich generell folgendes Vorgehen an, das auch für das Personalmanagement verwendet werden kann:[833]

1. Definition des Leistungskataloges mit den Dienstleistungen des Personalmanagements,
2. Preiskalkulation der Dienstleistungen auf der Basis der Kostenrechnung,
3. Präsentation des Leistungskataloges einschließlich der Preise bei den internen Kunden und
4. Abschluss der Leistungsvereinbarung mit den internen Kunden.

- *Unterschiedliche Verrechnungsformen für verschiedene Dienstleistungen des Personalmanagements*

In der Personalmanagementpraxis hat sich bei der Dienstleistungsverrechnung eine Dreiteilung des Leistungskataloges bewährt (Abb. 185).[834]
1. Die erste Leistungsgruppe umfasst die Grundbetreuung der Personalabteilung, die die *Kernleistungen* oder *Mussleistungen* beinhaltet (»unter-

---
832 Vgl. Alt/Arx 1995, S. 483.
833 Vgl. Alt/Arx 1995, S. 483 ff.
834 Vgl. Interview Festo AG, Hewlett Packard.

Preisliste Gesamt-Personal		
Produkt- und Preisliste Gesamtpersonal		
A. Grundbetreuung		
Produkt/Dienstleistung	Preis	Berechnungsgrundlage
1. Vergütung • Gehaltsfindung/-überprüfung • Abwicklung und Systempflege • Abwicklung Stock Optionen/Stars/Incentive Programm • Dezentrale Durchführung		Allocation per Headcount (HC)
2. Sozial-/Zusatzleistungen • Service-Center »Betriebliche Altersversorgung« • Gesamtvergütungsübersicht • Dezentrale Durchführung		Allocation per HC
3. Beratung/Unterstützung der Vorgesetzen z. B. • Personalcontrolling/-statistik • Openline-Surveys • Beratung Mitarbeiter • Kontakte Betriebsrat		Allocation per HC
4. Personaladministration z. B. • Stammdatenanlage/-änderung • Personalaktenpflege		Allocation per HC
5. Beschaffungsgrundkosten z. B. • Hochschulmarketing • Anfragen und Blindbewerbungen		Allocation per HC
B. Standard Services on Request		
1. Permanente Einstellung • GmbH-interne Versetzung, einmalig • internationale Transfers out, einmalig • internationale Transfers in, einmalig • Betreuung lfd. • College Recruits, einmalig • Experienced Recruits, einmalig • Auslandseinstellung, einmalig		Direct Billing Direct Billing Direct Billing Direct Billing Direct Billing Direct Billing Direct Billing
2. Temporäre Einstellung • Praktikant/Diplomand • Non-Professionals • Professionals • Vertragsverlängerungen		Direct Billing Direct Billing Direct Billing Direct Billing
3. Unterstützung bei Trennung von Mitarbeitern		Direct Billing
4. Gehaltsabrechnung • Standardabrechnung • Ein-/Austritte • Schichtarbeit • Commission		Direct Billing Direct Billing Direct Billing Direct Billing
5. Personalberatung für Bereichs-Mitarbeiter		Direct Billing
C. Projektservices		
1. Bereichs- und Teamentwicklung 2. Teamentwicklungsseminar 3. Trainings		Direct Billing Direct Billing Direct Billing

Abb. 185: Preisliste für die Personaldienstleistungen bei Hewlett Packard[835]

---

835 Quelle: Hewlett Packard. Vgl. auch das Beispiel der Drägerwerke bei Alt/Arx 1995, S. 488.

nehmenssichernde Leistungen«). Hierzu zählen gesetzlich vorgeschriebene Leistungen sowie die Leistungen, die nach der Geschäftsführung von der Personalabteilung erbracht werden müssen. Hierzu zählt z. B. die Nutzung des Personalinformationssystems. Berechnungsgrundlage bildet dabei im Regelfall die Umlage der tatsächlichen bzw. der budgetierten Kosten nach Mitarbeiterköpfen.

2. Die zweite Leistungsgruppe betrifft die *Standardleistungen* der Personalabteilung, die von den jeweiligen Fachabteilungen bei Bedarf von der Personalabteilung bezogen werden können. Hierzu zählt z. B. die Unterstützung bei Einstellungen und Austritten von Mitarbeitern und die Gehaltsabrechnung. Optional können diese Leistungen auch von externen Personaldienstleistern bezogen werden, um die Konkurrenzfähigkeit der eigenen Personalabteilung zu gewährleisten. Als Berechnungsgrundlage dienen dabei die tatsächlich angefallenen Kosten.

3. Die dritte Leistungsgruppe umfasst *Projekt-* und *Sonderleistungen* der Personalabteilung, die individuell mit den Kunden ausgehandelt werden. Hierunter fallen Projekte zur Organisationsentwicklung wie z. B. Kultur- und Führungsanalysen, Teamentwicklungsseminare und allgemeine Schulungen. Aber auch Projekte zur Entwicklung von neuen Arbeitszeitmodellen oder Gehaltsstrukturen sind denkbar. Hier haben die Kunden der Personalabteilung einen vollkommenen freien Marktzugang. Dementsprechend sind auch die Verrechnungspreise der Personalabteilung in diesem Bereich reine Verhandlungssache auf Selbstkostenbasis.

Die Preiskalkulation ergibt sich aus der aktuellen Kostenrechnung und kann entsprechend der erwarteten Nachfrage nach den Personalmanagementdienstleistungen angepasst werden. Die so ermittelten Preise können in einem zweiten Schritt mit den Marktpreisen für extern beziehbare Dienstleistungen, wie z. B. bei Steuerberatungen für die Lohnabrechnung und bei Personal- und Unternehmensberatungen für Schulungen und Beratungsdienstleistungen verglichen werden. Ergeben sich hier gravierende Abweichungen, so ist dies ein Hinweis auf zu hohe Kosten des Personalmanagements, sofern keine anderen Ursachen vorliegen.

Auf der Basis des Preis- und Leistungskataloges des Personalmanagements können dann mit den internen Kunden entsprechende Leistungsvereinbarungen abgeschlossen werden, bei denen die Kunden bereits ihre Planmengen angeben. Verrechnet werden in der Regel jedoch nur die tatsächlich in Anspruch genommenen Leistungen.[836]

---

836 Vgl. Alt/Arx 1995, S. 489.

Da bei den Sonderleistungen am ehesten mit einer Konkurrenzsituation mit einem externen Anbieter zu rechnen ist, besteht hier auch der größte Verhandlungsspielraum hinsichtlich des Preises. Dabei ist aus Sicht des Kunden zu beachten, dass ein geringfügig höherer Preis der eigenen Personalabteilung durchaus akzeptabel sein kann, da diese mit den unternehmensspezifischen Besonderheiten bereits vertraut ist.

- *Vorgehensweise der innerbetrieblichen Leistungsabrechnung bei der DaimlerChrysler AG*

Bei der DaimlerChrysler AG unterscheidet die Gemeinkosten-Kontierungssystematik zwischen primären Kosten und (Außen-)Erlösen und sekundären Kosten und Innenerlösen.

	Kontierungs-Hauptgruppe	Bezeichnung	Erlöse/Kosten	
Primäre Kosten und (Außen-)Erlöse	50	(Außen-)Erlöse	(Außen-)Erlöse	Leistungsbeziehungen mit externen Dritten
	60	Material	Kosten	
	61	Bezogene Leistungen	Kosten	
	62	Personalkosten	Kosten	
	63	Kalkulatorische Kosten	Kosten	
Sekundäre Kosten und Innenerlöse	64	Innerbetriebliche Leistungsabrechnung (innerhalb des Werkes)	Innenerlöse/Kosten	Leistungsbeziehungen innerhalb des Werks
		– Gutschriften	Innenerlöse	
		– Belastungen	Kosten	
	65	Abrechnung von Gemeinkosten-Projekten	Kosten	Leistungsbeziehungen zwischen dem Werk und anderen DaimlerChrysler AG Werken
	66	Innerbetriebliche Leistungsabrechnung (außerhalb des Werkes)		
		– Gutschriften	Innenerlöse	
		– Belastungen	Kosten	
	67	Bilanzielle Aufwendungen		

Abb. 186: Gemeinkosten-Kontierungssystematik innerhalb eines Funktionalressorts (Werks) der DaimlerChrysler AG[837]

Dabei werden auch Personalmanagementleistungen verrechnet, wie z. B. Leistungen der Personalentwicklung. In der Hauptgruppe 64 werden z. B. folgende Kostenarten unterschieden:

– Belastungen für Leistungen von (»echten«) Konzern-Service-Centern

---

837 Quelle: DaimlerChrysler AG, früher Daimler-Benz AG.

- Belastungen für SAP-Betrieb
- Belastungen für Kommunikationsservice-Leistungen
- Belastungen für Fort- und Weiterbildung
- etc.

Die der Weiterberechnung von Leistungen des Werkes an andere DaimlerChrysler AG-Werke erfolgt z. B. über folgendes Formular:

```
Rechnungsstellung       ❑
Erteilte Gutschrift     ❑

┌─────────────────────────────────────────────┐
│ Leistungsgeber:                             │
│    Kostenstelle                             │
│    Ansprechpartner im Fachbereich           │
└─────────────────────────────────────────────┘

┌─────────────────────────────────────────────┐
│ Leistungsnehmer:                            │
│    Geschäftsbereich/Werk                    │
│    Kostenstelle                             │
│    Anschrift Rechnungsempfänger             │
└─────────────────────────────────────────────┘

┌─────────────────────────────┐  ┌──────────┐
│ Weiterberechnete Leistung:  │  │ Betrag:  │
│ ........................... │  │ ........ │
│ ........................... │  │          │
│ ........................... │  │          │
└─────────────────────────────┘  └──────────┘

...............................   ...............
(KSt-Verantwortlicher/Bearbeiter)  (Datum)   (Telefon)
```

Abb. 187: Formular zur Weiterberechnung von Leistungen[838]

Die Verrechnung von Leistungen des Personalmanagements lässt sich damit ohne Probleme in die innerbetriebliche Leistungsverrechnung integrieren.

7.3 Fazit

Eine Wertschöpfungsmessung innerhalb der Business-Dimension ist auf jeder Entwicklungsstufe und natürlich auch getrennt für verschieden Teilprozesse möglich. Die dazu vorgestellten Ansätze des Gemeinkostenmanagements, der Prozesskostenrechnung, der Leistungsrechnung und der Ver-

---

[838] Quelle: DaimlerChrysler AG, früher Daimler-Benz AG.

rechnungspreisansätze eignen sich dabei auch für das Personalmanagement.

Das Gemeinkostenmanagement erlaubt dies vor allem bei den Personalmanagementteilprozessen und -funktionen, die sich auf der Stufe des Discretionary-Expense-Centers bewegen, wie das Personalmarketing und das Personalcontrolling.

Die Prozesskostenrechnung ermöglicht dagegen – auch durch eine »verursachungsgerechtere« Zuordnung der Kosten – eine verbesserte Kosteneffizienz, wobei sie vor allem für die Personalmanagementfunktionen Personalgewinnung und Personalentwicklung relevant erscheint.

Die Leistungsrechnung beschäftigt sich dagegen nicht mit der Kosten-, sondern mit der Leistungsseite. Neben dem Target-Costing, das sich prinzipiell auf alle Personalfunktionen anwenden lässt, steht dabei besonders der Absatz (vor allem auch der externe) von Dienstleistungen des Personalmanagements im Mittelpunkt, wobei sich hier besonders die Personalentwicklung und die Personalberatung anbieten.

Die Vorgabe des Verrechnungspreismodells und die Bestimmung der Verrechnungspreise erlauben schließlich einen noch marktnäheren Auftritt des Dienstleisters Personalmanagement. Während die Vorgabe des Verrechnungspreismodells prinzipiell in Abhängigkeit vom Gesamtunternehmen erfolgen muss, bieten sich für das Personalmanagement nach Dienstleistungsgruppen differenzierte Verrechnungspreisansätze an.

Die eingesetzten Methoden zur Wertschöpfungsevaluation sind damit vom Entwicklungsgrad der Business-Dimension abhängig. Dabei ist ein Trend in Richtung marktmäßiger Steuerung und Evaluation feststellbar. Eine marktmäßige Steuerung innerhalb der Business-Dimension eignet sich jedoch nicht für alle Personalmanagementbereiche, zusätzlich muss sie im Personalmanagement immer auch als Ergänzung zur Management- und zur Service-Dimension verstanden werden.

7. Business-Dimension

C. Personalcontrolling mit integrierten Bewertungsmodellen

8. Wertschöpfungsmessung mit der Balanced Scorecard

Kapitelübersicht

8.1	Balanced Scorecard	355
8.2	Strategiegeleitete Entwicklung einer Balanced Scorecard	368
8.3	Balanced Scorecard mit Übergewinnverfahren	374
8.3.1	Bedeutung der Humanperspektive im CVA	377
8.3.2	Balanced Scorecard mit Werthebelbäumen	378
8.4	Wertschöpfungsmessung im Personalmanagement mit der Balanced Scorecard	384
8.4.1	Personalbezogene Wertschöpfungsmessung innerhalb der Balanced Scorecard	384
8.4.2	Anwendung der Balanced Scorecard auf das Wertschöpfungscenter-Personal	388
8.5	Fazit	393

8.1 Balanced Scorecard

Ziel einer Leistungs- oder Wertschöpfungsmessung als Teilfunktion des Controllings – und auch des Personalcontrollings – ist es, mit wenigen aussagekräftigen und leicht verständlichen Größen eine Überprüfung der Leistungsniveaus zu ermöglichen.[839] Operative Einheiten sollen im Sinne einer Selbststeuerung eine dezentrale Leistungsmessung durchführen können. Die Messgrößen sind aus den Unternehmenszielen abzuleiten und müssen auch die Strategieerreichung über Verhaltensbeeinflussung der Mitarbeiter unterstützen.[840] Aus strategischer Sicht geht es dabei auch um die Abschätzung von Veränderungen und Trends.

Dazu sind neben vergangenheitsorientierten finanziellen Kennzahlen auch nicht-finanzielle Messgrößen einzubinden, um auf negative Entwicklungen frühzeitig aufmerksam werden zu können. Gelingt es, die Ursachen einer unzureichenden Leistungserbringung zu erkennen, können Gegenmaßnahmen eingeleitet werden.[841]

Die qualitative Leistungsmessung beschränkt sich nicht nur auf den Personalbereich. Vielmehr sind qualitative Größen als Ergänzung zu einer kurzfristig orientierten finanzwirtschaftlichen Sichtweise in vielen Unternehmensbereichen notwendig.[842] So hat Eccles[843] den Trend zu qualitativen

---

839 Vgl. auch Black/Wright/Bachman 1998.
840 Vgl. Lockamy/Cox 1994.
841 Vgl. auch Fitzgerald/Johnston/Brignall/Silvestro/Voss 1991; Hronec 1993; Rummler/Brache 1995.
842 Vgl. Roos/Roos/Dragonetti/Edvinsson 1997.
843 Vgl. Eccles 1991.

Leistungsmessungsinstrumenten als Gegengewicht zu einer reinen finanzwirtschaftlichen Perspektive beschrieben, wie z. B. über Marktanteil, Qualität, Innovation und Kundenzufriedenheit.[844] Dies unterstreicht damit auch den Ansatz des Personalcontrollings.

- *Verschiedene Balanced Scorecard Ansätze*

Kaplan/Norton[845] haben als Erste diese Idee systematisch weiterentwickelt und eine inzwischen weit verbreitete, strategiegeleitete »Balanced Scorecard« (BSC) vorgeschlagen, die Leistungsmessungen aus vier verschiedenen Perspektiven miteinander verbindet. Diese sind:

1. die finanzwirtschaftliche Perspektive (Sicht des Aktionärs/Investors),
2. die Kundenperspektive (Sicht des Kunden),
3. die Lern- und Entwicklungsperspektive (Sicht aus der Zukunft zur Sicherung von langfristigem Wachstum) und
4. die interne Prozessperspektive (Sicht nach innen auf die Geschäftsprozesse).

Alle vier Perspektiven sind ausgehend von der Vision und Strategie des Unternehmens miteinander verbunden, was so dargestellt werden kann (Abb. 188):

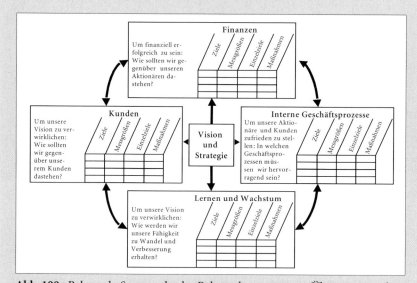

Abb. 188: Balanced Scorecard als Rahmenkonzept zur Übersetzung einer Strategie in operationale Größen[846]

---

844 Vgl. auch Brown 1996.
845 Vgl. Kaplan/Norton 1992; Kaplan/Norton 1993; Kaplan/Norton 1996a; Kaplan/Norton 1996c; Kaplan/Norton 1996b, Kaplan/Norton 1997; Kaplan/Norton 2001.
846 Vgl. Kaplan/Norton 1996b, S. 9.

Dave Ulrich schlägt dagegen eine andere Variante einer Balanced Scorecard vor, die die drei zentralen Stakeholder Investoren, Kunden und Mitarbeiter unterscheidet:[847]

1. Economic Value-Added (EVA): Die finanzwirtschaftlichen Ziele.
2. Customer Value-Added (CVA): Die Erwartungen der Kunden.
3. People Value-Added (PVA): Die Erwartungen der Mitarbeiter.

Diese Aufteilung scheint für das Personalmanagement besonders interessant, da sie dem Stakeholderansatz[848] folgt und mit den Erwartungen der Mitarbeiter einen anderen Ansatz als Kaplan/Norton verfolgt. Allerdings gibt Ulrich keine konkreten Hinweise für den Aufbau seiner Balanced Scorecard.

Der Ansatz von Ulrich/Zenger/Smallwood[849] unterscheidet ähnlich wie die Balanced Scorecard von Kaplan/Norton vier Perspektiven, wobei der Stakeholderansatz von Ulrich um die Dimension der Organisation ergänzt wird:

1. Employee Results
2. Organization Results
3. Customer Results
4. Investor Results

Der systematische Aufbau ähnelt dem Ansatz von Kaplan/Norton, allerdings unterscheiden sich beide Ansätze besonders in der Mitarbeiterperspektive als »Lernen und Wachstum« bzw. »Employee Results«, weshalb darauf im Folgenden eingegangen wird.

- *Perspektiven der Balanced Scorecard von Kaplan/Norton*

Die von Kaplan und Norton vorgestellte Balanced Scorecard beinhaltet die Leistungsmessung mit wenigen, ausgewogenen und aussagekräftigen Kenngrößen[850] auf der Basis eines selektiven Kennzahlensystems.[851] Es werden sowohl finanzielle als auch nicht-finanzielle Kenngrößen einbezogen. Neu an der BSC ist aber nicht der Einbezug nicht-finanzieller Kenngrößen, son-

8. Balanced Scorecard

---

847 Vgl. Ulrich 1996, S. 58. Vgl. auch Fitz-enz 1994, S. 84 ff. Die Begriffe EVA und CVA werden hier allerdings allgemeiner verwendet als in Kapitel 2.4.4.2, S. 43 ff. definiert.
848 Vgl. Freeman 1984.
849 Vgl. Ulrich/Zenger/Smallwood 1999. Vgl. auch dort zahlreiche Firmenbeispiele zu unterschiedlichen Definitionen von erwünschten Ergebnissen.
850 Vgl. Kaplan/Norton 1992; Kaplan/Norton 1993; Kaplan/Norton 1996a; Kaplan/Norton 1996c; Kaplan/Norton 1996b.
851 Vgl. Weber 1995, S. 207 ff. Vgl. auch Kapitel 3.5, S. 108 ff.

dern die konsequente Orientierung an der Unternehmensstrategie aus vier verschiedenen Perspektiven. Die Leistungsmessung mit Hilfe der BSC soll vor allem die Erreichung der Strategie sichern.

1. Die *finanzwirtschaftliche Perspektive* beinhaltet die Messung der Profitabilität des Ressourceneinsatzes sowie der Unternehmenswertsteigerung. Dabei können auf der Unternehmensebene z. B. folgende Messgrößen Verwendung finden:
   – Produkt- und Produktlinienprofitabilität,
   – Kunden- und Kundengruppenprofitabilität,
   – Entwicklung des Umsatzes und des Marktanteils,
   – Entwicklung des Unternehmenswerts.

   Hier gilt es, mit finanziell ausgerichteten Kennzahlen die Ressourcenverteilung zu steuern und die Profitabilität, die Liquidität und die Finanzierungsstruktur der Investitionen zu überprüfen.

2. Die *Kundenperspektive* betrifft die Messung der Wahrnehmung und Beurteilung der eigenen Produkte und Dienstleistungen beim Kunden. Die Kundenzufriedenheit ist hier ein wichtiges Indiz für die Abdeckung der Marktbedürfnisse durch die Unternehmung. Folgende Messgrößen können z. B. verwendet werden:
   – Kundenzufriedenheit,
   – Time-to-Market,
   – Umsatzanteil neu entwickelter Produkte.

   In einer erweiterten Sichtweise können unter der Kundenperspektive auch andere Bezugsgruppen des Unternehmens verstanden werden, so dass dann auch die Mitarbeiterzufriedenheit (als interne Kundenzufriedenheit) oder das Image des Unternehmens in der Gesellschaft erfasst werden kann.

2. Die *Lern- und Entwicklungsperspektive* betrifft die Fähigkeit der Unternehmung, wettbewerbsrelevantes Wissen aufzubauen und sich ständig so zu verändern, dass die Anforderungen des Marktes erfüllt werden können. Hierzu zählt insbesondere die Sicherung und Entwicklung der Mitarbeiterqualifikation und -motivation, z. B. über leistungsgerechte Entlohnung, aber auch die Unterstützung durch ein geeignetes Informationssystem. Messgrößen für die Lern- und Entwicklungsperspektive sind z. B.:
   – Anzahl der Schulungs- und Weiterbildungsaktivitäten,
   – Anzahl der Verbesserungsvorschläge,
   – Mitarbeiterzufriedenheit und Mitarbeiterloyalität,
   – Teamleistung,
   – Fluktuationsrate und Krankheitsquote,

- Mitarbeiterproduktivität.

4. Die *interne Prozessperspektive* umfasst die effiziente und effektive Ausübung der Unternehmenstätigkeiten. Durch die Analyse und Überwachung der Geschäftsprozesse kann die Leistungserstellung optimiert werden. Dazu werden Innovationsprozesse, betriebliche Prozesse und Kundendienstprozesse unterschieden. Die Betrachtung beschränkt sich nicht nur auf die internen Prozesse, sondern bezieht auch die Schnittstellen zu den Kunden und Zulieferern mit ein. Folgende Messgrößen können z. B. Verwendung finden:
   - Durchlaufzeiten,
   - Kapazitätsauslastung,
   - Qualitätskennziffern,
   - Beurteilung der Zulieferer (Pünktlichkeit, Qualität).

- *Die Lern- und Entwicklungsperspektive als zentrale Dimension für das Personalmanagement*

Für das Personalmanagement ist insbesondere die Lern- und Entwicklungsperspektive relevant. Im Vergleich zu den übrigen drei Perspektiven liegen jedoch in der Praxis hier weit weniger Beispiele für Kennzahlen vor. Viele Unternehmen haben trotz eines hohen Entwicklungsstandes in den anderen Bereichen hier noch nicht einmal den Versuch unternommen, diese Potenziale und ihre Ergebnisse zu messen.[852]

Bei den personalbezogenen Kennzahlen sind in der BSC vor allem drei Messgrößen wichtig:

1. Mitarbeiterzufriedenheit,
2. Mitarbeiterloyalität und
3. Mitarbeiterproduktivität.

Die Mitarbeiterzufriedenheit wird hierbei als »Treiber« für die beiden anderen Faktoren verstanden, die über eine Mitarbeiterumfrage gemessen werden kann. Für die Mitarbeiterloyalität wird als Messgröße die Fluktuationsrate vorgeschlagen, für die Mitarbeiterproduktivität die beiden Kenngrößen Umsatz und (betriebswirtschaftliche) Wertschöpfung pro Mitarbeiter.[853]

---

852 Vgl. Kaplan/Norton 1997, S. 138 f.
853 Dies ist natürlich eine sehr enge Sichtweise, da gerade die Fluktuation ebenso wie der Umsatz auch stark von anderen Einflüssen abhängen. So hängt z. B. die Fluktuation auch vom Arbeitsmarkt, den goldenen Fesseln der Unternehmung sowie von familiären und altersbedingten Restriktionen ab.

Als treibende Potenziale für die Lern- und Entwicklungsperspektive werden drei Bereiche ausgemacht:

1. Weiterbildung der Mitarbeiter,
2. Potenziale der Informationssysteme und
3. Motivation, Empowerment und Zielausrichtung der Mitarbeiter.

Für die Weiterbildung wird vor allem eine strategische Aufgabendeckungsziffer (»strategic job coverage ratio«) vorgeschlagen. Diese setzt die für besondere strategische Aufgaben qualifizierten Mitarbeiter zu dem angenommenen Bedarf an qualifizierten Mitarbeiter ins Verhältnis und soll so den Bedarf für die strategische Weiterbildung ermitteln.

Für die Potenziale der Informationssysteme wird eine Informationsdeckungsziffer (»information coverage ratio«) vorgestellt. Diese gibt, anlog zur Aufgabendeckungsziffer, das Verhältnis der erhältlichen Information zu dem angenommen Informationsbedarf an. So kann z. B. der Anteil an Prozessen mit Echtzeitinformationen über die Qualität, die Zykluszeit und die Kosten oder der Anteil der Mitarbeiter, die in direktem Kontakt mit dem Kunden stehen und Online-Zugriff zu kundenbezogenen Daten haben, verwendet werden.

Die beiden Deckungsziffern entsprechen damit dem klassischen Soll-Ist-Vergleich.

Für die Erfassung der Motivation, des Empowerments und der Zielausrichtung der Mitarbeiter werden Kennzahlen für vorgeschlagene und umgesetzte Verbesserungsvorschläge und Verbesserungskennzahlen sowie Kennzahlen zur Messung der Teamleistung genannt.

- *Die Mitarbeiterperspektive bei der Scorecard von Ulrich et al.*

Für das Personalmanagement ist besonders die Mitarbeiterperspektive relevant. Im Folgenden sollen dazu die neuesten Überlegungen von Ulrich/Zenger/Smallwood (1999) vorgestellt werden.

Ausgangspunkt sind hier Konzepte wie »Intellectual Capital«, »Human Capital«, »Knowledge Management« und »Learning Organization«, die trotz ihrer Unterschiede alle gemeinsam die Mitarbeiter als Erzeuger und Nutzer von wettbewerbsrelevanten Informationen und Wissen verstehen. Dazu wird eine einfache und relativ gut messbare Definition vorgeschlagen:[854]

Human Capital = Employee Capability × Employee Commitment

---

854 Vgl. Ulrich/Zenger/Smallwood 1999.

Der sich ergebende *Human Capital Index* wird dabei als Schlüsselgröße für nachfolgende Größen wie Mitarbeiterproduktivität, Kundenloyalität und Profitabilität aufgefasst.

Unter *Employee Capability* wird das Wissen, die Fähigkeiten, Qualifikationen und Motivstrukturen der einzelnen Mitarbeiter bzgl. ihrer Position verstanden. Dabei kann zwischen *technischem* und *sozialem Know-how* unterschieden werden. Für die Messung der Employee Capability ist ein detaillierter, aber nicht zu komplexer Ansatz entscheidend. Ulrich/Zenger/Smallwood schlagen dazu die Unterscheidung zwischen Individuen und Gruppen und zwischen quantitativen und qualitativen Beschreibungen vor.[855]

Employee Commitment umfasst das *Engagement* der Mitarbeiter als *zukünftiges* Verhalten. Während die Employee Capability als mögliches Verhalten der Mitarbeiter verstanden werden kann, bezieht sich Employee Commitment daher auf die Ausschöpfung dieser Fähigkeiten in Bezug auf die Mitarbeit. Wichtig ist hierbei auch eine in die Zukunft gerichtete Betrachtungsperspektive. Zur Messung des Employee Commitment empfehlen Ulrich/Zenger/Smallwood drei Messgrößen:[856]

1. Mitarbeiterproduktivität,
2. Organisationsklima bzw. -kultur und
3. Mitarbeiterloyalität.

- *Beispiel BMW Group*

Die BMW Group verwendet auf Top-Level eine Balanced Scorecard mit sieben strategischen Zielfeldern, darunter für das Personalmanagement »Mitarbeiter & Öffentlichkeitsorientierung« mit dem Ziel »Bestes Unternehmensimage«. Daraus werden drei strategische Ansprüche abgeleitet:

– attraktiver Arbeitgeber nach innen und außen,
– öffentlich wertgeschätzter Partner,
– Meinungsführer.

Dann werden z.B. aus dem Anspruch »Attraktiver Arbeitgeber nach innen und außen« drei Messgrößen abgeleitet, die auf nachgelagerten Zielebenen in Steuergrößen operationalisiert werden (Abb. 189).

---

855 Vgl. Ulrich/Zenger/Smallwood 1999.
856 Vgl. Ulrich/Zenger/Smallwood 1999.

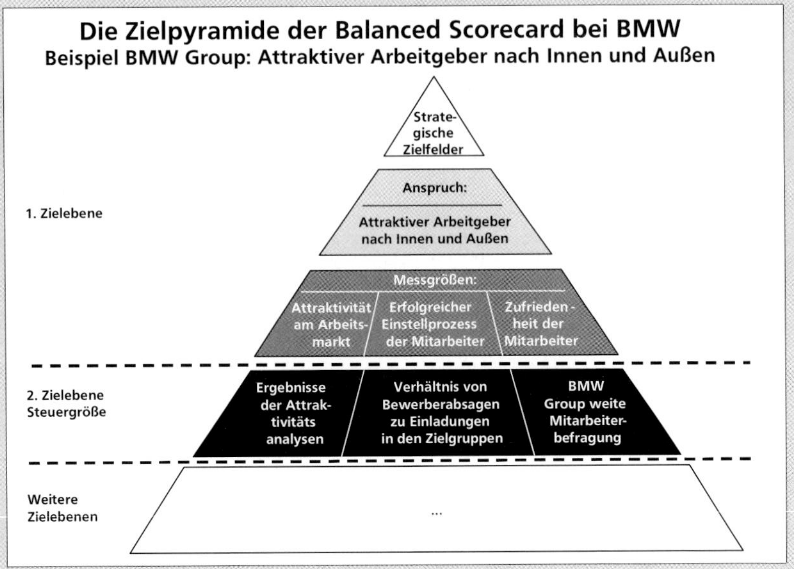

Die Zielpyramide der Balanced Scorecard bei BMW
Beispiel BMW Group: Attraktiver Arbeitgeber nach Innen und Außen

1. Zielebene
- Strategische Zielfelder
- Anspruch: Attraktiver Arbeitgeber nach Innen und Außen
- Messgrößen: Attraktivität am Arbeitsmarkt / Erfolgreicher Einstellprozess der Mitarbeiter / Zufriedenheit der Mitarbeiter

2. Zielebene Steuergröße
- Ergebnisse der Attraktivitätsanalysen
- Verhältnis von Bewerberabsagen zu Einladungen in den Zielgruppen
- BMW Group weite Mitarbeiterbefragung

Weitere Zielebenen
...

Abb. 189: Zielpyramide der Balanced Scorecard bei der BMW Group[857]

- *Beispiel DaimlerChrysler AG*

Die Funktionalstrategie Personal bei der DaimlerChrysler AG verfolgt das Ziel, den Business-Anforderungen bezüglich Wachstum, Technologieführerschaft und wettbewerbsfähiger Kostenposition erfolgreich zu begegnen. Als Herausforderungen für die optimale Unterstützung der globalen Strategien wurden fünf globale Herausforderungen für den Personalbereich definiert:

- Profitabilität,
- wettbewerbsfähige Belegschaft,
- Führungskompetenz,
- attraktiver Arbeitgeber und
- professionelle Organisation.

Diese strategischen Handlungsfelder definieren die Grundpfeiler der Personalarbeit im DaimlerChrysler-Konzern. Aus der globalen strategischen Perspektive hat das Personalressort drei weitere zentrale Herausforderungen definiert:

- Personalstrategie China,
- DC Management Development to the next level,
- exzellente Arbeitsleistung und Produktivität.

---

857 Quelle: BMW Group.

Ein wesentlicher Erfolgsfaktor für die Strategieumsetzung ist ein systematisches und methodisch gestütztes Umsetzungscontrolling. Bei der DaimlerChrysler AG wurde hierzu ein Werttreiberprozess entwickelt, der in alle Organisationseinheiten des Unternehmens implementiert wurde. Zielbildungsprozess und Umsetzungscontrolling strategischer Personalziele, Operationalisierung strategischer Personalziele sowie Ziel- und Steuerungsgrößen für eine wettbewerbsfähige Belegschaft sind dabei für das strategische Personalcontrolling als Teil des Personalmanagements entscheidend. Die operative Umsetzung der strategischen Ziele wird über eine Balanced Scorecard sichergestellt.[858]

- *Beispiel E. Breuninger GmbH & Co.*

Bei der Balanced Scorecard der E. Breuninger GmbH werden in diesem Zusammenhang folgende Messgrößen für das Personalmanagement abgeleitet:

Ressourcen	Strategien	Erfolgsfaktoren	Kennzahlen
Mensch	Entwicklung qualifizierter und motivierter Mitarbeiter	Mitarbeiterzufriedenheit	Happy-Employee-Index
		Mitarbeiterfluktuation	Fluktuationsrate
		Mitarbeiterqualifikation	Testergebnisse
		Managementqualität	Vorgesetzten-Index
		Mitarbeiterproduktivität	Umsatz pro Mitarbeiter

Abb. 190: Messgrößen für das Personalmanagement bei der E. Breuninger GmbH[859]

- *Beispiel Deutsche Bahn AG*

Die Deutsche Bahn[860] definiert in ihrer Balanced Scorecard vier Dimensionen:

- Kundenzufriedenheit/Marktanteil
- Effizienz/Finanzziele
- Qualität der Leistungserstellung
- Engagement der Mitarbeiter

In der für das Personalmanagement wichtigen Dimension Engagement der Mitarbeiter werden folgende fünf Kennzahlen definiert und erhoben:

---

858 Vgl. Fleig/Gesmann/Biel 2004, S. 465 ff.
859 Quelle: E. Breuninger GmbH & Co. Vgl. auch Guldin 2000, S. 105 ff.
860 Vgl. Niemann 2000, S. 152.

- Mobilität
- Fluktuation
- Gesundheitsstand
- Zielvereinbarungs-/erreichungsgrad
- Verbesserung

- *Beispiel Skandia*

Bei der schwedischen Firma Skandia ist der Ausgangspunkt der firmeneigenen Scorecard der Marktwert des Unternehmens. Dieser wird nur zum Teil durch das »Financial Capital« bestimmt, der andere wesentliche Teil umfasst das »Intellectual Capital«, das sich weiter in »Human Capital« und »Structural Capital« differenzieren lässt (Abb. 191).

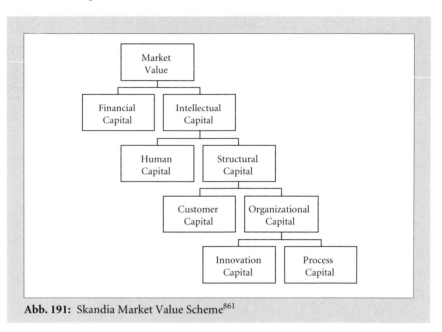

Abb. 191: Skandia Market Value Scheme[861]

Die resultierende Scorecard besteht bei Skandia ähnlich wie bei Kaplan/Norton aus den vier strategisch orientierten Perspektiven. Zusätzlich wird dabei noch eine fünfte Perspektive unterschieden, die sich explizit auf die Humanressourcen bezieht (Abb. 192):

---

861 Vgl. Edvinsson/Malone 1997, S. 52; Roos/Roos/Dragonetti/Edvinsson 1997, S. 28 ff.

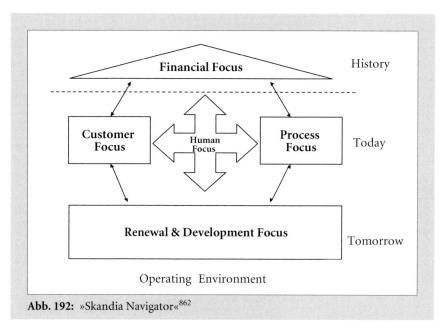

Abb. 192: »Skandia Navigator«[862]

In jeder der fünf Perspektiven werden nun spezifische Kennzahlen abgeleitet, die sich zum Teil auch branchenunabhängig anwenden lassen. Im Gegensatz zur Balanced Scorecard steht dabei weniger das Controlling mit wenigen aussagekräftigen Kenngrößen im Vordergrund als die Formulierung des »Intellectual Capital Reports«. Dieser besteht bei Skandia aus den fünf Perspektiven mit insgesamt um die hundert Kenngrößen. Für die Evaluation der Wertschöpfung im Personalmanagement sind dabei vor allem die Perspektiven »Renewal & Development Focus« und »Human Focus« relevant. Im Bereich »Renewal & Development Focus« sind dies:

1. Competence development expense/employee ($)
2. Satisfied Employee Index (no.)
3. Relationship investment/customer ($)
4. Share of training hours (%)
5. Share of development hours (%)
6. Opportunity share (%)
7. R&D expense/administrative expense (%)
8. Training expense/employee ($)
9. Training expense/administrative expense (%)
10. Business development expense/administrative expense (%)
11. Share of employees under age 40 (%)
12. IT development expense/IT expense (%)

---

862 Vgl. Edvinsson/Malone 1997, S. 68. Vgl. auch Skandia 1998.

13. IT expenses on training/IT expense (%)
14. R&D resources/total resources (%)
15. Customer opportunity base captured (no.)
16. ...
   ...
32. ...

Abb. 193: Intellectual Capital Report: Renewal & Development Focus[863]

Für die fünfte Perspektive, »Human Focus« werden folgenden Indikatoren vorgeschlagen:

1. Leadership Index (%)
2. Motivation Index (%)
3. Empowerment Index (no.)
4. Number of employees (no.)
5. Employee turnover (%)
6. Average years of service with company (no.)
7. Number of managers (no.)
8. Number of women managers (no.)
9. Average age of employees (no.)
10. Time in training (days/year) (no.)
11. IT-literacy of staff (no.)
12. Number of full-time/permanent employees (no.)
13. Average of full-time/permanent employees (no.)
14. Average years with company of full-time permanent employees (no.)
15. Annual turnover of full-time permanent employees (no.)
16. Per capita annual cost of training, communication, and support programs for full-time permanent employees ($)
17. Full-time permanent employees who spend less than 50 percent of work hours at a corporate facility; percentage of full-time permanent employees; per capital annual cost of training, communication, and support programs
18. Number of full-time temporary employees; average years with company of full-time temporary employees
19. Per capita annual cost of training and support programs for full-time temporary employees ($)
20. Number of part-time employees/non-full-time contractors (no.)
21. Average duration of contract (no.)
22. Percentage of company managers with advanced degrees:
    - Business (%)
    - Advanced science and engineering degrees (%)
    - Advanced liberal arts degrees (%)

Abb. 194: Intellectual Capital Report: Human Focus[864]

---

863 Vgl. Edvinsson/Malone 1997, S. 153 f.
864 Vgl. Edvinsson/Malone 1997, S. 154 f.

Für die Evaluation der Wertschöpfung eignet sich der »Intellectual Capital Report« nur begrenzt, da die einzelnen Kennzahlen in Bezug auf den Wertschöpfungsbeitrag zum Teil schwierig zu interpretieren sind. Auch bedingt die große Zahl an Kennzahlen eine gewisse Unübersichtlichkeit. Sie kann aber auch als Angebot für einen differenzierten Benchmarking-Ansatz verstanden werden, wie ihn z. B. auch das Saratoga Institut anbietet.[865]

Die Einführung einer fünften Perspektive (»Human Focus«) verstärkt das Gewicht der Mitarbeiterperspektive, erschwert aber auch die Systematik des Konzepts, vor allem wegen der Überschneidung zum »Renewal & Development Focus«.

- *Fazit*

Für die Wertschöpfungsmessung im Personalmanagement ist das Konzept der BSC insofern geeignet, als es durch seine vier Perspektiven eine umfassende Bewertung ermöglicht. Einerseits wird dabei die Bedeutung des Personalmanagements herausgestellt, andererseits werden auch die Ergebnisse des Personalmanagements direkt den Ergebnissen der anderen Perspektiven gegenübergestellt, was die Ergebnisorientierung im Personalmanagement sowie die Integration mit der strategischen Unternehmensführung fördert.

Zur Aufstellung geeigneter Messgrößen für das Personalmanagement trifft die BSC von Kaplan/Norton nur wenige Aussagen, insbesondere der wichtige Bereich der Mitarbeiterführung wird nur ansatzweise diskutiert. So werden z. B. Mitarbeiterqualifikationen nur über die strategische Aufgabendeckungsziffer erfasst. Das Qualifikationsniveau, aber auch Schlüsselqualifikationen werden damit nicht berücksichtigt. Die Operationalisierung kritischer Größen ist damit in der Balanced Scorecard verbesserungsfähig. Prinzipiell wird das Personalmanagement in dieser BSC damit nur wenig berücksichtigt. Das ist auch darin zu begründen, dass die Lern- und Entwicklungsperspektive in der BSC neben den Humanressourcen auch die informationellen Ressourcen beinhaltet, wodurch eine starke technologische[866] Perspektive eingenommen wird. Allerdings lassen sich in die Balanced Scorecard als Denkansatz ohne Probleme weitere Messgrößen integrieren.

Bei Ulrich/Zenger/Smallwood erfolgt eine starke Betonung der Mitarbeiterperspektive. Interessant ist dabei vor allem, dass nicht die Zufriedenheit der Mitarbeiter in den Vordergrund gestellt wird, sondern die Qualifikation und Motivation (also die Potenziale) der Mitarbeiter.

---

865 EP-First & Saratoga (PricewaterhouseCoopers Human Resource Service) 2005.
866 Vgl. hierzu auch die Unterscheidung von technologischer, ökonomischer und sozialer Dimension in Abb. 136, S. 251.

Der Ansatz von Skandia erweitert das BSC-Konzept von Kaplan/Norton, indem eine zusätzliche Mitarbeiterperspektive konzeptionalisiert wird. Allerdings liegt hier der Fokus auf dem »Intellectual Capital Report«, ähnlich wie bei einer klassischen Bilanz.

8.2 Strategiegeleitete Entwicklung einer Balanced Scorecard

Der Aufbau der BSC ist eng mit der Unternehmensstrategie verbunden. Ausgangspunkt ist die Strategie des Gesamtunternehmens bzw. des Geschäftsbereichs. Aus Sicht der vier Perspektiven der BSC sind aus der formulierten Strategie kritische Erfolgsfaktoren einschließlich entsprechender Messgrößen abzuleiten, über die eine erfolgreiche Strategieimplementierung gewährleistet wird.[867] Damit unterstützt die BSC direkt die Strategieimplementierung. Abbildung 195 zeigt auf, wie sich eine BSC von der Unternehmensstrategie ableiten lässt.

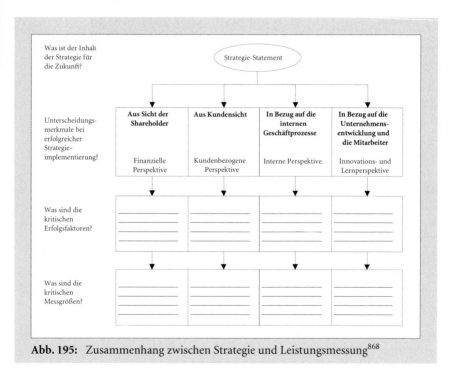

Abb. 195: Zusammenhang zwischen Strategie und Leistungsmessung[868]

---

867 Vgl. zur Implementierung von BSC auch Gehringer/Michel 2000, Horváth & Partner 2000.
868 Vgl. Kaplan/Norton 1993, S. 139.

Für das Personalmanagement ergeben sich die kritischen Erfolgsfaktoren und deren Messgrößen aus den personalbezogenen strategischen Vorgaben, also aus der Personalstrategie, die sich aus der Unternehmensstrategie ableitet bzw. eng mit dieser verknüpft ist.

- *Ursache-Wirkungszusammenhang der Balanced Scorecard*

Die vier Perspektiven der BSC können in diesem Zusammenhang nicht nur als ausgewogene, mehrdimensionale Betrachtung der Unternehmenszielerreichung betrachtet werden, denn sie lassen sich auch in einen Ursache-Wirkungszusammenhang bringen (Abb. 196).[869]

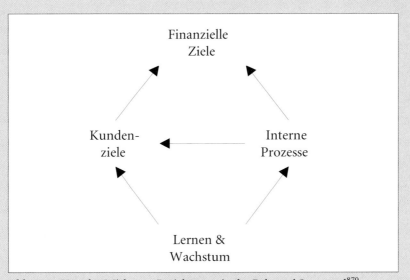

Abb. 196: Ursache-Wirkungs-Beziehungen in der Balanced Scorecard[870]

Dabei können die finanziellen Ziele als finale Größen angesehen werden, die durch die Erfüllung der Kundenziele und durch optimierte interner Prozesse erreicht werden. Letztere wirken direkt auf die Erfüllung der Kundenziele. Die Lern- und Wachstumsziele schließlich sichern langfristig die Erfüllung der Kundenziele und die optimale Gestaltung der internen Prozesse.[871]

---

869 Vgl. dazu kritisch Wimmer/Neuberger 1998, S. 566 ff.
870 Eigene Darstellung.
871 Vgl. auch Kapitel 9.3, S. 406 ff.

- *Beispiel Balanced Scorecard bei der Deutschen Lufthansa AG*

Die Deutsche Lufthansa AG verwendet eine Balanced Scorecard mit drei Dimensionen, nachdem der ursprüngliche Vier-Perspektiven-Ansatz von Kaplan/Norton zugunsten einer vereinfachten Kommunikation aufgegeben wurde. Die konkrete Ausgestaltung vollzieht sich bei Lufthansa in einem dynamischen Prozess und wird kontinuierlich hinterfragt und optimiert (Abb. 197).

	Strategische Ziele	Messgrößen	Operative Ziele	Strategische Initiativen
Aktionäre	• Profitabilität	• Kapitalrentabilität	• X% nach Steuern	• Geschäftsspezifische Ableitung von Hurdle- und Tagetrates
	• Renditeanspruch der Eigentümer erfüllen	• DCF-Rendite	• Anstieg des Auslandsumsatzes um X%	• Screening potenzieller ausländischer Partner
	• Nachhaltiges Wachstum	• Umsatzwachstum, Erhöhung Marktanteil	• Steigerung in Region A um X%	• Kauf eines Unternehmens in Region A
Kunden	• Kundenloyalität	• Customer Service Index (CSI)	• Steigerung des CSI um X Prozentpunkte	• Szenarioentwicklung d. zukünft. Kundenerwartung u. Berücksichtigung bei d. Angebotserstellung
	• Qualitätsimage	• Imagekorrektur	• Verbesserung des Anteils ausl. Kunden um X%	• Antizipative Produktentwicklung nach Lebenszyklus
	• Globalität	• Ausländischer Kundenanteil		• Internationalisierung der externen Kommunkation
Mitarbeiter	• Mitarbeiterengagement	• Employee Commitment Index (ECI)	• Steigerung des ECI um X Prozentp. p.a.	• Projekt »Mitarbeiter im Fokus«
	• Führungsqualität	• Führungspotenzial	• X-%ige Erweiterung d. dezentr. Führungskompetenz in 3 Jahren.	• Hierarchieübergreifendes Job-Rotation-Programm
	• Dienstleistungskultur	• Branchenweiter Vergleich aus Kundensicht	• Unter den 5 Anbietern mit der höchsten Dienstleistungsorientierung	• Verankerung dienstleistungsbez. Einstellungsverfahren und -kriterien

Abb. 197: Balanced Scorecard bei der Deutschen Lufthansa[872]

Hier wird deutlich, wie die strategischen Ziele auch in der Mitarbeiterperspektive nicht nur gemessen werden, sondern über operative Ziele heruntergebrochen und mit Hilfe strategische Initiativen konkret positiv beeinflusst werden. Als Vorteile der Balanced Scorecard werden bei Lufthansa vor al-

---

872 Vgl. Weber/Schäffer 2000, S. 83 ff.

lem die Berücksichtigung nicht-monetärer Leistungstreiber gesehen. Dies führt über die systematische Berücksichtung von Kunden- und Mitarbeiterbelangen in der strategischen Diskussion zu einer verbesserten Dienstleistungsorientierung. Grenzen der BSC liegen aus Sicht von Lufthansa vor allem in der Kenntnis der komplexen und dynamischen Ursache-Wirkungsbeziehungen. Die BSC führt damit aus Sicht von Lufthansa hauptsächlich zu einer Erweiterung der Betrachtungsperspektiven und unterstützt wichtige Kommunikationsprozesse innerhalb des Unternehmens. Keinesfalls wird dadurch jedoch der Strategieentwicklungsprozess selbst ersetzt.[873]

- *Verknüpfung der BSC mit dem Anreizsystem*

Aus Sicht des Personalmanagements kann auch eine Verknüpfung mit dem Anreizsystem sinnvoll sein, indem die BSC als Berechnungsgrundlage für das Prämiensystem des oberen Managements verwendet wird. Dadurch soll die Umsetzung der Strategie unterstützt werden. So bietet sich z. B. folgende Aufteilung an (Abb. 198).

Perspektive	Kriterium	Gewichtung
Finanzen (60%)	Gewinnspanne gegenüber der Konkurrenz	18%
	ROCE gegenüber der Konkurrenz	18%
	Kostensenkung gegenüber Plan	18%
	Wachstum auf neuen Märkten	3%
	Wachstum auf bestehenden Märkten	3%
Kunden (10%)	Marktanteil	2,5%
	Kundenzufriedenheitsstudie	2,5%
	Händlerzufriedenheitsstudie	2,5%
	Händlerrentabilität	2,5%
Interne Betriebsprozesse (10%)	Gemeinwohl/Umweltschutzindex	10%
Lernen und Entwicklung (20%)	Arbeitsklima (Studie)	10%
	Klassifizierung strategischer Fähigkeiten	7%
	Zugang zu strategischer Information	3%

Abb. 198: Leistungszulage für das obere Management auf Basis der Balanced Scorecard (BSC)[874]

Entsprechend ist die Balanced Scorecard eng mit dem Konzept des Management by Objectives verwandt, allerdings erweitert sie dieses durch die Betonung der vier verschiedenen Perspektiven bzw. Analysebereiche.

Bei der Verwendung der Balanced Scorecard als Basis des Anreizsystems ist zu beachten, dass mit der Bildung eines Indizes die Gewichtung der verschie-

---

873 Vgl. Weber/Schäffer 2000, S. 86 ff.
874 Vgl. Kaplan/Norton 1997, S. 210 f.

denen BSC-Perspektiven vorgegeben wird. Allerdings ist gerade die Priorisierung dieser (operativen) Teilziele, die damit vorweggenommen wird, eine der zentralen Aufgaben des Top-Managements. Diese Priorisierung sollte daher nicht durch die Gestaltung des Anreizsystems vorweggenommen werden. Vielmehr sollten sich Leistungsanreize für das Top-Management auf langfristig ausgerichtete finanzielle Performancegrößen beschränken.

Bei Mitarbeitern auf niedrigeren Hierarchieebenen eignen sich hingegen übergeordnete finanzielle Ergebnisgrößen nur schlecht als Bemessungsgröße des Anreizsystems, da sie diese nur zu einem kleinen Teil beeinflussen können. Für Mitarbeiter in operativen Bereichen bietet sich daher eine Leistungsbeurteilung anhand des Beitrags zur Erreichung einzelner, konkreter BSC-Ziele durch den jeweiligen Vorgesetzten an.[875]

In der Praxis verwenden fast 50% der Unternehmen, die eine BSC für einen Unternehmensbereich anwenden, diese BSC auch für die Bemessung der variablen Vergütung. Weitere 24% der Unternehmen verwenden die BSC zumindest für die Erfolgs- und Leistungsbeurteilung (Abb. 199).

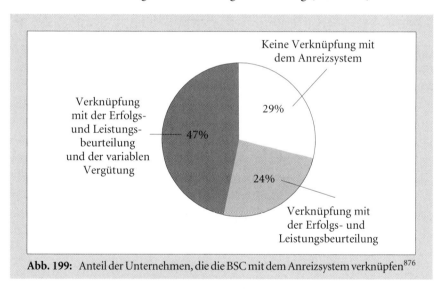

Abb. 199: Anteil der Unternehmen, die die BSC mit dem Anreizsystem verknüpfen[876]

Becker/Schwertner/Seubert zeigen darüber hinaus, dass Anreizsysteme, die auf BSC basieren, anderen Anreizsystemen überlegen sind, und zwar hinsichtlich Jahresüberschuss, Umsatzwachstum und Strategieumsetzung der untersuchten Unternehmen im deutschsprachigen Raum.[877]

---

875 Vgl. Bischof/Speckbacher 2001, S. 15 f.
876 Vgl. Bischof/Speckbacher 2001, S. 14.
877 Vgl. Becker/Schwertner/Seubert 2004, S. 12 ff.

- *Beispiel Whirlpool-Konzern*

Bei Whirlpool erhalten Manager eine leistungsabhängige Vergütung, wobei der variable Gehaltsanteil zwischen 10% und 40% liegt und von der Verantwortung des Managers und seiner Einflussmöglichkeit auf den Geschäftsverlauf abhängt.[878] Zur Ermittlung des Bonus wird der Planwert der variablen Vergütung mit zwei Faktoren multipliziert:

1. Ein individueller Multiplikator, der zwischen 0,85 und 1,5 liegen kann und vom Vorgesetzten aufgrund der Leistung festgelegt wird.
2. Ein allgemeiner Multiplikator, der sich aus der Zielerreichung in der Balanced Scorecard des Unternehmens ergibt und der zwischen 0,5 und 1,5 normiert wird. Dieser ist für alle Manager des Unternehmens gleich. Hierzu wird ein Index auf Basis der BSC verwendet, wobei die finanziellen Ziele mit 50% und die Ziele der Kundenperspektive und der Mitarbeiterperspektive mit je 25% gewichtet werden.

- *Informationstechnisch unterstützter Regelkreis mit der Balanced Scorecard*

Gerade im Zusammenhang mit einem informationstechnisch unterstützten Controllingsystem eignet sich der Ansatz der Balanced Scorecard besonders, da die wesentlichen Daten für die Geschäftsleitung übersichtlich aufbereitet werden.[879] Dabei bietet sich zur Verbesserung der Führungsinstrumente folgendes Vorgehen an, das auch auf das Personalmanagement anwendbar ist:

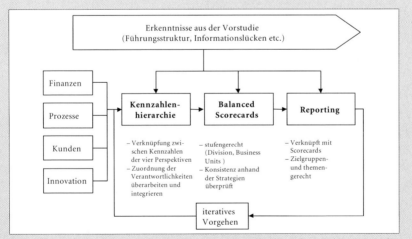

Abb. 200: Balanced Scorecard als integraler Bestandteil bei der Verbesserung der Führungsinstrumente[880]

---

878 Vgl. Davids 2000, S. 107 ff.
879 Vgl. Mountfield/Schalch 1998, S. 316 ff.
880 Vgl. Mountfield/Schalch 1998, S. 319.

Für die Wertschöpfungsmessung des Personalmanagements sind innerhalb dieses Regelkreises dann vor allem die humanressourcenspezifischen Informationen relevant, die in dieser Arbeit bereits ausführlich dargestellt wurden. Die Balanced Scorecard bzw. die Balanced Scorecards auf verschiedenen Ebenen der Organisation ermöglichen so auch eine Konsistenzprüfung mit der Personalstrategie.

8.3 Balanced Scorecard mit Übergewinnverfahren

Ausgehend von der strategiebedingten Wertschöpfung zählen die bereits vorgestellten kapitalbasierten Übergewinnverfahren zu den aktuellen und verbreiteten Steuerungskonzepten.[881] The Boston Consulting Group hat hier unter dem Namen Workonomics einen Ansatz entwickelt, der sich auch mit der Balanced Scorecard kombinieren lässt, was im Folgenden dargestellt wird.[882]

Zielgröße dieser EVA-[883] und CVA[884]-Konzepte ist stets der Übergewinn als Differenzen von Kapitalrendite und Kapitalkosten multipliziert mit dem investierten Kapital. Diese Grundidee ist hier noch einmal dargestellt:

Übergewinn = Gewinngröße – Kapitalkosten · Investiertes Kapital
= (Kapitalrendite – Kapitalkosten) · Investiertes Kapital

Dies entspricht:

$$CVA = (CFROI - KK) \cdot IK$$

$$\text{mit } CFROI = \frac{BCF - \ddot{O}A}{IK}$$

Problematisch an diesem kapitalbasierten Konzept ist die eindimensionale Ausrichtung am Kapital. Verbindet man diesen Ansatz mit der Balanced Scorecard so lassen sich auch für die Mitarbeiterperspektive und Kundenperspektive geeignete und äquivalente Beziehungen aufstellen:

Übergewinn = Gewinngröße – Personalkosten · Anzahl Mitarbeiter
= (Gewinn pro Mitarbeiter – Personalkosten pro Mitarbeiter) · Anzahl Mitarbeiter

Übergewinn = Gewinngröße – Vertriebs- und Marketingkosten · Anzahl Kunden

---
881 Vgl. Kapitel 2.4.4.2., S. 43.
882 Vgl. Strack/Villis 2004, S. 340 ff.
883 Economic Value Added-Konzept von Stern/Stewart.
884 Cash Value Added-Konzept von The Boston Consulting Group.

= (Gewinn pro Kunde – Vertriebs- und Marketingkosten pro Kunde) · Anzahl Kunden

In der Mitarbeiterperspektive gilt hierbei für den CVA[885]:

$$CVA = (CFROI - KK) \cdot IK$$

$$= \left(\frac{BCF - ÖA}{IK} - KK\right) \cdot IK$$

$$= BCF - ÖA - KK \cdot IK$$

$$= U - MC - PC - ÖA - KK \cdot IK$$

$$= \left(\frac{U - MC - ÖA - KK - IK}{P} - \frac{PC}{P}\right) \cdot P$$

mit
U: Umsatzerlöse
MC: Materialaufwand
PC: Personalaufwand
P: Anzahl der Mitarbeiter bzw. Mitarbeiterkapazitäten (MAK)

Der erste Teil der Klammer entspricht dann der Wertschöpfung pro Mitarbeiter, der zweite dem durchschnittlichen Personalaufwand. Definiert man entsprechend:

VA (Value Added) = U – MC – ÖA – KK · IK

VAP (Value Added per Person) = $\dfrac{VA}{P}$

ACP (Average (personnel) Cost per Person) = $\dfrac{PC}{P}$

so ergibt sich

$$CVA = \left(\frac{VA}{P} - ACP\right) \cdot P$$

$$= (VAP - ACP) \cdot P$$

Durch den Bezug der Übergewinnverfahren auf die zentralen Größen des Personalmanagements entsteht ein für das Personalmanagement geeignetes und konsistentes Steuerungsinstrument, das sich insbesondere auch für personalintensive Unternehmen eignet.[886]

---

885 Auch der EVA kann analog zum CVA umgeformt werden. Für die Herleitung der Beziehung für die Kundenperspektive vgl. Strack/Villis 2001, S. 12 ff.
886 Weiter lässt sich der CVA auch auf eine kundenbezogene Sichtweise anwenden. Vgl. Strack/Villis 2001.

Wertschöpfung kann in dieser Sichtweise auf drei Arten erzielt werden:

1. Erhöhung der Wertschöpfung pro Mitarbeiter (VAP)
2. Profitables Wachstum der Beschäftigten (P)
3. Reduktion der Personalkosten (ACP)

- *Beispiel SAP AG*

Diese Perspektive soll am Beispiel der SAP AG verdeutlicht werden. SAP nahm in den Jahren 1993 bis 1998 eine Spitzenposition in Bezug auf den Total Shareholder Return ein.[887] Als Software- und IT-Unternehmen hat SAP eine relativ kleine Kapitalbasis, aber eine große Mitarbeiterzahl. Betrachtet man zunächst die klassische kapitalbezogene Sichtweise des CVA, so ergibt sich folgendes Bild (Abb. 201):

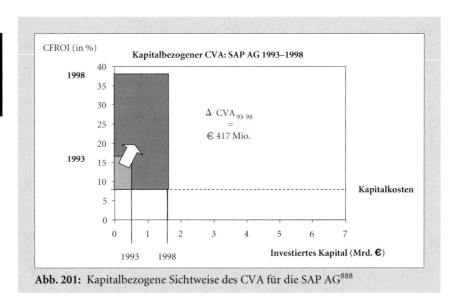

Abb. 201: Kapitalbezogene Sichtweise des CVA für die SAP AG[888]

SAP verdreifacht das investierte Kapital, die Kapitalrendite als CFROI hat sich mehr als verdoppelt. Dies deutet auf ein extrem positives Wachstum in Bezug auf die Kapitalrendite als auch hinsichtlich der Kapitalbasis hin. Vergleicht man nun zusätzlich die personalbezogene Sichtweise des CVA, der natürlich absolut und relativ die gleiche Größe aufweist, so ergibt sich Folgendes (Abb. 202):

---

887 Der Total Shareholder Return (TSR) ist ein Maß für die Wertsteigerung aus Sicht der Aktionäre und berechnet sich aus den Kurssteigerungen einer Aktie einschließlich Dividenden und Bezugsrechten innerhalb einer Periode.
888 Vgl. Strack/Villis 2001, S. 10.

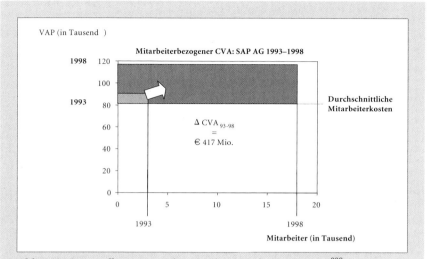

Abb. 202: Personalbezogene Sichtweise des CVA für die SAP AG[889]

Die Wertschöpfung pro Mitarbeiter (VAP) nimmt um ca. ein Drittel zu, demgegenüber versechsfacht sich die Anzahl der Mitarbeiter (P). SAP hat damit vor allem die Beschäftigung erhöht, um die Wertsteigerung zu erzielen. In der kapitalbezogenen Sichtweise hat sich der CFROI verbessert, was auf eine Effizienzsteigerung hindeutet. Tatsächlich hat jedoch ein erhebliches Wachstum stattgefunden, das in der kapitalbezogenen Sichtweise nicht so deutlich dargestellt wird.

SAP hat seine Geschäftsstrategie in diesen Jahren weltweit implementiert. Der Auslandsumsatz stieg von 48 % in 1993 auf 82 % in 1998. Die personalbezogene Sichtweise des CVA kann dementsprechend die personalintensive Wachstumsstrategie in diesem Zeitraum besser als die kapitalbezogene Sichtweise darstellen.[890]

8.3.1 Bedeutung der Humanperspektive im CVA

Ausgehend von der Darstellung des Beispiels der SAP AG stellt sich die Frage, für welche Unternehmen und Geschäftsbereiche welche der beiden Sichtweisen die Wertschöpfung geeignet darstellen kann. Hierzu kann man die Personalkosten in das Verhältnis der Kapitalkosten stellen, um damit einen Indikator für die relative Bedeutung der Personalkosten zu bekommen. Für die Unternehmen des deutschen Aktienindizes (DAX) ergibt sich dabei folgendes Bild (Abb. 203):

---

889 Vgl. Strack/Villis 2001, S. 10.
890 Vgl. Strack/Villis 2001, S. 10 f.

Unternehmen	Verhältnis der Personalkosten zu kapitalbezogenen Kosten für 1998
SAP	9:1
Adidas-Salomon	5:1
Siemens	5:1
MAN	5:1
Hoechst	4:1
Karstadt	4:1
Preussag	4:1
Metro	4:1
Schering	3:1
Degussa	3:1
Bayer	3:1
Henkel	3:1
Linde	3:1
Mannesmann	3:1
Thyssen	3:1
VW	2:1
Deutsche Lufthansa	2:1
RWE	2:1
VIAG	2:1
BMW	2:1
BASF	2:1
VEBA	2:1
Deutsche Telekom	1:1

Abb. 203: Relevanz der HR-Betrachtung für DAX-Unternehmen[891]

Wie sich deutlich zeigt, machen die Personalkosten in fast allen betrachteten Unternehmen im Vergleich zu den Kapitalkosten den größeren Teil aus. D.h. es gibt eine deutliche Verschiebung zugunsten der Human-Ressourcen-Größen, was die Bedeutung der Steuerung und des Controllings mit diesen Größen im Vergleich zu kapitalbezogenen Größen betont.

8.3.2 Balanced Scorecard mit Werthebelbäumen

Verbindet man nun den Ansatz der Übergewinnverfahren mit der Balanced Scorecard, so ist es sinnvoll für die verschiedenen Dimensionen der Balanced Scorecard eigene Kennzahlen abzuleiten. Da dies für die Perspektive der internen Prozesse jedoch schwierig ist, muss sich dieser Ansatz auf die an-

---

[891] Ohne Banken und Versicherungen und ohne die fusionierte DaimlerChrysler AG. Vgl. Strack/Franke/Dertnig 2000, S. 284.

deren drei Perspektiven beschränken (Capital View, Human Resource View und Customer View). Dann lässt sich z. B. folgender Werthebelbaum ableiten (Abb. 204).[892]

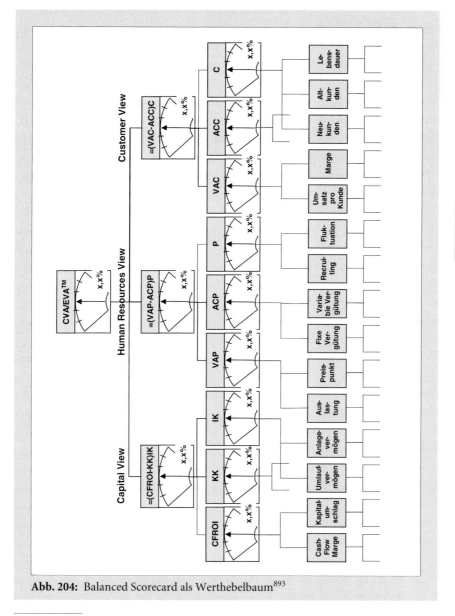

Abb. 204: Balanced Scorecard als Werthebelbaum[893]

---

[892] Vgl. hierzu auch das Kennzahlensystem für den Cash-Flow pro Mitarbeiter Abb. 57, S. 113.
[893] Vgl. Strack/Hansen/Dörr 2001, S. 70.

Speziell für die Mitarbeiterperspektive (Human Resource View) können die abgeleiteten Kennzahlen weiter detailliert werden, wodurch man zu einem HR-Cockpit gelangt (Abb. 205):

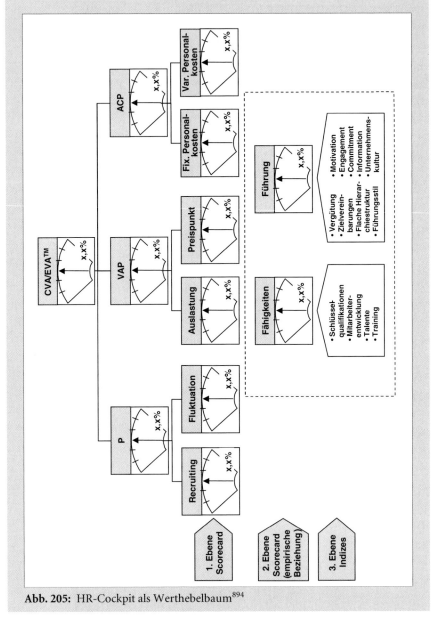

Abb. 205: HR-Cockpit als Werthebelbaum[894]

---

894 Vgl. Strack/Franke/Dertnig 2000, S. 287.

Hierbei ist wieder das prinzipielle Problem zu berücksichtigen, dass eine Verbindung zwischen den Kennzahlen für den Bereich des Personalmanagements – hier zwischen der 1. und 2. dargestellten Ebene – nur indirekt gelingen kann. Im konkreten Fall kann auf die Bildung von Indizes zurückgegriffen werden, um zu einer praxisorientierten Lösung zu gelangen.

Die Entwicklung von Werthebelbäumen in der Balanced Scorecard hat damit eine Reihe von Vorteilen. So kann durch die Werthebelbäume in den verschiedenen Dimensionen eine quantitative Verbindung zur Hauptkennzahl des Übergewinnes als CVA oder EVA geschaffen werden. Zwar enthält bereits die Balanced Scorecard Ursache-Wirkungszusammenhänge, die jedoch rein qualitativ und nicht quantitativ abgebildet werden. Weiterhin erlauben die Werthebelbäume eine systematische Auswahl und Priorisierung von Kennzahlen. Auch lässt sich über Sensitivitätsanalysen der einzelne Einfluss der verschiedenen Kennzahlen auf die Hauptkennzahl sichtbar machen.[895]

Allerdings bilden die Werthebelbäume keine Interdependenzen zwischen den Kennzahlen ab. Dies kann zu Fehlinterpretationen bei der Festlegung von Zielen und Maßnahmen führen. Darüber hinaus bietet eine Balanced Scorecard gerade den Vorteil, dass auch nicht quantitative und nur langfristig voneinander abhängig Größen, eben die drei oder vier Dimensionen der Scorecard, gegenübergestellt werden können. Insofern ist die Entwicklung von Werthebelbäumen eine sinnvolle Erweiterung der Balanced Scorecard. Da über die Werthebelbäume gerade auch die Mitarbeiterperspektive quantitativ abgebildet und in Verbindung mit dem CVA bzw. EVA gestellt wird, erfolgt dadurch eine besondere Betonung der Personalmanagementperspektive.

- *Beispiel RAG*

Der RAG-Konzern hat den Ansatz der Boston Consulting Group in den vergangenen Jahren eingeführt und weiterentwickelt. Neben den quantitativen Zielgrößen P, ACP und VAP werden dabei auch qualitative und prozessorientierte Zielgrößen berücksichtigt (Abb. 206). Der Wertbeitrag (WB) war ursprünglich als CVA definiert, wurde aber in 2005 zur Vereinfachung in EBIT ausgetauscht.

---

895 Vgl. auch Strack/Hansen/Dörr 2001, S. 71.

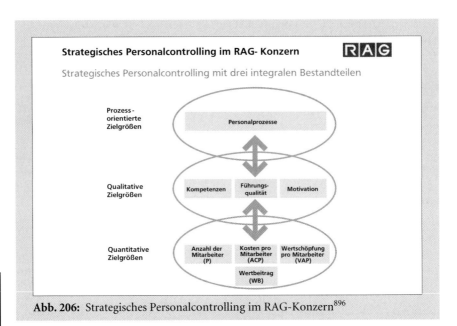

Abb. 206: Strategisches Personalcontrolling im RAG-Konzern[896]

Zwischen den drei Zielgrößen bestehen folgende Wirkungszusammenhänge (Abb. 210):

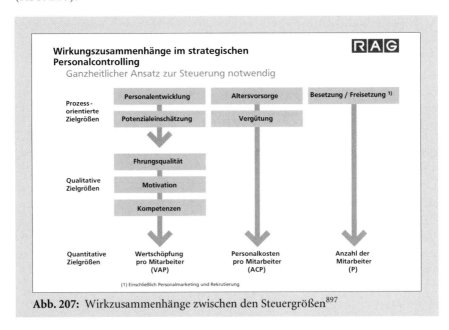

Abb. 207: Wirkzusammenhänge zwischen den Steuergrößen[897]

---

896 Quelle: RAG-Konzern.
897 Quelle: RAG-Konzern.

Die qualitativen Zielgrößen werden im RAG-Konzern mit Hilfe eines Mitarbeiterfragebogens erfasst. Auf diese Weise lassen sich die Abteilungen bzw. Bereiche mit Verbesserungspotenzial identifizieren (Abb. 208).

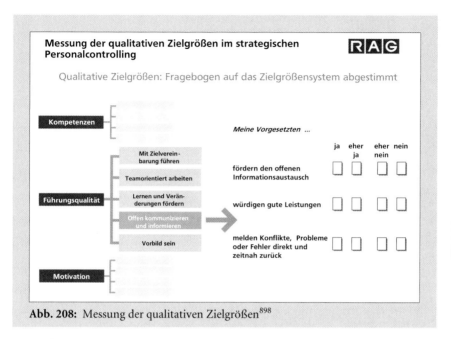

Abb. 208: Messung der qualitativen Zielgrößen[898]

Bei der Erfassung der quantitativen Zielgrößen erfolgt eine starke Fokussierung auf die Personalkosten ACP und Mitarbeiteranzahl P, da sich die Messung der Wertschöpfung pro Mitarbeiter VAP im Detail schwierig gestaltet und v.a. von Einflussfaktoren abhängt, die außerhalb des Einflussbereichs des Personalmanagements liegen, wie z.B. der Marktsituation.

Dieser Fokussierung auf die Kostenseite muss daher durch die gleichzeitige Berücksichtigung der qualitativen Zielgrößen entgegengewirkt werden, weshalb die quantitativen Zielgrößen nie alleine, sondern nur zusammen mit den prozessorientierten und qualitativen Größen beurteilt werden können. Insgesamt ermöglicht der Ansatz bei der RAG eine gute Systematisierung des strategischen Personalcontrolling auf Top-Management-Ebene, der auch als BSC mit qualitativen, prozessorientierten und quantitativen Größen aufgefasst werden kann.

---

898 Quelle: RAG-Konzern.

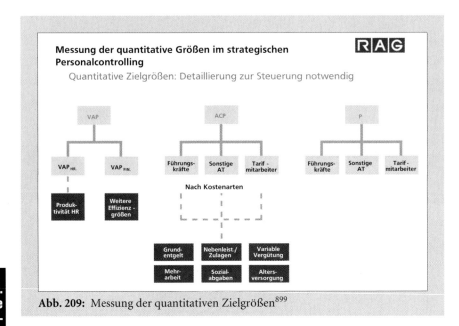

Abb. 209: Messung der quantitativen Zielgrößen[899]

8.4 Wertschöpfungsmessung im Personalmanagement mit der Balanced Scorecard

Für das Personalmanagement und die Wertschöpfungsmessung im Personalmanagement bietet das Konzept der BSC zwei Anwendungsmöglichkeiten: Einerseits können die personalbezogenen Zielgrößen innerhalb der BSC betrachtet werden, andererseits lässt sich die Balanced Scorecard auch auf das Wertschöpfungscenter-Personal anwenden.[900]

8.4.1 Personalbezogene Wertschöpfungsmessung innerhalb der Balanced Scorecard

Die personalbezogene Wertschöpfungs- bzw. Leistungsmessung beschränkt sich auf Zielgrößen des Personalmanagements innerhalb der BSC. Die BSC des Personalmanagements lässt sich dabei in die Scorecard des Gesamtunternehmens integrieren. So können für das Personalmanagement folgende Größen ermittelt werden (Abb. 210):[901]

---

899 Quelle: RAG-Konzern.
900 Vgl. auch Ackermann 2000.
901 Vgl. Interview Festo AG; Interview Schweizerischer Bankverein (jetzt UBS).

	Erfolgsfaktoren	Messgrößen
Finanzielle Perspektive	Ergebnisse	Cash-Flow/Mitarbeiter Gewinn/Mitarbeiter Umsatz/Mitarbeiter Wertschöpfung/Mitarbeiter
Kundenperspektive	–	–
Innovations- und Lernperspektive	Maßnahmen zur Verbesserung der Innovativität	Aus- und Weiterbildungsinvestitionen – pro Mitarbeiter, – Anteil an der Lohn-/Gehaltssumme, Anzahl Verbesserungsvorschläge
	Mitarbeiterqualifikationen	Leistungs- und Potenzialbeurteilung der Mitarbeiter
	Mitarbeiterzufriedenheit	Arbeitszufriedenheit der Führungskräfte, Arbeitszufriedenheit der Mitarbeiter, Fluktuationsraten, Krankenstand
Perspektive der internen Geschäftsprozesse	Effizienz und Qualität der Personalmanagementprozesse	Ressourceneinsatz (Input), Prozesskennziffern (Throughput), Zielerreichungsgrad (Output)
	Qualität der Führungsprozesse	Beurteilung der Führungskräfte

Abb. 210: BSC für das Personalmanagement[902]

Dabei wird in der Praxis oft von folgenden vereinfachten Ursache-Wirkungsmechanismen ausgegangen, die auch in die bereits vorgestellten Ursache-Wirkungsbeziehungen (vgl. Abb. 196, S. 369) integriert werden können:[903]

Für die Sicherung der Produktivität und damit der finanziellen Ergebnisse sind im Bereich des Personalmanagements vor allem die *Fähigkeiten* und auch die *Motivation* der Mitarbeiter, das *Betriebsklima* und die *Qualität der Mitarbeiterführung* verantwortlich.

Die Fähigkeiten und das Leistungspotenzial der Mitarbeiter ergeben sich aus der Qualität der Personalgewinnung und -entwicklung. Diese haben neben dem betrieblichen Anreizsystem und dem Betriebsklima auch Einfluss auf die Motivation. Die Qualität der Personalgewinnung ergibt sich aus der Qualität der Selektionsprozesse und der Attraktivität des Unternehmens auf

---
902 Vgl. auch Bühner/Breitkopf/Stahl 1996, S. 167; Bühner 1997, S. 398.
903 Vgl. Lichtsteiner 1997, S. 334. Interview McKinsey. Interview Hewlett Packard.

dem Arbeitsmarkt. Auch die Qualität der Mitarbeiterführung ist ein Ergebnis von Personalauswahl und -entwicklung. Das Betriebsklima resultiert aus dem Qualifikationsprofil der Mitarbeiter (z. B. high performance culture) und der Mitarbeiterführung. Darüber hinaus kann es auch durch gezielte Organisationsentwicklungsmaßnahmen beeinflusst werden.

Daraus ergeben sich z. B. folgende Messgrößen im Personalmanagement:

- Qualität des Selektionsprozesses: Fehlerquote, ausgedrückt als nicht erfolgreiche Einstellungen (Kündigungen oder Versetzungen innerhalb der ersten 12 Monate nach Stellenantritt)
- Attraktivität auf dem Arbeitsmarkt: Umfragen in den relevanten Marktsegmenten
- Qualität der Personalentwicklung: Anteil der Mitarbeiter mit Führungspotenzial, Fachpotenzial und Entwicklungspotenzial
- Qualität des betrieblichen Anreizsystems
- Betriebsklima: Mitarbeiterumfragen, Austrittsinterviews, Identifikationsgespräche (z. B. 6 Monate nach dem Stellenantritt)
- Qualität der Führungskräfte: indirekte Messung über das Betriebsklima und direkte Messung über (360°-)Personalbeurteilung
- Mitarbeiterzufriedenheit: Mitarbeiterumfragen, Absenzen
- Fluktuation: beeinflussbare Austritte im Verhältnis zum Personalbestand
- Produktivität

C. Integrierte Bewertungsmodelle

Der Ansatz der Balanced Scorecard greift damit vor allem diejenigen Messgrößen des Personalmanagements auf, die auch bereits im Zusammenhang mit der personalprozessbezogenen Wertschöpfungsmessung erarbeitet wurden.[904] Insofern liefert die Balanced Scorecard auch keine neuen Messgrößen, sondern sie betont die Verwendung der aus Sicht der Strategie wesentlichen und relevanten Größen.

Im Folgenden soll dies am Beispiel der produktiven Arbeitszeit aufgezeigt werden.

- *Beispiel UBS AG*

Die UBS AG (früher Schweizerischer Bankverein) verwendet in seiner vierteljährlichen Scorecard eine Zuordnung der Aktivitäten der einzelnen Fachabteilungen nach den vier Kriterien:

1. Verrechenbare Stunden
2. Administration
3. HR-Entwicklung
4. Fehlzeiten

---

904 Vgl. auch Kapitel 4, S. 203 ff.

Dazu füllt jeder Mitarbeiter wöchentlich einen entsprechenden Zeiterfassungsbogen aus. Die Fehlzeiten beinhalten dabei auch Urlaubstage, so dass sich auch saisonbedingte Abweichungen ergeben. Dabei ist keine minutengenaue Aufschlüsselung der Tätigkeiten notwendig, vielmehr reicht in vielen Fällen eine stundengenaue Abschätzung.

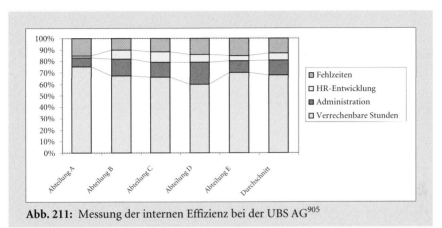

Abb. 211: Messung der internen Effizienz bei der UBS AG[905]

Der Vergleich der verschiedenen Abteilungen untereinander liefert so ein Bild über die Effizienz der Abteilungen. Abteilung A verfügt z. B. über den größten Anteil verrechenbarer Stunden, allerdings bei gleichzeitig höchstem Anteil an Fehlzeiten. Dagegen weisen Abteilungen B und C die geringsten Fehlzeiten bei gleichzeitig höchstem Anteil an HR-Entwicklung auf. Bei Abteilung D ist dagegen der Anteil der Administration ausgesprochen hoch. Eine genauere Analyse, auch im Vergleich mit der Vergangenheit, kann dabei Aufschluss über die Ursachen für die unterschiedlichen bzw. ungewöhnlichen Abweichungen liefern, auf deren Grundlage entsprechende Maßnahmen eingeleitet werden können. Auf diese Weise kann z. B. die strategische Forderung nach einem bestimmten HR-Entwicklungsanteil überprüft und realisiert werden.

- *Beispiel ONE (Connect Austria GmbH)*

Das Customer Contact Center des österreichischen Mobilfunkanbieters ONE hat für sich folgende Balanced Scorecard definiert.[906]

---

905 Quelle: UBS AG (früher Schweizerischer Bankverein).
906 Vgl. Kumpf/Boldrino 2003, S. 46 ff.

Ziele »Effiziente Qualität« des Customer Contact Center von ONE		
Perspektive	Ziel	Kennzahl
Learning and Growth	Wir schaffen für unsere Mitarbeiter optimale Rahmenbedingungen	1. Mitarbeiterzufriedenheit
		2. Krankenstandsquote
Internal Processes	Wir erreichen optimale Prozessqualität	3. Erreichbarkeit
		4. Secondlevel Lösungsdauer
		5. E-Mail Antwortzeit
		6. Call-Dauer
Customer	Wir bieten kundenorientiertes Service-Erlebnis	7. Kundenzufriedenheit
		8. Freundlichkeit
		9. Verständnis
		10. Kompetenz
Financial	Wir arbeiten effizient	11. Mitarbeiter-Auslastung
		12. Outbound-Success-Rate

Abb. 212: Balanced Scorecard des Customer Contact Center von ONE (Connect Austria GmbH)[907]

Insbesondere die Kennzahlen Mitarbeiterzufriedenheit (1), Krankenstandsquote (2) und Mitarbeiter-Auslastung (11) beziehen sich dabei auf die personalbezogene Wertschöpfungsmessung in der Balanced Scorecard wie auch in Abb. 210 beschrieben.

8.4.2 Anwendung der Balanced Scorecard auf das Wertschöpfungscenter-Personal

Die BSC kann auch auf das Wertschöpfungscenter-Personal angewendet werden. In diesem Fall ist die BSC des Personalmanagements nicht direkt aus der Personalstrategie des Gesamtunternehmens abzuleiten, sondern über die Strategie des Personalbereichs bzw. des Wertschöpfungscenters. Abb. 213 zeigt eine mögliche Definition einer solchen BSC:[908]

---

907 Vgl. Kumpf/Boldrino 2003, S. 46.
908 Vgl. dazu auch Abb. 210, S. 385.

	Erfolgsfaktoren	Messgrößen
Finanzielle Perspektive	Geschäftsergebnis der Personalabteilung	Budgeteinhaltung, Anteil der verrechneten Leistungen an die dezentralen Auftraggeber, »Gewinn« *(Business-Dimension)*
Kundenperspektive	Zufriedenheit der (internen) Kunden	Zufriedenheit mit den Dienstleistungen der Personalabteilung (Servicequalität), Arbeitszufriedenheit der Führungskräfte und der Mitarbeiter *(vor allem Service-Dimension)*
Innovations- und Lernperspektive	Innovations- und Umsetzungsfähigkeit der Personalabteilung	Managementqualität der Personalabteilung (z. B. Entwicklung neuer Konzepte und Instrumente), Beurteilung des Umsetzungserfolgs wichtiger Aufträge durch Geschäftsleitung und Betroffene *(vor allem Management-Dimension)*
	Adäquanz des Personalinformationssystems	Beurteilung des Personalinformationssystems durch die Nutzer
Perspektive der internen Geschäftsprozesse	Effizienz der Personalmanagementprozesse	Ressourceneinsatz (Input), Prozesskennziffern (Throughput), Zielerreichungsgrad (Output)

Abb. 213: BSC für das Wertschöpfungscenter Personal[909]

Von besonderer Bedeutung ist hier die Kundenperspektive: Neben der Zufriedenheit der internen Kunden mit den Dienstleistungen des Personalmanagements kann hierunter auch die Mitarbeiterzufriedenheit der Führungskräfte und Mitarbeiter verstanden werden.

Dabei lässt sich auch gut die Dreiteilung des Wertschöpfungscenters-Personal in Management-, Service- und Business-Dimension in der Balanced Scorecard abbilden. Die Management-Dimension kann vor allem in die Innovations- und Lernperspektive überführt werden, die Service-Dimension in die Kundenperspektive und die Business-Dimension in die finanzielle Perspektive. Die Perspektive der internen Geschäftsprozesse bezieht sich dagegen auf die interne Effizienz des Wertschöpfungscenters.

- *Beispiel STILL GmbH*

Zwingmann schlägt zur Prozessverbesserung folgende Balanced Scorecard für die Personalabteilung vor, die zwischen Prozessen, Kompetenzen, Kun-

---

909 Eigene Darstellung. Vgl. auch Ochmann 2005, S. 22 ff.

den und Kosten unterscheidet.[910] Die wesentlichen Charakteristika Übersichtlichkeit, Ausgewogenheit, Operationalisierbarkeit und logische Verknüpfung werden dabei für die Personalabteilung gut berücksichtigt.

Perspektive	Nr.	Werttreiber	Leistungsindikator (jeweils Durchschnittswerte)	Ziel 2004	Ist 2004	Ziel 2005
Prozesse	1	Recruiting	Durchlaufzeit von Personalfreigabe bis zur Besetzung einer Stelle			
	2	Personalbetreuung	Anzahl zu betreuender Mitarbeiter pro Personalreferent			
	3	Personalentwicklung	Verhältnis High- und Top-Potentials zu Anzahl Führungspositionen			
	4	Lohn- und Gehaltsabrechnung	Anzahl nachträglich erkannter Abrechnungsfehler			
Kompetenzen	5	Generelle Erfahrung	Zugehörigkeit der Mitarbeiter zur Personalabteilung in Jahren			
	6	Motivation	Ergebnisse der letzten Mitarbeiterbefragen			
	7	Weiterbildung	Anzahl der Schulungstage pro Mitarbeiter und Jahr			
	8	Benchmarking	Anzahl der Benchmarking-Treffen pro Jahr			
Kunden	9	Kundenzufriedenheit	Ergebnisse der letzten Kundenzufriedenheitsmessung			
	10	Arbeitgeberimage	Positionsrang auf einer extern gemessenen Imageskala			
Kosten	11	Abteilungskosten	Einhaltung des Abteilungskostenbudgets			
	12	Kosten-Benchmarking	Istkosten pro Mitarbeiterstunde zu entsprechendem externen Kostensatz			
	13	Vorgangskosten	Kosten pro Vorgang (z.B. durchschnittlicher Recruitingkosten zur Besetzung einer vakanten Stelle)			

Abb. 214: Balanced Scorecard für die Personalabteilung[911]

- *Messgrößen bei der IBM Bildungsgesellschaft*

Bei der IBM Bildungsgesellschaft[912], einem klassischen Wertschöpfungscenter für die Funktion Personal- und Organisationsentwicklung, wurden

---

910 Vgl. Zwingmann 2004, S. 50 ff.
911 Vgl. Zwingmann 2004, S. 50 ff.
912 Die eigenständige Rechtsform der IBM Bildungsgesellschaft ist inzwischen wieder aufgelöst worden, um einen besseren direkten, hierarchischen Durchgriff zu gewährleisten. Vgl. Abb. 48, S. 93.

ausgehend von acht strategischen Zielen jeweils mehrere quantitativ messbare Ziele festgelegt.[913] Die qualitativen Ziele lauten dabei wie folgt:

Strategische Ziele der IBM Bildungsgesellschaft
1. Unternehmerisch handeln
2. Wandel der IBM durch Skillentwicklung unterstützen
3. Fokus auf spezielle Geschäftsfelder richten
4. In Spezialisierung und Kundenlösungen investieren
5. Neue Strukturen mit Leben füllen
6. Kundenzufriedenheit erhöhen
7. Eigene Prozesse vereinfachen
8. Bereichsübergreifende Prozesse verbessern

Die quantitativen Ziele 5 und 7 wurden folgendermaßen operationalisiert:

Konkrete Zielvereinbarung	Ziel bis zum Jahresende	Messzyklus	Wer
1. Aufbau neuer Teamstrukturen	xx Teamtraining	vierteljährlich	GF Manager
2. Umsetzung von Ideen in Arbeitsgruppen	xx Arbeitsgruppen	vierteljährlich	alle
3. Mitarbeitervorschläge aufgreifen und gute realisieren	20% realisiert	vierteljährlich	alle
4. Neue Organisationsstruktur arbeitet erfolgreich	xx Mio. Umsatz	vierteljährlich	GF Manager
5. Teamübergreifende Projekte werden realisiert	xx Projekte	vierteljährlich	GF Manager

Abb. 215: Messgrößen für das Ziel Nr. 5 »Neue Strukturen mit Leben füllen« der IBM[914]

Beim Ziel Nr. 5 wurden dazu fünf konkrete Zielvereinbarungen abgeleitet. Dabei besteht natürlich die Gefahr, dass letztlich lediglich Formalien erfasst und gemessen werden. Daher ist sicherzustellen, dass die zugrundeliegenden Aktivitäten und Ergebnisse auch von substantiellem Wert sind.

---

913 Vgl. Ischebeck/Arx 1995, S. 504 ff.
914 Vgl. Ischebeck/Arx 1995, S. 504 ff.

Konkrete Zielvereinbarung	Ziel bis zum Jahresende	Messzyklus	Wer
1. Reengineering des Customer Education Prozesses der Bildungsgesellschaft			
– Reduktion der Prozessschritte	von 7 auf 5	Juli	x
– Neudefinition der Subprozesse		3. Quartal	Prozessverantwortlicher
– Überwachungsaudit positiv	Audit	4. Quartal	alle
2. Eigenentwicklungen beschränken und Standardsoftware verstärken	– 25%	halbjährlich	GF Manager
3. Praktikable Verfahren zum Management des Geschäftsablaufes zur Verfügung stellen	Workflow-Management	2. Quartal	x

Abb. 216: Messgrößen für das Ziel Nr. 7 »Eigene Prozesse vereinfachen« der IBM[915]

C. Integrierte Bewertungsmodelle

Aus dem Ziel Nr. 7 resultieren drei Zielvereinbarungen. Da sich das Ziel relativ einfach quantitativ ausdrücken lässt, ist die Messung der Zielerreichung hier unproblematisch.

Die verschiedenen strategischen Ziele sind somit in konkrete Zielvereinbarungen operationalisiert worden, einschließlich der Festlegung des Messintervalls und der verantwortlichen Personen. Hier zeigt sich die nahe Verwandtschaft der Balanced Scorecard zum Management by Objectives.

- *Beispiel Altana Pharma AG*

Bei der Altana Pharma AG wird das strategische Bildungscontrolling mit relativ geringen Mitteln und durch Verwendung einer Balanced Scorecard gewährleistet. Die besonders interessante Finanz-Perspektive kann dann wie folgt (Abb. 217) konzeptionalisiert werden.[916]

- *Beispiel REWE*

Bei der REWE Handelsgruppe wird eine BSC für den Personalbereich mit vier Perspektiven eingesetzt (Abb. 218). In Summe werden dabei 45 Kennzahlen erhoben, von denen allerdings knapp die Hälfe auf die Zufriedenheit der Miterbeiter bzw. anderer Anspruchsgruppen entfällt. Diese wird überlicherweise nur alle zwei Jahre erhoben, in Teilbereichen auch jährlich.

---

915 Vgl. Ischebeck/Arx 1995, S. 504 ff.
916 Vgl. Feige 2005, S. 48 ff.
916 Vgl. Feige 2005, S. 48 ff.

Perspek-tive	Ziel	Kennzahl	Ausprägung/Höhe	Maßnahme
Finanzen	Kostensenkung	Verhältnis interne zu externen Trainern	1/3 : 2/3	Werbung, Verpflichtung und Ausbildung von internen Trainern
		Kosten für externe Trainer	Max. 1.500 Euro pro Tag	Sonderkonditionen verhandeln
	Beitrag steigern	Anzahl der Anrufe der EDV-User beim Helpdesk	Max. 10 Prozent aller Schulungs-Teilnehmer	Schulungsdesign nach FAQs beim Helpdesk
		Produktive Leistung der AZUBIs	Min. 10 Prozent der Ausbildungskosten	Dienstleistungszentrum AZUBIs aufbauen, Leistungen bei Abteilungen abfordern
		Zahl der übernommenen AZUBIs	Min. 90 Prozent	Rechtzeitige Vermittlung in Abteilungen
		Zahl der intern besetzten Führungspositionen	Min. 2/3	Nachfolgeplanung, gezielte Förderung der Potenzialträger

Abb. 217: Beispiel für die Finanzperspektive einer BSC im Bildungsbereich (Altana Pharma AG)[917]

8.5 Fazit

Die Balanced Scorecard nach Kaplan/Norton weist folgende Vorteile auf, welche auch die Wertschöpfungsmessung im Personalmanagement unterstützen und fördern:

- die Unternehmens- bzw. die Personalstrategie wird intern klar kommuniziert,
- die Strategieumsetzung wird durch geeignete Messgrößen überwacht,
- es erfolgt die Integration in das unternehmensweite Controllingsystem,
- die Möglichkeit einer Strategieaktualisierung bleibt bestehen,
- operative Ziele werden auf die Strategie ausgerichtet,
- strategische Ziele werden mit dem jährlichen Budgetierungsprozess verknüpft und
- regelmäßige Leistungsüberprüfungen bilden die Grundlage für die Verbesserungs- und Lernprozesse der Organisation, wodurch die Humanressourcenorientierung betont wird.

---

917 Vgl. Feige 2005, S. 50.

C. Integrierte Bewertungsmodelle

Perspektive	Dimension	Kennzahl	
Wertperspektive	W1 Dienstleistend Mehrwert schaffen	W1.1	Stundenleistung
		W1.2	Personalkosten/Umsatz
		W1.3	Krankenstand bezahlt
		W1.4	Krankenstand unbezahlt
		W1.5	Fluktuation AN-seitig kumuliert
	W2 Kosten-/Nutzenverhältnis optimieren	W2.1	Betreuungsquotient P
		W2.2	Anzahl Abrechnungsfälle
		W2.3	Budgeteinhaltung P
	W3 Interne Besetzung von FuF	W3.1	Quote der intern besetzten Positionen nach Zielgruppen
Kundenperspektive	K1 REWE als Marke auf dem Arbeitsmarkt etablieren	K1.1	Anwahl der Abiturienten/Bewerber Gesamt
		K1.2	REWE als attraktiver Arbeitgeber im Vergleich mit anderen AG
	K2 Attraktive & innovative Arbeitsbedingungen schaffen und umsetzen	K2.1	Zufriedenheit der MA mit Arbeitsbedingungen
		K2.2	Nutzungsgrad Pensionskasse
		K2.3	Quote der geführten FuE-/O-Gespräche
		K2.4	Zufriedenheit Umsetzung Ergebnisse aus FuE-/O-Gespräche
		K2.5	Nutzungsrad Vermögensbildung
		K2.6	Zufriedenheit mit der Zielfindung im Unternehmen
	K3 Kompetent Dienstleistung erbringen	K3.1	Zufriedenheit der FK mit der Qualität der Dienstleistung
		K3.2	Zufriedenheit der MA mit der Qualität der Dienstleistung
		K3.3	Zufriedenheit der KL mit der Qualität der Dienstleistung
		K3.4	Zufriedenheit des R mit der Zusammenarbeit Personal
		K3.5	Zufriedenheit der FK mit der Unterstützung bei Veränderungsprozessen
		K3.6	Zufriedenheit der FK mit der Unterstützung bei der MA-Führung

Prozess-perspektive	P1	Qualitativ hochwertige Personalkostenplanung	P1.1 Personal-/Teamkosten Plan-/Ist Abweichung in %
	P2	Die richtigen Personalauswahlinstrumente einsetzen	P2.1 Überschreitung vereinbarter Besetzungstermin
			P2.2 Qualifikations-/Anforderungs-Profilabgleich bei Bewerbern
			P2.3 Frühfluktuation FK und MA in der Verwaltung
	P3	Personalprozesse optimieren	P3.1 Fristgerechte Einarbeitung lt. Einarbeitungsplan
			P3.2 Anteil nicht geführter Austrittsinterviews/Austritte AN-seitig gesamt
			P3.3 Zeitspanne bis Zeugnisausgang
			P3.4 Index aus gewichteten RQP-Hauptprozess-Kennzahlen
Mitarbeiter perspektive	M1	Mitarbeitermotivation erhöhen	M1.1 Zufriedenheit der MA im Bereich P
			M1.2 Quote der geführten FuE-/O-Gespräche MA P
			M1.3 Zufriedenheit Umsetzung Ergebnisse aus FuE-/O-Gespräche MA P
	M2	Mitarbeiterqualifikation ausbauen	M2.1 Soll-/Ist Abgleich Qualifikationsprofile MA P
			M2.2 Umgesetzte/vereinbarte Maßnahme aus FuE-/O-Gespräche MA P
			M2.3 Zufriedenheit MA P »Entwicklungsmöglichkeiten«
			M2.4 Zufriedenheit MA P »Möglichkeiten alles zu lernen«
	M3	Eigenverantwortung fördern	M3.1 Zufriedenheit MA P mit der Übernahme von Eigenverantwortung
			M3.2 Zufriedenheit MA P »Möglichkeiten sich eigene Ziele zu setzen«
			M3.3 Zufriedenheit MA P »Mitsprachemöglichkeiten«
	M4	Internes Informationsmanagement optimieren	M4.1 Zufriedenheit MA P über interne Abläufe
			M4.2 Informationsindex (Soll-/Ist-Abgleich der Informationsverfügbarkeit)
			M4.3 Zufriedenheit MA P »Informationsfluss im Bereich«
			M4.4 Zufriedenheit MA P »Kenne Ziele des Bereichs«

Abb. 218: Beispiel Balanced Scorecard Personal bei der REWE[918]

---

918 Quelle: REWE-Handelsgruppe.

Die Nachteile der Balanced Scorecard nach Kaplan/Norton liegen in der sehr einseitigen Reduzierung des Personalmanagements auf ein Wissensmanagement. Das Lernen der Mitarbeiter und damit die Entwicklungsperspektive wird damit zwar betont, aber die Zufriedenheit des »Stakeholders Mitarbeiter«, z. B. mit dem Arbeitsplatz, der Aufgabe, der Führung, dem Unternehmen und der Honorierung, wird dabei nicht konzeptionell einbezogen. Auch die Mitarbeiterqualifikationen werden nicht gesondert berücksichtigt. Zudem sollte eine Balanced Scorecard nicht nur auf quantitative Elemente beschränkt sein, die zwar einfacher zu messen sind, aber die komplexen Sachverhalte eventuell zu vereinfacht darstellen.

Die Verknüpfung der Balanced Scorecard mit den Übergewinnverfahren der strategiebedingten Wertschöpfung kann dabei als Ergänzung des Balanced Scorecard-Ansatzes verstanden werden. Eine vollständige Abbildung durch Kennzahlen innerhalb der Balanced Scorecard kann jedoch nicht gelingen, da der nicht quantitative Charakter einzelner Dimensionen, hier v.a. der Mitarbeiterperspektive bzw. dem Personalmanagement, unterschlagen wird. Hilfreich sind in diesem Zusammenhang auch die Werthebelbäume, die eine Systematisierung und Priorisierung der Kennzahlen unterstützen. Dabei ermöglichen die CVA/EVA-Ansätze gleichzeitig ein geschlossenes Modell einschließlich der Einbindung der Mitarbeiterperspektive, auch wenn die bekannten Probleme von Kennzahlensystemen speziell für das Personalmanagement nach wie vor existieren.

Die Anwendung der Balanced Scorecard im Rahmen des Personalmanagements, entweder mit speziellem Fokus auf die Mitarbeiterdimension oder als eigenständige Scorecard für das Personalmanagement als Wertschöpfungscenter-Personal, betont dabei die Wichtigkeit der Personalmanagementperspektive für das Gesamtunternehmen in einer ausgewogenen Weise und leistet so einen sinnvollen Wertbeitrag. Allerdings konzentriert sich die BSC insbesondere auf die Ergebnisse[919] und vernachlässigt damit die für das Personalmanagement so wichtigen Potenziale und die Kontextgrößen.[920] Dadurch wird auch die Zurechnung des Erfolgsbeitrages des Personalmanagements weitgehend vernachlässigt.

Insgesamt ist die Balanced Scorecard damit vor allem als ein stark aggregiertes Top-Management-Instrument zu verstehen, das die für das Gesamtunternehmen wesentlichen Erfolgsindikatoren übersichtlich darstellt.

---

919 Vgl. auch Kapitel 9.4, S. 409 ff.
920 Vgl. zu den Potenzialen und Kontextgrößen z. B. Abb. 116, S. 209.

9. Wertschöpfungsmessung mit dem europäischen EFQM-Modell für Excellence

Kapitelübersicht

9.1	EFQM-Modell	397
9.2	Komponenten des EFQM-Modells	401
9.2.1	Führung – Komponente 1	401
9.2.2	Politik und Strategie – Komponente 2	402
9.2.3	Mitarbeiter – Komponente 3	402
9.2.4	Partnerschaften und Ressourcen – Komponente 4	403
9.2.5	Prozesse – Komponente 5	403
9.2.6	Kundenbezogene Ergebnisse – Komponente 6	404
9.2.7	Mitarbeiterbezogene Ergebnisse – Komponente 7	404
9.2.8	Gesellschaftsbezogene Ergebnisse – Komponente 8	405
9.2.9	Schlüsselergebnisse – Komponente 9	405
9.3	Operationalisierungsvorschläge im EFQM-Modell	406
9.4	RADAR-Ansatz als Bewertungsgrundlage des EFQM-Modells	409
9.5	Integration von EFQM-Modell und Balanced Scorecard	415
9.6	Wertschöpfungsmessung im Personalmanagement mit Hilfe des EFQM-Modells	416
9.7	Anwendung des EFQM-Modells auf das Wertschöpfungscenter-Personal	427
9.8	Fazit	432

9.1 EFQM-Modell

Die European Foundation for Quality Management (EFQM) wurde 1988 von vierzehn führenden europäischen Unternehmen gegründet. Die EFQM wird von der Europäischen Kommission unterstützt und konnte bis Anfang 2000 ihre Mitgliederzahl auf über 800 Organisationen steigern.

Seit dem Jahr 1992 veröffentlicht die EFQM Anleitungsbroschüren zum Selbst-Assessment nach dem EFQM-Modell für Excellence (Abb. 219).[921] In diesem Zusammenhang erfolgt auch die Vergabe des Europäischen Qualitätspreises (European Quality Award EQA).

---

921 Bis 1999 Europäisches Modell für umfassendes Qualitätsmanagement.

C. Integrierte Bewertungsmodelle

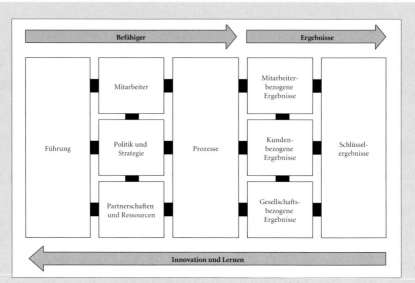

Abb. 219: Das europäische EFQM-Modell für Excellence[922]

Das EFQM-Modell basiert auf einem systematischen, gut erkennbaren Ansatz, der die grundlegende Konzeption und die zugrundegelegten Wirkungszusammenhänge deutlich macht. Insofern kann es auch als eine starke Erweiterung der prozessorientierten ISO-9000-Modelle bzw. der Modelle des Total Quality Managements (TQM) verstanden werden, die sich nicht nur auf eine Gesamtorganisation, sondern auch nur auf die Personalabteilung anwenden lassen.[923]

Im EFQM-Modell sollen nach dem Konzept der organisatorischen Excellence, das stark auf dem Konzept des umfassenden Qualitätsmanagements basiert, durch die anhaltende Einbindung aller Mitarbeiter und die kontinuierliche Verbesserung aller Prozesse überragende Ergebnisse erreicht werden. Dieser Grundgedanke entspricht damit einem Input-Throughput-Output-Ansatz, der im EFQM-Modell durch die Unterteilung in *Befähiger* (einschließlich Prozesse) und *Ergebnisse* systematisiert wird.

Insgesamt differenziert das EFQM-Modell neun Komponenten. Die Komponenten im Befähigerteil thematisieren das *Wie*, also das Potenzial im Sinne von Leistungsvoraussetzungen und Leistungsfähigkeiten. Die Komponenten im Ergebnisteil berücksichtigen das *Was*, also was die Organisation in Bezug auf ihre Bezugsgruppen, wie Kunden, Mitarbeiter, Öffentlichkeit

---

922 Vgl. EFQM 1999a.
923 Vgl. Zink 1995; Hauser 1996; Seghezzi 1996; Wunderer/Gerig/Hauser 1997; Horváth & Partner 1997.

und Kapitalgeber leistet und welchen Erfolg sie somit hat. Das einfache Grundkonzept wird somit erweitert und lautet unter Einbeziehung aller Komponenten des Modells wie folgt:

Exzellente Ergebnisse im Hinblick auf *Leistung*, *Kunden*, *Mitarbeiter* und *Gesellschaft* werden durch eine *Führung* erzielt, die *Politik und Strategie, Mitarbeiter, Partnerschaften, Ressourcen* und *Prozesse* auf ein hohes Niveau hebt.[924]

- *Gewichtung der einzelnen Komponenten*

Im EFQM-Modell erfolgt eine Gewichtung der einzelnen neun Komponenten im Zusammenhang mit dem Wettbewerb des Europäischen Qualitätspreises, so dass über die (quantitative) Bewertung der einzelnen Komponenten eine Gesamtbewertung des Unternehmens oder der Organisationseinheit erfolgen kann (Abb. 220). Problematisch an dieser allgemeinen Gewichtung ist ihr normativer Charakter, wodurch auch spezifische Besonderheiten einzelner Unternehmens- oder Organisationseinheiten außer Acht gelassen werden. Auch scheint es fragwürdig, die Komponenten auf ein Prozent genau zu gewichten (z. B. die Mitarbeiterbezogenen Ergebnisse mit 9 %), wenn man sich die zugrundeliegenden Messprobleme innerhalb der einzelnen Komponenten vor Augen führt.[925]

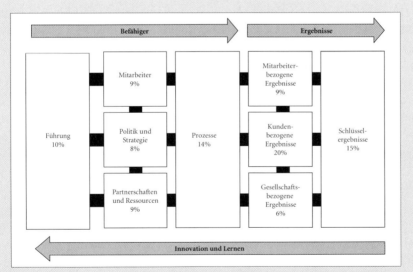

Abb. 220: Gewichtung der einzelnen Komponenten im europäischen EFQM-Modell für Excellence[926]

---

924 Vgl. EFQM 1999a.
925 Vgl. dazu kritisch Wimmer/Neuberger 1998, S. 580 ff.
926 EFQM 1999a.

Zusätzlich sollte die Gewichtung der einzelnen Komponenten im Lauf der Zeit verändert werden können, um der relativen Bedeutung der einzelnen Komponenten branchenspezifisch oder im Einzelfall gerecht zu werden. Liegen zum Beispiel bei den »Kundenbezogenen Ergebnissen« besonders schlechte Bewertungen vor, dann gilt es, sich auf Verbesserungen in diesem Bereich zu konzentrieren, was einer impliziten Höherbewertung dieser Komponente entspricht. Entsprechend wäre auch die Gewichtung explizit anzupassen, um den Mitarbeitern die besondere Betonung der Kundenbezogenen Ergebnisse zu kommunizieren. Somit scheint eine Gewichtung dann sinnvoll, wenn sie strategisch und situationsspezifisch angepasst ist. Allerdings kann auf diese explizite Gewichtung auch verzichtet werden.

- *Bedeutung der Selbst-Bewertung*

Die Anwendung der *Selbst-Bewertung (Self-Assessment)* führt zu einer umfassenden Leistungs- bzw. Wertschöpfungsmessung, die folgende Aspekte mit einschließt:

— Messung der Prozessleistung, der Befähiger und ihrer Beziehungen zu den Ergebnissen,
— Messung sowohl finanzieller als auch nicht-finanzieller Bereiche,
— Orientierung der Messung am Stakeholder-Value-Ansatz,
— Möglichkeit der Objektivierung der Messung durch den Einbezug von Fremd-Assessoren,
— Erleichterte Möglichkeit des Benchmarking durch die Standardisierung des Modells und
— Messung von Verbesserungen anstatt von Kontrollmechanismen, was auch zum Anreiz führt, sich ständig weiter zu verbessern.[927]

Aufgrund der hohen Bedeutung der Mitarbeiter im EFQM-Modell,[928] kann es als Bezugsrahmen für die Messung der Wertschöpfung des Personalmanagements verwendet werden. Dabei sind besonders die Komponenten 1 – Führung, 3 – Mitarbeiter und 7 – Mitarbeiterbezogene Ergebnisse zu berücksichtigen; aber auch die Komponente 5 – Prozesse kann gut auf die Personalmanagementprozesse angewandt werden.

Bei einer Organisation der Personalabteilung als Wertschöpfungscenter kann das Modell darüber hinaus auch als Ganzes als Bezugsrahmen zur Messung der Wertschöpfung in einem Wertschöpfungscenter-Personal verwendet werden.[929]

---

927 Vgl. Zairi 1994, S. 73. Vgl. auch Seghezzi 1996.
928 Vgl. Wunderer/Gerig/Hauser 1997.
929 Vgl. dazu die Fallbeispiele Anderegg 1997, S. 213 ff.; Meier 1997, S. 234 ff.; Rüegg 1997, S. 194 ff.

Im Folgenden werden daher nicht nur die für das Personalmanagement relevanten Komponenten anhand der Prüffragen des Modells kurz beschrieben, sondern auch die übrigen Komponenten, die für eine Wertschöpfungscenter-Organisation des Personalbereichs relevant sind.

9.2 Komponenten des EFQM-Modells

Die Komponenten 1 bis 5 des EFQM-Modells betreffen den Input-Teil der Wertschöpfungsmessung, also *wie* die Organisation Excellence unterstützt. Auch die Prozess-Komponente 5 ist dem Input-Teil und nicht dem Throughput-Teil zuzurechnen, da im EFQM-Modell nicht konkrete Prozesse betrachtet und analysiert werden, sondern lediglich der Umgang mit den Prozessen beurteilt wird. Das Prozessmanagement ist daher als Teil des Input zu sehen. Die Komponenten 6 bis 9 des EFQM-Modells sind dem Output-Teil der Wertschöpfungsmessung zuzuordnen, also *was* die Organisation in Bezug auf Excellence leistet.

9.2.1 Führung – Komponente 1

Führung als erste Komponente des EFQM-Modells behandelt, *wie* die Führungskräfte die Vision und die Mission erarbeiten und deren Erreichen fördern, *wie* sie die für den langfristigen Erfolg erforderlichen Werte erarbeiten, diese durch entsprechende Maßnahmen umsetzen und *wie* sie durch ihr persönliches Verhalten dafür sorgen, dass das Managementsystem der Organisation entwickelt und eingeführt wird. Dabei sind folgende Unterpunkte zu berücksichtigen:[930]

> 1a. Führungskräfte erarbeiten die Vision, die Mission und die Werte und agieren als Vorbilder für eine Kultur der Excellence
> 1b. Führungskräfte sorgen durch ihr persönliches Mitwirken für die Entwicklung, Überwachung und kontinuierliche Verbesserung des Managementsystems der Organisation
> 1c. Führungskräfte bemühen sich um Kunden, Partner und Vertreter der Gesellschaft
> 1d. Führungskräfte motivieren und unterstützen die Mitarbeiter der Organisation und erkennen ihre Leistungen an

---

930 Vgl. ausführlich EFQM 1999a, S. 12 f.

9.2.2 Politik und Strategie – Komponente 2

Unter der Komponente Politik und Strategie sind alle Aspekte aufzuführen, *wie* die Organisation ihre Vision und Mission durch eine klare, auf die Interessengruppen ausgerichtete Strategie einführt und *wie* diese durch entsprechende Politik, Pläne, Ziele, Teilziele und Prozesse unterstützt wird. Unterpunkte der Komponente Politik und Strategie sind:[931]

> 2a. Politik und Strategie beruhen auf den gegenwärtigen und zukünftigen Bedürfnissen und Erwartungen der Interessengruppen
> 2b. Politik und Strategie beruhen auf Informationen aus Leistungsmessung, Marktforschung sowie den lernorientierten und kreativen Aktivitäten
> 2c. Politik und Strategie werden entwickelt, überprüft und aktualisiert
> 2d. Politik und Strategie werden durch ein Netzwerk von Schlüsselprozessen umgesetzt
> 2e. Politik und Strategie werden kommuniziert und eingeführt

9.2.3 Mitarbeiter – Komponente 3

Im Rahmen der Mitarbeiterkomponente wird der Umgang des Unternehmens mit seinen Mitarbeitern behandelt. Es wird danach gefragt, *wie* die Organisation das Wissen und das gesamte Potenzial ihrer Mitarbeiter auf individueller, teamorientierter und organisationsweiter Ebene managt, entwickelt und freisetzt und *wie* sie diese Aktivitäten plant, um ihre Politik und Strategie und die Effektivität ihrer Prozesse zu unterstützen. Diese Komponente wird durch folgende Ansatzpunkte weiter differenziert:[932]

> 3a. Mitarbeiterressourcen werden geplant, gemanagt und verbessert
> 3b. Das Wissen und die Kompetenzen der Mitarbeiter werden ermittelt, ausgebaut und aufrechterhalten
> 3c. Mitarbeiter werden beteiligt und zu selbständigem Handeln ermächtigt
> 3d. Die Mitarbeiter und die Organisation führen einen Dialog
> 3e. Mitarbeiter werden belohnt, anerkannt und betreut

---

931 Vgl. ausführlich EFQM 1999a, S. 14 f.
932 Vgl. ausführlich EFQM 1999a, S. 16 f.

9.2.4 Partnerschaften und Ressourcen – Komponente 4

Die Komponente Partnerschaften und Ressourcen evaluiert, *wie* die Organisation ihre externen Partnerschaften und internen Ressourcen plant und managt, um ihre Politik und Strategie und die Effektivität ihrer Prozesse zu unterstützen. Wesentlich ist auch, dass diese Komponente nur die nicht-humanbezogenen Ressourcen des Unternehmens berücksichtigt, da letztere Inhalt der Komponente 3 – Mitarbeiter sind. Folgende Punkte konkretisieren diese Komponente:[933]

> 4a. Externe Partnerschaften werden gemanagt
> 4b. Finanzen werden gemanagt
> 4c. Gebäude, Einrichtungen und Material werden gemanagt
> 4d. Technologie wird gemanagt
> 4e. Informationen und Wissen werden gemanagt

9.2.5 Prozesse – Komponente 5

Diese Komponente untersucht, *wie* die Organisation ihre Prozesse gestaltet, managt und verbessert, um ihre Politik und Strategie zu unterstützen und ihre Kunden und andere Interessengruppen voll zufrieden zu stellen und die Wertschöpfung für diese zu steigern. Dabei werden Prozesse als eine Folge von Schritten betrachtet, die aus einem Input einen Output erzeugen und hierdurch einen Mehrwert schaffen. Dieses Management aller wertschöpfenden Tätigkeiten im Unternehmen wird über folgende Fragenbereiche abgedeckt:[934]

> 5a. Prozesse werden systematisch gestaltet und gemanagt
> 5b. Prozesse werden bei Bedarf verbessert, wobei Innovation genutzt wird, um Kunden und andere Interessengruppen voll zufrieden zu stellen und die Wertschöpfung für diese zu steigern
> 5c. Produkte und Dienstleistungen werden aufgrund der Bedürfnisse und Erwartungen der Kunden entworfen und entwickelt
> 5d. Produkte und Dienstleistungen werden hergestellt, geliefert und betreut
> 5e. Kundenbeziehungen werden gepflegt und vertieft

---

933 Vgl. ausführlich EFQM 1999a, S. 18 f.
934 Vgl. ausführlich EFQM 1999a, S. 20 f.

9.2.6 Kundenbezogene Ergebnisse – Komponente 6

Hier wird analysiert, *was* die Organisation in Bezug auf ihre externen Kunden erreicht. Dabei sollen als externe Kunden neben den direkten Abnehmern auch alle weiteren Kunden in der Absatzkette verstanden werden. Die Erfassung der Kundenzufriedenheit erfolgt im EFQM-Modell durch:[935]

> 6a. Messergebnisse aus Kundensicht
> 6b. Leistungsindikatoren

Dabei können die Messergebnisse und Leistungsindikatoren Aspekte wie Image, Produkte und Dienstleistungen, Verkaufs- und Kundendienstleistungen und Loyalität umfassen. Messergebnisse aus Kundensicht beziehen sich dabei auf direkte Messungen, wie z. B. Kundenumfragen, Fokusgruppen, Anerkennung und Beschwerden, während sich die Leistungsindikatoren auf indirekte Messungen beziehen, wie z. B. Berichterstattungen in der Presse oder Kennzahlen zu Ausfallraten, die die Organisation verwendet.

9.2.7 Mitarbeiterbezogene Ergebnisse – Komponente 7

Wie auch bei der Mitarbeiterkomponente auf der Befähigerseite sollen im Rahmen der Mitarbeiterbezogenen Ergebnisse alle Mitarbeiter im Unternehmen berücksichtigt werden. Es wird betrachtet, *was* die Organisation in Bezug auf ihre Mitarbeiter erreicht. Wesentlich ist hier die Messung bei den Mitarbeitern:[936]

> 7a. Messergebnisse aus Mitarbeitersicht
> 7b. Leistungsindikatoren

Hier können die Messergebnisse und Leistungsindikatoren nach den Aspekten Motivation und Zufriedenheit unterschieden werden. Zusätzlich werden bei den Leistungsindikatoren auch die erreichten Leistungen und Dienstleistungen für die Mitarbeiter der Organisation erfasst. Messergebnisse aus Mitarbeitersicht beziehen sich dabei auf direkte Messungen, wie z. B. Umfragen, Fokusgruppen, Interviews oder strukturierte Beurteilungsgesprächen, während sich die Leistungsindikatoren auf indirekte

---

935 Vgl. ausführlich EFQM 1999a, S. 22 f.
936 Vgl. ausführlich EFQM 1999a, S. 24 f.

Messungen beziehen, wie z. B. Kennzahlen zu Fehlzeiten und Unfallhäufigkeiten, Produktivitäten und Erfolgsquoten, die die Organisation verwendet.

9.2.8 Gesellschaftsbezogene Ergebnisse – Komponente 8

Die Gesellschaftsbezogenen Ergebnisse betrachten, *was* die Organisation in Bezug auf die lokale, nationale und internationale Gesellschaft, sofern angemessen, leistet. Hier kann z. B. die Bewertung in den Bereichen der Lebensqualität, Umwelt und Erhaltung von globalen Ressourcen sowie der damit verbundenen Aktivitäten innerhalb des Unternehmens erfolgen. Dabei werden die folgenden Ergebniskategorien thematisiert:[937]

> 8a. Messergebnisse aus Sicht der Gesellschaft
> 8b. Leistungsindikatoren

Hier können die Messergebnisse und Leistungsindikatoren nach den Aspekten verantwortungsbewusstes Verhalten, Mitwirkung in den örtlichen Gemeinden, Maßnahmen zum Umweltschutz und zur Ressourcenschonung unterschieden werden. Messergebnisse aus Sicht der Gesellschaft beziehen sich dabei auf direkte Messungen, wie z. B. Umfragen, Berichte, Informationen auf öffentlichen Veranstaltungen oder von Vertetern der Öffentlichkeit, während sich die Leistungsindikatoren auf indirekte Messungen beziehen, wie z. B. Handhabung von Veränderungen bei der Beschäftigtenzahl oder Kennzahlen zu umweltfreundlichen Produktzulassungen.

9.2.9 Schlüsselergebnisse – Komponente 9

Über die Komponente Schlüsselergebnisse soll erkannt werden, *was* die Organisation in Bezug auf ihre geplanten Leistungen erreicht, also z. B. bezüglich seiner geplanten Unternehmensziele, der Erfüllung der Bedürfnisse und der Erwartungen aller am Unternehmen finanziell Beteiligten und der Verwirklichung der geplanten Geschäftsziele leistet. Dabei werden die beiden folgenden Ergebnisbereiche betrachtet:[938]

> 9a. Ergebnisse der Schlüsselleistungen
> 9b. Leistungsindikatoren

---

937 Vgl. ausführlich EFQM 1999a, S. 26 f.
938 Vgl. ausführlich EFQM 1999a, S. 28 f.

Hier können die Messergebnissen und Leistungsindikatoren nach finanziellen und nicht-finanziellen Ergebnissen unterschieden werden. Ergebnisse der Schlüsselleistungen beziehen sich dabei auf direkte Messungen, wie z. B. Aktienkurs, Reingewinn, Umsatzerlöse oder Marktanteil, während sich die Leistungsindikatoren auf indirekte Messungen in den Bereichen Prozesse, externen Ressourcen einschließlich Partnerschaften, Finanzen, Gebäude, Einrichtungen und Material oder Technologie, Information und Wissen beziehen können. Hier können entsprechend Kennzahlen, wie z. B. Prozessleistung, Anzahl und Umfang der Partnerschaften, Liquidität, Auslastung oder Innovationsumfang, verwendet werden.

9.3 Operationalisierungsvorschläge im EFQM-Modell

Das EFQM-Modell nennt für die neun Komponenten einige Operationalisierungsvorschläge, die hier beispielhaft für die Befähigerkomponente Führung und die Ergebniskomponente Mitarbeiterbezogene Ergebnisse dargestellt werden (Abb. 221 und Abb. 222).

Unterpunkte der Komponente Führung	Operationalisierungsvorschläge
1a. Führungskräfte erarbeiten die Vision, die Mission und die Werte und agieren als Vorbilder für eine Kultur der Excellence	• Vision und Mission der Organisation erarbeiten • Ethik und Werte erarbeiten und vorleben, die das Entstehen einer Organisationskultur fördern • Die Wirksamkeit des eigenen Führungsverhaltens überprüfen und verbessern und auf zukünftige Führungsanforderungen reagieren • Persönlich und aktiv an Verbesserungsaktionen mitwirken • Selbstverantwortung, Kreativität und Innovation anregen und fördern, z. B. durch Änderung der Organisationskultur, durch Bereitstellung von Mitteln für Lernprozesse und Verbesserungsmaßnahmen • Lernprozesse anregen und unterstützen und auf ihre Ergebnisse reagieren • Prioritäten bei Verbesserungsmaßnahmen setzen • Zur Zusammenarbeit in der Organisation anregen und ermutigen
1b. Führungskräfte sorgen durch ihr persönliches Mitwirken für die Entwicklung, Überwachung und kontinuierliche Verbesserung des Managementsystems der Organisation	• Die Organisationskultur so ausrichten, dass sie die Realisierung ihrer Politik und Strategie unterstützt • Sicherstellen, dass ein System für das Management der Prozesse erarbeitet und eingeführt wird • Sicherstellen, dass ein Prozess für das Erarbeiten, Umsetzen und Aktualisieren von Politik und Strategie erarbeitet und eingeführt wird • Sicherstellen, dass ein Prozess für die Messung, Überprüfung und Verbesserung von wichtigen Ergebnissen erarbeitet und eingeführt wird

		• Sicherstellen, dass ein oder mehrere Prozesse erarbeitet und eingeführt werden, die Verbesserungen bei den Vorgehensweisen stimulieren, identifizieren, planen und einführen, z. B. durch kreative, innovative und lernorientierte Aktivitäten
1c. Führungskräfte bemühen sich um Kunden, Partner und Vertreter der Gesellschaft		• Bedürfnisse und Erwartungen erfassen, verstehen und erfüllen • Partnerschaftliche Beziehungen aufbauen und darin aktiv mitwirken • Gemeinsame Verbesserungsmaßnahmen vereinbaren und daran mitwirken • Einzelne Personen und Teams von Interessengruppen für ihren Unternehmenseinsatz, für ihre Loyalität, etc. anerkennen • In Berufsverbänden, Konferenzen und Seminaren mitwirken und insbesondere den Excellence-Gedanken verbreiten und unterstützen • Aktivitäten unterstützen und sich für diese einsetzen, die zum Ziel haben, die Umwelt und den Beitrag der Organisation für die Gesellschaft zu verbessern
1d. Führungskräfte motivieren und unterstützen die Mitarbeiter der Organisation und erkennen ihre Leistungen an		• Persönlich die Vision, Mission, Werte, Politik und Strategie, Pläne, Ziele und Teilziele der Organisation kommunizieren • Für die Mitarbeiter ansprechbar sein, ihnen aktiv zuhören und auf sie eingehen • Den Mitarbeitern helfen und sie dabei unterstützen, ihre Pläne zu realisieren und ihre Ziele und Teilziele zu erreichen • Mitarbeiter dazu ermutigen und befähigen an Verbesserungsaktivitäten mitzuwirken • Die Bemühungen von Teams und Einzelnen auf allen Ebenen der Organisation rechtzeitig und auf angemessene Weise anerkennen

Abb. 221: Auswahl von Operationalisierungsvorschlägen zur Komponente Führung[939]

Unterpunkte der Komponente Mitarbeiterbezogene Ergebnisse	Operationalisierungsvorschläge
7a. Messergebnisse aus Mitarbeitersicht	**Motivation** • Karriereentwicklung • Kommunikation • Handlungsfreiräume • Chancengleichheit • Beteiligung • Führung • Möglichkeiten zu lernen und etwas zu erreichen • Anerkennung • Zielsetzung und Beteiligung • Werte, Mission, Vision, Politik und Strategie der Organisation • Aus- und Weiterbildung

---

939 Vgl. EFQM 1999a, S. 12 f.

		Zufriedenheit • Verwaltung der Organisation • Anstellungsbedingungen • Einrichtungen und Dienstleistungen • Gesundheitsfürsorge und Arbeitssicherheit • Sicherheit des Arbeitsplatzes • Entlohnung und Sozialleistungen • Kollegialität • Veränderungsmanagement • Umweltschutzpolitik und deren Auswirkungen • Rolle der Organisation in der Gemeinschaft und der Gesellschaft • Betriebsklima
	7b. Leistungsindikatoren	**Erreichte Leistungen** • Benötigte Kompetenzen gegenüber vorhandenen Kompetenzen • Produktivität • Erfolgsquote von Aus- und Weiterbildung bzgl. Erreichen der Ziele **Motivation und Beteiligung** • Mitwirkung an Verbesserungsteams • Beteiligung am Vorschlagswesen • Niveau der Aus- und Weiterbildung • Messbarer Nutzen der Teamarbeit • Anerkennung von Einzelnen und Teams • Rücklaufraten bei Mitarbeiterumfragen **Zufriedenheit** • Fehlzeiten und krankheitsbedingte Abwesenheitszeiten • Unfallhäufigkeit • Beschwerden • Einstellungstrends • Personalfluktuation • Streiks • Inanspruchnahme von Sozialleistungen • Inanspruchnahme betrieblicher Einrichtungen (z. B. bzgl. Erholung, Kinderkrippe) **Dienstleistungen für die Mitarbeiter und die Organisation** • Korrektheit im Umgang mit Mitarbeitern • Effektivität und Kommunikation • Reaktionszeit bei Anfragen • Bewertung von Schulungen

Abb. 222: Auswahl von Operationalisierungsvorschlägen zur Komponente Mitarbeiterbezogene Ergebnisse[940]

Indem das EFQM-Modell lediglich Operationalisierungsvorschläge nennt, wird es einerseits den Unterschiedlichkeiten verschiedener Organisationen und Unternehmen gerecht, andererseits verzichtet es dadurch auf explizite normative Vorgaben innerhalb der einzelnen Dimensionen und Unterpunkte des Modells. Beides erhöht die Flexibilität des Modells. Für die Operationalisierung lassen sich daher prinzipiell auch alle bereits in diesem

---

940 Vgl. EFQM 1999a, S. 24 f.

Buch vorgestellten Ansätze verwenden. Die Schwierigkeit für die Praxis liegt damit vor allem in der Umsetzung der Messung mittels geeigneter und aussagekräftiger Controllinginstrumente, so dass das EFQM-Modell hier keine zusätzliche Komplexitäten oder Schwierigkeiten beinhaltet.

9.4 RADAR-Ansatz als Bewertungsgrundlage des EFQM-Modells

Der Kern des EFQM-Modells basiert auf dem RADAR-Ansatz. Dieser besteht aus vier Elementen, die in systematischer Weise organisatorische Excellence und ihre Bewertung unterstützen sollen:

1. Results (Ergebnisse)
2. Approach (Vorgehen)
3. Deployment (Umsetzung)
4. Assessment and Review (Bewertung und Überprüfung)

Dieses impliziert folgendes Vorgehen in einer Organisation:

1. Bestimmung der Ergebnisse (Results) als Bestandteil des Politik- und Strategie-Prozesses. Diese Ergebnisse umfassen die Leistung der Organisation, sowohl finanziell als auch nicht-finanziell sowie die Wahrnehmung durch die Stakeholder.
2. Planung und Einsatz eines integrierten Bündels von abgestimmten Vorgehensweisen (Approach), um die notwendigen Ergebnisse jetzt und in Zukunft erzielen zu können.
3. Systematischer Einsatz (Deployment) dieser Vorgehensweisen zur Sicherstellung der vollständigen Umsetzung.
4. Bewertung und Überprüfung (Assessment and Review) der eingesetzten Vorgehensweisen basierend auf dem Monitoring und der Analyse der erzielten Ergebnisse und den kontinuierlichen Lernaktivitäten sowie Identifizierung, Priorisierung, Planung und Umsetzung von notwendigen Verbesserungen.

Für die Verwendung des EFQM-Modells, z. B. im Rahmen der Selbst-Bewertung, wird das RADAR-Element *Results* für den Ergebnisteil des EFQM-Modells angewendet, also für die vier Ergebniskomponenten, die drei weiteren RADAR-Elemente *Approach*, *Deployment* sowie *Assessment and Review*, werden für die Komponenten im Befähigerteil des Modells verwendet.

- *Anwendung des RADAR-Ansatzes*

Für die Anwendung der einzelnen Elemente des RADAR-Ansatzes gilt Folgendes:

1. Results (Ergebnisse): Diese umfassen die Leistung einer Organisation. In einer exzellenten Organisation sollten die Ergebnisse positive Trends und/oder gute Leistungen über einen längeren Zeitraum aufweisen. Die Ziele sind angemessen und werden erreicht oder übertroffen. Die Leistung ist gut im Vergleich mit anderen Wettbewerbern und ursächlich auf die Vorgehensweise zurückzuführen. Weiterhin deckt der Umfang der Ergebnisse die relevanten Bereiche ab.
2. Approach (Vorgehen): Dieses umfasst das geplante Vorgehen und die Gründe dafür. Eine exzellente Organisation muss über ein fundiertes Vorgehen verfügen, über klar begründete, gut definierte und gestaltete Prozesse. Dabei ist die Organisation auf die Bedürfnisse der Stakeholder ausgerichtet. Das Vorgehen muss weiterhin integriert sein, d.h. die Politik und Strategie unterstützen und mit anderen Vorgehensweisen verknüpft sein.
3. Deployment (Umsetzung): Dieses umfasst die Umsetzung des Vorgehens durch die Organisation. In einer exzellenten Organisation wird das Vorgehen in allen relevanten Bereichen auf systematische Art und Weise eingeführt sein.
4. Assessment and Review (Bewertung und Überprüfung): Dies umfasst die Bewertung und Überprüfung des Vorgehens und dessen Umsetzung durch die Organisation. In einer exzellenten Organisation ist das Vorgehen und dessen Umsetzung Gegenstand regelmäßiger Bewertungen, was mit Lernprozessen einhergeht. Die Ergebnisse aus beiden werden dann dazu verwendet, Verbesserungen zu identifizieren, zu priorisieren, zu planen und einzuführen.

Als Richtlinie für die Bewertung der Befähiger- und der Ergebniskomponenten dient die RADAR-Bewertungsmatrix (Abb. 199 und Abb. 200). Bei den Befähigern wird dabei die Qualität des *Vorgehens*, seine *Umsetzung* und die *Bewertung und Überprüfung* jeweils getrennt bewertet, bei den Ergebnissen die Qualität der *Ergebnisse* und deren *Umfang*. Der Assessor kann sowohl eine der fünf Stufen von 0 % bis 100 % wählen oder zwischen den Werten interpolieren. Die ermittelten Prozentzahlen für das Vorgehen, die Umsetzung und die Bewertung und Überprüfung (Befähigerkomponenten) bzw. die Ergebnisse und den Umfang (Ergebniskomponenten) werden dann jeweils zu einer Prozentzahl zusammengefasst.

	Attribute	0%	25%	50%	75%	100%
Vorgehen	**Fundiert:** • Vorgehen ist klar begründet • Es liegen eindeutig definierte und entwickelte Prozesse vor • Das Vorgehen ist auf die Interessengruppen ausgerichtet	Kein Nachweis oder anekdotisch	Einige Nachweise	Nachweise	Klare Nachweise	Umfassende Nachweise
	Integriert: • Vorgehen unterstützt Politik und Strategie • Vorgehen ist mit anderen Vorgehensweisen verknüpft, wo zweckmäßig	Kein Nachweis oder anekdotisch	Einige Nachweise	Nachweise	Klare Nachweise	Umfassende Nachweise
	Bewertung			... %		
Umsetzung	**Eingeführt:** • Vorgehen ist eingeführt	Kein Nachweis oder anekdotisch	In etwa ¼ der relevanten Bereiche eingeführt	In etwa der Hälfte der relevanten Bereiche eingeführt	In etwa ¾ der relevanten Bereiche eingeführt	In allen relevanten Bereichen eingeführt
	Systematisch: • Vorgehen ist strukturiert und umgesetzt	Kein Nachweis oder anekdotisch	Einige Nachweise	Nachweise	Klare Nachweise	Umfassende Nachweise
	Bewertung			... %		

9. EFQM-Modell für Excellence

Bewertung und Überprüfung	**Messung:** • Die Effektivität des Vorgehens und der Umsetzung werden regelmäßig gemessen	Kein Nachweis oder anekdotisch	Einige Nachweise	Nachweise	Klare Nachweise	Umfassende Nachweise
	Lernen: • Lernorientierte Aktivitäten werden genutzt, um beste Praktiken und Verbesserungsmöglichkeiten zu identifizieren und mit anderen zu teilen	Kein Nachweis oder anekdotisch	Einige Nachweise	Nachweise	Klare Nachweise	Umfassende Nachweise
	Verbesserung: • Die Ergebnisse der Messungen und lernorientierten Aktivitäten werden analysiert und genutzt, um Verbesserungen zu identifizieren, zu priorisieren, zu planen und einzuführen	Kein Nachweis oder anekdotisch	Einige Nachweise	Nachweise	Klare Nachweise	Umfassende Nachweise
	Bewertung	... %				
Gesamtbewertung		... %				

Abb. 223: RADAR-Bewertungsmatrix für die Befähigerkomponenten des EFQM-Modells[941]

941 Vgl. EFQM 1999a, S. 36.

9. EFQM-Modell für Excellence

Attribute	0%	25%	50%	75%	100%
Trends: • Trends sind positiv und/oder es liegt eine anhaltend gute Leistung vor	Keine Ergebnisse oder anekdotische Angaben	Positive Trends und/oder zufriedenstellende Leistung bei einigen Ergebnissen	Positive Trends und/oder nachhaltig gute Leistung bei vielen Ergebnissen über mindestens 3 Jahre	Deutlich positive Trends und/oder nachhaltig exzellente Leistung bei den meisten Ergebnissen über mindestens 3 Jahre	Deutlich positive Trends und/oder nachhaltig exzellente Leistung in allen Bereichen über mindestens 5 Jahre
Ziele: • Ziele sind erreicht • Ziele sind angemessen	Keine Ergebnisse oder anekdotische Angaben	Günstig und angemessen in einigen Bereichen	Günstig und angemessen in vielen Bereichen	Günstig und angemessen in den meisten Bereichen	Exzellent und angemessen in den meisten Bereichen
Vergleiche: • Vergleiche mit externen Organisationen finden statt, und Ergebnisse fallen im Vergleich mit dem Industriedurchschnitt oder anerkannten Klassenbesten günstig aus	Keine Ergebnisse oder anekdotische Angaben	Vergleiche in einigen Bereichen	Günstig in einigen Bereichen	Günstig in vielen Bereichen	Exzellent in den meisten Bereichen und »Klassenbester« in vielen Bereichen

Ergebnisse

C. Integrierte Bewertungsmodelle

	Keine Ergebnisse oder anekdotische Angaben	Einige Ergebnisse	Viele Ergebnisse	Die meisten Ergebnisse	Alle Ergebnisse, Spitzenposition wird beibehalten
Ursachen: • Ergebnisse sind auf das Vorgehen zurückzuführen					
Bewertung			... %		
Umfang: • Ergebnisse beziehen sich auf relevante Bereiche	Keine Ergebnisse oder anekdotische Angaben	Einige Bereiche sind angesprochen	Viele Bereiche sind angesprochen	Die meisten Bereiche sind angesprochen	Alle Bereiche sind angesprochen
Bewertung			... %		
Gesamtbewertung			... %		

Abb. 224: RADAR-Bewertungsmatrix für die Ergebniskomponenten des EFQM-Modells[942]

---

[942] Vgl. EFQM 1999a, S. 36.

- *Bewertungsbeispiel*

Bei der Komponente Mitarbeiterbezogene Ergebnisse weisen viele Ergebnisse (wie z. B. die Ergebnisse der Mitarbeiterbefragungen, die Absenzrate und die Fluktuationsrate) positive Trends auf. Damit können 50 % für die Ergebnisse durch den Assessor bzw. das Assessorenteam vergeben werden. Der Umfang der Ergebnisse betrifft fast alle relevanten Bereiche und Aspekte, so dass hier 90 % durch den Assessor vergeben werden. Insgesamt ist nun für die Mitarbeiterbezogenen Ergebnisse zwischen diesen beiden Werten zu interpolieren, so dass insgesamt 70 % für die Mitarbeiterbezogenen Ergebnisse vergeben werden.[943]

Dabei lässt sich die Bewertung auch als Evaluation der Wertschöpfung verstehen. Eine verbesserte Bewertung – auch im Vergleich zum Vorjahr – deutet dann auf eine erhöhte Wertschöpfung hin. Für die Beurteilung des Personalmanagements sind jedoch nicht nur die personalmanagementspezifischen Komponenten relevant, da das Personalmanagement gerade auch Auswirkungen auf die anderen (Ergebnis-)Komponenten hat, wie z. B. auf die Kundenbezogenen Ergebnisse und die Schlüsselergebnisse.

9.5 Integration von EFQM-Modell und Balanced Scorecard

Das Input-Throughput-Output-Modell der EFQM kann auch in die Balanced Scorecard überführt werden (Abb. 225), was die Verwandtschaft der beiden Konzepte verdeutlicht.

Diese Zuordnung ist allerdings nicht in allen Punkten eindeutig: Politik und Strategie werden beispielsweise als übergeordnete Komponente in der BSC gesehen, ebenso lassen sich die Partnerschaften und Ressourcen, die sich explizit auf nicht-humane Ressourcen beziehen, auch im Bereich der internen Prozesse einordnen. Auch die Mitarbeiterbezogenen Ergebnisse müssen nicht unbedingt zu den Kundenzielen im Rahmen eines erweiterten Kundenverständnisses gerechnet werden, ebenso wäre eine Zuordnung zur Lern- und Wachstumsperspektive denkbar, zumal sie dort explizit erwähnt sind.

Dennoch wird durch diese konzeptionelle Integration deutlich, dass die BSC nicht nur finale Ergebnisgrößen enthalten kann, sondern gerade auch Vorsteuergrößen im Sinne eines Frühwarnsystems betrachtet, die im EFQM-Modell in den Befähiger-Bereich fallen.

---

943 Dieses Beispiel ist insofern vereinfacht, da die Komponente Mitarbeiterbezogene Ergebnisse zwei Unterpunkte enthält, die zunächst getrennt zu bewerten sind. Vgl. auch Kapitel 9.2.7, S. 404.

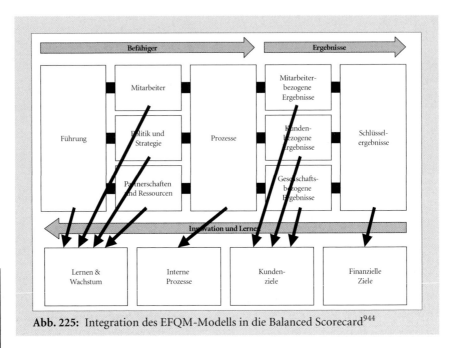

Abb. 225: Integration des EFQM-Modells in die Balanced Scorecard[944]

C. Integrierte Bewertungsmodelle

Im Gegensatz zum EFQM-Modell betont die BSC auch die umfassende Strategieausrichtung und die Entwicklung von kritischen Messgrößen, während beim EFQM-Modell die Qualitätsförderungsstrategie sowie die (Selbst-)Bewertung des Unternehmens im Vordergrund steht. Die beiden Konzepte können deshalb als sinnvolle Ergänzung von zwei Evaluations- und Strategiekonzepten verstanden werden.[945]

9.6 Wertschöpfungsmessung im Personalmanagement mit Hilfe des EFQM-Modells

Für die Wertschöpfungsmessung im Personalmanagement mit dem EFQM-Modell sind die Komponenten und Unterpunkte herauszuheben, die einen direkten Bezug zum Personalmanagement aufweisen. Im Einzelnen sind dies die Komponenten Führung, Strategie und Politik, Mitarbeiter, Prozesse und Mitarbeiterbezogene Ergebnisse. Im Folgenden stellen wir die Bedeutung dieser Komponenten für das Personalmanagement und die Wertschöpfungsmessung im Personalmanagement dar.

---

944 In Anlehnung an Vorgehen bei der Ciba Geigy AG; vgl. auch de Sousa 1997; Wahlich 2001, S. 117 ff.
945 Vgl. auch die Balanced Scorecard des Deutschen Telekom Konzern Abb. 228, S. 426, vgl. auch Eberhardt 2001, S. 191 ff.

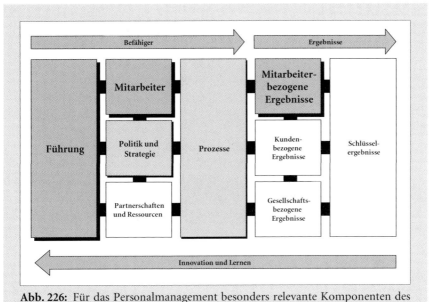

Abb. 226: Für das Personalmanagement besonders relevante Komponenten des EFQM-Modells[946]

Einen besonders engen Bezug zum Personalmanagement haben dabei die Komponenten Führung, Mitarbeiter und Mitarbeiterbezogene Ergebnisse, weniger ausgeprägt ist dies bei den Komponenten Politik und Strategie und Prozessen der Fall.

- *Bedeutung der Komponente Führung für das Personalmanagement*

Eine bedeutende Komponente im Modell der EFQM ist die »Führung«. Diese umfasst vor allem das Engagement des Top-Managements und der Führungskräfte im Führungsprozess. Dabei wird sowohl die strukturelle Seite (z. B. über die Bereitstellung geeigneter Ressourcen) als auch die interaktive Seite der Führung (z. B. über das Vorbildverhalten der Führungskräfte gegenüber ihren Mitarbeitern) angesprochen. Für die Wertschöpfung im Personalmanagement ist bei dieser Komponente zunächst die interaktive Seite zu fokussieren, die über die vorbildhafte Einflussnahme der Führungskräfte auf die Mitarbeiter z. B. über Empowerment, Vorbildfunktion, Offenheit der Kommunikation und Beteiligung an den Ergebnissen zu evaluieren ist. Dabei bieten sich als Messinstrument Top-Down- und Bottom-Up-Beurteilungen einschließlich Feedbackgespräche an, die durch die Ergebnisse von Mitarbeiterbefragungen zu ergänzen sind.

---

946 Eigene Darstellung, besonders relevante Komponenten sind grau unterlegt.

Die Wertschöpfung der interaktiven Komponente der Führung hängt jedoch nicht nur von dem Verhalten der Führungskräfte im Führungsprozess ab, sondern auch von den strukturellen Rahmenbedingungen, innerhalb derer die interaktive Führung durch die Führungskraft auszugestalten ist.[947] Neben der Unterstützung der Führung durch spezifische Personalmanagementmaßnahmen, auf die im Kriterium der »Mitarbeiter« eingegangen wird, betrifft dies vor allem den Handlungs- und Gestaltungsfreiraum, innerhalb dessen die Führungskräfte führen können. Sind z. B. Führungsgrundsätze als unternehmensweit verpflichtende Regelungen so eng fixiert, dass ein delegativer Führungsstil ausgeschlossen wird, so kann die Führungskraft möglicherweise in der Führungsbeziehung nicht das optimale Wertschöpfungspotenzial aufbauen, ohne gegen die Unternehmensverfassung und damit gegen die geteilte Führungskultur zu verstoßen. Die Messung dieser Wertschöpfungspotenzialvoraussetzung kann jedoch nur qualitativ erfolgen.

C. Integrierte Bewertungsmodelle

Eine gewisse Überschneidung der Komponenten »Führung« und »Mitarbeiter« ist bereits hier erkennbar. Bei den »Mitarbeitern« geht es jedoch vor allem um die personalwirtschaftsbezogenen prozessualen und instrumentalen Aspekte der strukturellen, systemischen Führung, während bei der »Führung« neben der interaktiven, persönlichen Führung eher die unternehmensbezogenen Aspekte der strukturellen Führung betrachtet werden.[948]

- *Bedeutung der Komponente Politik und Strategie für das Personalmanagement*

Neben der Führung ist die adäquate Ausgestaltung von Politik und Strategie für eine dauerhafte und erfolgreiche Verankerung einer umfassenden Qualität entscheidend. Dies wird in der Komponente »*Politik und Strategie*« betrachtet, wozu das Leitbild, die Strategie und das Wertesystem analysiert werden muss. Politik und Strategie sind mit dem Spektrum des Personalmanagements eng verbunden, da sie strukturelle Rahmenbedingungen für das Personalmanagement bilden. Die Wertschöpfungsmessung im Personalmanagement analysiert die Art und Weise, wie Politik und Strategie bestimmt, realisiert, kommuniziert, aktualisiert und verbessert werden und ermittelt damit den Wertbeitrag des Legitimations- und Ordnungsrahmens für das Personalmanagement. Da Politik und Strategie in der Regel mittel- bis langfristig ausgerichtet sind und weil das Wertesystem als Unternehmenskultur

---

947 Wir werden deshalb später eine gesonderte Analyse des (u.U. auch unternehmensinternen) Umfeldes vorschlagen. Vgl. Kapitel 10, S. 434 ff.
948 Vgl. Wunderer 1975b; Wunderer/Kuhn 1993, S. 112; Wunderer 2006.

nur schwer zu beeinflussen ist, liegt die Wertschöpfung für das Personalmanagement besonders in ihrer Kommunikation und Umsetzung sowie in der entsprechenden Abstimmung der Personalmanagementmaßnahmen und -instrumente. Allein schon aus Gründen der Messökonomie muss auch hier auf qualitative Messungen zurückgegriffen werden.

- *Bedeutung der Komponente Mitarbeiter für das Personalmanagement*

Die Komponente der »*Mitarbeiter*« betrifft den Umgang des Unternehmens mit seinen Mitarbeitern. Da es um die Identifikation, die Planung und den Einsatz des Humanpotenzials geht, könnte man diese Komponente zutreffender Personalmanagement oder Humanressourcen-Management nennen.

Die Planung der Humanressourcen beruht auf einem Zwei-Weg-Kommunikationssystem, das ausgehend von der Unternehmenspolitik und -strategie nicht nur die Mitarbeiter stufen- und zeitgerecht über die Personalplanung informiert, sondern auch die Mitarbeiterbedürfnisse direkt in die Planung mit einbezieht. Dazu gehört auch ein effektives Personalbeurteilungssystem zur Identifikation der Fähigkeiten und des Fähigkeitspotenzials der Mitarbeiter. Die Erkenntnisse aus der Personalbeurteilung bilden eine Grundlage für weitere Personalmanagementmaßnahmen, wie die fähigkeits- und leistungsorientierte Personalhonorierung oder die Auswahl und Entwicklung der Mitarbeiter. Für die Leistungsbeurteilung werden neben Individual- auch Gruppenziele vereinbart. Entwicklungsmaßnahmen des Humanpotenzials werden im EFQM-Modell beispielsweise in der Förderung von Kreativität und Innovativität – einer (mit-)unternehmerischen Schlüsselqualifikation – gesehen.

Um die Identifikation der Mitarbeiter mit dem Unternehmen, dem Produkt oder der Arbeitsaufgabe zu erhöhen und damit die Beteiligung der Mitarbeiter am Prozess der kontinuierlichen Verbesserung zu fördern, setzt die Mitarbeiterkomponente neben einem geeigneten Anreizsystem auf die Förderung der Mitarbeiter zu selbstständigem Handeln (Empowerment).

Das EFQM-Modell betont weiterhin Management-by-Objectives durch Zielvereinbarung und Leistungsbeurteilung. Zwischen Führungskräften und Mitarbeitern werden wertschöpfungsorientierte Leistungsziele vereinbart, laufend kontrolliert und gegebenenfalls angepasst. Dabei wird auch die Rolle der Kommunikation für eine erfolgreiche Mitarbeiterorientierung betont, die einen wechselseitigen Informationsfluss zwischen Mitarbeitern, Kollegen und Führungskräften fordert. Entsprechend ist auch der Kommunikationsfluss regelmäßig zu evaluieren und zu verbessern.[949]

---

949 Vgl. auch Bühner 1996.

In der Komponente »Mitarbeiter« wird die Leistungsbeurteilung besonders thematisiert. Management-by-Objectives, Personalbeurteilung und Evaluation der Kommunikation sind Beispiele für die potenzial- und ergebnisorientierte Wertschöpfungsmessung.

- *Bedeutung der Komponente Prozesse für das Personalmanagement*

Eine weitere Komponente des EFQM-Modells sind die »*Prozesse*«. Das Modell beschränkt sich auf solche, die eine Schlüsselrolle bei der Sicherung kritischer Erfolgsfaktoren haben und als »wertschöpfend« angesehen werden. Darunter werden vor allem die Prozesse verstanden, die eng mit der Leistungserstellung des Unternehmens verbunden sind.

Obgleich nicht explizit genannt, können auch die Prozesse des Personalmanagements als erfolgskritische Prozesse verstanden werden. Besonders geeignet erscheinen die Prozesse Personalgewinnung, -honorierung und Personalentwicklung (vgl. Kapitel 4).[950]

Dabei geht es im EFQM-Modell nicht nur um die Evaluation, Dokumentation und systematische Führung der Prozesse, sondern auch um deren kontinuierliche Überprüfung und Verbesserung. Dazu gehört auch, wie Innovationen und Kreativität initiiert und die Prozessveränderungen evaluiert und implementiert werden.

Eine systematische Prozessführung erfordert die Bestimmung von Prozessverantwortlichen, welche die Identifikation, Überprüfung und ständige Verbesserung gewährleisten müssen. Die Verantwortung für die Wertschöpfungsmessung liegt beim Prozessverantwortlichen, sie beinhaltet die Messung und Bewertung der Prozesskenngrößen und ihrer Veränderungen. Bezieht man die Wertschöpfungsmessung auf die beispielhaft genannten Prozesse Personalgewinnung, -honorierung und Personalentwicklung, dann lassen sich neben Aussagen zur Prozesseffizienz auch differenzierte Aussagen zur Leistungsfähigkeit und zum Leistungspotenzial der Humanressourcen machen.

- *Bedeutung der Komponente Mitarbeiterbezogene Ergebnisse für das Personalmanagement*

Die Komponente »*Mitarbeiterbezogene Ergebnisse*« ist eine der vier Ergebniskomponenten. Sie bezieht sich explizit auf das Personalmanagement und zwar auf zwei Betrachtungsebenen:

---

950 Vgl. Wunderer/Gerig/Hauser 1997 und die dort enthaltenen Praxisbeiträge.

Die erste beinhaltet Merkmale, die einer Beurteilung durch die Mitarbeiter unterzogen werden können und sollen. Dabei unterscheidet das Modell zwischen Motivationsfaktoren, wie Mitarbeiterbeteiligung, Karrierechancen oder Leistungsanerkennung, und Zufriedenheitsfaktoren, wie Beschäftigungsbedingungen, Entlohnungssystem oder das Arbeitsumfeld.

Die zweite Ebene beurteilt die Entwicklung zusätzlicher, meist indirekter Messgrößen. Hier nennt das Modell beispielsweise Indikatoren der Wertschöpfung, wie Schulungs- und Weiterbildungsniveau, Personalfluktuation oder Inanspruchnahme betrieblicher Leistungen.

Die vom EFQM-Modell unter »Mitarbeiterbezogenen Ergebnisse« genannten Merkmale decken ein breites Spektrum von Personalmanagementfunktionen ab. So reichen die Merkmale vom Personaleinsatzmanagement und Ergonomie (Gesundheits- und Sicherheitsvorkehrungen und Arbeitsunfallhäufigkeit) über Personalentwicklung (Karrierechancen und Laufbahnentwicklung) bis zur Mitarbeiterführung in struktureller (Daseinszweck, Wertesystem, Leitbild und Strategie) und interaktiver (Führungsstil) Hinsicht.

Für die Bewertung der »Mitarbeiterbezogenen Ergebnisse« ist das Niveau und die Entwicklung der Mitarbeiterzufriedenheit sowie der Umfang der relevanten, erhobenen Ergebnisvariablen mit einzubeziehen. Die Wertschöpfungsmessung auf der Ergebnisseite des Personalmanagements ist beim EFQM-Modell mit Indikatoren für die Zufriedenheit und die Motivation als Wertschöpfung für die Mitarbeiter vorhanden. Dabei fordert es die Bewertung gerade auch aus Sicht der betroffenen Stakeholder und nicht nur der Führungskräfte.

- *Fazit*

Das EFQM-Modell betont in allen seinen personalmanagementbezogenen Komponenten die Evaluation der Potenziale und Prozesse der damit erzielten Wertschöpfung. Für die Wertschöpfungsmessung im Personalmanagement bietet das (Self-)Assessment mit dem EFQM-Modell einen geeigneten Bezugsrahmen für das wertschöpfungsorientierte Personalcontrolling in Form eines Personal-Audits, insbesondere wenn die Ansprüche des Umfeldes noch mit einbezogen werden.[951]

Allerdings legt das EFQM-Modell großen Wert auf die Dokumentation der relevanten Vorgehensweisen und Ergebnisse in Form von Selbst- und Fremdbewertungen in allen Komponenten, was gerade in Klein- und Mit-

---

951 Vgl. auch Hoss 1993a, S. 471 ff.

telunternehmen oder kleineren Geschäftseinheiten von Großunternehmen zu einer extremen und damit kaum wertschöpfenden Formalisierung führen kann.[952] Auch das vereinfachte Modell der EFQM für Klein- und Mittelunternehmen hat diese Schwäche.

Darüber hinaus täuscht das Schema des EFQM-Modells Exaktheit und Quantifizierbarkeit vor, die es noch durch seine symmetrische ästhetische Gestaltung unterstreicht. Dabei werden auch weder zu der Zusammenstellung der Messgrößen noch zu den Gewichtungen Aussagen gemacht. Auch die Interdependenzen zwischen den Komponenten werden ausgeblendet.[953]

- *Firmenbeispiel ABB Semiconductors AG*

Die ABB Semiconductors AG verwendet das EFQM-Modell im Rahmen des Self-Assessments. Dabei liegt folgender Leitsatz der Personalpolitik zugrunde: »Wir glauben, dass dauernde Veränderungen nur durch dauernde Leistungsmessung und häufiges Feedback .... möglich sind.«[954]

C. Integrierte Bewertungsmodelle

Dabei erfolgt folgendes Vorgehen:

1. Der erste Kontakt mit dem EFQM-Modell erfolgte durch ein von Kunden oder potenziellen Kunden durchgeführtes Assessment. Dieses war weitgehend fremdbestimmt, erfolgte in einem sehr frühen Entwicklungsstadium und führte zu einer intensiven Auseinandersetzung mit dem EFQM-Modell durch das Management und die Organisation.
2. Der zweite Schritt war ein Assessment (Total Quality System Review) nach dem EFQM-Modell durch Assessoren aus anderen ABB-Firmen. Dieses hat jede ABB-Firma mindestens alle zwei Jahre zu bestehen. Durch die Beteiligung von eigenen Assessoren kommt dieser Ansatz einem Selbst-Assessment schon sehr nahe. Gleichzeitig ist dadurch ein Benchmarking mit anderen ABB-Firmen möglich.
3. Schließlich erfolgte die Teilnahme an dem Wettbewerb um den Europäischen Qualitätspreis (EQA), um regelmäßige, institutionalisierte Selbstbewertung als starken Anreiz zur dauernden Verbesserung im Vergleich mit den besten europäischen Firmen zu ermöglichen.

Für das Personalmanagement geht das Self-Assessment nach dem EFQM-Modell mit einer größeren Eigenständigkeit und Verantwortungsübernahme durch die Führungskräfte und Mitarbeiter einher und unterstützt damit aktiv das mitunternehmerische Humanressourcenmanagement.[955]

---

952 Vgl. Wunderer/Gerig/Hauser 1997, S. 57 f.
953 Vgl. Wimmer/Neuberger 1998, S. 580 f.
954 Vgl. Rüegg 1997.
955 Vgl. Rüegg 1997, S. 206 ff.; Jaritz 1999.

- *Firmenbeispiel Siemens AG*

Bei der Siemens AG wird der Ansatz des EFQM-Modells im Rahmen des umfassenden Top-Programms eingesetzt. Dabei werden die vier Ergebniskomponenten des EFQM-Modells auch im Rahmen des Management-by-Objectives eingesetzt. Für das Personalmanagement sind dabei die »Mitarbeiterbezogenen Ergebnisse« relevant.

Kriterium	Messgröße/Ziel	Benchmark
1. Geschäftsgebiet		
langfristige Ziele/Prioritäten		
Erhöhung der Rücklaufquote aus der Mitarbeiterbefragung	80% der befragten Mitarbeiter	
Ableitung und Umsetzung von Maßnahmen zur Verbesserung der Mitarbeiterzufriedenheit, so dass 70% der Kriterien ...	eine positive Beurteilung erreichen	
Ziele für das Geschäftsjahr		
Zielvereinbarungen mit allen Mitarbeitern	100% bis Ende des Geschäftsjahres	

Mitarbeiterbefragung
  Rücklauf
  Schwerpunktthemen
  zentrale Einzelfragen
	
	größer als 70%
	besser als 2,55
	75% besser als 3
		andere Siemens-Bereiche

2. Geschäftszweig		
Zielvereinbarungen	bis Abteilungsleiter, 100% bis Mitte des Geschäftsjahres	
Vorgesetztenbeurteilung	Geschäftszweigleiter, Geschäftssegmentleiter, Abteilungsleiter 100% bis Ende des Geschäftsjahres	
Mitarbeiterbefragung	Ergebnis der letzten Befragung um 10% verbessern	Letzte Mitarbeiterbefragung
Job Rotation	10 Mitarbeiter	
Qualitätsgruppenarbeit	27 Qualitätsgruppen	
Verbesserungsvorschläge	290 Verbesserungsvorschläge	
3. Geschäftssegment		
Verbesserung der Mitarbeiterzufriedenheit durch gezielte Maßnahmen an den aufgedeckten Kritikpunkten der Mitarbeiterbefragung	3 Schwachpunkte um mehr als 10% verbessern	Mitarbeiterbefragung

Kriterium	Messgröße/Ziel	Benchmark
Führungskultur ändern: Zielvereinbarungen und Vorgesetztenbeurteilungen	Zielvereinbarung: Mitarbeiter bis Ende des Geschäftsjahres Vorgesetztenbeurteilung: Abteilungsleiter bis Ende des Geschäftsjahres	
Verbreitung der Einsatzmöglichkeit von Mitarbeitern durch wesentlichen Aufgabenwechsel	2 Mitarbeiter einsetzen	
Mitarbeiterengagement für den kontinuierlichen Verbesserungsprozess fördern	5 Qualitätsgruppen 85 Verbesserungsvorschläge	
4. Abteilung		
Verbesserung der Mitarbeiterzufriedenheit durch gezielte Maßnahmen an den aufgedeckten Kritikpunkten der Mitarbeiterbefragung	3 Schwachpunkte um mehr als 10% verbessern	Mitarbeiterbefragung
Führungskultur ändern: Zielvereinbarungen und Vorgesetztenbeurteilungen	Zielvereinbarung: Mitarbeiter bis Ende des Geschäftsjahres Vorgesetztenbeurteilung: Abteilungsleiter bis Ende des Geschäftsjahres	
Verbreitung der Einsatzmöglichkeit von Mitarbeitern durch wesentliche Aufgabenwechsel	Bedarfsermittlung und Programm bis Mitte des Geschäftsjahres	
Mitarbeiterengagement für den kontinuierlichen Verbesserungsprozess fördern	1 Qualitätsgruppe 17 Verbesserungsvorschläge	
5. Gruppe		
Verbesserung der Mitarbeiterzufriedenheit durch gezielte Maßnahmen an den aufgedeckten Kritikpunkten der Mitarbeiterbefragung	Bedeutung der Schwachpunkte reduzieren	Mitarbeiterbefragung
Führungskultur ändern: Zielvereinbarungen und Vorgesetztenbeurteilungen	Zielvereinbarung: Mitarbeiter bis Ende des Geschäftsjahres Vorgesetztenbeurteilung: Abteilungsleiter bis Ende des Geschäftsjahres	
Mitarbeiterengagement für den kontinuierlichen Verbesserungsprozess fördern	3 Verbesserungsvorschläge	

Abb. 227: Ziele in der Komponente Mitarbeiterbezogene Ergebnisse auf den Hierarchieebenen bei der Siemens AG[956]

---

956 Quelle: Siemens AG.

Auf der obersten Ebene, der Bereichsebene, werden zunächst die Vision und die Leitlinien sowie die Arbeitsschwerpunkte des Bereichs definiert bzw. überarbeitet. Dann werden auf den fünf Hierarchieebenen Geschäftsgebiet, Geschäftszweig, Geschäftssegment, Abteilung und Gruppe für jede Ergebniskomponente geeignete Messgrößen aufgestellt. Im Folgenden sind die Ziele und Messgrößen für die Mitarbeiterzufriedenheit auf den verschiedenen Hierarchieebenen gegenübergestellt. Die Ziele der niedrigeren Hierarchiestufen sind dabei aus den Zielen der höheren Hierarchiestufen abgeleitet. Auf der Ebene des Geschäftsgebietes wird auch noch zwischen langfristigen Zielen und Zielen für das nächste Geschäftsjahr unterschieden.

Aus dieser Zielhierarchie können für jeden Mitarbeiter die persönlichen Zielvereinbarungen abgeleitet werden. Für das Kriterium der Mitarbeiterbezogenen Ergebnisse und damit das Personalmanagement betrifft dies vor allem die Führungskräfte. Neben diesen Ergebniszielen können in der persönlichen Zielvereinbarung auch noch Prozessziele vereinbart werden, die sich aus der Stellenbeschreibung ergeben. Im Bereich der Mitarbeiterführung können diese z. B. für eine Führungskraft auf der Gruppenebene lauten:

- Unterstützung der Mitarbeiter bei ihren Aufgaben (Coaching),
- Förderung und Motivierung von Mitarbeitern sowie Förderung des Zusammengehörigkeitsgefühls in der Gruppe,
- Führen von bzw. Teilnahme an Mitarbeitergesprächen,
- Informieren der Mitarbeiter über alle für sie wesentlichen Vorgänge,
- Urlaubsplanung in der Gruppe, einschließlich der Abstimmung mit den betroffenen Auftragsverantwortlichen,
- Fortlaufende Auslastungsplanung der Gruppenmitglieder,
- Fortlaufende Pflege der Personalinformationen für die Gruppenmitglieder und
- Förderung von Mitarbeiterinitiativen und deren Umsetzung.

- *Beispiel Integration der EFQM-Modells in die Balanced Scorecard bei der Deutschen Telekom*

Die Deutschen Telekom verwendet auf der Konzernebene eine Balanced Scorecard[957], bei der als Messparameter die Komponenten des EFQM-Modells vor allem bei den personalmanagement-spezifischen Komponenten eingebunden sind.

---

957 Vgl. auch Kapitel 8, S. 355 ff.

Dimension	Zielobjekt	Messparameter
Finanzen und Ergebnis	Cash Flow	Mrd. Euro pro Jahr
	Dividende	Mrd. Euro/Euro pro Aktie
	Reduzierung der Verbindlichkeiten	Volumen der Fremdverschuldung in Mrd. Euro
	Ressourcenoptimierung	Arbeitsproduktivität in Umsatz/Mitarbeiter
	Bilanzstruktur	Ausgleich nach definierten Grundsätzen
Interne Leistungsdaten/ Prozesse	Zielorientierte Führung	Zielerreichungsgrad der individuellen Ziele in Prozent
	Produkteinführungszeiträume	Projektdauer laut Handbuch Telekom Projekte
	Qualität der Leistungserbringung	**Bewertungsskala der Kriterien 1-5 des EFQM-Modells**
	Kernprozesse	Leistungsmaßstäbe gemäß Definition Tempo
	Mitarbeiterzufriedenheit	**Bewertungsskala des Kriteriums 7 des EFQM-Modells**
	ergebnisorientiertes Denken und Handeln	offen
Leistungsdaten am Markt/ Kundenzufriedenheit	Position in den zu bearbeitenden Märkten	Marktanteil im Heimmarkt
	Kundenzufriedenheit	TRIM-Faktoren PK und GK
	Aktionärszufriedenheit	Zufriedenheitsindex
	Penetration der T-Marke	Bekanntheitsgrad laut Imagestudie GFM-GETAS
	Angebot von I+K-Lösungen gemäß Prozessen beim Kunden	Umsätze je zu definierender Produktgruppe und Wertschöpfungsstufe in Markt/Jahr
Zukunftsausrichtung	Mitarbeiterorientierung	**Bewertungsskala des Kriteriums 3 des EFQM-Modells**
	Markterschließung im Ausland	Marktanteil im ausländischen Markt (mit Partnern)
	Ziel- und erfolgsorientierte Forschung & Entwicklung; Innovation und Produktentwicklung	Innovationsrate, Umsatz aus Neuprodukten
	Schutz natürlicher Ressourcen	Stromverbrauch, Abfallmenge, Schadstoffausstoß, Recycling-Quote

Abb. 228: Balanced Scorecard des Deutschen Telekom Konzerns[958]

---

958 Quelle: Deutsche Telekom. Mittelfristig gültig, für 1998 zum Teil Abweichungen.

9.7 Anwendung des EFQM-Modells auf das Wertschöpfungscenter-Personal

Neben der personalmanagement- und komponentenbezogenen Anwendung des EFQM-Modells zur Wertschöpfungsmessung, kann das EFQM-Modell auch in seiner Gesamtheit auf die Personalabteilung als Wertschöpfungscenter-Personal angewendet werden.[959] Erste Ansätze dazu liegen auch bereits in der Praxis vor, allerdings ist hier oft die für die Wertschöpfungsmessung so wichtige Komponente »Schlüsselergebnisse« ausgenommen, was als Zeichen des noch geringen Entwicklungsstandes des Wertschöpfungscenters-Personal in der Business-Dimension gewertet werden kann.[960]

Bei der Anwendung des EFQM-Modells auf die Personalabteilung als eigenständige Organisationseinheit sind die neun Komponenten des Modells nicht mehr auf das Gesamtunternehmen zu beziehen, sondern auf den Personalbereich. Dies bedeutet für die Komponenten Mitarbeiterbezogene und Kundenbezogene Ergebnisse eine Umdefinition im Vergleich zum vorangegangenen Abschnitt. Als Mitarbeiter sind jetzt nur noch die Mitarbeiter des eigenen Bereiches, also der Personalabteilung zu verstehen. Als Kunden müssen dagegen jetzt alle internen (und eventuell externen) Kunden der Personalabteilung im Unternehmen verstanden werden. Dies können im Einzelnen die Unternehmensleitung, die Führungskräfte sowie die übrigen Mitarbeiter des Unternehmens sein.

In dieser Sichtweise beziehen sich auch die Befähigerkomponenten nur noch auf die interne Führung der Personalabteilung. Eine rein isolierte Anwendung dieser Komponenten auf die Personalabteilung kann jedoch zu einer Abkopplung der Personalabteilung führen, die aufgrund der hohen Querschnittsfunktion des Personalmanagements nicht gewünscht sein kann. Daher ist diese Sichtweise zu erweitern, indem insbesondere in den Schnittstellenbereichen Führung, Mitarbeiter und Prozesse auch die wesentlichen Einflüsse und Außenwirkungen in die Bewertung einbezogen werden.

Die Anwendung des EFQM-Modells auf die Personalabteilung als Wertschöpfungscenter-Personal sollte daher die personalmanagement- und komponentenbezogene Anwendung des EFQM-Modells ergänzen, jedoch nicht ersetzen. Meist werden die einzelnen Organisationseinheiten ein-

---

[959] Vgl. dazu auch Diskussion der Wertschöpfungsmessung im Wertschöpfungscenter in Kapitel 5, S. 249 ff. und Kapitel 7, S. 307.
[960] Vgl. Meier 1997, S. 234 ff.; Rüegg 1997, S. 194 ff.

schließlich der Personalabteilung sowieso im Rahmen eines unternehmensweiten Assessments evaluiert.

Diese Anwendung des EFQM-Modells auf die Personalabteilung führt zu folgenden Konsequenzen für die Wertschöpfungsmessung:[961]

- *Führung*

Für die Komponente *Führung* ergeben sich keine wesentlichen Neuerungen. Wie für die anderen Unternehmensbereiche ist beispielsweise auch das Engagement der Personalabteilung für eine Kultur des umfassenden Qualitätsmanagements zu beurteilen oder wie von der Personalabteilung die erforderlichen Ressourcen bereitgestellt werden. Eine Umdeutung ergibt sich für die Thematisierung der Kunden und Lieferanten, da hier nicht mehr vorrangig externe Kunden und Lieferanten des Unternehmens angesprochen sind, sondern interne, wie Unternehmensleitung, Linienführungskräfte und Mitarbeiter ohne Führungsverantwortung. Damit wird der Rolle des Wertschöpfungscenters-Personal als Fachpromotor für umfassendes Qualitätsmanagement Rechnung getragen.[962]

- *Politik und Strategie*

Ähnliches gilt für die Komponente *Politik und Strategie*. Die Politik und Strategie ist nicht mehr auf der Unternehmens-, sondern auf der Bereichsebene zu evaluieren. Je nach dem Entwicklungsstand des Wertschöpfungscenters, kann dabei entweder eine aus der Unternehmensstrategie abgeleitete Personalstrategie oder auch eine unabhängige Strategie des Wertschöpfungscenters vorliegen. In beiden Fällen ist die Formulierung, Überprüfung und Umsetzung der Politik und Strategie zu untersuchen. Dabei ist zu berücksichtigen, dass »extern« auch hier die anderen internen Unternehmensbereiche betrifft.

- *Mitarbeiter*

Die Komponente *Mitarbeiter* konzentriert sich einerseits auf die Mitarbeiter des Wertschöpfungscenters. Andererseits nimmt die Personalabteilung aber über die Konzeption und Bereitstellung von Personalmanagementprozessen und -instrumenten Einfluss auf alle Mitarbeiter des Unternehmens. Unter diesem Aspekt müssen hier auch die strukturellen Rahmenbedingungen der Führung und ihre Folgen für das Gesamtunternehmen analysiert werden.

---

961 Vgl. Wunderer/Gerig/Hauser 1997, S. 97 ff.
962 Vgl. Wunderer/Gerig/Hauser 1997, S. 88 ff.; Wunderer/Arx 2002.

- *Partnerschaften und Ressourcen*

Bei der Komponente *Partnerschaften und Ressourcen* stehen für das Wertschöpfungscenter-Personal die Informations- und Wissensressourcen im Mittelpunkt. Hierzu zählen insbesondere das Personalinformationssystem sowie die Unterstützung der Kommunikation im Unternehmen. Aber auch externe Partnerschaften, z. B. zu Personalberatern für die Unterstützung bei der Personalgewinnung, -entwicklung oder -freisetzung, können relevant sein. Zentral ist die Kooperation mit Arbeitnehmervertretern.

- *Prozesse*

Die Komponente *Prozesse*, die vor allem die Kernprozesse des Unternehmens betrifft, bezieht sich nun auf die Kernprozesse des Wertschöpfungscenters-Personal und damit auf die Personalmanagementprozesse. Insoweit kann diese Komponente ohne Einschränkungen angewendet werden.[963]

- *Kundenbezogene Ergebnisse*

Die Komponente *Kundenbezogene Ergebnisse* kann ohne Einschränkungen auf die Kundengruppen des Wertschöpfungscenters angewendet werden, insbes. auf Unternehmensleitung, Linienführungskräfte und Mitarbeiter.

- *Mitarbeiterbezogene Ergebnisse*

Die Komponente *Mitarbeiterbezogene Ergebnisse* bezieht sich hier v. a. auf die Mitarbeiter des Wertschöpfungscenters-Personal.[964] Entsprechend der Komponente »Mitarbeiter« kann hier auf die Mitarbeiterbezogenen Ergebnisse aller Mitarbeiter des Unternehmens Bezug genommen werden. Diese ist jedoch besser bei den »Kundenbezogenen Ergebnissen« aufzunehmen.

- *Gesellschaftsbezogene Ergebnisse*

Bei der Komponente *Gesellschaftsbezogene Ergebnisse* sind die Außenwirkungen der Personalabteilung bzw. des Personalmanagements zu untersuchen, z. B. über die Wahrnehmung von Arbeitgeberfunktionen.

- *Schlüsselergebnisse*

Die Komponente *Schlüsselergebnisse* kann je nach dem Entwicklungsstand des Wertschöpfungscenters unterschiedlich gut angewendet werden. Wäh-

---

963 Vgl. auch Kapitel 4, S. 203 ff.
964 Vgl. Wunderer/Arx 2002.

rend nicht-finanzielle Messgrößen für den Erfolg über das Personalcontrolling verfügbar sind, sind finanzielle Messgrößen nur bei der entsprechenden Ausgestaltung der Business-Dimension, z. B. durch Prozesskostenrechnung und Verrechnungspreise ableitbar. Dies gilt insbesondere für den Sonderfall der Personalabteilung als Profit-Center (z. B. bei einer unternehmensinternen Personal- bzw. Unternehmensberatung), bei dem ein Gewinn bzw. ein Verlust ausgewiesen wird. Aber auch traditionelle Verfahren der Budgetierung erlauben bereits im Personalbereich Aussagen zur Qualität des Gemeinkostenmanagements, so dass auch auf dieser geringen Entwicklungsstufe des Wertschöpfungscenters in der Business-Dimension finanzielle Messgrößen verwendet werden können.

- *Firmenbeispiel HUBER + SUHNER AG*

Die Firma HUBER + SUHNER AG hat 1997 bereits zum zweiten Mal ein Assessment nach dem EFQM-Modell durchgeführt und damit explizit auch den Fachbereich Personal berücksichtigt. Im Folgenden dazu die Kurzzusammenfassung der Ergebnisse für die Komponente Mitarbeiter:

Stärken	– Große Zahl aktueller Personalmanagementinstrumente – Hohe Einsatzbereitschaft in der Gestaltung des Personalmanagements – Strukturell-instrumentelle Dimension – Interaktiv-persönliche Dimension
Verbesserungs-potenziale	– Erfassung der Mitarbeiterzufriedenheit – Analyse/Umsetzung vorhandener Daten – Qualitative Personalplanung – Förderung der Teamorientierung – Flexibilisierung der Honorierungskonzepte

Abb. 229: Kurzzusammenfassung der Assessment-Ergebnisse in der Komponente »Mitarbeiter« bei der HUBER+SUHNER AG[965]

- *Firmenbeispiel UBS AG*

Bei der UBS AG[966] wurde 1991 beschlossen, TQM als strategische Leitidee zu berücksichtigen. In den folgenden Jahren wurden vier Phasen auf dem Weg zum systematischen Qualitätsmanagement durchschritten, bei denen auch das EFQM-Modell mit seinem Self-Assessment seit 1994 zum Einsatz kommt. Im Einzelnen war die Entwicklung folgende:[967]

---

965 Vgl. Meier 1997, S. 245.
966 Früher Schweizerischer Bankverein.
967 Vgl. Lüdi/Wenger 1997, S. 254 ff.

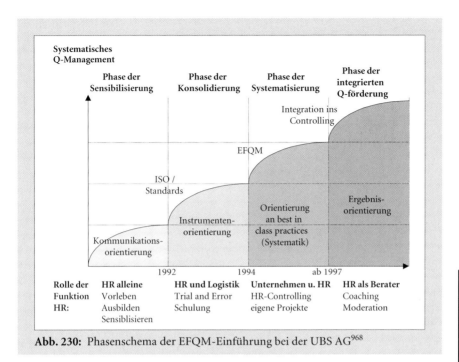

Abb. 230: Phasenschema der EFQM-Einführung bei der UBS AG[968]

Das Personalmanagement als Funktion Human Resources (HR) übernimmt dabei eine zentrale Rolle. Ab der dritten Phase der Systematisierung erfolgte dabei die Anwendung des EFQM-Modells, nachdem die Instrumentenorientierung einschließlich ISO-Zertifizierung abgeschlossen war. Der Schwerpunkt lag dabei auf dem Self-Assessment nach dem EFQM-Modell, das sehr stark in das HR-Controlling integriert wurde.

Die letzte Phase bildet schließlich eine noch stärkere Ergebnisorientierung bei Übertragung eingespielter Aufgaben an die entsprechende Fachabteilungen.[969]

- *Verbreitung von Assessments der Personalabteilung*

Die Verbreitung von internen und externen Assessments der Personalabteilung stellt sich in der Praxis wie folgt dar.[970] Insgesamt zeigt sich eine geringe Verbreitung von Assessments, wobei interne Assessments häufiger angewendet werden als externe Assessments (Abb. 231). Aber 53% der befragten

---

968 Vgl. Lüdi/Wenger 1997, S. 254 ff.
969 Vgl. Lüdi/Wenger 1997, S. 254 ff.
970 Quelle: Eigene Umfrage 1997, N=93. Frage: Welche Instrumente benutzen Sie zur Qualitätsbeurteilung Ihrer Personalabteilung? Die Fragestellung war dabei nicht auf Assessments nach dem EFQM-Modell beschränkt. Vgl. Wunderer/Arx/Jaritz 1997, S. 9.

Unternehmen haben noch nie ein Assessment für die Personalabteilung durchgeführt. Hier besteht also noch ein erhebliches Entwicklungspotenzial, selbst bei den befragten Großunternehmen.

Anderseits führen schon 36% der befragten Unternehmen mindestens gelegentlich ein internes Assessment für die Personalabteilung durch. Aufgrund der guten Eignung für die Wertschöpfungsmessung ist daher mit einem weiteren Anstieg der Verbreitung von Assessments zu rechnen.

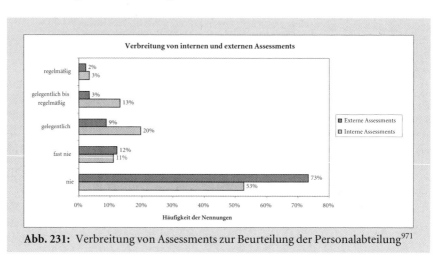

Abb. 231: Verbreitung von Assessments zur Beurteilung der Personalabteilung[971]

9.8 Fazit

Die Anwendung des EFQM-Modells auf die Personalabteilung ist für die Wertschöpfungsmessung im Personalmanagement sehr hilfreich. Das Assessment erlaubt die Bewertung des Wertschöpfungscenters-Personal über die neun potenzial-, prozess- und ergebnisbezogen Komponenten und trägt dabei den Humanressourcen besonders Rechnung. Es integriert die Evaluation auch mit der Messung anderer interner Dienstleister sowie der gesamten Unternehmung.

Das EFQM-Modell bedient sich dabei der Evaluation monetärer und nichtmonetärer Größen und unterstützt damit die ökonomische Bewertung der Personalarbeit. Schwierigkeiten bringt bei der monetären Bewertung noch die Erfassung der Geschäftsergebnisse der internen Dienstleistungsfunktion

---

[971] Quelle: Eigene Umfrage 1997, N=93. Frage: Welche Instrumente benutzen Sie, um die Zufriedenheit der internen Bezugs- bzw. Kundengruppen bezüglich der Personalabteilung zu beurteilen? Vgl. Wunderer/Arx/Jaritz 1997, S. 9.

Personalmanagement, da in der Praxis meist die innerbetrieblichen Kostenerfassungs- und -verrechnungssysteme zu wenig ausgereift sind.

Die Bewertung der Wertschöpfung erfolgt im EFQM-Modell potenzial-, prozess- und ergebnisbezogen. Die Komponenten Kundenbezogene, Mitarbeiterbezogene und Gesellschaftsbezogene Ergebnisse fordern die Messung der Ergebnisse des Personalmanagements v.a. durch die beteiligten bzw. betroffenen Stakeholder über entsprechende Instrumente und Verfahren. Auch die hohe Verbreitung des EFQM-Modells in der Praxis ist ein Vorteil, da es sich dadurch sehr gut für ein unternehmensübergreifendes Benchmarking eignet.

Allerdings beinhaltet das EFQM-Modell einige Schwächen, die auch die Wertschöpfungsmessung einschränken. So ist die Unternehmenskultur nur in den Unterkriterien von »Führung« und »Politik und Strategie« erwähnt und die Organisation nur indirekt über die Prozesse eingeschlossen. Damit wird die strukturelle Führung zu wenig systematisiert und ihre Messung vernachlässigt. Auch die Prozessdimension ist noch nicht systematisch genug ausgearbeitet, zudem fehlt ihre klare Trennung gegenüber den Befähigerkomponenten. Dementsprechend kann auch die prozessbezogene Wertschöpfungsmessung nur unzureichend von der potenzialbezogenen Wertschöpfungsmessung getrennt werden.[972] Weiter enthält das Modell keine explizite Betrachtung der zur Verfügung stehenden Ressourcen, da lediglich das Management der Partnerschaften und Ressourcen betrachtet wird. Ebenso wenig ist die Beteiligung der Stakeholder an den Unternehmensergebnissen klar konzeptionalisiert.

Schließlich scheint dem EFQM-Modell die formale, ästhetische Ausgewogenheit wichtiger als inhaltliche Begründungen der Messgrößen oder der Gewichtung der Komponenten.[973] Dennoch bietet es einen guten Bezugsrahmen gerade für das Personalmanagement, auch wenn es im Vergleich zur Balanced Scorecard eine weniger starke Ausrichtung auf die Unternehmensstrategie aufweist.

---

972 Vgl. Wunderer 1995c; Wunderer 1998, S. 57 f.
973 Vgl. Wimmer/Neuberger 1998, S. 580 f.

10. Wertschöpfungsmessung im Business Excellence-Modell

Kapitelübersicht

10.1	Entwicklungsschritte zu einem Business Excellence-Modell............	434
10.2	Konzept eines Business Excellence-Modells.........................	438
10.3	Messung der Wertschöpfung im Business Excellence-Modell...........	441
10.3.1	Wertschöpfungsmessung im Personalmanagement mit Hilfe des Business Excellence-Modells..	441
10.3.2	Anwendung des Business Excellence-Modells auf das Wertschöpfungscenter-Personal...	443
10.4	Fazit..	445

C. Integrierte Bewertungsmodelle

10.1 Entwicklungsschritte zu einem Business Excellence-Modell

Ausgehend von der Analyse der Wertschöpfungsmessung mit dem EFQM-Modell[974] sowie einem allgemeinen Konzept zur Unternehmens- und Mitarbeiterführung, ergibt sich eine Weiterentwicklung des EFQM-Modells für Excellence zu einem umfassenderen Business Excellence-Modell.[975] Dieses ist im Folgenden auf seine Eignung zur Wertschöpfungsmessung zu untersuchen.

Als Basis für eine allgemeines Konzept zur Unternehmens- und Mitarbeiterführung lassen sich acht zentrale Prinzipien identifizieren: Haben, Sollen, Dürfen, Können, Wollen, Leisten, Erreichen und Beteiligen.

Diese sind wiederum in fünf grundlegende Komponenten integriert:[976]

- Strukturpotenzial
- Mitarbeiterpotenzial
- Leistungsprozesse und -objekte
- Ergebnisse und
- Ergebnisverteilung.

Damit ergibt sich ein Modell der Führung wie folgt (Abb. 235):

---

[974] Vgl. Kapitel 9, S. 397 ff. Vgl. dazu auch Conti 1997.
[975] Auch die EFQM strebt die Erweiterung des bestehenden Modells zu einem allgemeinen Unternehmensführungsmodell an.
[976] Vgl. Wunderer 1997b; Wunderer 2006, Kap. XV. 5.

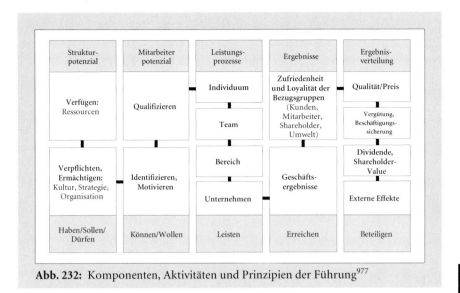

Abb. 232: Komponenten, Aktivitäten und Prinzipien der Führung[977]

In diesem prozessorientierten und integriertem Führungsmodell wird zunächst zwischen dem Strukturpotenzial und dem Mitarbeiterpotenzial unterschieden. Dies entspricht der bewährten Unterscheidung von struktureller und interaktiver Führung.

- *Strukturpotenzial*

Im Mittelpunkt des Strukturpotenzials stehen die drei organisatorischen Kernvariablen *Strategie* (Ziele und Mittel/Instrumente), *Organisation* (Zuordnung von Aufgaben und Kompetenzen) und *Kultur* (gemeinsam geteilte Werte und Normen). Über diese drei Einflussgrößen werden die Mitarbeiter verpflichtet (Sollen) und ermächtigt (Dürfen) im Rahmen der Sollvorgaben zu handeln. Dabei bieten diese Variablen einerseits den Bezugsrahmen für die Gestaltung des eigenen Führungsbereiches der Führungskräfte über die situative Interpretation, Modifikation, Kommunikation und Umsetzung, andererseits sind diese Formen gerade auch für die Selbstorganisation eines jeden Mitarbeiters von Bedeutung. Hier liegt ein Vorteil der strukturellen Führung, indem sie über eine mehr generelle, personenunabhängigere und häufig auch formalisiertere Weise den Bedarf an interaktiver (persönlicher) Führung vermindert.

Zusätzlich ist im Bereich der strukturellen Führung eine ausreichende Versorgung der Mitarbeiter mit den nötigen Ressourcen sicherzustellen, damit ein selbständiges Handeln der Mitarbeiter überhaupt möglich wird.

---

977 Vgl. Wunderer 1997b, S. 17 ff.

- *Mitarbeiterpotenzial*

Beim Mitarbeiterpotenzial können ebenfalls zwei Bereiche unterschieden werden. Einerseits ist die Qualifikation der Mitarbeiter (Können) zu sichern. Hier hat die Führungskraft Qualifizierungsaufgaben zu übernehmen (z. B. über Coaching am Arbeitsplatz, strukturierte Mitarbeitergespräche), die durch das institutionalisierte Personalmanagement zu unterstützen sind (z. B. über eine qualifikationsfördernde Arbeitsorganisation durch Job-Enrichment oder Job-Enlargement und durch abgestimmte Off-the-Job-Trainingsmaßnahmen). Eine zentrale Voraussetzung ist hierfür auch eine geeignete qualitative Personalstruktur, die durch eine entsprechende Personalauswahl und -entwicklung gewährleistet werden muss.

Andererseits ist auch die Identifikation und Motivation der Mitarbeiter (Wollen) von herausragender Bedeutung. Hier geht es um eine inspirierendes, prosoziales und gerechtes Verhalten der Vorgesetzten sowie um eine partizipative Entscheidungssituation, zur Unterstützung der Identifikation als selbstgewählter Bindung bzw. Verpflichtung gegenüber den berufsbezogenen Identifikationsobjekten. Denn eine Selbstmotivierung zeigt stärkere und längere Wirkungen als jede Fremdmotivierung.

C. Integrierte Bewertungsmodelle

- *Leistungsprozess*

Im Leistungsprozess können auf jeder Führungsebene verschiedene Formen der Steuerung angewendet werden. Dabei lässt sich zwischen den Idealformen Hierarchie, Bürokratie, soziales Netzwerk und Markt unterscheiden, die allerdings immer in unterschiedlich gewichteten Mischformen und damit nie in Reinform auftreten. Von hoher Relevanz ist dabei vor allem die horizontale Abstimmung der Leistungsprozesse in der Wertschöpfungskette mit Teamkollegen und prozessbeteiligten Mitgliedern anderer Abteilungen. Gerade weil die laterale Kooperation ein starkes Konfliktfeld im Vergleich mit vertikalen Beziehungen darstellt, ist dieser Aufgabe besondere Aufmerksamkeit zu schenken.

- *Leistungsergebnisse*

Bei der Ermittlung des Leistungsergebnisses kann man zunächst zwischen monetären und nicht-monetären Ergebnissen unterscheiden. Bei letzteren ist die Zufriedenheit und Loyalität der zentralen Bezugsgruppen von besonderer Bedeutung. Hier lassen sich vor allem Kunden, Mitarbeiter, Shareholder und die Umwelt unterscheiden. Alle Ergebnisse sind dabei über ein möglichst integratives Controlling (Finanz-, Kosten-, Marketing-, und Personalcontrolling, insbesondere des Führungs- und Kooperationscontrolling) zu evaluieren und für Steuerungsaufgaben aufzubereiten und einzusetzen.

- *Ergebnisverteilung*

Die Ergebnisverteilung betrifft die wertschöpfungsgerechte Beteiligung der Bezugsgruppen an erzielten Erfolg. Mit Bezug auf Führung und Personalmanagement sind dies die Führungskräfte und Mitarbeiter. Die vereinbarte (Grund-)Vergütung bildet dafür die Grundlage, die durch ergebnisabhängige Sonderleistungen, die von der Ergebnisqualität, der Ergebnismenge oder dem zeitlichen Einsatz abhängen, ergänzt werden.

Aber auch der Umfang der Sozialleistungen (»fringe benefits«) gehört dazu. Kann dabei weitgehend nach Mitarbeiterbedürfnissen ausgewählt werden (»Cafeteria-Prinzip«), dann ist ein hoher Grad an individualisierter und flexibler Ergebnisbeteiligung erreicht.

Zur Erfolgsbeteiligung gehören auch die nicht-monetären Formen, z. B. durch die Weitergabe von Anerkennung durch externe und interne Kunden an die betreffenden Organisationseinheiten bzw. Mitarbeiter. Aber auch personalpolitische Maßnahmen, wie z. B. Förderung und Beförderung, sind darunter zu verstehen.

10. Business Excellence-Modell

- *Erweiterung des EFQM-Modells*

Im EFQM-Modell werden bisher insbesondere die Prinzipien »Haben«, »Dürfen« und »Beteiligen« vernachlässigt. D. h., dass das Strukturpotenzial der Führung als auch die Ergebnisverteilung unzureichend repräsentiert sind.[978]

Eine *Erweiterung* des EFQM-Modells kann durch bestimmte Modifikationen und gezielte Ergänzungen erfolgen. Es basiert dann auf fünf statt drei Säulen:[979]

- Umwelteinflüsse (Contingency),
- Befähiger (Input),
- Prozesse (Throughput),
- Ergebnisse (Output),
- Beteiligung (Share).

---

978 Vgl. Wunderer 1998, S. 55 ff.
979 Vgl. Wunderer 1998, S. 55 ff.

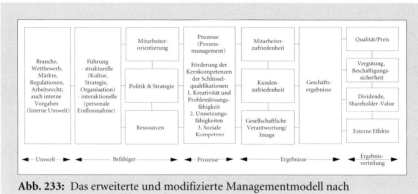

Abb. 233: Das erweiterte und modifizierte Managementmodell nach Wunderer[980]

In diesem Zusammenhang lässt sich auch das Konzept der strukturellen Führung konzeptionalisieren. Ebenso lassen sich die Schlüsselqualifikationen von Mitarbeitern (Kreativität und Problemlösungsfähigkeit, Umsetzungsfähigkeiten und soziale Kompetenz) im Rahmen der Prozesstransformation berücksichtigen.

Für die Wertschöpfungsmessung werden durch die Erweiterung und Modifikation die Schwächen des EFQM-Modells reduziert[981], wodurch auch eine bessere Systematisierung der Messung möglich wird. Insbesondere die Säulen Umwelteinflüsse und Beteiligung erweitern den Fokus der Messung, indem der Prozessansatz weiterentwickelt wird.

10.2 Konzept eines Business Excellence-Modells

Das EFQM-Modell für Excellence ist bereits 1999 in Bezug auf organisatorische Excellence erweitert worden, wie es bereits seit 1995 diskutiert wurde. Wir schlagen hier eine weitergehende Überarbeitung vor. Ein entsprechendes Konzept zur Unternehmens- und Mitarbeiterführung kann dabei von drei Hauptbereichen »Ressourcen und Ansprüche«, »Business-Excellence-Management« und »Ergebnisse« ausgehen, die systemisch interagierend und damit rekursiv im Gegensatz zum bisherigen linearen Input-Throughput-Output Konzept gestaltet sind (Abb. 234).[982]

---

980 Vgl. Wunderer 1998, S. 55 ff.
981 Vgl. Kapitel 9, S. 397 ff.
982 Vgl. Wunderer 1997d; Wunderer 1998, S. 63 ff.; Wunderer/Gerig/Hauser 1997, S. 14 ff.

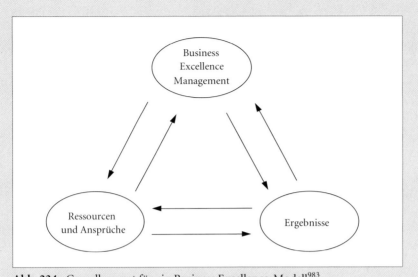

Abb. 234: Grundkonzept für ein Business Excellence-Modell[983]

Wesentlich ist dabei die Trennung des Management-Modells vom Unternehmensmodell einschließlich der Umwelt. Kern des Business Excellence-Modells ist dabei das als Business-Excellence-Management bezeichnete Managementmodell, das in die drei Unterbereiche Business Management, Ressourcen Management und Prozess Management unterteilt ist (Abb. 235).

Eng mit dem Managementmodell verbunden sind die beiden anderen Hauptbereiche »Ressourcen und Ansprüche« und »Ergebnisse«.

- *Ressourcen und Ansprüche*

»Ressourcen und Ansprüche« stellen die Beziehung zur externen oder – z. B. bei Konzerngesellschaften – zur internen Umwelt dar. Dabei geht es zum einen um die vorhandenen und zugeteilten Ressourcen, zum anderen um die Bedürfnisse bzw. Ansprüche der zentralen Bezugsgruppen. Damit wird die Beurteilung der Umwelt und des Umfeldes, d. h. vor allem der erfolgskritischen und situationstypischen Bedingungen von der Beurteilung des Managements getrennt. Qualität, Umfang und Kosten der Ressourcen bestimmen ganz wesentlich die Prioritäten und das »Wie« des Ressourcenmanagements. Ohne genaue Analyse der zentralen Bezugsgruppenansprüche lassen sich keine fundierte Entscheidungen zur Unternehmenspolitik und -strategie treffen.

---

983 Vgl. Wunderer 1997d; Wunderer 1998, S. 63 ff.

- *Ergebnisse*

Die »Ergebnisse« entsprechen dem Ergebnisteil des EFQM-Modells, sie ergeben sich ausgehend von den »Ressourcen und Ansprüchen« aus der Qualität des Managements. Die »Ergebnisse« schließen neben den Zufriedenheiten und Loyalitäten der Stakeholder und Geschäftsergebnissen auch noch, anders als beim EFQM-Modell, die Ergebnisverteilung explizit mit ein.

Die Wechselwirkung zwischen den »Ergebnissen« und den »Ressourcen und Ansprüchen« ergibt sich folgendermaßen: Einerseits lassen sich die Ergebnisse nur im Vergleich mit den Ansprüchen als Soll-Werte sinnvoll beurteilen, andererseits wirkt sich die Ergebnisverteilung auch auf die zukünftigen Ressourcen (hier vor allem finanzwirtschaftliche, personelle und informatorische) und auf die zukünftigen Ansprüche der Stakeholder aus. Gerade für die Humanressourcen ist dieser Zusammenhang, der im linearen Prozessmodell des EFQM-Modells noch fehlt, besonders relevant, da die Leistungsfähigkeit des Humanpotenzials u.a. direkt von den Ergebnissen und deren Verteilung beeinflusst wird.

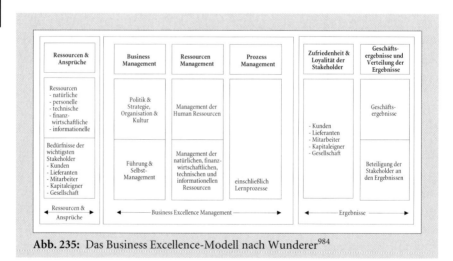

Abb. 235: Das Business Excellence-Modell nach Wunderer[984]

---

[984] Vgl. Wunderer 1997d; Wunderer 1998.

10.3 Messung der Wertschöpfung im Business Excellence-Modell

Für die Wertschöpfungsmessung im Personalmanagement bietet das Business Excellence Modell im Vergleich zum EFQM-Modell einen erweiterten Bezugsrahmen. Dabei ist jedoch auch zu berücksichtigen, dass sich das Business Excellence-Modell nicht nur auf das Personalmanagement, sondern vor allem auf das allgemeine Management bezieht. Entsprechend der bereits vorgenommenen Differenzierung beim EFQM-Modell lässt sich daher auch hier die personalmanagementspezifische Anwendung und die Anwendung auf das Wertschöpfungscenter-Personal unterscheiden.

10.3.1 Wertschöpfungsmessung im Personalmanagement mit Hilfe des Business Excellence-Modells

Hier sind wieder die Komponenten und Unterpunkte herauszuheben, die einen direkten Bezug zum Personalmanagement aufweisen. Im Bereich des Business Excellence-Managements ist dies natürlich vor allem das »Humanressourcen-Management« als strukturelle Führung, aber auch die personalspezifischen Aspekte der »Politik & Strategie«, und der »Organisation & Kultur«. Bei der interaktiven Führung ist die Komponente »Führung & Selbst-Management« zu analysieren. Schließlich sind auch noch die personalspezifischen Prozesse eingeschlossen, wobei hier Lernprozesse explizit erwähnt werden.

Bei den »Ressourcen & Ansprüchen« sind die personellen Ressourcen sowie die Bedürfnisse der Mitarbeiter relevant, entsprechend interessieren bei den Ergebnissen die Zufriedenheit und Loyalität der Mitarbeiter.

Dabei erlauben die drei Säulen des Business Excellence-Modells eine klare Systematisierung und Differenzierung der Wertschöpfungsmessung, wobei auch die Kontextqualität der Ressourcen und Ansprüche systematisch mit einbezogen wird:[985]

---

985 Vgl. auch Kapitel 7, S. 307.

- *Messung der Ressourcen und Ansprüche*

Messung der Humanressourcen:
- qualitative und quantitative Personalstruktur
- Lohn- und Gehaltsniveau
- Arbeits-, Sozial- und Mitbestimmungsrecht
- Betriebsvereinbarungen, Struktur und Kultur der Industrial Relations in der Volkswirtschaft, der Branche und dem Unternehmen
- Unternehmenskultur und Betriebsklima
- Image des eigenen Unternehmens auf dem Arbeitsmarkt, z. B. bei Hochschulabsolventen und bereits beschäftigten Arbeitnehmern, differenziert auch nach der Ausbildung
- Erfahrung und Know-how der Mitarbeiter
- zugeteilte Budgets
- Unternehmensstrategie und -richtlinien

Messung der Bedürfnisse der Mitarbeiter, der Führungskräfte und potenzieller Mitarbeiter:
- Anforderungen an die Arbeitsinhalte, Arbeitsorganisation und die weiteren Arbeitsbedingungen
- Reifegrad der Mitarbeiter und Führungskräfte
- Gestaltung der Arbeitszeiten und Teilzeitwünsche
- Familienorientierung und Freizeitorientierung
- Flexibilisierung und Individualisierung
- Gehaltsforderungen
- Mitarbeiterbeteiligung und Beteiligungsmodelle
- Karriere- und Lebensarbeitszeitmodelle
- Internationalisierung

- *Messung des Business Excellence-Managements:*

Business-Management:
- Evaluation der Personalpolitik und -strategie, der Organisation und der Unternehmenskultur (strukturelle Führung)
- Evaluation der Mitarbeiterführung und des Selbst-Managements (interaktive Führung)
- Evaluation der lateralen Kooperation im Team und zwischen den Organisationseinheiten
- Qualität und Niveau der Bewertungen der Personalbeurteilung, sowohl top-down als auch bottom-up und lateral (z. B. durch 360°-Beurteilung und anonyme Mitarbeiterumfragen)
- Quantität und Qualität von Verbesserungsvorschlägen

Ressourcen-Management:
- Analyse und Evaluation der Personalmanagementstrategie, -funktionen, -prozesse und -instrumente zur Evaluation des Humanressourcenmanagements

Prozessmanagement:
- Prozessbezogene Effizienz- und Effektivitätsgrößen wie z. B. Durchlaufzeiten, Zufriedenheit der Betroffenen mit der Prozessabwicklung für die personalwirtschaftlichen Kernprozesse wie z. B. Personaladministration, Personalmarketing, Personalgewinnung, -einsatz und -freisetzung, Personalhonorierung, Personalentwicklung und Personalführung

- *Messung der Ergebnisse:*

Messung der Zufriedenheit und Loyalität der Mitarbeiter:
- z. B. Mitarbeiterzufriedenheit und Mitarbeiterloyalität, Betriebsklima, Fluktuationsraten, Bereitschaft zu Überstunden

Messung der Beteiligung:
- z. B. Zufriedenheit mit Art und Umfang der jährlichen Erfolgsbeteiligung, Beteiligungsquote, bevorzugt bezogene Leistungen bei Cafeteria-Modellen, Zufriedenheit mit der Anerkennung besonderer Leistungen

10.3.2 Anwendung des Business Excellence-Modells auf das Wertschöpfungscenter-Personal

Die Anwendung des Business Excellence-Modells auf die Personalabteilung als Wertschöpfungscenter-Personal ergänzt die personalmanagementbezogene Anwendung des Business Excellence-Modells.[986]

Auch hier lassen sich die drei Bereiche Ressourcen und Ansprüche, Business-Excellence-Management und Ergebnisse unterteilen. Im Folgenden werden die wichtigsten Messgrößen dargestellt:

- *Evaluation der Ressourcen und Ansprüche*

Ressourcen

Evaluation der personellen Ressourcen:
- qualitative und quantitative Personalstruktur der Personalabteilung,
- Unternehmensstrategie, Unternehmensorganisation, Unternehmenskultur als »vorgegebene« strukturelle Rahmenbedingungen der Unternehmung
- Qualifikation und Motivation der Geschäftleitung und der Linie
- mögliche Restriktionen durch Mitbestimmungsrecht, Betriebsvereinbarungen, Kultur der Industrial Relations

Evaluation der finanzwirtschaftlichen Ressourcen
- Budgetvorgaben und -restriktionen

Evaluation der technischen und informationellen Ressourcen
- Qualität des Personal- bzw. Managementinformationssystems sowie des Intranets
- Qualität der zur Verfügung stehenden Informationen

---

986 Vgl. Kapitel 9.6, S. 416 ff.

Ansprüche
- Evaluation der Bedürfnisse der Kunden (Geschäftsleitung, Mitarbeiter, der Führungskräfte und potenzieller Mitarbeiter)
- Erwartungen der Stakeholder an das Wertschöpfungscenter-Personal sowie personalmanagementspezifische Erwartungen an das Unternehmen insgesamt
- qualitäts-, zeit-, mengen- und preismäßige Erwartungen
- Image des Wertschöpfungscenters-Personal im Unternehmen

Evaluation der Bedürfnisse der Mitarbeiter der Personalabteilung
- im Wesentlichen entsprechen diese den Bedürfnissen der Mitarbeiter als Kunden, zusätzlich ergeben sich auch abteilungsspezifische Bedürfnisse

- *Evaluation des Business Excellence-Managements:*

Business-Management:
- Evaluation der Personalpolitik und -strategie, der Personalorganisation und der Kultur des Wertschöpfungscenters-Personal (strukturelle Führung)
- Evaluation der Führung der Mitarbeiter des Wertschöpfungscenters sowie deren Selbst-Management (interaktive Führung)

Ressourcen-Management:
- Evaluation des Managements der zur Verfügung stehenden Ressourcen, z. B. der personellen Ressourcen, des strategischen Fits von Unternehmensstrategie, -organisation und -kultur mit der des Wertschöpfungscenters, Beanspruchung der finanzwirtschaftlichen Ressourcen, Nutzung der Informationstechnologien

Prozessmanagement:
- Prozessbezogene Effizienz- und Effektivitätsgrößen des Wertschöpfungscenters, wie z. B. Durchlaufzeiten, Wirtschaftlichkeitsgrößen, Produktivitäten, Zufriedenheit der Betroffenen mit der Prozessabwicklung.

- *Evaluation der Ergebnisse:*

Messung der Zufriedenheit und Loyalität der Kunden (Geschäftsleitung, Mitarbeiter, der Führungskräfte und potenzieller Mitarbeiter):
- Zufriedenheit und Loyalität der Geschäftsleitung, der Führungskräfte, der Mitarbeiter (und deren Familien) als Auftraggeber und Bezugsgruppen des Wertschöpfungscenters-Personal
- hier besonders auch die Zufriedenheit und Loyalität der Mitarbeiter des Wertschöpfungscenters

Messung der Zufriedenheit und Loyalität der Mitarbeiter der Personalabteilung:
- im Wesentlichen entspricht dieses der Messung bei den Mitarbeitern als Kunden, zusätzlich ergeben sich auch abteilungsspezifische Messgrößen

Messung der Geschäftsergebnisse:
- »Geschäftserfolg« des Wertschöpfungscenters-Personal auf seiner Entwicklungsstufe in der Businessdimension, z. B. über Budgeteinhaltung, Kosteneffizienz und Deckungsbeiträge.

> **Messung der Beteiligung:**
> – Beteiligung der Stakeholder am Geschäftserfolg der Wertschöpfungscenters-Personal über Preise und Qualitäten der Dienstleistungen für die »Kunden« sowie das monetäre und nicht-monetäre Anreizsystem für die Mitarbeiter

10.4 Fazit

Das vorgestellte Business Excellence-Modell bietet für die Wertschöpfungsmessung im Personalmanagement im Vergleich zum EFQM-Modell und der Balanced Scorecard einen erweiterten Bezugsrahmen, insbesondere weil es die Ressourcen und Ansprüche sowie die Verteilung der Ergebnisse explizit mit einbezieht. Dabei lassen sich die verschiedenen Messgrößen der Wertschöpfung gut in das Modell integrieren, wobei das systemisch interagierende Grundkonzept sowie die Entwicklung ausgehend vom prozessorientierten und integrierten Führungsmodell den Humanressourcen in besonderer Weise gerecht wird.

Das Business Excellence-Modell bietet damit einen umfassenderen Bezugsrahmen für das Management-Accounting, speziell des Personalmanagements, indem die für die Wertschöpfung des Personalmanagements bedeutsamen kontext- und potenzialbezogenen Moderatorvariablen einbezogen werden.

Das Konzept versteht sich auch als eine systematischere Gliederung der Befähiger in einem Business Excellence Management und betont die Rekursivität und Interdependenz der drei Hauptbereiche.

Dabei lässt sich das Business Excellence-Modell, ebenso wie die beiden anderen geschlossenen Ansätze, sowohl allgemein auf das Personalmanagement als auch auf das Wertschöpfungscenter-Personal anwenden.

Die grundsätzliche Messproblematik aber bleibt weiterhin bestehen. Dabei sollte man im Personalcontrolling nicht perfektionistischer sein wollen als in anderen Bereichen, wie z. B. dem Finanzcontrolling, in dem mit zum Teil weit gröberen Ansätzen Schätzungen vorgenommen werden (z. B. bei Rückstellungen, Bewertungen von Anlagevermögen und Patenten oder stillen Reserven). Zudem erhalten hier exogene Variablen, wie z. B. die Steuerpolitik, größere Bedeutung als unternehmensbezogene Größen.

11. Zusammenfassung

Ziel dieser Arbeit ist die Diskussion verschiedener Ansätze zur Evaluation der Wertschöpfung im Personalmanagement für Theorie und Praxis. Die Evaluation ist dabei als integrale Funktion des Personalcontrollings zu verstehen, als planungs- und kontrollgestütztes integratives Evaluationsdenken und -rechnen zur Abschätzung von Entscheidungen des Personalmanagements. Ziel des Personalmanagements ist eine optimale Wertschöpfung der menschlichen Ressourcen – auch aus Sicht der Bezugsgruppe Mitarbeiter.

Der Wertschöpfungsbegriff eignet sich in diesem Zusammenhang besonders gut für die Evaluation des Personalmanagements, da der Wertbegriff – wie auch der Nutzenbegriff – allgemein als eine Messgröße für die Zielerreichung bzw. für die Zielwirksamkeit einer Maßnahme verstanden werden kann. Entsprechend finden sich in der Managementliteratur eine Vielzahl von Begriffsverständnissen, die Wertschöpfung thematisieren, wie z. B. die volks- bzw. betriebswirtschaftliche Wertschöpfung, die prozessbezogene Wertschöpfung, die strategiebedingte Wertschöpfung sowie die Wertschöpfungsbegriffe im Qualitätsmanagement und im Dienstleistungsmanagement.

Für das Personalmanagement lassen sich diese Begriffsverständnisse ebenfalls anwenden. Darüber hinaus werden in jüngster Zeit auch Ansätze zu einer kundenorientierten, unternehmerischen und marktmäßigen Gestaltung der Personalabteilung verstärkt diskutiert, für die sich besonders auch der Ansatz des Wertschöpfungscenters-Personal mit seinen drei Steuerungs-Dimensionen Management, Service und Business eignet.

11. Zusammenfassung

- *Dimensionen der Wertschöpfung im Personalmanagement und ihre Messung*

Die Wertschöpfung im Personalmanagement kann zunächst nach verschiedenen Dimensionen differenziert werden. So lässt sich eine Wertsicherung und eine Wertsteigerung unterscheiden. Prozessorientiert bietet sich eine Differenzierung nach kontext-, potenzial-, prozess- und ergebnisbezogener Wertschöpfung an. Auch können die zwei Ebenen der strategischen und der operativen Wertschöpfung abgegrenzt werden. Schließlich kann die Wertschöpfung auch nach ihrer Zurechenbarkeit zum Personalmanagement bzw. zu Personalmaßnahmen differenziert werden.

Aus den unterschiedlichen Dimensionen der Wertschöpfung ergeben sich Konsequenzen für die Evaluation. So kann z. B. die wertsichernde Wertschöpfung nicht über den Wertzuwachs beurteilt werden, da dieser hier gerade nicht ermittelbar ist. Auch ist die Evaluation nach Kontexteinflüssen,

Potenzialen, Prozessen und Ergebnissen zu differenzieren. Gerade diese Unterscheidung ist auch für das Personalmanagement wesentlich, da sich das Humanpotenzial durch seinen Potenzialcharakter auszeichnet.

Als zentrale Moderatorvariablen des Personalmanagements sind die Mitarbeiterzufriedenheit und -produktivität zu verstehen, da eine direkte Abschätzung der Unternehmenswertveränderung durch das Personalmanagement nur selten möglich ist. Ihrer Evaluation – auch als interner Kundenzufriedenheit – kommt daher grundlegende Bedeutung zu. Dazu sind verschiedene Messinstrumente auf der Ebene der Mitarbeiter und der Personalabteilung vorgestellt worden. Diese führen nicht nur zur Erfassung der relevanten Größen als Moderatorvariablen, sondern demonstrieren auch den Bezugsgruppen des Personalmanagements die damit verbundene unternehmerische Dienstleistungskultur, was sich positiv auf die Unternehmenskultur auswirken kann.

Als potenzialbezogene Wertschöpfungsmessung kann die Humanvermögensrechnung verstanden werden. Hier erfolgt die Bewertung des Humanvermögens in Anlehnung an die Investitionsrechnung. Im Vergleich zur Messung und Evaluation der vorgängigen Moderatorvariablen erfolgt hier noch eine stärkere Quantifizierung bzw. Monetarisierung der Wertschöpfung (genauer: des Wertschöpfungspotenzials). Diese ist insofern problematisch, als durch die Quantifizierung eine Genauigkeit suggeriert wird, die aufgrund des Indikatorencharakters nicht möglich ist.

Schließlich gewinnt heutzutage auch die Computerunterstützung über Personalinformationssysteme an Bedeutung, die das Personalmanagement von administrativen Aufgaben entlasten und damit auch die Wertschöpfung des Personalmanagements erhöhen kann.

- *Personalmanagementprozesse*

Für die Evaluation der Wertschöpfung im Personalmanagement bietet sich insbesondere eine Unterscheidung nach Personalmanagementprozessen an. Grundgedanke ist hier, dass für jeden Personalprozess eine Reihe von charakteristischen Messgrößen erhoben werden kann, anhand derer die Qualität des Prozesses beurteilt wird. Dazu kann man die vier Phasen Kontext, Input, Prozess und Output unterscheiden. Dabei eignet sich diese Analyseform besonders für Prozesse, bei denen der Output auch dem Prozess zugerechnet werden kann, wie z. B. die Personalgewinnung oder die Personalentwicklung. Bei anderen Prozessen, wie z. B. dem Personalmarketing, ist eine prozessbezogene Evaluation nur eingeschränkt möglich.

- *Evaluation der Wertschöpfung im Wertschöpfungscenter*

Ein Schwerpunkt im Personalcontrolling kann, wie gezeigt wurde, auf der Evaluation der Wertschöpfung im Wertschöpfungscenter-Personal liegen. Seine drei Dimensionen erlauben eine differenzierte Analyse der Leistungen des Personalmanagements.

Zunächst geht es dann um die Evaluation innerhalb der *Management-Dimension*. Hier ist vor allem die strategische Wertschöpfung des Personalmanagements zu ermitteln, wofür zunächst geeignete Ziele zu definieren sind. Neben dem Problem der Zielklarheit, das die Bestimmung von Effektivitäts- und Effizienzgrößen erschwert, ist eine Abschätzung der Wertschöpfung nur selten über den Unternehmenswert im Sinne der strategiebedingten Wertschöpfung möglich. Dagegen eignet sich eine Beurteilung der Managementqualität über die Bezugsgruppen des Personalmanagements, wobei zwischen der Bewertung der Managementqualifikationen und der Qualität der Managemententscheidungen differenziert werden kann. Auch Wirtschaftlichkeitsanalysen ermöglichen eine Abschätzung des Erfolgsbeitrages, wobei eine unterschiedlich starke Quantifizierung erfolgen kann.

Mathematisch ausgerichtete Kosten-Analysen lassen sich auch für das Personalmanagement aufstellen, jedoch ist ihre Anwendbarkeit in der Praxis aufgrund der Komplexität der Modelle und ihrer trotzdem recht vereinfachenden Annahmen nicht unbedingt zu empfehlen.

In der *Service-Dimension* des Wertschöpfungscenters-Personal haben wir zunächst den Nutzen eines hohen Serviceniveaus diskutiert. Entsprechend sind hier auch geeignete Qualitätsziele und -standards zu definieren. Für die Messung der Servicequalität ist diese zunächst zu operationalisieren. Prinzipiell kann auch hier (wie in der Management-Dimension) eine Messung der Servicequalifikationen und der Qualität der Dienstleistungen unterschieden werden. Dabei bietet es sich an, die Messung in der Service-Dimension mit der Messung in der Management-Dimension zu integrieren, soweit beide Dimensionen auf ähnliche Moderatorvariablen, wie z. B. die Kundenzufriedenheit zurückgreifen, die wiederum auch durch beide Dimensionen zu beeinflussen sind. Hier kann man auf die umfassende Literatur zum Dienstleistungsmanagement und die vorhanden Analogien Bezug nehmen.

In der *Business-Dimension* erfolgt die Wertschöpfungsmessung im Wertschöpfungscenter über monetäre Größen. Sie ist dabei abhängig vom Entwicklungsstand der Business-Dimension als auch von der Art der Personalmanagementleistungen. Auf der Stufe des Discretionary-Expense-Centers ist keine bzw. nur eine schwer messbare Beziehung zwischen den Kosten

11. Zusammenfassung

und Leistungen festzustellen. Entsprechend kann die Wertschöpfungsmessung hier nur über Verfahren wie das der Gemeinkostenwertanalyse erfolgen. Auf der Stufe des Cost-Centers ist kein Zugang zum Absatzmarkt vorhanden, entsprechend kann hier zur Kostenminimierung vor allem die Prozesskostenrechnung angewendet werden. Beim Revenue-Center steht der Absatz der Leistungen im Vordergrund, daher ist hier die Leistungsrechnung von Bedeutung. Auf der Stufe des Profit-Centers schließlich erfolgt die monetäre Steuerung über Marktpreise für extern angebotene Leistungen sowie ein marktorientiertes Verrechnungspreissystem, bei dem verschiedene Verrechnungspreistypen zur Anwendung kommen können.

Für das Personalmanagement als indirekter Leistungsbereich fokussiert die Business-Dimension die Bildung von leistungsoptimalen und marktorientierten Strukturen und Abläufen, dabei kann sie die Management- und die Service-Dimension jedoch nur ergänzen.

- *Umfassende Bewertungsansätze*

Einen weiteren Schwerpunkt bildet die Diskussion verbreiteter Bewertungsansätze zum Personalmanagement (Abb. 236).

Als erstes integriertes Bewertungskonzept haben wir die Wertschöpfungsmessung mit der *Balanced Scorecard* untersucht, wie sie erstmals von Kaplan/Norton vorgeschlagen wurde. Das strategieorientierte Messinstrument eignet sich besonders für die Evaluation der ergebnisbezogenen Wertschöpfung des Personalmanagements, insbesondere auch bei Verwendung von Übergewinnverfahren wie dem personalbezogenem CVA. Hier ermöglichen auch die Werthebelbäume als geschlossene Kennzahlensysteme eine hilfreiche Systematisierung und Priorisierung. Allerdings ist bei der Verwendung einer BSC generell darauf zu achten, dass das Personalmanagement bzw. die Mitarbeiterperspektive nicht zu stark verkürzt wird, zumal durch die generelle ergebnisbezogene Sichtweise meist die Umfeld- und Potenzialfunktion des Personalmanagements ausgeblendet wird. Die Balanced Scorecard eignet sich daher vor allem auch als ein Instrument des Top-Managements zur Beurteilung des Gesamtunternehmens.

In einer Balanced Scorecard des Personalmanagements können prinzipiell sowohl die personalmanagementspezifischen Messgrößen der Balanced Scorecard des Gesamtunternehmens fokussiert als auch eine eigene Balanced Scorecard für das Personalmanagement (sowie speziell für das Wertschöpfungscenter-Personal) entwickelt werden. Entscheidend bleibt die Ableitung aus der Unternehmensstrategie bzw. der Strategie des Wertschöpfungscenter-Personals, ähnlich wie bei der Entwicklung eines selektiven Kennzahlensystems.

Balanced Scorecard
- finanzwirtschaftliche Perspektive
- Kundenperspektive
- Lern- und Entwicklungsperspektive
- interne Prozessperspektive

EFQM-Modell
- *Befähiger*
    - Führung
    - Politik und Strategie
    - Mitarbeiter
    - Partnerschaften und Ressourcen
    - Prozesse
- *Ergebnisse*
    - Kundenbezogene Ergebnisse
    - Mitarbeiterbezogene Ergebnisse
    - Gesellschaftsbezogene Ergebnisse
    - Schlüsselergebnisse

Business Excellence-Modell
- *Ressourcen und Ansprüche*
    - Ressourcen
    - Ansprüche
- *Business Excellence-Management*
    - Business Management
    - Ressourcen Management
    - Prozess Management
- *Ergebnisse*
    - Zufriedenheit und Loyalität der Stakeholder
    - Geschäftsergebnisse und Verteilung der Ergebnisse

Abb. 236: Umfassende Ansätze zur Messung der Wertschöpfung im Personalmanagement

Als weiteres integriertes Bewertungskonzept haben wir das *EFQM-Modell für Excellence* für die Wertschöpfungsmessung untersucht. Das Modell eignet sich gut für die Unterstützung der Wertschöpfungsmessung im Personalmanagement, da es bereits in seinem Aufbau zwischen Befähigern als Potenzialen und Ergebnissen unterscheidet. Dabei können einerseits nur die personalmanagementspezifischen Komponenten des Modells – hier vor allem Führung, Mitarbeiter und Mitarbeiterbezogene Ergebnisse – für die Wertschöpfungsmessung verwendet werden. Andererseits kann das Modell auch als Ganzes auf das Wertschöpfungscenter-Personal bezogen werden, wobei es dann besonders die Ergebnisorientierung des Personalmanagements unterstützt. Darüber hinaus liefert es nicht nur für die Wertschöpfungsmessung einen ausgewogenen Bezugsrahmen, der den Problembereichen des Personalmanagements besonders gerecht wird. Auch die hohe Verbreitung des EFQM-Modells im Rahmen von Self-Assessments in der Praxis ist ein Vorteil dieses Modells, da es sich so für ein unternehmensübergreifendes Benchmarking eignet und anbietet.

Als drittes umfassendes Konzept wird das *Business Excellence-Modell* von Wunderer als Weiterentwicklung des EFQM-Modells diskutiert. Durch seine Differenzierung in Ressourcen & Ansprüche, Business Excellence-Management und Ergebnisse ermöglicht es eine systematische Messung der Wertschöpfung, die der Entwicklungsfähigkeit der Humanressourcen durch seine systemische Interaktion besonders gerecht wird. Dabei lässt sich in das Modell gerade auch die prozessbezogene Wertschöpfungsmessung integrieren. Das Business Excellence-Modell lässt sich sowohl personalmanagementbezogen als auch auf das Wertschöpfungscenter-Personal anwenden. Insbesondere die Differenzierung der Ressourcen & Ansprüche wird dabei besonders den Humanressourcen gerecht.

Damit wurden neben verschiedenen Einzelansätzen zur Wertschöpfungsmessung und dem strukturellen Ansatz des Wertschöpfungscenters auch geschlossene Konzepte auf die Eignung zur Wertschöpfungsmessung hin untersucht und diskutiert. Die geschlossenen Ansätze bieten jeweils ein in sich geschlossenes Konzept zur Systematisierung der Wertschöpfungsmessung. Zu den einzelnen spezifischen Messgrößen liefern sie jedoch keine Aussagen, so dass sich die geschlossenen Ansätze gut mit den Einzelansätzen kombinieren lassen.

Die drei letztgenannten Konzepte unterscheiden sich vor allem in ihrem Umfang. So thematisiert die strategieorientierte Balanced Scorecard mit ihren vier Perspektiven die ergebnisbezogene Wertschöpfung. Das EFQM-Modell erweitert diese Ergebnisbezogenheit mit seinem Input-Throughput-Output-Ansatz vor allem über die Potenziale und erlaubt somit eine potenzial-, prozess- und ergebnisbezogene Wertschöpfungsmessung. Als umfassendstes Konzept kann in dieser Hinsicht das schon 1997 von Wunderer vorgestellte Business Excellence-Modell eingestuft werden, da es im Vergleich zu den beiden anderen Ansätzen nicht nur Potenziale, Prozesse und Ergebnisse, sondern explizit auch Ressourcen und Ansprüche mit einbezieht. Dagegen ist hier die Operationalisierung noch nicht weiter entwickelt.

- *Fazit*

Insgesamt sollte gezeigt werden, dass es trotz der Mess- und Zurechnungsprobleme im Personalmanagement möglich ist, die Wertschöpfung des Personalmanagements recht umfassend und differenziert qualitativ und quantitativ zu evaluieren und somit den Erfolgsbeitrag des Personalmanagements in verschiedenen Dimensionen aufzuzeigen. Dabei sind die Messung der Moderatorvariablen der Kunden- und Mitarbeiterzufriedenheit, aber auch objektive Verfahren, wie Kennzahlen zur Mitarbeiterproduktivität, zur Fluktuation und zur Absenz, von besonderer Bedeutung. Die wachsende Popularität der Balanced Scorecard und des EFQM-Modells sind Beispiele für den Bedarf der Praxis nach umfassenden Evaluationsmodellen und nach Messmethoden – auch im Personalmanagement. Dazu kommt die Integration dieser Evaluationsmethoden in das Unternehmenscontrolling.

Bestehen bleiben die Grenzen bei der Ermittlung von aussagefähigen Indikatoren, das Zurechnungs- und Entwicklungsproblem, der Einbezug von Umfeldvariablen und die Orientierung auf ausgewählte Bezugsgruppenansprüche. Schließlich muss sich das Personalcontrolling immer wieder fragen, welchen Beitrag es selbst zur Wertschöpfung der Personalarbeit beiträgt. Dabei ist die strategische Frage nach den sinnvoll ausgewählten Analysefeldern (»doing the right things«) mindestens so bedeutend wie nach der richtigen Messung (»doing the things right«).

11. Zusammenfassung

Vor allem geht es aber darum, auch Beiträge zur Evaluation der unternehmerischen Potenziale aller Mitarbeiter sowie des unternehmerischen Erfolgsbeitrags des Personalbereiches, insbesondere des Wertschöpfungs-Centers Personal, zu leisten. Denn nur so wird ein Humanressourcenmanagement den Stellenwert erhalten, den es in der Dienstleistungs- und Informationsgesellschaft verdient.

Dem unternehmerischen Personalcontrolling kommt dabei eine zentrale Gestaltungs- und Steuerungsaufgabe zu, die sich auf Potenziale und Motivationen, Prozesse und Instrumente sowie auf Ergebnisse und Zufriedenheiten der zentralen Bezugsgruppen in differenzierter und umfassender Weise beziehen muss.

12. Literaturverzeichnis

ABB (1998): ABB Schweiz. Sozialbericht 1998.

Abbott, L. (1955): Quality and Competition. New York.

Ackermann, K. F. (Hrsg.)(1994b): Reorganisation der Personalabteilung: Dezentralisierung, Divisionierung, Profit-Center-Orientierung der Personalarbeit. Stuttgart.

Ackermann, K. F. (Hrsg.)(2000): Balanced Scorecard für Personalmanagement und Personalführung. Praxisansätze und Diskussion. Wiesbaden.

Ackermann, K. F./Meyer, M./Mez, B. (Hrsg.)(1998): Die kundenorientierte Personalabteilung. Ziele und Prozesse des effizienten HR-Management. Wiesbaden.

Ackermann, K.F. (1994a): Die Personalabteilung am Scheideweg. In: Ackermann, K. F. (Hrsg.): Reorganisation der Personalabteilung: Dezentralisierung, Divisionierung, Profit-Center-Orientierung der Personalarbeit. Stuttgart, S. 3–21.

Ackermann, K.-F. (2003): Den Wert des Humankapitals bestimmen. In: Personalwirtschaft, 30. Jg. (9), S. 46–49.

Agthe, M. (1995): Personalentwicklung im Spannungsfeld zwischen erfolgreich und unwirksam. In: Controller Magazin, (4), S. 197–201.

Alt, H./Arx, S. v. (1995): Dezentrale Personalabteilungen als professionelle Service-Center bei der Drägerwerk AG. In: Wunderer, R./Kuhn, T. (Hrsg.): Innovatives Personalmanagement. Neuwied, S. 472–497.

Amling, T. K. (1997): Ansatzpunkte und Instrumente des Personal-Controlling auf der strategischen und operativen Problemebene im Industriebetrieb. Frankfurt.

Anderegg, W. (1997): Assessment nach dem Europäischen Qualitätsmodell – Eine Chance für HR-Verantwortliche. In: Wunderer, R./Gerig, V./Hauser, R. (Hrsg.): Qualitätsorientiertes Personalmanagement. Das Europäische Qualitätsmodell als unternehmerische Herausforderung. München, Wien, S. 213–233.

Andresen, B. (1995): Center im Daimler-Benz Konzern. In: Personal – Zeitschrift für Human Resource Management, 47 (5), S. 220–223.

Ansoff, H. I. (1984): Implanting Strategic Management. Engelwood Cliffs, N. J.

Armutat, S. (2005): Professionalität lässt sich messen – auch im Personalmanagement. In: Personalwirtschaft, 32 (3), S. 45–47.

Arnold, U. (1992): Personalwerbung. In: Gaugler, E./Weber, W. (Hrsg.): Handwörterbuch des Personalwesens. 2 A., Stuttgart, S. 1815–1825.

Arogyaswamy, B./Simmons, R.P. (1993): Value-Directed Management. Organizations, Customers, and Quality. London.

Arx, S. v. (1996): Integriertes Konzept zur Entwicklung eines Wertschöpfungs-Centers (dargestellt am Beispiel der Personalentwicklungs-Abteilung). Diss. Uni. St. Gallen.

Aschendorf, M./Bathel, E./Kühlmann, T. (1998): Nutzenbestimmung von Maßnahmen zur Personalentwicklung als Bestandteil des Personalcontrolling. In: Personalführung, (8), S. 68–77.

Backhaus, K./Weiss, P. A. (1989): Kompetenz – die entscheidende Dimension im Marketing. In: Harvard Business Manager, (11), S. 107–114.

Baker, G. P./Gibbons, R./Murphy, K. J. (1994): Subjective Performance Measures in Optimal Incentive Contracts. In: Quarterly Journal of Economics, 109 (4), S. 1125–1156.

Baker, G. P./Jensen, M. C./Murphy, K. J. (1988): Compensation and Incentives: Practice vs. Theory. In: Journal of Finance, 43 (3), S. 593–616.

Bartscher, T. R./Steinmann, O. (1990): Der Human-Resource-Accounting-Ansatz innerhalb des Personal-Controlling Diskussion. In: Zeitschrift für Personalforschung, 4 (4), S. 387–401.

Bass, B. M. (1990): Bass & Stogdill's Handbook of Leadership. Theory, Research, and Managerial Application. 3. A., New York, London.

Bauer, R. A. (1966): Social Indicators. Cambridge.

Bechinie, E. (1992): Kooperative Mitarbeitergespräche. Ein Erfahrungsbericht zur Einführung und Praxis in einem Dienstleistungsunternehmen. In: Selbach, R./Pullig, K.-K. (Hrsg.): Handbuch Mitarbeiterbeurteilung. Wiesbaden, S. 489–514.

Becker, F. (1994): Lexikon des Personalmanagements. München.

Becker, F. (1998): Grundlagen betrieblicher Leistungsbeurteilungen: Leistungsverständnis und -prinzip, Beurteilungsproblematik und Verfahrensprobleme. 3. A., Stuttgart.

Becker, W./Schwertner, K./Seubert, C.-M. (2004): Erfolgsgarant Balanced Scorecard. In: Personal, (12), S. 12–15.

Behr, P./Fischer, J. (2005): Basel II und Controlling. Ein praxisorientiertes Konzept zur Basel II-konformen Unternehmenssteuerung. Wiesbaden.

Benedikt, P. (2005): Controlling wahrt den Sinn. In: Personalwirtschaft, 3, S.16–19.

Benkenstein, M. (1993): Dienstleistungsqualität. Ansätze zur Messung und Implikationen für die Steuerung. In: Zeitschrift für Betriebswirtschaft, 63 (11), S. 1095–1116.

Benölken, H./Greipel, P. (1990): Dienstleistungs-Management – Service als strategische Erfolgsposition. Wiesbaden.

Berekhoven, L. (1983): Der Dienstleistungsmarkt in der BRD. Band 1 + 2. Göttingen.

Berg, H./Hölzle, P. (2005): Prozessoptimierung mit der HR-Balanced-Scorecard. In: Personalwirtschaft, (9), S. 54–55.

Berry, L. L. (1983): Relationship Marketing. In: Berry, L.L./Shostack, G.L./Upah, G.D. (Hrsg.): Emerging Perspectives on Services Marketing. Chicago, S. 25–28.

Berry, L. L. (1984): The Employee as Customer. In: Lovelock, C.H. (Hrsg.): Services Marketing. Text, Cases and Readings. Engelwood Cliffs, S. 271–278.

Berry, L. L./Burke, M.C./Hensel, J.S. (1976): Improving Retailer Capability for Effective Consumerism Respond. In: Journal of Retailing, 52 (3), S. 3–14.

Berthel, J. (1995): Personal-Management. Grundzüge für Konzeptionen betrieblicher Personalarbeit. 4. A., Stuttgart.

Berthel, J. (2004): Personalcontrolling. In: Gaugler, E./Oechsler, W.A./Weber, W. (Hrsg.): Handwörterbuch des Personalwesens. 3. A., Stuttgart, Sp. 1441–1455.

Bertram, C. (1996): Qualität in der Personalabteilung. München, Mering.

Bierhoff. W. et al. (2005): Entwicklung eines Fragebogens zur Messung von Eigenverantwortung. In: Zeitschrift für Personalpsychologie, 4(1), S. 4–18.

Bischof, J./Speckbacher, G. (2001): Personalmanagement und Balanced Scorecard – theoretischer Anspruch und praktische Realität. In: Grötzinger, M./Uepping, H. (Hrsg.)(2001): Balanced Scorecard im Human Resource Management. Neuwied, Kriftel, S. 3–21.

Black, A./Wright, P./Bachman, J. E. (1998): In Search of Shareholder Value Managing the Drivers of Performance. London.

Bodrow, W./Bergmann, P. (2003): Wissensbewertung in Unternehmen: Bilanzieren von intellektuellem Kapital. Berlin.

Boemle, M. (1991): Unternehmensfinanzierung. 9. A., Zürich.

Borchert, M. (2004): Leistungsdeterminanten. In: Gaugler, E./Oechsler, W.A./Weber, W. (Hrsg.): Handwörterbuch des Personalwesens, 3. A., Stuttgart, Sp. 1080–1089.

Bowen, D. E./Greiner, L. E. (1986): Moving from Production to Service in Human Resources Management. In: Organizational Dynamics, 14, S. 35–53.

Bracht, R./Kalmbach, A. (1995): Einführung von Bildungscontrolling. Erfahrungen mit einem Prozeßansatz. In: Personal – Zeitschrift für Human Resource Management, 47 (1), S. 26–30.

Brandstetter, H. (1993): Wertschöpfung und Werteverzehr als Maßstab zur Produktionsbewertung. Diss. Hochschule St. Gallen.

Brecht, L./Legner, C./Muschter, S./Österle, H. (1998): Prozeßführung mit nichtfinanziellen Führungsgrößen. Konzept und Erfahrungen. In: Controlling, 10 (5), S. 286–294.

Brede, H. (1997): Prozeßorientiertes Controlling wandelbarer Strukturen. In: Controlling, (5), S. 326–333.

Breid, V. (1994): Erfolgspotenzialrechnung. Konzeption im System einer finanzierungstheoretisch fundierten, strategischen Erfolgsrechnung. Stuttgart.

Brinkmann, H. (1991): Personalcontrolling als Wertschöpfung. Bergisch Gladbach.

Brodgen, H. E. (1949): When testing pays offs. In: Personnel Psychology, 2, S. 171–183.

Brown, M. G. (1996): Keeping Score. Using the Right Metrics to Drive World-Class Performance. New York.

Bruhn, M. (1982): Konsumentenzufriedenheit und Beschwerdeverhalten. Frankfurt.

Bruhn, M. (1996): Qualitätsmanagement für Dienstleistungen: Grundlagen, Konzepte, Methoden. Berlin.

Bruhn, M. (1999): Internes Marketing: Integration der Kunden- und Mitarbeiterorientierung. 2. A., Wiesbaden.

Bruhn, M./Stauss, B. (Hrsg.)(1995): Dienstleistungsqualität: Konzepte – Methoden – Erfahrungen. 2. A., Wiesbaden.

Brummet, R./Flamholtz, E./Pyle, W. (1968): Human Resource Accounting – A Challenge for Accountants. In: Accounting Review, 43 (2), S. 217– 225.

Bruns, W. J. (1992): Performance Measurement, Evaluation and Incentives. Boston.

Buchholz, R. (2004): Internationale Rechnungslegung. Die Vorschriften nach IFRS, HGB und US-GAAP im Vergleich – mit Aufgaben und Lösungen, 4. A., Berlin, insb. S. 1–22.

Bühner, R. (1990): Das Management-Wert-Konzept: Strategien zur Schaffung von mehr Wert im Unternehmen. Stuttgart.

Bühner, R. (1993): Der Mitarbeiter im Total Quality Management. Stuttgart.

Bühner, R. (1995): Mitarbeiter mit Kennzahlen führen. In: Harvard Business Manager, (3), S. 55–63.

Bühner, R. (1996): Mitarbeiter mit Kennzahlen führen. Landsberg/Lech.

Bühner, R. (1997): Personalmanagement. 2. A., Landsberg/Lech.

Bühner, R./Breitkopf, D./Stahl, P. C. (1996): Qualitätsorientiertes Personalcontrolling mit Kennzahlen. In: Wildemann, H. (Hrsg.): Controlling im TQM. Berlin, S. 139–170.

Bungard, W./Jöns, I. (Hrsg.)(1997): Mitarbeiterbefragung. Ein Instrument des Innovations- und Qualitätsmanagements. Weinheim.

Büschelberger, D. (1991): Bildungsarbeit als Profit-Center – das Konzept von Bosch. In: Personalführung, 24 (5), S. 304–312.

Buzzell, R. D./Gale, B. T. (1989): Das PIMS-Programm: Strategien und Unternehmenserfolg. Wiesbaden.

Camp, R. C. (1994): Benchmarking. München.

Carter, C. C. (1994): Measuring and Improving the Human Resource Function. In: Employment Relations Today, (Spring), S. 63–75.

Cascio, W. F. (1987): Costing Human Resources: The Financial Impact of Behavior in Organizations. Boston.

Cascio, W. F. (1992): Managing Human Resources: Productivity, Quality of Work Life, Profits. 3. A., New York.

Casson, M. (1991): The Economics of Business Culture. Game Theory, Transaction Costs, and Economic Performance. Oxford.

Chakravarthy, B.S. (1986): Measuring Strategic Performance. In: Strategic Management Journal, 7 (5), S. 437–458.

Clark, K. E./Clark, M. B. (Hrsg.)(1990): Measures of Leadership. West Orange, NJ.

Clermont, A./Schmeisser, W. (1997): Eckpunkte für die Gehaltsabrechnung. In: Personalwirtschaft, (7), S. 14–18.

Coenenberg, A. G./Fischer, T. M. (1991): Prozeßkostenrechnung – Strategische Neuorientierung in der Kostenrechnung. In: Die Betriebswirtschaft, 51 (1), S. 21–38.

Coenenberg, A.G. (1997): Jahresabschluß und Jahresabschlußanalyse: betriebswirtschaftliche, handels- und steuerrechtliche Grundlagen. 16. A., Landsberg/Lech.

Condon, M. (1984): The Ins & Outs of Displacement. In: Training and Development Journal, 38 (2), S. 60–65.

Conti, T. (1993): Building Total Quality: A Guide for Management. London.

Conti, T. (1997): Optimizing Self-Assessment. In: Total Quality Management, 8 (2&3), S. 5–15.

Cooper, R./Kaplan, R.S. (1988): Measure Cost Right: Make the Right Decisions. In: Harvard Business Review, 66 (5), S. 96–103.

Copeland, T./Koller, T./Murrin, J. (1990): Valuation: Measuring and Managing the Value of Companies. New York.

Corsten, H. (1988): Betriebswirtschaftslehre der Dienstleistungsunternehmen. Einführung. München.

Crosby, P. B. (1979): Quality is Free. The Art of Making Quality Certain. New York.

Cyert, R. M./March, C. J. (1963): A Behavioral Theory of the Firm. Englewood Cliffs, N.J.

Davids, M. (2000): Balanced Scorecard – Übersetzung von Unternehmensstrategien in individuelle Aktion bei Whirlpool. In: Horváth, P. (Hrsg.): Strategische Steuerung. Erfolgreiche Konzepte und Tools in der Controllingpraxis. Stuttgart, S. 107–118.

de Sousa, B. (1997): Wege, Instrumente und Probleme bei der Umsetzung von TQM durch das Europäische Qualitätsmodell. Erfahrungen bei der CIBA-GEIGY AG. In: Wunderer, R./Gerig, V./Hauser, R. (Hrsg.): Qualitätsorientiertes Personalmanagement. Das Europäische Qualitätsmodell als unternehmerische Herausforderung. München, Wien, S. 168– 180.

Degenkolbe, G. (1965): Über die logische Struktur und gesellschaftliche Funktionen von Leerformeln. In: Kölner Zeitschrift für Soziologie und Sozialpsychologie, 17, S. 327–338.
Dellmann, K./Pedell, K.L. (Hrsg.)(1994): Controlling von Produktivität, Wirtschaftlichkeit und Ergebnis. Stuttgart.
Deyhle, A. (1993): Controller und Controlling. Bern.
DGFP (2005a): PIX – der Personalmanagement-Professionalisierungs-Index der DGFP. Grundlagen, Konzepte, Messmethodik.
DGFP (2005b): Professionalisierung des Personalmanagements. Ergebnisse der PIX-Befragung 2005. Praxis Papiere 3/2005.
DGFP e.V. (Hrsg.) (2004): Wertorientiertes Personalmanagement – Konzeption, Durchführung, Unternehmensbeispiele. Düsseldorf.
Diekmann, A. (1995): Empirische Sozialforschung. Grundlagen, Methoden, Anwendungen. Reinbek bei Hamburg.
Dieterle, W. (1984): Zentrale Verfahren des Gemeinkostenmanagements im Vergleich. In: Kostenrechnungspraxis, S. 185–189.
Domsch, M. (1992): Vorgesetztenbeurteilung. In: Selbach, R./Pullig, K.-K. (Hrsg.): Handbuch Mitarbeiterbeurteilung. Wiesbaden, S. 255–298.
Domsch, M./Schneble, A. (1995a): Mitarbeiterbefragungen. In: Rosenstiel, L. v./Regnet, E./Domsch, M. (Hrsg.): Führung von Mitarbeitern. Handbuch für erfolgreiches Personalmanagement. 3 A., Stuttgart, S. 636–648.
Domsch, M./Schneble, A. (1995b): Personalinformationssystem. In: Rosenstiel, L. v./Regnet, E./Domsch, M. (Hrsg.): Führung von Mitarbeitern. Handbuch für erfolgreiches Personalmanagement. 3 A., Stuttgart, S. 449–461.
Donabedian, A. (1980): The Definition of Quality and Approaches to its Assessment. Ann Arbor, Michigan.
Donahue, M. (1996): Do Your Human Resources Add Value? In: Management Accounting, (6), S. 47–48.
Dralle, I. (2004): Bewerberauswahl anhand biographischer Daten – Stand der Forschung und Untersuchung am Beispiel einer deutschen Fluggesellschaft. Mannheim.
Drumm, H. J. (1972): Theorie und Praxis der Lenkung durch Preise. In: Zeitschrift für betriebswirtschaftliche Forschung, 24, S. 253–267.
Drumm, H. J. (1998): Zur Mehrstufigkeit und Interdependenz von Transaktionskosten der Personalwirtschaft und Organisationsstruktur. In: Franke, G./Laux, H. (Hrsg.): Unternehmensführung und Kapitalmarkt. Berlin, S. 35–62.
Dürndorfer, M./Friederichs, P. (Hrsg.) (2004): Wettbewerbsvorteile für den Erfolg von morgen – Human Capital Leadership, Hamburg.
Dycke, A./Schulte, C. (1986): Cafeteria-System. In: Die Betriebswirtschaft, 46 (5), S. 577–589.

Dyllik, T. (1984): Das Anspruchsgruppenkonzept: Eine Methode zum Erfassen der Umweltbeziehungen der Unternehmung. In: io-Management, (2), S. 74–78.
Eberhardt, S. (2001): Die Balanced Scorecard als Instrument zur Positionierung von Value-based Management und EFQM. In: Grötzinger, M./ Uepping, H. (Hrsg.)(2001): Balanced Scorecard im Human Resource Management. Neuwied, Kriftel, S. 183–195.
Eccles, R. G. (1985): The Transfer Pricing Problem. Lexington.
Eccles, R. G. (1991): The Performance Measurement Manifesto. In: Harvard Business Review, 69 (Jan–Feb), S. 131–137.
Eccles, R. G./Nohria, N./Berkley, J. D. (1992): Beyond the Hype: Rediscovering the Essence of Management. Boston.
Eckardstein, v. D. (1982): Kennzahlen im Personalbereich. In: Das Wirtschaftsstudium, (11), S. 423–426.
Edvinsson, L./Malone, M. S. (1997): Intellectual Capital. The Proven Way to Establish Your Company's Real Value by Measuring its Hidden Brainpower. London.
EFQM (Hrsg.)(1997): Selbstbewertung 1998. Brüssel.
EFQM (Hrsg.)(1999a): Das EFQM-Modell für Excellence. Brüssel.
EFQM (Hrsg.)(1999b): Excellence bewerten. Eine praktische Anleitung zur Selbstbewertung. Brüssel.
Egan, G. (1993): Adding Value. A Systematic Guide to Business-Driven Management and Leadership. San Francisco.
Eichenberger, P. (1992): Betriebliche Bildungsarbeit: Return on Investment und Erfolgscontrolling. Wiesbaden.
Eichhorst, W. et al. (2004): Benchmarking Deutschland 2004 – Arbeitsmarkt und Beschäftigung – Bericht der Bertelsmannstiftung. Berlin.
EP-First & Saratoga (PricewaterhouseCoopers Human Resource Service) (2005): The European HR Index Effectiveness Report, Oxfordshire.
Erpenbeck, J./Rosenstiel, L. v. (Hrsg.) (2003): Handbuch Kompetenzmessung. Stuttgart.
Eschenbach, R. (1994): Controlling. Stuttgart.
Etymologisches Wörterbuch des Deutschen (1993): 2. A., Berlin.
Falkner, G. (1995): Strategien zur Messbarkeit des Erfolgs. Umfassendes Qualitätsmanagement. Zürich.
Feige, W. (2005): Konsequent koppeln. In: Personal, (4), S. 48–50.
Feigenbaum, A. V. (1983): Total Quality Control. 3. A., New York.
Festinger, L. (1978): Theorie der kognitiven Dissonanz. Bern.
Fickert, R./Meyer, C. (Hrsg.)(1995): Management-Accounting im Dienstleistungsbereich. Bern, Stuttgart, Wien.
Fickert, R./Schedler, B. (1995): Trends im Management Accounting für Service-Unternehmen. In: Fickert, R./Meyer, C. (Hrsg.): Management-

Accounting im Dienstleistungsbereich. Bern, Stuttgart, Wien, S. 383–412.

Fickert, R. (2003): Finanzcontrolling. Bern et al.

Fickert, R. (2000) (Hrsg.): Customer Costing. Bern et al.

Fiedler, F. E. (1967): A Theory of Leadership Effectiveness. New York.

Fischer-Winkelmann, W./Hohl, E. (1982): Zum Stand des Human Resource Accounting. In: Die Unternehmung, 36 (1), S. 123–148.

Fitz-enz, J. (1990): Human Value Management. San Francisco.

Fitz-enz, J. (1993): Benchmarking Staff Performance. San Francisco.

Fitz-enz, J. (1994): HR's New Score Card. In: Personnel Journal, 73 (2), S. 84–91.

Fitz-enz, J. (1995): How to Measure Human Resource Management. 2. A., New York.

Fitzgerald, L./Johnston, R./Brignall, S./Silvestro, R./Voss, C. (1991): Performance Measurement in Service Businesses. London.

Flamholtz, E. (1974): Human Resource Accounting. Encino, Belmont.

Flamholtz, E. (1986): Human Resource Accounting. Advances in Concepts, Methods, and Applications. 2. A., San Francisco, Oxford.

Fleig, G./Gesmann, V./Biel, A. (2004): Strategisches Personalcontrolling in der DaimlerChrysler AG. In: Controlling. 16 (8/9), S. 465–471.

Förderreuther, R. (1997): Qualitätsmanagement und Erfolgskontrolle von Bildungsmaßnahmen. In: Personal – Zeitschrift für Human Resource Management, 49 (11), S. 566–570.

Foreman, S./Pitt, L./Berthon, P./Moeny, A. (1995): Internal Marketing in Organizations: Empirical Evidence from a Transaction Cost Perspective. Working Paper Series, Henley Management College. In: Henley-on Thames

Freeman, R. (1984): Strategic Management – A Stakehoder Approach. London.

Frese, E./Werder, A. v./Maly, W. (Hrsg.)(1993): Zentralbereiche. Stuttgart.

Freimuth, J./Kiefer, B. (Hrsg.) (1995): Geschäftsberichte von Unten-Konzepte für Mitarbeiterbefragungen. Göttingen.

Fröhling, O. (1990): Integriertes Personal-Controlling als zyklusorientiertes Konzept. In: Controller Magazin, (3), S. 117–122.

Fröhling, O. (1994): Dynamisches Kostenmanagement. München.

Fruhan, W. (1979): Financial Strategy: Studies in the Creation, Transfer and Destruction of Shareholder Value.

Funke, U./Schuler, H./Moser, K. (1994): Nutzenanalyse zur ökonomischen Evaluation eines Personalauwahlprojektes für Industrieforscher. In: Gerpott, T. J./Siemers, S. H. (Hrsg.): Controlling von Personalprogrammen. Stuttgart, S. 139–174.

Garthe, E. C. (2002): Das Six-Sigma-Doma bei General Electric. In: Töpfer, A. (Hrsg.) Business Excellence. Frankfurt, S. 343–352.

Garvin, D. A. (1984): What does »Product Quality« really mean? In: Sloan Management Review, 25 (Fall), S. 25–43.
Garvin, D. A. (1988): Managing Quality. New York.
Gawellek, U. (1987): Erkenntnisstand, Probleme und praktischer Nutzen der Arbeitszufriedenheitsforschung. Frankfurt, Bern, New York.
Gebert, D. (1995): Führung im MbO-Prozeß. In: Kieser, A./Reber, G./Wunderer, R. (Hrsg.): Handwörterbuch der Führung. 2. A. Stuttgart, Sp. 426–436.
Gehringer, J./Michel, W. J. (2000): Frühwarnsystem Balanced Scorecard: Unternehmen zukunftsorientiert steuern; mehr Leistung, mehr Motivation, mehr Gewinn. Düsseldorf.
Geiß, W. (1986): Betriebswirtschaftliche Kennzahlen. Frankfurt.
Gerlach, D. (1995): Lean Reporting im Personalwesen. In: Die Bank, (7), S. 418–421.
Gerpott, T. J. (1989): Ökonomische Spurenelemente in der Personalwirtschaftslehre: Ansätze zur Bestimmung ökonomischer Erfolgswirkungen von Personalauswahlverfahren. In: Zeitschrift für Betriebswirtschaft, 59, S. 888–912.
Gerpott, T. J. (1990): Erfolgswirkungen von Personalauswahlverfahren. Zur Bestimmung des ökonomischen Nutzens von Auswahlverfahren als Instrument des Personalcontrolling. In: Zeitschrift Führung und Organisation, ((1)), S. 37–44.
Gerpott, T. J. (1992): Gleichgestelltenbeurteilung: Eine Erweiterung traditioneller Personalbeurteilungsansätze in Unternehmen. In: Selbach, R./Pullig, K.-K. (Hrsg.): Handbuch der Mitarbeiterbeurteilung. Wiesbaden, S. 211–254.
Gerpott, T. J. (1994): Controlling von Personalprogrammen als Teilfeld des operativen Personal-Controlling. In: Gerpott, T. J./Siemers, S. H. (Hrsg.): Controlling von Personalprogrammen. Stuttgart, S. 3–56.
Gerpott, T. J. (1996): Qualitätsmanagement im Personalbereich – Personalarbeit und Kundenorientierung. In: Computergestützte und operative Personalarbeit, 4 (5), S. 256–260.
Giles, W. J./Robinson, D. F. (1973): Human Asset Accounting. London.
Gmelin, V. (1994): Personalcontrolling. In: Personal, (1), S. 37–42.
Gomez, P. (1990): Wertorientierte Strategieplanung. In: Der Schweizer Treuhänder, (11), S. 557–561.
Gomez, P. (1993): Wertmanagement – Vernetzte Strategien für Unternehmen im Wandel. Düsseldorf.
Gomez, P./Weber, B. (1989): Akquisitionsstrategie Wertsteigerung durch Übernahme von Unternehmungen. Stuttgart.
Gomez, P./Zimmermann, T. (1992): Unternehmensorganisation: Profile, Dynamik, Methodik. Frankfurt/Main, New York.

Grönig, R. (1993): Personalmarketing bei Audi. In: Moser, K./Stehle, W./ Schuler, H. (Hrsg.): Personalmarketing. Göttingen, Stuttgart, S. 113–127.

Grönroos, C. (1981): Internal Marketing – an Integral Part of Marketing Theory. In: Donnelly, J. H./George, W. R. (Hrsg.): Marketing of Services. Chicago, S. 236–238.

Groth, U./Kammel, A. (1993): Personal-Controlling: Von der Konzeptionalisierung zur Implementierung. In: Zeitschrift für Personalforschung, 7 (4), S. 468–488.

Grötzinger, M./Uepping, H. (Hrsg.)(2001): Balanced Scorecard im Human Resource Management. Neuwied, Kriftel.

Grüberl, D./North, K./Szogs, G. (2004): Intellectual Capital Reporting – ein Vergleich von vier Ansätzen. In: Zeitschrift für Führung und Organisation, 73 (1), S. 19–27.

Guldin, A. (2000): Balanced Scorecard und Elemente ganzheitlicher Führung – Anwendungen bei der E. Breuninger GmbH & Co. In: Ackermann, K. F. (Hrsg.): Balanced Scorecard für Personalmanagement und Personalführung. Praxisansätze und Diskussion. Wiesbaden, S. 103–121.

Gzuk, R. (1975): Messung der Effizienz von Entscheidungen. Tübingen.

Gzuk, R. (1988): Messung der Effizienz von Entscheidungen. In: Witte, E./ Hauschildt, J./Grün, O. (Hrsg.): Innovative Entscheidungsprozesse. Die Ergebnisse des Projektes »Columbus«. Tübingen, S. 125–140.

Habersam, M. (1997): Controlling als Evaluation. Potenziale eines Perspektivenwechsels. München, Mering.

Hahn, D. (1996): PuK: Controllingkonzepte: Planung und Kontrolle, Planungs- und Kontrollsysteme, Planungs- und Kontrollrechnung. Wiesbaden.

Halene Blankenagel, V. (1993): Inhaltliche Grundlagen der unternehmensspezifischen Konzeptentwicklung und Systemstrukturierung der controllingorientierten Personalarbeit. Diss. Uni. St. Gallen.

Haller, A. (1997): Wertschöpfungsrechnung: Ein Instrument zur Steigerung der Aussagefähigkeit von Unternehmensabschlüssen im internationalen Kontext. Stuttgart.

Haller, S. (1993): Methoden zur Beurteilung von Dienstleistungsqualität. Überblick zum State of the Art. In: Zeitschrift für betriebswirtschaftliche Forschung, 45 (1), S. 19–38.

Hanel, U./Kabst, R./Mayrhofer, W./Weber, W. (1999): Personalmanagement in Europa. Ein Vergleich auf der Basis empirischer Daten. In: Personal – Zeitschrift für Human Resource Management, 51 (1), S. 32–36.

Hanssmann, F. (1985): Was versteht die GSP unter strategischer Planung? In: Strategische Planung, 1, S. 151–157.

Hasebrook, J./Zawacki-Richter, O. (2004): Das wirkliche Vermögen steht in der Kompetenzenbilanz. In: Personalwirtschaft, (11), S. 34–36.

Haunschild, A. (1998): Koordination und Steuerung der Personalarbeit. Hamburg.

Hauschildt, J. (1988): Ziel-Klarheit oder kontrollierte Ziel-Unklarheit in Entscheidungen? In: Witte, E./Hauschildt, J./Grün, O. (Hrsg.): Innovative Entscheidungsprozesse. Die Ergebnisse des Projektes »Columbus«. Tübingen, S. 97–108.

Hauser, R. (1996): Qualitätsorientierte Gestaltung der Personalabteilung durch Anwendung der Normenreihe ISO 9000. Diss. Universität St. Gallen.

Heidecker, M. (2003): Wertorientiertes Human Capital Management. Wiesbaden.

Heigl, A. (1989): Controlling – Interne Revision, 2. A. Stuttgart, New York.

Heiliger, R./Mühlbradt, T./Leyhausen, B. (1997): Teamaudit und Kennzahlensystem. Wie kann der Erfolg von Gruppenarbeit gemessen werden? In: Personalführung, 30 (10), S. 944–951.

Heinrich, D. (1990): Controlling im Personalbereich. In: Der Betriebswirt, (1), S. 29–32.

Hekiman, J. C./Jones, C. H. (1967): Put People in Your Balance Sheet. In: Harvard Business Review, 45 (Jan–Feb), S. 105–113.

Henselek, H. (2004): Personalkosten und -aufwand. In: Gaugler, E./Oechsler, W.A./Weber, W. (Hrsg.): Handwörterbuch des Personalwesens. 3. A., Stuttgart, Sp. 1554–1566.

Hentschel, B. (1990): Die Messung wahrgenommener Dienstleistungsqualität mit SERVQUAL. Eine kritische Auseinandersetzung. In: Marketing ZFP, (4), S. 230–240.

Hentschel, B. (1992): Dienstleistungsqualität aus Kundensicht. Vom merkmals- zum ereignisorientierten Ansatz. Wiesbaden.

Hentze, J. (1994): Personalwirtschaftslehre 1. 6. A., Bern, Stuttgart.

Hentze, J. (1995): Personalwirtschaftslehre 2. 6. A., Bern, Stuttgart.

Hentze, J./Brose, P. (1985): Grundlagen der Unternehmungsplanung. Bern, Stuttgart.

Hentze, J./Kammel, A. (1993): Personalcontrolling: eine Einführung in Grundlagen, Aufgabenstellungen, Instrumente und Organisation des Controlling in der Personalwirtschaft. Bern.

Hermanson, R.H. (1964): Accounting for Human Assets. East Lansing.

Hersey, P./Blanchard, K. H. (1988): Management of Organizational Behavior. 5. A., Englewood Cliffs, N.J.

Hesse, T. (1996): Periodischer Unternehmenserfolg zwischen Realisations- und Antizipationsprinzip: Vergleich von Aktienrendite, Cash-Flow und Economic Value-Added. Bern.

Hilb, M. (1997a): Integrierte Erfolgsbewertung von Unternehmen. Zufriedenheit & Loyalität von Eigentümern, Kunden, Mitarbeitern, Öffentlichkeit. Neuwied.

Hilb, M. (1997b): Integriertes Personal-Management. 4. A., Neuwied.
Hilke, W. (1984): Dienstleistungsmarketing aus Sicht der Wissenschaft. Diskussionsbeiträge des Betriebswirtschaftlichen Seminars der Universität Freiburg. Freiburg.
Hilke, W. (1989): Grundproblem und Entwicklungstendenzen des Dienstleistungs-Marketings. In: Hilke, W. (Hrsg.): Dienstleistungsmarketing. Wiesbaden, S. 5–44.
Hillen, J. (1997): Benchmarking von Dienstleistungen. Inländischer Zahlungsverkehr der Commerzbank auf dem Prüfstand. In: Controlling, (1), S. 54–62.
Hiltrop, J. M./Despres, C. (1995): Benchmarking HR Practices: Approaches, Rationales, and Prescriptions for Action. In: Hussey, D. E. (Hrsg.): Strategic Management: Theory & Practice. New York.
Hinterhuber, H. H. (1996a): Strategische Unternehmensführung. 1. Strategisches Denken. 6. A., Berlin, New York.
Hinterhuber, H. H. (1996b): Strategische Unternehmensführung. 2. Strategisches Handeln. 6. A., Berlin, New York.
Hogan, J./Hogan, R. (1984): How to Measure Service Orientation. In: Journal of Applied Psychology, 69 (1), S. 167–173.
Holzwarth, J. (1993): Strategische Kostenrechnung?: Zum Bedarf an einer modifizierten Kostenrechnung für die Bewertung der Alternativen strategischer Entscheidungen. Stuttgart.
Homburg, C./Rudolph, B. (1995): Theoretische Perspektiven der Kundenzufriedenheit. In: Simon, H./Homburg, C. (Hrsg.): Kundenzufriedenheit: Konzepte – Methoden – Erfahrungen. Wiesbaden, S. 29–49.
Horovitz, J. (1989): Service entscheidet – Im Wettbewerb um den Kunden. Frankfurt/Main, New York.
Horváth & Partner (Hrsg.)(1997): Qualitätscontrolling. Ein Leitfaden zur betrieblichen Navigation auf dem Weg zum Total Quality Management. Stuttgart.
Horváth & Partner (Hrsg.)(2000): Balanced Scorecard umsetzen. Stuttgart.
Horváth, P. (1993): Prozeßkostenrechnung – oder wie die Praxis die Theorie überholt. Kritik und Gegenkritik. In: Die Betriebswirtschaft, 53, S. 609–628.
Horváth, P. (1996): Controlling. 6. A., München.
Horváth, P. (Hrsg.)(2000): Strategische Steuerung. Erfolgreiche Konzepte und Tools in der Controllingpraxis. Stuttgart.
Horváth, P./Herter, R. N. (1992): Benchmarking. Vergleich mit den Besten der Besten. In: Controlling, (1), S. 4–11.
Horváth, P./Mayer, R. (1989): Prozeßkostenrechnung: Der neue Weg zu mehr Kostentransparenz und wirkungsvolleren Unternehmensstrategien. In: Controlling, (4), S. 214–219.

Horváth, P./Mayer, R. (1993): Prozeßkostenrechnung – Konzeption und Entwicklungen. In: Männel, W. (Hrsg.): Prozeßkostenrechnung. Methodik, Anwendung und Softwaresysteme. Sonderheft 2/93 der Kostenrechnungspraxis. Wiesbaden, S. 15–28.

Horváth, P./Niemand, S. (1995): Methoden und Tools des Controlling. In: Corsten, H./Reiß, M. (Hrsg.): Handbuch Unternehmensführung: Konzepte – Instrumente – Schnittstellen. Wiesbaden, S. 409–418.

Hoss, G. (1993a): Personal-Audit. In: Horváth, P./Reichmann, T. (Hrsg.): Vahlens großes Controllinglexikon. München, S. 471–474.

Hoss, G. (1993b): Personal-Controlling. In: Horváth, P./Reichmann, T. (Hrsg.): Vahlens großes Controllinglexikon. München, S. 476–480.

Hossiep, R./Mühlhaus, O. (2005): Personalauswahl und -entwicklung mit Persönlichkeitstests. Göttingen et al.

Hronec, S. M. (1993): Vital Signs. Using Quality, Time, and Cost Performance Measurement to Chart your Company's Future. New York.

Huber, R. (1986): Gemeinkosten-Wertanalyse: Methoden der Gemeinkosten-Wertanalyse als Element einer Führungsstrategie für die Unternehmensverwaltung. Bern.

Hujer, R./Cremer, R. (1977): Grundlagen und Probleme einer Theorie der sozioökonomischen Messung. In: Pfohl, H.-C./Rürup, B. (Hrsg.): Wirtschaftliche Meßprobleme. Köln, S. 1–22.

Hunter, J. E./Hunter, R. F. (1984): Validity and Utility of Alternative Predictors of Job Performance. In: Psycholigical Bulletin, S. 72–98.

Huselid, M./Becker, B./Beatty, R. (2005): The Workforce Scorecard. Managing Human Capital to Execute Strategy. Boston.

Industrial Relations Review & Report (1994): Measuring the Effectiveness of the Personnel Function. Nr. 564, S. 11–16.

Ischebeck, W./Arx, S. v. (1995): Aus- und Weiterbildung als eigenständige Bildungsgesellschaft bei IBM Deutschland. In: Wunderer, R./Kuhn, T. (Hrsg.): Innovatives Personalmanagement. Neuwied, S. 498–524.

Janisch, M. (1992): Das strategische Anspruchsgruppenmanagement: Vom Shareholder Value zum Stakeholder Value. Diss. Universität St. Gallen.

Jaritz, A (1999): TQM und Mitunternehmertum im Humanressourcenmanagement. München, Mering.

Jeek, W. (1991): Business Unit als kostendeckende Einheit: Weiterbildung bei Unilever. In: Personalführung, 24 (5), S. 318–325.

Jehle, E. (1982): Gemeinkostenmanagement. Effizienzsteigerung im Gemeinkostenbereich von Unternehmen durch Overhead-Value-Analysis (OVA), Zero-Base-Budgeting (ZBB) und Administrative Wertanalyse (AWA). In: Die Unternehmung, 36 (1), S. 59–76.

Jehle, E. (1993): Wertanalyse. In: Wittmann, W. (Hrsg.): Handwörterbuch der Betriebswirtschaft. Stuttgart, S. 4647–4659.

Jung, H. (1997): Grundlagen zur Messung von Kundenzufriedenheit. In: Simon, H./Homburg, C. (Hrsg.): Kundenzufriedenheit. Konzepte – Methoden – Erfahrungen. Wiesbaden, S. 141–162.
Juran, J. M. (1991): Handbuch der Qualitätsplanung. 3. A., Landsberg/Lech.
Juran, J. M. (Hrsg.)(1974): Quality Control Handbook. 3. A., New York.
Juran, J. M./Gryna, F. M. (Hrsg.)(1988): Juran's Quality Control Handbook. 4. A., New York.
Kanning, U./Klinge, K. (2005): Wenn zuviel Wissen in der Personalauswahl zum Problem wird. In: Personalführung 3, S. 64–67.
Kaplan, R. S./Norton, D. P. (1992): The Balanced Scorecard Measures that Drive Performance. In: Harvard Business Review, 70 (Jan–Feb), S. 71–79.
Kaplan, R. S./Norton, D. P. (1993): Putting the Balanced Scorecard to Work. In: Harvard Business Review, 71 (Sep-Oct), S. 134–142.
Kaplan, R. S./Norton, D. P. (1996a): Linking the Balanced Scorecard to Strategy. In: California Management Review, 39 (1), S. 53–79.
Kaplan, R. S./Norton, D. P. (1996c): Using the Balanced Socrecard as a Strategic Management System. Linking the Balanced Scorecard to Strategy. In: Harvard Business Review, 74 (Jan–Feb), S. 75–85.
Kaplan, R. S./Norton, D. P. (1997): Balanced Scorecard: Strategien erfolgreich umsetzen. Stuttgart.
Kaplan, R. S./Norton, D. P. (2001): Die strategiefokussierte Organisation. Führen mit der Balanced Scorecard. Stuttgart.
Kaplan, R. S./Norton, D.P. (1996b): The Balanced Scorecard: Translating Strategy into Action. Boston.
Kay, J. (1993): Foundations of Corporate Success. How Business Strategies Add Value. Oxford.
Kiehn, A. (1996): Möglichkeiten und Grenzen einer ökonomischen Analyse der Wertschöpfung des Personalmanagements. Diss. Universität St. Gallen.
Kieser, A. (1995): Loyalität und Commitment. In: Kieser, A./Reber, G./Wunderer, R. (Hrsg.): Handwörterbuch der Führung. 2. A. Stuttgart, Sp. 1442–1456.
Kirkpatrick, D. L. (1959): Techniques for Evaluating Training Programs. In: Journal of the American Society of Training Directors, 13, S. 3–9 und 21–26.
Kirkpatrick, D. L. (1960): Techniques for Evaluating Training Programs. In: Journal of the American Society of Training Directors, 14, S. 13–18 und S. 28–32.
Kirkpatrick, D. L. (1987): Evaluation. In: Craig, R.L. (Hrsg.): Training and Development Handbook. New York, S. 301–319.
Kirrmann, H.-M. (1998): Bessere Performance mit Self-Service in der Personalarbeit. In: Personalführung, 31 (8), S. 22–29.

Kirsch, W. (1988): Die Handhabung von Entscheidungsproblemen: Einführung in die Theorie der Entscheidungsprozesse. 3. A., Herrsching.

Kirsch, W. (1990): Unternehmenspolitik und strategische Unternehmensführung. München.

Kleinmann, M. (2003): Assessment-Center. Göttingen et al.

Klien, W. (1995): Wertsteigerungsanalyse und Messung von Managementleistungen: Technik, Logik und Anwendung. Wiesbaden.

Klimecki, R./Remer, A. (Hrsg.)(1997): Personal als Strategie. Mit flexiblen und lernbereiten Human-Ressourcen Kernkompetenzen aufbauen. Neuwied, Kriftel, Berlin.

Knorr, E. M. (2004): Professionelles Personalcontrolling in der Personalbeschaffung. Grundlagen, Instrumente, Ziele. Düsseldorf.

Knyphausen, D. v. (1992): Wertorientiertes Strategisches Management. In: Zeitschrift für Planung, (4), S. 331–352.

Knyphausen, D.v./Meck. A. (2004): Auf dem Prüfstand, in: Personal 7/8, S. 40–43.

Knyphausen-Aufseß, D. v./Meck, A. (2004): Auf dem Prüfstand. In: Personal, (7–8), S. 40–43.

Kobi, J. (1997): Praxistaugliche Instrumente des Personalcontrolling. In: Personal – Zeitschrift für Human Resource Management, 49 (7), S. 370–373.

Kobi, J. M. (1999): Personalrisikomanagement. Wiesbaden.

Köder, A. (1994): Das Personalcontrolling-Konzept der Hewlett-Packard GmbH. In: Wunderer, R./Schlagenhaufer, P. (Hrsg.): Personal-Controlling: Funktionen – Instrumente – Praxisbeispiele. Stuttgart, S. 179–194.

Kolb, M./Bergmann, G. (1997): Qualitätsmanagement im Personalbereich. Landsberg/Lech.

Korte, C. (1995): Customer Satisfaction Measurement. Kundenzufriedenheitsmessung als Informationsgrundlage des Hersteller- und Handelsmarketing am Beispiel der Automobilwirtschaft. Frankfurt.

Kräkel, M. (1996): Direkte versus indirekte Leistungsanreize – eine kritische Diskussion der traditionellen ökonomischen Anreiztheorie. In: Zeitschrift für Personalforschung, 10 (4), S. 358–371.

Kreft, H.-D./Gisteren, R. Van (2005): Controlling im Human Resource Management. In: Personal, (7–8), S. 10–13.

Kreikebaum, H. (1993): Strategische Unternehmensplanung. 5. A., Stuttgart.

Kreps, D. M. (1990): Corporate Culture and Economic Theory. In: Alt, J.E./Shepsle, K. A. (Hrsg.): Perspectives on Positive Political Economy. Cambridge, S. 90–143.

Kreuter, A. (1997): Verrechnungspreise in Profit-Center-Organisationen. München, Mering.

Krüger, W. (1994): Organisation der Unternehmung. 3. A., Stuttgart, Köln.
Kumpf, A./Boldrino, C. (2003): Balanced Scorecard im Call-Center: In: Personalwirtschaft, (5), S. 46–48.
Küpper, H.-U. (1990): Personal-Controlling: Einbindung in das Unternehmens-Controlling. In: Personalführung, 23, S. 522–526.
Küpper, H.-U. (1991): Betriebswirtschaftliche Steuerungs- und Lenkungsmechanismen organisatorischer Kooperation. In: Wunderer, R. (Hrsg.): Kooperation: Gestaltungsprinzipien und Steuerung der Zusammenarbeit zwischen Organisationseinheiten. Stuttgart, S. 175–204.
Küpper, H.-U. (1997): Controlling: Konzeption, Aufgaben und Instrumente. 2. A., Stuttgart.
Kürpick, H. (1992): Personalverwaltung. In: Gaugler, E./Weber, W. (Hrsg.): Handwörterbuch des Personalwesens. 2. A. Stuttgart, Sp. 1805–1815.
Lawrence, P. (Hrsg.)(1997): Workflow Handbook 1997. Chichester.
Lazear, E. P. (1995): Personal Economics. Cambridge, Mass.
Lechner, T. (1998): Chancen von Internet und Intranet für das Personalmanagement. In: Personal – Zeitschrift für Human Resource Management, 50 (3), S. 114–117.
Lehmann, A. P. (1993): Dienstleistungsmanagement. Strategien und Ansatzpunkte zur Schaffung von Servicequalität. Stuttgart.
Lehmann, M. R. (1954): Leistungsmessung durch Wertschöpfungsrechnung. Essen.
Leipert, C. (1972): Soziale Indikatoren: Überblick über den Stand der Diskussion. Augsburg.
Lev, B./Schwartz, A. (1971): On the Use of the Economic Concept of Human Capital in Financial Statements. In: Accounting Review, 46 (1), S. 102–112.
Lewin, D./Mitchell, D.J.B. (1995): Human Resource Management. An Economic Approach. Cincinnati.
Lichtsteiner, R. (1997): Meßgrößen zur strategischen Führung im Personalmanagement. In: Klimecki, R./Remer, A. (Hrsg.): Personal als Strategie.
Lichtsteiner, R./Arx, S. v. (1995): Varianten von Wertschöpfungs-Centern für das Personal-Management bei ABB Schweiz. In: Wunderer, R./Kuhn, T. (Hrsg.): Innovatives Personalmanagement. Neuwied, S. 442–471.
Likert, R. (1932): A Technique for the Measurement of Attitudes. In: Archives of Psychology, 140, S. 1–55.
Likert, R. (1973): Human Resource Accounting. Building and Assessing Productive Organizations. In: Personnel, (3), S. 8–24.
Lingscheid, A. (1993): Qualitätscontrolling. In: Controlling, (3), S. 166–167.
Lockamy, A./Cox, J. F. (1994): Reengineering Performance Measurement – How to Align System to Improve Processes, Products, and Profits. Chicago.

Löhr, P. (1994): Das Gesprächsrundenkonzept bei BMW. In: Ackermann, K. F. (Hrsg.): Reorganisation der Personalabteilung: Dezentralisierung, Divisionierung, Profit-Center-Orientierung der Personalarbeit im Unternehmen. Stuttgart, S. 90–97.

Löhr, P./Neumann, M. (1994): Qualitätsmanagement: Das Personalwesen im Blickpunkt. In: Personalführung, 27 (10), S. 912–919.

Luczak, H./Otzipka, J./Flachsenberg, U./Krings, K. (1995): Qualitätsmanagement und Personalentwicklung. In: Zeitschrift für Arbeitswissenschaft, (3), S. 149–156.

Lüdi, M./Wenger, F. (1997): Qualitätsförderung mit und durch Personalmanagement am Beispiel des Schweizerischen Bankvereins. In: Wunderer, R./Gerig, V./Hauser, R. (Hrsg.): Qualitätsorientiertes Personalmanagement. Das Europäische Qualitätsmodell als unternehmerische Herausforderung. München, Wien, S. 254–282.

Maleri, R. (1973): Grundzüge der Dienstleistungsproduktion. Berlin, Heidelberg, New York.

Maleri, R. (1991): Grundlagen der Dienstleistungsproduktion. 2. A., Berlin, Heidelberg, New York.

March, C. J./Simon, H. A. (1958): Organizations. New York. New York, London.

Marr, R./Göhre, O. (1997): Die Entwicklung eines Qualitätskonzeptes für das Personalmanagement. Ein erster empirischer Ansatz. In: Klimecki, R./Remer, A. (Hrsg.): Personal als Strategie: mit flexiblen und lernbereiten Human-Ressourcen Kernkompetenzen aufbauen. Neuwied, S. 367–395.

Marr, R./Schmidt, H. (1992): Humanvermögensrechnung. In: Gaugler, E./Weber, W. (Hrsg.): Handwörterbuch des Personalwesens. 2. A. Stuttgart, Sp. 1031–1042.

Marx, K./Engels, F. (1962): Werke. Bd. 23: Das Kapital. 1. Bd. Berlin.

Mason, R./Mitroff, J. (1981): Challenging Strategic Planning Assumptions. New York.

Mayer, E. (1993): Controlling-Konzepte. 3. A., Wiesbaden.

Mayrhofer, W. (1989): Trennung von der Organisation. Wiesbaden.

McDonald, D./Smith, A. (1995): A Proven Connection: Performance Management and Business Results. In: Compensation & Benefits Review, (Jan–Feb), S. 59–64.

Meffert, H. (1986): Marketing. 7. A., Wiesbaden.

Meffert, H. (1994): Marketing-Management. Analyse, Strategie, Implementierung. Wiesbaden.

Meffert, H./Bruhn, M. (1995): Dienstleistungsmarketing: Grundlagen, Konzepte, Methoden. Wiesbaden.

Meier, K. (1997): Ergebnisse und Erkenntnisse aus einem Assessment nach dem Europäischen Qualitätsmodell für Personalmanagement und Personalabteilung. In: Wunderer, R./Gerig, V./Hauser, R. (Hrsg.): Qualitätsorientiertes Personalmanagement. Das Europäische Qualitätsmodell als unternehmerische Herausforderung. München, Wien, S. 234–253.

Mercer, M. W. (1989): Turning your Human Resources Department into a Profit Center. New York.

Merchant, K. A. (1989): Rewarding Results: Motivating Profit Center Managers. In: Boston

Merkle, E. (1982): Betriebswirtschaftliche Formeln und Kennzahlen und deren betriebswirtschaftliche Relvanz. In: Wirtschaftswissenschaftliches Studium, (7), S. 325–330.

Mertens, P./Bissantz, N./Hagedorn, J. (1995): Computerunterstützte Analysemethoden für das Kosten- und Erfolgscontrolling. In: Reichmann, T. (Hrsg.): Handbuch Kosten- und Erfolgscontrolling. Stuttgart, S. 227–251.

Mertins, K./Alwert, K./Heisig, P. (2005): Wissensbilanzen – Intellektuelles Kapital erfolgreich nutzen und entwickeln. Berlin.

Metz, F./Knauth, P. (1994): Entwicklungsstand und Verbreitungsgrad von Personal-Controlling. Ergebnisse einer empirischen Untersuchung. In: Personal – Zeitschrift für Human Resource Management, 46 (9), S. 424– 430.

Metz, F./Winnes, R./Knauth, P. (1995): Entwicklungsstand des Personal-Controlling. Ergebnisse von Einzelfallstudien bei 31 deutschen Unternehmen. In: Personal – Zeitschrift für Human Resource Management, 47 (3), S. 132–138.

Metz, Th. (2004): Personalkennziffern und -statistik. In: Gaugler, E./Oechsler, W. A./Weber, W. (Hrsg.): Handwörterbuch des Personalwesens. 3. A., Stuttgart, Sp. 1546–1553.

Meyer, A./Dornbach, F. (1995): Das deutsche Kundenbarometer – Qualität und Zufriedenheit. In: Simon, H./Homburg, C. (Hrsg.): Kundenzufriedenheit: Konzepte – Methoden – Erfahrungen. Wiesbaden, S. 161–178.

Meyer, A./Mattmüller, R. (1987): Qualität von Dienstleistungen – Entwurf eines praxisorientierten Qualitätsmodells. In: Marketing ZFP, 9 (3), S. 187–195.

Meyer, C. (1994): How the Right Measures Help Teams Excel. In: Harvard Business Review, 72 (May–June), S. 95–103.

Meyer-Piening, A. (1990): Zero Base Planning. Zukunftssicherndes Instrument der Gemeinkostenanalyse. Köln.

Michaelis, U. (1991): Produktivitätsbestimmung in indirekten Bereichen. Berlin, Heidelberg, New York.

Mildenberger, J./Ruppert, G. (1995): Der Weg ist das Ziel. In: Personalwirtschaft, (10), S. 12–16.

Miles, R. E. (1965): Human Relations or Human Resources? In: Harvard Business Review, 43 (4), S. 148–163.

Milgrom, P./Roberts, J. (1992): Economics, Organization and Management. Englewood Cliffs.
Mit flexiblen und lernbereiten Human-Ressourcen Kernkompetenzen aufbauen. Neuwied, Kriftel, Berlin.
Mitchell, D.J.B. (1989): Human Resource Management: An Economic Approach. Boston.
Mitroff, J. (1983): Stakeholders of the Organizational Mind. San Francisco.
Mohrman, S. A./Lawler III., E.E. (1998): The New Human Resources Management. Creating the Strategic Business Partnership. In: Mohrman, S. A./Galbraith, J. R./Lawler III., E. E. (Hrsg.): Tomorrow's Organization. Crafting Winning Capabilities in a Dynamic World. San Francisco, S. 211–230.
Morgan, J. (1992): Human Resource Information: A Strategic Tool. In: Armstrong, M. (Hrsg.): Strategies for Human Resource Management. London.
Mountfield, A./Schalch, O. (1998): Konzeption von Balanced Scorecards und Umsetzung in ein Management-Informationssystem mit dem SAP Business Information Warehouse. In: Controlling, 10 (5), S. 316–322.
Muck, P. M. (2005): Explorix. Deutschsprachige Adaption und Weiterentwicklung des Self-directed Search nach Holland. In: Zeitschrift für Personalpsychologie, 4 (1), S. 39–46.
Müller, A. (1992): Gemeinkosten-Management: Vorteile der Prozeßkostenrechnung. Wiesbaden.
Müller-Böling, D. (1991): Anforderungen an Test zur Messung der Arbeitszufriedenheit für die Anwendung in der betrieblichen Praxis. In: Fischer, L. (Hrsg.): Arbeitszufriedenheit. Stuttgart, S. 213–231.
Mutscheller, A. M. (1996): Vorgehensmodell zur Entwicklung von Kennzahlen und Indikatoren für das Qualitätsmanagement. Diss. Universität St. Gallen.
Nemitz, B./Jonson, G./Kober, M. (1997): Controlling der Personalentwicklung bei der Karstadt AG. In: Personal – Zeitschrift für Human Resource Management, 49 (11), S. 572–576.
Neuberger, O. (1974): Theorien der Arbeitszufriedenheit. Stuttgart.
Neuberger, O. (1991): Personalentwicklung. Stuttgart.
Neuberger, O. (1980): Das Mitarbeitergespräch. Goch.
Neuberger, O./Allerbeck, M. (1978): Messung und Analyse der Arbeitszufriedenheit. Erfahrungen mit dem »Arbeitsbeschreibungs-Bogen (ABB)«. Bern.
Nicklisch, H. (1932): Die Betriebswirtschaft. Stuttgart.
Niemann, J. (2000): Die Rolle des Personalmanagements bei Einführung der BahnStrategieCard. In: Ackermann, K. F. (Hrsg): Balanced Scorecard

für Personalmanagement. In: Personalführung. Praxisansätze und Diskussion. Wiesbaden, S. 149 ff.

Nippa, M./Picot, A. (Hrsg.)(1995): Prozeßmanagement und Rengineering. Frankfurt/Main, New York.

Ochmann, H. (2005): Über sieben Brücken ... In: Personalwirtschaft, (3), S. 22–25.

Odiorne, G. S. (1984): Strategic Management of Human Resources. San Francisco.

Oechsler, W. A. (2005a): Personalforschung als Ad-hoc-Aktionismus. Der Personalmanagement-Professionalisierungs-Index der DGFP. In: Personalforschung, 19 (2), S. 107–119.

Oechsler, W. A. (2005b): Wie unprofessionell darf ein Messinstrumentarium sein?

Oertig, M. (1994): Dynamisches Personalmanagement – Der Prozess zur Entfaltung von Humanpotenzial. Diss. Uni. St. Gallen.

Oliver, R. L. (1980): Cognitive Model of the Antecedents and Consequences of Satisfaction Decisions. In: Journal of Marketing, 17, S. 460–469.

Orth, B. (1974): Einführung in die Theorie des Messens. Stuttgart.

Papmehl, A./Baldin, K. (1989a): Bildungs-Controlling. In: Personalführung, 22, S. 870–877.

Papmehl, A./Baldin, K. (1989b): Kann man Bildungsnutzen messen? In: Personalführung, 22, S. 811–815.

Pausenberger, E. (1962): Wert und Bewertung. Stuttgart.

Pepels, W. (1996): Werbeeffizienzmessung. Stuttgart.

Perlet, H./Gründl, H. (Hrsg.) (2005): Solvency II & Risikomanagement. Umbruch in der Versicherungswirtschaft. Wiesbaden.

Persch, P.-R. (2003): Die Bewertung von Humankapital – eine kritische Analyse, München und Mering.

Peterhoff, D. (2005): Human Resource Diligence – A Concept for Evaluating Employee Competences in Mergers and Acquisitions, Wiesbaden S. 12–20.

Pfaff, D. (1995): Der Wert von Kosteninformationen für die Verhaltenssteuerung in Unternehmen. In: Schildbach, T./Wagner, F.W. (Hrsg.): Unternehmensrechnung als Instrument der internen Steuerung. Düsseldorf.

Pfeiffer, R. (1995): Personalinformationsmanagement Konzeptionelle Grundlagen und Gestaltungsempfehlungen. Diss. Uni. St. Gallen.

Pfohl, H.-C. (1988): Strategische Kontrolle. In: Henzler, H.A. (Hrsg.): Handbuch Strategische Führung. Wiesbaden, S. 801–824.

Pfohl, H.-C./Stölzle, W. (1997): Planung und Kontrolle. 2. A., München.

Pfohl, H.-C./Zettelmeyer, B. (1993): Strategische Controllingaufgaben. In: Horváth, P./Reichmann, T. (Hrsg.): Vahlens großes Controlling Lexikon. München, S. 597 ff.

Philipps, J. J./Schirmer, F. (2005): Return on Investment in der Personalentwicklung. Heidelberg.

Phillips, J. J. (1996): Accountability in Human Resource Management. Houston.

Picot, A./Rischmüller, G. (1991): Planung und Kontrolle der Verwaltungskosten in Unternehmen. In: Zeitschrift für Betriebswirtschaft, 61 (4), S. 331–345.

Pinchot, G. (1988): Intrapreneuring: Mitarbeiter als Unternehmer. Wiesbaden.

Pirsig, R. M. (1974): Zen and the Art of Motorcycle Maintenance. New York.

Pluns, J. (1994): Die Proft-Center-Organisation des zentralen Personalwesens. In: Ackermann, K.F. (Hrsg.): Reorganisation der Personalabteilung: Dezentralisierung, Divisionierung, Profit-Center-Orientierung der Personalarbeit. Stuttgart, S. 101–117.

Pohmer, D./Kroenlein, G. (1970): Wertschöpfungsrechnung, betriebliche. In: Kosiol, E. (Hrsg.): Handwörterbuch des Rechnungswesens. 1. A. Stuttgart, Sp. 1913–1921.

Porter, M. E. (1989): Wettbewerbsvorteile. Frankfurt.

Posth, M. (1989): Unternehmerisches Personalwesen: Kunden- und kostenorientiert. In: Personalführung, 22 (4), S. 313–314.

Powell, T. C. (1995): Total Quality Management as a Competitive Advantage: A Review and Empirical Study. In: Strategic Management Journal, 16, S. 15–37.

Prasch, E. (1990): Personal-Controlling. In: Personalführung, 23 (8), S. 505.

Prasch, E./Rebele, D. (1995): Aktive Personalführung in der Vereinsbank Die Umsetzung unternehmerischer Personalkonzepte. In: Wunderer, R./Kuhn, T. (Hrsg.): Innovatives Personalmanagement. Theorie und Praxis unternehmerischer Personalarbeit. Neuwied, Kriftel, Berlin, S. 75–113.

Pühse, U. (1992): Die Führung einer Weiterbildungsabteilung als Profitcenter. In: Landsberg, G.v./Weiss, R. (Hrsg.): Bildungs-Controlling. Bern, S. 109–118.

Pümpin, C. (1990): Das Dynamik Prinzip: Zukunftsorientierungen für Unternehmer und Manager. 2. A., Düsseldorf, Wien, New York.

Pümpin, C./Prange, J. (1991): Management der Unternehmensentwicklung: phasengerechte Führung und der Umgang mit Krisen. Frankfurt/Main, New York.

Pyhrr, P. (1973): Zero-Base-Budgeting. A Practical Management Tool for Evaluating Expenses. New York.

Rappaport, A. (1979): Strategic Analysis for More Profitable Acquisitions. In: Harvard Business Review, 57 (4), S. 99–110.

Rappaport, A. (1981): Selecting Strategies that Create Shareholder Value. In: Harvard Business Review, 59 (3), S. 139–149.

Rappaport, A. (1986): Creating Shareholder Value – The New Standard for Business Performance. New York.

Rappaport, A. (1994): Shareholder Value – Wertsteigerung als Maßstab für die Unternehmensführung. Stuttgart.

Reichheld, F .F. (1996): The Loyalty Effect. The Hidden Force Behind Growth, Profits and Lasting Value. Boston.

Reichling, P./Köberle, G. (1992): Gemeinkosten-Controlling in der Prozeßkostenrechnung. In: Spremann, K./Zur, E. (Hrsg.): Controlling – Grundlagen, Informationssysteme, Anwendungen. Wiesbaden.

Reichmann, T. (1993): Controlling mit Kennzahlen und Managementberichten. 3. A., München.

Reimann, B. (1987): Managing for Value. Oxford.

Reimers, E./Böttcher, C. (1997): Von der Meinungsumfrage zur Mitarbeiterbefragung. In: Bungard, W./Jöns, I. (Hrsg.): Mitarbeiterbefragung. Ein Instrument des Innovations- und Qualitätsmanagements. Weinheim, S. 294–307.

Remer, A./Sandholzer, U. (1991): Personalmanagement als Instrument ökologischer Unternehmensführung. In: Personal – Zeitschrift für Human Resource Managament, (11), S. 388–392.

Remer, A./Wunderer, R. (1979): Personalarbeit und Personalleiter in Großunternehmen. Berlin.

Richter, H. (1987): Strukturkriterien für die Entwicklung von Controlling. Frankfurt.

Risak, J./Deyhle, A. (Hrsg.)(1992): Controlling: State of the Art und Entwicklungstendenzen. Wiesbaden.

Roever, M. (1982): Gemeinkosten-Wertanalyse. Erfolgreiche Antwort auf den wachsenden Gemeinkostendruck. In: Zeitschrift für Organisation, 51, S. 249–253.

Rohleder, N. (1995): Personalcontrolling: Aufgabenebenen, Instrumente und Funktionen. In: Der Betriebswirt, S. 12–17.

Roolfs, G. (1996): Gemeinkostenmanagement unter Berücksichtigung neuerer Entwicklungen in der Kostenlehre. Bergisch Gladbach.

Roos, J./Roos, G./Dragonetti, N.C./Edvinsson, L. (1997): Intellectual Capital. Navigating the New Business Landscape. Hampshire.

Rosenstiel, L. v. (1995): Arbeitszufriedenheit. In: Rosenstiel, L. v./Regnet, E./Domsch, M. (Hrsg.): Führung von Mitarbeitern. 3 A., Stuttgart, S. 181–192.

Roßbach-Emden, B./Gaalken, K./Pauli, C. (1995): Messung der Dienstleistungsqualität der Personalarbeit als Grundlage für ein Qualitätsmanagement – am Beispiel ABB. In: Bruhn, M. (Hrsg.): Internes Marketing: Integration der Kunden- und Mitarbeiterorientierung. Grundlagen – Implementierung – Praxisbeispiele. Wiesbaden, S. 507– 525.

Roßbach-Emden, B./Pauli, C./Gaalken, K. (1994): Personalwesen als Dienstleister. Erwartungen der internen Kunden. In: Personal – Zeitschrift für Human Resource Management, 46 (10), S. 482–485.

Rüegg, A. (1997): Vorgehen, Aufwand und Bedeutung eines Assessments nach dem Qualitätsmodell der EFQM aus der Sicht eines HR-Managers. In: Wunderer, R./Gerig, V./Hauser, R. (Hrsg.): Qualitätsorientiertes Personalmanagement. Das Europäische Qualitätsmodell als unternehmerische Herausforderung. München, Wien, S. 194–212.

Rummler, G.A./Brache, A.P. (1995): Improving Performance: How to Manage the White Space on the Organizational Chart. San Francisco.

SAP AG (Hrsg.)(1997): System R/3 Personalwirtschaft. Die integrierte Softwarelösung zur Planung und Verwaltung personeller Ressourcen. Walldorf.

Sarges, W. (2001): Weiterentwicklungen der Assessment-Center-Methode. 2. A., Göttingen.

Sarges, W./Wottowa, H. (Hrsg.) (2004): Handbuch wirtschaftspsychologischer Testverfahren. Göttingen.

Sauder, G./Schmidt, H. (1988): Die Personalabteilung als Dienstleistungsfunktion. In: Personal – Zeitschrift für Human Resource Management, 40 (3), S. 90–94.

Scherm, E. (1992a): Personalabteilung als Profit-Center: Ein realistisches Leitbild? In: Personalführung, 25 (12), S. 1034–1037.

Scherm, E. (1992b): Personalcontrolling – Eine kritische Bestandsaufnahme. In: Die Betriebswirtschaft, 52 (3), S. 309–323.

Scherm, E. (1992c): Personalwirtschaftliche Kennzahlen. Eine Sackgasse des Personalcontrollings? In: Personal – Zeitschrift für Human Resource Management, 44, S. 522–525.

Schildknecht, R. (1992): Total Quality Management. Konzeption und State of the Art. Frankfurt, New York.

Schlagenhaufer, P. (1994): Service-Orientierung als Herausforderung im Rahmen eines unternehmerischen Human-Ressourcen-Managements. Diss. Uni. St. Gallen.

Schmalenbach, E. (1948): Pretiale Wirtschaftslenkung. Bd. 1: Die optimale Geltungszahl. Bd. 2.: Pretiale Lenkung des Betriebs. Bremen.

Schmelzer, H. J./Friedrich, W. (1997): Integriertes Prozeß-, Produkt- und Projektcontrolling. In: Controlling, (5), S. 334–344.

Schmidt, R.-B. (1977): Wirtschaftslehre der Unternehmung (Band 1). Stuttgart.

Scholz, C. (1987): Strategisches Management – ein integrierter Ansatz. Berlin.

Scholz, C. (1994): Personalmanagement. Informationsorientierte und verhaltenstheoretische Grundlagen. 4. A., München.

Scholz, C. (2005): Zehn Aktionsfelder der Saarbrücker Formel. In: Personalwirtschaft (2), S. 34–36.

Scholz, C. (2005): Zehn Nutzen der Saarbrücker Formel. In: Personalwirtschaft (1), S. 32–35.
Scholz, C./Stein, V./Bechtel, R. (2003): Zehn Postulate für das Human Capital Management. In: Personalwirtchaft, (5), S. 50–54
Scholz, C./Stein, V./Bechtel, R. (2004): Human Capital Management. Wege aus der Unverbindlichkeit, München/Unterschleißheim.
Schuler, H.(2002): Das Einstellungsinterview. Göttingen.
Schuler, H./Frintrop, A. (2005): Management-Audit auf multimodale Art. In: Personalmagazin, 4, S.20–22.
Schuler, H./Funke, U./Moser, K./Donat, M. (1995): Personalauswahl in Forschung und Entwicklung. Eignung und Leistung von Wissenschaftlern und Ingenieuren. Göttingen.
Schuler, H./Stehle, W.: (1990): Biographische Fragebogen als Methode der Personalauswahl. 2. A., Göttingen.
Schuler, H./Stehle, W. (1992): Assessment-Center als Methode der Personalentwicklung. 2. A., Stuttgart.
Schuler, R. S. (1984): Gaining Competitive Advantage through Human Resource Management Practises. In: Human Resource Management, 23 (3), S. 241–255.
Schuler, R. S./Huber, V. L. (1993): Personnel and Human Resource Management. 5. A., Minneapolis.
Schuler, R. S./Jackson, S. E. (1988): Customerization: The Ticket to better HR-Business. In: Personnel, 65 (6), S. 36–44.
Schüller, A. (1967): Dienstleistungsmärkte in der Bundesrepublik Deutschland. Köln, Opladen.
Schulte, C. (1989): Personal-Controlling mit Kennzahlen. München.
Schulte, C. (1990): Kennzahlengestütztes Personal-Controlling. Ein Planungs- und Steuerungsinstrument für den Personalbereich. In: Controlling, (1), S. 18–25.
Schultz, J. (1995): Align Human Resources to Serve the Customer. In: Personnel Journal, 74 (1), S. 61–64.
Schütte, M. (2005): Humankapital messen und bewerten: Sisyphusarbeit oder Gebot der Stunde? In: Personalführung, (4), S. 16–28.
Schweitzer, M./Küpper, H.-U. (1995): Systeme der Kosten- und Erlösrechnung. 6. A., München.
Schweitzer, M./Küpper, H.-U. (1998): Systeme der Kosten- und Erlösrechnung. 7. A., München.
Schwenk, C. R. (1988): The Essence of Strategic Decision Making. Lexington.
Seghezzi, H. D. (1996): Integriertes Qualitätsmanagement: das St. Galler Konzept. München, Wien.
Seiffert, H. (1997): Prozesse des Personalmanagements und Prozeßverantwortliche eines Qualitätsmanagements nach dem Europäischen Quali-

tätsmodell. In: Wunderer, R./Gerig, V./Hauser, R. (Hrsg.): Qualitätsorientiertes Personalmanagement. Das Europäische Qualitätsmodell als unternehmerische Herausforderung. München, Wien, S. 183–193.

Siegwart, H. (1992): Kennzahlen für die Unternehmensführung. 4. A., Berlin.

Siemers, S. H. (1994): Klassische Modelle zur Kosten-Nutzen-Analyse von Personalauswahlverfahren. In: Gerpott, T. J./Siemers, S.H. (Hrsg.): Controlling von Personalprogrammen. Stuttgart, S. 115–138.

Simon, H./Homburg, C. (1995): Kundenzufriedenheit als strategische Erfolgsfaktor – Einführende Überlegungen. In: Simon, H./Homburg, C. (Hrsg.): Kundenzufriedenheit: Konzepte – Methoden – Erfahrungen. Wiesbaden, S. 15–28.

Six, B./Eckes, A. (1991): Der Zusammenhang von Arbeitszufriedenheit und Arbeitsleistung Resultate einer metaanalytischen Studie. In: Fischer, L. (Hrsg.): Arbeitszufriedenheit. Stuttgart, S. 21–45.

Skandia (1998): Human Capital in Transformation. Intellectual Capital Prototype Report. Skandia 1998.

Sloma, R. S. (1980): How to Measure Managerial Performance. New York.

Snell, S. A./Youndt, M.A./Wright, P. M. (1996): Establishing a Framework for Research in Strategic Human Resource Management: Merging Resource Theory and Organizational Learning. In: Research in Personnel and Human Resources Management, 14, S. 61–90.

Sorenson, N. M. (1995): Measuring HR for Success. In: Training and Development Journal, 49 (9), S. 49–51.

Spath, D./Schnabel, U. (2005): Das Intellectual Capital Management Toolset: Erfolgsfaktoren und Metrics zur Steuerung des intellektuellen Kapitals. In : Personalführung, (4), S. 31–40.

Speck, P./Frick, G. (1998): Effizienz der kundenorientierten Personalabteilung. In: Ackermann, K.F./Meyer, M./Mez, B. (Hrsg.): Die kundenorientierte Personalabteilung. Wiesbaden, S. 283–306.

Spencer, L. (1986): Calculating Human Resource Costs And Benefits. New York.

Staehle, W .H. (1994): Management: eine verhaltenswissenschaftliche Perspektive. 7. A., München.

Stauss, B. (1995): Internes Marketing als personalorientierte Qualitätspolitik. In: Bruhn, M./Stauss, B. (Hrsg.): Dienstleistungsqualität: Konzepte – Methoden – Erfahrungen. 2 A., Wiesbaden, S. 257–276.

Stauss, B./Hentschel, B. (1991): Dienstleistungsqualität. In: Das Wirtschaftsstudium, (5), S. 238–244.

Stauss, B./Neuhaus, P. (1995): Interne Kundenzufriedenheit als Zielgröße des Total Quality Management. In: Bruhn, M. (Hrsg.): Internes Marketing: Integration der Kunden- und Mitarbeiterorientierung. Grundlagen – Implementierung – Praxisbeispiele. Wiesbaden, S. 575–609.

Stauss, B./Seidel, W. (1997): Prozessuale Zufriedenheitsermittlung und Zufriedenheitsdynamik bei Dienstleistungen. In: Simon, H./Homburg, C. (Hrsg.): Kundenzufriedenheit: Konzepte – Methoden – Erfahrungen. 2 A., Wiesbaden, S. 185–208.

Stavenhagen, G. (1957): Geschichte der Wirtschaftstheorie. 2. A., Göttingen.

Steffin, W. (1995): ATOMIS – SAP R/3-Einführung bei Atotech Deutschland. In: Controlling, 7 (4), S. 216–226.

Steiner, U. (1998): Personalinformationssysteme. Einführung und Einsatz in Schweizer Großunternehmen. Diss. Uni. Freiburg (Schweiz).

Steinle, C. et al. (2004): Einsatzpotentiale einer wertkettenorientierten Balanced Scorecard in Touristik-Unternehmen: Konzept und Gestaltungshinweise. In: Wildenmann, H. (Hrsg.): Personal und Organisation. o.O. S. 865-883 (Sonderdruck).

Stevens, S. S. (1951): Mathematics, Measurement, and Psychophysics. In: Stevens, S. S. (Hrsg.): Handbook of Experimental Psychology. New York.

Stewart III., G. B. (1998): The Quest for Value. A Guide for Senior Managers. New York.

Stewart, T. A. (1997): Intellectual Capital. London.

Stier, W. (1996): Empirische Forschungsmethoden. Berlin.

Stobbe, A. (1994): Volkswirtschaftliches Rechnungswesen. 8. A., Stuttgart.

Stoi, R./Luncz, F. (1996): Prozeßorientierte Verrechnung administrativer Serviceleistungen einer Management-Holding. Dargestellt am Beispiel der Gebrüder Rhodius GmbH & Co. KG. In: Controlling, (5), S. 304–311.

Strack, R./Franke, J./Dertnig, S. (2000): Workonomics: Der Faktor Mensch im Wertmanagement. In: Zeitschrift für Organisation, 69 (5), S. 283–288.

Strack, R./Hansen, J./Dörr, T. (2001): Wertmanagement: Implementierung und Erweiterung um das Human und Customer Capital. In: Kostenrechnungspraxis. Zeitschrift für Controlling, Accounting und System-Anwendungen. Sonderheft (1). S. 63–72.

Strack, R./Villis, U. (2001): RAVE^{TM}: Die nächste Generation im Shareholder Value Management. In: Zeitschrift für Betriebswirtschaft, 71 (1), S. 67–84.

Strack, R./Villis, U. (2004): Workonomics: Das Humankapital wertorientiert steuern. In: Dürndorfer, M./Friederichs, P. (Hrsg.): Wettbewerbsvorteile für den Erfolg von morgen – Human Capital Leadership, Hamburg, S. 340–354.

Streim, H. (1993): Humanvermögensrechnung. In: Wittmann, W. (Hrsg.): Handwörterbuch der Betriebswirtschaft. 5. A. Stuttgart, Sp. 1681–1694.

Strohmeier, S. (1995a): PC-Software für die Personalarbeit. Überblick und Kategorisierung. In: Personal – Zeitschrift für Human Resource Management, 47 (3), S. 139–141.

Strohmeier, S. (1995b): PC-Software für die Personalarbeit. Von Personalinformations- bis Personalcontrollingsystemen. In: Personal, (5), S. 249–257.

Strutz, H. (Hrsg.)(1993): Handbuch Personalmarketing. 2. A., Wiesbaden.

Stützel, W. (1972): Preis, Wert und Macht – Analytische Theorie des Verhältnisses der Wirtschaft zum Staat. Aalen.

Stützel, W. (1976): Wert und Preis. In: Handwörterbuch der Betriebswirtschaft, Bd. I/3. Stuttgart, Sp. 4404–4425.

Szyperski, N./Richter, U. (1981): Messung und Bewertung. In: Kosiol, E./Chmielewicz, K./Schweitzer, M. (Hrsg.): Handwörterbuch des Rechnungswesens. 2. A. Stuttgart, Sp. 1206–1214.

Szyperski, N./Winand, U. (1980): Grundbegriff der Unternehmungsplanung. Stuttgart.

Tacke, H. R. (1993): Leasing. 2. A., Stuttgart.

Thomas, C./Kübel, H. (2004): Personalentwicklung muss sich am wirtschaftlichen Erfolg messen lassen. In: Personalwirtschaft, (10), S. 20–22.

Thomson, K. M. (1990): The Employee Revolution. Corporate Internal Marketing. London.

Thornton, G. C./Gaugler, B. B./Rosenthal, D. B./Bentson, C. (1987): Die prädiktive Validität des Assessment Centers – Eine Metaanalyse. In: Schuler, H./Stehle, W. (Hrsg.): Assessment Center als Methode der Personalentwicklung. Stuttgart, S. 36–60.

Timmermann, A. (1988): Evolution des strategischen Managements. In: Henzler, H. A. (Hrsg.): Handbuch strategische Führung. Wiesbaden, S. 85–105.

Tonnessen, C. (2000): Die HR-Balanced Scorecard als Ansatz eines modernen Personalcontrolling. In: Ackermann, K.F. (Hrsg.): Balanced Scorecard für Personalmanagement und Personalführung. Praxisansätze und Diskussion. Wiesbaden, S. 77–100.

Tonnesen, C. (2002): Die Balanced Scorecard als Konzept für das ganzheitliche Personalcontrolling. Diss. Universität Stuttgart 2001.

Töpfer, A. (1994): Marketing des Profit-Centers Personal – Anwendungsbeispiel Personalforschung. In: Ackermann, K.F. (Hrsg.): Reorganisation der Personalabteilung. Stuttgart.

Töpfer, A. (Hrsg.) (2004a): Six Sigma: Konzeption und Erfolgsbeispiele für praktizierte Null-Fehler-Qualität. 2. A., Berlin.

Töpfer, A. (2004b): Six Sigma in Service und Dienstleitung. In: Töpfer, A. (Hrsg.): Six Sigma: Konzeption und Erfolgsbeispiele für praktizierte Null-Fehler-Qualität. 2. A., Berlin, S. 135–159.

Töpfer, A. (Hrsg.)(1996): Kundenzufriedenheit messen und steigern. Neuwied.

Töpfer, A./Mann, A. (1996): Kundenzufriedenheit als Meßlatte für den Erfolg. In: Töpfer, A. (Hrsg.): Kundenzufriedenheit messen und steigern. Neuwied, S. 25–81.
Treyer, O. (1990): Verrechnungspreise für dezentralisierte Organisationen. In: Die Unternehmung, 44 (4), S. 247–272.
Triebe, J. (1976): Das Interview im Kontext der Eignungsdiagnostik. Bern.
Tromsdorff, V. (1989): Konsumentenverhalten. Stuttgart.
Uepping, H./Vordermaier, M. (1998): Diagnostik des Managements. In: Personalwirtschaft, (6), S. 30–33.
Ulrich, D. (1996): Human Resource Champions. The Next Agenda for Adding Value and Delivering Results. Boston.
Ulrich, D. (1998): Das neue Personalwesen: Mitgestalter der Unternehmenszukunft. In: Harvard Business Manager, (4), S. 59–69.
Ulrich, D./Brockbank, W./Yeung, A. (1989): Beyond Belief: A Benchmark for Human Resources. In: Human Resource Management, 28 (3), S. 311–335.
Ulrich, D./Zenger, J./Smallwood, N. (1999): Results Based Leadership: How Leaders Build the Business and Improve the Bottom Line. Boston.
Ulrich, P. (1977): Die Großunternehmung als quasi-öffentliche Institution – Eine politische Theorie der Unternehmung. Stuttgart.
Ulrich, P. (1993): Transformation der ökonomischen Vernunft. Fortschrittsperspektiven der modernen Industriegesellschaft. 3. A., Bern.
Ulrich, P./Fluri, E. (1992): Management. Eine konzentrierte Einführung. 6. A., Berlin, Stuttgart.
Umfrage des Instituts für Führung und Personalmanagement. Universität St. Gallen.
Vantrappen, H. (1992): Creating Customer Value by Streamlining Business Processes. In: Long Range Planning, (1), S. 53–62.
Wagenhofer, A. (2005): Internationale Rechnungslegungsstandards-IAS/IFRS. 5. A., Frankfurt/Wien, insb. S. 202–220.
Wagner, P. (2005): Der Selbsttest schafft Vertrauen. In: Personalmagazin, 4, S. 24–25.
Wahlich, S. (2001): Steuern mit Kennzahlen: EFQM und prozessorientierte Balance Scorecard – ein Erfahrungsbericht. In: Grötzinger, M./Uepping, H. (Hrsg.): Balanced Scorecard im Human Resource Management. Neuwied, Kriftel, S. 107–124.
Waldschmidt, K./Fischer, A. (2005): Wertschöpfung nach Maß. In: Personalwirtschaft, (10), S. 30–34.
Weber, H. K. (1993): Wertschöpfung. In: Chmielewicz, K./Schweitzer, M. (Hrsg.): Handwörterbuch des Rechnungswesen. 3. A. Stuttgart, Sp. 2173 ff.

Weber, H. K. (1994): Die Wertschöpfungsrechnung auf der Grundlage des Jahresabschlusses. In: Handbuch des Jahresabschlusses in Einzeldarstellungen, Abt. IV/7, 2. Neubearbeitung.

Weber, J. (1995): Einführung in das Controlling. 6. A., Stuttgart.

Weber, J./Schäfer, U. (2000): Balanced Scorecard & Controlling: Implementierung – Nutzen für Manager und Controller – Erfahrungen in deutschen Unternehmen. 3. A., Wiesbaden.

Wegmann, M. (1982): Gemeinkosten-Management: Möglichkeiten und Grenzen zur Steuerung industrieller Verwaltungsbereiche. München.

Weilenmann, P. (1989): Dezentrale Führung: Leistungsbeurteilung und Verrechnungspreise. In: Zeitschrift für Betriebswirtschaft, 59 (9), S. 932–956.

Weilenmann, P. (1994): Planungsrechnung in der Unternehmung. 8. A., Zürich.

Weinberg, J. (2004): Kompetenz für das rechte Maß. In: Personalwirtschaft, (10), S. 15–18.

Weiss, P. A. (1992): Die Kompetenz von Systemanbietern. Ein neuer Ansatz im Marketing für Systemtechnologien. Berlin.

Welge, M. K. (1987): Welge, M. K. (1987): Unternehmensführung. Bd. 2: Organisation. Stuttgart.

Wenke, K.-G. (1987): Theorie der Wertschöpfung und der Wertschöpfungsrechnung. Diss. Universität Mainz.

Weuster, A. (1994): Personalauswahl und Personalbeurteilung mit Arbeitszeugnissen, Göttingen.

Wierum, D. (1998): Identifizierung und Typologisierung von Kunden der Personalabteilung. In: Ackermann, K.F./Meyer, M./Mez, B. (Hrsg.): Die kundenorientierte Personalabteilung. Wiesbaden, S. 137–156.

Wiesner, W. H./Cronshaw, S. F. (1988): A Meta-analytic Investigation of the Impact of Interview Format and Degree of Structure on the Validity of the Employment Interview. In: Journal of Occupational Psychology, 61 (4), S. 275–290.

Wild, J. (1982): Grundlagen der Unternehmensplanung. 4. A., Opladen.

Willy, A. (1994): Kundenorientierte Programmplanung und Preisgestaltung im Profit-Center Personal. In: Ackermann, K.F. (Hrsg.): Reorganisation der Personalabteilung: Dezentralisierung, Divisionierung, Profit-Center-Orientierung der Personalarbeit. Stuttgart, S. 117–145.

Wimmer, P./Neuberger, O. (1998): Personalwesen. 2. A., Stuttgart.

Witt, F.-J. (1992): Strategisches und operatives Erlöscontrolling. In: Controlling, (2), S. 72–83.

Witt, F.-J./Witt, K. (1993): Personalcontrollers Prozeßkostenrechnung. In: Personalwirtschaft, (3), S. 15–20.

Witte, A. (1993): Integrierte Qualitätssteuerung im Total Quality Management. Münster, Hamburg.

Wittmann, W. (1956): Der Wertbegriff in der Betriebswirtschaftslehre. Köln, Opladen.
Wöhe, G. (1990): Einführung in die Allgemeine Betriebswirtschaftslehre. 17. A., München.
Wunderer, R. (1975a): Personalwerbung. In: Gaugler, E. (Hrsg.): Handwörterbuch des Personalwesens. Stuttgart, S. 1689–1708.
Wunderer, R. (1975b): Personalwesen als Wissenschaft. In: Personal – Zeitschrift für Human Resource Management, 27 (8), S. 33–36.
Wunderer, R. (1979): Das »Leader-Match-Concept« als Fred Fiedlers »Weg zum Führungserfolg«. In: Wunderer, R. (Hrsg.): Humane Personal- und Organisationsentwicklung. Berlin, S. 219–251.
Wunderer, R. (1988): Neuere Konzepte der Personalentwicklung. In: Die Betriebswirtschaft, 48 (4), S. 435–443.
Wunderer, R. (1989): Personal-Controlling. In: Seidel, E./Wagner, D. (Hrsg.): Organisation: Evolutionäre Interdependenzen von Kultur und Struktur der Unternehmung. Wiesbaden, S. 243–257.
Wunderer, R. (1990): Führungs- und Kooperations-Controlling. Evaluation des Nutzens sozialer Arbeitsbeziehungen. In: Zeitschrift für Personalforschung, 4 (4), S. 419–423.
Wunderer, R. (1992): Von der Personaladministration zum Wertschöpfungs-Center. In: Die Betriebswirtschaft, 52 (2), S. 201–215.
Wunderer, R. (1995a): Führungsanalysen. In: Kieser, A./Reber, G./Wunderer, R. (Hrsg.): 2. A. Stuttgart, Sp. 513–523.
Wunderer, R. (1995b): Personalmarketing. In: Bruhn, M. (Hrsg.): Internes Marketing: Integration der Kunden- und Mitarbeiterorientierung. Wiesbaden, S. 344–360.
Wunderer, R. (1995c): Qualitätsförderung und Personalmanagement am Beispiel des Europäischen Modells. In: Personalwirtschaft, (6), S. 15–18.
Wunderer, R. (1995d): TQM fordert Personalmanagement. In: Qualität und Zuverlässigkeit, 40 (9), S. 1040–1042.
Wunderer, R. (1996): Führung und Zusammenarbeit – Grundlagen der innerorganisatorischen Beziehungsgestaltung. In: Zeitschrift für Personalforschung, 10 (4), S. 385–409.
Wunderer, R. (1997a): Die zukünftigen Veranwortlichen des Personalmanagements. In: Persorama, (2), S. 20–21.
Wunderer, R. (1997b): Führung und Zusammenarbeit: Beiträge zu einer unternehmerischen Führungslehre. 2. A., Stuttgart.
Wunderer, R. (1997c): Strategisches Personalcontrolling. In: Persorama, (4), S. 12–17.
Wunderer, R. (1997d): Vom EFQM-Modell zum allgemeinen Management-Modell. In: Qualität und Zuverlässigkeit, 42 (12), S. 1371–1374.
Wunderer, R. (1997e): Vom Mitarbeiter zum Mitunternehmer. Innnovati-

ons-, Kooperations-, und Umsetzungsfördernde Mitarbeiterführung. In: Belz, C. (Hrsg.): Thexis – Marketingtransfer, Kompetenz für Marketing-Innovationen. St. Gallen, S. 106–118.

Wunderer, R. (1998): Beurteilung des Modells der Europäischen Gesellschaft für Qualitätsmanagement (EFQM) und dessen Weiterentwicklung zu einem umfassenden Business-Excellence Modell. In: Boutellier, R./Masing, W. (Hrsg.): Qualitätsmanagament an der Schwelle zum 21. Jahrhundert. München, Wien, S. 53–67.

Wunderer, R. (1999): Mitarbeiter als Mitunternehmer – ein Transformationskonzept. In: Wunderer, R. (Hrsg.): Mitarbeiter als Mitunternehmer. Grundlagen – Förderinstrumente – Praxisbeispiele. Neuwied, Kriftel, S. 22–58.

Wunderer, R. (2001): EFQM-Modell 2001. In: Zollondz, H.-D. (Hrsg.): Lexikon Qualitätsmanagement. München, S. 192–197.

Wunderer, R. (2006): Führung und Zusammenarbeit. Eine unternehmerische Führungslehre. 6. A., München.

Wunderer, R./Dick, P. (2002): Personalmanagement – Quo vadis? 3. A., Neuwied/Kriftel.

Wunderer, R. (Hrsg.)(1994): Betriebswirtschaftslehre als Management- und Führungslehre. 3. A., Stuttgart.

Wunderer, R. (2005): Personalmanager als Businesspartner, 10 Maximen. In: Personalmagazin, 12, S. 28.

Wunderer, R./Arx, S. v./Jaritz, A. (1998a): Beitrag des Personalmanagements zur Wertschöpfung im Unternehmen. In: Personal – Zeitschrift für Human Resource Management, 50 (7), S. 346–350.

Wunderer, R./Arx, S. v./Jaritz, A. (1998b): Unternehmerische Ausrichtung der Personalarbeit. In: Personal – Zeitschrift für Human Resource Management, 50 (6), S. 278–283.

Wunderer, R./Arx, S.v./Jaritz, A. (1997): Zur unternehmerischen Ausrichtung der Personalfunktion: Ergebnisse einer Umfrage. Unveröffentlichte

Wunderer, R./Arx, S. v. (2002): Personalmanagement als Wertschöpfungs-Center. Unternehmerische Organisationskonzepte für interne Dienstleister. 3. A., Wiesbaden (1. Auflage 1998).

Wunderer, R./Fröhlich, W. (1991): Transfer-Evaluation bei Aus- und Weiterbildung. In: Personalwirtschaft, (8), S. 18–23.

Wunderer, R./Fröhlich, W. (1994): Personalentwicklungs-Controlling mit Schwerpunkt Führungstraining. In: Personalführung, 27, S. 92–102.

Wunderer, R./Gerig, V./Hauser, R. (1997): Qualitätsorientiertes Personalmanagement. Das Europäische Modell als unternehmerische Herausforderung. München, Wien.

Wunderer, R./Jaritz, A. (1999): Evaluation der Wertschöpfung im Personalmanagement. In: Personalwirtschaft, (8), S. 47–52.

Wunderer, R./Kuhn, T. (1992): Zukunftstrends in der Personalarbeit. Schweizerisches Personalmanagement 2000. Bern, Stuttgart.

Wunderer, R./Kuhn, T. (1993): Unternehmerisches Personalmanagement. Konzepte, Prognosen und Strategien für das Jahr 2000. Ein Gestaltungsansatz unter Mitwirkung von 16 führenden deutschen Unternehmen. Frankfurt, New York.

Wunderer, R./Kuhn, T. (Hrsg.)(1995): Innovatives Personalmanagement. Neuwied, Kriftel, Berlin.

Wunderer, R./Mittmann, J. (1995a): Identifikationspolitik. In: Kieser, A./ Reber, G./Wunderer, R. (Hrsg.): Handwörterbuch der Führung. 2. A. Stuttgart, Sp. 1155–1166.

Wunderer, R./Mittmann, J. (1995b): Identifikationspolitik. Einbindung des Mitarbeiters in den unternehmerischen Wertschöpfungsprozeß. Stuttgart.

Wunderer, R./Sailer, M. (1987): Personal-Controlling. Eine vernachlässigte Aufgabe der Unternehmensführung. In: Controller Magazin, S. 223–228.

Wunderer, R./Schlagenhaufer, P. (1992): Die Personalabteilung als Wertschöpfungs-Center: Ergebnisse einer Umfrage. In: Zeitschrift für Personalforschung, 6 (2), S. 180–187.

Wunderer, R./Schlagenhaufer, P. (1994): Personal-Controlling. Funktionen – Instrumente – Praxisbeispiele. Stuttgart.

Zairi, M. (1994): Measuring Performance for Business Results. London.

Zairi, M. (1996): Benchmarking for Best Practise: Continuous Learning through Sustainable Innovation. Oxford.

Zapf, W. (Hrsg.)(1974): Soziale Indikatoren Konzepte und Forschungsansätze. Frankfurt/Main.

Zeithaml, V.A./Parasuraman, A./Berry, L.L. (1992): Qualitätsservice: Was Ihre Kunden erwarten – was Sie leisten müssen. Frankfurt/Main, New York.

Zink, K.J. (1995): TQM als integratives Managementkonzept: Das europäische Qualitätsmodell und seine Umsetzung. München, Wien.

Zwingmann, L. (2004): Balanced Scorecard verbessert Prozesse. In: Personal (7–8), S. 50–56.

13. Stichwortverzeichnis

Stichwortverzeichnis

Die Praxisberichte sind unter dem Stichwort Firmenbeispiele zusammengefasst.

A
ABB Schweiz 165 ff., 232
ABB Semiconductors AG 422
ABC-Analyse 338 f.
Absentismus 110, 125
Abteilungsfaktor s. Produktivität
Activity-Based Costing s. Prozesskostenrechnung
Added-Value s. Wertschöpfung
Administrative Wertanalyse 317 f.
Administrativer Experte s. Personalmanagement, Rollen
Altana Pharma AG 392
Anreiz-Beitrags-Theorie 33
Anspruchsgruppenmanagement 33 f.
Arbeitsbeschreibungsbogen 123
Arbeitsleistung s. Produktivität
Arbeitsproduktivität s. Produktivität
Arbeitszufriedenheit s. Mitarbeiterzufriedenheit
Assessment 138, 303, 397 ff., 431
Audi AG 215
Audit 141
Austrittsinterview 162 f.

B
Balanced Scorecard 355 ff.
– Anreizsystem 371 ff.
– finanzwirtschaftliche Perspektive 358
– Kundenperspektive 358
– Lern- und Entwicklungsperspektive 358 ff.
– mit Übergewinnverfahren 374 ff.
– mit Werthebelbäumen 378 ff.
– nach Kaplan/Norton 357 ff.
– nach Skandia 364 ff.
– nach Ulrich 357
– nach Ulrich/Zenger/Smallwood 357 f.
– Prozessperspektive, interne 359
– strategiegeleitete Entwicklung 368 f.
– und EFQM-Modell 415 f.
– und Personalmanagement 385 ff.
– und Wertschöpfungscenter-Personal 388 ff.
– Ursache-Wirkungszusammenhang 369
BASF AG 37 f.

Benchmarking 188 ff.
– Verbreitung 194
– Vorgehensweise 191 f.
Best-Practice-Vergleich 188 ff.
Beurteilung s. Personalbeurteilung
Bewertungsmodelle, integrierte 355 ff., 397 ff. 444 ff.
Bezugsgruppenorientierung 85 ff.
Bezugsgruppenorientierung s. auch Balanced Scorecard, Business Excellence-Modell und EFQM-Modell
Biographischer Fragebogen 141
Biographisches Interview 141
BMW Group 361
Bürokratie s. Steuerungskonzepte
Business Excellence-Modell 434 ff.
– Business Excellence-Management 442 f.
– Ergebnisse 440 f.
– Ressourcen und Ansprüche 439 f.
– und Personalmanagement 441 ff.
– und Wertschöpfungscenter 443 ff.
Business-Dimension s. Wertschöpfungscenter

C
Cafeteria-System 226 f.
Center-Strukturen
– Cost-Center 309 f.
– Discretionary-Expense-Center 309 f.
– Investment-Center 310
– Profit-Center 309 f.
– Revenue-Center 309 f.
Change Agent s. Personalmanagement, Rollen
Commitment 124, 360 f.
Computerunterstützung s. Personalinformationssystem
Connect Austria GmbH s. ONE
Controlling
– Aufgaben und Instrumente 11
– Effektivitätscontrolling 16
– Effizienzcontrolling 16
– Führungsprozess 241 ff.
– führungssystembezogenes 10 f.
– informationsorientiertes 10
– Kooperation 235 ff.

493

- Kostencontrolling 16
- operatives 18 f.
- Outplacement *s. Personalfreisetzung*
- Personaladministration 243 f.
- Personalcontrolling 12 ff., **14**, **200 ff.**
  - Entwicklung 12 f.
  - faktororientiertes 12
  - Funktionen 20 f.
  - Kontrollfunktion 14
  - Philosophie 13
  - Planungsfunktion 14
  - prozessorientiertes 12
  - Steuerungs- bzw. Regelungsfunktion 14
- Wertschöpfungsmessung 60 ff.
- Personaleinsatz 216, **220 f.**
- Personalentwicklung 228 ff.
  - Funktionsfeld-Controlling 232
  - Lernfeld-Controlling 232 f.
  - Transfer-Evaluation 233 f.
  - Vorfeld-Controlling 232
- Personalfreisetzung 216, **221 ff.**
- Personalführung 235 ff.
  - Führungsprozess 241 ff.
  - Kontingenzmodell von Fiedler 236
  - Management-by-Objectives 239
  - Performance Measurement 239
  - Reifegradmodell von Hersey/Blanchard 237 f.
- Personalgewinnung 216 f.
- Personalhonorierung 223 ff.
- Personalmarketing 213 ff.
- Personalprozesscontrolling 203 ff.
  - ergebnisbezogenes 205 f.
  - kontinuierliche Verbesserung 51, 200
  - phasenbezogenes 206 f.
  - Vorgehensweise 207 f.
- Praktikeransätze 10 f.
- qualitatives 17 f.
- quantitatives 17 f.
- strategisches 18 f.

D
DaimlerChrysler AG 362
Deckungsbeitragsrechnung
- einstufige 336 f.
- mehrstufige 337

Deutsche Bahn AG 363
Deutsche Lufthansa AG 370 f.
Deutsche Telekom AG 91 f., 425 f.

Dienstleistungsmanagement *s. Wertschöpfung, dienstleistungsbezogene*
Dienstleistungsqualität *s. Qualität*
Discounted Cash-Flow-Ansatz 45 ff.
Due Diligence Human Resources 141

E
E. Breuninger GmbH & Co. 363
Effektivitätscontrolling *s. Controlling*
Effizienzcontrolling *s. Controlling*
EFQM-Modell für Excellence 53 f., **397 ff.**, 437 f.
- Befähiger 398
- Ergebnisse 398
- Führung 417 f.
- Gewichtung 399 f.
- Komponenten 401 ff.
- Mitarbeiter 419 f.
- Mitarbeiterbezogene Ergebnisse 420 f.
- Politik und Strategie 418 f.
- Prozesse 420
- RADAR-Ansatz 409 ff.
- und Balanced Scorecard 415 f.
- und Personalmanagement 416 ff.
- und Wertschöpfungscenter-Personal 427 ff.

Entstehungsrechnung 31, 35
Equity-Spread-Approach *s. Übergewinnverfahren*
Erfolgspositionen strategische 47 f.
Evaluation 14 f., 21 ff., **26 ff.**, 69 ff.
- formale 239
- informale 239
- objektive 26
- subjektive 26

F
Festo AG 259, 385
Firmenbeispiele
- ABB Schweiz 165 ff., 232
- ABB Semiconductors AG 422
- Altana Pharma AG 392
- Audi AG 215
- BASF AG 37 f.
- BMW Group 361
- Ciba Geigy AG 416
- Connect Austria GmbH *s. ONE*
- DaimlerChrysler AG 349 f.
- Deutsche Bahn AG 363
- Deutsche Lufthansa AG 370 f.
- Deutsche Telekom AG 91 f., 425 f.

- E. Breuninger GmbH & Co. 363
- Festo AG 259, 385
- GE 55
- Hewlett Packard 304 f., 347
- HUBER + SUHNER AG 430
- Hypo-Vereinsbank AG 149 ff.
- IBM Bildungsgesellschaft 390 f.
- Lufthansa Cargo AG 231
- Mercedes Benz AG 229
- Münchner Rück 174
- ONE (Connect Austria GmbH) 387
- Oracle 196
- PeopleSoft s. *Oracle*
- RAG-Konzern 381 f.
- REWE 392
- R.G. Barry Corp. 179 f.
- SAP AG 197, 376 f.
- Schweizerische Bankgesellschaft s. *UBS AG*
- Schweizerischer Bankverein s. *UBS AG*
- Scintilla AG 140
- SEB Bank AG 151
- Siemens AG 218, 423 ff.
- Skandia 364 ff.
- Still GmbH 389
- UBS AG 285 f., 296 f., 387, 430 f.
- Whirlpool-Konzern 373

Führungskräfte
- Kundenorientierung 89
- Managementqualifikationen 260 f.
- Managementqualität 263 ff.
- Servicequalifikationen 290
- Servicequalität 289

G
Gap-Modell s. *Lückenmodell*
GE 55
Gemeinkostenmanagement 290 ff.
Gemeinkostenwertanalyse 313 f.
Gütekriterien s. *Messung*

H
Hewlett Packard 304 f., 347
Hierarchie s. *Steuerungskonzepte*
HUBER + SUHNER AG 430
Human Resource Accounting s. *Humanvermögensrechnung*
HumanCapital Management 173 ff.
Humanpotenzial 61 f.
Human-Ressourcen-Bilanz 302 f.
Humanvermögensrechnung 12, 173 ff.
- Abzinsung zukünftiger Personalkosten 165
- Bilanzierung 178
- Kostenwertmethode 180
- Lebenszyklusrechnung 279 f.
- Opportunitätskostenmethode 181 f.
- Wiederbeschaffungskostenmethode 164 f.

HypoVereinsbank AG 149 ff.

I
IBM Bildungsgesellschaft 390 ff.
Imagebefragung s. *Mitarbeiterumfrage*
Index 23, 27
Indikatoren 23 f., 256 f.
- qualitative 68 f.
- quantitative 68 f.

K
Kapitalproduktivität s. *Produktivität*
Kennzahlen 28 ff., **108 ff.**
Kennzahlennetzwerk 112
Kennzahlensystem 28, **113 ff.**
- DuPont-System 113
- personalprozessbezogenes 116 ff.
- Probleme 28 f.
- selektives 115

Kernleistungen 347 ff.
Kernprozesse 204 f.
Kontinuierliche Verbesserung s. *Controlling, Personalprozesscontrolling*
Kostencontrolling s. *Controlling*
Kosten-Nutzen-Analyse s. *Wirtschaftlichkeitsanalyse*
Kostenvergleichsanalyse s. *Wirtschaftlichkeitsanalyse*
Kosten-Wirksamkeits-Analyse s. *Wirtschaftlichkeitsanalyse*
Kundenorientierung s. *Führungskräfte, Personalabteilung und Personalmanagement*
Kundenzufriedenheit s. *Zufriedenheit*

L
Lebenszyklusrechnung s. *Humanvermögensrechnung*
Leistungsabrechnung 349 f.
Leistungsrechnung 312, **333 ff.**
Loyalität 122 ff., 282 f., 357
Lückenmodell s. *Dienstleistungsqualität*

Lufthansa AG 370
Lufthansa Cargo GmbH 231

M
Management-Dimension s. *Wertschöpfungscenter*
Managementqualifikationen 260 ff.
Marketing, internes im Personalmanagement 82 ff.
– interne Kundenorientierung 83 ff.
– interne Marktorientierung 83 ff.
Markt s. *Steuerungskonzepte*
Mehrwert der Zentrale 267 f.
Mercedes Benz AG 229
Messung 21 ff.
– direkte 22 f.
– Divergenzmessung 121
– Eindrucksmessung 121
– formale 239
– Gütekriterien 23
– indirekte 22
– informale 239
– objektive 22
– Rating-Skala 25 f.
– Skalenniveau 24
– subjektive 22
Mitarbeitereffektivität, totale s. *Produktivität*
Mitarbeitergespräch 106, **142**, 151
Mitarbeiterhelfer s. *Personalmanagement, Rollen*
Mitarbeiterproduktivität s. *Produktivität*
Mitarbeiterumfrage 131, **143 ff.**
– Imagebefragung 160 ff.
– Konzeption 153 f.
– Verbreitung 161 f.
Mitarbeiterzufriedenheit s. *Zufriedenheit*
Mitunternehmertum 71 ff.
– Messansätze 74
– Schlüsselqualifikationen 71
– Typologie 71 f.
– Verbreitung 73
Moderatorvariable 107 f., 118, 287, 290 f.
Motivation 154
Münchner Rück 174

N
Netzwerke s. *Steuerungskonzepte*
Null-Fehler-Prinzip 54
Nutzen 30 f.
Nutzenpotenziale s. *Erfolgspositionen*

Nutzwertanalyse s. *Wirtschaftlichkeitsanalyse*

O
ONE (Connect Austria GmbH) 387
Operationalisierung 22, 255 ff., 287 ff.
Oracle 196

P
PeopleSoft s. *Oracle*
Performance Measurement 239 ff.
Personalabteilung
– als Wertschöpfungscenter s. *Wertschöpfungscenter*
– Kundenorientierung 87 ff.
  – Führungskräfte 87 f.
  – Mitarbeiter 88
  – potenzielle Mitarbeiter 88 f.
  – Unternehmensleitung 87
– Managementqualifikationen 260 f.
– Managementqualität 263 ff.
– Personalabteilungsumfrage 164 ff., 169 ff.
  – Verbreitung 172 f.
– Rollen 75 ff.
– Servicequalifikationen 290 ff.
– Servicequalität 288 f.
Personaladministration 243 f., 257
Personal-Audit s. *Assessment*
Personalbeurteilung 131 ff., 257
– 360°-Beurteilung 132 f.
– Beurteilungsportfolio 147 ff.
– Kosten und Nutzen 145 ff.
– Leistungsbeurteilung 150
– Personalbeurteilungsbogen 148 ff.
– Potenzialbeurteilung 151
– Verbreitung 152 ff.
– Wichtigkeitsbeurteilung 150
Personalcontrolling s. *Controlling*
Personaleinsatz 220 f., 256
Personalentwicklung 228 ff., 257
Personalfluktuation 109, 124
Personalfreisetzung 221 ff.
Personalführung und laterale Kooperation 235 ff.
– Ergebnisverteilung 437
– Leistungsergebnisse 435
– Leistungsprozess 435
– Mitarbeiterpotenzial 435
– Strukturpotenzial 435
Personalgewinnung 216 f., 256
Personalhonorierung 223 ff., 257

Personalinformationssystem 194 ff.
Personalinformationssystem Hauptfunktionen 197
Personalinformationssystem Selbst-Service 198 f.
Personalmanagement
- als interner Dienstleister 82 ff.
- als Wertschöpfungscenter s. *Wertschöpfungscenter*
- Kunden 87 ff.
- Kundenorientierung 85 ff.
- Prozesse 91 f., **193 ff.**
- Rollen 75 ff.
    - Administrativer Experte 77, 80 f.
    - Change Agent 77, 80 f.
    - Mitarbeiterhelfer 77, 80 f.
    - Strategischer Partner 77, 80 f.
- strategische Positionierung 338 f.
- Träger 78 f., 89 f.
- und Balanced Scorecard 385 ff.
- und Business-Excellence-Modell 441 ff.
- und EFQM-Modell 416 ff.
- Ziele 256 f.
- Zielpriorisierung 258 f.

Personalmarketing 213 ff., 256
Personalorganisation 235
Personalprozesscontrolling s. *Controlling*
Persönlichkeitstests 137
Portfolio
- Dienstleistungs-Portfolio (Wichtigkeits-Qualitäts-Portfolio) 295 ff.
- Dringlichkeits-Wichtigkeits-Portfolio 259
- Erlöshöhe-Erlösrisiko-Portfolio 339
- Personalportfolio nach Odiorne 147
- Portfolio unternehmerischen Verhalten 71 f., 147
- Zufriedenheits-Loyalitäts-Portfolio 283

Produktivität
- Abteilungsfaktor 128
- Arbeitsproduktivität 39 f.
- Gesamtproduktivität 124 ff.
- Kapitalproduktivität 39 f.
- Mitarbeitereffektivität, totale 126 f.
- Mitarbeiterproduktivität 118 ff., **125 ff.**, 359

Projekt- und Sonderleistungen 349
Prozesse s. *Personalmanagement und EFQM-Modell*
Prozesskostenrechnung 41 ff., 312, **319 ff.**

Prozessorientierung 91 f.

Q
Qualität 50 f.
- Dienstleistungsqualität 58 ff., 284 f., 292 ff.
- Ergebnisqualität 208 f.
- Kontextqualität 208 f.
- Lückenmodell der Dienstleistungsqualität 59 f., 293 ff.
- Managementqualität 260 ff.
- Potenzialqualität 208 f.
- Prozessqualität 208 f.
- Qualitätskonstrukt 287 f.
- Qualitätsstandards 299 ff.
- Qualitätsziele 285 f.
- Servicequalität s. *Dienstleistungsqualität*

Qualitätsmanagement 49 ff.

R
RADAR-Ansatz s. *EFQM-Modell*
RAG-Konzern 381
Rating-Skala s. *Messung*
REWE-Handelsgruppe 393
R. G. Barry Corp. 179 f.

S
Saarbrücker Formel 187 ff.
SAP AG 197, 376 f.
Schätzung 26, 105 f.
Schweizerische Bankgesellschaft s. *UBS*
Schweizerischer Bankverein s. *UBS*
Scintilla AG 140
SEB Bank AG 151
Selbst-Assessment 400 f.
Service-Dimension s. *Wertschöpfungscenter*
Servicequalifikationen 290 ff.
Servicequalität s. *Qualität*
Shareholder-Value 33, **43 ff.**
Siemens AG 218, 423
Six Sigma 54
Skalenniveau s. *Messung*
Skandia 364
Sozialrechnung 37 f.
Stakeholder-Value 31, 34, 118
Standardleistungen 349
Steuerungskonzepte 92 ff.
Still GmbH 389
Strategischer Partner s. *Personalmanagement, Rollen*
Strukturiertes Interview 139

T
Target-Costing 333 f.
Total Quality Management 51 f.
Transfer-Evaluation s. *Personalentwicklung*

U
UBS AG 285 f., 296 f., 387, 430 f.
Übergewinnverfahren 44 f., 374 ff.
Unternehmensgrenzen 34
Unternehmenskultur 61 f., 154, 256
Unternehmenssichernde Leistungen s. *Wertschöpfung*
Unternehmerische Führung s. *Mitunternehmertum*
Unternehmerisches Personalmanagement s. *Mitunternehmertum*
Unternehmertum internes s. *Mitunternehmertum*
Unternehmung
– als quasi-öffentliche Institution 33 f.
– Eigentümer-Unternehmung 33 f.

V
Verrechnungspreissystem 312, **340 ff.**
Verrechnungspreissystem Preisliste für Personaldienstleistungen 346 ff.
– Verrechnungspreistypen 340 ff.
Verteilungsrechnung 32, 36

W
Wert 30 f.
Werthebelbaum 378 ff.
Wertschöpfung 30 ff.
– betriebswirtschaftliche 33 ff.
  – Analyse 38 f.
  – zeitbezogene Differenzierung 38
– dezentrale 106 f.
– dienstleistungsbezogene 56 ff.
– Dimensionen 95 ff., 251 f.
– direkte 105 ff.
– indirekte 105 ff.
– operative 102 ff., 255
– phasenbezogene 98 ff., 198 ff.
  – kontextbezogene 100 ff.
  – ergebnisbezogene 98 ff.
  – potenzialbezogene 98 ff.

– prozessbezogene 99, 101
– prozessbezogene 40 ff., **203 ff.**
– qualitätsbezogene 49 ff.
– strategiebedingte 43 ff.
– strategische 102 ff., 255
– unternehmenssichernde Leistungen 96 f.
– volkswirtschaftliche 31 ff.
– wertsichernde 95 ff.
– wertsteigernde 95 ff.
– zentrale 107 f.
Wertschöpfungscenter-Personal 62 ff.
– Business-Dimension 65, **307 ff.**
– Integrierte Messung der Management- und Service-Dimension 298 ff.
– Management-Dimension 62, **249 ff.**
– Service-Dimension 63 f., **290 ff.**
– und Balanced Scorecard 388 f.
– und Business-Excellence-Modell 412 ff.
– und EFQM-Modell 427 ff.
– Verbreitung 67 f.
– Wertschöpfungsmessung 65 ff
Wertschöpfungskette 41 f.
Wertschöpfungsrechnung s. *Wertschöpfung, betriebswirtschaftliche*
Wertschöpfungstiefe 128 f.
Whirlpool-Konzern 373
Wirtschaftlichkeit s. *Produktivität*
Wirtschaftlichkeitsanalyse 268 ff.
– Kosten-Nutzen-Analyse 270, **294 ff.**
– Kostenvergleichsanalyse 269
– Kosten-Wirksamkeits-Analyse 270 f.
– Nutzwertanalyse 271 f.
– Vorgehensweise 272 ff.
Workonomics s. *Übergewinnverfahren*

Z
Zero-Base-Budgeting 315 f.
Zielklarheit 253 ff.
Zufriedenheit
– Kundenzufriedenheit 59 f., **118 ff.**
– Mitarbeiterzufriedenheit 118 ff., **122 ff.**, 154 f., **280 ff.**, 33759, 404, **420 ff.**
Zurechenbarkeit 105 ff.,
Zurechenbarkeit 251 f.

Das Werk zum internen Unternehmertum

Von Ihnen werden als Führungskraft zwei unterschiedliche Verhaltensweisen verlangt: Einerseits sollen Sie Mitarbeiter führen – also anleiten und motivieren, andererseits aber auf gleichberechtigter Ebene mit ihnen zusammenarbeiten können. Der renommierte Führungsforscher Rolf Wunderer präsentiert Ihnen eine moderne Führungslehre, die die wissenschaftlichen und praktischen Grundlagen sowie die Instrument des Führens darstellt.

Die Themen:
- Führungstheorien
- Unternehmerische Führung
- Wertorientierte Führung
- Führung von unten
- Kooperationsbeziehungen
- Führungsinstrumente

»Ein Meisterwerk vom Autor und vom Verlag.«
Prof. Dr. Norbert Thom, Universität Bern

Wunderer

Führung und Zusammenarbeit

Eine unternehmerische Führungslehre

6., überarbeitete Auflage 2006,
662 Seiten, gebunden
€ 39,-
ISBN 3-472-06340-8

Kostenlose Leseprobe unter
www.personal-buecher.de

www.personal-buecher.de · Postfach 2352 · 56513 Neuwied

**Bestellen Sie jetzt: Telefax (02631) 8012223,
Telefon (02631) 8012211 oder unter www.personal-buecher.de**

Mitarbeiter richtig motivieren

Seit langem werden in der Organisations- und Personalforschung Motivationsfaktoren untersucht. In unzähligen Untersuchungen wurden arbeits- und organisationspsychologisch Motivation, Zufriedenheit und Leistung behandelt. Der Fokus dieser Forschungen richtete sich vornehmlich auf Bedingungen der Motivation bzw. Techniken der Motivierung von Mitarbeitern. Dabei wurden die Diskussionen einer »Demotivation« sowie Wege zu ihrer Überwindung oder Möglichkeiten einer »Remotivation« vernachlässigt. Die meisten Führungskräfte und Mitarbeiter sind jedoch bereits intrinsisch motiviert und bedürfen daher keiner Förderung durch weitere Motivierung. Bei ihnen kommt es vielmehr auf die Vermeidung und den Abbau von demotivierenden Einflüssen und die Schaffung remotivierender Bedingungen an. Denn Motivationsbarrieren schränken das Entfaltungspotenzial der Mitarbeiter und damit potenzielle Effizienzen und Produktivitäten für das Unternehmen ein.

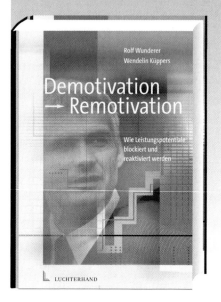

Rolf Wunderer/Wendelin Küpers

Demotivation – Remotivation

Wie Leistungspotenziale freigesetzt und reaktiviert werden

2003, 620 Seiten, gebunden
€ 45,–
ISBN 3-472-05267-8

Kostenlose Leseproben unter www.personal-buecher.de

**Bestellen Sie jetzt: Telefon (0 26 31) 8 01 22 11,
Telefax (0 26 31) 8 01 22 23 oder über den Buchhandel**

Integriertes Personal-Management

Der Autor beschreibt ein innovatives Konzept für integriertes Personalmanagement, in dem Vor-Gesetzte zu Vor-Genetzten werden. Die vorgestellten Strategien wurden vom Autor für namhafte Unternehmen (z.B. ABB, Boston Consulting Group, Hoffmann-La Roche) nicht nur entwickelt, sie haben sich nachweislich in der Praxis bewährt.

»Für die Entwicklung des Personal-Managements sind sowohl theoretische Systementwürfe als auch praxisorientierte Gestaltungsvorschläge von zentraler Bedeutung. Hilbs Buch bietet beides.«
Dr. Bolko von Oetinger, Boston Consulting Group

Hilb

Integriertes Personal-Mangement

Ziele, Strategien, Instrumente

15. Auflage 2006,
276 Seiten, gebunden
€ 39,-
ISBN 3-472-06599-0

Kostenlose Leseprobe unter www.personal-buecher.de

www.personal-buecher.de · Postfach 2352 · 56513 Neuwied

**Bestellen Sie jetzt: Telefax (02631) 8012223,
Telefon (02631) 8012211 oder unter www.personal-buecher.de**